中文社会科学引文索引(CSSCI)来源集刊

边疆考古研究

RESEARCH OF CHINA'S FRONTIER ARCHAEOLOGY

第19辑

教育部人文社会科学重点研究基地
吉林大学边疆考古研究中心
边疆考古与中国文化认同协同创新中心
编

科学出版社
北京

内 容 简 介

《边疆考古研究》是教育部人文社会科学重点研究基地吉林大学边疆考古研究中心编辑的学术集刊。本辑收录考古调查发掘报告、研究论文等27篇，内容涉及中国边疆及毗邻地区的古代人类、古代文化与环境。

本书可供文物考古研究机构及高校考古、历史专业学生参考阅读。

图书在版编目（CIP）数据

边疆考古研究. 第19辑 / 教育部人文社会科学重点研究基地吉林大学边疆考古研究中心边疆考古与中国文化认同协同创新中心编. —北京：科学出版社，2016.6

ISBN 978-7-03-049186-2

Ⅰ.①边… Ⅱ.①教… Ⅲ.①边疆考古-研究-中国-文集 Ⅳ.①K872-53

中国版本图书馆CIP数据核字（2016）第146918号

责任编辑：赵 越 / 责任校对：张凤琴

责任印制：肖 兴 / 封面设计：陈 敬

科学出版社 出版

北京东黄城根北街16号

邮政编码：100717

http://www.sciencep.com

中国科学院印刷厂 印刷

科学出版社发行 各地新华书店经销

*

2016年6月第 一 版 开本：787×1092 1/16

2016年6月第一次印刷 印张：24 1/2 插页：1

字数：600 000

定价：158.00元

（如有印装质量问题，我社负责调换）

《边疆考古研究》编辑委员会

目　录

考古新发现

老山头旧石器地点发现的石器研究……万晨晨　付永平　陈全家（1）

本溪养树圈西南山地点发现的石器研究……石　晶　陈全家　李　霞　魏海波（13）

吉林省大安市2012～2013年区域性系统调查简报……刘晓溪　史宝琳（Pauline Sebillaud）　王立新（27）

辽宁建平两处早期冶铜遗址的调查与初步认识……王立新　李延祥　李　波（47）

内蒙古库伦旗三家子遗址发掘报告……霍东峰　夏艳平　朱永刚（61）

吉林省桦甸市苏密城外城南瓮城考古发掘简报……吉林省文物考古研究所　桦甸市文物管理所（83）

研究与探索

湖北省黑家院遗址新石器时代石工具初步研究……冯小波　杜　杰　胡文春　屈金花　闻　磊　任　博　刘　越　笪　博　李学贝　郭一超　张沐原　黄旭初　陈安宁　莫生娇（101）

左家山下层文化新探……赵宾福　于怀石（117）

辽东半岛史前海事活动初探……徐昭峰　谢迪昕（149）

殷墟祭祀坑中的北方文化因素研究……韩金秋（163）

中山灵寿城东周时期墓葬研究……滕铭予（181）

塔里木盆地的贵霜大月氏人……陈晓露（207）

吉林大学考古与艺术博物馆收藏短茎式铜剑再考……成璟瑭（223）

欧亚草原中部区早期游牧文化动物纹装饰研究……邵会秋（229）

《秦晋国妃墓志》“有诏于显陵”解读——兼谈辽代寝殿学士制度……万雄飞　陈　慧（257）

考古与科技

内蒙古凉城县水泉墓地战国时期人骨研究……张全超　张　群　孙金松　党　郁　曹建恩（263）

北京延庆西屯墓地汉代颅骨的人类学特征 ……………… 周亚威　朱　泓（273）
蒙古国胡拉哈山谷和浑地壕莱山谷蒙元时期古人分子考古研究 …………
蔡大伟　朱司祺　赵　欣　孙玮璐　张全超　陈永志　朱　泓　周　慧（291）
“见微知著”的推演——物质组成、性质分析对文物保护和科技考古研究的贡献…………………………………………………………… 刘　爽（297）

国家社科基金重大项目专栏

哈民忙哈遗址经济形态研究：一个居住模式与生态环境悖论的推导 ……
…………………………………………………………………… 朱永刚（305）
内蒙古哈民忙哈遗址改制石器研究 ……………………………… 陈　醉（319）
内蒙古科左中旗哈民忙哈遗址出土猪骨初步研究 ……………………
…………………………… 陈全家　刘晓庆　陈　君　吉　平　王春雪（331）
哈民忙哈聚落遗址孢粉分析与哈民文化古生态环境初步研究 ……………
…………………………… 汤卓炜　朱永刚　吉　平　张淑芹　韩　璐
肖晓鸣　安　硕　时红运　汪菲菲（341）
内蒙古哈民忙哈遗址蚌制品管钻技术初探 ……………………………
………………… 王春雪　陈全家　陈　君　朱永刚　吉　平　于秀杰（347）

域外考古

新涅任斯克城址——镇安军治所 …………………………………………
…………〔俄〕Н. Г. 阿尔捷米耶娃　В. В. 阿欣诺　А. Л. 伊夫里耶夫
С. В. 马基耶夫斯基（著）　杨振福（译）（357）

书评与信息

构建渤海都城研究新平台的学术思考——《八连城》读后 ……… 宋玉彬（367）
东北亚古代社会与文化国际学术研讨会纪要 ……………………… 卢成敦（375）

考古新发现

老山头旧石器地点发现的石器研究*

万晨晨[1]　付永平[2]　陈全家[1]

（1. 吉林大学边疆考古研究中心，长春，130012；2. 沈阳市文物考古研究所，沈阳，110000）

2012年4月6日至4月20日，吉林大学边疆考古研究中心和沈阳市文物考古研究所成立了旧石器考古调查队，在沈阳市法库和康平两县进行了为期15天的旧石器考古调查，于秀水河和辽河的Ⅱ、Ⅲ级阶地上发现旧石器地点14处，老山头旧石器地点即为其中一处。本文仅对该地点发现的石器进行研究和讨论。

一、地理位置、地貌与地层

1. 地理位置

老山头旧石器地点位于辽宁省沈阳市康平县郝官屯镇刘家屯村老山头的Ⅲ级阶地上，海拔103米；地理坐标为北纬42°42′27.2″，东经123°33′36.8″，面积约3150平方米；西南距刘家屯村1600米，东距辽河400米（图一）。

2. 地貌

该地点所属的康平县位于沈阳地区北端，地处辽河平原中上游，居辽河西岸。地貌为西高东洼、南丘北沙。境内共8条大的河流，均属辽河水系。

---

* 基金项目："教育部人文社会科学重点研究基地重大项目"（11JJD780001）中期研究成果；科学基础性工作专项"中国古人类遗址、资源调查与基础数据采集、整合"（2007FY110200）；吉林大学"985工程"项目。

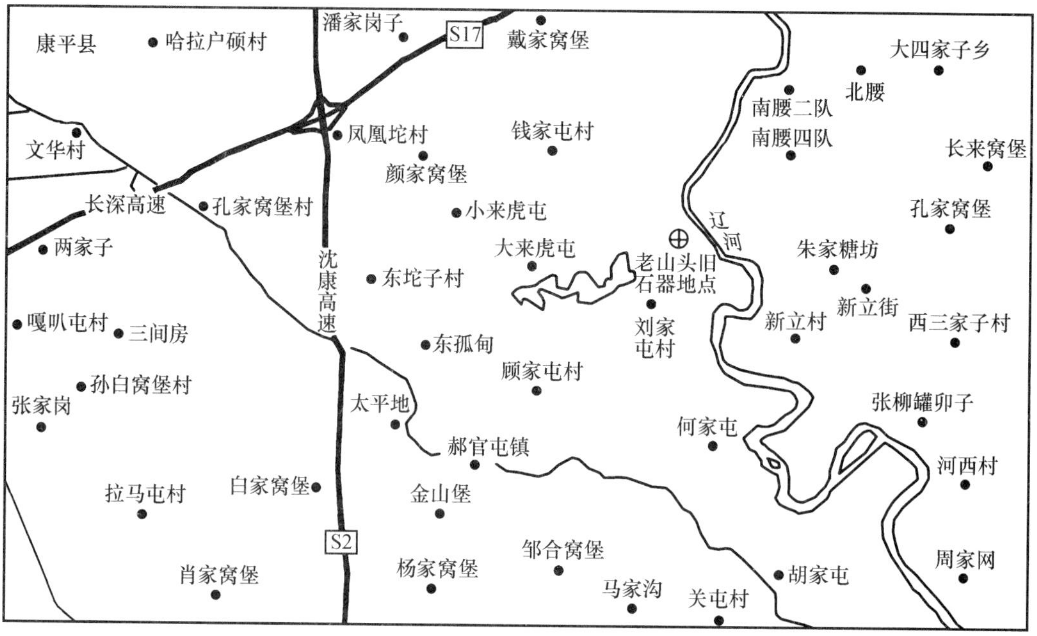

图一　老山头旧石器地点位置示意图

该地点位于辽河的Ⅲ级阶地上，地势较高，地面平坦开阔。山坡朝阳，日照充足。附近有辽河流过，便于取水和采集狩猎，适宜居住。

3. 地层

该地点所在的Ⅲ级阶地上部为黑垆土层、黄色亚黏土层和黄色砂砾层；下部为基岩。石器出自黄色亚黏土层（图二）。

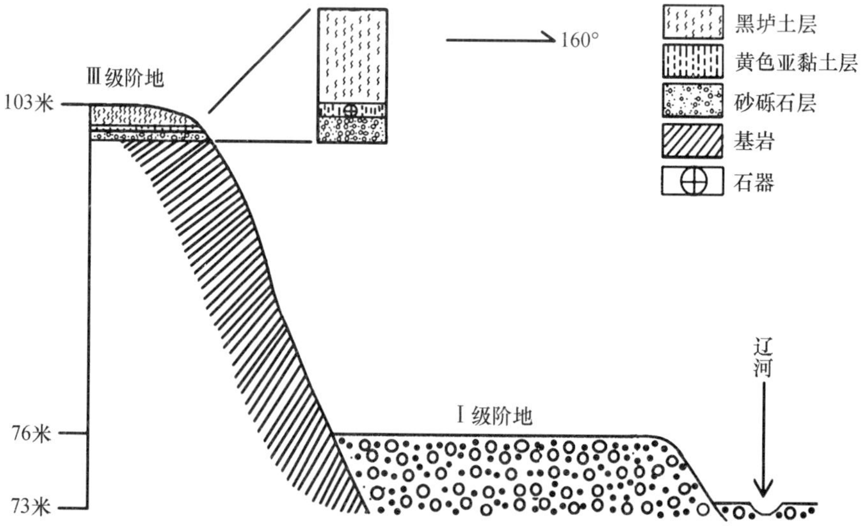

图二　老山头旧石器地点河谷剖面示意图

二、石器的分类与描述

本次调查共获石器26件，包括石核、石片、断块和工具。原料以石英为主，少量石英砂岩、石英岩和板岩（图三）。

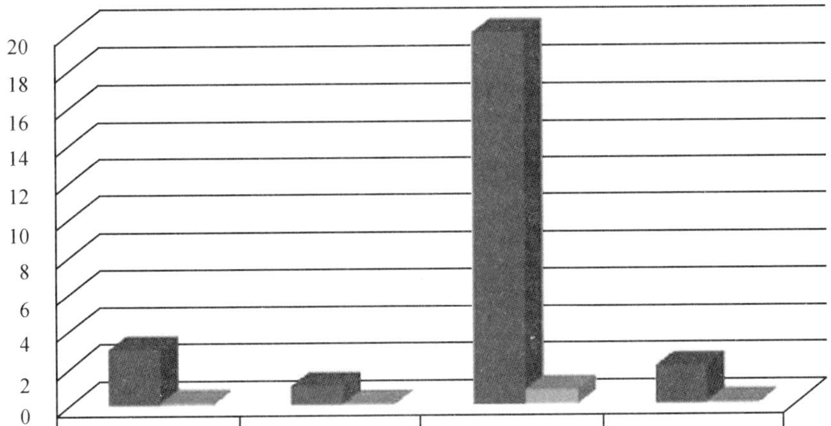

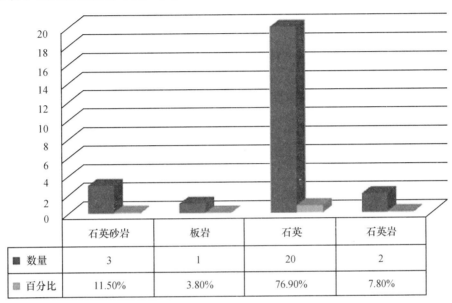

	石英砂岩	板岩	石英	石英岩
■ 数量	3	1	20	2
■ 百分比	11.50%	3.80%	76.90%	7.80%

图三 石器原料比例图

根据标本的最大长度，大致将石器划分为小型（＜30毫米）、中型（≥30毫米，＜60毫米）、大型（≥60，＜90毫米）和特大型（≥90毫米）4个等级。总体来看，石器以中型为主，占69.2%；其次为大型，占19.2%；再次是小型，占7.7%；少量特大型，占3.9%。通过分类统计可知，石核以大型为主，少量中型；石片为中型；断块以中型为主，少量大型；工具以中型为主，小型、大型和特大型次之。

（一）石 核

4件。均为锤击石核。分为双台面和多台面石核。

1. 双台面石核

2件。长42.1～44.4毫米，平均43.3毫米；宽47.8～86.1毫米，平均67毫米；厚48.3～62.1毫米，平均55.2毫米；重134.4～276克，平均205.2克。原料为石英岩和石英。自然、打制台面各1件。台面角83.2°～102.5°。剥片面均为2个，明显的剥片疤5～11个。

标本11KLL：15，长42.1毫米，宽86.1毫米，厚62.1毫米，重276克。原料为石英岩。毛坯为扁平砾石，近椭圆形。均为自然台面。A台面，长56.7毫米，宽84.2毫米。AⅠ剥片面，台面角102.5°，6个明显的剥片疤，仅1层，呈羽状，疤痕内凹，打击点散漫，放射线隐约可见，同心波不明显。最大剥片疤长18.1毫米，宽31.8毫米。根据片疤延伸程度的三个等级（疤痕占石核长度的1/4者为短，占1/4至1/2者为中等，占1/2以上者为长）[1]，片疤延伸程度为中等，且疤痕有一定厚度，推测剥片可做二类工具或三类工具的毛坯。B台面与A台面相对，仅1个剥片面BI，台面角85.1°，5个明显的剥片疤，最大剥片疤长23.2毫米，宽31.8毫米，片疤延伸程度亦为中等，推测剥片可用（图四，2）。砾石面约占核体面积的60%，剥片并不充分。

由于BⅠ的剥片疤打破AI的剥片疤，可推断石核的剥片顺序为：采取对向剥片法，先从A台面开始剥片，剥至台面角过大时，再翻转核体对B台面进行剥片。此石核尺寸为大型，厚度适中，且台面角合适，仍可继续剥片，推测其提前被废弃的原因可能与石料易于获得、原料剥片不易控制或遗址使用时间不长有关。

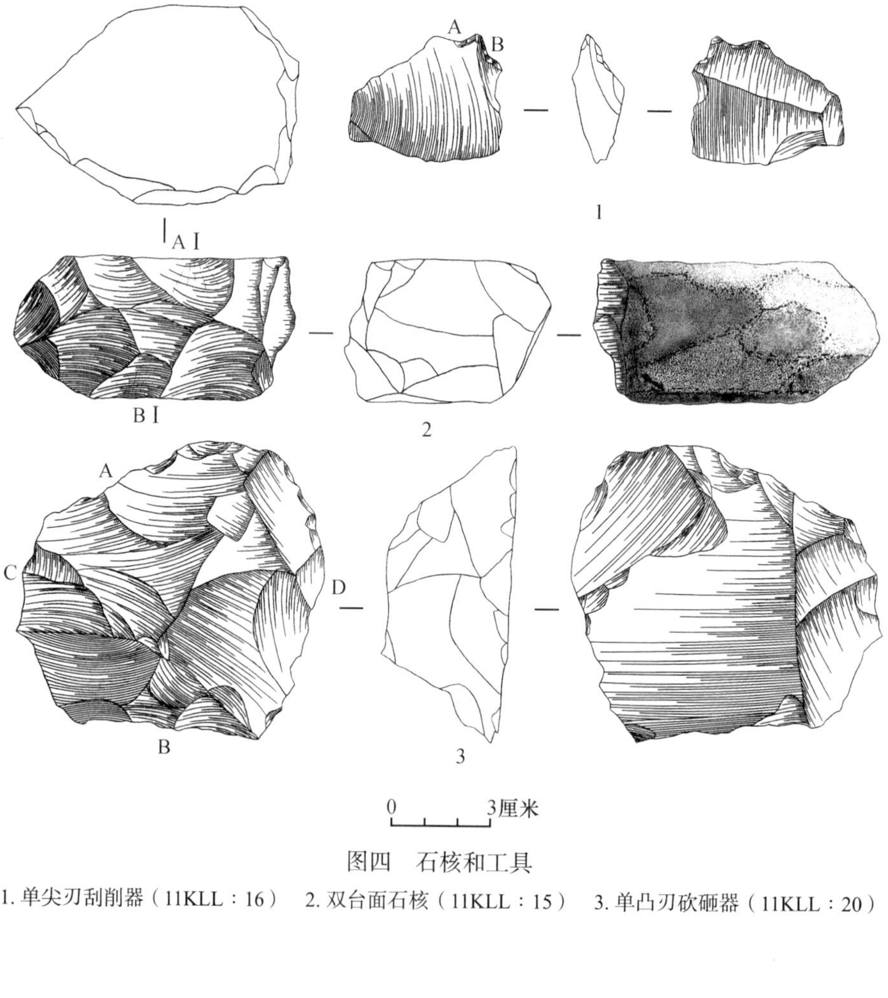

图四　石核和工具

1. 单尖刃刮削器（11KLL：16）　2. 双台面石核（11KLL：15）　3. 单凸刃砍砸器（11KLL：20）

2. 多台面石核

2件。长41.7～58.4毫米，平均50.1毫米；宽68.1～78毫米，平均73.1毫米；厚42.1～72.3毫米，平均57.2毫米；重153.9～259.7克，平均206.8克。原料为石英砂岩和石英岩。台面角74.2°～101.5°，平均71.9°。均为复向剥片。

标本11KLL：10，长58.4毫米，宽68.1毫米，厚72.3毫米，重259.7克。砾石毛坯，形状不规则。石核经复向剥片，产生4个台面，5个剥片面。A台面为主台面，自然，围绕其进行同向剥片，产生2个剥片面。AⅠ剥片面，台面角74.2°，3个明显的剥片疤，最大剥片疤长30.7毫米，宽44.7毫米。疤痕延伸程度为长，推测剥片可做二类工具或三类工具的毛坯。AⅡ剥片面，台面角79.1°，4个明显的剥片疤，片疤延伸程度均为短，推测剥片均不可用。B台面，自然，BⅠ剥片面，台面角81.3°，3个明显的剥片疤，分2层，疤痕凹深，打击点明显，放射线不可见。疤痕延伸程度为短，推测剥片为废片。C台面，打制，CⅠ剥片面，台面角81.5°，2个明显的剥片疤，最大剥片疤长43.1毫米，宽24.6毫米，仅1层，延伸程度为长，推测剥片可做二类工具或三类工具的毛坯。D台面位于A台面左侧，自然，DⅠ剥片面，台面角88.1°，1个剥片疤，延伸程度为短，推测剥片为废片（图五，5）。

观察石核可知，AⅠ的剥片疤打破CⅠ、DⅠ的剥片疤，BⅠ的剥片疤打破的AⅡ剥片疤，CⅠ的剥片疤打破DⅠ的剥片疤，由此可知此石核的剥片流程：剥片者采取复向剥片法，先从D台面开始剥片，产生DⅠ剥片面。随后调转核体，对C台面进行剥片，产生CⅠ剥片面。接着将核体顺时针调转90°，对A台面进行剥片，产生AⅠ、AⅡ剥片面。最后，旋转核体，对B台面进行剥片，产生BⅠ剥片面。此石核有4个台面，5个剥片面，至少13个剥片疤。砾石面约占核体的30%，剥片比较充分。

由上可知该地点石核的特征：

（1）原料：以石英岩为主，石英和石英砂岩少量。

（2）尺寸：以大型为主，中型次之。平均长46.7毫米，宽70毫米，重206克。

（3）形状：多为不规则状，偶见长条形扁平砾石，大小不一。

（4）台面：自然、人工台面数目相当。人工台面均为打制台面，未见修理台面，说明剥片技术还较为简单。自然台面多利用平整的砾石面，说明石器制造者对毛坯选择的灵活机动。打制台面大量存在，可见该地点当时的古人类已具备去除石皮或调整台面以获取理想毛坯的预制理念。

（5）剥片方法与方式：均采用锤击剥片法。双台面石核为转向、对向剥片，多台面石核均为复向剥片。可见石器制造者可根据毛坯的不同情况，采取最适宜的剥片技法。

（6）利用率：石核多可继续剥片，利用并不充分。观察石核的尺寸大小、砾石面残存率和剥片疤的分布情况可知，多台面石核的利用率比双台面石核略高。

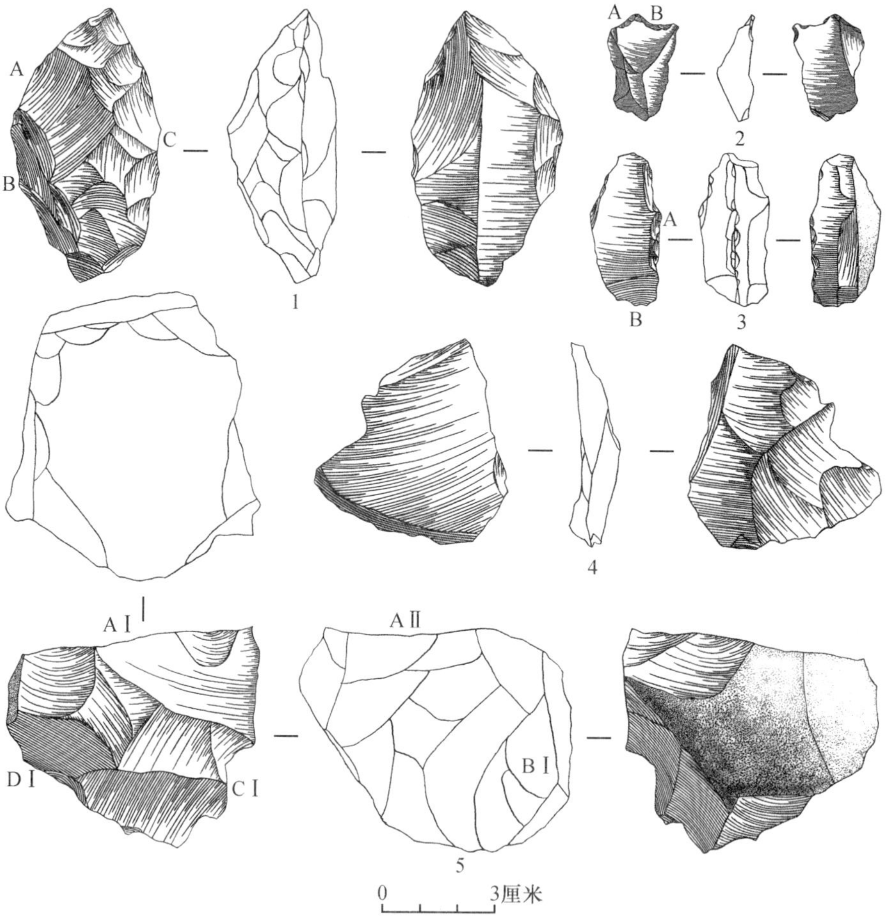

图五　工具

1. 单凸刃刮削器（11KLL：1）　2. 钻器（11KLL：22）　3. 单直刃刮削器（11KLL：4）
4. 左边断片（11KLL：18）　5. 多台面石核（11KLL：10）

（7）石核利用不充分的原因推测有三：①原料易得，对坯材进行充分利用的压力不大；②剥片者为初学者，对于剥片不易控制的石英岩、石英砂岩和石英把握较差，迫使石核提前被废弃；③该地点只是临时性场所，石器制造者只是在此进行短暂活动而后迁徙。

（二）石　片

1件，左边断片。标本11KLL：18，长54.1毫米，宽51.3毫米，厚13.9毫米，重25.8克。原料为板岩。形状不规则，远端外翻。打制台面，残长6.2毫米，宽26.3毫米，石片角较大，92.5°。背面全疤，同向剥片。劈裂面半椎体微凸，打击点被破坏，同心波不明显（图五，4）。

（三）断　　块

6件。长15.8～47.5毫米，平均32.8毫米；宽34.9～77.7毫米，平均49.3毫米；厚11.2～44.8毫米，平均29.3毫米；重8.9～206.3克，平均73克。原料以石英为主，少量石英砂岩，均呈不规则状。

（四）工　　具

15件，均为三类工具[2]。以刮削器为主，砍砸器和钻器为辅。

1. 刮削器

11件。均为单刃，分为直、凸和尖刃。

（1）单直刃　3件。长33～48.7毫米，平均40.7毫米；宽19.6～31.7毫米，平均26毫米；厚16.3～25.4毫米，平均20.2毫米；重13.6～35克，平均21.1克。原料均为石英。均为块状毛坯。均为硬锤修理，修理方式为反向和复向。修疤呈鱼鳞状和阶梯状。刃长11.2～32.9毫米，平均24.6毫米。刃角64.2°～73.2°，平均69.2°。

标本11KLL：4，长40.3毫米，宽19.6毫米，厚18.9毫米，重13.6克。块状砾石毛坯，形似月牙形。侧缘A处经复向修理在刃缘两侧均留有1～2层修疤，疤痕呈鱼鳞状和阶梯状。刃缘凹缺不平，直刃长29.6毫米，刃角64.2°。加工深度指数（刃缘修疤终止处的厚度与毛坯中部最大厚度的比值）[3]远小于1，修疤偏离中脊，纵向加工程度低。加工长度指数（刃缘长度与其所在有效边缘长度的比值）[4]接近1，横向修理较充分。标本底部经简单截断，断面近似三角形，器形规整，应为修形（图五，3）。

（2）单凸刃　6件。长30.7～71.1毫米，平均45.2毫米；宽21.4～40.7毫米，平均32.3毫米；厚11.4～29.7毫米，平均20.8毫米；重6.2～64.2克，平均29.5克。原料均为石英。毛坯以块状为主，片状次之。均为硬锤修理，复向修理为主，反向次之。修疤呈鱼鳞状和阶梯状。刃长24.6～72.4毫米，平均40.9毫米。刃角46.1°～72.1°，平均60.6°。

标本11KLL：1，长71.1毫米，宽40.7毫米，厚29.7毫米，重64.2克。块状毛坯，近椭圆形。A、B两处经复向修理在两面均有1～2层连续打片，疤痕大小不一，多呈鱼鳞状，偶见阶梯状，修理细致，打掉砾石鼓起部分，去除毛坯锋利的侧缘，方便抓握。此两处均为修把手。C处亦经复向修理，减薄刃缘，形成锋利的凸刃。刃缘平齐，两侧均有几个零星分布的鱼鳞状使用微疤。刃长72.4毫米，刃角62.1°。加工深度指数接近1，修疤靠近中脊，纵向修理程度高。加工长度指数亦接近1，横向修理亦较充分（图五，1）。

（3）单尖刃　2件。长39.9～40.7毫米，平均40.3毫米；宽32～46.3毫米，平均39.2

毫米；厚10.3～15.8毫米，平均13.1毫米；重11.9～32.2克，平均22.1克。原料均为石英。毛坯均为片状。

标本11KLL：16，长39.9毫米，宽46.3毫米，厚15.8毫米，重32.2克。毛坯为近端断片。构成尖刃的两凹边a、b均经复向修理，修疤细小，呈鱼鳞状。凹边a长16.4毫米，刃角51.1°；凹边b长13.1毫米，刃角52°。两边交汇形成尖刃，尖刃薄锐适中，45.1°，可见使用微疤，仍可继续使用（图四，1）。

2. 砍砸器

2件，均为单凸刃。长53.1～87.7毫米，平均70.4毫米；宽56.8～94.6毫米，平均75.7毫米；厚25.7～40.4毫米，平均33.1毫米；重76.4～309.4克，平均192.9克。原料均为石英。毛坯均为块状。均采取硬锤修理，修理方式均为复向修理。修疤呈鱼鳞状和阶梯状。刃长43.8～135.6毫米，平均89.7毫米。刃角51.2°～54.6°，平均52.9°。

标本11KLL：20，长87.7毫米，宽94.6毫米，厚40.4毫米，重309.4克。毛坯近圆形。A处经复向修理，在两面均留有几片大小不一的疤痕，器形规整，应为修形。B处经多次修理，截断标本多余部分，控制刃缘形态，亦为修形。C处经复向修理变得圆钝光滑，抓握舒适，应为修把手。凸刃D处经复向修理在刃缘两侧均留有鱼鳞状和阶梯状的片疤，疤痕大小不一。刃长135.6毫米，刃角51.2°，薄锐锋利，可继续使用。刃缘横向加工较彻底，纵向加工相对缺乏热情（图四，3）。

3. 钻器

2件。长22～28.1毫米，平均25.1毫米；宽18.1～19.1毫米，平均18.6毫米；厚8.9～9.9毫米，平均9.4毫米；重2.9～3.5克，平均3.2克。原料均为石英。均为块状毛坯。

标本11KLL：22，长28.1毫米，宽19.1毫米，厚9.9毫米，重3.5克。形小，近长方形。器身一面平坦，一面中间凸起，加工细致，周身布满细密层叠的疤痕，片疤多呈鱼鳞状，偶见阶梯状。构成尖刃的左右刃缘经复向修理，在两侧留有鱼鳞状的微疤，修疤大小2～7毫米不等。凹刃a长8.4毫米，刃角37.8°；凹刃b长14.7毫米，刃角30.2°。尖部折损，推测为使用时磨损所致，尖角30.9°，薄锐锋利（图五，2）。

由上可知该地点三类工具的特征：

（1）毛坯多属中型，少量小型、大型和特大型。块状毛坯居多，片状次之。

（2）类型丰富，以刮削器为主，钻器和砍砸器为辅。

（3）工具均为单刃，且刃缘形态多样，直、凸和尖刃均有发现。说明该地点的石器制造者可根据不同的需要打制出合适的刃，同时也反映出当时该地点工具的形制和功能已趋于规范和固定，是一种技术进步的表现。

（4）刮削器的刃缘多在坯材较长的边缘上，说明石器制造者有意使石料得以合理利用。

（5）均为硬锤锤击修理。复向修理为主，反向、错向为辅。

（6）修刃、修形和修把手结合充分。修刃为主，修形次之，修把手最少。其中经过修形或修把手而不修刃部，直接使用坯材锋利边缘作为刃的情况也有出现。

（7）加工长度指数较高，横向修理较充分；加工深度多很浅，纵向修理缺乏热情。

（8）刃缘修疤较小，利于控制刃缘形态；修形和修把手的修疤明显大于刃缘的修疤，利于打薄器身、规范器形。

三、结语与讨论

1. 石器工业特征

（1）原料：种类丰富，以石英为主，占石器总数的76.9%；石英砂岩和石英岩次之，各占11.5%和7.8%；板岩最少，占3.8%。由于该地点位于辽河的Ⅲ级阶地上，且坯材多带有砾石面，表明用于制作石器的原料是就近取材。

（2）种类：石器类型丰富，包括石核、石片、断块和工具。其中，工具最多，占石器总数的57.7%；断块次之，占23.1%；再次为石核，占15.4%；石片最少，占3.8%。工具均为三类工具，包括刮削器、钻器和砍砸器。

（3）石核：均为锤击石核。以中型为主，特大型、大型和小型次之。自然台面和人工台面数目相当。双台面石核采取转向、对向剥片，多台面石核均为复向剥片。石核多残存石皮、尺寸适中、台面角合适，仍可继续剥片，利用不充分。

（4）石片：仅1件，左边断片。打制台面，背面全疤，远端外翻。同向剥片。

（5）工具：均为三类工具。类型丰富，包括刮削器、钻器和砍砸器。以刮削器为主，钻器和砍砸器为辅。块状毛坯居多，片状毛坯次之。均为单刃，凸刃所占比例最大，直刃次之，尖刃最少。均采取硬锤修理，复向修理为主，反向次之，错向最少。

工具修理主要是修刃和修形，修把手次之。修疤形态为鱼鳞状和阶梯状。修刃、修形和修把手的疤痕大小不同。刃缘修疤较小，修形和修把手的疤痕明显大于刃缘的修疤。工具的刃缘多较锋利，多可继续使用。

该地点工具毛坯的选用异于中国北方石片工业的普遍特征，中国北方石片工业的工具多为片状毛坯，而此地点的工具毛坯多为块状，这可能是因为跳过剥片这一步骤而直接对砾石进行修理能够节省一定的时间和精力。

2. 与周边遗址的对比

有学者根据文化特点、工业传统和分布地区将我国东北地区的旧石器划分为三种类型。第一种类型是主要分布在东部山区的以大石器为主的工业，包括庙后山地点、新乡砖厂、抚松仙人洞和小南山地点等。第二种类型是主要分布在东北中部丘陵地带的以小石器为主的工业，包括金牛山、小孤山、鸽子洞、周家油坊和阎家岗。第三种类型是主要分布在东北西部草原地带的以细石器为主的工业，包括大不苏、大坎子、大兴屯和十八站等地点[5]。根据老山头地点的石器特征可将其归入大石器工业类型。

与其周边同为大石器工业类型的庙后山旧石器遗址晚期的石器[6]相比：

（1）原料：均存在大量的石英砂岩和石英砾石，毛坯尺寸以中、大型为主，均为就近取材。但庙后山旧石器遗址晚期的石器原料还有少数安山岩，老山头地点的原料还有极少板岩。

（2）类型：均为石核、石片、断块和工具。

（3）打片技术：庙后山遗址以锤击法和碰砧法为主，砸击石片仅见一例。老山头地点均为锤击法。二者在剥片技术上存在差别。

（4）工具组合：均以刮削器为主，砍砸器为辅，且刮削器类型多样，刃缘形态丰富。但庙后山遗址的工具类型更为丰富，其中薄刃斧和石球在老山头地点并未发现，而老山头地点存在的钻器在庙后山遗址也未发现。二者在工具组合上各具特色。

（5）工具修理：均有修刃、修形和修把手相结合的情况，采取硬锤修理，复向修理为主。但庙后山遗址对工具刃部的修理比较粗糙，且有对砍砸器的把手采取交互修理的情况，而在老山头地点存在对工具刃缘精致修理的情况，但未见对砍砸器的把手部分进行交互修理情况。

总的来看，二者的石器特征高度相似。

3. 地点性质

根据宾福德（Binford）的聚落组织论[7]、库恩（Kuhnd）的技术装备论[8]和安德列夫斯基（Andrefsky）的原料决定论[9]，结合刘家屯村老山头地点的石器工业特征，现对该地点的性质作出推测：该地点位于辽河的III级阶地，便于取水和采集狩猎，适宜居住。该地点石料种类丰富，毛坯多有砾石面，可见是就近取材。石器类型多样，包括石核、石片、断块和工具。工具数量最多，均为三类工具，包括刮削器、砍砸器和钻器，刮削器刃缘形态多样，包括直、凸和尖刃。可见当时的古人类在地点使用这些工具进行了短期的生产活动。故推测该地点是一处从事采集狩猎和分割食物、消费栖息等生计活动的临时性场所。

4. 年代分析

该地点的石器以中型、特大型和大型为主，包括刮削器和砍砸器等典型器形，明显具有旧石器时代晚期北方大石器的工业特征。此外，在地点附近未见新石器时代以后的陶片和磨制石器，故推测该地点年代为旧石器时代晚期。

注　释

[1] 王幼平. 石器研究——旧石器时代考古方法初探［M］. 北京：北京大学出版社，2005：87–102.

[2] 陈全家. 吉林镇赉丹岱大坎子发现的旧石器［J］. 北方文物，2001（2）：1–7.

[3] Kuhn, S. L. *Mousterian Lithic Technology: An Ecological Perspective*［D］. Princeton: Princeton University Press, 1995.

[4] 同［3］.

[5] 陈全家. 旧石器时代考古（东北）［A］. 东北古代民族·考古与疆域［C］. 长春：吉林大学出版社，1997：196–197.

[6] 辽宁省博物馆，本溪市博物馆. 庙后山——辽宁省本溪市旧石器文化遗址［R］. 北京：文物出版社，1986：94.

[7] Binford, L. R. Willow smoke and dog's tails: hunter-gatherer settlement systems and archaeological site formation［J］. *American Antiquity*, 1980 (1): 2–7.

[8] 同［3］.

[9] Andrefsky, W. Raw material availability and organization of technology［J］. *American Antiquity*, 1994 (1): 21–34.

Research on Paleolithic Artifacts Discovered in Laoshantou site

WAN Chen-chen　FU Yong-ping　CHEN Quan-jia

Laoshantou site, which is located in Liujiatun Village, Haoguantun Town, Kangping County, Liaoning Province, was found in April, 2012. The locality is on the third terrace. 26 artifaces were collected from the site. The assemblage includes cores, flakes, debris and tools. Quartz is the predominant raw material, followed by quartz sandstone, quartzite and slate. Most of the stone artifacts were tools. According to the characteristics of these artifacts (such as no polish on the artifacts, and no pottery), we suggest that the site is probably in the period of the Late Paleolithic.

本溪养树圈西南山地点发现的石器研究*

石　晶[1,4]　陈全家[1]　李　霞[2]　魏海波[3]

（1. 吉林大学边疆考古研究中心，长春，130012；2. 辽宁省文物考古研究所，沈阳，110000；3. 本溪市博物馆，本溪，117000；4. 山西大学历史文化学院，太原，030006）

2011年4月22日至5月3日，吉林大学边疆考古研究中心和辽宁省文物考古研究所联合组成了旧石器考古调查队，在本溪市博物馆、本溪县和桓仁县文化局同志的陪同下，对辽宁省本溪和桓仁两县进行了为期13天的旧石器考古调查。在汤河、太子河、大雅河、富尔江和浑江等河流的Ⅱ、Ⅲ级阶地上共发现旧石器地点18处。西南山旧石器地点就是其中之一，共发现石器57件，均采自地表耕土层。本文仅对发现的石器进行研究和讨论。

一、地理位置、地貌与地层

1. 地理位置

养树圈西南山地点位于辽宁省本溪满族自治县偏岭镇养树圈村西南山的Ⅲ级基座阶地上，海拔180米；地理坐标为北纬41°22′23″，东经124°01′38″，面积约8000平方米；东北距养树圈村300米，东距太子河550米、松树台1200米，东南距电站800米（图一）。

2. 地貌

养树圈西南山旧石器地点所属的本溪满族自治县位于辽宁省辽东山区太子河上游，东与桓仁、宽甸相通，南与凤城为邻，西与本溪、辽阳毗连，北与抚顺、新宾接壤，辖区面积3344.5平方千米。境内山脉纵横，河流萦绕。

地点西侧为高山，最高峰402米。太子河在地点南侧由西向东流过，河床较宽，最宽处可达240米，形成长约1000米、最宽处达160米的心滩，其尖端指向河流下游。

* 基金项目：“教育部人文社会科学重点研究基地重大项目”（11JJD780001）研究成果；科学基础性工作专项“中国古人类遗址、资源调查与基础数据采集、整合”（2007FY110200）；吉林大学“985工程”项目。

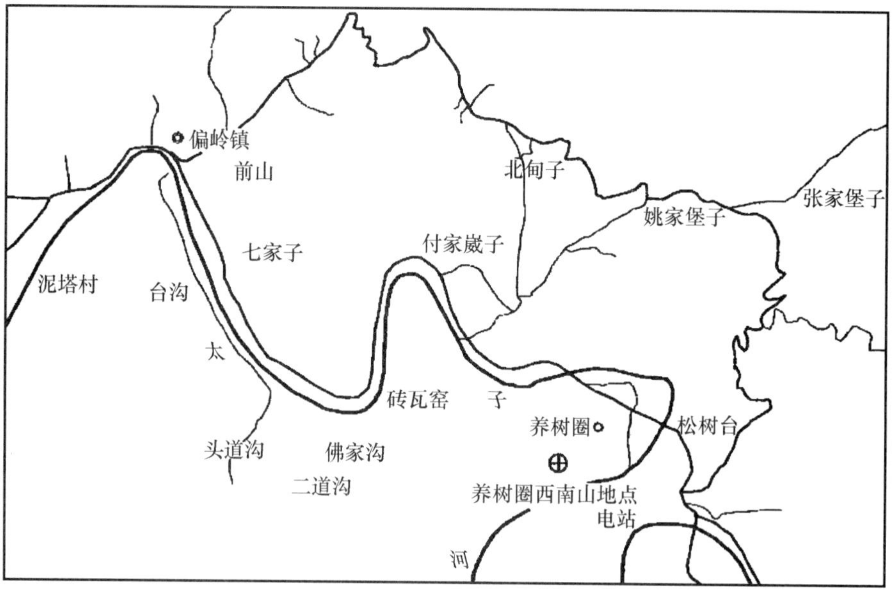

图一　养树圈西南山地点位置示意图

3. 地层

养树圈西南山地点所在的Ⅲ级阶地为基座阶地，最上部为厚0.2～0.4米的耕土层，耕土层下为厚2～3米的黄色亚黏土，最下部为基岩。石器多分布在黄色耕土层上，探掘发现其应出自下部的黄色亚黏土地层中。Ⅰ、Ⅱ级阶地为冲积阶地（图二）。

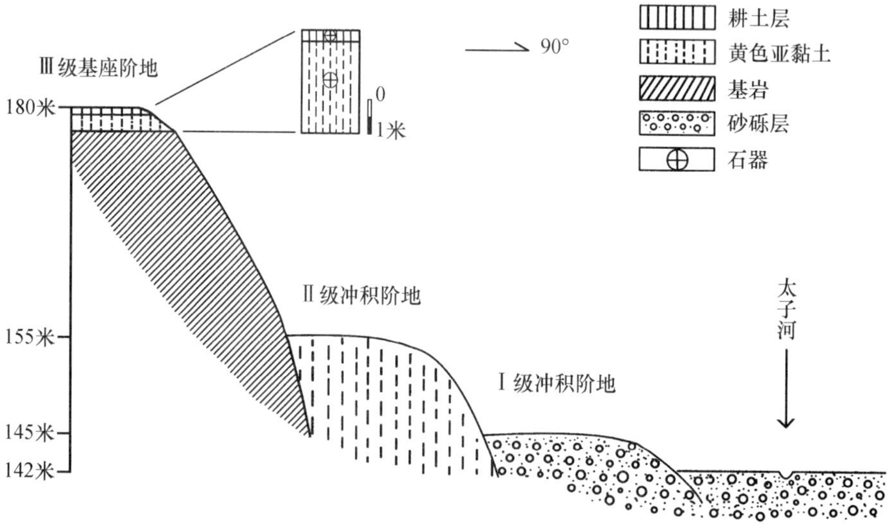

图二　养树圈西南山地点河谷剖面示意图

二、石器的分类与描述

本次调查共获得石器57件，分为石核、石片、断块和工具四类。其中石核4件，占石器总量的7%；石片10件，占17.5%；断块2件，占3.6%；工具41件，占71.9%（图三）。

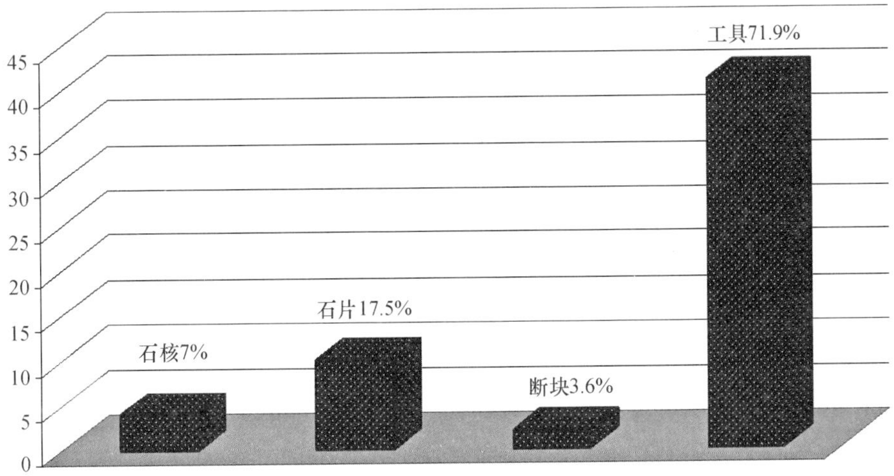

图三　石器分类柱状图

（一）石　　核

共4件。均为锤击石核。根据台面数量可以分为双台面和多台面两类。

1. 双台面石核

1件。标本11BYSJ∶45，长76毫米，宽94毫米，厚33毫米，重273.6克。原料为角岩。片状毛坯，形状近似梯形。有2个台面，3个剥片面。A台面为片状毛坯的劈裂面，台面角63.2°～72°；有2个剥片面，AⅠ剥片面有7个明显的剥片疤，最大的长35.2毫米，宽25毫米；AⅡ剥片面有1个较大的片疤，长36.4毫米，宽17.6毫米。B台面为毛坯背面，与A台面相对，台面角53°；BⅠ剥片面有2个剥片疤，较大的长26.5毫米，宽20毫米。石器表面风化严重，呈浅灰色（图四，1）。

2. 多台面石核

3件。长69.4～202.5毫米，平均长118.6毫米；宽86.8～194毫米，平均宽127毫米；厚49.8～105.1毫米，平均厚69.8毫米；重417.4～1600.7克，平均重1117.9克。原料均为角岩。台面角66°～110°。

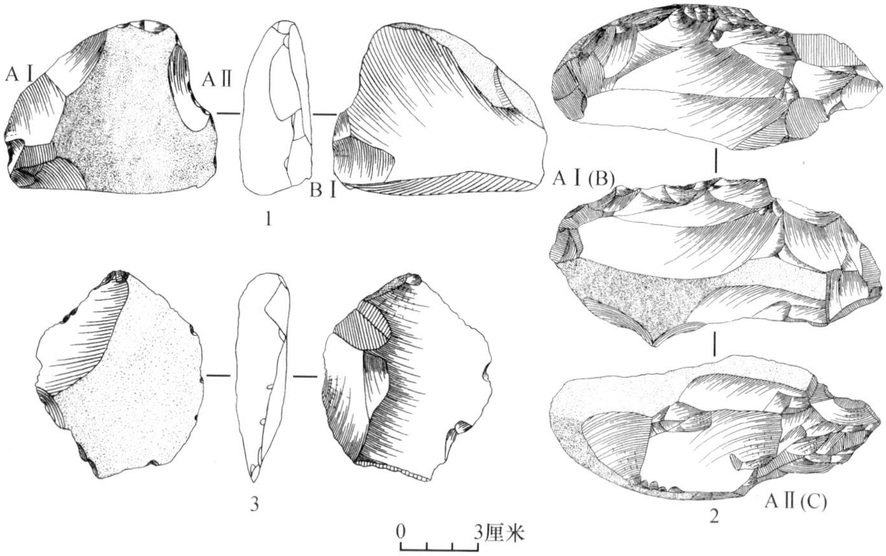

图四　养树圈西南山地点发现的石核和石片

1. 双台面石核（11BYSJ：45）　2. 多台面石核（11BYSJ：56）　3. 完整石片（11BYSJ：49）

标本11BYSJ：56，长84毫米，宽194毫米，厚105.1毫米，重1600.7克。呈长条状。有3个台面，3个剥片面。A台面为自然台面，长76.5毫米，宽127.2毫米，有2个剥片面。AⅠ剥片面，台面角85.6°；有17个明显的剥片疤，分为5层，最大剥片疤位于剥片面的最下方，长29.5毫米，宽120毫米。AⅡ剥片面与AⅠ相对，台面角90.2°；有7个片疤，最大的长41.2毫米，宽82.6毫米。B台面为人工打制台面，实际是以AⅠ剥片面为台面、A台面为剥片面进行剥片，台面长89.1毫米，宽135毫米。有16个明显的片疤，分为3层，最大的长17毫米，宽28毫米。C台面为人工打制台面，实际是以AⅡ剥片面为台面、A台面为剥片面进行剥片，台面长49.9毫米，宽114.3毫米。有5个剥片疤，最大的长27.5毫米，宽37毫米（图四，2）。

分析可知，养树圈西南山地点的石核都选择角岩这种较为优质的原料，采用锤击法进行剥片，多使用打制台面，并不断调整剥片方向，在一个台面周围形成多个剥片面，从而使石核表面产生众多剥片疤，可见当时人们对石核的利用率较高。

（二）石　　片

共10件。均为完整锤击石片。长40.1～80毫米，平均长65.4毫米；宽51.3～108.9毫米，平均宽76.9毫米；厚10.8～28.4毫米，平均厚21.9毫米；重21.9～244.5克，平均重101.3克。原料有角岩和砂岩。其中3件为人工台面，其余为自然台面。石片角66°～105.4°，平均83.8°。背面均为石片疤的有3件，其余均保留部分砾石面。

标本11BYSJ：49，长80毫米，宽66毫米，厚28毫米，重87.9克。原料为角岩。自然台面，长12.3毫米，宽25.4毫米，石片角105.4°。劈裂面较平坦，放射线清晰，无同心波，半锥体不明显；边缘有6个明显的石片疤，多为自然破损形成，另有一处解理，可能因石质关系在打制过程中形成。背面大部分为砾石面，边缘有12个片疤，最大的长55.1毫米，宽24.3毫米，应为之前的剥片疤，其余11个片疤为自然破损形成。石片风化较严重，呈浅灰色（图四，3）。

分析可见，完整石片中以自然台面居多，人工台面占少数，可能由于当时人们在进行剥片之前大多不去除石皮，只选择适合的原料进行剥片。而人工台面的出现表明人们为了获取合适的石片，在剥片之前已有修理台面调整台面角的意识，体现了剥片技术的进步。另外有2件风化较严重，表面呈浅灰色，其余风化程度则较轻。

（三）断　块

2件。长105.8～123.3毫米，平均长114.6毫米；宽73.5～82.2毫米，平均宽77.8毫米；厚22.8～35.5毫米，平均厚29.2毫米；重161.6～410.8克，平均重286.2克。原料为砂岩和角岩，形状不规则。均有解理面，应该与石质有关。

（四）工　具

共41件。其中包括未经加工修理直接使用的二类工具23件和经过加工修理的三类工具18件，不见一类工具。

1. 二类工具

23件。原料均为角岩。均为锤击石片。工具类型有刮削器和砍砸器。

（1）刮削器　13件。根据刃缘数量可分为单、双和复刃三类。

单刃　8件。根据刃缘形态分为直、凸和凹刃三类。

直刃　4件。长64～85.4毫米，平均长74.9毫米；宽45～104.9毫米，平均宽70.5毫米；厚19.5～26.7毫米，平均厚21.9毫米；重50～103.1克，平均重87.1克；刃角20.6°～30.3°，平均刃角27.6°；刃长40～80毫米，平均刃长68.8毫米。

标本11BYSJ：55，长85.4毫米，宽45毫米，厚19.8毫米，重50克。形状呈三角形。台面为自然台面。劈裂面平坦，打击点散漫，有放射线，不见同心波和半锥体。背面大部分为砾石面。A刃两侧留有不连续的使用疤，刃角30°，刃长80毫米。除使用疤外，在石片边缘还有磕碰形成的数个小疤（图五，1）。

凸刃　3件。长40.9～85毫米，平均长66.5毫米；宽47.8～69毫米，平均宽56.6毫米；厚6.7～26毫米，平均厚16.3毫米；重20.5～101.2克，平均重57.1克；刃角14.2°～40°，平均刃角28.9°；刃长49～100毫米，平均刃长79.7毫米。

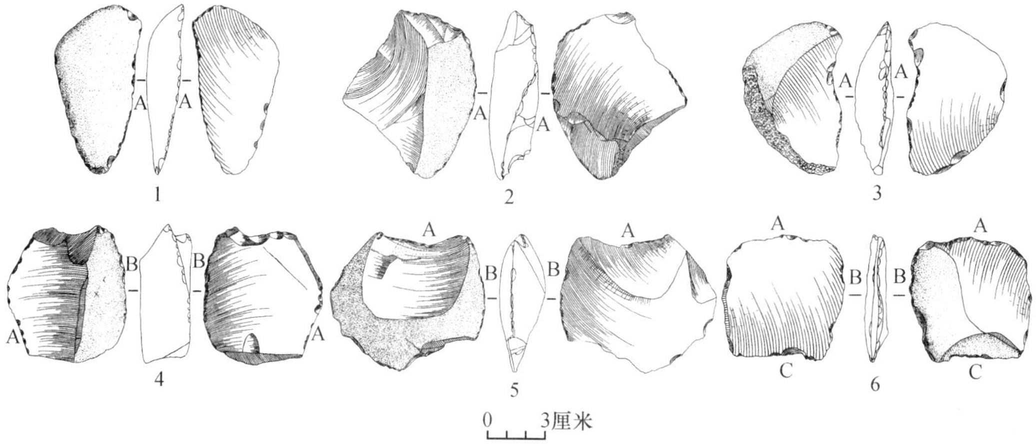

图五　养树圈西南山地点发现的二类刮削器

1. 单直刃刮削器（11BYSJ：55）　2. 单凸刃刮削器（11BYSJ：37）　3. 单凹刃刮削器（11BYSJ：24）
4. 凹直刃刮削器（11BYSJ：11）　5. 凹凸刃刮削器（11BYSJ：22）　6. 复刃刮削器（11BYSJ：21）

标本11BYSJ：37，长85毫米，宽69毫米，厚26毫米，重101.2克。台面为人工台面。劈裂面平坦，打击点散漫，有放射线、同心波和半锥体。背面除砾石面外有8个较大的片疤，应为之前的剥片疤。A刃两侧有不连续的使用疤，刃角40°，刃长100毫米。除使用疤外，在工具边缘还有磕碰形成的数个片疤（图五，2）。

凹刃　1件。标本11BYSJ：24，长77毫米，宽52毫米，厚20毫米，重73.5克。台面为解理面。劈裂面平坦，打击点散漫，有放射线、同心波和半锥体。背面由砾石面、解理面和石片疤三部分组成。A刃两侧有不连续的使用疤，刃角21.2°，刃长66毫米（图五，3）。

双刃　3件。根据刃缘形态分为凹直刃和凹凸刃两类。

凹直刃　2件。长70～82.9毫米，平均长76.5毫米；宽50.7～62毫米，平均宽56.4毫米；厚21.2～29毫米，平均厚25.1毫米；重95.3～103.4克，平均重99.4克；刃角26.5°～48.1°，平均刃角40.1°；刃长25～68毫米，平均刃长43毫米。

标本11BYSJ：11，长70毫米，宽62毫米，厚29毫米，重95.3克。台面为人工台面。劈裂面平坦，打击点散漫，有放射线，无同心波和半锥体。背面由砾石面、解理面和石片疤三部分组成。A刃微凹，刃角26.5°，刃长34毫米。直刃B刃角40.2°，刃长68毫米。A、B两刃两侧均留有细密的使用疤痕。除使用疤外，工具边缘还有磕碰形成的数个片疤（图五，4）。

凹凸刃　1件。标本11BYSJ：22，长77毫米，宽89毫米，厚27毫米，重149.5克。台面已被破坏，应为自然台面。劈裂面较凸，打击点散漫，有放射线和同心波，半锥体凸。背面由砾石面和之前的剥片疤组成。凹刃A刃角44.3°，刃长49毫米。凸刃B刃角39.2°，刃长57毫米。两刃两侧均留有使用形成的多个片疤。工具下部边缘已折断，形成多个平齐的断口（图五，5）。

复刃 2件。长63.2～90.5毫米，平均长76.7毫米；宽63～75.2毫米，平均宽69.1毫米；厚12.5～21.2毫米，平均厚16.9毫米；重47.7～144.2克，平均重95.9克；刃角18.1°～50.4°，平均刃角28.1°；刃长12.2～65毫米，平均刃长50.5毫米。观察刃缘形态可知，两件均属直-直-直刃刮削器。

标本11BYSJ：21，长63.2毫米，宽63毫米，厚12.5毫米，重47.7克。人工台面。劈裂面平坦，打击点散漫，有放射线、同心波和半锥体。背面由砾石面和石片疤组成。A刃刃角18.1°，刃长65毫米。B刃刃角20.3°，刃长60毫米。C刃刃角28.1°，刃长49毫米。三刃刃缘两侧均留有细密的使用疤（图五，6）。

（2）砍砸器 10件。均为单刃，根据刃缘形态可分为直刃和凸刃两类。

直刃 6件。长91～152.2毫米，平均长113.6毫米；宽65～118.3毫米，平均宽84.1毫米；厚23.8～41.9毫米，平均厚32.9毫米；重201.3～998.8克，平均重394.2克；刃角37.4°～62°，平均刃角49.2°；刃长72～170毫米，平均刃长104.5毫米。

标本11BYSJ：18，长91毫米，宽74毫米，厚32毫米，重201.3克。人工台面。劈裂面平坦，打击点散漫，有放射线和同心波，无半锥体。背面除一小部分砾石面外均为之前的剥片疤。A刃刃角为37.4°，刃长72毫米。刃缘背面一侧留有密集连续的使用疤（图六，1）。

凸刃 4件。长124～199毫米，平均长158.6毫米；宽70～135毫米，平均宽104.6毫米；厚30～58毫米，平均厚40.3毫米；重166.9～1372.3克，平均重695.4克；刃角27.3°～61°，平均刃角39.6°；刃长120～240毫米，平均刃长173毫米。

标本11BYSJ：30，长124毫米，宽70毫米，厚30毫米，重166.9克。人工台面。劈裂面微凸，打击点散漫，有放射线、同心波和半锥体。背面除砾石面外有9个明显片疤，应为之前的剥片疤。A刃刃角36.2°，刃长120毫米。刃缘两侧留有密集连续的使用疤（图六，2）。

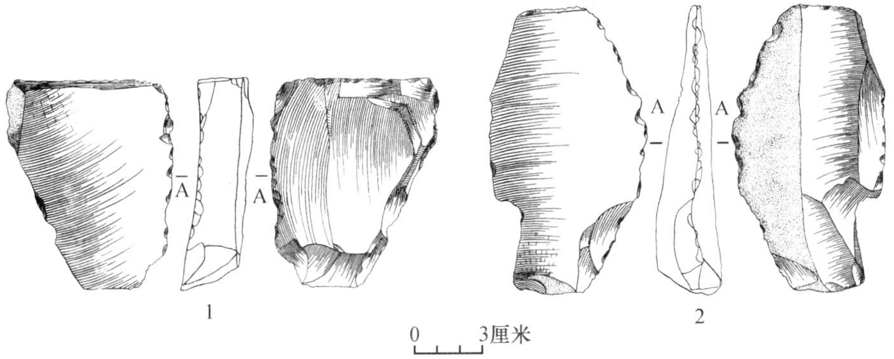

图六 养树圈西南山地点发现的二类砍砸器

1. 单直刃砍砸器（11BYSJ：18） 2. 单凸刃砍砸器（11BYSJ：30）

分析可见，西南山地点发现的二类工具均以角岩为原料，剥取石片后直接使用，除了类型丰富的刮削器外，还有较多砍砸器。石片背面由砾石面和石片疤两部分组成，且砾石面保留较多。在刃缘两侧均有明显的使用疤。

2. 三类工具

18件。工具类型有刮削器和砍砸器。

（1）刮削器 10件。原料均为角岩。均为片状毛坯。根据刃缘数量可以分为单、双和复刃三类。

单刃 7件。根据刃缘形态分为直、凸和尖刃三类。

直刃 1件。标本11BYSJ：36，长70毫米，宽89毫米，厚33毫米，重195.7克。毛坯台面为自然台面；背面除保留一小部分砾石面外均为之前的剥片疤；劈裂面平坦，打击点散漫，有清楚的放射线和同心波，半锥体不明显。A刃刃角43.4°，刃长60.1毫米。采用锤击法双向修理，较薄锐。在劈裂面侧有不连续的单层鱼鳞状修疤，背面则留有连续的双层鱼鳞状修疤，最大的长27毫米，宽45.6毫米。B、C两处亦经过了修理，应是对工具形态和把手部位的调整。工具加工距离较远，超过器身宽度的三分之一（图七，1）。

凸刃 4件。长58.4～78毫米，平均长69.5毫米；宽47.4～108毫米，平均宽74.1毫米；厚10.9～27毫米，平均厚19.9毫米；重39.4～137.1克，平均重91.6克；刃角24°～44.5°，平均刃角34.5°；刃长49～115毫米，平均刃长72.5毫米。

标本11YSJ：34，长78毫米，宽82毫米，厚27毫米，重137.1克。毛坯台面为自然台面；背面保留有之前的剥片疤及砾石面；劈裂面微凸，打击点散漫，有清楚的放射线和同心波，半锥体凸。A刃刃角36.3°，刃长115毫米。采用锤击法双向修理，较为薄锐。两侧均留有连续的鱼鳞状修疤，最多可达3层，最大的长32.7毫米，宽58.7毫米。工具加工距离较远（图七，2）。

尖刃 2件。长83.8～90毫米，平均长86.9毫米；宽49.2～60毫米，平均宽54.6毫米；厚15.2～29毫米，平均厚22.1毫米；重55～114.7克，平均重84.9克；尖刃角105°～125°，平均尖刃角115°。观察组成尖刃两侧边的形态可知，两件均为直-凸边尖刃刮削器。

标本11BYSJ：5，长90毫米，宽60毫米，厚29毫米，重114.7克。毛坯台面为人工台面；背面除之前的剥片疤外保留大部分砾石面；劈裂面平坦，打击点散漫，有明显的放射线和同心波，半锥体微凸。A、B为形成尖刃的两条侧边，尖刃角105°。直边A长24毫米，采用锤击法双向修理，在劈裂面一侧形成细密的连续修疤，背面的修疤有两层，最大的呈阶梯状，长18毫米，宽7.5毫米。凸边B长71毫米，采用锤击法双向修理，背面一侧留下的连续修疤较多，B边下半部分还有使用形成的疤痕。工具的加工距离中等（图七，3）。

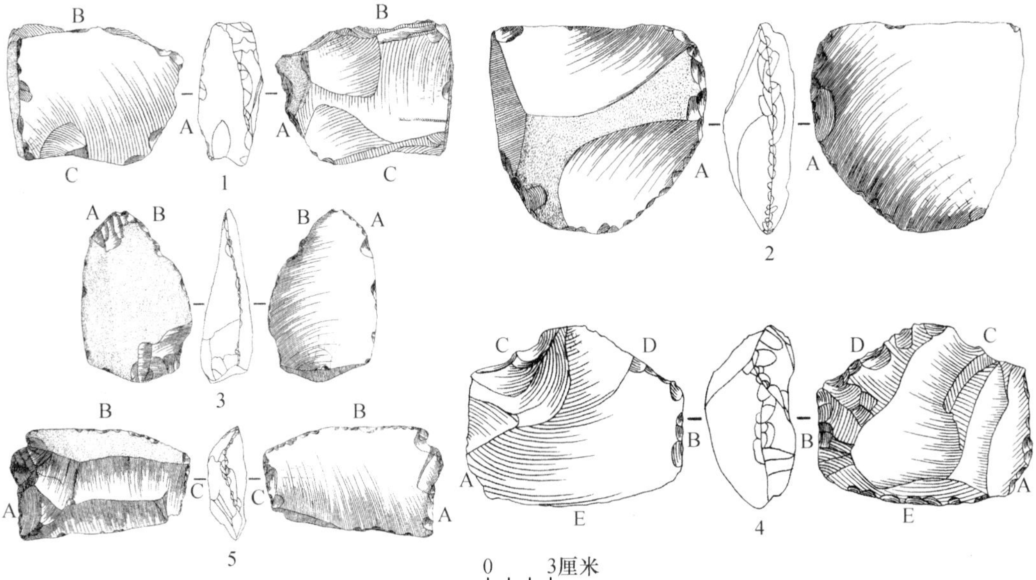

图七 养树圈西南山地点发现的三类刮削器

1. 单直刃刮削器（11BYSJ：36） 2. 单凸刃刮削器（11BYSJ：34） 3. 单尖刃刮削器（11BYSJ：5）
4. 双直刃刮削器（11BYSJ：8） 5. 复刃刮削器（11BYSJ：38）

双刃 1件。观察刃缘形态属双直刃。标本11BYSJ：8，长55毫米，宽66毫米，厚28毫米，重93.9克。毛坯台面为人工台面；背面均为石片疤，无砾石面保留；劈裂面凸，打击点散漫，有清楚的放射线和同心波，半锥体明显，但已被后来的修疤所破坏。A刃刃角50.5°，刃长20毫米，采用锤击法正向修理，背面有连续细密的修疤。B刃刃角62°，刃长30毫米，采用锤击法双向修理，两侧均形成了2～3层修疤。除刃缘外，C、D、E处均经过修理，C处修疤多达5层，最大的长31毫米，宽34毫米，推测这三处是对工具把手部位的调整。工具加工距离较远（图七，4）。

复刃 2件。长53～80.6毫米，平均长66.8毫米；宽86～103.5毫米，平均宽94.7毫米；厚17.4～19毫米，平均厚18.2毫米；重84.2～158.6克，平均重121.4克。观察刃缘形态，两件均为直–直–直刃。

标本11BYSJ：38，长53毫米，宽86毫米，厚19毫米，重84.2克。毛坯台面为人工台面；背面仅保留小部分砾石面，其余均为石片疤；劈裂面较平坦，打击点散漫，有放射线和同心波，半锥体不明显。A刃刃角54°，刃长41毫米，采用锤击法双向修理，两侧留有多层修疤。B刃刃角52°，刃长72毫米，采用锤击法双向修理，除修疤之外还留有小的使用疤痕。C刃刃角36.3°，刃长26.5毫米，锤击法双向修理，两侧留有鱼鳞状和阶梯状修疤。工具的加工距离中等（图七，5）。

（2）砍砸器 8件。原料有角岩和砂岩。均为片状毛坯。均为单刃，根据刃缘形态可分为直、凸和尖刃三类。

直刃　5件。长56.5～126.9毫米，平均长101毫米；宽61～96.2毫米，平均宽81.1毫米；厚28.6～41.7毫米，平均厚36.3毫米；重190.3～544.2克，平均重300.2克；刃角52°～83°，平均刃角69.2°；刃长36～78毫米，平均刃长60.6毫米。

标本11BYSJ：16，长102毫米，宽61毫米，厚37毫米，重190.3克。原料为砂岩。毛坯台面为人工台面；背面由砾石面和石片疤组成；劈裂面平坦，打击点散漫，放射线、同心波和半锥体均不明显。A刃刃角52°，刃长78毫米。采用锤击法双向修理。两侧均留有修疤，其中背面的较为连续密集，最多可达3层，最大的长28毫米，宽23毫米。B处为解理面，推测由于石质本身的原因在剥片过程中形成。工具加工距离较远（图八，1）。

凸刃　2件。长40～78.5毫米，平均长59.3毫米；宽61～83.9毫米，平均宽72.4毫米；厚34～34.8毫米，平均厚34.4毫米；重189.3～210.7克，平均重200克；刃角58°～88°，平均刃角73°；刃长84～92毫米，平均刃长88毫米。

标本11BYSJ：43，长40毫米，宽61毫米，厚34毫米，重189.3克。原料为角岩。毛坯台面为人工台面；背面由砾石面和石片疤组成，劈裂面平坦，打击点散漫，有清楚的放射线，同心波和半锥体均不明显。A刃刃角58°，刃长92毫米。主要采用锤击法正向修理。背面留有多层密集的鱼鳞状和阶梯状修疤，最大的长18毫米，宽32毫米。加工距离较远（图八，2）。

尖刃　1件。观察组成尖刃两侧边的形态，属凸–直边尖刃刮削器。标本11BYSJ：26，长106毫米，宽88毫米，厚34毫米，重202克。原料为角岩。毛坯台面为人工台面；背面由砾石面、解理和石片疤三部分组成；劈裂面微凸，打击点散漫，有清楚的放射线，同心波和半锥体均不明显。A、B为形成尖刃的两条侧边，尖刃角95°。凸边A长69毫米，采用锤击法正向修理，背面一侧有细密连续的修疤，多达4层，最大的长21毫米，宽21毫米。直边B长89毫米，采用锤击法双向修理，劈裂面一侧留下的连续修疤较多。加工距离中等（图八，3）。

分析可见，西南山地点发现的三类工具以角岩为主要原料。以石片为毛坯，在剥取石片后进行二步加工修理。工具背面大都由砾石面和石片疤两部分组成。刃缘的修理

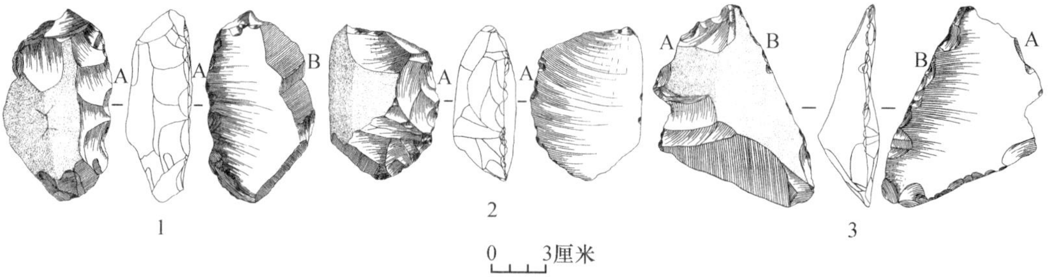

图八　养树圈西南山地点发现的三类砍砸器

1. 单直刃砍砸器（11BYSJ：16）　2. 单凸刃砍砸器（11BYSJ：43）　3. 单尖刃砍砸器（11BYSJ：26）

多采用锤击法双向加工，修疤连续密集，多达数层。除修理刃缘外，还对一些工具的形态和把手部位进行调整。

三、结　语

1. 石器工业特征

（1）石器原料种类集中，仅有角岩和砂岩两种，应为就近取材。其中以角岩所占比例最大，有52件。石质坚硬，大多比较细腻，适合打制石器。说明在当时的条件下，人们已对石器原料进行了筛选（图九）。

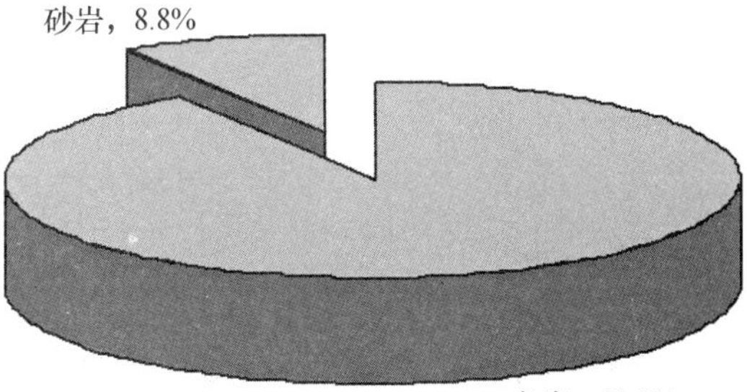

图九　石器原料百分比

（2）石器类型丰富，包括石核、石片、断块和工具四类，其中工具包括二类工具（23件）和三类工具（18件）。工具数量最多，约占石器总量的71.9%。其次是石片和石核，断块数量最少。工具类型有刮削器和砍砸器两种。

（3）根据石器的重量，可大致将其划分为小型（≤100克）、中型（＞100克，≤500克）、大型（＞500克，≤1000克）和特大型（＞1000克）四个等级。总体来看，小、中、大、特大各型皆有，并各占一定数量。其中中型数量最多，占57 %；其次为小型，占31%；再次是大型和特大型，各占6%。通过分类统计来看，石核、石片和断块以小型、中型为主；工具以中型为主，其次为小型（表一）。

表一　石器重量统计表

类型＼重量	小型		中型		大型		特大型	
	≤100g		100～500g		500～1000g		＞1000g	
	N	%	N	%	N	%	N	%
石核	0	0	2	4	0	0	2	4
石片	6	10	4	7	0	0	0	0
断块	0	0	2	4	0	0	0	0
二类工具	7	12	13	22	2	4	1	2
三类工具	5	9	12	20	1	2	0	0
总计	18	31	33	57	3	6	3	6

（4）石核的台面和剥片面较多，其中也较多的使用了人工台面，体现出当时人们有意识的调整台面和剥片面以提高石核利用率的思想。

（5）从毛坯的选择来看，工具均选用片状毛坯，绝大多数工具背面保留有一定的砾石面。

（6）三类工具的修理方法均为锤击法，以硬锤直接修理。修理方式多为双向修理，其中以正向修理为主，修疤多位于刃缘的背面一侧。修疤类型有鱼鳞状和阶梯状两种，且以鱼鳞状为主。修疤多为2～3层，最多可达5层。

（7）从工具的加工距离来看，以器身宽度的1/10和1/3为界，划分为较远（修疤长度超过器身宽度1/3）、中等（介于两者之间）和较近（修疤长度未超过器宽1/10）三类[1]，大部分工具的加工距离较远，其次为中等，较近的最少，说明西南山地点的石器加工技术已逐步成熟。

（8）除修理刃缘外，有的工具还对器形及把手部位进行了修理。以达到器形的对称美观和便于执握使用的目的。

2. 与周边遗址关系的探讨

学者们根据目前的研究成果，将东北地区的旧石器时代工业划分为三个大的类型：以庙后山遗址为代表的大石器工业类型，包括庙后山[2]、新乡砖厂[3]、抚松仙人洞[4, 5]和小南山[6]等地点；以金牛山遗址为代表的小石器工业类型，包括金牛山[7]、小孤山[8]、鸽子洞[9]、周家油坊[10]和阎家岗[11]等地点；以大布苏地点为代表的细石器工业类型，包括大布苏[12]、大坎子[13]、大兴屯[14]和十八站[15]等地点。根据养树圈西南山地点的石器特征将其归入大石器工业类型。

该地点同庙后山遗址相比具有相似之处：石器类型包括石核、石片和工具，其中工具中，刮削器占有相当大的比例；剥片方式以锤击法为主；工具的加工和修理都比较简单，采用硬锤进行直接加工。但养树圈西南山地点的剥片方法中不见庙后山遗址大量出现的碰砧法；同时也不见庙后山遗址中发现的薄刃斧和石球等工具类型。

3. 地点性质

该地点石器的原料种类集中，品质较好，以角岩数量最多，占石器总数的91.2%。可见当时的人们在制造石器时虽就近取材，但已经过筛选。而总观石器类型，以工具数量最多，石核、石片和断块的数量较少。工具包括刮削器和砍砸器。推测当时的人们在此进行了短期的生产活动。

从周围环境来看，此地点距太子河很近，利于取水。其位于的Ⅲ级基座阶地，地势较高，地面开阔平坦，适合古人类活动。通过对养树圈西南山地点石器工业特征的分析，推测此地点应为当时人类狩猎、采集活动的临时性场所。

4. 年代分析

从石器的分布和层位分析，均分布在河流最高的Ⅲ级基座阶地上，且经过探掘，石器应出自耕土层以下的黄色亚黏土中，为更新世的典型堆积。

从石器的加工技法及工具组合看，西南山地点的旧石器都和同属一个地区的庙后山旧石器遗址的石器显现出一定的一致性；且在地点中不见新石器时代的磨制石器和陶片。

从保存情况来看，西南山地点发现的石器与庙后山遗址相比，有2件风化程度较深，表面呈浅灰色，与庙后山基本相同，其余石器风化较轻，说明该地点存在两个不同时期的文化遗存，年代跨度较大。

所以，推测养树圈西南山地点的年代最早应与庙后山遗址中期相当，最晚不会晚于旧石器时代晚期。

附记：在调查期间还得到辽宁省文物考古研究所、边疆考古研究中心、本溪市博物馆、本溪县文化局和文物局领导的大力支持和帮助。参加调查的人员还有本溪市博物馆梁志龙副馆长和吉林大学地球科学学院程新民教授，在此一并表示感谢。

注　释

［1］ 王幼平. 石器研究——旧石器时代考古方法初探［M］. 北京：北京大学出版社，2005年.

［2］ 辽宁省博物馆，本溪市博物馆. 庙后山——辽宁省本溪市旧石器文化遗址［R］. 北京：文物出版社，1986：21–31.

［3］ 程新民，陈全家，赵海龙等. 吉林省东部旧石器时代人地关系初探［A］. 边疆考古研究（第7辑）［C］. 北京：科学出版社，2008：1–9.

［4］ 王文兴. 吉林抚松发现旧石器时代文化遗址［J］. 人类学学报，1993（2）：129.

［5］ 姜鹏. 吉林抚松仙人洞旧石器时代遗址［J］. 东北亚旧石器文化，1996：205–210.

［6］ 杨大山. 饶河小南山新发现的旧石器地点［J］. 黑龙江文物丛刊，1981（1）：49–52.

［7］ 金牛山联合发掘队. 辽宁营口金牛山旧石器文化的研究［J］. 古脊椎动物与古人类，1978（2）：129–136.

［8］ 张镇洪，傅仁义，陈宝峰等. 辽宁海城小孤山遗址发掘简报［J］. 人类学学报，1985（1）：70–79.

［9］ 鸽子洞发掘队. 辽宁鸽子洞旧石器遗址发掘报告［J］. 古脊椎动物与古人类，1975（2）：122–136.

［10］ 孙建中，王雨灼，姜鹏. 吉林榆树周家油坊旧石器文化遗址［J］. 古脊椎动物与古人类，1981（3）：281–291.

［11］　魏正一，杨大山，尹开屏等. 哈尔滨阎家岗旧石器时代晚期地点（1982～1983年发掘报告）［J］. 北方文物，1986（4）：8-15.
［12］　董祝安. 大布苏的细石器［J］. 人类学学报，1989（1）：49-58.
［13］　陈全家. 吉林镇赉丹岱大坎子发现的旧石器［J］. 北方文物，2001（2）：1-7.
［14］　黄慰文等. 黑龙江昂昂溪的旧石器［J］. 人类学学报，1984（3）：234-243.
［15］　魏正一，干志耿. 呼玛十八站新发现的旧石器［J］. 求是学刊，1981（1）：118-120.

Research on Paleolithic Artifacts Found on Southwest Mountain of Yangshujuan, Benxi

SHI Jing　CHEN Quan-jia　LI Xia　WEI Hai-bo

The site is situated in Yangshujuan Village, Pianling Town, Benxi County, Liaoning Province. 57 artifacts were collected from the site. The assemblage includes cores, flakes, debris and tools. Hornfels is the predominant raw material, followed by sandstone. According to the characteristics of these artifacts, we suggest that the site is transitional type from flake industry, probably in the period of the early Paleolithic to the late Paleolithic.

吉林省大安市2012～2013年区域性系统调查简报*

刘晓溪[1, 2]　史宝琳（Pauline Sebillaud）[1, 3]　王立新[1]

（1. 吉林大学边疆考古研究中心，长春，130012；2.吉林省文物考古研究所，长春，130033；3.法国国立科学研究院东亚文明研究所CNRS CRCAO，巴黎，75005）

为了践行2009年颁布的《田野考古工作规程》，2011年吉林省文物局与吉林大学边疆考古研究中心等单位联合成立了“吉林省田野考古实践与遗址保护研究基地”。根据已获国家文物局批准的《吉林大安后套木嘎遗址考古工作规划》的要求，经由吉林省文物局协调，吉林大学边疆考古研究中心与吉林省文物考古研究所组成联合考古队于2011年7月初至10月末对后套木嘎遗址进行了首次考古发掘[1]，在发掘工作取得重大收获的同时，也使我们意识到“仅仅依靠单个遗址的发掘所获得的考古资料，既不能使我们准确地概括一个区域内考古学文化的特征，也不能为我们探索早期复杂社会的起源与发展提供足够的证据”[2]。藉此，我们除了按计划对后套木嘎遗址进行为期5年的连续发掘外，还计划分年度、分步骤地对以后套木嘎遗址为中心的新荒泡及月亮泡周边区域300平方千米的范围内进行区域性系统调查。“区域系统调查，又称作全覆盖式调查，是以聚落形态为目的的考古调查方法”[3]。我们希望通过这种调查方法，并配合以典型遗址的发掘，进而构建和完善嫩江流域的考古学文化的编年序列，并尝试探索区域内的聚落分布、聚落形态历时演变以及人与自然环境之间的关系等问题。

2012年4月25日至5月10日和2013年4月25日至5月11日，后套木嘎遗址考古队连续两年对这一地区进行了区域性系统调查，截至目前，以此种方法进行的考古调查工作在吉林省境内尚属首次。

---

* 基金项目：吉林省文物局委托项目“吉林大安后套木嘎遗址考古工作规划”（357121741444）；吉林大学“GIS支持下的吉林省古代聚落历时态考察”（450060522161）；国家社科基金重大项目“吉林大安后套木嘎遗址的发掘与综合研究”（15ZDB055）。

一、拟调查区域的自然地理概况

松嫩平原系由松花江、嫩江及其支流冲积而成，其东、西、北三面分别被长白山脉、大兴安岭、小兴安岭所环绕，形成了一个相对较为独立的地理单元。拟调查区域位于嫩江西侧支流洮儿河的下游地区。这一带历史上由于水流不畅形成过众多大大小小的湖沼，现存水域较大的有月亮湖、新荒泡、他拉红泡等。

该区域从整体上看地势较为低平又略有起伏，海拔120～150米。按地形地貌和地表植被的差异又可以细分为两类，第一类为相对地势较高的河床两岸和湖泊周围的台地或土岗，土壤类型多为略偏沙性的黑土或灰黑土，堆积厚薄不均，现多辟为耕地，由于人类的过度开发利用，多数地区已呈现沙化；第二类为相对地势较低的旧河床、干涸的泡子底部或洪水泛滥区，历史上应为水草丰美、面积广阔的湿地，由于近年来人为破坏和干旱气候的影响，形成了成片的植被稀疏、生态脆弱的盐碱地带。

二、以往工作简介

嫩江流域考古工作起步较早，自20世纪30年代初梁思永先生发掘昂昂溪遗址[4]算起，至今已有80余年的历史，新中国成立后，黑龙江、吉林两省的文物工作者在昂昂溪文化认识的基础上，对嫩江流域开展了多次考古调查和发掘工作。调查工作包括黑龙江省博物馆20世纪60年代对嫩江沿岸的调查[5]、70年代对昂昂溪遗址的调查[6]，吉林大学1962年对白城地区的调查[7]，吉林省文物工作队1982年对洮儿河下游右岸的调查[8]等；发掘工作包括靶山墓地[9]、黄家围子遗址[10]、小拉哈遗址[11]、白金宝遗址[12]、汉书遗址[13]、双塔遗址[14]等。通过这一系列考古工作的开展，获取了一大批新石器时代至早期铁器时代的遗存，为嫩江流域汉以前考古学文化的研究提供了宝贵的材料。

后套木嘎遗址周边300平方千米的范围仅为整个嫩江流域的一小部分，单就这一区域而言，最早的考古工作始于20世纪50年代，1958年吉林省博物馆和文管会对后套木嘎遗址进行了调查[15]；1962年吉林大学在白城地区进行调查时，调查了该区域内的东山头遗址、傲包山遗址（即后套木嘎遗址）、邹德仁屯遗址，并对东山头和傲包山遗址进行了试掘[16]；1974年吉林大学考古专业、2001年吉林省文物考古研究所先后两次对大安汉书遗址进行了考古发掘[17]；特别值得指出的是自2011年以来后套木嘎遗址连续发掘所取得的收获，为整个嫩江流域汉以前的考古学文化序列的认识提供了一个科学的标尺[18]。

三、工作基本情况、调查方法介绍和说明

（一）基本情况

2012～2013年的调查工作范围主要位于新荒泡及月亮泡的西南部、南部和东南部，涉及的主要行政区域有隶属于大安市的安广镇、丰收镇、红岗子乡和月亮泡镇，调查面积总计约为116.64平方千米（图一）。

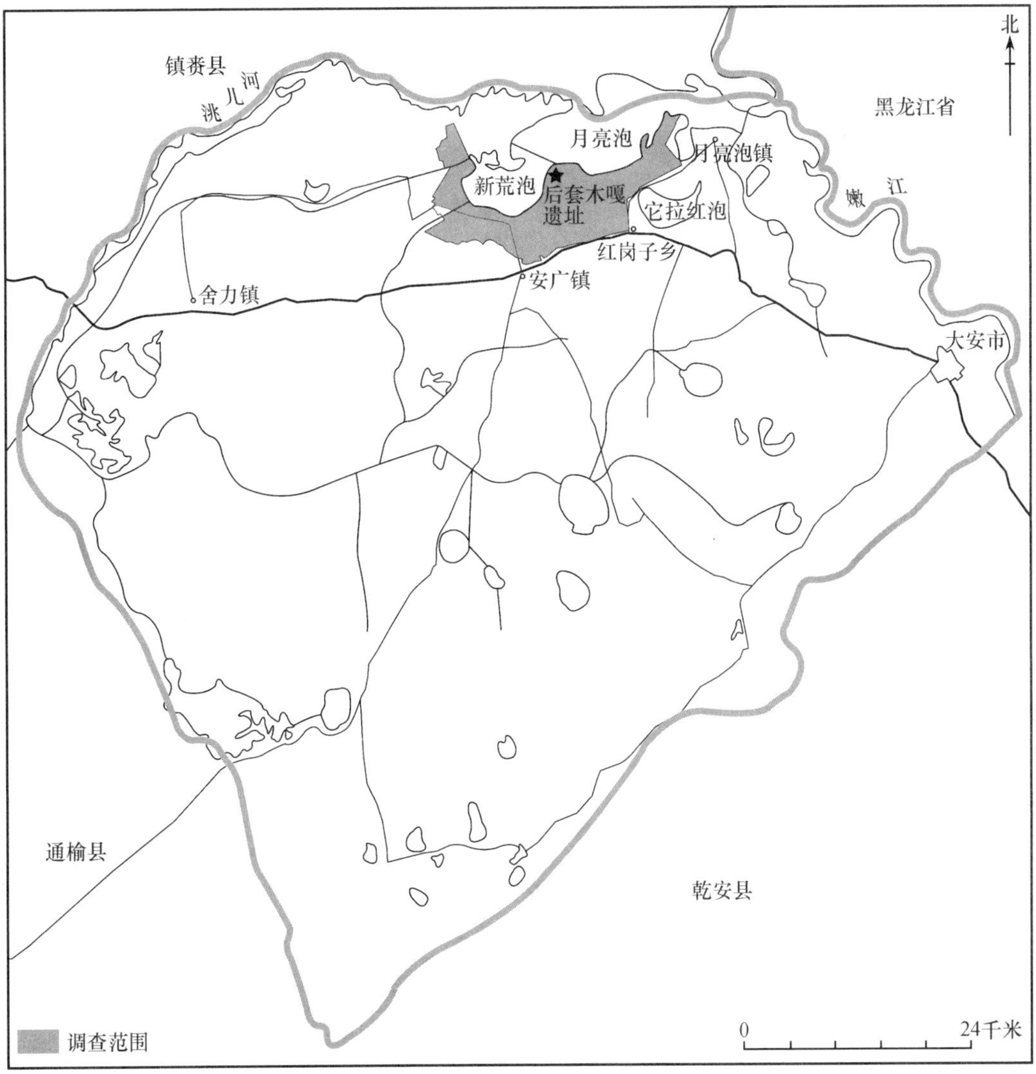

图一 2012～2013年调查范围位置图

（二）调查方法介绍和说明

首先将参与调查工作的人员分为若干组进行拉网式调查，每组3～4人，全程步行，保持人与人间距50米左右。由于最后的分析都是以采集区为基本单位，所以采集区范围的划定和采集遗物的方法就尤为重要。采集发现陶片两片以上即作为一个采集区，采集区的规格为50米×50米。同时根据地表遗物的丰富程度选择做一般采集或系统采集。一般采集系在地表遗物相对稀疏的情况下，对整个采集区内所有遗物做全面收集；系统采集是在地表遗物较为丰富的情况下，在采集区内画一个或多个（不超过五个）半径为1.8米的圆圈（面积约10平方米），圈内所有遗物做全面收集，系统采集的遗物数量整体以不少于30个为标准。每个采集区内采集到的遗物均代表着该采集区内遗物的文化属性和分布密度，采集区的数量往往是与遗址的面积相对应的，实际上绝大多数采集区内采集到的遗物都包含着不同时期文化的陶片，通过对采集区这一基本单位内采集遗物的分析，我们可以在未进行田野考古发掘的情况下，对一个遗址内不同时期文化遗存的分布范围和密度有一个初步的认识。

在调查过程中，除了严格按照既定的调查方法外，我们还利用了电子地图的导航功能对发现遗物的地点进行定位，同时与手持GPS测得UTM坐标进行比对和校正，用测距仪在现场划分采集区范围并进行遗物采集，根据采集过程行走路径，在已经准备好的大比例尺卫星图上精确找到采集区的位置，并作出明确标注，最后在野外现场填写吉林省田野考古数据库中的相关表格。

室内工作则充分利用计算机数据库技术，对田野调查工作中所采集到的遗物进行分析和断代后，将分析结果和田野调查过程中的记录表格、照片等文字和影像资料，输入到利用Filemaker软件建设的吉林省田野考古数据库中[19]；将画在卫星图上的采集区等图形资料利用AUTOCAD软件在已有测绘图上进行精确标注和面积计算。最后通过吉林省田野考古数据库，对不同类型的文件进行链接，进而对调查所获取的全部信息做进一步统筹分析与研究。

四、调查收获、认识及相关问题的讨论

（一）调查收获

在两年调查的116.64平方千米的范围内，我们共发现采集区1250个，其中一般采集1016个，系统采集234个，采集区总面积约3.125平方千米，采集陶片数量39220片。根据我们对该区域范围内考古学文化年代框架的认识[20]，可以将此次调查发现的遗存分为九组，归属于五个大时期。新石器时代遗存，可分为早、中、晚三组；青铜时代至早期铁器时代遗存，亦可划分为青铜时代早中期（小拉哈文化、古城类型）、白金宝文化、汉书二期文化三组；魏晋隋唐时代的遗物发现较少且较为零散，故笼统地划归为一个时期；辽代和金代的遗存受调查材料所限，未做细分，将其划为一个时期；晚清至民国时期遗存为一个时期。两年的调查结果详见表一[21]。

表一　各时期调查结果统计表

组别	时期	采集区数量	采集区面积（万平方米）	陶片数量	陶片总数百分比	密度（陶片/万平方米）
第一组	新石器时代早期	9	2.25	19	0.04%	8.44
第二组	新石器时代中期	51	12.75	759	2%	59.53
第三组	新石器时代晚期	26	6.5	431	1%	66.31
第四组	青铜时代早中期	48	12	1955	5%	162.92
第五组	白金宝文化	45	11.25	379	1%	33.69
第六组	汉书二期文化	125	31.25	925	2.4%	29.6
第七组	魏晋隋唐时期	23	5.75	40	0.1%	6.96
第八组	辽金时期	1080	270	21 769	55.5%	80.63
第九组	晚清至民国时期	1105	276.25	12 953	33%	46.89

（二）现有认识及相关问题的讨论

在现有调查材料的基础上，结合以往工作和后套木嘎遗址近三年发掘工作的收获，已经具备了初步分析和研究的条件。我们通过对各个时期采集区在地图上分布情况的观察，尝试着探索该区域内不同时期聚落的形态、分布特点以及人与自然的关系等问题。

1. 新石器时代遗存

（1）第一组：新石器时代早期遗存

迄今为止调查发现的新石器时代早期遗存（即以夹炭陶为代表的遗存）的采集区共计9个，采集区面积2.25万平方米，共采集陶片19片（图二）。

在后套木嘎遗址的发掘过程中将以夹炭黄褐陶和灰褐陶为代表的遗存命名为后套木嘎一期遗存，该类遗存的单位被后套木嘎二期即黄家围子类型的单位所打破，年代应不晚于黄家围子类型。该类遗存的陶片多为黄褐色或灰褐色，胎芯夹有炭化的草筋，有

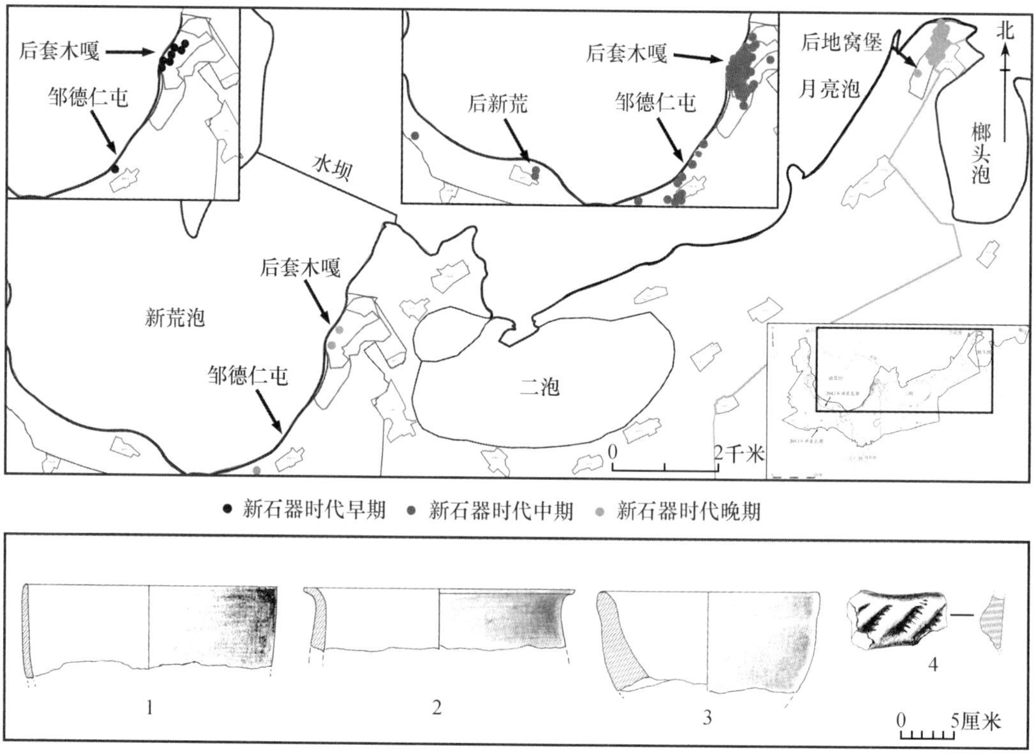

图二　新石器时代采集区分布图与新石器时代中期遗物标本

1. 陶器（后套木嘎）　2、3. 陶器（邹德仁屯）　4. 陶片（后套木嘎）

的器表饰有压印的栉齿纹，总体上看其制作工艺较为原始，具有陶胎厚、火候低、易碎等特点，具有东北亚地区早期新石器时代陶器的一般特征。综上，我们初步推测以夹炭陶为代表的遗存应是松嫩平原乃至东北亚地区年代较早的新石器时代遗存之一[22]。

从现有的调查结果看，我们发现该类遗存仅发现于新荒泡东南岸的两处遗址之中，即后套木嘎遗址和邹德仁遗址，两处地点均位于新荒泡东南缘的岗地上，在整个区域内地势相对较高，洮儿河水从西北部注入新荒泡，新荒泡的东岸、东南岸为相对地势较高且平坦的岗地，沿泡子边缘向西地势渐低，进而形成了新荒泡西部的成片的洪泛区，相较而言，新荒泡的东部、东南部则更适合人类的居住。遗址面朝新荒泡，濒临水域定居，除获取水源较为方便外，大面积的水域在特定的季节还可以提供丰富的鱼、蚌等食物资源。两个遗址之间相距仅约1千米左右，其中两个遗址中发现有新石器时代早期遗存的采集区之间的距离约为2千米左右，在已发现的1250个采集区中，仅有9个采集区发现有该类遗存，其中邹德仁屯遗址1个，后套木嘎遗址8个，可以发现该类遗存在现有调查区域内分布非常稀疏，且遗存分布面积较小，可见该时期的人类生产能力较低，活动力度尚小，其对自然资源的依赖性较强，经济模式仍以对自然的攫取为主，而有限的自然资源从某种程度上也限制了聚落的规模和人口的数量。

（2）第二组：新石器时代中期遗存

调查发现的新石器时代中期遗存，均以夹蚌粉的黄褐陶或灰褐陶为主，多为素面。少量带指甲纹、戳印纹、刻划纹与单条圆钝附加堆纹的陶片可明确划归为以后套木嘎遗址第三期为代表的遗存（即2012年简讯中的第二期）。素面的陶片中大多数也与后套木嘎第三期遗存特征相似，但少量素面陶片不排除有属于后套木嘎第二期遗存者（二者的部分素面陶片很难区分）。采集区共计51个，采集区面积12.75万平方米，采集陶片数量759片（图二）。

通过与邻近地区考古学文化的比较，并结合后套木嘎遗址第二期与第三期遗存的碳十四年代测定，可将此组遗存的年代范围初步推定在距今8000～5600年前后。但主体遗存的年代范围应当在距今6100～5600年前后。

以现有调查材料看，该时期遗存主要分布于新荒泡的东南和南岸，属于该时期的采集区在后套木嘎遗址分布最为密集，邹德仁遗址次之，在新荒泡的南岸仅有少量分布，其分布范围大部分与新石器时代早期遗存的分布范围重合，可见新石器时代中期的居民在居址的选择上与新石器时代早期居民趋同，故此新石器时代早期的遗址也多为新石器时代中期的居民所沿用，而其在新荒泡南岸的分布，也表明了该时期居民有向新荒泡的南岸活动的趋势；此外，从采集区的数量来看，该时期聚落的规模也大大超过新石器时代早期，可见该时期居民的活动能力和生产能力较之前有了大幅度的提升，人口数量和聚落规模也有了新的发展。结合近三年的发掘资料来看，我们通过对浮选获得的植物遗存的分析，初步判断该时期已有农业的萌芽，然而在发掘过程中并未发现该时期有明确的农业工具，或许此时所谓的农业仍属于依赖对自然直接获取的季节性采集，而并未发展成为稳定的农业经济；通过对出土动物遗存的初步鉴定结果可知，该时期的动物皆为野生种。可以初步判断此时的经济模式仍以渔猎采集为主。

（3）第三组：新石器时代晚期遗存

调查发现新石器时代晚期遗存的采集区26个，采集区面积约6.5万平方米，采集陶片数量431片（图二）。

该时期遗存以夹蚌红陶、夹蚌灰褐陶为主，器表多为素面，部分饰麻点纹和“之”字纹，属于后套木嘎第四期遗存，文化面貌与双塔二期及哈民忙哈遗址出土遗存较为接近，大体与红山文化晚期年代相当。

调查过程中发现在新石器时代晚期遗存的26个采集区中，23个位于后地窝堡遗址，该遗址位于月亮泡与榔头泡之间伸入水中的狭长半岛前端，遗址地势较高，三面环水，仅西南部与开阔地带相连，系陆路的唯一通道；另于后套木嘎遗址发现有2个，邹德仁遗址仅发现有1个。表明现有调查区域内该时期的聚落中心已经由新荒泡东南岸向月亮泡东岸转移，从后地窝堡遗址所处的地理位置亦可以看出，该时期居民选择居址的标准由之前单纯的择水而居变得更为复杂，除了更为接近生活所必需的资源外，或许还兼顾到地理位置的防御功能。同时，三个遗址间距离的扩大，或许也说明了该时期居民活动能力的加强，单个聚落的经济域也随之扩大，同外界的交往能力也变得更强。然而在现有区域内仅发现后地窝堡一处规模较大的新石器时代晚期聚落，说明此地该时期居民的生产能力仍非常有限，对自然资源的获取在其经济生活中仍占有较大的比重。

2. 青铜时代至早期铁器时代遗存

（1）第四组：青铜时代早中期遗存

调查发现青铜时代早中期遗存的采集区共48个，采集区总面积约为12万平方米，采集陶片数量1955片（图三）。

该时期遗存的陶片“以夹砂灰（黑）褐陶为主。素面居多。器表或打磨光滑或留有凸凹不平的手指凹痕。多见装饰性的乳钉和小泥饼。该特征与白金宝遗址第一期遗存十分相似，应为同一文化”[23]。学界称之为小拉哈文化。

另有部分陶片“以砂质灰褐色陶片为代表。大多饰有纹饰，尤以绳纹和条形附加堆纹为多，绳纹细密规整，条形附加堆纹多饰于口沿下，也有少量组成简单折线的篦点纹，且压印痕较浅，这些特征与白金宝遗址第二期遗存相同。而高领罐、瓮的口沿，特别是花边口的鬲口沿与白金宝二期相一致。故该组遗存与白金宝二期一样，同为‘古城遗存’”[24]。

然而除带纹饰的陶片和器物口沿部分外，小拉哈文化和古城类型的相当一部分陶片区分较为困难，故此并不做细致划分，将其共同归为青铜时代早中期，这批遗存的时代大致在夏至晚商（图三）。

在现有调查区域内该时期遗存仅发现于后地窝堡遗址，后地窝堡遗址隔椰头泡与月亮泡相连接处与汉书遗址相望，在汉书遗址的发掘材料中亦发现有属于青铜时代早中期的文化遗存，二者直线距离约3.3千米，尤其是在冬季冰封季节，通过冰冻的水面两个聚落联系更为方便。在距离较近的区域同时存在两个同时期的聚落，说明此时人群的生产能力已经大幅度提高，且两个聚落的关系应十分紧密。在黑龙江肇源小拉哈遗址亦发现有该时期的遗存，且该遗址连续性较好，从新石器时代晚期至青铜时代均存在，故此月亮泡周边的该时期遗存有可能是从肇源地区沿嫩江迁徙进入该区域。

（2）第五组：白金宝文化遗存

调查发现白金宝文化遗存的采集区共45个，采集区总面积约为11.25万平方米，采集陶片数量379片（图三）。

该时期的陶片多为泥质黄褐陶，泥质灰陶略少，另有少量的夹砂陶，器表均经过磨光，表面光滑细腻，陶器纹饰较为丰富，有压印的细密篦点纹构成的几何形和动物形纹饰，以及较为粗糙的绳纹。调查时还发现有少量石器，其中以穿孔的石锤斧最为典型。

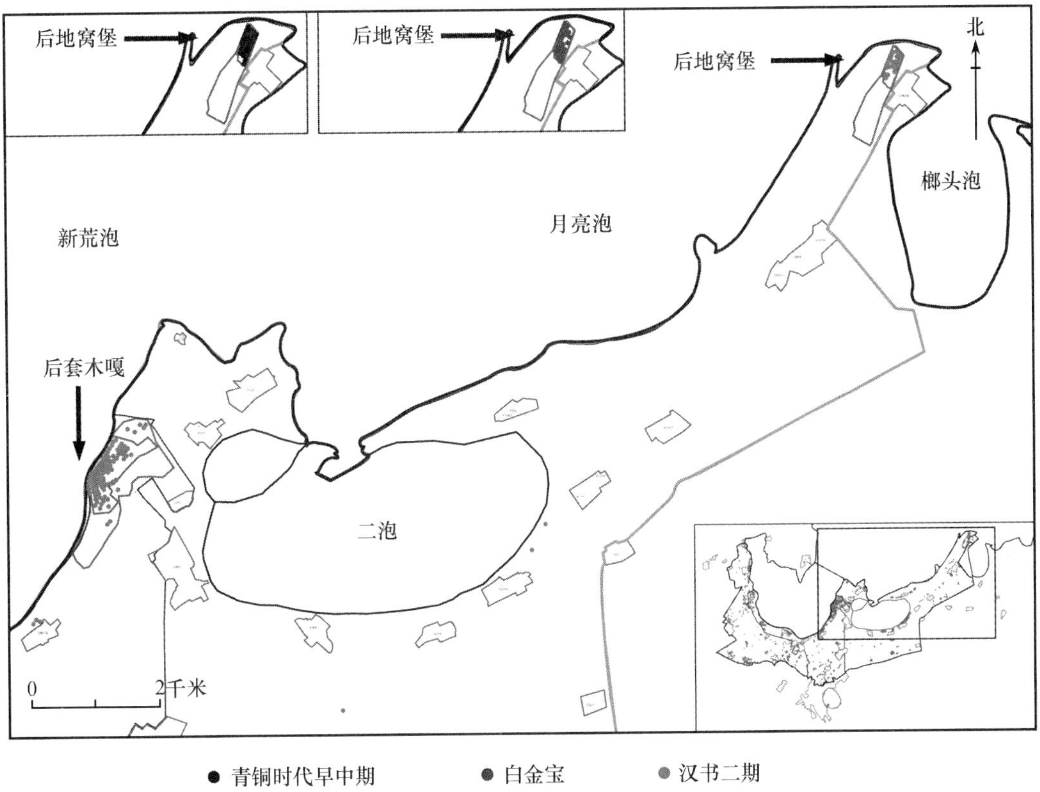

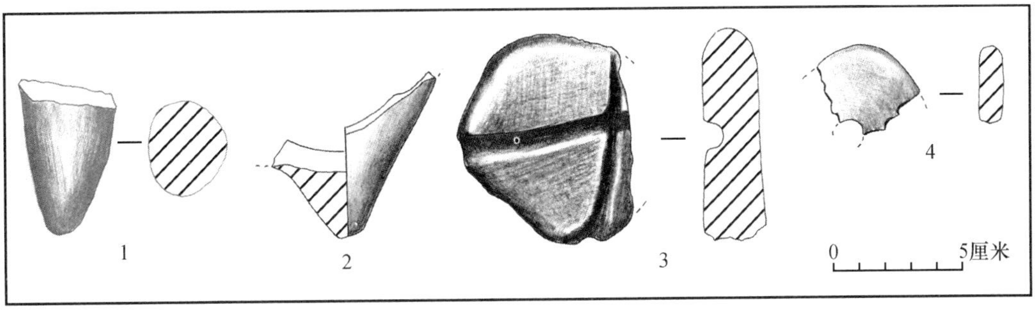

图三 青铜时代至早期铁器时代采集区分布图与汉书二期遗物标本

1、2. 鬲足 3. 网坠 4. 纺轮（均出自后套木嘎）

调查过程中发现有白金宝文化遗存的45个采集区中，其中44个位于后地窝堡遗址，后套木嘎遗址仅发现有1个，然而在后套木嘎遗址的发掘过程中，还发现有属于该文化晚期的墓葬两座。白金宝文化是以黑龙江省肇源白金宝遗址命名的，汉书遗址亦发现有这一时期的同类遗存，至少可以说在这一时期该区域内白金宝文化的聚落主要是分布在月亮泡边缘的汉书和后地窝堡遗址，而后套木嘎遗址很有可能是白金宝文化晚期的人群选作墓地的开始，进而至汉书二期文化时代亦即战国至西汉时期发展成为一处规模较大的墓地。

（3）第六组：汉书二期文化遗存

调查发现汉书二期文化遗存的采集区共计125个，采集区总面积约为31.25万平方米，采集陶片数量925片（图三）。

该时期的陶片多为沙质黄褐陶，少量的沙质灰褐陶，可辨器形有鬲、壶等，器表较白金宝文化的陶器略显粗糙，以素面为多，部分陶器表面施有红衣，陶鬲和陶壶的下部饰有绳纹，绳纹较细，多呈线条状。另发现有陶网坠等。

调查发现汉书二期文化遗存的125个采集区中，其中95个位于后套木嘎遗址，后地窝堡遗址发现有25个，邹德仁屯遗址发现3个，二泡东南岸有2个，二泡南部较远处发现有1个。从采集区的分布和面积与之前青铜时代文化的对比观察，可以发现汉书二期文化遗存的分布范围有明显的扩大，然而其仍主要分布于后套木嘎遗址和后地窝堡遗址，其他地区分布较为零散，邹德仁屯遗址或许有可能是该时期的一处较小的聚落，而其他的采集区很有可能是该时期人群活动的遗留，至少可以说明该时期人群的活动范围较之前更大。通过2011至2013年连续三年的发掘，我们发现后套木嘎遗址属于汉书二期文化遗存的遗迹主要为墓葬，共发掘该时期墓葬约70余座，在该时期，后套木嘎遗址中部是作为该文化群体的一处公共墓地而存在的，墓葬内出土的陶器多系施红衣的陶壶和陶钵的组合，这种红衣陶器主要是作为冥器使用的。而调查时在后套木嘎遗址范围内发现的大量的沙质黄褐陶有些明显是属于聚落日常使用的实用器的残片。汉书二期文化的墓地和聚落同属于一个大的遗址范围内，且相去不远。在以往考古工作收获和认识的基础上，可知战国至西汉时期在新荒泡和月亮泡区域，至少存在有东山头遗址、汉书遗址、后地窝堡遗址、后套木嘎遗址四个规模较大的聚落和墓地。

3. 第七组：魏晋隋唐时期遗存

调查发现魏晋隋唐时期遗存的采集区共23个，采集区总面积约为5.75万平方米，采集陶片数量40片（图四）。

该时期遗存的陶片主要为夹砂陶，分为红褐陶和灰褐陶，陶器近口沿处多有三道凸棱。

该类遗存与鲜卑或契丹早期的陶器特征较为接近。鲜卑族起源于内蒙古自治区呼伦贝尔东北部，当其走出“大鲜卑山”踏入草原时，也预示着其主要的经济模式由原有的渔猎经济转型为相对发达的游牧经济，以游牧为生的鲜卑族活动地域也随之扩大，其完全可以沿嫩江顺流而下，越过大兴安岭，由呼伦贝尔草原进入松嫩平原地区。契丹族为隋唐时期活跃于东北亚地区的游牧民族的一支，历史学界认为其源出东胡，松嫩平原毗邻科尔沁草原，新荒泡及其附近的湿地范围水草肥美，其相对脆弱的生态环境则更适于游牧经济的发展，契丹族亦完全有可能游牧于此。

也正是受到该时期经济模式的限制，该时期此地并不存在相对稳定的定居聚落，故此发现有该时期遗存的采集区较为分散，其沿新荒泡及隶属于月亮泡的二泡周边均有

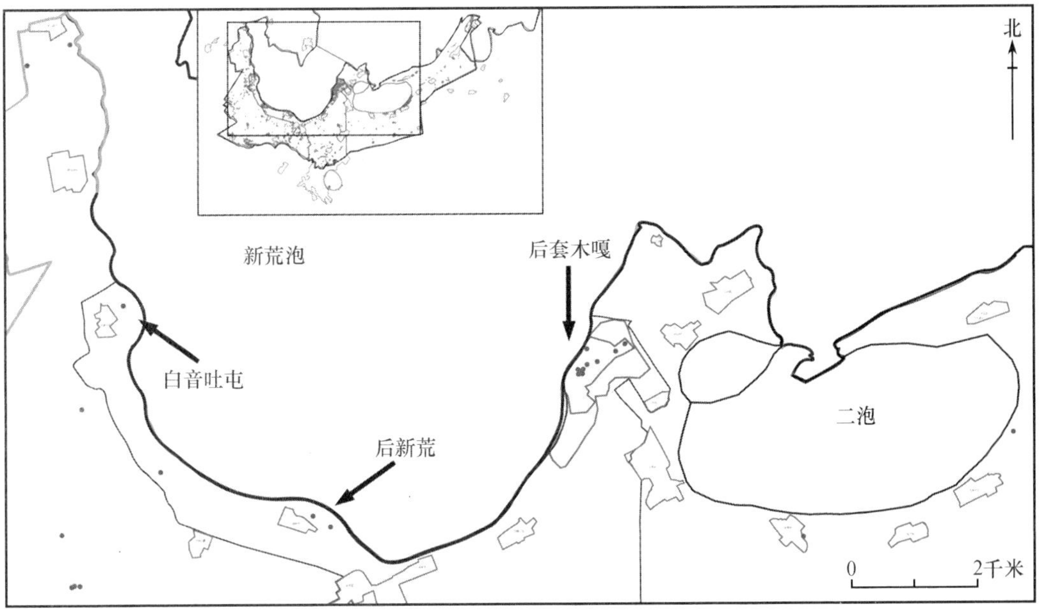

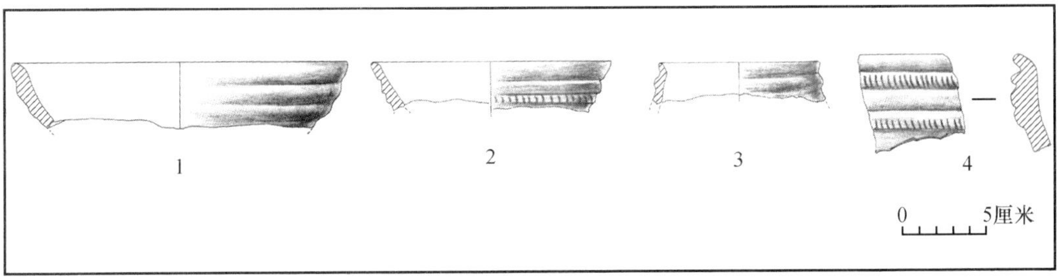

图四　魏晋隋唐采集区分布图与遗物标本

1～4. 口沿（后套木嘎）

零散分布，极有可能是游牧民族在迁徙过程中或短暂停留过程中遗留下来的遗存，沿泡子南岸的一线，或许正是当时游牧民族的迁徙路线。

4. 第八组：辽金时期遗存

调查发现有辽金时期遗存的采集区共1080个，采集区总面积约为270万平方米，采集陶片数量21769片（图五、图六）。

无论是从采集区的数量、面积，还是陶片数量来看，可以发现该时期的遗存非常丰富，除大量的陶器残片外，还发现有砖瓦类的建筑构件。陶片多为泥质灰陶，发现的器物口沿多为卷沿或折沿，以素面为多，少量器表经磨光，可见纹饰有篦齿纹、垂帐纹、戳印三角形纹等。建筑构件发现有板瓦、筒瓦和青砖残块，均为泥质灰陶，瓦类构件内面印有布纹。其中部分瓦类构件的残块又经再次利用，被改造成网坠使用。

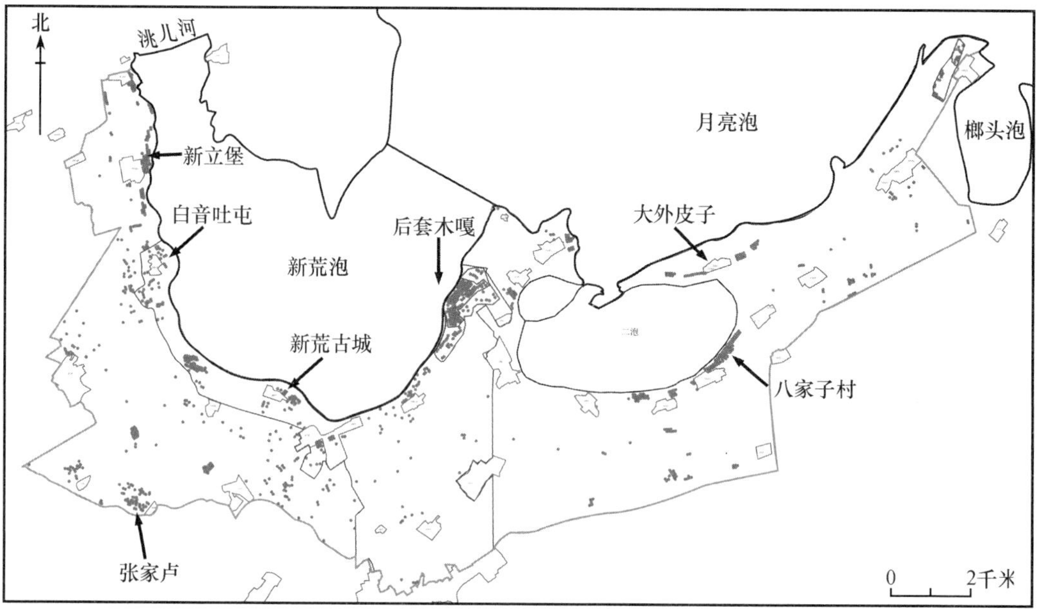

图五　辽金时期采集区分布图

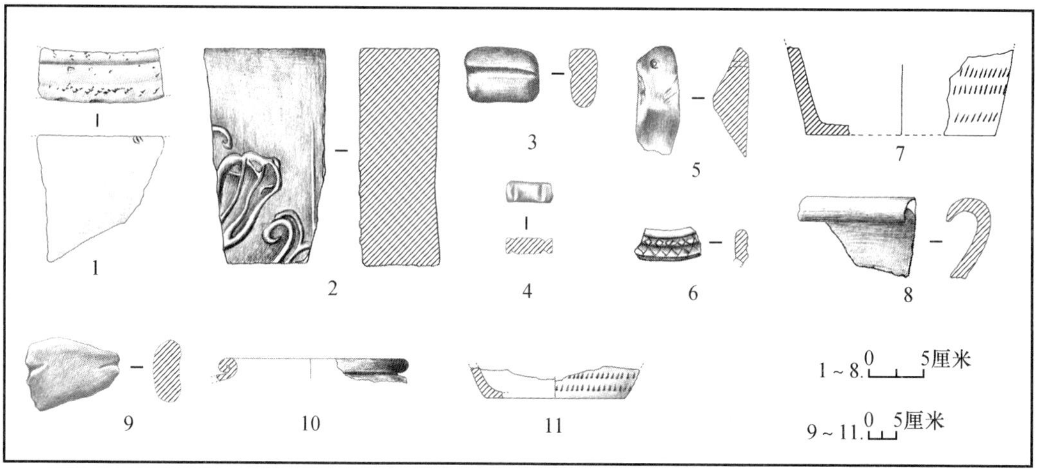

图六　辽金时期遗物标本

1. 瓦片（新立堡）　2. 花纹砖（尹家窝堡）　3、4、9. 网坠（后套木嘎、八家子、后套木嘎）　5. 砺石（永丰）　6. 陶片（永庆）　7、11. 器底（永丰、邹德仁屯）　8、10. 陶器口沿（尹家窝堡）

辽金时期遗存在现有调查范围分布较为均匀，聚落间的距离均在3千米左右，这种分布状态很可能与古代的道路交通网状系统有关。现有调查区域来看以新荒泡的沿岸分布更为集中，后套木嘎遗址、邹德仁屯遗址、新荒古城及周边、尹家窝堡西北、白音吐屯附近、新立堡遗址等，各个遗址在新荒泡沿岸的均匀分布，更像是现有区域内的一条主要通道。其向南辐射的线路如尹家窝堡西北遗址到小金山遗址和张家卢遗址的距离也在3千米左右。月亮泡沿岸的大外皮子遗址和二泡东南岸的八家子遗址的间距也符合这个规律。若将这种聚落间的分布状态放在一个更大的交通网状系统之内，或许这种规律性会表现得更加明显，当然这也期待日后的工作能进一步证明这种推测。

从聚落规模观察，后套木嘎遗址辽金时期遗存的分布面积略大，可见该区域从新石器时代至辽金时期始终是人们择选聚居地的最优之选，且在遗址的南部还发现有铁渣、烧结的炉壁等冶铁遗存，可见该区域在功能区分上极有可能为冶铁作坊。

新荒古城系辽金时期的一座城址，调查时发现古城所在位置已为现代村落所占据，现仅存在卫生院东和小学校北的一小块空地，古城的轮廓已经完全无法辨识，据《大安市文物志》记载，“新荒古城为方形，周长约792米，东西城墙居中位置各有一门”，受当地居民生活和生产活动的影响，原有地貌破坏十分严重，所发现的遗物不多，有少量的泥质灰陶片、辽代白瓷片等；尹家窝堡西北发现的辽金时期的遗存紧邻新荒泡，通过对地貌的细微观察，发现北侧濒临泡子的一线地表有几处较高的隆起，且排列较有规律，2014年我们对其中的一座土包进行了试掘，发现了辽金时期土盐制作遗存，可知尹家窝堡遗址是该区域内辽金时期盐业生产相关的一处遗址；白音吐屯亦发现有大量的辽金时期陶片，其散布面积较大，并不十分集中，可能为一处长期居住或季节性居住的聚落；新立堡遗址位于新荒泡的西岸，呈南北向的条带状分布，地表散布有大量辽金时期的遗物，除陶片外，还发现有砖瓦类建筑构件的残块，《大安市文物志》则将其定义为一处辽金时期的建筑址。新荒古城、尹家窝堡西北、白音吐屯附近及新立堡遗址从地理位置及出土遗物上来看或许更应该属于一个大的整体，尹家窝堡西北和新立堡遗址从瓦类建筑构件的发现来看，其等级相对较高，而新荒古城系该调查区域范围内的唯一一座辽金时期的城址，虽然其规模较小，然其所处的位置较为重要。

据《辽史》记载辽代有四季捺钵的制度，依四季编排分别为“春水、夏凉、秋山、冬坐”，其中的“春捺钵”从历史地理的角度来看很有可能是一个较大的地域范围，而并非单只一处，新荒泡沿岸很有可能也属于辽代皇帝春季捺钵地域范围内的一部分。

5. 第九组：晚清至民国时期遗存

调查发现有晚清至民国遗存的采集区共1105个，采集区总面积约为276.25万平方米，采集陶片数量12953片（图七、图八）。

该时期的遗存亦十分丰富，发现有大量的陶瓷器残片，陶片多为泥质灰陶，火候较高，质地更为细腻，晚清至民国时期的陶器可辨器形多为陶盆，陶盆口沿多为小折沿、尖圆唇，剖面近三角形。瓷片多为青花瓷片，多为晚清至民国时期，瓷胎灰白，略显粗糙，釉色透明，多数为花卉纹，青花色彩灰暗。另发现有少量的青砖和纹饰砖等建筑构件。

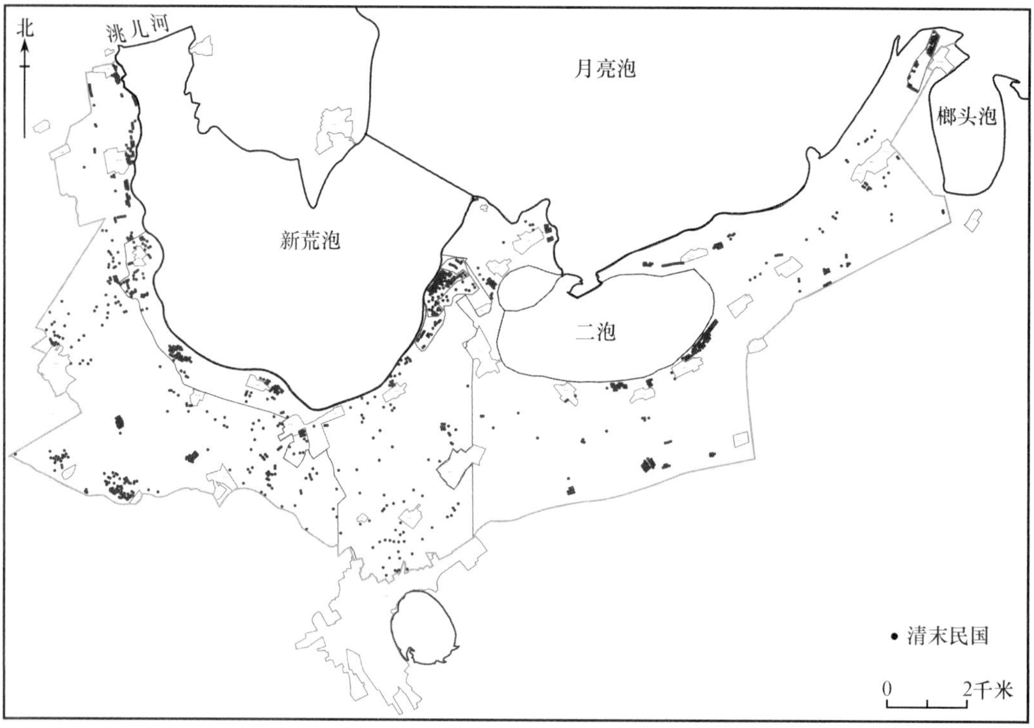

图七　晚清至民国时期采集区分布图

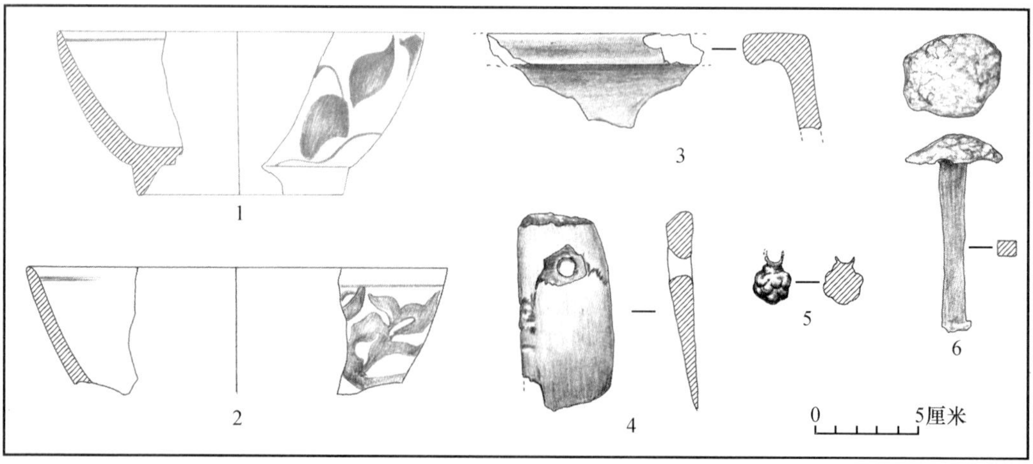

图八　晚清至民国时期遗物标本

1、2. 瓷碗（张家卢、后套木嘎）　3. 陶器口沿（后套木嘎）　4. 砺石（永丰）　5. 铜扣（洮儿河）　6. 铁钉（白音吐屯）

从现有的调查结果观察，该时期遗存的分布范围与辽金时期遗存的分布范围基本重合，仅在安广镇的北侧较辽金时期遗存分布范围略广。将之与辽金时期遗存分布范围图对比，至少可以得出以下两个结论：一是有该时期遗存分布的地域，辽金时期遗存均有发现，可以说明从辽金时期开始，至少在金代及其以后该区域人口的分布情况相对稳定；二是该时期遗存多分布于现代村落附近，有些甚至直接叠压于现代村落之下，可以说明现代村落至少在晚清至民国时期已经初步成形，民国时期这个区域已经形成了以安广镇为中心的行政地域单元。

然而通过陶片密度的对比我们发现其实二者具有显著的差异，辽金时期在新荒泡的南岸均匀分布有许多小的聚落中心，在内部具有向心性，彼此之间距离较为接近，便于交往和贸易；晚清至民国时期遗存分布密度整体较为均衡，其在新荒泡南岸的分布情况较辽金时期差别明显，向心性又彼此交往的小的聚落群已经不明显，说明新荒泡南岸这一区域在清末至民国时期的重要性较辽金时期有所降低，或许这一变化恰好与安广镇此时逐渐形成区域中心有某种联系。

五、结　　语

通过两年的工作，我们初步掌握了现有调查区域内自新石器时代早期至晚清民国时期遗存的分布状况，为研究该地区聚落形态特点和历时演变规律提供了基础资料。

从现有调查资料的统计数据可以发现，该区域内新石器时代早期的采集区数量很少，在已调查的116平方千米的范围内，仅于新荒泡东南岸的两个遗址之内有所分布，相比较而言后套木嘎遗址更为集中，目前而言尚无法推断其为永久聚落还是季节性聚落，但从某种程度上也反映了新石器时代早期人类择高临水而居的特点。地表采集该时期陶片的数量非常少，仅占陶片总数的0.04%，尽管人口数量暂无法判断，但可推知这一时期的人口数量非常少，区域内的人口密度极低。对比新石器时代中期的统计数据，我们可以发现无论是采集区的数量、陶片数量以及密度，都有显著的提高，说明这一时期的人口数量有所提高，聚落规模有所扩大，但从采集区分布来看，其较新石器时代早期人类基本的择居的标准并未发生变化，虽然后套木嘎遗址的采集区数量和陶片数量及密度明显高于其他区域，在一定程度上说明不同地点的人口数量和聚落规模有所差别，但还无法反映不同聚落在等级上是否存有差别。根据柯睿思（Christian Peterson）和吕学明等在大凌河上游地区的调查研究可知在新石器时代晚期红山文化聚落之中已经出现有聚落等级的差别，围绕“核心区”的众多“地方社区”组成一个超地方社区，说明此时的社会结构已经发展到一个新阶段[25]。再看我们的调查区域内，至新石器时代晚期，可以发现该时期遗存大量分布于后地窝堡遗址内，有一种可能是在月亮泡沿岸已经出现了一个中心聚落——后地窝堡遗址，此时的后套木嘎遗址则屈居于从属地位。再看后地窝堡遗址所处的地理位置或许也是社会复杂化进程的一种反映。总之，从新石器时代早期到新石器时代晚期，无论是人口数量还是聚落规模而言，在这样一个漫长的时间段内，整体上是趋于缓慢发展的，至新石器时代晚期，或许在社会结构上有所变化，但这还需要更多的工作去验证。

青铜时代早中期的遗存其实包含两个阶段，虽然我们未做细分，但从统计数据观察，其较新石器时代晚期有缓慢发展，但变化不大，其实这种现象一直贯穿到早期铁器时代。且其选择居址的标准较新石器时代并无太大差异，然而其重心已经从新荒泡转移到月亮泡沿岸，与嫩江上游联系更加紧密，这或许也是使用早期文化的人群沿嫩江而下进入该区域的一种反映。

至魏晋隋唐时期，从采集区数量、陶片数量和密度来看似乎在社会发展的道路上出现了一次较大的倒退，然而从历史角度审视这个问题，可知这一时期生活在该区域内的人群的经济模式已经有所变化，而这种调查方法的统计结果，对分析发达游牧文化群体人口数量和社会复杂化进程并不适用。

在现有调查区域内，至辽金时期无论是采集区数量，还是陶片数量和密度与同区域的前期情况相比是一次不小的飞跃，大大小小的聚落在调查区域内大量分布，这一时期定居人群与青铜时代的择居标准发生较大变化，人们不再单纯的择高临水而居，而是分布于更广阔的平原旷野的各个部分。随着社会生产力的发展，以农业经济为主的定居生活方式，可以供养更多的人口，这也是导致这一时期人口数量和聚落数量得到了空前膨胀的主要原因。但与此同时我们也发现了一些问题，这一区域内辽金时期的峰值和元明时期的真空形成了鲜明的对比，这是因为我们在调查资料的整理过程中并未发现明确属于元明时期的遗存，很可能在王朝更迭后，区域内生活的社会群体并未发生太大的变化，其主体人群仍旧保持着原有的生活惯性，反映在考古学文化的划分上则较为困难。晚清至民国时期聚落与现代村落分布状况相差无几，现今区域内行政区划格局在这一时期已基本成形。

通过两年的调查我们对这一区域有了一些新的认识，但要做更为深入的分析，仍需要开展更多的工作。故此，我们拟于未来的几年中，将调查范围扩大至西北至洮儿河、东北至嫩江南岸以及新荒泡及月亮泡北部，在完成300平方千米任务的同时，还计划选择不同时期的重要遗址进行小规模试掘。希望通过这一系列工作，进一步探明区域内聚落的历时性发展规律和内在动因；青铜时代人群进入这一区域的迁徙路线；并尝试开展不同时期聚落等级化分析（“位序–规模”分析）、不同时期人口的统计分析、同时代不同地点的交往频繁程度和交流交换线路等问题；同时利用地理信息系统，结合环境条件如土壤、地形，以及河流河道、湖泊范围的变化等进一步探索人类与自然环境之间的关系；最后，如有可能可以跟赤峰、喀左、彰武、阜新等同样使用区域性系统调查区域的数据和成果进行比较研究，进一步探索更大地域范围内社会发展的区域性差异和共同规律。

附记：“吉林大安后套木嘎遗址周边300平方千米区域性系统调查”系吉林省文物局委托项目“吉林大安后套木嘎遗址考古工作规划”和吉林大学“GIS支持下的吉林省古代聚落历时态考察”项目成果内容中的一部分，项目领队为吉林大学边疆考古研究中心王立新教授，2012年参与调查人员有吉林大学边疆考古研究中心博士研究生史宝琳、付琳，硕士研究生雷长胜，吉林省文物考古研究所石晓轩、刘晓溪，大安市博物馆梁建军；2013年参与调查人员有吉林大学边疆考古研究中心霍东峰，博士研究生史宝琳、林森、付琳、王涛、杨琳，硕士研究生刘晨、胡平平、于超、袁媛、何菲菲，吉林省文物考古研究所刘晓溪，大安市博物馆梁建军，白城市博物馆王浩宇。本文地图由史宝琳绘制，器物图由吉林省文物考古研究所王新胜完成。

注　释

[1] 王立新，霍东峰，石晓轩，史宝琳. 吉林大安后套木嘎遗址发掘取得重要收获［N］. 中国文物报，2012-8-17（8）.

[2] 中美两城地区联合考古队. 山东日照地区系统区域调查的新收获［J］. 考古，2002（5）：10.

[3] 方辉. 对区域系统调查法的几点认识与思考［J］. 考古，2002（5）：56.

[4] 梁思永. 昂昂溪史前遗址［A］. 梁思永考古论文集［M］. 北京：科学出版社，1959：58-90.

[5] 黑龙江省博物馆. 嫩江下游左岸考古调查简报［J］. 考古，1960（4）：15-17.

[6] 黑龙江省博物馆. 昂昂溪新石器时代遗址的调查［J］. 考古，1974（2）：99-108.

[7] 张忠培. 白城地区考古调查述要［J］. 吉林大学社会科学学报，1963（1）：80-82.

[8] 吉林省文物工作队. 吉林大安县洮儿河下游右岸新石器时代遗址调查［J］. 考古，1984（8）：688-697.

[9] 吉林省文物考古研究所. 吉林白城靶山墓地发掘简报［J］. 考古，1988（12）：1072-1084.

[10] 吉林省文物考古研究所. 吉林镇赉县黄家围子遗址发掘简报［J］. 考古，1988（2）：141-156.

[11] 黑龙江省文物考古研究所，等. 黑龙江省肇源县小拉哈遗址发掘报告［J］. 考古学报，1998（1）：61-101.

[12] 张忠培（主编），朱永刚（撰稿）. 肇源白金宝——嫩江下游一处青铜时代遗址的揭示［R］. 北京：科学出版社，2009.

[13] 吉林大学历史系考古专业，吉林省博物馆考古队. 大安汉书遗址发掘的主要收获［A］. 东北考古与历史（第一辑）［C］. 北京：文物出版社，1982：136-140.

[14] 吉林大学边疆考古研究中心，吉林省文物考古研究所. 吉林白城双塔遗址新石器时代遗存［J］. 考古学报，2013（4）：501-538.

[15] 李莲. 吉林省安广县永和屯细石器遗址调查简报［J］. 文物，1959（12）：37-40.

[16] 张忠培. 白城地区考古调查述要［J］. 吉林大学社会科学学报，1963（1）：80-82.

［17］ 吉林大学历史系考古专业，吉林省博物馆考古队. 大安汉书遗址发掘的主要收获［A］. 东北考古与历史（第一辑）［C］. 北京：文物出版社，1982：136–140；2001年的发掘材料现藏于吉林省文物考古研究所。

［18］ 王立新，霍东峰，赵俊杰，刘晓溪. 吉林大安后套木嘎新石器时代遗址［A］. 2012年中国重要考古发现［C］. 北京：文物出版社，2013：2–7.

［19］ Pauline Sebillaud（史宝琳），刘晓溪. 后套木嘎遗址田野数据库的建设［A］. 边疆考古研究（第14辑）［C］. 北京：科学出版社，2014：89–102.

［20］ 王立新，霍东峰，赵俊杰，刘晓溪. 吉林大安后套木嘎新石器时代遗址［A］. 2012年中国重要考古发现［C］. 北京：文物出版社，2013：2–7.

［21］ 后套木嘎遗址的发掘资料最新研究成果将该地区的新石器时代遗存分为四期，调查结果中的新石器时代中期的材料实际涵盖了两种性质不同的考古学文化遗存，由于调查采集陶片标本多为素面且较破碎，不宜细分，故统归于新时期时代中期。而该区域青铜时代早中期文化之间具有明显的传承性，而采集到的该时期陶片标本以素面为多，难以准确细致断代，故该部分材料亦不刻意区分。

［22］ 王立新，霍东峰，石晓轩，史宝琳. 吉林大安后套木嘎遗址发掘取得重要收获［N］. 中国文物报，2012–8–17（8）. 写作该简讯时2011年发掘区的大部分探方尚未清理至底，此后在整理过程中又辨识出一种以器表装饰多条平行窄细附加堆纹为特征的遗存，年代介于简讯中所分的第一期与第二期之间。遗存面貌与以往命名的黄家围子类型相似，与昂昂溪遗址采集部分遗物的特征也基本相同，但不宜归入内含混杂的昂昂溪文化。

［23］ 王涛，杨琳，王立新. 吉林大安市后地窝堡遗址的调查与认识［A］. 边疆考古研究（第17辑）［C］. 北京：科学出版社，2015：9–28.

［24］ 同［23］.

［25］ Christian, E. P., Lü, Xueming. Understanding Hongshan Period Social Dynamics［A］. *A Companion to Chinese Archaeology*［C］. Wiley-Blackwell, Chichester, 2013: 55–80.

Preliminary Report on 2012–2013 Seasons of Systemic Regional Survey in Da’an, Jilin Province

LIU Xiao-xi　Pauline SEBILLAUD　WANG Li-xin

The systematic regional survey in Da’an city, Jilin province, is part of the “Archaeological Research Project of Houtaomuga site in Da’an city, Jilin province”. A 300km² full-coverage survey has been planned around the Xinhuang and the Yueliang lakes in the lower course of the

Nen River valley. Systematic regional survey is one of the most important research tools for settlement archaeology. During the 2012 and 2013 seasons, the surveyed area already reaches about 116 km^2. At this stage of the project, the general settlement distribution already appears inside the covered area, and allows us to initiate the analysis of the diachronical evolution of the settlement patterns, as well as reflection on questions related to the changes in the relations between men and environment. Meanwhile, the planning and goals of the future work can thus be determined with higher expectations.

辽宁建平两处早期冶铜遗址的调查与初步认识*

王立新[1]　李延祥[2]　李　波[3]

（1. 吉林大学边疆考古研究中心，长春，130012；2. 北京科技大学冶金与材料史研究所，北京，100037；3. 建平县文物管理所，建平，122400）

2010年6月28日至7月8日，吉林大学边疆考古研究中心与北京科技大学冶金研究所联合对辽宁西部的建平县、内蒙古东南部的赤峰和通辽地区进行了为期11天的专题考古调查，主要目的是为了寻找早期冶铜遗址。在建平调查期间，根据建平县文物管理所工作人员提供的线索，对地处牛河梁遗址群东北边缘的小北山和庙台地两处青铜时代遗址进行了重点复查。在两处遗址的复查中均发现有炉壁残块和铜炼渣，并于地表采集到较为丰富的陶片、石器等遗物，为判断遗址的性质与年代及探索辽西地区早期冶铜业的起源提供了重要的资料。现将调查收获及炉壁测年结果等报道如下。

一、小北山遗址

（一）遗址概况

小北山遗址位于建平县富山街道办事处张福店村西北的坡上，101国道的北侧。坡下有一季节性河流（牤牛河）自西南向东北流过。遗址东北距叶柏寿镇（县政府所在地）8.6千米。该遗址系建平文物管理所2008年文物普查时发现。遗址地处一向阳坡岗的南侧临河处，北、东两面地势平缓，被辟为耕地，南、西两侧系陡坡，植有松、榆。地表遗物散布范围约东西70米、南北80米。地表可见陶片、红烧土块、冶炼炉渣、炉壁残片、动物骨骼等。遗址中心地理坐标为北纬41°20′14.3″，东经119°32′24.4″，海拔576米（图一）。

（二）采集陶片

遗址地表所见陶片文化面貌单纯，皆属夏家店下层文化。以夹砂灰陶和灰褐陶为

* 资助项目：教育部重点研究基地重大项目（2009JJD780004）；指南针计划专项资助（20120306）。

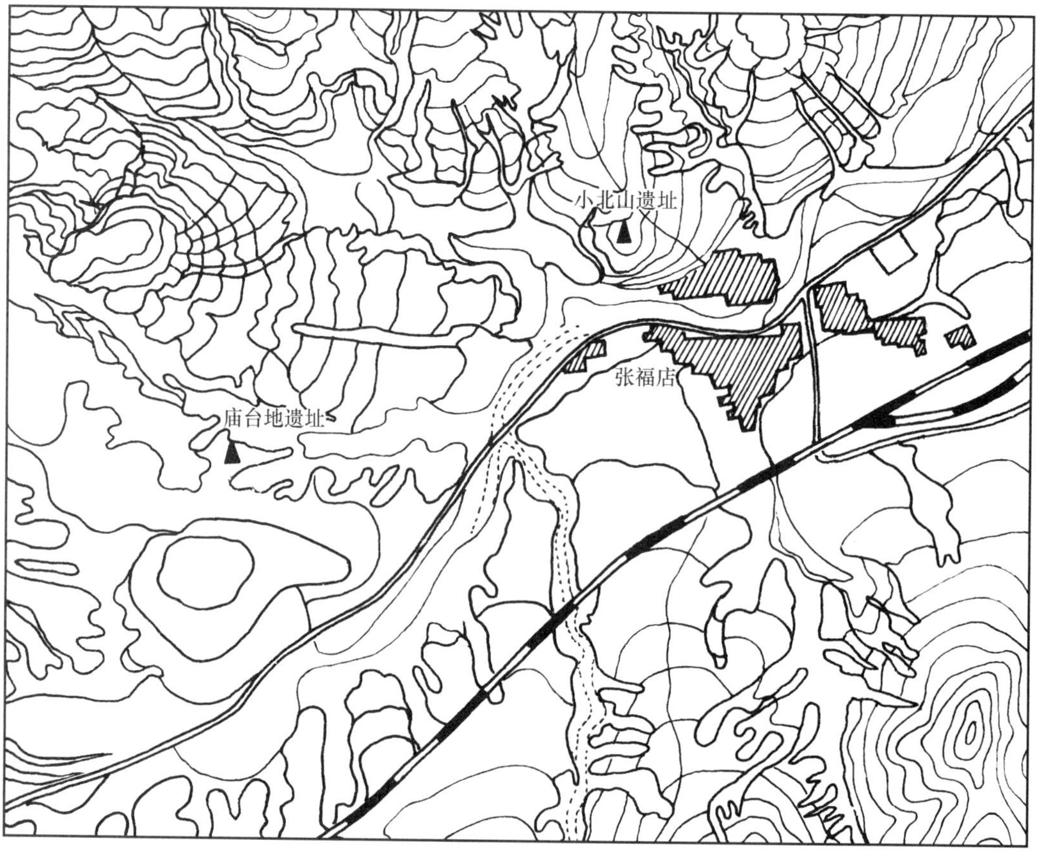

图一　遗址位置示意图

主，有少量泥质灰陶和黄褐陶。夹砂陶所孱砂粒细小、均匀，泥质陶胎质细腻。陶器烧成火候较高，质地较硬，器表色泽均匀，但也有胎芯和器表色泽不同的情况。器表多有纹饰，见有绳纹、弦断绳纹、附加堆纹加划纹、篮纹等。采集有陶器口沿、鋬手、足根、纹饰陶片等。

口沿　3件。

10JXC：1，夹砂灰陶，可能系罐的口沿残片。侈口矮领，圆唇，领腹之间转折不甚明显。器表有轮修痕迹。残高3厘米，壁厚0.7厘米（图二，1）。

10JXC：2，夹砂灰陶，可能系瓮的口沿残片。侈口卷沿，厚圆唇外凸。器表有轮修痕迹。残高5.3厘米，壁厚1厘米（图二，2）。

10JXC：3，泥质灰陶，可能系瓮的口沿残片。口略外侈，矮领，圆唇，领腹之间转折不明显。内外壁均经磨光。胎芯为黄褐色，表皮略有脱落。残高4厘米，壁厚1.1厘米（图二，3）。

鋬手　1件（10JXC：4）。泥质黄褐陶，鸡冠状横鋬。残高3.4厘米（图二，4）。

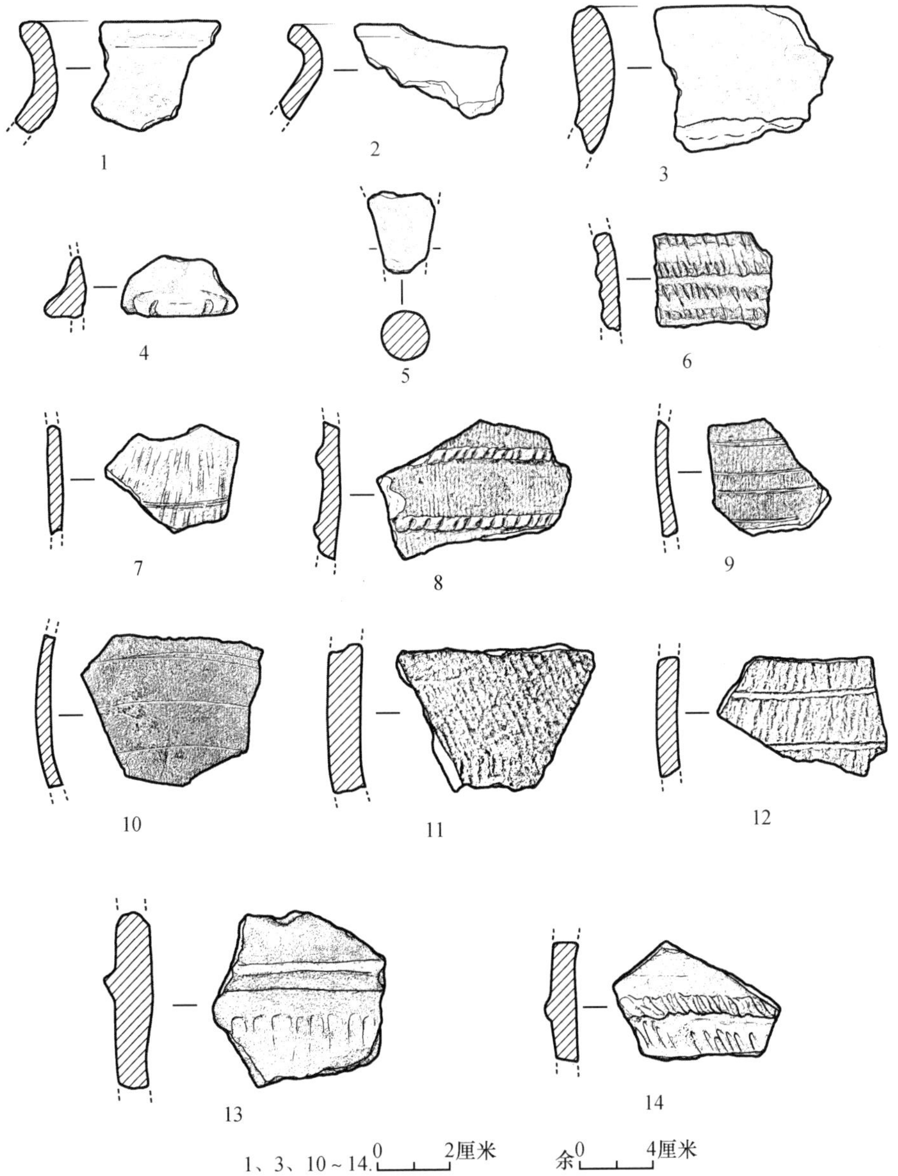

图二 小北山遗址采集夏家店下层文化陶片

1～3. 口沿（10JXC：1、10JXC：2、10JXC：3） 4. 鋬手（10JXC：4） 5. 足根（10JXC：5） 6～14. 纹饰陶片（10JXC：6、10JXC：7、10JXC：8、10JXC：9、10JXC：10、10JXC：11、10JXC：12、10JXC：13、10JXC：14）

足根 1件（10JXC：5）。夹砂灰陶。锥状实足，足尖残断，应系鬲或甗的残足根。表面遗有模糊的细绳纹痕迹。残高4.6厘米（图二，5）。

纹饰陶片 7件。

10JXC：6，夹砂陶，器表灰褐色，内壁为深灰色。表面遗有4道平行的横向附加堆纹条带，条带上又以薄片状工具切压出连续的斜向条痕。残高5.3厘米，壁厚0.7厘米（图二，6）。

10JXC：7，夹砂灰褐陶。器表饰有弦纹加竖向篮纹。残高6厘米，壁厚0.7厘米（图二，7）。

10JXC：8，夹砂灰褐陶。器表饰条带状附加堆纹加细密规整的竖向绳纹，附加堆纹条带上有以片状工具切压出的连续斜向条痕。残高7.6厘米，壁厚1厘米（图二，8）。

10JXC：9，夹砂灰陶。器表饰弦断绳纹，绳纹细密规整，但纹痕较浅。残高6.3厘米，壁厚0.8厘米（图二，9）。

10JXC：10，夹砂灰陶。器表饰弦断绳纹，纹痕浅细模糊。残高8.3厘米，壁厚0.8厘米（图二，10）。

10JXC：11，夹砂陶，器表为灰色，胎芯和内壁为灰褐色。器表饰斜向或竖向绳纹，纹痕清晰。残高4厘米，壁厚1厘米（图二，11）。

10JXC：12，泥质黄褐陶。器表饰弦断绳纹，纹痕较清晰。残高3.2厘米，壁厚0.6厘米（图二，12）。

10JXC：13，夹砂陶，器表灰褐色，内壁为灰色。器表遗有1道附加堆纹条带，其下有竖向粗篮纹。残高4.8厘米，壁厚0.9厘米（图二，13）。

10JXC：14，泥质灰褐陶。器表遗有2道附加堆纹条带，条带上又以薄片工具切压出斜向条痕。残高3.2厘米，壁厚0.6厘米（图二，14）。

（三）炉壁残块与炼渣

遗址上采集到炉壁残块与炼渣总计60余块。较大的炉壁残块内壁多黏附有炉渣，部分残存鼓风孔（图三）。除黏附于炉壁的炉渣之外，尚采集到20余块未与炉壁黏结在一起的炼渣残块（图四）。所有炉壁残块与炼渣的陶质、陶色与形貌特征，皆与早年发现的牛河梁遗址群中转山子、小福山地点所见者完全相同。此次我们对部分炼渣进行了扫描电镜观测，发现其中残留有大量粒度不一的金属铜颗粒，表明其冶炼产物是纯铜（图五）。

二、庙台地遗址

（一）遗址概况

庙台地遗址位于建平县富山街道办事处张福店村西，张不进沟内一处近三角形的台地上。台地东西长约170米，南北最宽处约80米。台地西侧有一弧形的凹带将其与西面的坡岗隔开。遗址东北距小北山遗址约1000米，西北约520米处为牛河梁遗址群Ⅷ号

0 10厘米

图三 小北山遗址采集的炉壁残块

0 2厘米

图四 小北山遗址采集的炉壁残块及炼渣

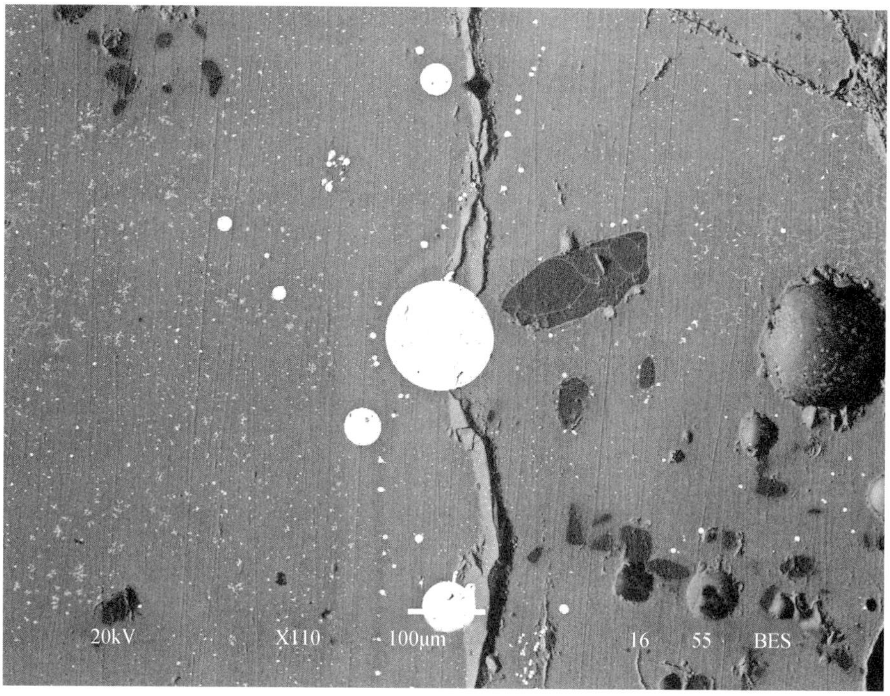

图五　小北山遗址采集炼渣内残留的金属铜颗粒

地点，南约280米处为牛河梁遗址群Ⅸ号地点。该遗址系1981年文物普查时发现。遗址地表地势平坦，现辟为耕地。遗物散布于整个台地之上，可见陶片、红烧土块、冶炼炉渣、炉壁残片等，其中炉渣与炉壁残片集中分布在遗址的东部。地表多处见有灰土迹象，北侧断崖边上还可看到残破的灰坑。遗址中心地理坐标为北纬41°19′53.5″，东经119°31′28.6″，海拔595米。

（二）采集陶片

根据采集陶片的陶质、陶色、器形、纹饰等特征，可将其分为两类，分属于夏家店下层文化和夏家店上层文化。

1. 夏家店下层文化陶片

基本特点同于小北山遗址采集同类陶器的特征。采集有口沿、足根、甗腰、纹饰陶片等。

口沿　9件。

10JMC：5，夹砂灰陶，可能系罐或鼎的口沿残片。侈口矮领，圆方唇。颈部以下饰绳纹，纹痕比较模糊。残高5厘米，壁厚1厘米（图六，1）。

10JMC：6，夹砂灰褐陶，应系罐的口沿残片。侈口卷沿，圆唇。沿腹之间无明显

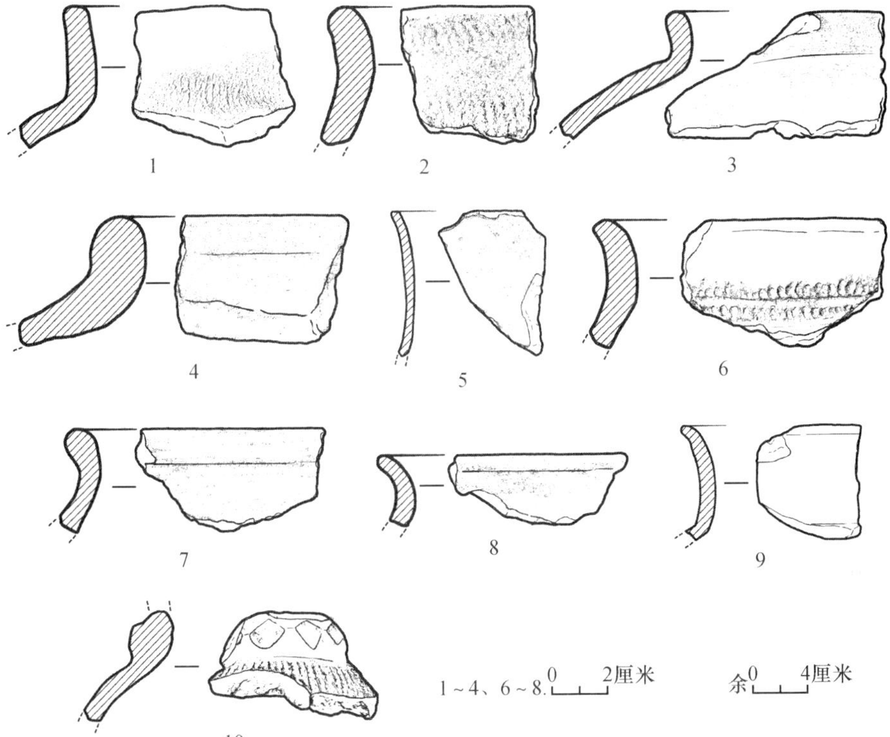

图六　庙台地遗址夏家店下层文化陶器的口沿、甗腰
1～9. 口沿（10JMC：5、10JMC：6、10JMC：7、10JMC：8、10JMC：9、10JMC：10、10JMC：11、10JMC：13、10JMC：17）　10. 甗腰（10JMC：12）

转折。器表饰竖向或斜向粗绳纹，纹痕模糊。残高4.7厘米，壁厚1.2厘米（图六，2）。

10JMC：7，夹砂红褐陶，可能系罐的口沿残片。侈口矮领，圆唇，鼓肩。器表经磨光。残高5厘米，壁厚0.8厘米（图六，3）。

10JMC：8，夹砂红陶，应系瓮的口沿残片。口略侈，沿加厚，圆唇，沿腹之间转折不明显。器表磨光。残高5.5厘米，壁厚2厘米（图六，4）。

10JMC：9，泥质黄褐陶，可能系尊的口沿残片。敞口，腹弧曲。唇部系在口沿残损之后经打磨而成。器表素面，经磨光，内壁有明显的轮旋痕迹。残高10.2厘米，壁厚0.7厘米（图六，5）。

10JMC：10，夹砂陶，器表灰色，胎芯为褐色，应系罐的口沿残片。侈口矮领，圆方唇，沿腹之间转折不明显。颈部有弦断绳纹。残高4.6厘米，壁厚1厘米（图六，6）。

10JMC：11，夹砂灰陶，应系尊形鬲的口沿残片。侈口矮领，厚圆唇外凸。器表素面，经磨光。残高3.7厘米，壁厚0.7厘米（图六，7）。

10JMC：13，夹砂陶，器表黑灰色，胎芯黄褐色，可能系尊形鬲的口沿残片。侈口卷沿，圆唇。器表素面，内外壁都经打磨。残高2.7厘米，壁厚0.7厘米（图六，8）。

10JMC：17，泥质灰陶，可能系罐的口沿残片。侈口高领，圆唇。素面，内外壁均磨光。残高8.2厘米，壁厚1.1厘米（图六，9）。

甗腰　1件（10JMC：12）。泥质灰陶。腰部饰1匝附加堆纹条带，其上有指窝纹，足部有竖向绳纹。残高6.5厘米（图六，10）。

足根　4件。

10JMC：14，夹砂灰褐陶，应系鼎的足根。扁锥状，足与器身连接处做成榫卯状。足根表面饰竖向细绳纹。残高4.6厘米（图七，1）。

10JMC：15，夹砂灰褐陶，应系鬲或甗的足根。圆锥状。足根表面饰竖向粗绳纹。残高6.4厘米（图七，2）。

10JMC：16，夹砂灰陶，可能系鬲或甗的足根。圆锥状。足根与空足交接处饰竖向细绳纹。残高8.6厘米（图七，3）。

10JMC：18，夹砂灰陶，应系鬲或甗的足根。圆锥状。足根表面饰竖向粗绳纹。残高4.8厘米（图七，4）。

纹饰陶片　2件。

10JMC：19，夹砂灰陶。器表饰规整的弦断绳纹。残高8.5厘米，壁厚0.9厘米（图七，5）。

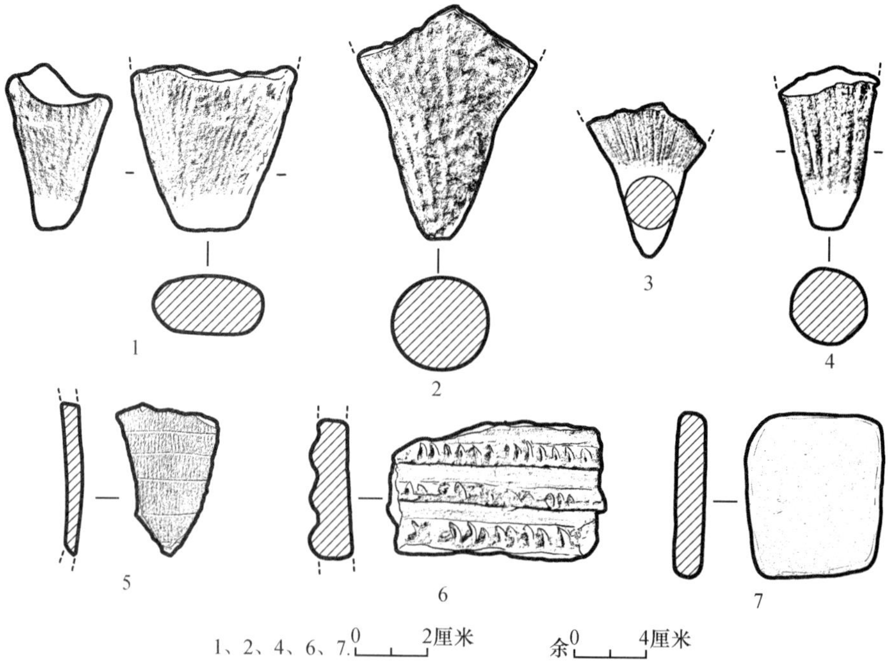

图七　庙台地遗址夏家店下层文化陶器的足根与陶片

1～4. 足根（10JMC：14、10JMC：15、10JMC：16、10JMC：18）　5、6. 纹饰陶片（10JMC：19、10JMC：20）　7. 磨制陶片（10JMC：21）

10JMC：20，夹砂灰褐陶。器表遗有3道平行的附加堆纹条带，其上有连续的指甲纹。残高3.8厘米，壁厚0.9厘米（图七，6）。

磨制陶片　1件（10JMC：21），泥质黄褐陶。近长方形，素面，是用残陶片周身加工打磨而成。长4.5厘米，最宽3.7厘米，壁厚0.8厘米（图七，7）。

2. 夏家店上层文化陶片

数量较少，均夹砂红褐陶，陶土中羼有大小不均匀的石英砂粒。陶器烧成火候较低，质地比较疏松，器表色泽不均。皆素面陶器。采集有口沿、鋬手等。

口沿　3件。

10JMC：2，直口，口泥外翻形成外叠唇。应系鬲的口沿残片。残高4.4厘米，壁厚1厘米（图八，1）。

10JMC：3，口稍敛，圆唇。近口处遗有残鋬1枚。可能为钵的口沿残片。残高6.1厘米，壁厚0.6厘米（图八，2）。

10JMC：4，直口高领，斜方唇，溜肩。可能系罐的口沿残片。残高11厘米，壁厚1厘米（图八，3）。

鋬手　1件（10JMC：1）。方形横鋬，由内向外渐薄。残高4.3厘米（图八，4）。

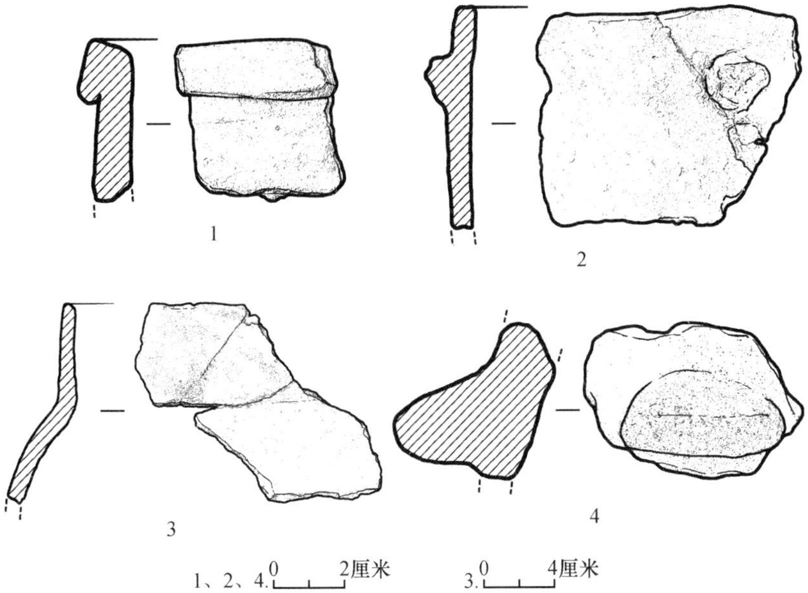

图八　庙台地遗址夏家店上层文化陶器的口沿与鋬手

1～3. 口沿（10JMC：2、10JMC：3、10JMC：4）　4. 鋬手（10JMC：1）

（三）炉壁残块与炼渣

庙台地遗址地表可见炉壁残块，部分残块也可见鼓风口残迹。残块的陶质、陶色与形貌同于小北山所见者。但该遗址所见炉壁残块数量较少，且破碎严重。未见炼渣残块。

三、初步认识

以往的发现和研究表明，辽西地区古文化的发展在整个东北亚地区长期处于领先地位，是东北文化区的重心和前沿所在[1]。以牛河梁、东山嘴遗址群的发现为契机，以1985年苏秉琦先生在辽宁兴城发表的“辽西古文化古城古国”讲话[2]为开端，该地区成为探索中国文明起源的重要区域之一。冶铜技术在这一地区的出现时间，成为考古界十分关注的一个研究课题。本次调查即是围绕辽西区早期冶铜业的起源与发展问题所展开的。

此次调查确认的小北山与庙台地两处早期冶铜遗址，位于牛河梁遗址群所在区域的东北边缘。两处遗址地表除见有少量辽金以后的陶瓷片、砖块等晚期遗物之外，可辨认年代的早期遗物皆属青铜时代。其中庙台地遗址既有夏家店下层文化遗物，又见夏家店上层文化的陶片。而小北山遗址只发现有夏家店下层文化的陶片，是一处文化内涵较为单纯的夏家店下层文化遗址。这在一定程度上表明两处遗址所见的冶炼遗存很有可能是属于夏家店下层文化的。

小北山与庙台地遗址采集的炉壁残块与炼渣中未能获得碳十四测年标本。李延祥等随后扩大了调查范围，在前两处遗址以东不远的建平县小黑山遗址（北纬41°20′29.8″、东经119°32′41.1″，海拔550米）与八盖地遗址（北纬41°20′49.6″、东经119°33′13.3″，海拔548米）又相继发现了含有夏家店下层文化陶片、炉壁残块及炼渣的灰坑。炉壁残块、炼渣的陶质、陶色及形貌特点与小北山、庙台地遗址所见者完全一致。从两处与冶炼活动相关的灰坑中提取的木炭标本经北京大学考古文博学院加速器质谱实验室测定，其年代见表一。

表一　木炭标本年代测定表

遗址及标本编号	北大测定编号	测定年代（距今）	校正年代（BC）
小黑山JPXHS-H1	BA131413	3385±25	1750～1620（95.4%）
八盖地JPBGD-01	BA131415	3265±30	1620～1450（95.4%）
八盖地JPBGD-02	BA131416	3495±25	1890～1740（95.4%）

以上测年结果均落入一般所认为的夏家店下层文化的年代范围（距今4000～3400年）内。鉴于小黑山、八盖地与小北山、庙台地采集炉壁残块与炼渣的特征一致，又很可能属于同一个冶炼遗址群，并结合各遗址的文化内涵及测年结果看，以上4处遗址的早期冶铜遗存在文化性质上都应属于夏家店下层文化。

在20世纪80年代中期的调查中，牛河梁遗址群中的转山子和小福山地点都曾发现有冶铜的炉壁残片。1987年，辽宁省考古研究所对其中的转山子遗址（第13地点）进行了较大规模的发掘。在一个人工夯筑的巨大圆形土丘的顶部发现了成层堆积的炉壁残片[3]。这一重要发现引起了学术界的广泛注意。1994年，由白寿彝总主编、苏秉琦主编的《中国通史》第2卷“序言”中就提到了“红山文化的冶炼遗存及铜制品”[4]，将这些发现直接与红山文化联系起来。杨虎[5]、郭大顺[6]、吴汝祚[7]等先生的一些论著中，则将这项发现与敖汉旗西台遗址红山文化房址出土的陶范[8]及牛河梁第2地点4号积石冢顶部附葬小墓M1中出土的铜环饰[9]一起，视为红山文化出现冶铜业的重要线索。然而，由北京大学考古学系与上海博物馆对牛河梁转山子地点出土4例炉壁残片的测年结果表明，其年代范围为距今3000年±330年～3494年±340年，比牛河梁女神庙红烧土块和转山子地点出土红山文化陶片的热释光测定年代要晚1000余年。因此，尽管热释光测年的误差范围较大，但是主持牛河梁炉壁残片检测分析的李延祥等已明确指出，“这些炉壁残片的年代可能要晚一些”，“属夏家店下层文化的年代范围”[10]。这一检测结果使得红山文化是否拥有冶铜技术又成为辽西考古中一个悬而未解的关键性问题。

此次调查在小北山、庙台地遗址及邻近的小黑山、八盖地遗址采集到的炉壁残片，从炉壁的质地、弧度、厚度及鼓风孔的直径、倾斜角度等方面看，都与转山子、小福山遗址所见炉壁残片的特征几乎完全一致。显然应属于同一时代、同一文化性质的冶铜遗存，都应属于夏家店下层文化，是目前辽西乃至整个东北亚地区可以确定的年代最早的冶铜遗存。为探索早期冶铜技术在辽西的起源与发展提供了新的资料和证据，对于进一步探讨辽西区社会复杂化的进程和文明起源与形成过程等重大课题具有十分重要的学术意义。尤应引起注意的是，新确认的小北山、庙台地这两处冶铜遗址，西南距转山子和小福山遗址最远距离不超过6千米。加上前述小黑山与八盖地遗址，这6处冶铜遗址集中分布，看来并非偶然。究竟是何原因所导致的这种现象？其中又反映了怎样的社会控制机制？显然是需要进一步思考的问题。已有资料显示，地跨建平、喀左、凌源3县市的努鲁儿虎山南部是铜矿资源蕴藏较为丰富的地区[11]。目前已知数处铜矿有古代的采坑。尽管迄今对这些早期采矿遗存还未开展过正式的考古工作，但可以预见的是，将来很有可能会发现夏家店下层文化时期的采矿遗存。从已有的冶金考古的研究成果看，在青铜时代，因为运输条件的限制或出于节省成本的考虑，冶炼遗址往往会在采矿遗址的邻近地区形成集中分布的态势[12]。上述6处夏家店下层文化的冶铜遗址集中分布，当如是观。

注　释

［1］ 郭大顺. 东北文化区的提出及意义［A］. 边疆考古研究（第1辑）［C］. 北京：科学出版社，2002：170–180.

［2］ 苏秉琦. 辽西古文化古城古国——试论当前考古工作重点和大课题［J］. 辽海文物学刊，1986（创刊号）：2–5+15.

［3］ 辽宁省文物考古研究所. 辽宁近十年来文物考古新发现［A］. 文物考古工作十年（1979～1989）［C］. 北京：文物出版社，1991：60–69.

［4］ 白寿彝（总主编），苏秉琦（主编）. 中国通史［M］（第2卷）：远古时代（序言）. 上海：上海人民出版社，1994：13.

［5］ 杨虎. 辽西地区新石器——铜石并用时代考古文化序列与分期［J］. 文物，1994（5）：37–52.

［6］ 郭大顺. 赤峰地区早期冶铜考古随想［A］.内蒙古文物考古文集（第1辑）［C］. 北京：中国大百科全书出版社，1994：278–282.

［7］ 吴汝祚. 论老哈河、大凌河地区的文明起源［J］. 北方文物，1995（1）：2–8.

［8］ a.白云翔，顾智界. 中国文明起源座谈纪要（刘观民先生发言）［J］. 考古，1989（12）：1097+1110–1120.

b.杨虎，林秀贞. 内蒙古敖汉旗红山文化西台类型遗址简述［J］. 北方文物，2010（3）：13–17.

［9］ 同［3］.

［10］ 李延祥，韩汝玢，宝文博，陈铁梅. 牛河梁冶铜炉壁残片研究［J］. 文物，1999（12）：44–51.

［11］ a.辽宁省喀喇沁左翼蒙古族自治县矿点检查报告书［R］. 辽宁省冶金地质勘探公司105队，1958.

b.辽宁省凌源县杨杖子铜矿区详细普查报告［R］. 辽宁省地质局凌源地质队，1959.

c.辽宁省凌源县野猪沟铁矿区地质初勘报告［R］. 辽宁省地质局凌源地质队，1963.

d.1958年冬地质勘探工作报告书（下卷）［R］. 辽宁省冶金地质勘探公司105队，1958.

［12］ 李延祥. 辽西冶金考古的新进展（待刊）.

Resurvey and Initial Analysis of Two Copper Smelting Sites in Jianping County, Liaoning Province

WANG Li-xin　LI Yan-xiang　LI Bo

June 2010, researchers from the Jilin University Research Center for Chinese Frontier Archaeology and the Institute of Metallurgy of Beijing University of Science and Technology jointly carried a focused survey on the Xiaobeishan and the Miaotaidi sites, located north-east of the Niuheliang sites cluster. Furnace walls fragments and copper smelting residues were found at both sites. The pottery shards discovered on the surface of the Xiaobeishan site all belong to the Lower Xiajiadian culture; in the Miaotaidi site, remains from both the Lower and the Upper Xiajiadian culture have been found. According to the characteristics of the associated materials and of the furnace walls fragments, along with the chronological results, these two smelting copper sites can be attributed to the Lower Xiajiadian culture.

内蒙古库伦旗三家子遗址发掘报告*

霍东峰[1]　夏艳平[2]　朱永刚[3]

（1. 山西大学历史文化学院，太原，030006；2. 吉林省吉林市博物馆，吉林，132013；
3.吉林大学边疆考古研究中心，长春，130012）

三家子遗址位于内蒙古自治区通辽市库伦旗三家子村西北约200米处，东北距通辽市约140千米，西距养畜牧河约0.7千米，西南距库伦旗约15千米（图一）。为配合甘库（甘其卡至库伦）一级公路的改扩建工程项目的建设，内蒙古自治区文物考古研究所、库伦旗文物管理所于甘库公路沿线开展了大规模的考古钻探与调查工作，首次发现了三家子遗址，初步确定其为一处早期青铜时代遗址[1]。2012年5～6月，受内蒙古自治区文化厅的委托，吉林大学边疆考古研究中心、内蒙古自治区文物考古研究所、库伦旗文物管理所联合对该遗址进行了较大规模的考古发掘。

该遗址坐落于三家子村西北角一座沙丘之上，地表可采集到较多的夹砂红褐陶片以及少量的细石器残片，从陶片、细石器的分布情况来看，沙丘的北部及东部是遗址的主要分布区，面积约3000平方米，海拔高度200～230米。遗址中心坐标为北纬42°56′23″，东经121°12′54″。遗址及其周围现今皆为农田。

本次发掘区位于遗址的西北部，即沙丘的北坡。考虑到遗址的地形以及公路征地路线等实际情况，以北偏西60°为正方向，共布5米×5米探方两排，每排15个，共计30个探方，发掘面积750平方米。共清理灰坑6个，灰沟1条。出土遗物较为丰富，有数量较多的陶片，还有少量的石器、动物骨骼等。

一、层位堆积

发掘区地势南高北低，略呈40°斜坡。地层堆积简单，整个发掘区可统一划分为两层，第1层在各探方中均有所分布，第2层主要分布在发掘区西部，以T15、T16探方为界，包括T15、T16在内以西的各探方中皆有第2层分布，从东往西堆积逐渐变厚；T15、T16以东的各探方中则未发现第2层（图二）。总体来看，遗址堆积明显呈一种西厚东薄的分布状态，即发掘区西部地表土色略黑，堆积较厚，有遗迹分布。发掘区东部

* 基金项目：2012年吉林大学“内蒙古通辽市库伦旗三家子遗址考古发掘”项目系列成果，项目批准号2012（154）。

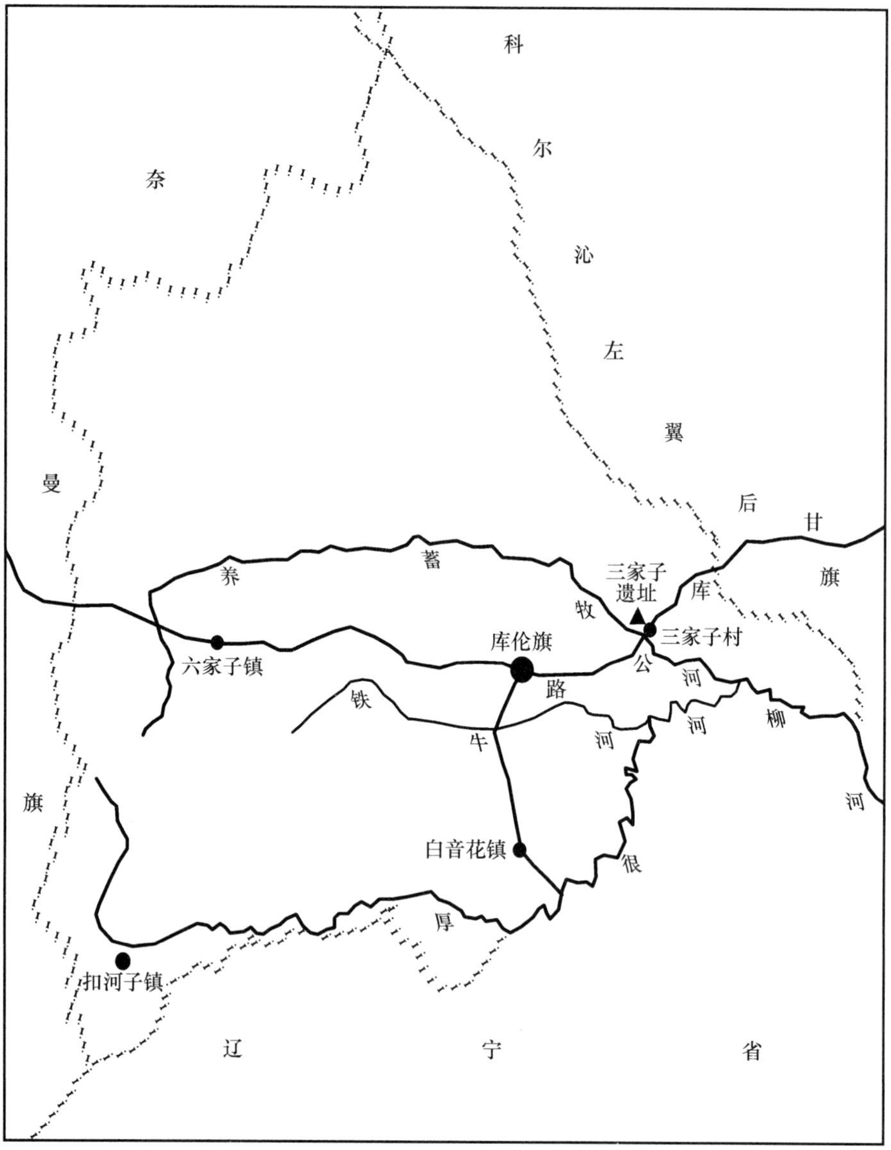

图一　三家子遗址位置示意图

地表土色泛黄，地表仅见有零星陶片和石器残片，可能后期遭到自然和人为破坏的原因导致堆积被破坏。

以T2、T4西壁剖面为例进行介绍（图二）。

第1层：黄灰色砂土，砂性较强，土质疏松，分布全方。厚度深浅不一，5～15厘米，含有大量的植物根茎，出土有少量的陶片、塑料、玻璃等。为现代耕土层。

本层下开口的遗迹有H1、G1。

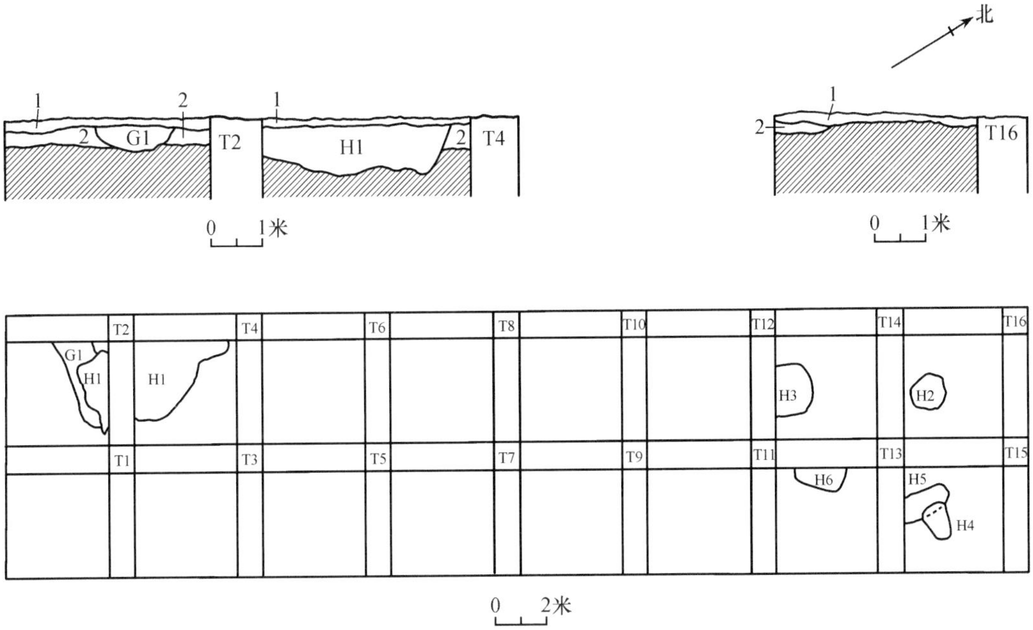

图二　遗迹分布图及北壁剖面图

第2层：黄黑土，有砂性，土质细腻，松软。分布全方，堆积厚30~50厘米。出土有少量的夹砂红褐陶片、桥耳等。

本层下未发现有遗迹。

第2层以下为生土。

从三家子遗址出土遗存的面貌与特征来看，文化属性较为单一，可将其视为同一文化之遗存。该遗址的层位关系上虽存在一定的叠压打破关系，但是地层、遗迹中出土遗物多碎小，也缺乏可供分期和与其他遗址进行比较的完整或可复原陶器，故难以对该遗址出土的遗存做进一步的分期研究。

二、遗迹与遗物

（一）遗　　迹

遗迹主要有灰坑、灰沟。

1. 灰坑

6个。平面形状有圆形、椭圆形、圆角方形、不规则形等，直壁或斜弧壁，圜底或平底。灰坑较浅，深度均不超过1米。

H1开口于第1层下，打破第2层、G1。坑口平面呈不规则形，直壁，平底。坑口长约581厘米，坑口宽约300厘米，深45～50厘米。坑内堆积为黑褐土，土质较为疏松，出有大量的陶片，少量的石器、兽骨等，可辨器类主要有鬲、甗、罐、瓮、豆、钵、壶、盆等，还出有石刀、石范等（图三，1）。

H2开口于第2层下，打破生土。坑口近圆形，斜弧壁，圜底近平。坑口直径约135厘米，深40厘米。坑内堆积为黄砂土微黑，土质疏松，出有少量的陶片，可辨器类可能

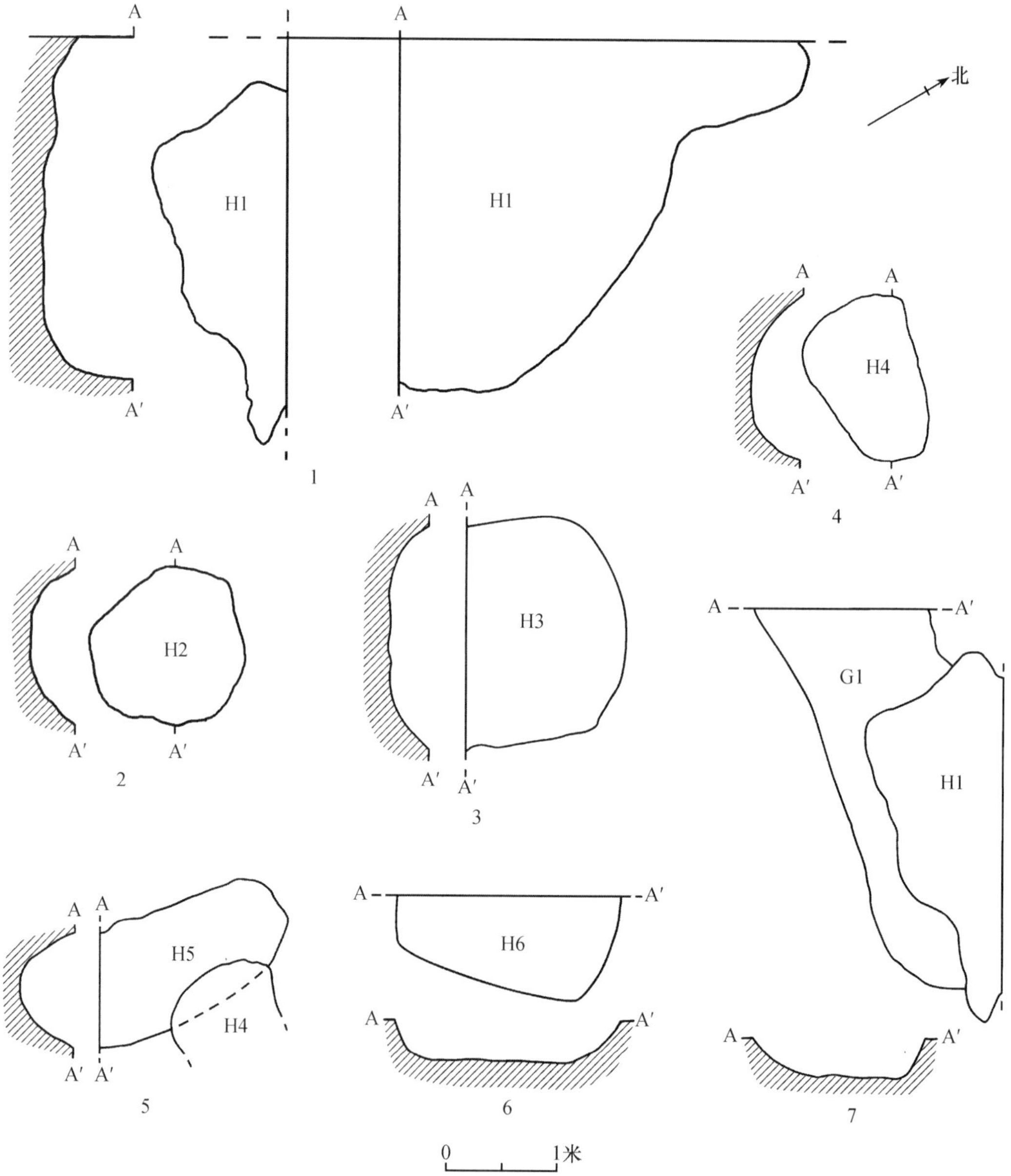

图三　遗迹平、剖面图

1. H1平、剖面图　2. H2平、剖面图　3. H3平、剖面图　4. H4平、剖面图　5. H5平、剖面图　6. H6平、剖面图　7. G1平、剖面图

有钵、罐等（图三，2）。

H3开口于第2层下，打破生土。坑口近圆角方形，斜弧壁，平底。坑口长195厘米，宽厘米，深35厘米。坑内堆积为黄砂土微黑，土质疏松，出有少量的陶片、兽骨，可辨器类可能有钵、罐等（图三，3）。

H4开口于第2层下，打破H5、生土。坑口近椭圆形，斜弧壁，平底。坑口长径135厘米，短径100厘米，深45厘米。坑内堆积为黑褐土，土质疏松，出有少量的陶片、兽骨，可辨器类可能有钵、罐等（图三，4）。

H5开口于第2层下，打破生土。坑口为椭圆形，斜弧壁，圜底近平。坑口长170厘米，宽100厘米，深50厘米。坑内堆积为黑褐土，土质疏松，出有少量的陶片、兽骨，可辨器类有鬲、壶、罐等（图三，5）。

H6开口于第2层下，打破生土。坑口近圆角方形，斜弧壁，平底。坑口长190厘米，宽约90厘米，深35厘米。坑内堆积为黑褐土，土质疏松，出有较多的陶片和零星的兽骨，可辨器类有鬲、壶、罐或钵等（图三，6）。

2. 灰沟

1条。

G1　开口于第1层下，打破第2层，被H1打破。平面略呈“一”字形，斜弧壁不甚规整，平底。目前清理的长度为350厘米，沟宽155厘米，沟深50厘米。坑内堆积为黑褐土，较H1土色略浅，土质疏松，出有较多的陶片和零星的兽骨。可辨器类主要有鬲、壶、罐等（图三，7）。

（二）遗　　物

主要有陶器、石器。

1. 陶器

夹砂陶为主，个别夹滑石，陶胎中所含砂粒、滑石颗粒大小不一。以红褐色为主，约占陶器总数90%，黄褐次之，余为灰褐、黑褐色。陶质较为疏松，烧制火候较高。胎较厚，手制，制作粗糙，主要为泥圈套接而成，多经慢轮修整，小型器物直接捏制而成。素面为多，少数陶器上有纹饰，纹样多见附加堆纹、泥饼堆纹等，零星可见有细绳纹、戳印纹、刻划纹等，个别陶器器表施有红衣。器表多经磨光。有鬲、甗、罐、瓮、豆、钵、壶、盆等。

鬲　3件。依其腹部形态可分为二型。

A型　1件。直腹鬲。T9②：1，夹砂红褐陶，圆方唇，沿微外撇，沿腹分界不明显，直腹，腹部饰一横桥耳。残高10厘米，桥耳宽3.4厘米（图四，1）。

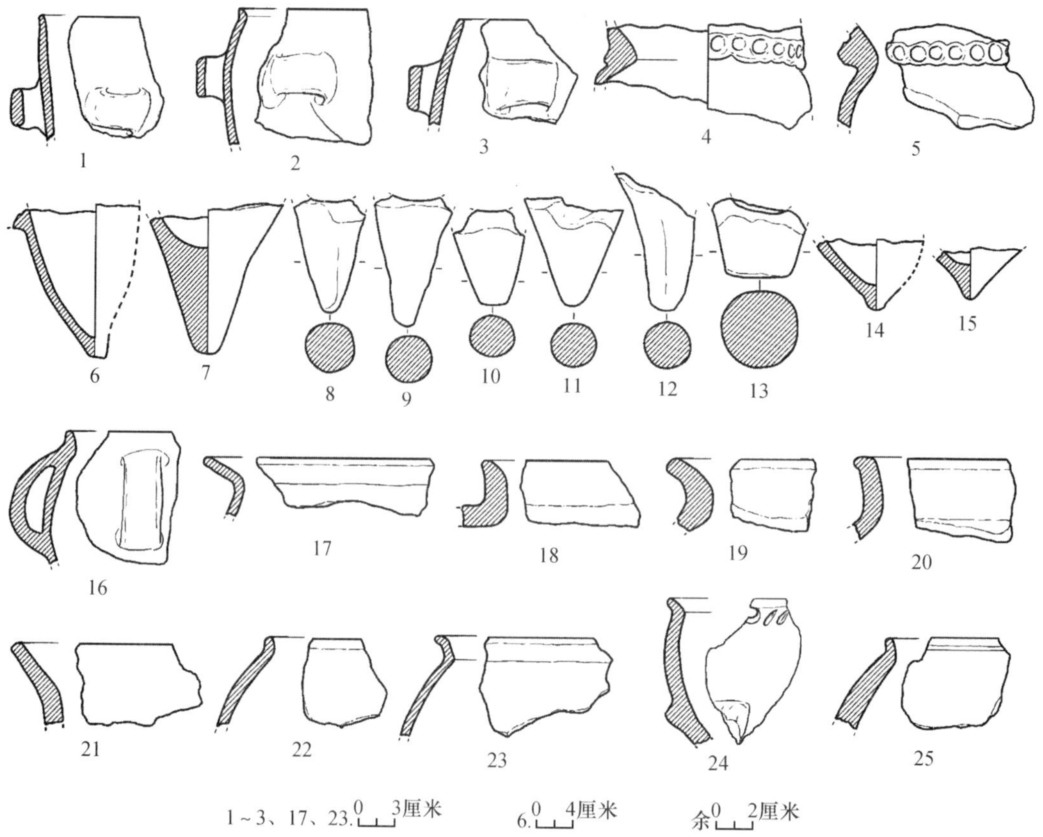

图四　出土陶器图

1. A型鬲（T9②：1）　2、3. B型鬲（H1：12、H1：13）　4. A型甗腰（T10②：1）　5. B型甗腰（T14②：3）　6. 甗袋足（H1：28）　7～9. Aa型鬲足（T14②：2、T4①：1、T7①：1）　10、11. Ab型鬲足（H1：7、H1：8）　12. Ba型鬲足（T15①：2）　13. Bb型鬲足（T1①：3）　14、15. C型鬲足（H1：6、T14②：1）　16. 竖桥耳小罐（H6：3）　17. 缸（T6②：3）　18、19. A型瓮（T10②：3、T12②：2）　20、21. B型瓮（T4①：2、T15①：5）　22. A型鼓腹小罐（H1：23）　23. B型鼓腹小罐（H6：5）　24、25. 鼓腹罐（H1：21、T7②：3）

B型　2件。弧腹鬲。

H1：12，夹砂红褐陶，尖圆唇，直沿，口沿内侧抹斜，弧腹，腹中部饰一横桥耳，腹下部仅存部分鬲裆。残高11.1厘米，桥耳宽3.3厘米（图四，2）。

H1：13，夹砂红褐陶，圆唇，敛口，弧腹，腹中部饰一横桥耳。残高8.7厘米，桥耳宽3.7厘米（图四，3）。

甗腰　5件。均残，可分为腰隔甗和无腰隔甗二型。

A型　1件。腰隔甗。T10②：1，夹砂黄褐陶，束腰，腰部贴附一周附加堆纹，其上施有浅按窝纹、指甲纹两种纹饰。腰径11.1厘米，残高5.6厘米（图四，4）。

B型　4件。无腰隔甗。

标本T14②：3，夹砂红褐陶，束腰，腰部贴附一周附加堆纹，其上施有按窝纹。残高5.8厘米（图四，5）。

甗袋足　1件。H1：28，夹砂红褐陶，分裆较高，裆部贴附泥条并抹平，袋足瘦长，弧腹，腹、足分界不明显，无实足根，足端平齐。残高16.6厘米（图四，6）。

鬲足（个别可能为甗足）　9件。依其足部形状可以分为三型。

A型　5件。锥状足，依其横截面不同可分为二亚型。

Aa型　3件。横截面为圆形。

T14②：2，夹砂黄褐陶，器表凹凸不平，腹、足分界不明显，足端较平齐。残高7.8厘米（图四，7）。

T4①：1，夹砂红褐陶，器表凹凸不平，腹、足分界不明显。残高6.3厘米（图四，8）。

T7①：1，夹砂红褐陶，器表凹凸不平，腹、足分界不明显。残高6.9厘米（图四，9）。

Ab型　2件。横截面为多边形。

H1：7，夹砂红褐陶，器表凹凸不平，腹、足分界不明显。残高5厘米（图四，10）。

H1：8，夹砂红褐陶，器表凹凸不平，腹、足分界不明显。残高4.8厘米（图四，11）。

B型　2件。柱状足，依其形制可以分为二亚型。

Ba型　1件。足部瘦高。T15①：2，夹砂黄褐陶，器表凹凸不平，腹、足分界明显。残高7.4厘米（图四，12）。

Bb型　1件。足部矮粗。T1①：3，夹砂黄褐陶，器表较为平整，腹、足分界明显，从足端的形态来看，鬲足可能曾残断，后又继续使用而磨平。残高4厘米（图四，13）。

C型　2件。乳状足。

H1：6，夹砂红褐陶，器表凹凸不平，分裆较矮，腹、足分界明显。残高3.4厘米（图四，14）。

T14②：1，夹砂红褐陶，器表凹凸不平，腹、足分界不明显。残高2.6厘米（图四，15）。

竖桥耳小罐　2件。标本H6：3，夹砂红褐陶，圆唇，侈沿，口沿内侧抹斜，圆鼓腹，腹最大径位于腹中部，口沿下与腹下部之间饰一竖桥耳。残高7.2厘米，桥耳宽2.4厘米（图四，16）。

缸　4件。

标本T6②：3，夹滑石，红褐陶，圆唇，敞口，宽折沿。残高4.7厘米（图四，17）。

瓮　17件。依其领部可分为二型。

A型　15件。矮直领。

标本T10②：3，夹砂红褐陶，尖圆唇，矮直领。残高3.6厘米（图四，18）。

标本T12②：2，夹砂红褐陶，圆方唇，矮直领。残高3.9厘米（图四，19）。

B型　2件。高直领。

T4①：2，夹砂红褐陶，圆唇，直口，高直领。残高4.5厘米（图四，20）。

T15①：5，夹砂红褐陶，圆方唇，高直领。残高4.4厘米（图四，21）。

鼓腹罐　10件。

标本H1：21，夹砂红褐陶，圆唇，沿外撇，流肩，鼓腹。口沿下有一钻孔，并饰有斜向戳印的平行短线纹。残高7.9厘米（图四，24）。

标本T7②：3，夹砂红褐陶，方唇，沿外撇，流肩，鼓腹。残高5.1厘米（图四，25）。

鼓腹小罐　3件。依其口部可分为二型。

A型　2件。直口。

H1：23，夹砂红褐陶，圆唇，直口，流肩。残高4.8厘米（图四，22）。

B型　1件。侈口。H6：5，夹砂红褐陶，圆唇，折沿，侈口，流肩。残高8.1厘米（图四，23）。

矮领罐　1件。H6：4，圆唇，侈沿，矮直领，流肩。残高5.1厘米（图五，1）。

折沿罐　10件。

标本T1②：3，夹砂红褐陶，圆方唇，折沿，流肩。残高8.2厘米（图五，2）。

标本H1：18，夹砂红褐陶，圆方唇，折沿，流肩。口径12.3厘米，残高11.2厘米（图五，3）。

直腹罐　依其口沿内侧是否抹斜可分为二型。

A型　10件。口沿内侧抹斜。

标本H1：27，夹砂红褐陶，圆唇，沿略外撇，口沿内侧抹斜，直腹。残高5.2厘米（图五，4）。

标本G1：1，夹砂红褐陶，圆唇，沿略外撇，口沿内侧抹斜，直腹。残高6.1厘米（图五，5）。

B型　14件。口沿内侧未抹斜。

标本H1：24，夹砂红褐陶，圆唇，沿略外撇，直腹。残高8.1厘米（图五，6）。

标本H1：25，夹砂红褐陶，圆唇，沿略外撇，直腹。残高8厘米（图五，7）。

标本H1：26，夹砂红褐陶，圆唇，直口，直腹，口沿外侧压印挤压出斜向平行凸棱。残高4.7厘米（图五，8）。

标本T1①：4，夹砂红褐陶，圆唇，敛口，直腹。口沿外侧刻划有斜向平行线纹。残高4.5厘米（图五，9）。

折沿小罐　5件。

标本H1：19，夹砂红褐陶，圆唇，折沿，流肩。残高5.2厘米（图五，10）。

标本H1：20，夹砂红褐陶，圆唇，折沿，流肩。残高3.7厘米（图五，11）。

叠唇罐　6件。罐口处贴附一周泥条形成口沿。依其腹部形态可分为二型。

A型　3件。直腹。

标本T10②：2，夹砂红褐陶，尖唇，直口，口沿内侧抹斜，直腹。残高5厘米（图五，12）。

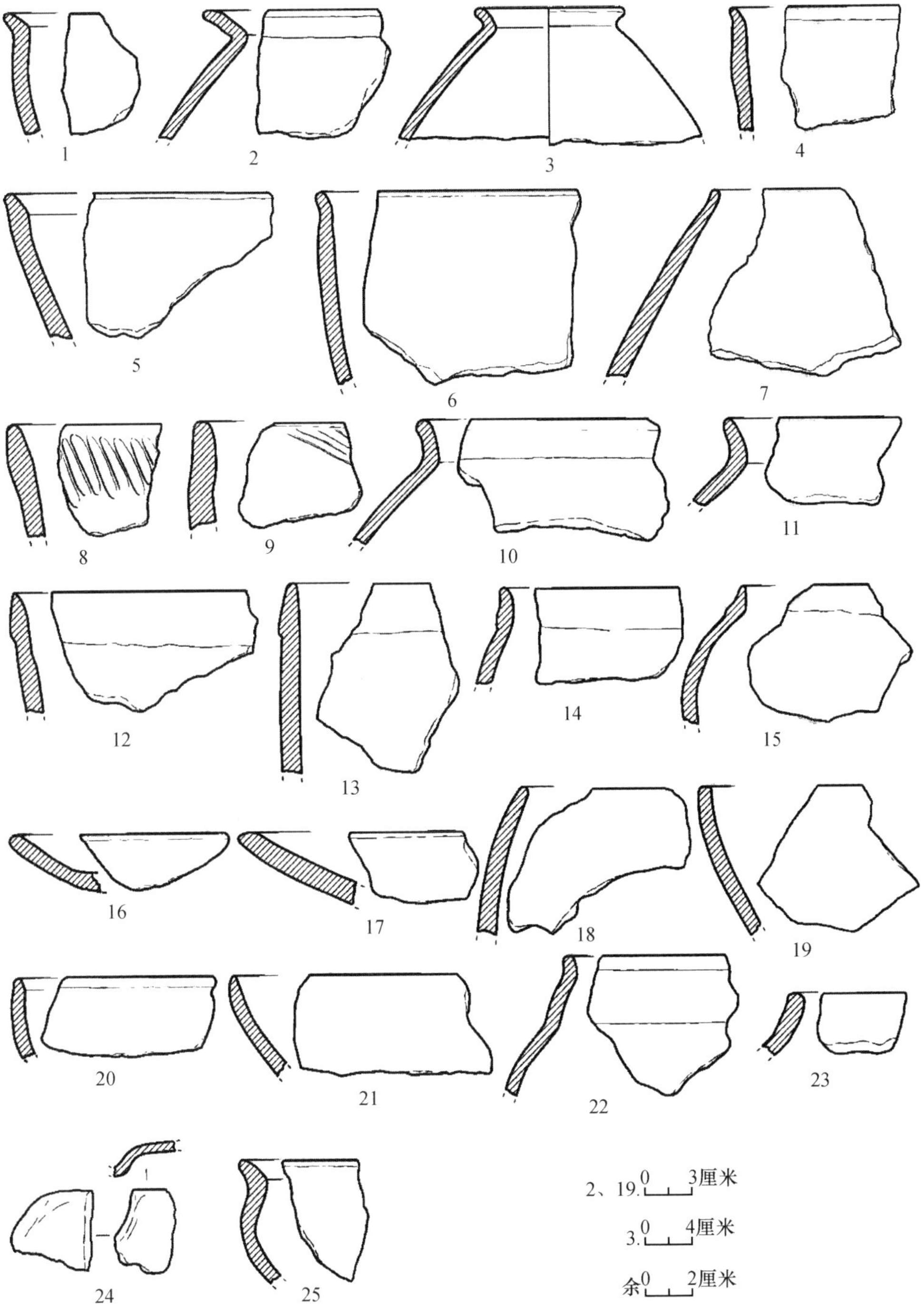

图五 出土陶器图

1. 矮领罐（H6：4） 2、3. 折沿罐（T1②：3、H1：18） 4、5. A型直腹罐（H1：27、G1：1） 6～9. B型直腹罐（H1：24、H1：25、H1：26、T1①：4） 10、11. 折沿小罐（H1：19、H1：20） 12、13. A型叠唇罐（T10②：2、T15①：4） 14、15. B型叠唇罐（T7②：2、T12①：1） 16、17. 豆（H1：14、T5②：1） 18、19. A型钵（H5：1、T10①：1） 20、21. B型钵（H1：16、H1：17） 22. A型壶（H3：2） 23. B型壶（H5：2） 24. 带流器（H1：15） 25. 盆（H1：22）

标本T15①：4，夹砂红褐陶，尖唇，直口，口沿内侧抹斜，直腹，器表粗糙可见有明显沙粒。残高8.1厘米（图五，13）。

B型 3件。圆鼓腹。

T7②：2，夹砂红褐陶，尖唇，直口，圆鼓腹。残高3.9厘米（图五，14）。

T12①：1，夹砂黄褐陶，尖唇，直口，圆鼓腹。残高5.8厘米（图五，15）。

豆 7件，均残，仅发现有豆盘（或为豆足）残片。

H1：14，夹砂红褐陶，圆唇，斜直壁。残高2.5厘米（图五，16）。

T5②：1，夹砂红褐陶，尖圆唇，斜直壁。残高3厘米（图五，17）。

钵 6件。依其腹部形态可分为二型。

A型 2件。腹最大径位于腹中部。

H5：1，夹砂红褐陶，圆唇，敛口，圆鼓腹。残高6.1厘米（图五，18）。

T10①：1，夹砂红褐陶，圆方唇，敛口，圆鼓腹。残高9.3厘米（图五，19）。

B型 4件。腹最大径位于近口沿处。

H1：16，夹砂红褐陶，圆唇，敛口，口内侧抹斜。残高3.4厘米（图五，20）。

H1：17，夹砂灰褐陶，圆唇，敛口，斜直腹。残高4.2厘米（图五，21）。

壶 2件。均为矮颈，依其颈部形态可分为二型。

A型 1件。曲颈壶。H3：2，夹砂红褐陶，圆唇，侈沿，矮颈微曲，流肩。残高5.9厘米（图五，22）。

B型 1件。斜直颈壶。H5：2，夹砂红褐陶，尖唇，直口口沿内侧抹斜，斜直径，器表施红彩。残高2.6厘米（图五，23）。

带流器 1件。H1：15，夹砂红褐陶，仅存部分流和口沿，器形不明。尖圆唇，三角状流（图五，24）。

盆 1件。H1：22，夹砂红褐陶，圆唇，侈沿，束颈，斜直腹。残高5.1厘米（图五，25）。

桥耳 45个，很难区分是横桥耳还是竖桥耳，因此这里统一进行介绍。依据桥耳的宽度不同，可以分为三型。

A型 6个。桥耳宽度大于或等于4厘米。

标本H1：9，夹砂黄褐陶，桥耳宽4.4厘米（图六，1）。

标本T14①：1，夹砂红褐陶，桥耳宽4.3厘米（图六，2）。

标本T14②：4，夹砂红褐陶，桥耳宽4.2厘米（图六，3）。

B型 30个。桥耳宽度介于3～4厘米。

标本H1：10，夹砂红褐陶。桥耳宽3.3厘米（图六，4）。

标本T9①：1，夹砂红褐陶。桥耳宽3厘米（图六，5）。

标本T15①：3，夹砂红褐陶。桥耳宽3.1厘米（图六，6）。

C型 9个。桥耳宽度小于或等于3厘米。

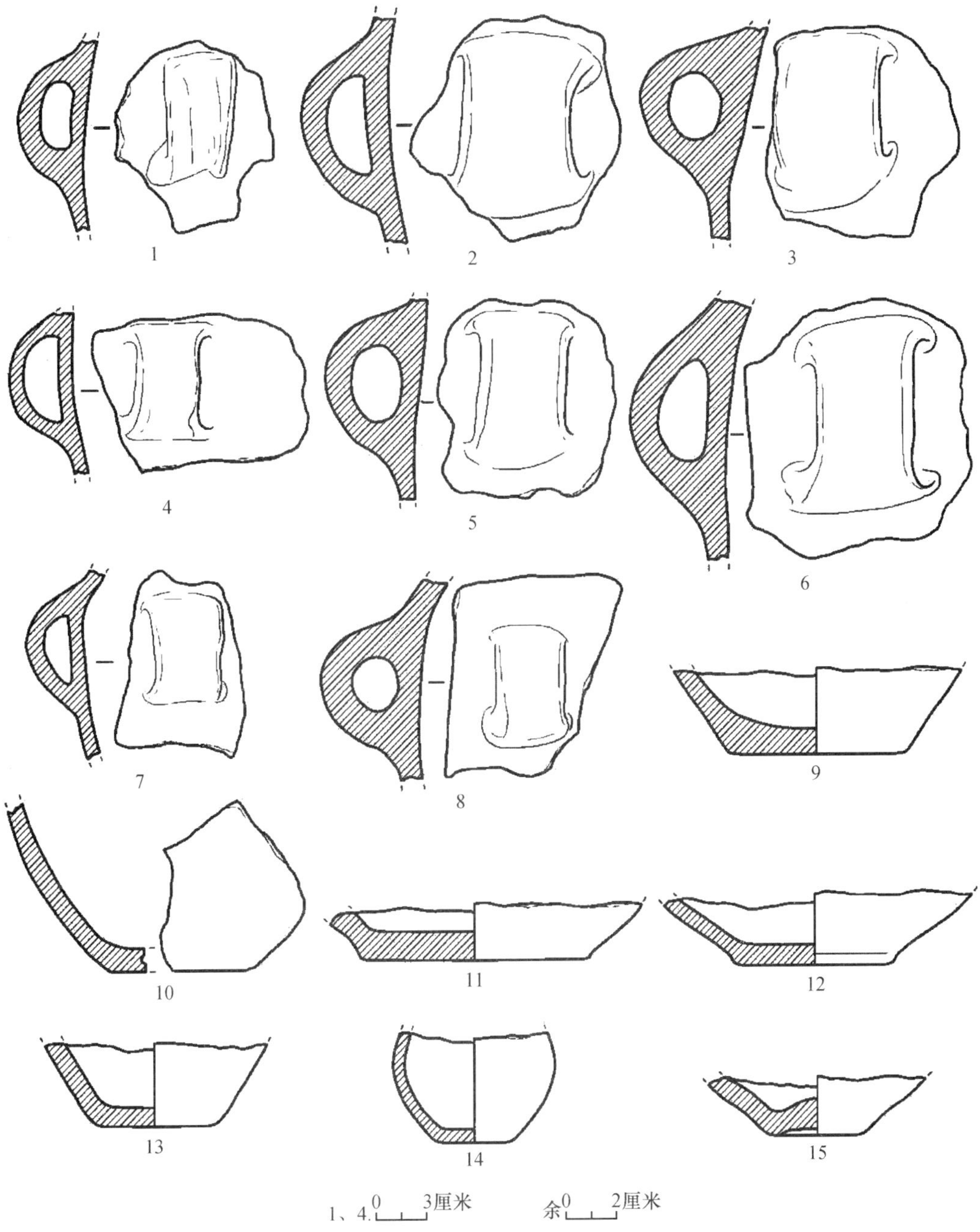

图六 出土陶器图

1～3. A型桥耳（H1：9、T14①：1、T14②：4） 4～6. B型桥耳（H1：10、T9①：1、T15①：3） 7、8. C型桥耳（T7②：1、T12②：1） 9、10. A型大器底（T2①：1、T15①：6） 11、12. B型大器底（H6：2、T14②：4） 13、14. A型小器底（H6：1、T6②：2） 15. B型小器底（H1：11）

标本T7②：1，夹砂红褐陶。桥耳宽2.6厘米（图六，7）。

标本T12②：1，夹砂红褐陶。桥耳宽2.6厘米（图六，8）。

器底　54个。依其底径大小不同可以分为两类。大器底底径一般在5厘米以上，小器底底径多在1～5厘米，包含5厘米在内。

大器底　44件。依其底部形状可分为二型。

A型　26件。平底。

标本T2①：1，夹砂红褐陶，腹底分界不明显，平底。残高3.3厘米，底径7.2厘米（图六，9）。

标本T15①：6，夹砂红褐陶，腹底分界不明显，平底。残高6.5厘米，底径6厘米（图六，10）。

B型　18件。台状底。

标本H6：2，夹砂红褐陶，腹底分界明显，平底微内凹。残高1.8厘米，底径9厘米（图六，11）。

标本T14②：4，夹砂红褐陶，腹底分界明显，平底。残高2.5厘米，底径6.4厘米（图六，12）。

小器底　10件。依其底部形状可分为二型。

A型　9件。平底。

H6：1，夹砂红褐陶，腹底分界不明显，平底。残高3.2厘米，底径4.6厘米（图六，13）。

T6②：2，夹砂红褐陶，腹底分界不明显，平底。残高4.3厘米，底径3厘米（图六，14）。

B型　1件。圈足。H1：11，夹砂红褐陶，腹底分界不明显，圈足。残高2.2厘米，底径3.7厘米（图六，15）。

2. 石器

有尖状器、研磨器、砍砸器、石刀、石镰、石范、石料、石器毛坯、石片、细石叶等。

尖状器　1件。T15①：1，玛瑙，劈裂面可见有锥疤、同心波。长1.2厘米，宽8.6厘米，厚2.5厘米（图七，10）。

研磨器　1件。T6①：1，石英岩，一端可见明显的磨痕。长5.8厘米，宽4.7厘米，厚2.2厘米（图七，8）。

砍砸器　1件。T1②：2，粗砂岩，器身周缘可见有砍砸痕迹。长14.4厘米，宽7.9厘米，厚2.9厘米（图七，1）。

石刀　3件。标本H1：1，板岩，器身通体打磨光滑，背部内凹，弧刃，侧锋。长10.2厘米，宽6.5厘米（图七，4）。

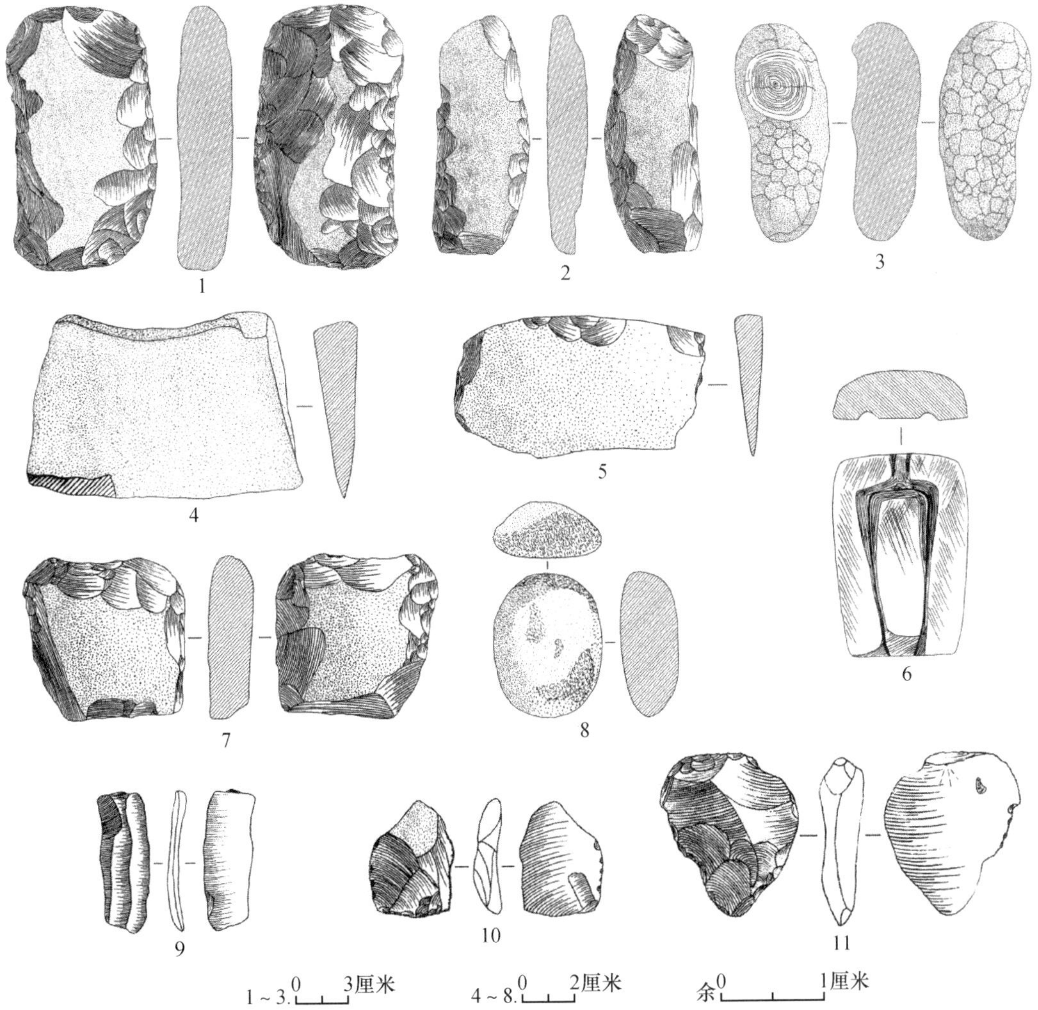

图七　出土石器图

1. 砍砸器（T1②：2）　2、7. 石器毛坯（T6②：1、T3②：1）　3. 石料（H3：1）　4. 石刀（H1：1）　5. 石镰（T1②：1）　6. 石范（H1：2）　8. 研磨器（T6①：1）　9. 细石叶（T3①：1）　10. 尖状器（T15①：1）　11. 使用石片（T3①：2）

石镰　1件。T1②：1，细砂岩，器身通体打磨光滑，弧背，弧刃，镰刀头残。长9.2厘米，宽5.2厘米，厚0.8厘米（图七，5）。

石范　1件。H1：2，角岩，仅存半合，器身通体打磨光滑，范面顶部可见有浇筑口，两侧刻有两道凹槽。长7.5厘米，最宽处为5.3厘米（图七，6）。

石料　1件。H3：1，石灰岩，略呈椭圆形，器身风化龟裂严重，一端有一凹坑。长11.9厘米，宽5.1厘米，厚4.1厘米（图七，3）。

石器毛坯　2件。

T6②：1，粗砂岩，器身通体修整。长12.6厘米，5厘米，厚2.1厘米（图七，2）。

T3②：1，硅质灰岩，器身顶端残断，两侧及底部均经修整。残高5.7厘米，宽6厘米，1.6厘米（图七，7）。

使用石片 1件。T3①：2，燧石，人工修整台面，劈裂面上明显见有打击点、半锥体、同心波等，背面布满片疤，左侧有较多零星的细小崩片痕。长1.6厘米，宽1.65厘米，厚4.8厘米（图七，11），

细石叶　1件。标本T3①：1，燧石，残存细石叶中段部分，劈裂面可见有同心波，背面有两条平行纵脊。残长1.7厘米，宽0.6厘米，厚0.14厘米（图七，9）。

三、结　　语

此次对库伦三家子遗址的发掘，是近年来科尔沁沙地南缘一次较大规模的田野考古发掘，所获得考古遗存虽不甚丰富，但是就科尔沁沙地的考古发现与研究工作相对薄弱的状况来说，这些资料则成为研究科尔沁沙地夏至战国时期考古学文化的一批新的实物资料。

（一）文化的属性

三家子遗址中未见有可复原陶器，可辨识陶器的种类虽然比较多，但均难以复原，多数也不利于将之与周邻文化出土的陶器进行器形上的比对，因此只能挑选一些特征相对比较明确或极具代表性的陶片来对其进行文化因素的比较与分析，从而最终来确定其文化属性。

三家子遗址的陶器除个别夹滑石外，余皆夹砂陶。多呈红褐色，约占陶器总数90%。器表多经磨光。以素面为主，少数陶器上饰有纹饰。个别陶片上施有红衣。部分陶器的口沿内侧抹斜，或口沿外侧贴附一周泥条形成叠唇。桥耳较为发达，其中竖桥耳约占40%[2]。陶器器类主要有鬲、甗、豆、钵、壶等，其中三家子H1：9甗与平安堡H3094：4甗[3]、代海H10：1甗[4]的袋足形制相近，均瘦长，无实足跟。竖桥耳小罐H6：3与平安堡H1003：4罐[5]完全相同。叠唇罐口部的“叠唇”与平安堡H1039：1钵等器物口部叠唇的制作方法极其相似[6]。由此可知，三家子遗址中这些陶器的特征、组合等方面与高台山文化[7]具有较多的一致性，实为同一文化之遗存。

三家子遗址中出有10块饰泥饼堆纹的陶片，其上尚残存1～5个小泥饼顺次排列。大甸子墓地的罐、鬶、爵等器物上同样也饰有泥饼堆纹[8]，学界认为其是夏家店下层文化中富有特色的器物纹饰之一。从纹样的形制和排列方式来看，三家子遗址与大甸子墓地的泥饼堆纹装饰手法完全相同，因此，三家子遗址泥饼堆纹无疑应视为是来自于夏家店下层文化的因素。

三家子遗址中出有5块鬲裆和袋足碎片，其上均拍印有规整细密的绳纹，细绳纹经抹平且局部模糊不清，依其绳纹形制可以分为两类：一类绳纹略深，绳子纹理不甚清

晰，呈线状；另一类绳纹较浅，绳子纹理痕清晰可见。这类纹饰的形制、施纹技法与魏营子文化的细绳纹极为相似，而细绳纹又是魏营子文化中颇具代表性的纹饰之一，那么三家子遗址细绳纹极有可能是来自于魏营子文化的影响。

从对陶器文化因素的分析来看，三家子遗址中主要包含有高台山文化、夏家店下层文化、魏营子文化等三种文化因素，依各文化因素在三家子遗址中所占的比重来看，高台山文化的因素处于绝对优势的地位，其他两文化的因素则要远远逊于高台山文化，据此可将三家子遗址出土的遗存归入高台山文化之中。也就是说，三家子遗址中出土的遗存以高台山文化为主体，兼有少量来自于夏家店下层文化、魏营子文化的因素。

（二）分期与年代

关于高台山文化的年代，学界主要存在有两种不同的认识：①多数学者认为其年代约为夏代中晚期（或晚期）至晚商[9]；②少数学者认为该文化相对年代约为夏至早商[10]。究其原因，两者的分歧主要是对“阜新平顶山遗址中5座高台山文化墓葬开口于魏营子文化地层下”[11]的层位关系有着不同的阐释和理解。持第一种观点的学者认为这组层位关系仅表明阜新平顶山遗址高台山文化遗存要早于该遗址的魏营子文化遗存，而不能得出高台山文化要早于魏营子文化的认识；持第二种观点的学者则认为这组层位关系更可能是反映了高台山文化要早于魏营子文化。对此，笔者赞同第一种观点的理解和认识，认为高台山文化的年代约为夏至晚商时期，阜新平顶山遗址的层位关系仅能表明高台山文化不晚于魏营子文化，主要理由有二：

第一，从目前已发表的资料来看，魏营子文化叠压高台山文化的层位关系仅发现于阜新平顶山遗址中，实属孤例，很难据此得出高台山文化一定要早于魏营子文化的认识。

第二，处于不同文化交错地带的遗址，遗址堆积的叠压关系只是对不同文化此消彼长的一种动态反映，而并不能表明不同文化之间年代早晚的关系。从地理位置来看，阜新平顶山遗址正好处于辽西山地、辽河平原文化区之间的过渡地带，该遗址中魏营子文化叠压高台山文化的层位关系更可能体现了高台山文化、魏营子文化在这一地区交错分布、此消彼长的文化格局。

三家子遗址中的高台山文化遗存处于高台山文化发展的哪一个阶段呢?

在大甸子[12]、平顶山[13]、代海[14]等遗址的发掘中多次发现高台山文化陶器与夏家店下层文化陶器伴生或共存。由此可见，高台山文化与夏家店下层文化曾长期并行发展，两文化之间还存在着密切的交往关系[15]。三家子遗址的“泥饼堆纹”再次反映了两文化之间曾有过文化上的联系，而且也表明三家子出土的高台山文化遗存年代应不晚于夏家店下层文化。

从辽河平原的考古发现来看，在平安堡、高台山[16]、湾柳[17]等高台山文化遗址中多见有竖桥耳和錾耳，极少发现有横桥耳。直到晚商时期，新乐上层文化兴起于辽河平原东部，横桥耳才逐渐开始在辽河平原流行起来，可见，横桥耳的出现是辽河平原夏商时期考古学文化划分和分期的一个主要标志。三家子遗址中桥耳较为发达，横桥耳约占60%，竖桥耳约占40%，可见三家子遗址中不仅出现了横桥耳而且在数量上还要略多于竖桥耳，这一情况表明三家子出土的高台山文化遗存较辽河平原的高台山文化遗存为晚，可能其年代约与新乐上层文化相当。

学界一般认为魏营子文化的年代约为晚商时期，三家子遗址中的“细绳纹”说明魏营子文化与高台山文化曾有过文化上的交流，二者可能约略同时。

基于上述认识，三家子遗址中出土的遗存应为高台山文化晚期遗存，年代约为晚商时期。

（三）收获与意义

综观夏商时期的科尔沁沙地以南地区，大致沿库伦—阜新—医巫闾山一线可以分为东、西两区。东区主要是指辽河平原西部，分布范围大致是以新民、彰武为中心，向东至法库、铁岭，向南达辽河，向西接库伦、阜新、医巫闾山，向北抵科尔沁沙地。从高台山文化遗址的分布情况来看，东区应为高台山文化的中心分布区，少见或不见夏家店下层文化的因素。西区主要是指辽西山地，为夏家店下层文化分布区。依阜新平顶山、代海，库伦三家子、小奈林稿、孤家子等遗址的发掘来看，沿库伦—阜新—医巫闾山一线地区的考古资料均显示出两种文化因素共存的特征，因此这一地区应属于高台山文化与夏家店下层文化之间的中间地带。

三家子遗址位于科尔沁沙地的南缘，属于柳河流域。从其地理位置来看，正好处于辽西山地、辽河平原两大文化区之间相互接触的边缘性地带，来自于不同谱系的考古学文化在此交流、传播、融合，可见其重要性是不言而喻的。然而该地区的考古工作基础却十分薄弱，以往多开展的是一些考古调查工作，大规模的考古发掘极少，因此对于这一地区夏商时期考古学文化内涵的认识十分模糊。近年来，阜新代海、库伦三家子、小奈林稿、孤家子等遗址的发掘，不仅有利于廓清对科尔沁沙地夏商时期遗存文化面貌的认识，而且对深入探讨辽河平原与辽西山地之间文化的交流与互动关系等问题具有重要的意义。

三家子遗址发掘的面积较小，出土的遗迹、遗物也比较少，而且遗迹间的叠压、打破关系也并不复杂，但是根据对该遗址中出土遗存的文化因素分析来看，其文化内涵较为复杂，不仅有其自身的文化传统，而且还与周邻文化之间有过文化上的影响与交流。

附记：本文的写作得到吉林大学边疆考古研究中心、内蒙古自治区文物考古研究所、库伦旗文物管理所的协助，在此一并表示感谢。

注　释

[1] 内蒙古自治区文物考古研究所、库伦旗文物管理所调查资料。

[2] 三家子遗址中出土桥耳50件，其中横桥耳3件，竖桥耳2件，余45件难以确认其为横桥耳还是竖桥耳。横桥耳占可辨横、竖桥耳总数的60%，竖桥耳则占可辨横、竖桥耳总数的40%。

[3] 辽宁省文物考古研究所，吉林大学考古学系.辽宁彰武平安堡遗址［J］. 考古学报，1992（4）：437–475.

[4] 辽宁省文物考古研究所. 代海墓地. 文物出版社［M］. 北京：科学出版社，2013.

[5] 同［3］.

[6] 同［3］.

[7] a.朱永刚. 论高台山文化及其与辽西青铜文化的关系［A］. 中国考古学会第八次年会论文集（1991）［C］. 北京：文物出版社，1996.

b.董新林. 高台山文化研究［J］. 考古，1996（6）：52–66.

c.赵宾福. 关于高台山文化若干问题的探讨［A］. 青果集——吉林大学考古专业成立二十周年论文集［C］. 北京：知识出版社，1993：273–284.

d.赵宾福. 中国东北地区夏至战国考古学文化研究［M］. 北京：科学出版社，2009.

[8] 中国社会科学院考古研究所. 大甸子——夏家店下层文化遗址与墓地发掘报告［R］. 北京：科学出版社，1998.

[9] 同［7］.

[10] 井中伟. 夏家店上层文化的分期与源流［A］. 边疆考古研究（第12辑）［C］. 北京：科学出版社，2012：149–174.

[11] 辽宁省文物考古研究所，吉林大学考古学系. 辽宁阜新平顶山石城址发掘报告［J］. 考古，1992（5）：399–417.

[12] 同［8］.

[13] 同［11］.

[14] 同［4］.

[15] 同［7］.

[16] a.沈阳市文物管理办公室. 沈阳新民县高台山遗址［J］. 考古，1982（2）：121–129.

b.新民县文化馆，沈阳市文物管理办公室. 新民高台山新石器时代遗址1976年发掘简报［A］. 文物资料丛刊（7）［C］. 北京：文物出版社，1983：80–88.

c.沈阳市文物管理办公室. 新民东高台山第二次发掘［J］. 辽海文物学刊，1986（1）：16–29.

[17] a.曹桂林，许志国. 辽宁法库县湾柳街遗址调查报告［J］. 北方文物，1989（2）：18–20.

b.铁岭市博物馆. 法库县弯柳街遗址试掘报告［J］. 辽海文物学刊，1990（1）：31–41.

c.辽宁大学历史系考古教研室，铁岭市博物馆. 辽宁法库县湾柳遗址发掘［J］. 考古，1989（12）：1076–1086.

附录　三家子遗址孢粉分析研究

库伦旗位于内蒙古自治区通辽市西南部，东与科尔沁左翼后旗相连，南与辽宁省阜新、彰武二县相接，西部、北部与奈曼旗为邻。该旗地处辽西山地向科尔沁沙地过渡的地段，燕山山脉自旗境西南部延入，在旗中部与广袤的科尔沁沙地相接，构成了旗境内南部浅山连亘，中部丘陵起伏，北部沙丘绵绵的地貌，整个地势为西南高，东北低。养畜牧河横亘库伦旗，将库伦旗一分为二，其南多为黄土丘陵沟壑区；其北则多为沙沼坨甸相间的地貌。

科尔沁沙地曾是湖泊众多、林草繁茂的森林–草原景观，现今土地沙漠化的现象极为严重，植被覆盖度极低，风蚀严重、土壤极度贫瘠且基质极不稳定。三家子遗址地处科尔沁沙地的南缘，位于养畜牧河左岸的一座沙丘之上，海拔高度200～230米，高出养畜牧河约60米。该地区系半干旱地带的温带疏林草原，为森林草原与干旱草原的过渡地带，主要土壤为流动风沙土，属温带大陆性季风气候，气候干燥，降水量较少。

三家子遗址的堆积简单，整个发掘区可统一划分为两层，第1层在各探方中均有所分布，第2层主要分布在发掘区西部。遗迹单位的文化内涵单一，皆属高台山文化晚期遗存，年代约为晚商时期。

课题组在发掘现场按遗迹单位采集土样样品7份，取4个样品进行了孢粉分析研究。每个样品取干样50克，相继进行盐酸、氢氟酸和盐酸处理，用重液浮选法集中样品中的孢粉。然后是制片、镜检、鉴定、计数、统计。在各样品中均发现有数量不等的孢子花粉，分属22个科属。下面按遗迹单位分别介绍其孢粉组合。

H1开口于第1层下，打破第2层、G1。

草本植物花粉为主，占50.38%；蕨类植物孢子次之，占32.82%；乔、灌木植物花粉较少，占12.22%；苔藓类植物孢子最少，仅占4.58%。

草本植物花粉中，禾本科含量最多，占31.29%，其次为莎草科、瑞香科，共占13.75%，少量的菊科、藜科、毛茛科、芝菜科，共占5.34%。

蕨类植物孢子中，岩蕨科含量最多，占12.97%，其次为卷柏科，占8.41%，水龙骨科较少，占1.53%。尚有9.91%的蕨类植物花粉难以确定其科属。

乔、灌木植物花粉中，榆科含量最多，占7.64%，其次为松科，占2.29%，杨柳科、蔷薇科最少，共占2.29%。

H2开口于第2层下，打破生土。

草本植物花粉为主，占57%；蕨类植物孢子次之，占23%；乔、灌木植物花粉较少，占12%；苔藓类植物孢子最少，仅占8%。

草本植物花粉中，禾本科含量最多，占34%，其次为莎草科，占12%，少量的豆科、蒿属、藜科、瑞香科、毛茛科，共占11%。

蕨类植物孢子中，水龙骨科含量最多，占6%，其次为卷柏科，占3%，尚有14%的蕨类植物花粉难以确定其科属。

乔、灌木植物花粉中，榆科含量最多，占4%，其次为杉科、蔷薇科，共占6%，杨柳科较少，仅占2%。

H6开口于第2层下，打破生土。

草本植物花粉为主，占64.7%；蕨类植物孢子次之，占24.75%；乔、灌木植物花粉较少，占5.7%；苔藓类植物孢子最少，仅占4.8%。

草本植物花粉中，禾本科含量最多，占33.34%，其次为莎草科、蒿属、瑞香科、毛茛科，共占25.73%，少量的豆科、菊科、芝菜科，共占5.71%。

蕨类植物孢子中，岩蕨科含量最多，占6.66%，其次为石松科、水龙骨科、卷柏科，共占2.85%，尚有15.24%的蕨类植物花粉难以确定其科属。

乔、灌木植物花粉中，松科含量最多，占1.9%，榆科、杉科、麻黄科、蔷薇科含量相同，共占3.8%。

G1开口于第1层下，打破第2层，被H1打破。

草本植物花粉为主，占48.05%；蕨类植物孢子次之，占24.5%；乔、灌木植物花粉较少，占22.55%；苔藓类植物孢子最少，仅占4.9%。

草本植物花粉中，禾本科含量最多，占17.66%，其次为菊科、瑞香科、毛茛科、玄参科，共占20.59%，豆科、莎草科、蒿属、藜科、百合科、芝菜科，共占9.8%。

蕨类植物孢子中，卷柏科含量最多，占6.86%，其次为岩蕨科，占4.9%，石松科较少，占1.96%。尚有10.78%的蕨类植物花粉难以确定其科属。

乔、灌木植物花粉中，蔷薇科含量最多，占20.59%，少量的杉科，占1.96%。

从以上各遗迹单位的层位关系可推知：H1打破G1，H1的形成时间略晚于G1；H2、H6均开口于第2层下，为平列关系，二者形成时间更为接近或约略同时；H1、G1共同打破第2层，那么H1、G1形成时间肯定要晚于H2、H6。由此可将这四个遗迹单位划分为早晚有别的两个时间组：H2组（包括H6）、H1组（包括G1）。

从四个样品中的孢粉组合来看，H2组、H1组皆以草本植物花粉为主，平均值分别为60.85%、49.215%，可见其含量在各组中均占有绝对优势，可推知三家子遗址及其周围较大范围的区域应属于草原植被分布区。

乔、灌木植物花粉多为风媒花粉，传播能力较强，而且传播的距离和范围也较大。两组中均发现有数量不等的乔、灌木植物花粉，考虑到其花粉传播的特点，很难据此推断三家子遗址周围曾分布有针叶、阔叶混交林植被。已有学者指出松科花粉带有气囊，随风传播的距离很远，遗址中的松科花粉可能是来自于该遗址周围800千米以内的地区，并非是该遗址及其周边地区原地生产、搬运、堆积、保存下来的[1]，尤其不适宜用于对遗址周边地区古植被的讨论。

H2组草本植物花粉以禾本科为主，还有较多的莎草科、菊科蒿属等。乔、灌木植物花粉的含量极低，主要是以榆科为多，少量的杨柳科、杉科等。H2组植物孢子组合所反映的气候特点是偏凉爽干燥。

H1组乔、灌木植物花粉的数量较H2组略高。H1组乔、灌木植物花粉主要是榆科、蔷薇科等，无论从数量还是比重上都较H2组有着显著增加。三家子遗址中还浮选出蔷薇科李属杏亚属植物的炭化木屑，这些蔷薇科植物可能与当时人类活动关系较为密切，说明在遗址附近可能分布有此类植物。这样，可推知H1组极有可能是一种稀树草原植被景观，气候要较H2组温暖湿润。

但是，在H1组中仍然有好冷喜湿的芝菜科植物，以及耐干旱的卷柏科和瑞香科植物的存在，说明当时这种温暖湿润的气候环境并不很稳定，可能存在一定程度的波动。

三家子遗址浮选出大量的禾本科植物遗存，粟和黍共33粒，粟、黍以及狗尾草属和马唐属为代表的黍亚科杂草，约占炭化植物遗存的79.6%[2]；而且在H2组、H1组，禾本科花粉在数量上占有绝对优势，上述迹象表明当时生活在三家子遗址的人群已经种植粟和黍。三家子遗址处于科尔沁沙地南缘，结合前文对孢粉结果的分析，说明该地环境条件略差，温暖湿润的气候并不稳定，但是三家子遗址临近养畜牧河，能够为当时的农业活动和人类生存提供充沛的水源，为以粟和黍为主的旱作农业的开展提供了保障。

综合上述对三家子遗址周边植被和环境的分析，可以归纳出以下认识：

第一，三家子遗址的孢粉特征、组合分析表明，该地区气候可能发生过由凉爽干燥向温暖湿润的转变趋势，而且在这一转变趋势中存在着一定程度的波动，温暖湿润的气候环境并不是很稳定。

第二，三家子遗址地处科尔沁沙地南缘，这一地区主要以草原植被为主，养畜牧河流经该遗址的西侧，水源的充沛、气候的温暖湿润使得H1组的植被较H2组的种类更加丰富，可能呈现稀树草原的植被景观。

第三，三家子遗址中由早至晚禾本科植物的数量始终占有绝对优势，可能说明当时的人们已经开展了以粟和黍为主的旱作农业。

注　释

[1]〔英〕摩尔，韦布（著），李文漪等（译），花粉分析指南［M］. 南宁：广西人民出版社，1987.

[2] 刘玮，赵志军，霍东峰，朱永刚. 内蒙古库伦旗三家子遗址浮选结果分析报告［J］. 农业考古，2016（3）：7–13.

附表　三家子遗址孢粉分析表

		H1		H2		H6		G1		总计	
		粒数	百分比	粒数	百分比	粒数	百分比	粒数	百分比	数量	百分比
乔灌木植物	杨柳科	1	0.76	2	2					3	0.68
	榆科（榆属）	10	7.64	4	4	1	0.95			15	3.42
	杉科			3	3	1	0.95	2	1.96	6	1.37
	松科	3	2.29			2	1.9			5	1.14
	麻黄科（麻黄属）					1	0.95			1	0.23
	蔷薇科	2	1.53	3	3	1	0.95	21	20.59	27	6.17
	合计	16	12.22	12	12	6	5.7	23	22.55	57	13.01
草本植物	禾本科	41	31.29	34	34	35	33.34	18	17.66	128	29
	豆科			3	3	2	1.9	2	1.96	7	1.59
	莎草科	11	8.41	12	12	8	7.64	1	0.98	32	7.3
	菊科	3	2.29			1	0.95	6	5.89	10	2.2
	蒿属			2	2	6	5.71	2	1.96	10	2.2
	藜科	2	1.53	1	1			3	2.94	6	1.37
	瑞香科	7	5.34	2	2	7	6.67	5	4.9	21	4.77
	毛茛科	1	0.76	3	3	6	5.71	5	4.9	15	3.4
	百合科							1	0.98	1	0.68
	玄参科							5	4.9	5	1.14
	芝菜科（芝菜属）	1	0.76			3	2.86	1	0.98	5	1.14
	合计	66	50.38	57	57	68	64.7	49	48.05	240	54.79
蕨类植物	石松科					1	0.95	2	1.96	3	0.68
	卷柏科	11	8.41	3	3	1	0.95	7	6.86	22	5.03
	水龙骨科	2	1.53	6	6	1	0.95			9	2.06
	岩蕨科	17	12.97			7	6.66	5	4.9	29	6.62
	其他蕨类	13	9.91	14	14	16	15.24	11	10.78	54	12.33
	合计	43	32.82	23	23	26	24.75	25	24.5	117	26.72
苔藓	苔藓孢子	6	4.58	8	8	5	4.8	5	4.9	24	5.48
	合计	6	4.58	8	8	5	4.8	5	4.9	24	5.48
孢子花粉总数		131	100	100	100	105	100	102	100	438	100

The Excavation of the Sanjiazi Site in Kulun County, Neimenggu

HUO Dong-feng　XIA Yan-ping　ZHU Yong-gang

During May and June in 2012, Research Center for Chinese Frontier Archaeology of Jilin University, Institute of Relics and Archaeology in Inner Mongolia, and Relics Management Office of Kulun County did a rescue excavation at Sanjiazi Site, uncovering 6 pits and 1 trench. Both artifacts and ecofacts were discovered and systematically collected, including many pottery sherds, some lithics, and several animal bones and teeth. Stratigraphic and artifact stylistic data both suggest the consistency in the terms of archaeological culture, belonging to Later Gaotaishan Culture during Late Shang period. The new data achieved from the excavation not only has enriched the database about chronology, distribution, and variability of Gaotaishan Culture and other assemblages in Kerqin Sands during Xia and Shang periods, but also provided new evidence for the key issue cultural communications and interactions between Liao River Basin and Liaoxi Ridge.

吉林省桦甸市苏密城外城南瓮城考古发掘简报

吉林省文物考古研究所　桦甸市文物管理所

桦甸苏密城城址位于桦甸市市区东北约4千米的辉发河南岸，隶属于桦甸镇永吉街道大城子村，南距烟白铁路约300米（图一）。

苏密城北濒辉发河故道，扼松花江水路和陆路交通之要冲，四周为群山环抱的辉发河冲积盆地，地势险要，土质肥沃，是人类理想的栖息之所。古城城垣土筑，由内、外双城组成，内城近正方形，周长1381米，外城近长方形，周长约2590米，

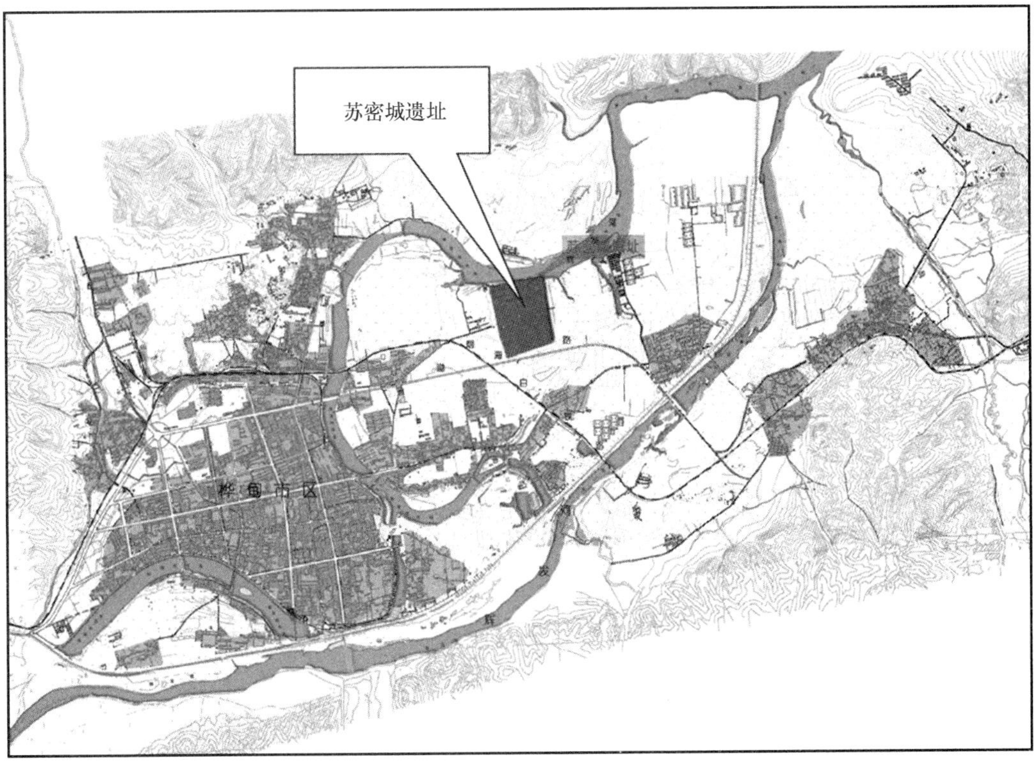

图一　苏密城地理位置示意图

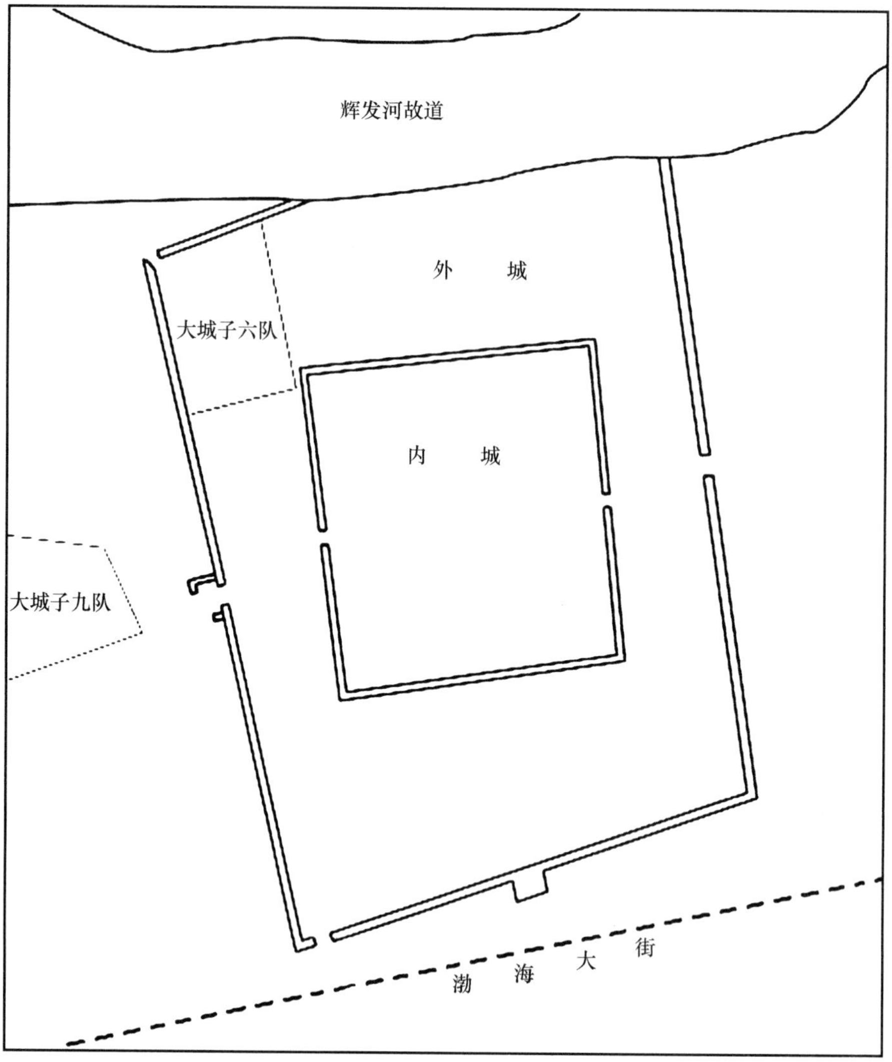

图二　苏密城平面示意图

平面呈“回”字形布局。南瓮城位于外城南墙中部，整体呈方形，有北门和东门2门（图二）。

2013年6～10月，为解决苏密城城址的年代问题，包括城址始建、沿用年代和内外城建筑时序，吉林省文物考古研究所会同桦甸市文物管理所对苏密城外城西南角楼、外城南瓮城、内城西南角楼、内城南墙中点进行考古发掘，并对内外城城内部分区域进行探沟试掘，以期了解城内的布局及城内的遗址分布。

本年度在2004年对外城南瓮城北门和东门发掘的基础上对瓮城进行全面揭露，以期解决苏密城瓮城的年代，性质等问题。现将南瓮城发掘主要收获简报如下。

为了减少对现存瓮城形制的破坏，尽量保存原貌，发掘采取探方和探沟相结合的方式，自东向西垂直于外城南墙方向布方（图三）。发掘过程大致按四个步骤和四个

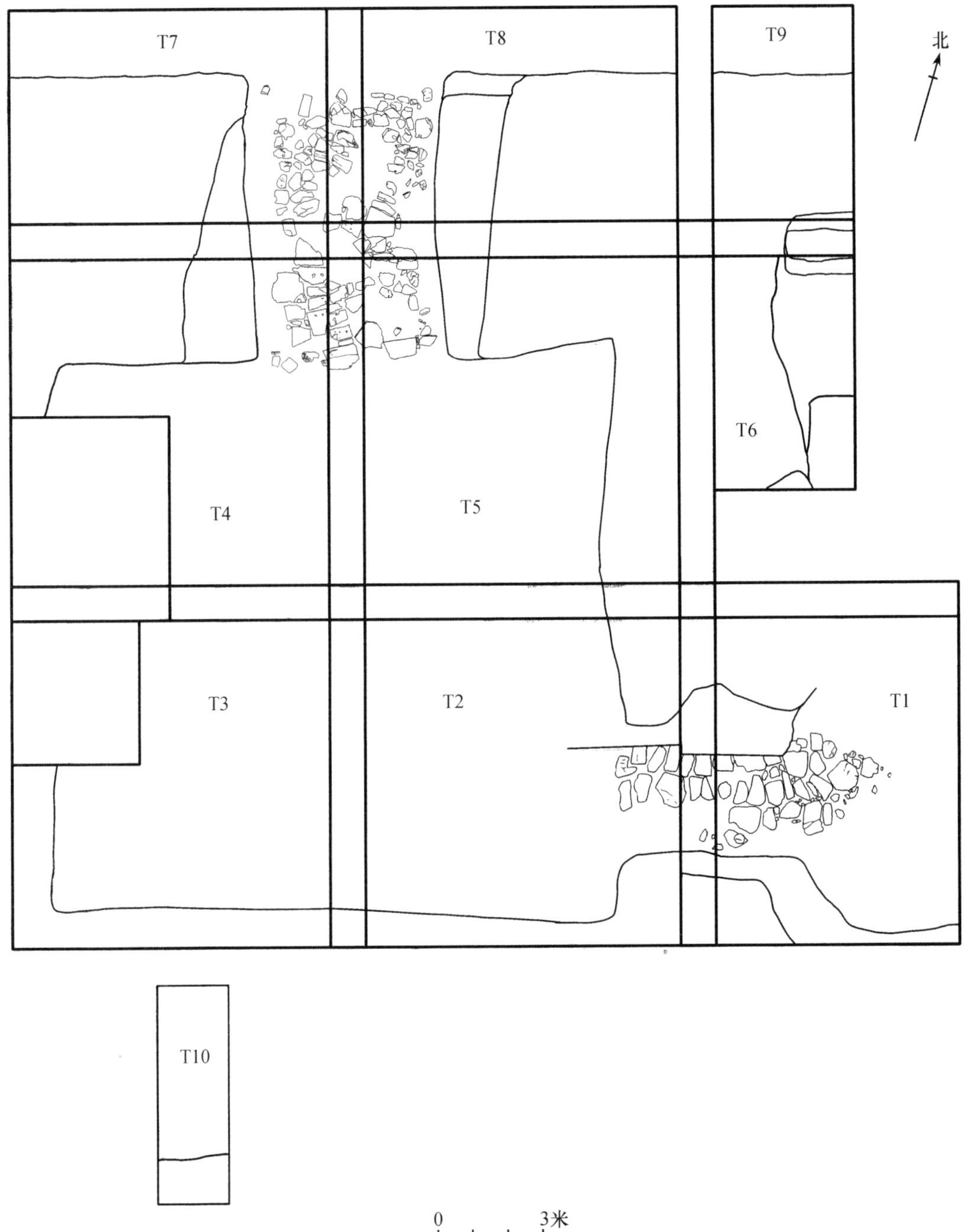

图三　瓮城探方平面图

目的进行：一是首先对瓮城的城内堆积进行探方发掘，布10米×10米探方4个，编号2013HSWⅡT2、2013HSWⅡT3、2013HSWⅡT4、2013HSWⅡT5，保证城内遗存信息的全面提取；二是对瓮城东西城墙与外城南墙衔接处进行探方发掘，受城内耕地所限，布10米×7米，4米×6米，4米×7米探方4个，编号2013HSWⅡT7、2013HSWⅡT8、2013HSWⅡT9和2013HSWⅡT6，了解二者的衔接结构；三是选取瓮城南墙外侧一处进行墙体解剖，布2米×6米探沟一条，编号2013HSWⅡT10，了解城墙结构及与外侧护城壕的关系；四是对瓮城东门进行探方发掘，布10米×7米探方，编号2013HSWⅡT1，了解东门的后期封堵情况和前期门址的结构*。

一、瓮城城内地层堆积

瓮城城内的堆积较为简单，可分三层（图四）：

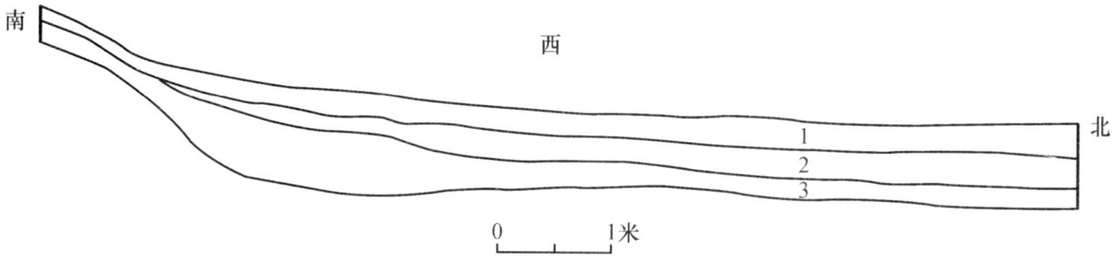

图四　2013HSWⅡT2西壁剖面图

第1层，黄褐色土，土质疏松，厚6～30厘米。出现代遗物和少量黄褐色夹砂，灰褐色泥质陶器残片及布纹瓦残片等。残片碎小，无完整器。

第2层，黑灰色土，土质细密，厚0～30厘米，遍布整个瓮城城内，城墙顶部无此层分布，层内未见遗物。

第3层，黄褐色土，土质致密，夹杂有红烧土颗粒。厚7～75厘米，其中2013HSWⅡT4东北部较深。包含物丰富，黄褐夹砂，青黑色灰胎夹砂陶器口沿残片及夹砂布纹瓦残片。泥质灰褐陶、黄褐陶及红褐陶陶器口沿，器底残片，泥质桥状耳，含细砂莲蕾纹瓦当和筒瓦残片，陶器多为平底器。另出较多的铁器，以铁镞和甲片居多，铁刀次之。

3层下为墙体和地面。

---

* 东门封土内的出土遗物按2013HSNWW编号，即桦甸苏密城南瓮城外门。

二、瓮城城址

（一）形　制

瓮城整体呈方形，瓮城内侧东墙长16米，西墙长15米，北墙长16米，南墙长16米，内侧周长63米。城墙为夯土筑成，现存高度1.1～1.8米。北门位于外城南墙中部，长约8米，宽约5米，方向343°。东门位于瓮城东墙偏南，门长约8米，宽约3.3米，方向253°。瓮城南墙与苏密城外城护城壕相距约4.2米。瓮城内地面由细小砂石铺垫，未经平整，显得凸凹不平（图版一，1）。

（二）城墙结构

外城南城墙：通过对瓮城北门东剖面和2013HSWⅡT9的发掘，确定外城南城墙直接起建于地面，并没有挖槽筑基。墙基宽约为8米，残存高度2.1米。墙体用黄色黏土由下及上呈梯形夯砸筑起，墙体内外两侧均有护坡，但用土不同，北侧的土质土色与夯筑的主墙体几近相同，南侧为灰褐色土夹杂少量砂石夯筑，夯砸坚实，且由上及下砂石含量渐少（图版一，2），由图可见，南侧的护坡与瓮城东墙有一折尺形的拐角，推测原来的南侧护坡亦应与北侧的用土一致，但因后期损坏，而改用灰褐色夹砂石的土修葺补筑。

瓮城的东、西墙与外城南墙的衔接：通过对瓮城城内2013HSWⅡT4和2013HSWⅡT5的发掘，发现瓮城的东、西墙主体为黄色黏土自下及上呈梯形夯筑而成，土质土色和构筑方式与外城的南墙相同，应为同一时期构建，但墙体基宽约为7米，较外城南墙稍窄，残存高度1.7～2.1米。其东墙与外城南墙衔接的东北内角清晰可见两墙体垂直于地面，夹角呈90°，对应的瓮城西墙与南墙衔接的西北内角亦是如此（图版一，3）。

女儿墙：外城南墙上及与外城南城墙衔接的翁城东西墙上皆发现残存的女儿墙，灰褐色土，夹杂细小砂石，堆砌较为坚硬，底宽1.65米，顶部残宽0.8米，残高0.8米，女墙下为外城南墙的南侧护坡（图五）。笔者认为，女儿墙的用土与城墙使用的黄色黏土有明显区别，另从城墙的现存高度推测，女儿墙应是后期堆筑，与城墙主体的构筑不同期。

瓮城南城墙：从2013HSWⅡT10探沟的东壁剖面上可见，城墙无基槽直接起建于地面，用黄色黏土自底向上呈梯形夯筑而成，基宽约为7米，没有明显的夯层，但南墙外侧，墙基底的数层夯土延伸至墙体外，应为墙下垫土层（图六）。

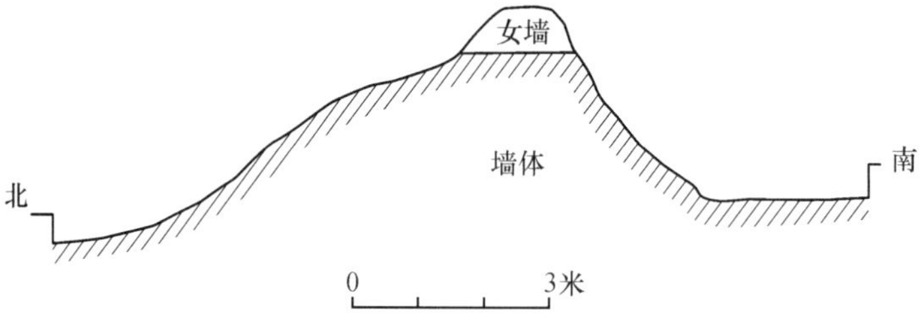

图五　女墙剖面图

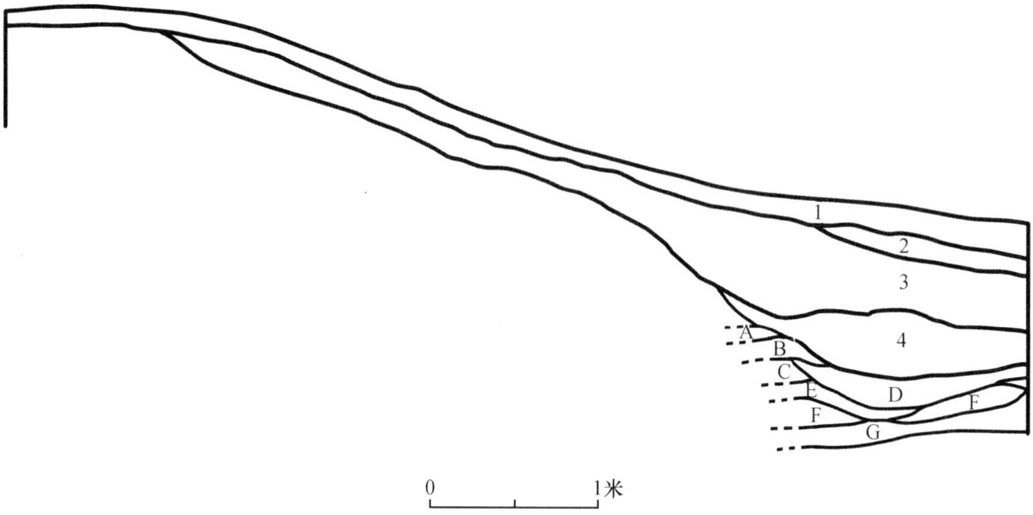

图六　2013HSWⅡT10东壁剖面图

（三）城　　门

瓮城现存2座城门，分别位于外城南墙和瓮城东墙上，北门较大，东门较小。

2004年曾对两座门址进行发掘，北门基本完全揭露，门道残长约8米，宽约5米。东门为保存后期的封堵迹象，仅在门道中部开了一条东西向探沟，探出门道残长约8.1米，宽约2.8米。为保证瓮城发掘的完整性，2013年的发掘重新对北门和东门进行揭露。

北门：位于外城南墙中部偏东，门址宽约5.3米，用大小不等的板石铺设门道，石缝间多以黄沙掺少量细小的河卵石填满夯实。门道长7.7米，宽4.6米。门道两侧均发现烧土迹象。门道西侧墙体下发现一段长约3.8米，宽0.45～0.55米烧过的圆木，而对应的东侧墙体下虽未发现烧过的成形圆木，但见有大片残留的木炭，或可断定门道两侧应有对称的圆木设施，仅因过火程度不同而留下不同的迹象。北面铺石尽头下的沙土亦发现火烧痕迹。烧土面顺东侧墙体斜向上延伸，应与门道过火时期一致。烧土面以下为最早的夯土墙面（图七）。

东门：位于瓮城东墙中部偏南，门址宽约2.8米。东门在使用过程中因废弃或破坏

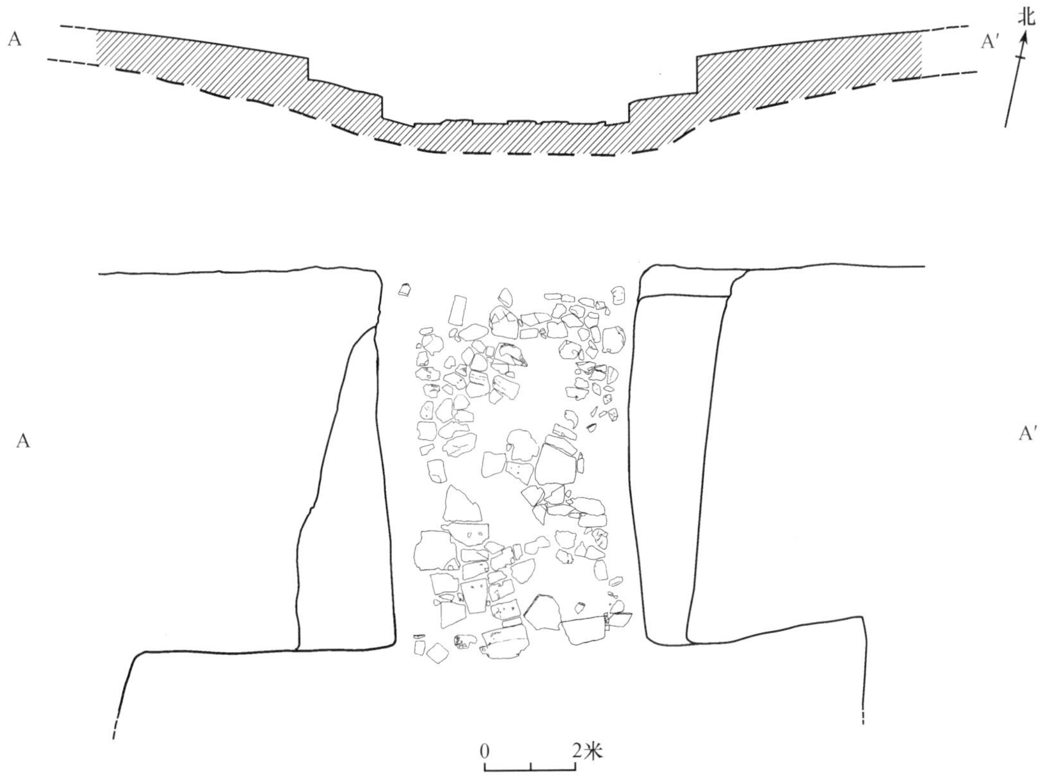

图七 瓮城北门平、剖面图

损毁严重，进行过封堵，为了保存封堵迹象不被完全破坏，此次发掘，门址北侧封土保留，重点清理门址南侧封土。

封土共分两层。

第1层：黄褐色土，土质坚硬。厚1～1.3米。内出青灰色夹细砂筒瓦残块，灰褐色泥质陶器器底及夹细砂布纹瓦残片。

第2层：红烧土层，土质疏松。厚5～20厘米。内出红褐色夹砂陶器器底，灰褐色、黄褐色泥质陶器口沿残片、夹砂布纹瓦残片，以及铁镞和方头铁钉。

2层下为门道铺石。

门道的东半部伸出瓮城东墙之外，后期破坏严重，残宽1.5米，位于城墙之间的门道长约6.75米。亦如北门由大小不等的板石铺设，石缝间多以黄沙掺少量细小的河卵石填满夯实。门址中部铺石南，发现一块半圆形础石，低于门道铺石，础石以南的铺石上发现大片木炭，侧面墙壁上亦留有木炭，从木炭现存形状看，当时的木质结构为方形。门道铺石北侧的墙壁上同样留有木炭，与南部形态相同。距瓮城南墙内壁40厘米，门道北半部的铺石上覆盖一层厚约20厘米的灰沙土，顺着门道方向向西外延，灰沙土面上有明显的火烧痕迹，形成一层红烧土层（图八）。

瓮城东门南既瓮城的南墙向东延伸出一条舌状的突起，本年度对其做了一条宽0.5

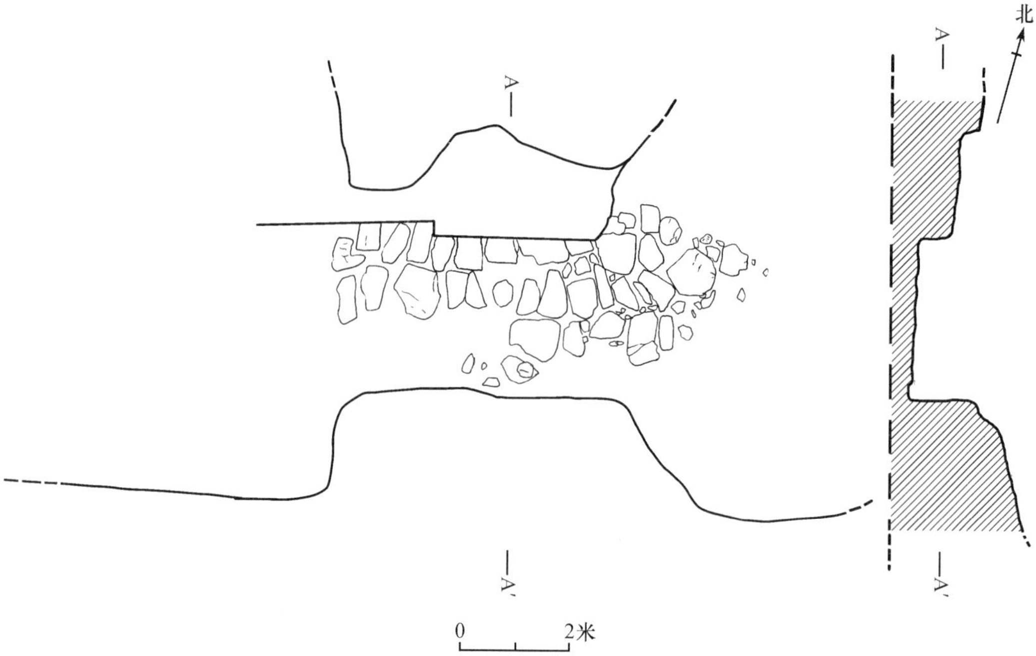

图八　瓮城东门平、剖面图

米，南北长2米的解剖沟，经过清理，发现这一舌状突出内部的夯土与瓮城南墙的城墙夯土一致，二者没有明显的区别和界限，推测是当时城门的一个保护措施。

（四）城　壕

苏密城外城两道护城壕呈“几”字形绕过瓮城，垂直于瓮城南墙与2013HSWⅡT10呈一直线布一条1米×40米探沟，南距公路6米，北距T10约3米。

探沟内堆积可分为三层。

第1层：可分二小层。

A层，灰褐色，土质疏松。厚10～20厘米。层内出有近现代遗物。两道护城壕均开口于此层下。

B层，黄褐色，土质较黏。厚10厘米。夹杂有较多砾石。仅在探沟中部有分布。

第2层，仅在探沟北部有分布，灰黑色土，土质疏松，细密。厚10～40厘米，层内未见遗物。

第3层，黄褐色黏土，土质疏松，较黏。厚40厘米。该层下为黄沙。

内侧护城壕剖面呈锅底形，口宽10.4米，深1.85米。壕内堆积分6层。

a层，黄褐色土，略灰，夹杂有砾石，红烧土颗粒。厚0～80厘米。层内未见遗物。

b层，灰褐色土，土质细密，较黏，夹杂有细沙。厚0～20厘米。层内未见遗物。

c层，黑灰色，土质细密，略黏。厚0～40厘米。层内未见遗物。

d层，黄褐色土，北部夹杂砾石粗砂，至南半部基本不夹砾石。厚35～40厘米。层内未见遗物。

e层，黄褐色土，夹杂大量砾石。厚0～50厘米。层内未见遗物。

f层，北部，黄褐色土，夹杂有砾石，土质略黏。厚0～50厘米。南部黄灰色土，夹杂细黄沙。厚0～20厘米。层内未见遗物。

外侧护城壕剖面亦呈锅底形，口宽6.42米，深1.9米，壕内堆积分5层。

g层，灰黑色土，土质略黏，夹杂有大量小碎石。厚0～45厘米。层内未见遗物。

h层，黑灰色土，土质细密。厚15厘米。层内未见遗物。

i层，灰褐色土，土质较黏。夹杂有少量碎石。厚0～52厘米。层内未见遗物。

j层，黄褐色土，层内含有大量黄沙。纯净。厚0～85厘米。层内未见遗物。此层土打破生土。

k层，黄色土，土质略黏，夹杂细小碎石块。厚0～30厘米。此层土被h层土从护城壕底部分成南北两部分，层内未见遗物。此层下为黄沙生土层。

内外两条护城壕间距21米（图九）。

三、遗　　物

遗物主要出土于瓮城内的堆积和瓮城东门后期封堵堆积内，以陶器口沿、器底，布纹瓦居多。无完整器，其次为铁器，铁器以甲片和铁镞居多，铁刀次之。

（一）瓮城内出土遗物

1. 陶器

绝大多数陶器为轮制，器表可见明显的轮修痕迹，陶质以泥质灰褐陶为主，黄褐陶、红褐陶次之，少量手制夹砂黄褐陶和青黑色夹砂陶。多数陶器素面，仅有少量饰有弦纹和压印纹。器形主要为罐、瓮和钵。

罐　5件。无完整器，多为口沿残片，轮制，可见轮修痕迹。

2013HSWⅡT5③：2，泥质灰褐陶，火候较高，器表内外抹光，十分光滑，侈口，圆唇，束颈，颈部可见压划有多道弦纹，灰胎，外抹灰褐色细泥。残高6.2厘米（图一〇，5）。

2013HSWⅡT2③：1，泥质灰褐陶，烧造火候较高，素面，内外抹光。圆唇，平折沿，沿下缘有一周较圆滑的凸棱，束颈，弧腹。灰胎，外抹灰褐色细泥。残高8.6、胎厚0.8厘米（图一〇，1）。

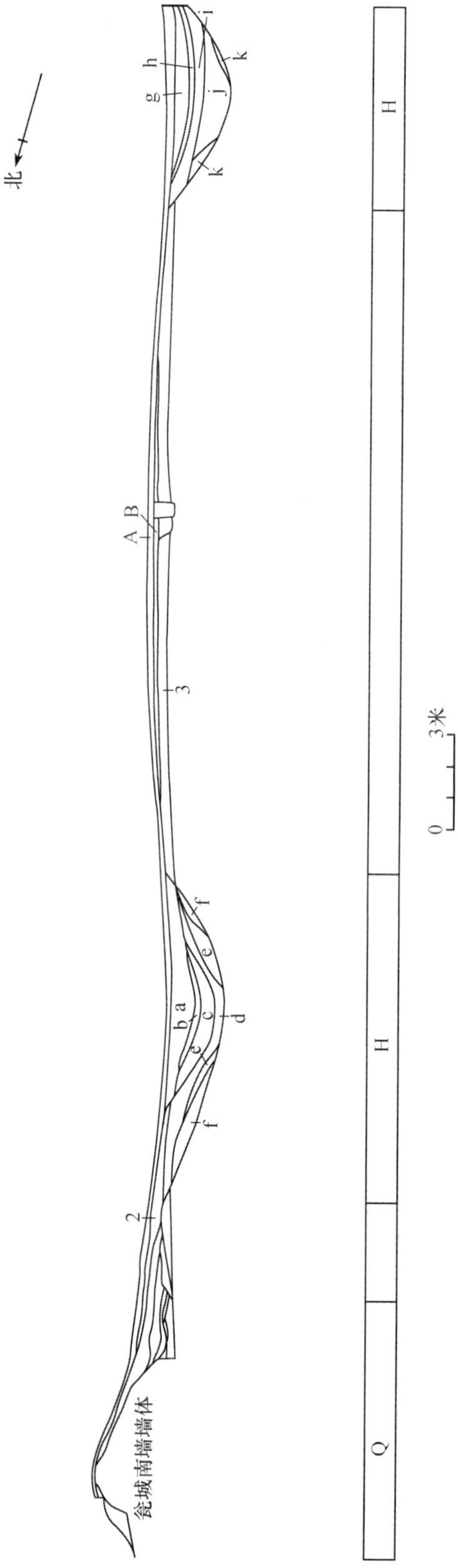

图九　瓮城南墙外护城河平、剖面图

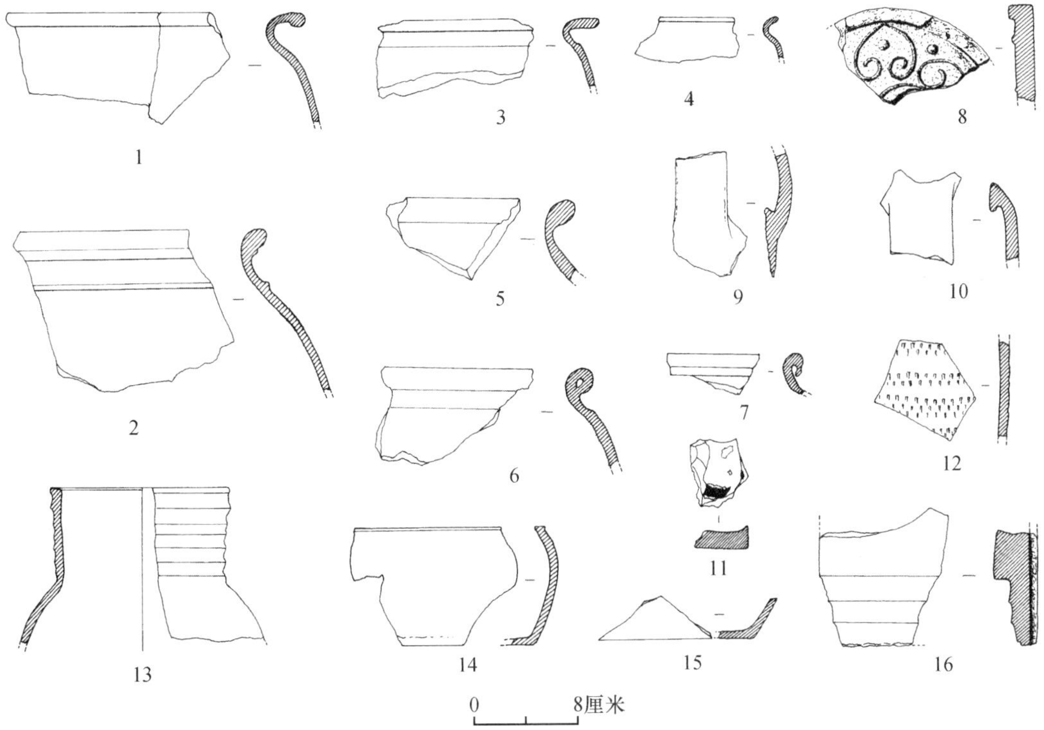

图一○ 瓮城内出土的陶器及建筑构件

1、3~5. 罐口沿残片（2013HSWⅡT2③：1、2013HSWⅡT5③：4、2013HSWⅡT2③：3、2013HSWⅡT5③：2） 2、6、7. 瓮口沿残片（2013HSWⅡT1③：1、2013HSWⅡT5③：1、2013HSWⅡT5③：3） 8. 莲花瓦当（2013HSWⅡT2③：18） 9、10. 横桥耳（2013HSWⅡT8③：1、2013HSWⅡT2③：4） 11. 绿釉陶片（2013HSWⅡT2①：1） 12. 纹饰陶片（2013HSWⅡT3③：1） 13. 长颈罐（2013HSWⅡT2③：6） 14. 钵（2013HSWⅡT1③：6） 15. 器底（2013HSWⅡT5③：5） 16. 筒瓦瓦唇（2013HSWⅡT2③：5）

2013HSWⅡT2③：3，泥质红褐陶，火候较高。素面，外面略抹光，侈口尖唇，束颈，弧腹，灰胎，外抹红褐色细泥，残高3.6、壁厚0.4厘米（图一○，4）。

2013HSWⅡT5③：4，泥质黄褐陶，火候较高。素面，内外抹光。平折沿，口沿下缘有一周较浅的凸棱，方唇，束颈，颈部与口沿特意抹出一周凹痕，弧腹，器壁上厚下薄。灰胎，外抹黄褐色细泥。残高6.4厘米（图一○，3）。

2013HSWⅡT2③：6，夹砂黄褐陶，火候一般。器腹素面，外部抹光。直口，方唇，束颈颈部自上及下施六道间距不等的凸弦纹，弦纹由窄渐宽，由深变浅，溜肩，弧腹。灰胎，外抹黄褐色细泥。口径14、残高11.6厘米（图一○，13）。

瓮 3件。无完整器，多为口沿残片，轮制。

2013HSWⅡT1③：1，夹砂青黑陶，烧造火候较低。素面，内外抹光，侈口，圆唇，沿下缘有一周凸棱，短颈，溜肩，弧腹，腹肩相交处又一圈呈棱。黄褐色胎，外抹青黑色细泥。残高12、壁厚0.72厘米（图一○，2）。

2013HSWⅡT5③：1，灰褐色泥质陶，器形较大，火候较高。肩部饰一道凹弦纹，器物内外皆可清晰地看到轮制痕迹。侈口，卷沿，圆唇，束颈，弧腹，沿部应是向外翻卷至颈部黏合制成，侧面可见贯穿沿部的扁孔。黄褐色胎，外抹灰褐色细泥，残高7.2、壁厚1厘米（图一〇，6）。

2013HSWⅡT5③：3，泥质灰褐陶，火候较高，形制与HSWⅡT5③：1较为相似，只是在外翻的口沿未与颈部相接且器形较小，灰胎，外抹灰褐色细泥。残高2.2厘米（图一〇，7）。

陶钵　1件。2013HSWⅡT1③：6，可复原，夹砂黄褐陶，手制，火候一般。素面，外部抹光，内壁挂有斑驳的黑漆状物质，具体为何物有待检测。敛口，方唇，沿的下缘有一周凹痕，弧腹，下腹近底部较直，平底。灰胎，外抹黄褐色细泥。高9.2、口径13、底径5.4厘米（图一〇，14）。

横桥耳　2件，手制，皆残。

2013HSWⅡT2③：4，贴耳，泥质灰褐陶，火候较高。器耳扁平，上宽下窄。黄褐胎，内侧抹光，外抹灰褐色细泥。器耳残长7.2、宽4.8、厚0.88厘米（图一〇，10）。

2013HSWⅡT8③：1，贴耳，泥质青黑陶，火候一般，器耳扁平，上宽下窄，灰胎，内外抹光，外抹青黑色细泥。器耳残长7.2、宽4、厚0.8厘米（图一〇，9）。

器底　1件。2013HSWⅡT5③：5，夹砂灰褐陶，残，轮制，火候较高，下腹近底部较弧，平底，器底内侧可见明显的轮制痕迹。灰胎，外抹灰褐色细泥。残高3.2厘米（图一〇，15）。

莲花瓦当　1件。2013HSWⅡT2③：18，夹砂青灰陶，圆形，残存四分之一，模制，火候一般。倒心形莲瓣，莲瓣底部向内对称卷起，内饰一半球形乳突，莲瓣间饰与莲瓣内部等大的一乳突。当心仅见残缺的同心圆环，边轮宽2.3厘米，高出当面0.7厘米，直径约14厘米（图一〇，8）。

筒瓦瓦唇　1件。2013HSWⅡT2③：5，夹砂青灰陶，残，模制。曲节形瓦唇，瓦内模压粗布纹。残长10.4、瓦唇部分长5.2、瓦唇凹槽宽1.6厘米（图一〇，16）。

陶片　2件。

2013HSWⅡT2①：1，泥质红褐陶，残，可见轮修痕迹，火候较高，一面施化妆粉，涂绿釉。厚1.25厘米（图一〇，11）。

2013HSWⅡT3③：1，泥质灰褐陶，轮制，火候较高，内外抹光，器表可见四组环状条带，每条纹饰带以二重或三重，长短不同矩形戳压纹组成，自上至下，戳印渐浅。陶片厚0.8厘米（图一〇，12）。

2. 铁器

铁镞和甲片居多，铁刀、铲、带銙各1件。

刀 1件。2013HSWⅡT1③：2，锈蚀，锻制，残。平背，刀身截面呈三角形，刀柄细长弯曲，刀尖部残断。长9.2、宽1.6、背厚0.4厘米（图一一，1）。

镞 锻制，依据镞尖形制可分为五型。

A型 1件。2013HSWⅡT2③：17，平头铲形，镞尖两侧残损，截面呈长方形。通长9.8、镞尖宽3.6、铤长3、宽0.6厘米（图一一，6）。

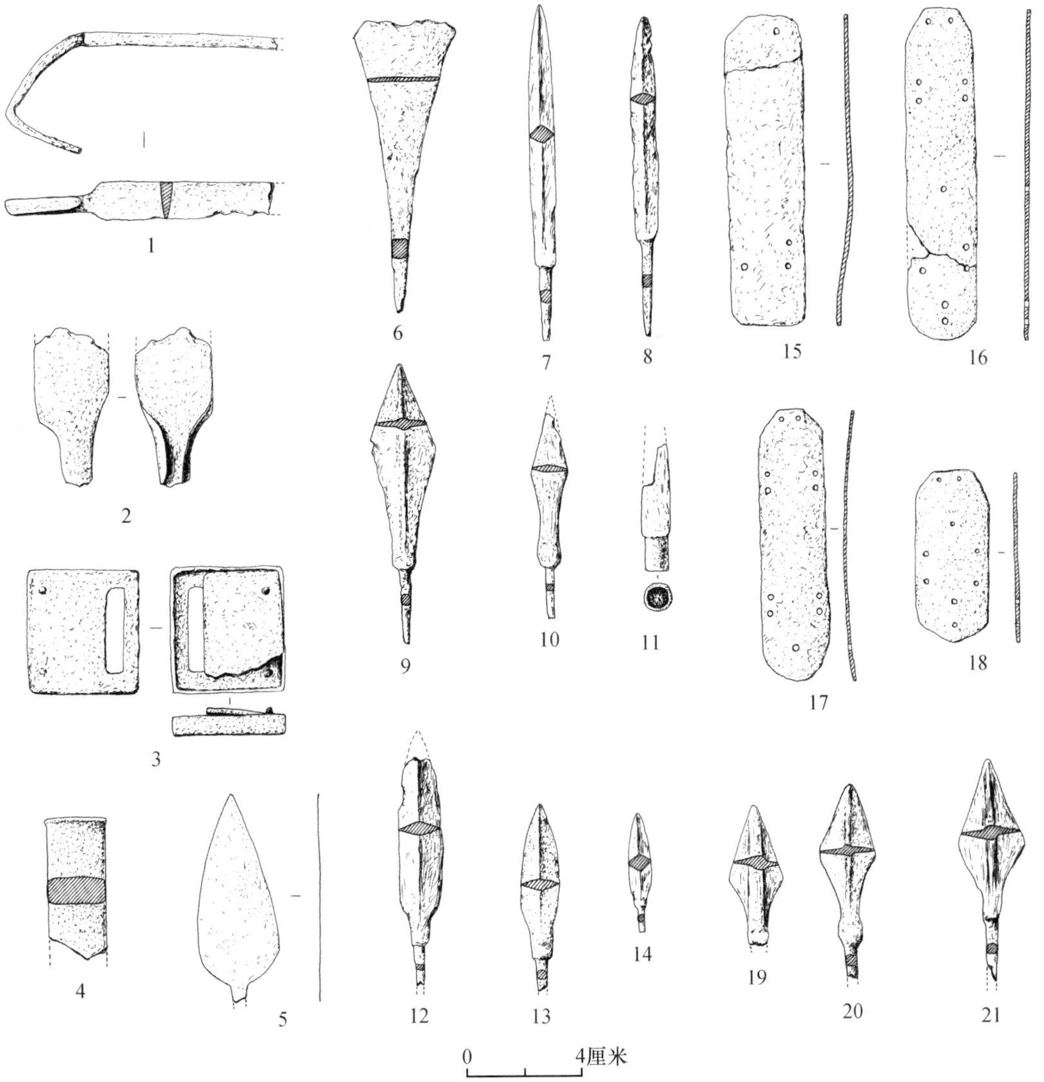

图一一 瓮城内出土的金属器

1. 刀（2013HSWⅡT1③：2） 2. 铲（2013HSWⅡT1②：1） 3. 带銙（2013HSWⅡT1③：8） 4. 条状器（2013HSWⅡT1②：8） 5. 银饰件（2013HSWⅡT1②：2） 6. A型镞（2013HSWⅡT2③：17） 7、8. B型镞（2013HSWⅡT2③：14、2013HSWⅡT1③：3） 9、10、19～21. C型镞（2013HSWⅡT5①：1、2013HSWⅡT4③：3、2013HSWⅡT2③：16、2013HSWⅡT2③：7、2013HSWⅡT2③：13） 11. D型镞（2013HSWⅡT4③：2） 12～14. E型镞（2013HSWⅡT2③：15、2013HSWⅡT2③：10、2013HSWⅡT5③：6） 15～18. 甲片（2013HSWⅡT1③：4、2013HSWⅡT3③：31、2013HSWⅡT3③：9、2013HSWⅡT9③：1）

B型　四棱锥形，2件。镞身细长较窄，截面呈菱形，四边锋利。

2013HSWⅡT2③：14，圆铤，通长11.2、宽0.9、厚0.6、铤残长2.5厘米（图一一，7）。

2013HSWⅡT1③：3，方铤，长10.7、宽1.2、厚0.4、铤长3厘米（图一一，8）。

C型　5件。形制相同，唯大小不同。上半部三角形，下半部呈倒梯形与关相连，关下为细铤，镞身中部隆起稍厚，向两侧渐薄，两刃上下错开，边刃锋利。

2013HSWⅡT5①：1，圆铤，通长7.4、宽2.5、厚0.5、铤长2.5厘米（图一一，9）。

2013HSWⅡT4③：3，镞尖残断，中部锈蚀严重，两刃上下错开不清，但从形制上应为C型。方铤，通长5.2、关长2、厚0.3、铤长1.6厘米（图一一，10）。

2013HSWⅡT2③：16，铤残断，残长4.7、宽2、关长1厘米（图一一，19,）。

2013HSWⅡT2③：7，圆铤，残长6.6、宽2、关长1.4、铤残长1厘米（图一一，20）。

2013HSWⅡT2③：13，圆铤，残，通长7.2、关长1、厚0.5、铤残长2.1厘米（图一一，21）。

D型　1件。2013HSWⅡT4③：2，弹头形，镞身似弹头，中空，头部残缺，铤为銎孔管状。残长4.4、壁厚0.2、铤长1.2、銎孔内径0.8厘米（图一一，11）。

E型　3件。柳叶形，形制相同，唯大小不同。镞身中部起脊，两边渐薄，边锋锋利，截面呈菱形，均有关和铤。

2013HSWⅡT2③：15，镞尖和铤残断，方铤，通长7.6、厚0.5、关长1.2、铤残长1.3厘米（图一一，12）。

2013HSWⅡT2③：10，圆铤，铤残断，残长4.3、厚0.4、关长1、铤1.1厘米（图一一，13）。

2013HSWⅡT5③：6，圆铤，通长4、厚0.6、关长0.5、铤长0.8厘米（图一一，14）。

甲片　4件。锻制，锈蚀，整体长方形，端头和穿孔数量位置各有不同。

2013HSWⅡT1③：4，甲片一侧上下端各抹去一角，另一侧上下端弧曲，甲片近一端可见1个穿孔，另有3个呈直角三角形的穿孔位于甲片另一端中下部，长10.4、宽2.8、厚0.2厘米（图一一，15）。

2013HSWⅡT3③：31，上端抹去两角，下端弧曲，可见7组穿孔，6组每组2个穿孔，1组1个穿孔，上下端横纵向各1组，中上及中下端各2组对称排列。长11.2、宽3、厚0.2厘米（图一一，16）。

2013HSWⅡT3③：9，上端抹去两角，下端弧曲，可见6组穿孔，5组每组2个穿孔，1组1个穿孔，上端1组横向，中上及中下端各2组对称排列，下端中部1个穿孔。长9.5、宽2.4、厚0.2厘米（图一一，17）。

2013HSWⅡT9③：1，上端抹去两角，下端呈三角状，可见5组穿孔，4组每组2个穿孔，1组1个穿孔，上下端横纵向各1组，中部各1组对称排列，中上部为1组单独的1个穿孔。长5.8、宽2.6、厚0.2厘米（图一一，18）。

钉　1件。2013HSWⅡT5②：1，方头钉帽，钉身呈方锥形。

铲　1件。2013HSWⅡT1②：1，锈蚀，模铸，铲身呈方形，铲头残缺，銎向内半闭合，弧肩左右不对称，通长5.4、身宽2.6、柄宽1.2厘米（图一一，2）。

带銙　1件。2013HSWⅡT1③：8，锈蚀，模制。通体呈方形，一侧上下各一穿钉，穿钉上镶嵌一残缺片状卡扣，另一侧有弧边条形镂孔，边长4、镂孔长2.8、宽0.6厘米（图一一，3）。

条状器　1件。2013HSWⅡT1②：8，残缺锈蚀，长条形，一端打磨成圆角微凸出器身，截面呈长方形。残长4.8、宽2.2、厚0.9厘米（图一一，4）。

3. 其他

银饰件　1件。2013HSWⅡT1②：2，极薄叶状银饰件，可能为甲胄上的挂件。长7、厚0.05厘米（图一一，5）。

（二）瓮城东门封土内出土遗物

1. 陶器

筒瓦　3件，无完整器。

2013HSNWW①：1，青灰色夹细砂陶，残，仅见瓦身，凹面有模具压印的粗布纹，可见瓦身一端宽，一端窄，器表素面抹光，边缘四分之一切边。残长25.2、宽12.4、厚1.6厘米（图一二，2）。

2013HSNWW②：1，青灰色夹细砂陶，凹面有模具压印的粗布纹，自瓦头至瓦尾由薄渐厚，器表素面微抹光，边缘二分之一切边。残长17.6、宽11.6、厚2厘米（图一二，1）。

2013HSNWW②：2，红褐色夹砂陶，模制，仅存瓦头块，曲节形瓦唇筒瓦，瓦唇残缺较大。残长10.8、宽6.4厘米（图一二，8）。

瓮　4件，无完整器，均为口沿。

2013HSNWW①：2，黄褐色泥质陶，含细砂，轮制，烧造火候较高，质地坚硬，素面，灰胎，内外抹光，圆唇，平折沿，束颈，弧腹，腹、颈相交处呈棱状。残高13厘米（图一二，6）。

2013HSNWW②：4，灰褐色泥质陶，形制与HSNWW①：2相同，仅是大小不同。残高9.6厘米（图一二，3）。

2013HSNWW①：3，灰褐色泥质陶，轮制，素面，侈口，圆唇，束颈，弧腹，腹、颈相交处呈棱状。残高10.4厘米（图一二，4）。

2013HSNWW②：8，黄褐色泥质陶，轮制，素面，火候较高，内外抹光，圆唇，唇部较厚，溜肩，平折沿残高5.2厘米（图一二，5）。

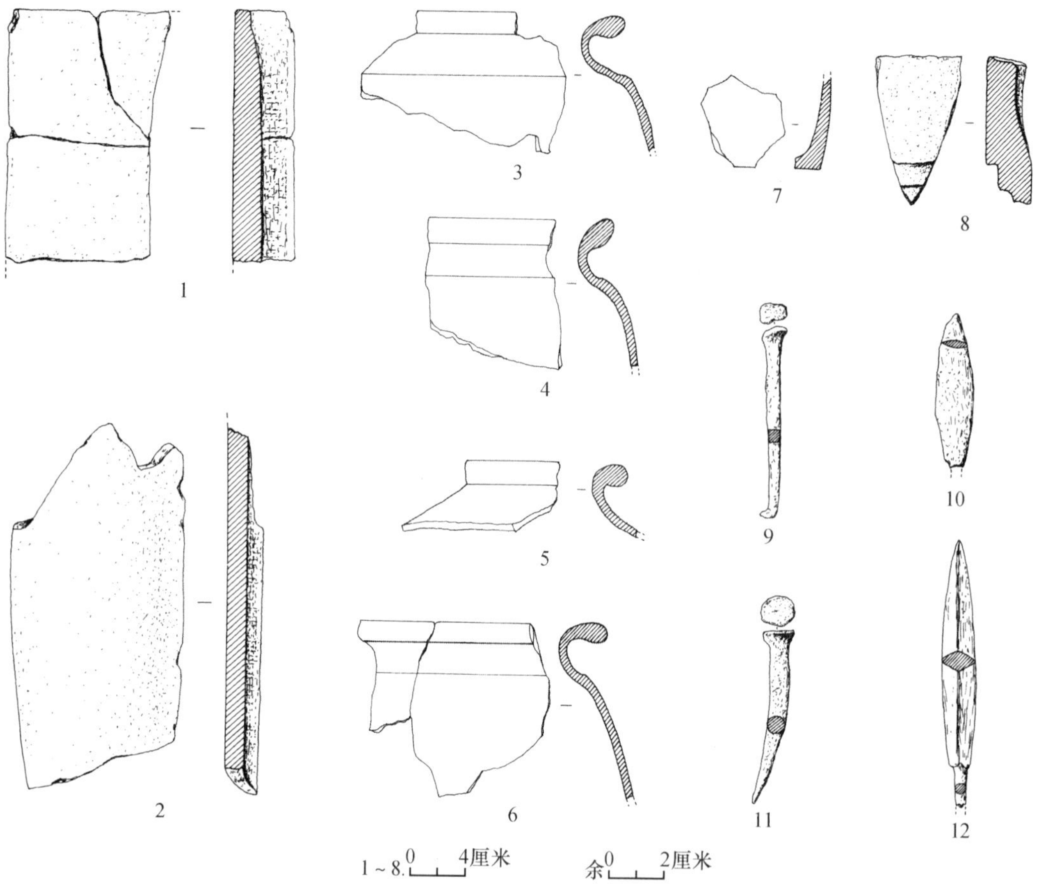

图一二　瓮城东门封土出土的遗物

1、2、8. 筒瓦（2013HSNWW②：1、2013HSNWW①：1、2013HSNWW②：2）　3～6. 口沿残片（2013HSNWW②：4、2013HSNWW①：3、2013HSNWW②：8、2013HSNWW①：2）　7. 器底（2013HSNWW②：3）　9、11. 铁钉（2013HSNWW②：6、2013HSNWW②：9）　10、12. 铁镞（2013HSNWW②：7、2013HSNWW②：5）

器底　1件。2013HSNWW②：3，红褐色夹砂陶，手制，火候较低，素面，器表微抹光。弧腹，小平底，残缺太大，底径不详。残高6、底厚1厘米（图一二，7）。

2. 铁器

镞　2件。锻制，锈蚀。

2013HSNWW②：5，柳叶形镞，镞身细长，两面均有一突脊，截面呈菱形，边缘锋利，尾部有铤。残长10.2、宽1.2、脊厚0.7、铤残长1.4厘米（图一二，12）。

2013HSNWW②：7，柳叶形镞身，中间较厚，边缘较薄，截面近似椭圆，未见关和铤。残长5.4、宽1.4、镞身最厚处约0.4厘米（图一二，10）。

钉　2件。锻制，锈蚀。

2013HSNWW②：6，折头钉冒，钉身截面呈方锥形，钉头弯曲。残长6.6、厚0.4厘米（图一二，9）。

2013HSNWW②：9，圆头钉帽，钉身弯曲，截面呈圆形。残长6、厚0.8厘米（图一二，11）。

四、结　语

通过对苏密城瓮城的发掘发现：

（1）瓮城和外城南墙为同时期一体构筑，而不是后期借助外城的墙体接筑形成。

（2）瓮城内的第2层内未发现遗物，第3层堆积内的陶器多为轮制泥质陶，器形以瓮，罐、钵为主，手制夹砂陶较少，陶器口沿2013HSWⅡT2③：3、2013HSWⅡT5③：4、2013HSWⅡT2③：1分别与渤海上京城[1]第3、4号宫殿建筑群基址出土的陶器口沿06NSGⅠT015088②：10、06NSGⅠT015008②：8、06NSGⅠT015008②：7相似，2013HSWⅡT5③：3、2013HSWⅡT1③：1与渤海上京城郭城正北门基址出土陶器口沿98 NSGⅠT012057②：21、98 NSGⅠT014057②：3相似。

纹饰陶片2013HSWⅡT3③：1与渤海上京城郭城正北门基址出土陶片98 NSGⅠT013057②：21相近。

瓮城内出土的建筑构件多为青灰色夹细砂残块，完整器少，从形制上看莲花瓦当2013HSWⅡT2③：18与抚松新安城[2]内的A型T0204②：15主体纹饰相近，仅是莲瓣内没有半球状乳突纹饰。

C型铁镞与渤海上京城的标本01NSGⅠT0120258②：39一致。

带銙2013HSWⅡT1③：8与抚松新安城内出土的T0403②：1带銙相近，只是材质为铁，而新安城的为铜质，铊孔为长方形而非弧边条形。

由上，可见瓮城内的遗物多为渤海时期遗存，仅带有戳压纹环状条带的纹饰陶片和2013HSWⅡT2③：6颈部饰六周凸弦纹的黄褐色夹砂陶罐口沿具有辽代初期契丹民族的风格，以及少量的卷沿陶器接近辽金时期的风格，但数量较少，且极有可能城址被辽金沿用，遗物混在第3层堆积内，故不能作为定期的依据。

（3）瓮城东门即外门的后期封土内出土的泥质轮制陶器2013HSNWW②：4、2013HSWW①：3分别与渤海上京城[3]第3、4号宫殿建筑群基址出土的陶器06NSGⅠT012011②：66、05NSGⅣT010001②：20相似，出土的筒瓦瓦体较薄较轻，与辽金筒瓦的厚重截然不同。

东门封土内的遗存未见具有辽金风格的遗物，皆为典型的渤海遗物，或可推测苏密城的外城和瓮城的始建年代可能为渤海时期。

附记：本次发掘领队为吉林省文物考古研究所王志刚，参加发掘的有吉林省文物考古研究所张哲、顾聆博，德惠市文物管理所孙东文、刘浩宇、佟有波。

执笔：张　哲　刘浩宇　孙东文
顾聆博　佟有波
绘图：马　洪
照相：佟有波　顾聆博
修复：高秀华

注　释

[1] 黑龙江省文物考古研究所. 渤海上京城——1998～2007年度考古调查发掘报告[R]. 文物出版社，2009：367，图二六一；366，图二六〇；369，图二六二；594，图四二九.
[2] 梁会丽. 吉林新安遗址发掘报告[J]. 考古学报，2013（3）：373.
[3] 同[1]，369，图二六二；366，图二六〇.

A Preliminary Report of Sumi Outside City Barbican of Huadian City in Jilin Province

During the June of 2013, Jilin Provincial Institute of Cultural Relics and Archaeology unearthed the Sumi outside city barbican. At this site we found the barbican and the outer south wall belong to one building. Presumably Sumi outside city and the barbican were established in the time of Bohai State.

研究与探索

湖北省黑家院遗址新石器时代石工具初步研究*

冯小波[1]　杜　杰[2]　胡文春[3]　屈金花[4]　闻　磊[3]　任　博[1]　刘　越[1]
笪　博[1]　李学贝[1]　郭一超[1]　张沐原[1]　黄旭初[4]　陈安宁[5]　莫生娇[5]

（1. 北京联合大学应用文理学院，北京，100191；2. 武汉大学考古学系，武汉，430072；3. 湖北省文物考古研究所，武汉，430077；4. 十堰市博物馆，十堰，442500；5. 郧县博物馆，郧县，442500）

一、研究方法

中国的新石器时代考古学研究中，绝大部分学者关注的是聚落、考古学文化方面的主题，文化遗物研究方面多数学者关注的是陶器、玉器等的类型研究，石器（或石质工具）的研究少有学者涉猎。据黄可佳研究，目前中国学者对新石器时代遗址中出土的石质生产工具的研究主要涉及“石器的定名与分类、石器的制作方法、石器的装柄和使用方式、石器的功能、石器的原料来源、石器的贸易和区域性特征等六个方面”[1]。

其实我国考古学的先辈们早就关注过新石器时代或历史时期的石质工具研究，如李济在《殷虚有刃石器图说》中，将制作方法作为分类的第一等级，对石器的分类以刃所在处为主要标准，将殷墟的有刃石器分为端刃器、边刃器、全刃器三类[2]。

安志敏对石刀进行了分类尝试[3]。后来又有许多学者对新石器时代遗址中发现的

---

* 基金项目：国家社科基金项目（12BKG002）；北京市属高等学校高层次人才引进与培养计划项目（CIT&TCD20140312）；国家文物局文化遗产保护科学和技术研究课题（20090105）；南水北调文物保护科研课题（NK04）；北京联合大学科研竞争性项目；北京联合大学人才强校计划人才资助项目；北京市哲学社会科学规划项目（11LSB004）。

石器进行了研究，但均极为简略[4~29]。

因此，在对湖北省黑家院遗址新石器时代石工具进行研究时，我们做了一些探索性的研究，如在磨制石制品定位及测量方面我们借鉴了旧石器时代石制品观察的一些方法，参考自然界中立方体的形状及特征，以磨制石斧为例来说明石器的观察定位原则。我们将石器略微平坦的一面朝下（是为底面），略凸起的一面朝上（是为顶面）；以石器的长轴定位近端面（边）和远端面（边），较宽的一端朝向观察者（是为近端边，也为刃部），较窄的一端朝向远端（也为柄部），依此石斧的左侧边、右侧边即可确定（图一，1）。

石斧的测量项目除了常规的长度、宽度、厚度和重量外，我们还尝试测量石斧远端边缘（柄部）和近端边缘（刃部）的弧长（用软尺测量）、弦长（用游标卡尺测量）和矢长（用直尺测量）。在测量刃部刃角时，我们测量了刃缘的三个部位（用量角器测量），分别在刃缘的左侧、中部和右侧部位，测量时以量角器两侧接触刃部的3～5毫米处时的读数为准（图一，2）。

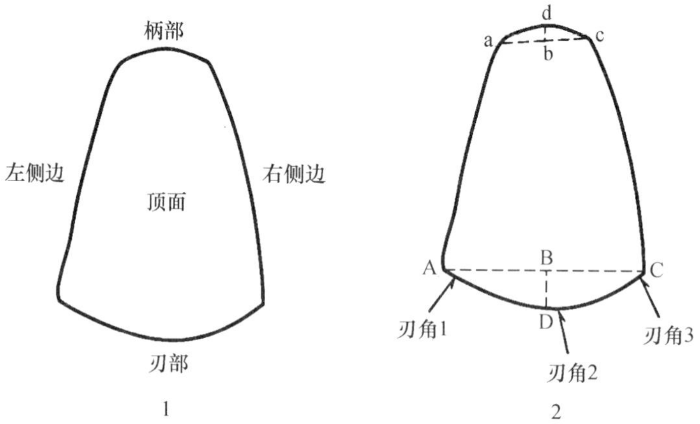

图一　磨制石斧观察部位及测量项目示意图

1. 磨制石斧观察部位示意图　2. 磨制石斧测量项目示意图（弧长：ADC、adc；弦长：ABC、abc；矢长：BD、bd）

从大的分类层面考虑，新石器时代遗址中出土的石制品，可以分为两类：加工工具和被加工的对象。加工工具主要是指石锤（硬锤、软锤和其他用来剥片、加工石器的工具）、石砧、磨制石器的砺石、敲琢器等。被加工的对象包括砾石、石核、石片等加工工具所施与的对象，包括石器成品、半成品及废料等。

被加工对象具体可以分为砾石、结核和岩块。砾石、结核和岩块作为石器的原料来源，被古人有目的、有意识地采集后储存起来，可以反映出古人对于原料岩性、大小、形状等特征的偏向性和选择性，是研究石制品必不可少的一部分。所有的被加工对象均可作为加工石器的素材，可分为砾石、石核、石片、碎片（块）等。

在分类时我们首先将新石器时代的石制品分为磨制和打制两大类，然后将这两类石制品又分为砍伐工具、农耕工具、手工艺工具、渔业工具、狩猎工具（兵器）、纺织工具、加工石器工具、加工谷物工具及其他石制品等。

目前，我们暂将石斧、石锛、石楔归入砍伐工具，石铲、石刀、石锄、石镰和石钺等归入农耕工具，小石斧、小石刀、锛形凿、圭形凿、石钻等归入手工艺工具，网坠、钩鳔、叉等归入渔业工具，箭镞、矛和石球等归入狩猎工具（兵器），纺轮、石针等归入纺织工具；石锤、石砧、砺石、敲琢器等归入加工石器工具。其他石制品包括其他打制类石制品、装饰品、石钻芯、石祖、砾石、断片、石拍等。

观察时需要测量的数据方面我们尝试测量石斧柄部和刃部的弧长、弦长和矢长，两面、两侧边是否对称，刃角等。绘图方面，研究者先根据描述画出石制品的草图，然后用激光绘图仪绘制1：1比例的铅笔图，如要出版，还需要请人描成硫酸纸的墨线底图。

以磨制石斧为例说明我们分类的标准，我们首先根据石斧的平面几何形状将完整石斧分为三边形、四边形、五边形和不规则形等。鉴于四边形的标本最多，根据其具体形状又分为长方形、正方形、梯形和不规则四边形等。然后我们根据标本刃缘的平视形状分为凸刃、凹刃、直刃、弯曲刃等类型。

新石器时代石器类型中，出现了农业生产工具和谷物加工工具，广泛使用的有石斧、石锛、石刀、石铲（有称为镢）、石镰、石凿、刮削器。由于地理环境的需要，有的地区还有石锄、石犁（有称为石耜）、耘田器等。

谷物加工工具有石磨盘、磨棒或石臼、石杵等。早期多是磨制与打磨兼制的石器，中晚期石器通体磨光，有的磨制得十分精致。

为了便于进行对比研究，再综合前人的研究成果，我们在本文中对一些器物的名称进行了梳理，初步分为磨制石斧、磨制石锛、磨制石刀、磨制石镰、磨制石铲（又称镢）、磨制石凿、石钻、石耘田器、石犁、石磨盘、磨棒、石臼、石杵等。

二、遗址概况

黑家院遗址位于湖北省十堰市郧县东部，隶属于郧县安阳镇小河村2组。地理位置位于东经111°04′3.24″，北纬32°49′6.37″，海拔高程为159米，规划发掘面积1800平方米，勘探面积1200平方米。

遗址所处地貌为汉江上游河谷。在汉江左岸，发育有南北向的龙门河，沿龙门河分布有平坦、宽阔的龙门川（龙门河阶地）。龙门川南北长约7.5千米，东西宽约3.5千米，是汉江北岸群山环绕、地形相对封闭的长条形盆地。

2006年12月10日至2007年2月6日，湖北省文物考古研究所对黑家院遗址进行了勘探、发掘。勘探面积达2800平方米，发掘面积700平方米。发掘揭示，该遗址主要保存有石家河时期、汉代时期、明清时期文化遗存等，文化层堆积厚度0.58～2.06米。发现的遗迹和文化遗物丰富，有古地面、房址、灰坑、灰沟、水池等重要遗迹，以及丰富的石家河文化时期、汉代、明清遗物等。遗址发掘中，采用了对同一时期遗迹整体揭露、同层遗迹同步发掘的方法。

遗址地表面为耕地，东部稍高，南部稍低。地表经过土地平整。地层堆积主要分为4层。地层特征及地层关系为（从上至下）：

第1层，黄色耕土层，土质较为松软，表面种植有蔬菜。厚25～30厘米。

第2层，黄褐色扰土层，土质略硬。厚4～80厘米，深2～110厘米。主要成分为黏土，土壤颗粒较细，包含有红烧土块、青灰砖块、青灰瓦片等。

第3层，灰褐色黏土层，土质硬度一般，土壤颗粒细小。厚20～78厘米，深49～188厘米。包含有丰富红烧土块和陶片，以及各种石制、陶制工具等。陶片主要为夹砂红褐陶、泥质红褐陶、泥质灰陶等，陶片以素面较多。

第4层，褐色黏土层，土质硬度一般，土壤颗粒细小，夹杂有较多红烧土碎块。厚9～18厘米，深58～206厘米。

生土层，浅红色砂质黏土。

屈家岭文化时期遗存是黑家院遗址的主要文化遗存。发现有该时期的10座房址，5处灰坑，以及大量属于该时期的文化遗物。同时发现有该时期人类活动的遗址活动面（地面2）。其中房址包括圆形和长方形2种，均为地面立柱式建筑。长方形房址面积较大，半圆形房址面积较小。各种房址均是在地面上堆垫红烧土，加工出屋面，然后在其上规划柱洞、立柱建房。灰坑平面主要为椭圆形，底部锅底状。灰坑内均填有褐色黏土、红烧土碎块、陶片和石制品等。

屈家岭文化时期的遗物包括陶片、石制品和动物骨骼。其中陶片以夹砂陶为主，泥质陶次之。陶色往往不纯，以红陶、褐陶、灰陶、橙黄陶较为多见。器形包括陶铃、陶纺轮、陶鼎、陶杯、陶罐、陶壶、陶碗、陶器盖等。石器器形以石斧较为多见，也包括有石钺、石网坠、石凿、砺石、石佩饰等。动物骨骼包括蚌、螺、黄腹鼬、家鹅、家猪、家牛等。汉代文化层出土有陶罐、陶瓦，动物骨骼有家猪、家马等。

三、石制品研究

（一）石制品概述

黑家院遗址发现的石制品有50件，石制品岩性大类以沉积岩为主，有43件，占石制品总数的86%；其次为变质岩，有5件，占10%；火成岩和其他岩性的标本最少，各有1件，各占2%。石制品岩性小类以细砂岩为主，有18件，占石制品总数的36%；其次是粉砂岩，有11件，占22%；第三为砂岩，有5件，占10%；其他有片岩、泥质岩、粉砂质泥岩、含砾砂岩、条带状硅质岩、硅质岩、蛇纹石岩、岫玉和闪长岩等各1～4件不等，所占比率2%～8%不等（表一）。

表一　黑家院遗址新石器时代石制品岩性统计表

大类	沉积岩									变质岩		火成岩	其他	小计
小类	砂岩	细砂岩	粉砂岩	泥质粉砂岩	粉砂质泥岩	泥质岩	含砾砂岩	条带状硅质岩	硅质岩	蛇纹石岩	片岩	闪长岩	岫玉	
屈家岭	3	9	7	1	2	1	1	1	1	1	3	1	1	32
石家河	2	9	4	0	0	1	1	0	0	0	1	0	0	18
小计	5	18	11	1	2	2	2	1	1	1	4	1	1	50
百分比	10	36	22	2	4	4	4	2	2	2	8	2	2	100
	43（86%）									5（10%）		1（2%）	1（2%）	

（二）屈家岭文化时期石制品

屈家岭文化时期的石制品有32件，岩性大类以沉积岩为主，有26件，占石制品总数的81.3%；其次为变质岩，有4件，占12.5%；火成岩和其他岩性的标本最少，各有1件，各占3.1%。石制品岩性小类以细砂岩为主，有9件，占石制品总数的28.2%；其次是粉砂岩，有7件，占22%；以下依次为砂岩、片岩、泥质岩、粉砂质泥岩、含砾砂岩、条带状硅质岩、硅质岩、蛇纹石岩、岫玉和闪长岩等各1～3件不等，所占比率3.1%～9.4%不等（表三）。屈家岭文化时期的石器有29件，有砍伐工具、农耕工具、手工艺工具和狩猎工具（兵器）。其中以砍伐工具最多，有17件，占此时期石器总数的60%；其次为手工艺工具，有8件，占27%；第三为农耕工具，有3件，占10%；狩猎工具（兵器）有1件，占3%（表四）。

表二　黑家院遗址新石器时代石制品类型统计表

大类	砍伐工具			农耕工具			手工艺工具		狩猎工具（兵器）		加工石器工具	其他石制品			小计
小类	磨制石斧	磨制石锛	磨制石楔	磨制石铲	磨制石刀	磨制石钺	磨制锛形凿	磨制圭形凿	磨制箭镞	打制箭镞	砺石	打制石制品	装饰品	石钻芯	
屈家岭	10	7	0	1	1	1	2	6	0	1	0	0	2	1	32
石家河	8	4	1	0	0	0	0	0	1	0	2	1	0	1	18
小计	18	11	1	1	1	1	2	6	1	1	2	1	2	2	50
百分比	36	22	2	2	2	2	4	12	2	2	4	2	4	4	100
	30（60%）			3（6%）			8（16%）		1（2%）		2（4%）	（10%）			

表三　黑家院遗址屈家岭文化石制品岩性统计表

大类	沉积岩									变质岩		火成岩	其他	小计
小类	砂岩	细砂岩	粉砂岩	泥质粉砂岩	粉砂质泥岩	泥质岩	含砾砂岩	条带状硅质岩	硅质岩	蛇纹石岩	片岩	闪长岩	岫玉	
数量	3	9	7	1	2	1	1	1	1	1	3	1	1	32
百分比	9.4	28.2	22	3.1	6.2	3.1	3.1	3.1	3.1	3.1	9.4	3.1	3.1	100
	26（81.3%）									4（12.5%）		1（3.1%）	1（3.1%）	

表四　黑家院遗址屈家岭文化石器类型统计表

大类	砍伐工具		农耕工具			手工艺工具		狩猎工具（兵器）	小计
小类	磨制石斧	磨制石锛	磨制石铲	磨制石刀	磨制石钺	磨制锛形凿	磨制圭形凿	打制箭镞	
屈家岭	10	7	1	1	1	2	6	1	29
百分比	35	24	3	3	3	7	21	3	100
	17（60%）		3（10%）			8（27%）		1（3%）	

1. 砍伐工具

石斧　10件，均为磨制石斧，没有发现打制石斧。根据刃缘磨制状况将磨制石斧分为双面刃和单面刃两种。

双面刃石斧　4件。完整双面刃石斧有3件，均为不规则四边形。

标本TN4E4③：1，柄部略残。长99、宽54、厚31毫米，重294克。岩性为砂岩，横剖面和纵剖面均为不规则四边形。柄部和刃部平面形状均为凸刃状，侧视形状均为直刃状。加工方式为打制、琢制和磨制，有使用痕迹。柄部、刃部的弧长、弦长、矢长分别为40、38、6毫米，50、47、5毫米。两侧面和两侧边均对称，刃角为78°、74°、74°（图二，1）。

标本TN7E3④：10，保存完整。长88、宽58、厚30毫米，重231克。岩性为条带状硅质岩，横剖面和纵剖面均为不规则四边形。柄部和刃部平面形状均为凸刃状，侧视形状均为直刃状。加工方式为打制和磨制，有使用痕迹。柄部、刃部的弧长、弦长、矢长分别为35、31、2毫米，60、55、5毫米。两侧面和两侧边均对称，刃角为68°、71°、73°（图二，2）。

单面刃石斧　4件。完整单面刃石斧有1件，为不规则四边形。

石锛　7件。其中完整石锛有4件，均为不规则四边形。

标本TN4W5③：11，保存完整。长110、宽39、厚13毫米，重100克。岩性为粉砂质泥岩，横剖面和纵剖面均为不规则四边形。柄部和刃部平面形状均为凸刃状，侧视形状均为直刃状。加工方式为打制和磨制，有使用痕迹。柄部、刃部的弧长、弦长、矢

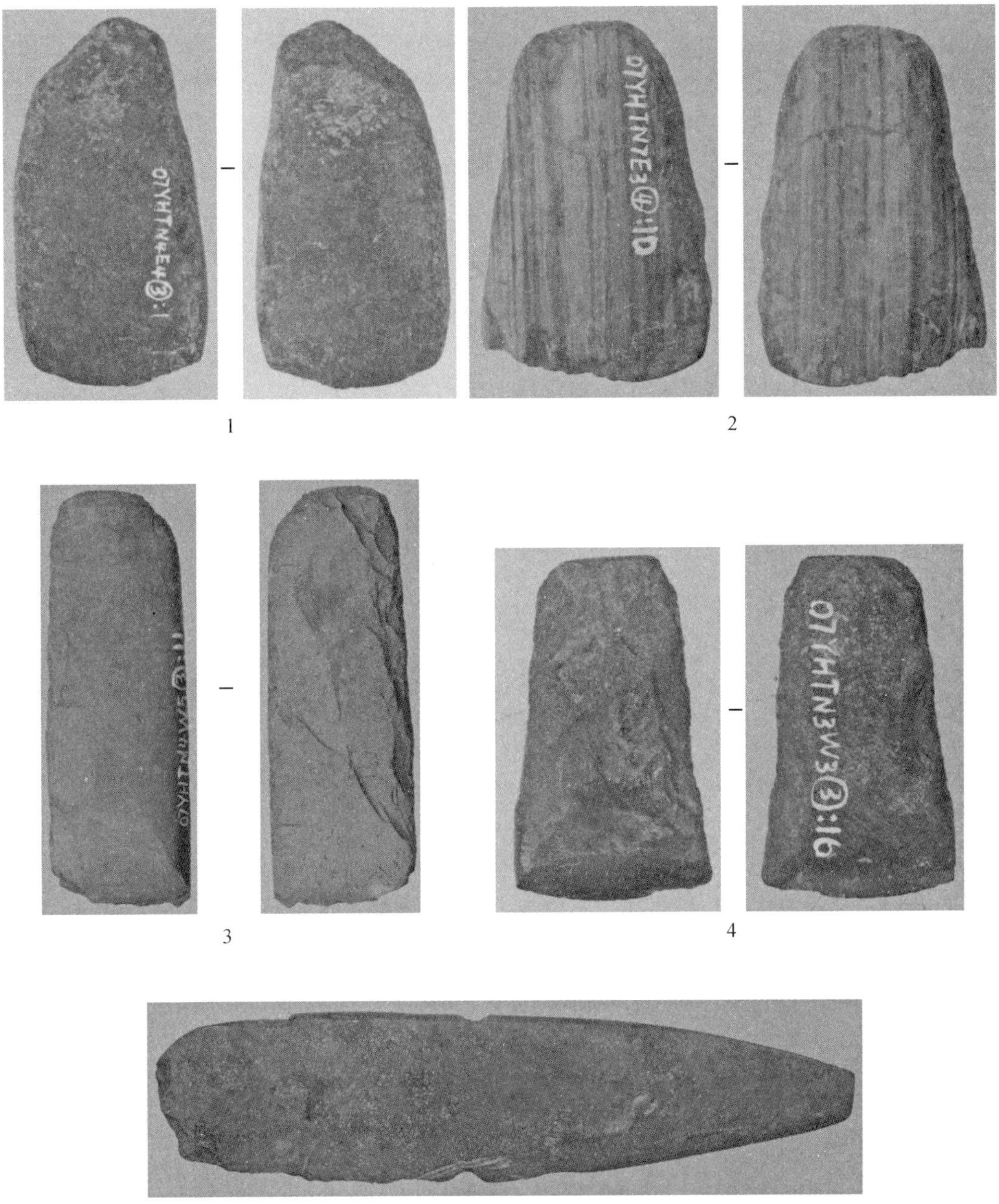

图二　黑家院遗址屈家岭文化磨制石器

1、2. 斧（TN4E4③：1、N7E3④：10）　3、4. 锛（TN4W5③：11、TN3W3③：16）　5. 刀（F23：1）

长分别为25、24、2毫米，42、38、4毫米。两侧面和两侧边均对称，刃角为51°、53°、51°（图二，3）。

标本TN3W3③：16，保存完整。长58、宽35、厚11毫米，重36克。岩性为细砂岩，横剖面和纵剖面均为不规则四边形。柄部和刃部平面形状分别为直刃状、凸刃状，侧视形状均为直刃状。加工方式为打制和磨制，有使用痕迹。柄部、刃部的弧长、弦长、矢长分别为17、17、1毫米，35、34、3毫米。两侧面不对称、两侧边对称，刃角为63°、63°、63°（图二，4）。

2. 农耕工具

3件，分为石刀、石钺和石铲，各1件。

石刀　1件。F23：1，磨制，一侧略残。长27、宽118、厚6毫米，重31克。岩性为粉砂岩，横剖面和纵剖面分别为不规则四边形和不规则三边形。柄部和刃部平面形状均为直刃状，侧视形状均为直刃状。加工方式为打制和磨制，有使用痕迹。柄部、刃部的弧长、弦长、矢长分别为120、118、7毫米，115、113、6毫米。两侧面和两侧边均不对称，刃角为48°、48°、49°（图二，5）。

石钺　1件。TN3W3③：18，磨制，保存完整。长165、宽125、厚11毫米，重390克。岩性为细砂岩，平面形状为梯形，横剖面和纵剖面均为不规则四边形。柄部和刃部平面形状分别为直刃状、凸弧刃状，侧视形状均为直刃状。加工方式为打制、磨制和钻孔，有使用痕迹。两面靠近柄部中部有一个两面钻圆形孔，一面还有一个圆形钻孔未穿，两面钻孔的孔径分别为22、23毫米（外），19毫米（内）。柄部、刃部的弧长、弦长、矢长分别为97、97、1毫米，132、125、13毫米。两侧面和两侧边均对称，刃角为53°、53°、55°、55°、53°（图三，1）。

3. 手工艺工具

8件，分为圭形凿和锛形凿，均为磨制。

圭形凿　6件，其中有4件完整圭形凿。

标本TN7E3④：9，保存完整。长83、宽28、厚14毫米，重57克。岩性为粉砂质泥岩，横剖面和纵剖面均为不规则四边形。加工方式为打制和磨制，有使用痕迹。刃部的弧长、弦长、矢长分别为9、9、0.1毫米。两侧面和两侧边对称，刃角为55°、55°（图三，2）。

标本F22：5，保存完整。长86、宽31、厚12毫米，重47克。岩性为粉砂质泥岩，横剖面和纵剖面均为不规则四边形。加工方式为打制和磨制，有使用痕迹。刃部的弧长、弦长、矢长分别为8、8、0.1毫米。两侧面和两侧边对称，刃角为63°、63°（图三，3）。

标本F15：1，保存完整。长85、宽25、厚15毫米，重49克。岩性为泥质岩，横剖面和纵剖面均为不规则四边形。加工方式为打制和磨制，有使用痕迹。刃部的弧长、弦长

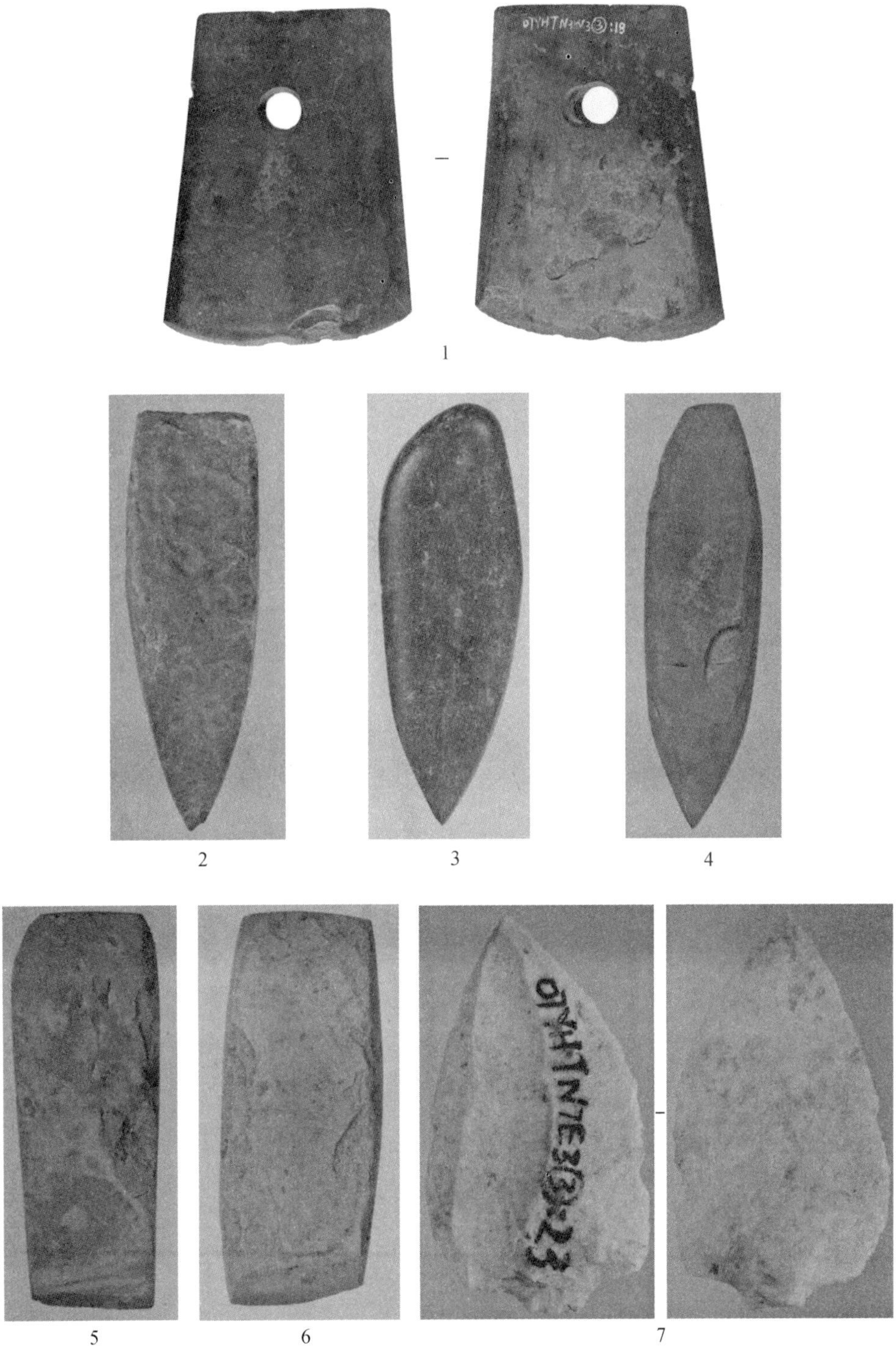

图三　黑家院遗址屈家岭文化石器

1. 钺（TN3W3③：18）　2～4. 圭形凿（TN7E3④：9、F22：5、F15：1）　5、6. 锛形凿（TN4W4③：1、TN2W2③：11）　7. 镞（TN7E3③：23）

长、矢长分别为7、7、0.1毫米。两侧面和两侧边对称，刃角为65°、63°（图三，4）。

锛形凿　2件，均为完整石锛，平面形状均为不规则长方形。

TN4W4③：1，保存完整。长79、宽30、厚14毫米，重59克。岩性为细砂岩，横剖面和纵剖面均为不规则四边形。柄部和刃部平面形状均为直刃状，侧视形状均为直刃状。加工方式为打制和磨制，有使用痕迹。柄部、刃部的弧长、弦长、矢长分别为22、21、1毫米，25、25、0.5毫米。两侧面不对称、两侧边对称，刃角为58°、58°、58°（图三，5）。

TN2W2③：11，保存完整。长80、宽34、厚15毫米，重77克。岩性为粉砂岩，横剖面和纵剖面均为不规则四边形。柄部和刃部平面形状均为凸刃状，侧视形状均为直刃状。加工方式为打制和磨制，有使用痕迹。柄部、刃部的弧长、弦长、矢长分别为28、27、1毫米，30、28、2毫米。两侧面和两侧边均不对称，刃角为60°、63°，另一个难测（图三，6）。

4. 狩猎工具（兵器）

1件，有铤箭镞，打制。素材为一件石片，平面形状为长柳叶形。TN7E3③：23，保存完整。长57、宽34、厚15毫米，重9克。岩性为白色硅质岩，横剖面为不规则透镜体形、纵剖面为不规则三边形。加工方式为打制，有使用痕迹。左、右锋刃弧长、弦长、矢长均为54、52、11毫米，左、右锋刃角分别为65°、55°、38°、38°、65°、66°、64°、45°（图三，7）。

其他石制品有3件，1件石钻芯和2件装饰品。

（三）石家河文化时期石制品

石家河文化时期的石制品有18件，岩性大类以沉积岩为主，有17件，占石制品总数的94%；其次为变质岩，有1件，占石制品总数的6%；没有火成岩的标本。石制品岩性小类以细砂岩为主，有9件，占石制品总数的50%；其次是粉砂岩，有4件，占石制品总数的22%；以下依次为砂岩、片岩、泥质岩各1～2件不等，所占比率10%～6%不等（表五）。

表五　黑家院遗址石家河文化石制品岩性统计表

大类	沉积岩					变质岩	小计
小类	砂岩	细砂岩	粉砂岩	泥质岩	含砾砂岩	片岩	
石家河	2	9	4	1	1	1	18
百分比	10	50	22	6	6	6	100
	17（94%）					1（6%）	

石家河文化时期的石器有16件，石器有砍伐工具、狩猎工具（兵器）和加工石器工具。其中以砍伐工具最多，有13件，占此时期石器总数的81%；其次为加工石器工具，有2件，占13%；第三为狩猎工具（兵器），有1件，占6%（表六）。

表六　黑家院遗址石家河文化石制品类型统计表

大类	砍伐工具			狩猎工具（兵器）	加工石器工具	小计
小类	磨制石斧	磨制石锛	磨制石楔	磨制箭镞	砺石	
石家河	8	4	1	1	2	16
百分比	50	25	6	6	13	100
	13（81%）			1（6%）	2（13%）	

1. 砍伐工具

13件，类型有石斧8件，石锛4件，石楔各1件，均为磨制。

石斧　8件。分双面刃、单面刃两种。

双面刃石斧　3件，均完整，为不规则梯形，凸刃。

标本TN2W3②：10，长94、宽54、厚25毫米，重186克。岩性为粉砂岩，横剖面和纵剖面均为不规则四边形。柄部和刃部平面形状均为凸刃状，侧视形状均为直刃状。加工方式为打制和磨制，有使用痕迹。柄部、刃部的弧长、弦长、矢长分别为28、27、2毫米，55、51、7毫米。两侧面和两侧边均不对称，可测刃角为57°，另两个难测（图四，1）。

标本N3E3②：2，长80、宽43、厚15毫米，重99克。岩性为细砂岩，横剖面和纵剖面均为不规则四边形。柄部和刃部平面形状均为凸刃状，侧视形状均为直刃状。加工方式为打制和磨制，有使用痕迹。柄部、刃部的弧长、弦长、矢长分别为25、24、2毫米，43、41、3毫米。两侧面略对称、两侧边不对称，可测刃角为56°、58°、59°（图四，2）。

单面刃石斧　5件。完整器有4件，均为不规则四边形。

TN5W4①：1，长88、宽57、厚20毫米，重166克。岩性为砂岩，横剖面和纵剖面均为不规则四边形。柄部和刃部平面形状均为凸刃状，侧视形状均为直刃状。加工方式为打制和磨制，有使用痕迹。柄部、刃部的弧长、弦长、矢长分别为38、36、4毫米，55、53、5毫米。两侧面不对称、两侧边对称，刃角为55°、58°、60°（图四，3）。

TN1W1②：1，长97、宽63、厚17毫米，重143克。岩性为细砂岩，横剖面和纵剖面均为不规则四边形。柄部和刃部平面形状均为凸刃状，侧视形状均为直刃状。加工方式为打制和磨制，有使用痕迹。柄部、刃部的弧长、弦长、矢长分别为28、27、2毫米，60、58、4毫米。两侧面不对称、两侧边对称，可测刃角为50°、53°、47°（图四，4）。

石锛　4件。其中完整石锛有2件。均为不规则四边形。

TN6W3②：1，长104、宽48、厚17毫米，重114克。岩性为细砂岩，横剖面和纵

图四　黑家院遗址石家河文化石器

1～4. 斧（TN2W3②：10、TN2E3②：2、TN5W4①：1、TN1W1②：1）　5. 锛（TN6W3②：1）
6. 圭形凿（TN3E4②：1）　7. 镞（TS1E1②：1）　8. 砺石（TN2W1②：1）

剖面均为不规则四边形。柄部和刃部平面形状均为凸刃状，侧视形状均为直刃状。加工方式为打制和磨制，有使用痕迹。柄部、刃部的弧长、弦长、矢长分别为24、21、3毫米，50、48、5毫米。两侧面不对称、两侧边对称，刃角为67°、67°、65°（图四，5）。

圭形凿　同时柄部还磨制出一条石锛的刃缘。

TN3E4②：1，长109、宽34、厚18毫米，重113克。岩性为粉砂岩，横剖面和纵剖面均为不规则四边形。加工方式为打制和磨制，有使用痕迹。圭形凿刃部的弧长、弦长、矢长分别为12、12、0.1毫米。石锛刃部平面形状为凸刃状，侧视形状均为直刃状，其弧长、弦长、矢长分别为30、28、3毫米。两侧面和两侧边对称，圭形凿的刃角为67°、65°，石锛的刃角分别为78°、71°（图四，6）。

石楔　1件，为不规则四边形。

2. 加工石器工具

2件，均为砺石残段。

标本TN2W1②：1，残破。长146、宽69、厚38毫米，重253克。岩性为细砂岩，横剖面和纵剖面均为不规则四边形。两面上有磨制、使用的凹槽（图四，8）。

3. 狩猎工具（兵器）

1件，为有铤箭镞。TS1E1②：1，残。长60、宽14、厚5毫米，重6克。岩性为片岩，平面形状柳叶形，横剖面和纵剖面均为不规则四边形。加工方式为磨制，有使用痕迹。左、右锋的弧长、弦长、矢长分别为35、34、1毫米，35、34、1毫米，左、右锋刃角分别为69°、67°，70°、67°（图四，7）。

其他石制品有打制石制品和装饰品。

四、小　结

由于黑家院遗址中发现的大部分为屈家岭文化时期的石制品，因此我们进行对比研究的是屈家岭文化时期的石制品。

黑家院遗址屈家岭文化时期的古人们在选择石器时都偏好沉积岩中的砂岩、细砂岩和粉砂岩等，其他火成岩和变质岩的岩性很少选择。

黑家院遗址屈家岭文化时期的石器大类以砍伐工具为多，以磨制石斧、石锛为多，其他类型的石器不多，但手工艺的比例有大幅度增加。

我们选择了黑家院遗址屈家岭文化时期双面刃磨制石斧和磨制圭形凿来进行对比研究。

黑家院遗址屈家岭文化时期的磨制双面刃石斧可测的柄部/刃部弧长之比集中在

50%～59%，说明这个时期的古人们在加工这类石器时柄部和刃部弧长的比例在1∶2左右，其他比例的很少。

黑家院遗址屈家岭文化时期的磨制双面刃石斧可测的柄部/刃部弦长之比在50%～59%、60%～69%和80%～89%的基本上一样多，说明这个时期的古人们在加工这类石器时柄部和刃部弦长的比例没有规律。

黑家院遗址屈家岭文化时期的磨制双面刃石斧可测的刃角集中在70°～79°，其他范围的刃角较少。

黑家院遗址屈家岭文化时期的磨制圭形凿可测的刃角集中在60°～69°，其他范围的刃角较少。

黑家院遗址屈家岭文化时期的石器岩性以沉积岩为主，多选择砂岩类，如细砂岩、粉砂岩及泥质粉砂岩等，其他变质岩和火成岩的岩性较少选用。石器类型方面以砍伐工具为主，如磨制石斧和石锛等，其他类型的石器较少。这说明黑家院遗址新石器时代的人们的生产活动以砍伐为主，其他农耕、渔猎活动较少。

无论是石斧、石锛，它们的可测柄部/刃部弧长、弦长之比多在1∶2或略微大于1∶2，磨制石斧和圭形凿的刃角以在50°～79°为多，其他角度的不多。

注　释

［1］ 黄可佳. 八里岗遗址史前石器研究——兼论南阳盆地史前石器工业［D］. 北京大学硕士研究生学位论文，2006.

［2］ 李济. 殷虚有刃石器图说［M］. 中央研究院历史语言研究所集刊（第二十三本）［C］. 台北，1952.

［3］ 安志敏. 中国古代的石刀［J］. 考古学报，1955（10）.

［4］ 闻广. 苏南新石器时代玉器的考古地质学研究［J］. 文物，1986（10）.

［5］ 张弛. 大溪、北阴阳营和薛家岗的玉石器工业［A］. 考古学研究（四）［C］. 科学出版社，2000.

［6］ 林惠祥. 中国东南区新石器文化特征之一：有段石锛［J］. 考古学报，1958（3）.

［7］ 陈星灿. 中国史前的玉（石）玦初探［A］.东 亚玉器（第一册）［C］. 香港：香港中文大学，1998.

［8］ 陈星灿. 从灰嘴发掘看中国早期石器国家的石器工业［A］. 中国考古学与瑞典考古学——第一届中瑞考古学论坛论文集［C］. 北京：科学出版社，2006.

［9］ 傅宪国. 闽粤港台地区石锛横剖面的初步考察［J］. 考古，1992（1）.

［10］ 赵辉. 中国北方的史前石镞.国学研究（第四卷）［M］. 北京：北京大学出版社，1997.

［11］ 纪仲庆. 略论古代石器的用途和定名问题［J］. 南京博物院集刊，1983（6）.

［12］ 肖梦龙. 试论石斧石锛的安柄与使用——从溧阳沙河出土的带木柄石斧和石锛谈起［J］. 农业考古，1982（2）.

［13］ 李京华. 登封王城岗夏文化城址出土的部分石质生产工具试析［J］. 农业考古，1991（1）.
［14］ 童恩正. 石器的微痕研究［J］. 史前研究，1983（2）.
［15］ 吕烈丹. 石器制作工艺的分析与研究［A］. 桂林甑皮岩［C］. 北京：文物出版社，2003.
［16］ 佟柱臣. 仰韶、龙山文化石质工具的工艺研究［J］. 文物，1978（11）.
［17］ 佟柱臣. 仰韶、龙山文化工具的使用痕迹和力学上的研究［J］. 考古，1982（6）.
［18］ 杨鸿勋. 石斧石楔辨——兼及石锛与石扁铲［J］. 考古与文物，1982（1）.
［19］ 杨鸿勋. 论石楔及石扁铲——新石器时代考古中被误解了的重要工具［A］. 文物出版社成立三十周年纪念文物考古论集［C］. 北京：文物出版社，1986.
［20］ 朔知等. 薛家岗石刀钻孔定位与制作技术的观测研究［J］. 中国历史文物，2003（6）.
［21］ 季曙行. “石犁”辨析［J］. 农业考古，1987（2）.
［22］ 季曙行. 石质三角形器、三角形石刀用途考——以使用痕迹与力学分析为中心［J］. 农业考古，1993（1）.
［23］ 李新伟. 手工业生产专业化的考古学研究［J］. 华夏考古，2011（1）.
［24］ 赵晔. 良渚文化石器装柄技术的重要物证［J］. 东方博物，2008（3）.
［25］ 胡松梅. 略谈我国旧石器时代石器原料的选择与岩性的关系［J］. 考古与文物，1992（2）.
［26］ 贾昌明. 桐林遗址石制品与石器工业研究［D］. 北京大学硕士学位论文，2008.

A Preliminary Study of the Polished Stone Tools from Heijiayuan Neolithic Site, Hubei Province, China

FENG Xiao-bo DU Jie HU Wen-chun QU Jin-hua WEN Lei REN Bo LIU Yue DA Bo LI Xue-bei GUO Yi-chao ZHANG Mu-yuan HUANG Xu-chu CHEN An-ning MO Sheng-jiao

Heijiayuan site was at the period of the Qujialing culture, the era roughly between 5500 B.C.–4200 B.C. At that time, ancient people at Heijiayuan site had preferences of sedimentary rocks sandstone, fine sandstone and siltstone in the choice of stone tools. The stone tools were mainly for cutting, such as polished stone axe and stone adze, etc., with little other types. This showed that people at Heijiayuan site had deforestation as their main production activities, whereas other activities, such as farming, fishing and hunting were lacking during this period. During the Qujialing period, the ratio of chord length of the shank to the double-edged sword polished stone axe was generally greater than 1：2, and the measurable edge angle was between 60°–79°. The ratio of polished stone adze shank to the arc length was greater than 1：2, and the measurable edge angle was between 50°–79°.

左家山下层文化新探*

赵宾福[1]　于怀石[2]

（1. 吉林大学边疆考古研究中心，长春，130012；2. 辽宁省文物考古研究所，沈阳，110003）

二十世纪五六十年代，张忠培先生将吉林市郊二道岭子、小阿什、碾磨山等遗址采集的少量含之字纹陶器的遗存，定名为“文化一”[1]。在此后的二十多年里，虽又发现了一些同类遗存，但由于多系调查采集所得，无明确的层位关系，因此认识仍然比较模糊。直到1985年吉林省农安县左家山遗址的首次发掘，才获得了一批层位关系较为清楚的含之字纹陶器的遗存[2]。这批材料的发现，不仅明确了第二松花江流域早期新石器文化的基本内涵，而且为这类遗存的分期提供了可靠的层位学基础。继此之后，吉林农安元宝沟[3]、东丰西断梁山[4]、长岭腰井子[5]、长春腰红嘴子、长春北红嘴子[6]等一些遗址的发掘，进一步丰富了该类遗存的材料，也深化了对该类遗存的认识[7]。

随着整个东北地区新石器文化时空框架体系的构建和文化系统的划分，需要我们对第二松花江流域以往出土的含之字纹陶器的新石器文化遗存，加以重新审视。本文以重新分析农安左家山遗址出土的新石器时代考古材料为切入点，对第二松花江流域含之字纹陶器遗存的命名、分期、年代及其与周边文化的关系等问题再做进一步的探讨。

一、左家山下层文化的命名

吉林农安左家山遗址出土的遗存比较丰富，层位关系较为清除，对认识第二松花江流域含之字纹陶器的早期新石器文化遗存具有标尺作用。

（一）左家山遗址新石器时代遗存再分析

左家山遗址位于吉林省第二松花江支流的伊通河北岸。1984年4～5月，吉林大学考古专业在吉林省农安县进行野外考古调查时首次发现该遗址，调查材料见《吉林省农安县考古调查简报》（以下简称《调查简报》）[8]。1985年吉林大学考古教研室对

* 基金项目：教育部人文社会科学重点研究基地重大项目（13JJD780003）。

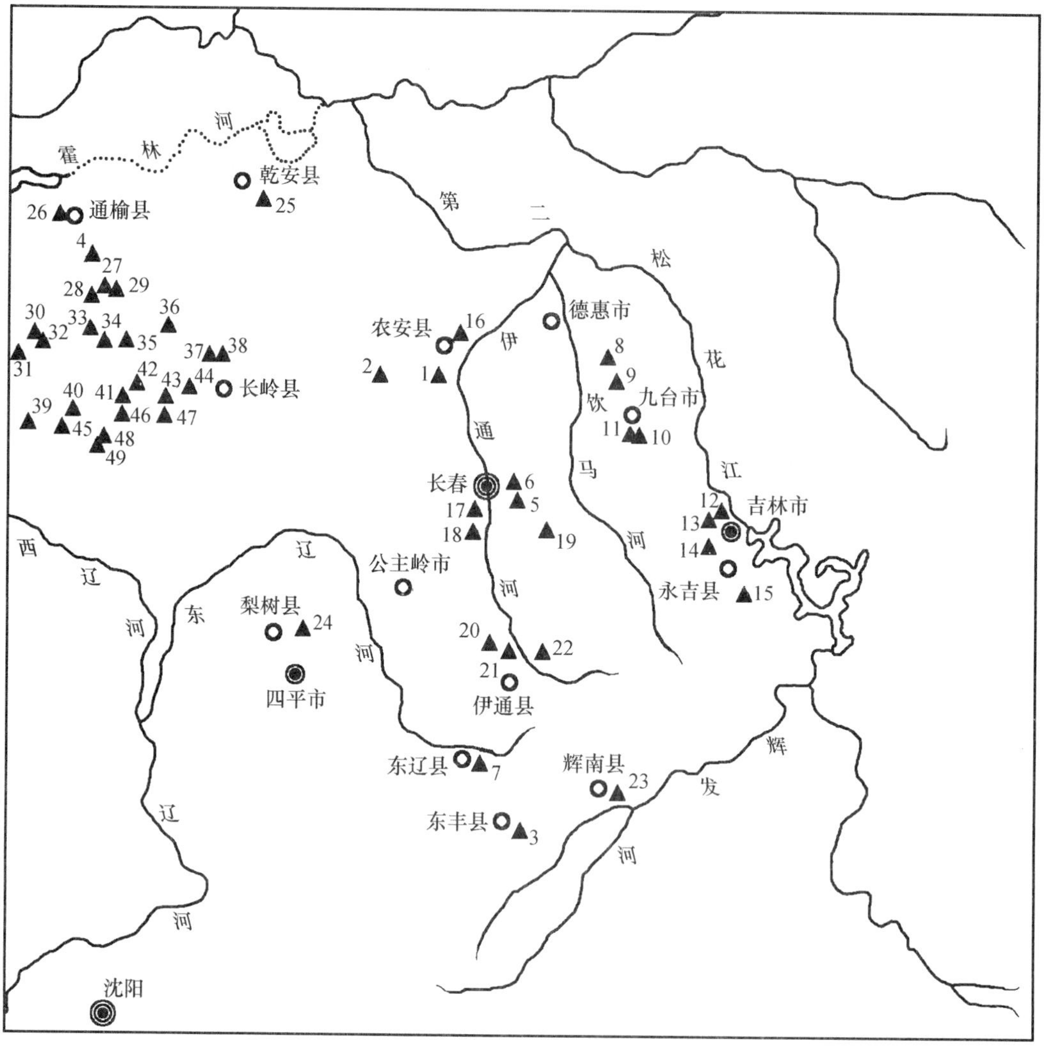

图一　左家山下层文化遗址分布示意图

1. 左家山　2. 元宝沟　3. 西断梁山　4. 腰井子　5. 腰红嘴子　6. 北红嘴子　7. 大架子山　8. 二青咀　9. 大青咀　10. 腰岭子　11. 偏脸城　12. 小阿什　13. 碾磨山　14. 二道岭子　15. 星星哨　16. 两家子　17. 大屯　18. 五间房　19. 东山头　20. 东河北　21. 杏山　22. 羊草沟　23. 永丰　24. 长山　25. 传字井　26. 周荣屯北岗　27. 北正镇屯南岗　28. 前三十七号屯南岗　29. 公爷府屯　30. 前蛤蟆氾屯铁架山　31. 太平川镇东坨子　32. 蛤蟆氾屯北岗　33. 后四十七号屯北三道岗子　34. 五十二号屯西南岗　35. 佟家店屯西岗　36. 九十四号屯北岗　37. 东龙凤屯东南坨子　38. 光荣坨子　39. 刘家粉坊屯东南岗　40. 大兴屯南岗　41. 王祥正屯东北岗　42. 西九十一号屯西北岗　43. 东十一号屯南岗　44. 西八大公司屯西坨子　45. 中兴屯北岗　46. 后四方坨子屯西岗　47. 前六号屯南　48. 永胜屯西北岗　49. 万福屯北岗

其进行了第一次发掘，发掘材料见《农安左家山新石器时代遗址》（以下简称《发掘报告》）[9]。

《发掘报告》根据典型单位的层位关系及遗物特征，将左家山遗址出土的遗存划分为三期四段，分别称之为第一期文化遗存早段、第一期文化遗存晚段、第二期文化遗存、第三期文化遗存。20多年过去了，如今对《发掘报告》刊布的材料再次进行梳理和分析后，感觉其分期结果整体上仍是符合客观实际的。现参考周边地区的新材料和新认识，仅需对个别遗物及其所处的年代和性质进行必要的调整。具体情况是：《发掘报告》一期的T16③：7、T16④：10（图二，35、37）和三期的T9③：8（图二，36）三件筒形罐形态接近，均敞口或侈口，与同期其他厚唇、直口风格的筒形罐有别，器身所施刻划纹亦与同期常见的之字纹、阶梯形纹、席纹等差别明显，因此应单独划分为一组。进一步参考辽东南部地区新石器文化的特征和编年序列[10]，不难发现属于该组的三件标本无论是在器形上还是在纹饰上都与辽宁后洼上层文化的同类陶器相一致，彼此性质应该是一样的，年代应该晚于含之字纹陶器的左家山第一、二期遗存而早于与小珠山中层文化面貌相似的左家山第三期文化遗存。

这样一来，便可将左家山《发掘报告》中的四个年代段重新细化为以下五个年代组。

第一组：T16第4层（T16④：10除外）。

第二组：包括T2第2层、T11第3层、T12第3层、T14第3层、T15第3层、T16第3层（T16③：7除外）、T12第4层。

第三组：包括T1第2层、T5第3层、F1上、H2、H11。

第四组：以T16④：10、T16③：7、T9③：8三件陶器标本为代表。

第五组：包括T3第2层、T9第2层、T10第2层、T12第2层、T14第2层、T16第2层、T8第3层、T9第3层（T9③：8除外）、T10第3层、T13第3层，T7第4层、T13第4层，H3、H4、H9、H13、H15、H19、H20。

《调查简报》发表了左家山遗址1984年调查时采集到的陶器标本10件、纹饰标本3件。其中1件侈口陶器标本（图二，91），在口沿处施刻划直线和刻划斜线组成的席纹，与1985年发掘出土的第一组T16④：5、T16④：6（图二，86、85）特征相同，可归入一组。还有3件陶器标本（图二，64、65、66）侈口束颈，厚唇不甚明显，特征与1985年发掘出土的第二组T16③：2（图二，62）一致，且有的纹饰特点（图二，65）与属于第二组的纹饰（图二，83）完全相同，因此应属于相同的组别。另有4件标本，要么彼此间所施人字纹基本相同（图二，2、34），且前者与1985年出土的属于第五组的筒形罐（图二，1）器形别无二致，要么所施三角形内填斜线纹（图二，19、20）与1985年发掘的第五组T10③：10、T13④：7（图二，4、9）酷似，因此可将这4件采集标本并入第五组。其余3件陶器标本和1件纹饰标本因没有可以比较的陶器，故无法进行分组。

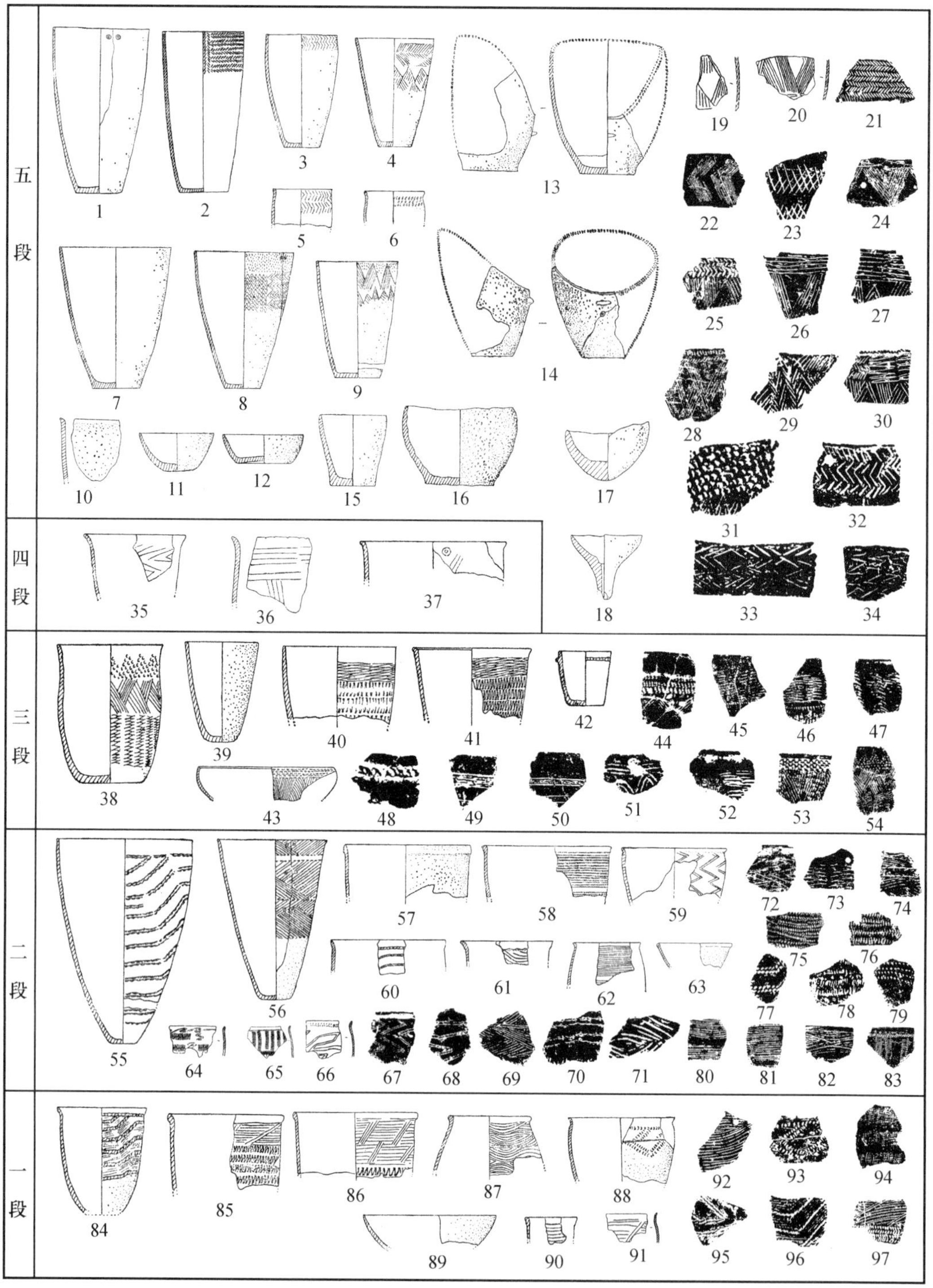

图二　左家山遗址出土陶器的分段

1～10、35～42、55～61、84～86、88、90、91. 筒形罐（T7④：2、采集、T9②：6、T10③：10、T10②：8、T3②：1、T13④：6、T9②：13、T13④：7、T13③：5、T16③：7、T9③：8、T16④：10、F1上：12、F1上：11、H2：2、H2：3、F1上：8、T2②：1、T14③：4、T16③：3、T16③：5、T11③：8、T12③：3、T12③：2、T16④：1、T16④：6、T16④：5、T16④：12、T16④：9、采集）　62、87. 鼓腹罐（T16③：2、T16④：4）　11、12、43、63、89. 钵（H3：1、T9③：4、H11：3、T16③：11、T16④：13）　13、14. 斜口器（H9：1、H15：8）　15、16. 杯（H4：2、T9②：4）　17. 圜底器（T12②：2）　18. 漏斗（T8③：8）　19、20. 陶片标本（采集）　21～34、44～54、67～83、92～97. 纹饰标本（T10③、H19、T9②、H20、T9③、H13、T7④、H13、T14②、H13、T9②、T10②、T9②、采集、F1上、T1②、T1②、T1②、F1上、T14③、T1②、H11、H11、H11、F1上、T11③、T16③、T16③、T12④、T12③、T12③、T12③、T5③、T16③、T12④、T16③、T11③、T15③、T16③、T16③、T12③、采集、T16④、T16④、T16④、T16④、T16④、T16④）　64～66. 筒形罐口沿（采集）

通过以上对发掘材料和调查材料的分析，现以段替组，可最后将左家山遗址的新石器时代遗存统一归划分成具有年代早晚关系的五个发展阶段，各段陶器及纹饰标本可参见图二，陶器特征可概括为：

第一段：以第一组为代表。陶器以夹砂灰褐陶为主，还见有少量的夹砂红、黑褐陶。器类主要为平底筒形罐，兼有少量鼓腹罐、钵。陶器均为小侈口，短唇、唇部明显加厚，且起棱明显。平底筒形罐器底较小，底部与器壁接合处较为弧圆。陶器普遍施纹，且多从口沿下开始施加，面积约占陶器表面的2/3。纹饰见有阶梯形刻划纹、连点线纹、席纹、弦纹、菱形纹和压印之字纹等，其中之字纹排列紧密规整，纹带较窄。

第二段：以第二组为代表。陶器仍以夹砂灰褐陶为主，不见夹砂红、黑陶。器类以平底筒形罐居多，新出现了斜口器，还有少量鼓腹罐、钵等。筒形罐多侈口，少量为直口。绝大多数陶器仍然唇部加厚，但厚唇宽薄，起棱已不甚明显。平底筒形罐多为小底，器底与器壁接合处较为弧圆。纹饰多从口沿处开始，施纹面积约占陶器器身的2/3或通体施纹，流行阶梯形纹、席纹、弦纹、连点线纹和压印之字纹等，新出现了扭曲纹、刻划之字纹。该段的压印之字纹排列仍然较为规整，纹带较窄，新出现的少量刻划之字纹纹带略宽。

第三段：以第三组为代表。陶器以夹砂灰褐陶最多，其次为夹蚌黄褐陶和夹蚌灰褐陶。平底筒形罐数量最多，主要为直口，只有少量口部微侈，唇部不见加厚处理。器底与器壁接合处折角不明显，较为弧圆。口沿处多留出一段空白然后施纹，近底处打磨光滑不见纹饰。流行较宽的压印之字纹和刻划之字纹，纹带排列不甚规整，新出现了波浪纹、三角形席纹、附加堆纹等，由两种或两种以上纹饰组成的复合纹带尤具特色。

第四段：以第四组为代表。无完整器物，皆为陶器口沿残片。其中2件标本为夹蚌黄褐陶，1件为夹砂灰褐陶。从其口部特征观察，口部或敞或侈。纹饰均为刻划纹，纹样呈人字形、平行横线和平行斜线等。

第五段：以第五组为代表。陶器以夹蚌黄褐陶居多。器形主要为筒形罐，兼有少量斜口器、钵、杯等器形。平底筒形罐多为直口，侈口者极少，器底与器壁的结合处折棱明显。器表以素面居多，少量陶器于口部或上腹部施有纹饰。纹饰以刻划纹为主，流行人字纹、叶脉纹、三角形内填斜线纹、网格纹等，也存在少量戳点纹。

（二）左家山下层文化的命名

据以上划分的左家山遗址各段遗存陶器特点来看，第一、二、三段遗存普遍存在之字纹，共性大于差异。第四、五两段遗存均不见之字纹而流行刻划纹，与前三段遗存区别明显，不应属于相同的考古学文化。

在以往发表的有关左家山遗址的研究成果中[11]，由于受材料所限，我们曾把相当于本文划分出来的第五段遗存定名为“第三期文化遗存”，而没能将本文划分出来的第四段遗存与其他遗存单独区分开来[12]。现在，从辽东半岛南端新石器时代考古研究取得的新进展[13]和长海县小珠山遗址发掘取得的新收获[14]来看，类似于左家山遗址的第四、五段遗存在小珠山遗址和后洼遗址中是可以区分开来的，并且分别被定名为“后洼上层文化”和“小珠山中层文化”，年代上前者早于后者[15]。考虑到左家山遗址的第四段遗存材料甚少，加之缺乏原生堆积单位，无法判定它是与第五段遗存完全有别的另一种考古学文化，还是与第五段遗存属相同的考古学文化，而为这类文化早期阶段受到了外来文化影响而产生的因素。有鉴于此，我们暂将左家山遗址出土的以刻划纹为代表的原被定名为“第三期文化遗存”的第五段遗存和这次新区别出来的第四段遗存一起，统一定名为“左家山上层文化”。其中以第四段为代表的遗存为该文化的早期，年代与辽东半岛后洼上层文化相当，约在公元前4000～前3500年。以第五段为代表的遗存为该文化的晚期，年代与辽东半岛的小珠山中层文化相当，约在公元前3500～前3000年。

左家山遗址的第一、二段遗存，过去被定名为“第一期文化遗存”的早、晚段，第三段遗存被定名为“第二期文化遗存”。现在看来，这三段遗存之间虽有一定的区别，但均共用之字纹陶器（这一点与周边地区的新乐下层文化、小珠山下层文化所反映的情况是相同的），整体上看是共性大于差别的。具体表现在，一是陶质、陶色方面均以夹砂灰褐陶为主，夹蚌黄褐陶次之。二是器形均以平底筒形罐为大宗，而且筒形罐的器底较小，底与壁的结合处比较弧圆。三是普遍流行之字纹，且纹饰占器表面积较大，施纹方法主要有压印和刻划两种，施纹工具均有尖头工具和圆头工具之分。由此看来，左家山遗址第一、二、三段遗存之间的区别，应该是同一考古学文化内部不同发展阶段的差异，而不是不同考古学文化之间的差异。这样，为便于日后研究，现将层位关系清除、出土物较为丰富、以包含之字纹陶器为特征的左家山遗址第一、二、三段遗存重新定名为“左家山下层文化”。

二、左家山下层文化的分期

除了农安县左家山遗址以外，还有农安元宝沟、东丰西断梁山、长岭腰井子、长春腰红嘴子、长春北红嘴子、东辽大架子山等6处遗址发掘出土了较为丰富的左家山下层文化遗存。通过考古调查，还在乾安传字井、长春大屯、长春五间房、农安两家子、德惠大青咀、德惠二青咀、九台偏脸城、九台腰岭子、双阳东山头、伊通东河北、伊通杏山、伊通羊草沟、吉林二道岭子、吉林小阿什、吉林碾磨山、永吉星星哨、梨树长山（亦称陈家屯、敖包山）、辉南永丰以及通榆周荣屯北岗、长岭前蛤蟆沁屯铁架山、西八大公司屯西坨子、公爷府屯、后四十七号屯北三道岗子、北正镇屯南岗、中兴屯北岗、大兴屯南岗、后四方坨子屯西岗、五十二号屯西南岗、王祥正屯东北岗、太平川镇东坨子、前三十七号屯南岗、光荣坨子、东龙凤屯东南坨子、蛤蟆沁屯北岗、佟家店屯西岗、万福屯北岗、永胜屯西北岗、东十一号屯南岗、刘家粉坊屯东南岗、西九十一号屯西北岗、前六号屯南、九十四号屯北岗等42处遗址，发现了少量的属于左家山下层文化的遗物（图一）。

（一）典型遗址材料分析

1. 西断梁山遗址

西断梁山遗址公开发表的属于左家山下层文化的材料共有两批，分别为1986年、1987年两次发掘出土的第一期遗存[16]和1985试掘所获的部分遗存[17]。在1986、1987年发掘出土的第一期遗存中有4个单位（ⅡF3[18]、ⅡH6、ⅡT17③、T22③）发表了陶器标本，有三个单位（ⅠT3②、ⅠT4②、ⅡT12②）仅发表了压印之字纹的拓片，还有一件陶器标本未标明出土单位。1985年的试掘材料，仅发表了2件压印之字纹拓片。

综合分析西段梁山遗址出土的左家山下层文化遗存，可明显分为两组。

第一组（可分组陶器）以1986、1987年发掘出土的ⅡF3、ⅡH6、ⅡT17③、T22③四个单位和一件未编号的陶器标本为代表（图三，1～24）。该组中ⅡF3、ⅡH6、ⅡT17③三个单位出土的部分筒形罐，器表所施的竖排和横排之字纹复合纹饰（图三，1～3、6～8）极为相似。T22③出土的回形纹（图三，4），与ⅡH6：1（图三，11）同类纹饰如出一辙。未标明出土单位的陶器标本（图三，13）腹部施点线之字纹，与ⅡF3：7（图三，3）主体纹饰完全一致。

将该组陶器与左家山遗址的分段结果进行比较，发现其与左家山遗址第三段的陶器无论是在器形上还是在纹饰上都存在很大的共性。如施纹方面所流行的多在陶器口沿部位留出一段空白，然后在上腹部施竖排之字纹，于器身主体施横排之字纹的布局和做法（图三，1～3，6～8），常见于左家山遗址的第三段陶器（图二，40、41、45、46）。在器形方面，ⅡF3：6、ⅡF3：1、ⅡF3：8等3件筒形罐（图四，1；图三，6、2）皆为直口，器壁略弧斜，与左家山遗址第三段的H2：2筒形罐（图四，4）造型一致，而且纹饰相同。T22③：1（图四，2）和T22③：2（图三，4）均为小侈口，与左家山第三段的H2：3筒形罐（图四，3）口部特征接近。由此看来，西断梁山遗址出土的这组遗存应与左家山遗址的第三段遗存同时。

第二组（未分组陶器）以1986、1987年发掘的ⅠT3②、ⅠT4②、ⅡT12②三个单位出土的压印之字纹标本和1985年试掘出土的2件压印之字纹标本为代表（图三，25～33）。由于这类纹饰标本在左家山下层文化的各段当中均有发现，故所处的具体时间位置暂时难以判断。

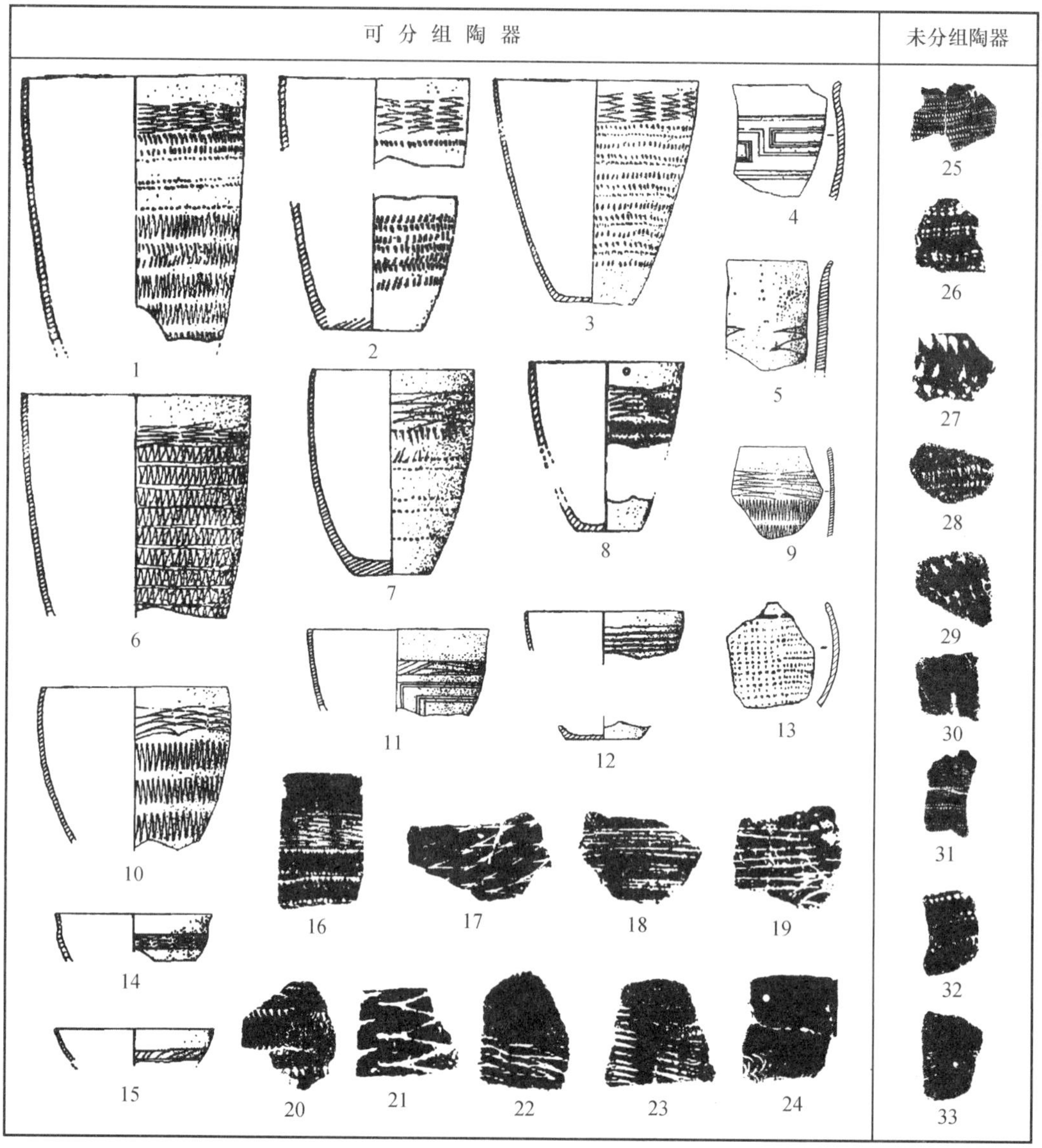

图三　西断梁山遗址出土的左家山下层文化陶器

1～12. 筒形罐（ⅡF3：6、ⅡF3：8、ⅡF3：7、T22③：2、T22③：1、ⅡF3：1、ⅡT17③：1、ⅡH6：2、ⅡT17③：3、ⅡF3：9、ⅡH6：1、ⅡF3：3）　13. 鼓腹罐（原图六-17）　14、15. 钵（ⅡT17③：4、原图六-11）　16～33. 纹饰标本（ⅡF3、ⅡH6、ⅡT17③、ⅡH6、ⅡH6、ⅡH6、ⅡF3、ⅡF3、ⅡH6、ⅠT3②、ⅠT3②、ⅠT4②、采集、采集、原图五-9、ⅡF3、ⅡT12②、原图五-13）

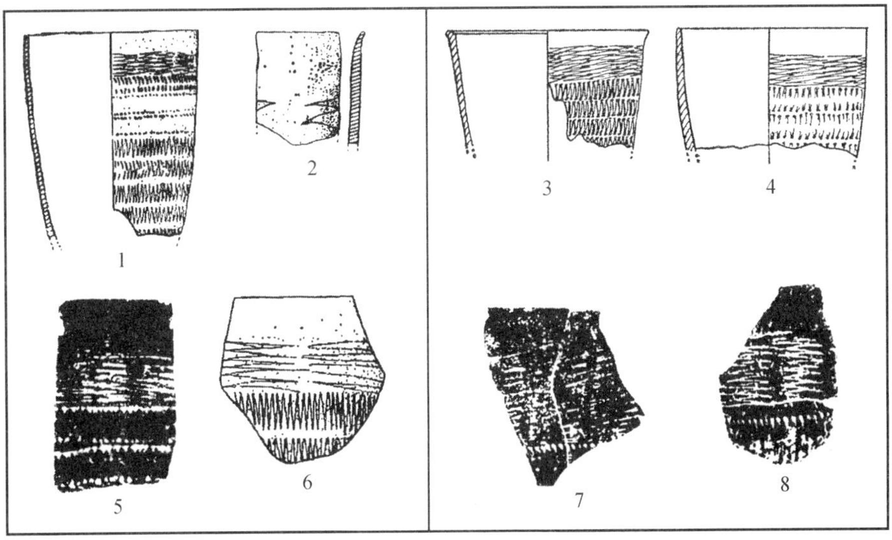

图四　西断梁山可分组陶器（左）与左家山第三段陶器（右）的比较
1、3、4. 筒形罐（ⅡF3：6、H2：3、H2：2）　2. 筒形罐口沿（T22③：1）　5～8. 纹饰标本（ⅡF3、ⅡT17③：3、T1②、T1②）
（1、2、5、6. 西断梁山遗址；3、4、7、8. 左家山遗址）

2. 元宝沟遗址

元宝沟遗址位于吉林省中部地区的农安县巴吉垒乡元宝沟村。1985年5～7月，吉林省文物考古研究所对该遗址进行了发掘[19]。发表的陶器除一件出自地层外[20]，其余均出自H5，另公布的一些纹饰拓片未标明出土单位。现根据陶器特征和共存关系，可将这些遗存分为两组。

第一组以H5为代表，另包括T4②及部分纹饰标本（图五，25～40）。该组中出自地层的T4②：1筒形罐（图五，10），与H5：32筒形罐（图五，14）造型一致，均为直口小底，口与底的比例近3：1，而且这件筒形罐所施的阶梯形纹饰与H5：25（图五，7）的纹饰十分接近。在纹饰标本中，有7件是以扭曲纹为母题构成的各类图案（图五，28～30、34、36、37、39），这类图案和风格H5中极为常见（图五，8、12、14、15、19）。4件网格纹标本（图五，25～27、31）与H5：31筒形罐（图五，11）所施纹饰极为相似。1件施菱形纹和戳点直线纹的标本（图五，38）与H5：28筒形罐（图五，6）在构图方式上如出一辙。1件施篦点波浪纹、直线纹的复合纹饰标本（图五，40）和另1件施刻划横线纹的标本（图五，33）与H5：34筒形罐（图五，16）纹饰风格相似。还有1件纹饰标本（图五，35）与H5：35筒形罐（图五，9）所施的双线几何形纹饰风格类似，1件单线折线纹标本（图五，32）和1件双线扭曲折线纹标本（图五，30）与H5：25筒形罐（图五，7）纹饰造型极为接近。

将该组陶器与左家山遗址所出陶器进行比对，不难发现这组陶器与左家山遗址的

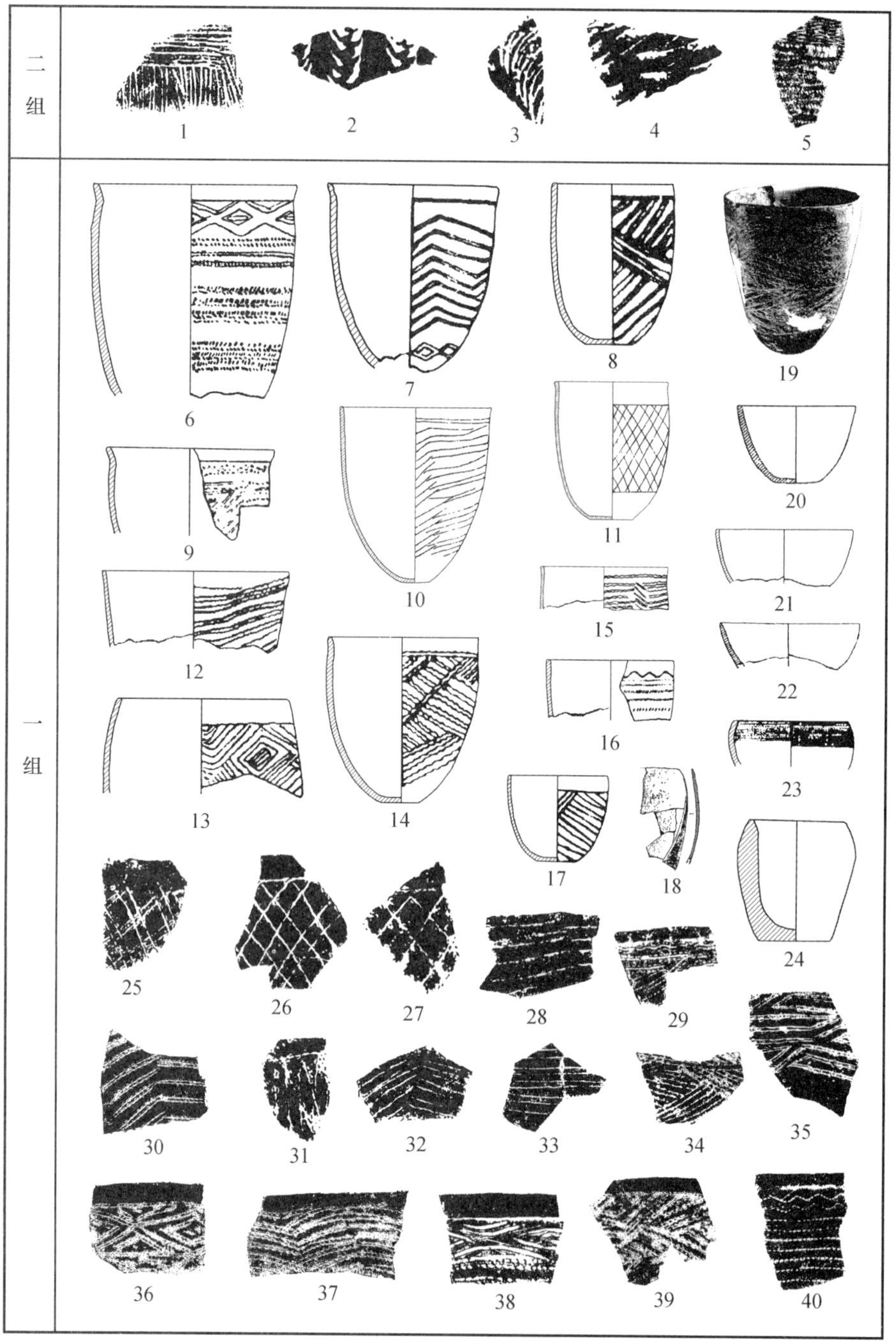

图五　元宝沟遗址出土陶器的分组

1～5、25～40. 纹饰标本（单位不详）　6～17、19. 筒形罐（H5：28、H5：25、H5：24、H5：35、T4②：1、H5：31、H5：27、H5：30、H5：32、H5：26、H5：34、H5：36、H5：33）　18. 斜口器（H5：4）　20～23. 钵（H5：38、H5：39、H5：37、H5：40）　24. 盅（H5：41）

第二段遗存在器形和纹饰方面均存在较大的共性。如该组的H5：35筒形罐（图六，10）与左家山二段T11③：8筒形罐（图六，15）形态一致，均为侈口，折沿，弧腹斜收。T4②：1筒形罐（图六，9），直口，小平底，与左家山二段T2②：1筒形罐（图六，16）器形十分接近，器身所施刻划线纹组成的阶梯形纹饰在纹饰造型上虽然不如左家山T2②：1筒形罐所饰的阶梯形纹饰规整，但是在风格上存在很大的相似之处。此外，该组陶器和左家山遗址二段陶器还发现有完全相同的席纹（图六，11、17）。出土的扭曲纹（图六，14）与左家山遗址T12第4层中出土的刻划扭曲纹（图六，18）完全一致。相似的菱形纹（图六，12、20）皆有发现，刻划弦纹（图六，13、19）大同小异。由此可知，元宝沟第一组应与左家山第二段同时。

第二组以发表的5件之字纹和刻划纹标本为代表（图五，1~5）。其中1件标本所施的由刻划竖排之字纹和压印横排之字纹组成的纹饰（图六，3），与左家山三段出土的同类纹饰（图六，8；图二，46）在施纹方法和纹饰造型方面完全相同。另3件弧线之字纹标本（图六，1、2；图五，4）分别与西断梁山第一组ⅡF3：9、ⅡH6出土的纹

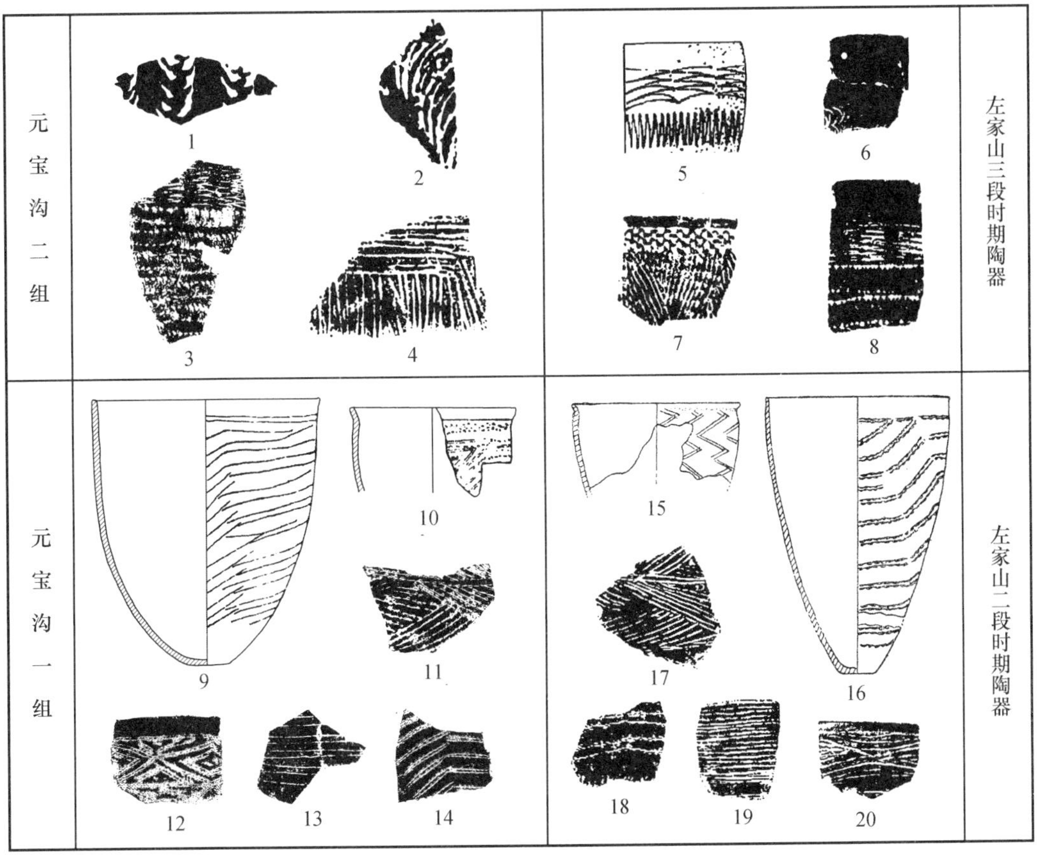

图六 元宝沟遗址各组陶器与左家山二段、三段时期陶器的比较

1~4、11~14. 纹饰标本（器物号不详） 5、9、10、15、16. 筒形罐（ⅡF3：9、T4②：1、H5：35、T11③：8、T2②：1） 6~8、17~20. 纹饰标本（ⅡH6、H11、ⅡF3、T16③、T12④、T16③、T12③）（1~4、9~14. 元宝沟遗址；5、6、8. 西断梁山遗址；7、15~20. 左家山遗址）

饰（图六，5、6；图三，17）十分相似。1件施划纹的标本（图六，4）与左家山三段H11：3钵（图六，7）所施纹饰风格接近。据此判定，以这5件纹饰标本为代表的元宝沟二组应与左家山三段相当。

3. 腰井子遗址

腰井子遗址位于长岭县三十号乡腰井子村北侧的一条西南—东北走向的大沙岗上。考古工作者曾对该遗址进行过多次调查，并于1986年进行正式发掘[21]。从《吉林长岭县腰井子新石器时代遗址》[22]发表的材料看，腰井子遗址的新石器时代文化内涵并不单纯。2015年，笔者曾对这批材料进行过专门的探讨，在将全部遗存划分为5个年代组的基础上，把其中的第一、二组定性为“左家山一期文化”，并且通过进一步的比较，认定两组的年代分别相当于“左家山一期文化”的早、晚两个阶段[23]，也就是本文所划分的左家山遗址的第一、二段。该遗址出土的一、二两组陶器及其与左家山遗址第一、二段陶器的对比材料可参见图七、图八。

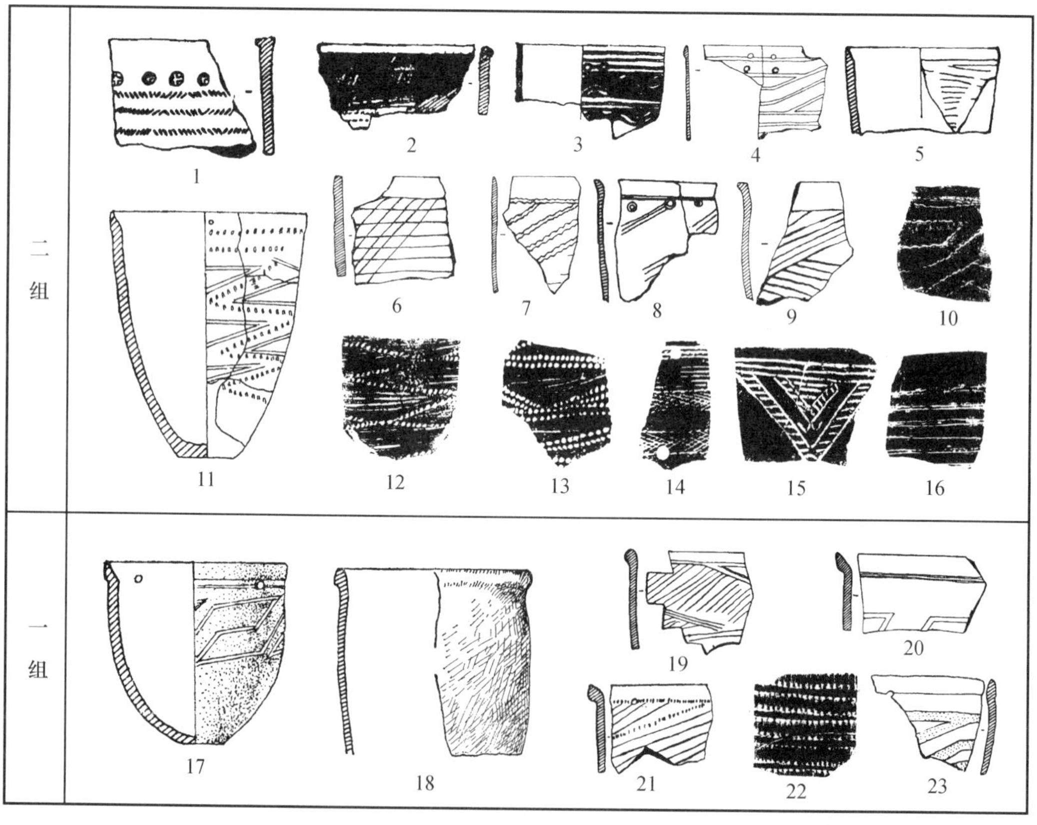

图七　腰井子遗址左家山下层文化陶器的分组

1～9. 陶器口沿（AT9①标：8、AT4①标：1、AT4①标：12、AT9①标：1、DT2②标：1、CT2②标：2、AT3①标：1、AT9①标：2、AT1①标：1）　10、12～16.（AT9①标：3、BT7②标：3、AT9①标：4、AT3①标：3、AT8①：4、AT7①标：2）　11. 罐（AT4①：4）　17、18. 罐（AT5②：13、AT1①标：3）　19～21、23. 陶器口沿（AT1①标：2、AT4①标：3、AT6①标：2、DT2②标：3）　22. 之字纹拓片（BT7②标：2）

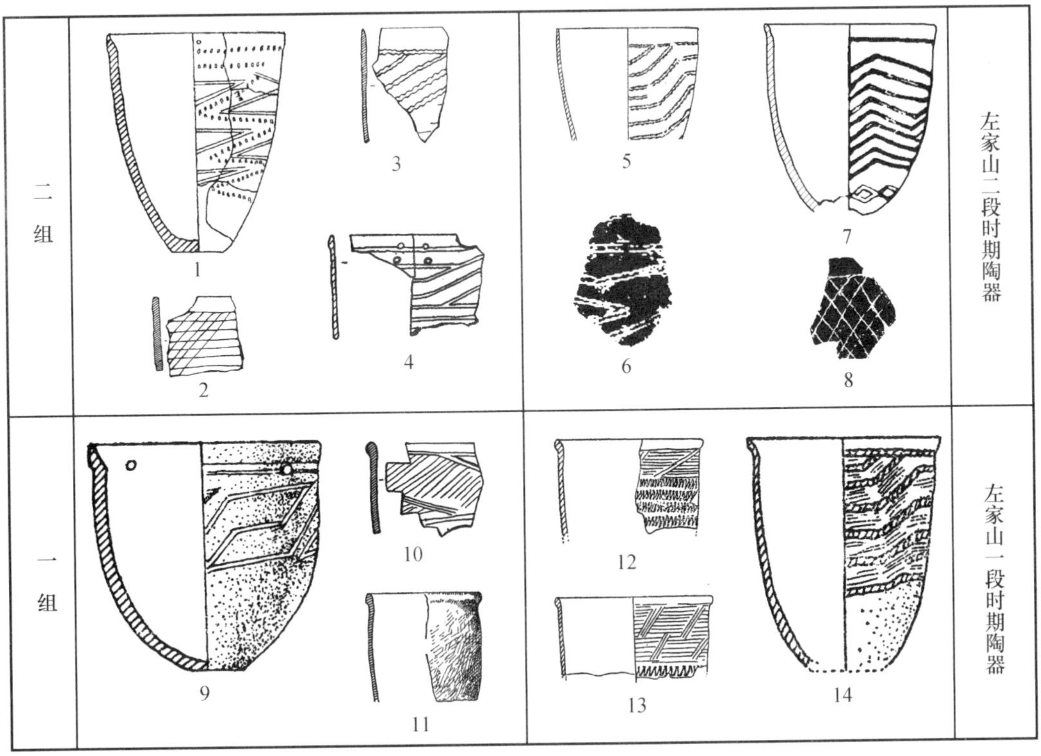

图八　腰井子遗址各组陶器（左）与左家山一段、二段时期陶器（右）的比较

1、5、7、9、11、12～14. 筒形罐（AT4①：4、T2②：1、H5：25、AT5②：13、AT1①标：3、T16④：6、T16④：5、T16④：1）　2～4、10. 陶器口沿（CT2②标：2、AT3①标：1、AT9①标：1、AT1①标：2）　8. 纹饰标本（器物号不详）　6. 纹饰标本（T16③）

（1～4、9～11. 腰井子遗址；5、6、12～14. 左家山遗址；7、8. 元宝沟遗址）

4. 腰红嘴子遗址

1994年5～8月，吉林省文物考古研究所等单位对长春市腰红嘴子遗址进行了发掘[24]，发现新石器时代灰坑4个，编号分别为H1、H2、H3、H7。这4个单位均开口于第3层下，互相之间没有叠压打破关系。通过对出土陶器的观察和比较，可将其划分为两组。

第一组以H1为代。该单位发表了1件陶器标本和1件纹饰标本（图九，16、17）。其中，标本H1：4（图九，17）系筒形罐口沿，侈口，圆唇微加厚，施压印弦纹，与属于左家山二段的T16③：5（图九，18）器形和纹饰完全一致。另1件标本所施的压印弦纹（图九，16），在左家山二段中也发现有与此相同的纹饰（图二，80）。据此判定H1所代表的这一组，年代应与左家山二段同时。

第二组以H2、H3、H7为代表，发表陶器标本11件（图九，1～11），另包括一件采集纹饰标本（图九，12）。其中，H2出土的菱形纹（图九，4）与H7：2筒形罐（图九，5）的纹饰相似。H3：6筒形罐（图九，11）口沿所施的刻划之字纹纹带较宽，与

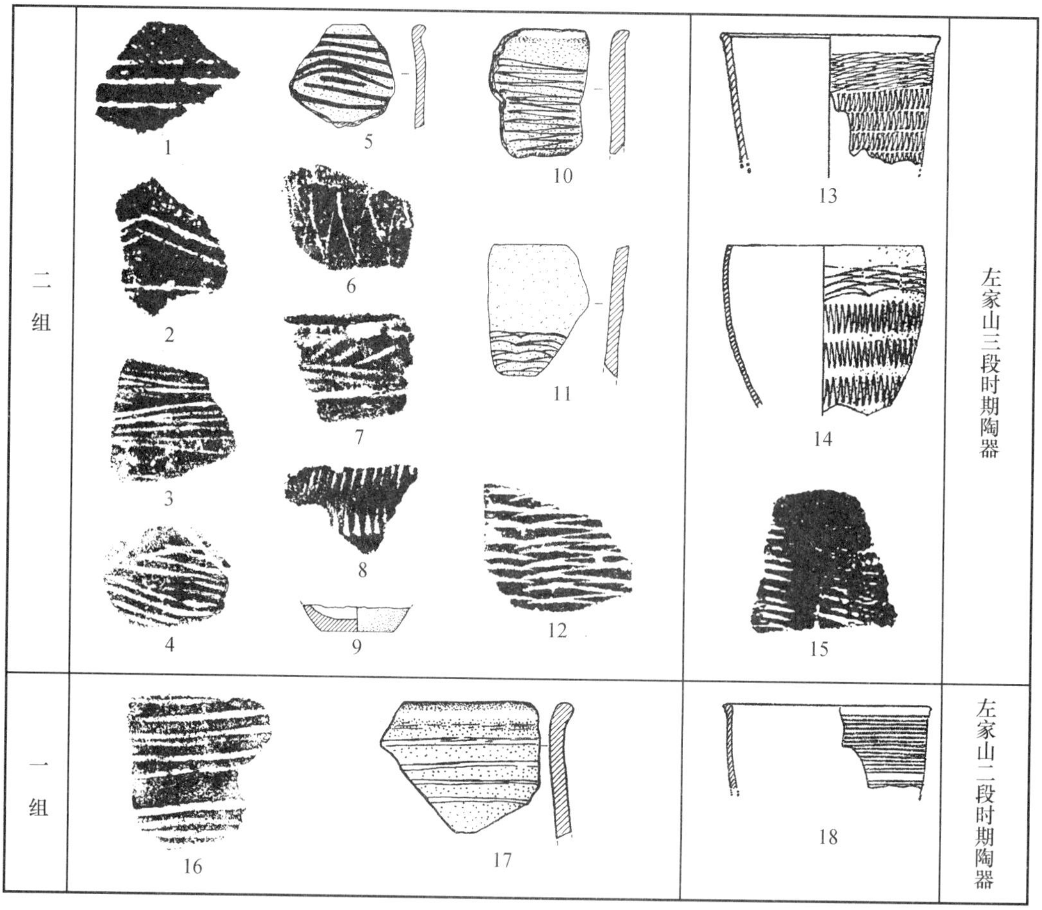

图九　腰红嘴子遗址出土陶器的分组及其与左家山二段、三段时期陶器的比较

1～4、6～8、12、15、16. 纹饰标本（H2：5、H2：6、H2：1、H2：2、H7：4、H2：3、H2：4、采集、ⅡF3、H1：3）　5、10、11、17. 陶器口沿（H7：2、H7：3、H3：6、H1：4）　9. 钵（H3：7）　13、14、18. 筒形罐（H2：3、ⅡF3：9、T16③：5）

（1～12、16、17. 腰红嘴子遗址；13、18. 左家山遗址；14、15. 西断梁山遗址）

H7：3纹饰（图九，10）较为接近。采集标本（图九，12）与H7：3（图九，10）刻划之字纹如出一模，所以这三个单位及采集的一件标本可并为一组。该组的H7：3（图九，10）口沿微侈，施刻划竖排横线之字纹，与左家山三段H2：3筒形罐（图九，13）的器形和纹饰一致。H3：6（图九，11）在陶器口沿处留出一段空白，然后施刻划竖排弧线之字纹，与西断梁山一期ⅡF3：9（图九，14）所施竖排之字纹十分接近。H7：2与H2：2所施的菱形纹（图九，5、4）不甚规整，从造型特征上看，应为左家山二段、元宝沟一组出土菱形纹（图二，71）的晚期形态。因此，腰红嘴子二组的年代应与左家山三段和西断梁山一期相当。

5. 北红嘴子遗址

1994年6～7月，吉林省文物考古研究所等单位对长春北红嘴子遗址进行了抢救性发掘[25]。经过对属于左家山下层文化的BF1和BF1①两个单位进行观察，发现其出土陶器与左家山遗址三段的陶器较为一致。如北红嘴子BF1：10筒形罐（图一〇，11），直口，弧腹，器表施刻划横排之字纹与刻划竖排之字纹组成的复合纹饰，与西断梁山一期ⅡT17③：1筒形罐（图一〇，15）在器形和纹饰方面较为接近。BF1①：24（图一〇，12）所施弧线之字纹与西断梁山一期ⅡT17③：3（图一〇，16）的纹饰相似。

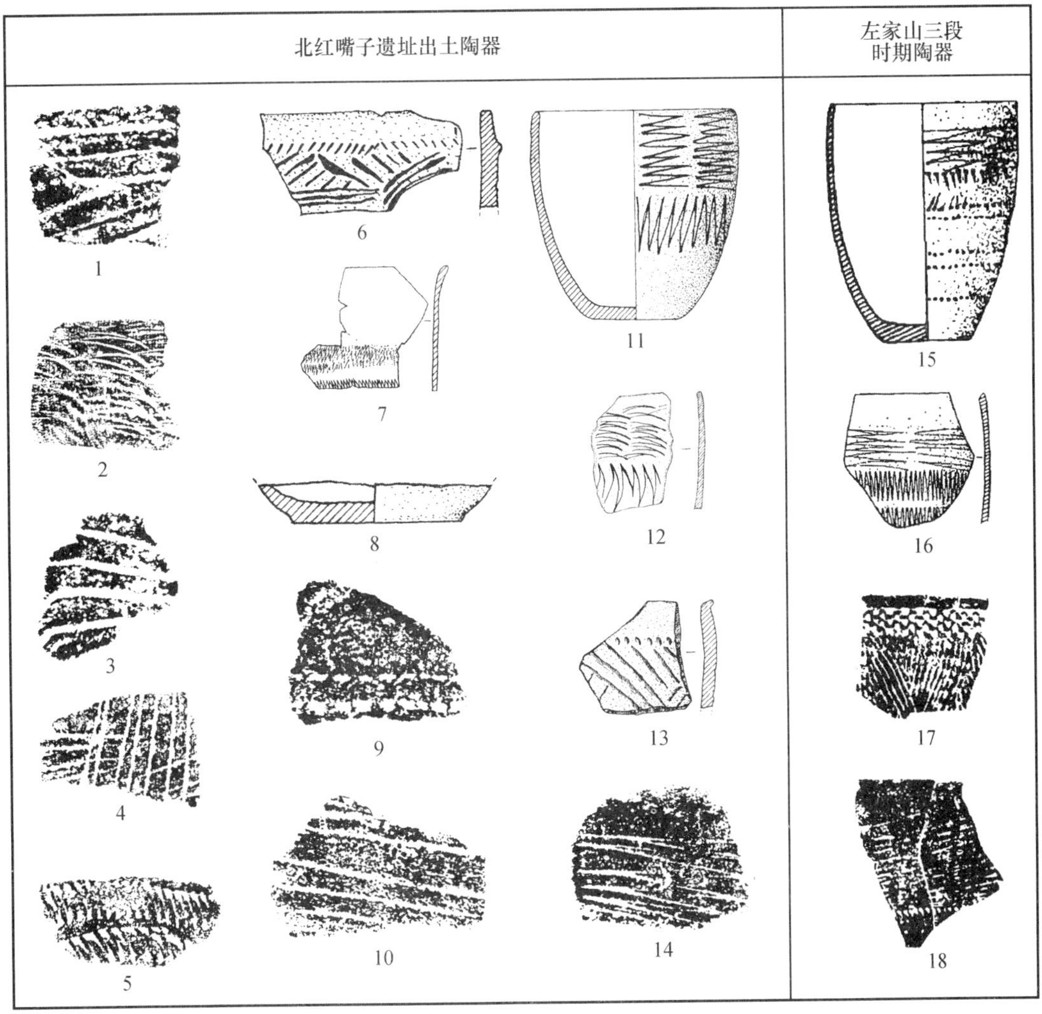

图一〇　北红嘴子遗址出土陶器及其与左家山三段时期陶器的比较

1～5、9、10、14、17、18. 纹饰标本（BF1①：21、BF1①：20、BF1①：15、BF1①：2、BF1①：16、BF1①：18、BF1①：1、BF1①：19、H11、T1②）　6、7、12、13、16. 筒形罐口沿（BF1：14-2、BF1：2、BF1①：24、BF1①：23、ⅡT17③：3）　8. 器底（BF1①：27）　11、15. 筒形罐（BF1：10、ⅡT17③：1）

（1～14. 北红嘴子遗址；15、16. 西断梁山遗址；17、18. 左家山遗址）

BF1①：19（图一〇，14）所施刻划之字纹也见于左家山T1②层（图一〇，18）。BF1①：23（图一〇，13）口沿下施压印连点弦纹和刻划编织纹组成的复合纹，与左家山H11出土的复合纹（图一〇，17）比较接近。所以，北红嘴子F1、BF1①的年代应该与左家山三段、西断梁山一期遗存相当。

6. 大架子山遗址

大架子山遗址位于辽源市东辽县河源镇，1988年进行抢救性发掘[26]。其中，遗址的第2层和第1层下开口的灰坑H2出土有新石器时代的遗物，刊布的遗物均出自H2。

H2：14筒形罐（图一一，4）于口沿下施刻划竖排和横排之字纹，纹饰较为潦

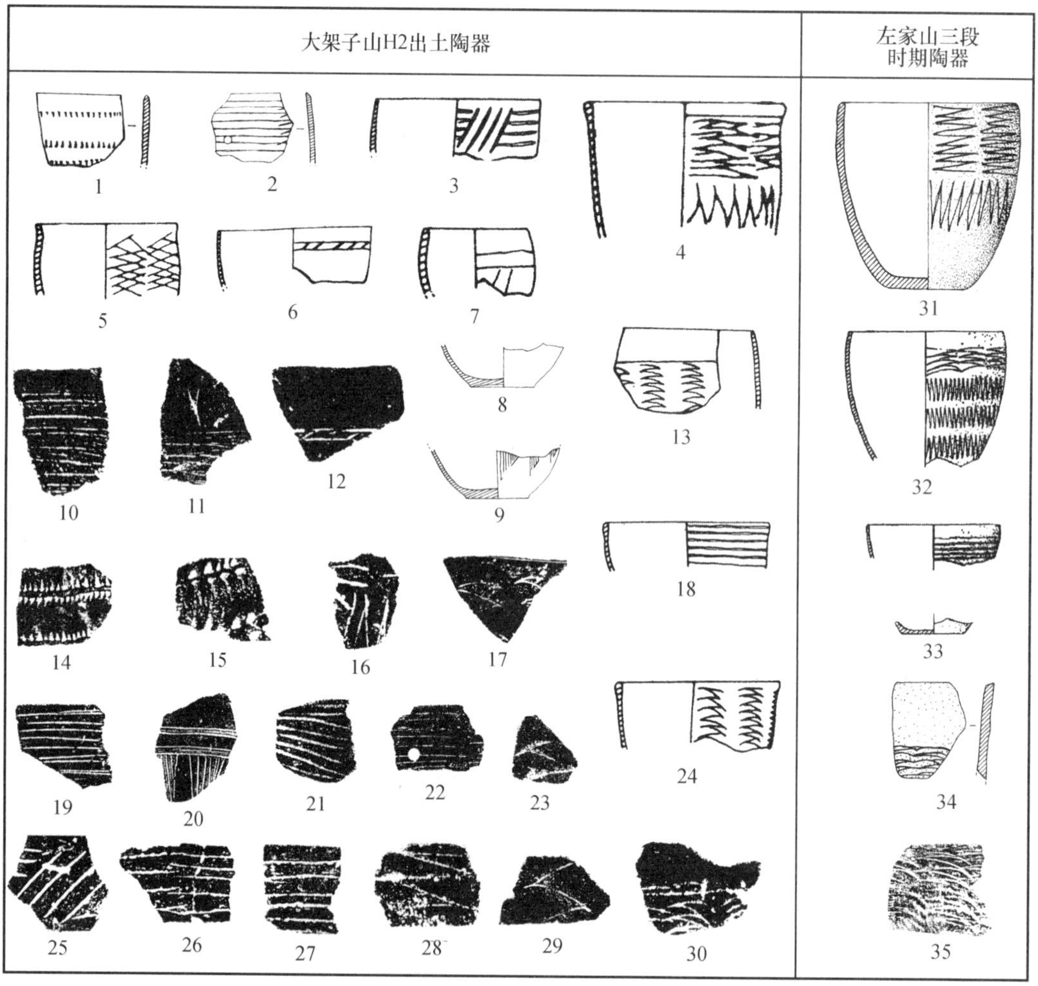

图一一　大架子山H2出土陶器及其与左家山三段时期陶器的比较

1～7、13、18、24、31～34. 筒形罐（H2、H2：17、H2：12、H2：14、H2：10、H2、H2：18、H2：16、H2：3、H2：9、BF1：10、ⅡF3：9、ⅡF3：3、H3：6）　8、9. 器底（均出自H2）　10～12、14～17、19～23、25～30. 纹饰标本（均出自H2）　35. 纹饰标本（BF1①：20）

（1～30. 大架子山遗址；31、35. 北红嘴子遗址；32、33. 西断梁山遗址；34. 腰红嘴子遗址）

草，纹带明显较宽，与北红嘴子BF1：10筒形罐（图一一，31）所施的纹饰如出一辙。从H2：16敛口罐（图一一，13）口部特征来看，其器形与西断梁山一期ⅡF3：9筒形罐（图一一，32）极为相似，而且器身上部皆施竖排弧线之字纹；H2：3筒形罐（图一一，18）器身施刻划较深的弦纹，类似的纹饰同样见于西断梁山一期遗存（图一一，33）。H2出土的一些之字纹、线纹（图一一，23、28～30）在腰红嘴子二组、北红嘴子、西断梁山一期中也有发现（图一一，34、35；图三，21；图九，6）。需要指出的是，该灰坑出土的部分陶器口部稍加厚，应为左家山一、二段陶器厚唇形态的遗风。总体上看，H2出土陶器多施压印之字纹、刻划之字纹、线纹等纹饰，其中之字纹或横向排列或竖向排列，纹带较宽，施纹不甚规整，与左家山三段、西断梁山一期部分遗存的特征较为相似。故大架子山遗址H2的年代和性质应与左家山三段、西断梁山一期、腰红嘴子二组相当。

（二）其他遗址材料分析

其他42处遗址发现的材料较少，基本都是调查采集的陶器残片，甚至有些遗址仅见文字描述，而未发表器物线图，但是通过与左家山、西断梁山、元宝沟等7处典型遗址发掘材料的比较，仍然可以判定部分遗物的组属。

其中，传字井[27]、大青咀[28]、二青咀[29]、偏脸城[30]、东河北[31]、二道岭子[32]、周荣屯北岗[33]7处遗址和前蛤蟆沁屯铁架山、西八大公司屯西坨子、公爷府屯、后四十七号屯北三道岗子、北正镇屯南岗、后四方坨子屯西岗、五十二号屯西南岗、太平川镇东坨子、前三十七号屯南岗、光荣坨子、东龙凤屯东南坨子等11处遗址[34]发现的部分遗存（图一二，下），均与左家山二段、元宝沟一组、腰井子二组、腰红嘴子一组的陶器在器形或纹饰方面存在较大的共性，因此年代和性质亦应相同。

传字井、大青咀、东河北、杏山[35]、长山[36]、前蛤蟆沁屯铁架山、西八大公司屯西坨子、公爷府屯、后四十七号屯北三道岗子、中兴屯北岗[37]、大兴屯南岗[38]、后四方坨子屯西岗、王祥正屯东北岗[39]等13处遗址发现的部分陶器（图一二，上），与左家山三段、元宝沟二组、腰井子三组、腰红嘴子二组、西断梁山一期部分遗存的陶器特征较为一致，年代和性质应该大体相当。

以上遗址中，除了可以进行组别判定的陶器外，还有部分标本（图一三，1～5、7、8、10、11、13～19、21～31、33）因没有可以进行比较的陶器，暂无法讨论它们的组别。

除上述遗址外，大屯[40]、五间房[41]、两家子[42]、腰岭子[43]、东山头[44]、羊草沟[45]、小阿什[46]、碾磨山[47]、星星哨[48]、永丰[49]10处遗址和蛤蟆沁屯北岗、佟家店屯西岗、万福屯北岗、永胜屯西北岗、东十一号屯南岗、刘家粉坊屯东南岗、西九十一号屯西北岗、前六号屯南、九十四号屯北岗等9处遗址[50]，或未发表陶器或发表的陶器（图一三，6、9、20、32）分组特征不甚明显，故无法进行分组。

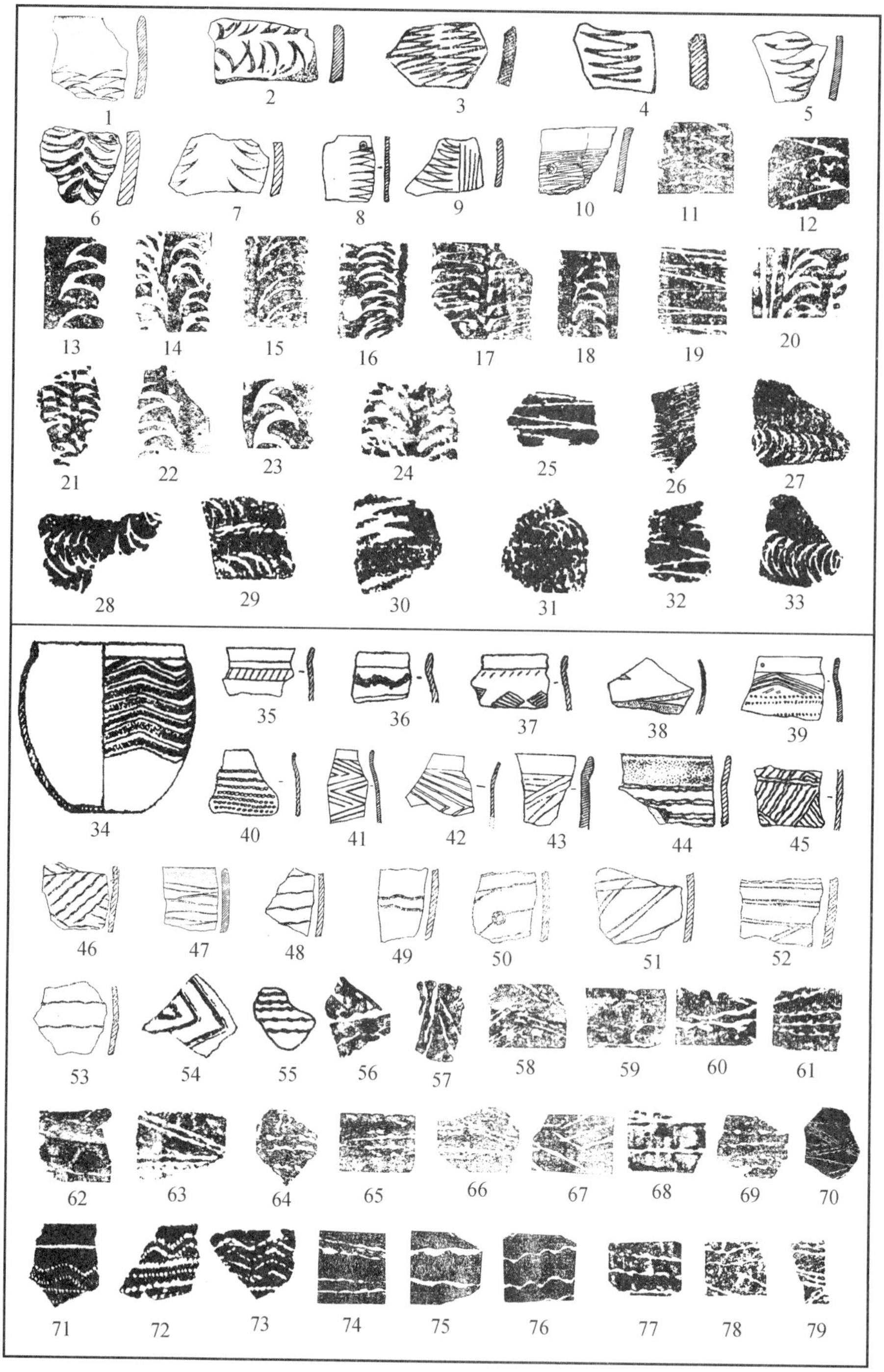

图一二　其他遗址出土的可分组的左家山下层文化陶器

1、11、15、47、57. 后四方坨子屯西岗遗址　2～5、10. 长山遗址　6、7、46、48～54. 传字井遗址　8、25、26、39、41. 大青咀遗址　9、28、30～33、43. 东河北遗址　12、23、58、59. 前蛤蟆沁屯铁架山遗址　24、62、63. 后四十七号屯北三道岗子遗址　13、60、64、66～69. 公爷府屯遗址　14、17、20. 中兴屯北岗遗址　16、19、21. 大兴屯北岗遗址　18、56、61. 西八大公司屯西坨子遗址　22. 王祥正屯东北岗遗址　27、29. 杏山遗址　34～38、40、42、44、45、70～72. 二青咀遗址　65. 光荣坨子遗址　73. 二道岭子遗址　74～76. 周荣屯北岗遗址　77、78. 东龙凤屯东南坨子遗址　55. 偏脸城遗址　79. 北正镇屯南岗遗址

（上：与左家山三段时期遗存相当；下：与左家山二段时期遗存相当）

图一三　其他遗址出土的不可分组的左家山下层文化陶器

1、2. 传字井遗址　3、4、11. 杏山遗址　5. 大青咀遗址　6、9、12. 星星哨遗址　7、8、15. 二道岭子遗址　10. 二青咀遗址　13、14. 东河北遗址　16. 周荣屯北岗遗址　17. 公爷府遗址　18、19. 北正镇屯南岗遗址　20. 九十四号屯北岗遗址　21、31、33 . 中兴屯北岗遗址　22、23、25、29. 西八大公司屯西坨子遗址　24. 后四方坨子屯西岗遗址　26. 王祥正屯东北岗遗址　27. 后四十七号屯北三道岗子遗址　28、30. 前蛤蟆沁屯铁架山遗址　32. 碾磨山遗址

（三）左家山下层文化的分期

综合以上分析，以左家山遗址材料的分段结果为基础，结合对其他遗址出土材料的比较分析，最后可将目前已识别出来的左家山下层文化遗存，统一划分为早、中、晚三期。

早期：以左家山一段为代表，另包括腰井子一组。

中期：以左家山二段为代表，另包括腰井子二组、元宝沟一组、腰红嘴子一组，以及传字井、大青咀、二青咀、偏脸城、东河北、二道岭子、周荣屯北岗、前蛤蟆沁屯铁架山、西八大公司屯西坨子、公爷府屯、后四十七号屯北三道岗子、北正镇屯南岗、后四方坨子屯西岗、五十二号屯西南岗、太平川镇东坨子、前三十七号屯南岗、光荣坨子、东龙凤屯东南坨子等遗址出土的部分遗存。

晚期：以左家山三段为代表，另包括元宝沟二组、西断梁山一期部分遗存、腰红嘴子遗址二组、北红嘴子F1和F1①、大架子山遗址H2，以及传字井、大青咀、东河北、杏山、长山、前蛤蟆沁屯铁架山、西八大公司屯西坨子、公爷府屯、后四十七号屯北三道岗子、中兴屯北岗、大兴屯南岗、后四方坨子屯西岗、王祥正屯东北岗等遗址出土的部分材料。

各遗址发现的左家山下层文化遗存分组情况及组别对应关系可参见表一，左家山下层文化各期具有代表性的陶器及纹饰标本可参见图一四。

三、左家山下层文化的年代

仔细观察左家山下层文化的陶器，不难发现部分器型与辽宁新民东高台山一期类型、辽西地区的兴隆洼文化晚期、赵宝沟文化、红山文化早期的陶器存在一定的共性，这些共性陶器的存在，不仅反映出文化间的交流与影响，同时也为判定左家山下层文化的年代提供了证据。

左家山下层文化部分早期陶器与东高台山一期类型和兴隆洼文化晚期陶器在器形和纹饰方面存在一定的相似之处。东高台山一期类型以1980年发掘的东高台山遗址一期遗存为代表[51]，目前发表的此类遗存较少，但是从仅有的几件标本中，我们仍然可以发现他们与左家山下层文化早期的部分陶器特征完全一致。如左家山T16④：6筒形罐（图一五，1）与东高台山一期T1⑥：10筒形罐（图一五，4）相比，器形相同，口沿微侈，厚唇，纹饰均在口沿处施压印规整的由横线和斜线组成的席纹，器身主体施压印整齐的横排之字纹。左家山下层文化早期的陶器口沿唇部流行加厚处理，起棱明显（图一五，3），这种厚唇风格在兴隆洼文化晚期陶器中也较为常见（图一五，5）。左家山下层文化早期与兴隆洼文化晚期的压印横排之字纹[52]形态相同（图一五，2、5）。

表一　左家山下层文化分期与各遗址分段、分组对应关系表

左家山下层文化	左家山遗址	腰井子遗址	元宝沟遗址	西断梁山遗址	腰红嘴子遗址	北红嘴子遗址	大架子山遗址	传字井遗址	大青咀遗址	二青咀遗址	偏脸城遗址	东河北遗址	杏山遗址	二道岭子遗址	长山遗址	周荣屯北岗遗址	前蛤蟆沁屯铁架山遗址	西八大公司屯西坨子遗址	公爷府屯遗址	后四十七号屯北三道岗子遗址	北正镇屯南岗遗址	中兴屯北岗遗址	大兴屯南岗遗址	后四方坨子屯西岗遗址	五十二号屯西南岗遗址	太平川镇东坨子遗址	前三十七号屯南岗遗址	王祥正屯东北岗遗址	光荣坨子遗址	东龙凤屯东南坨子遗址	无法分组的遗址
晚期	三段	三组	二组	√	二组	√	√	√	√			√	√		√		√	√	√	√		√	√	√				√			长春大屯、五间房、农安两家子、九台腰岭子、双阳东山头、伊通羊草沟、吉林小阿什、碾磨山、永吉星星哨、辉南永丰、长岭蛤蟆沁屯北岗、佟家店屯西岗、万福屯北岗、永胜屯西北岗、东十一号屯南岗、刘家粉坊屯东南岗、西九十一号屯西北岗、前六号屯南、九十四号屯西北岗
中期	二段	二组	一组		一组			√	√	√	√	√		√		√	√	√	√	√	√			√	√	√	√		√	√	
早期	一段	一组																													

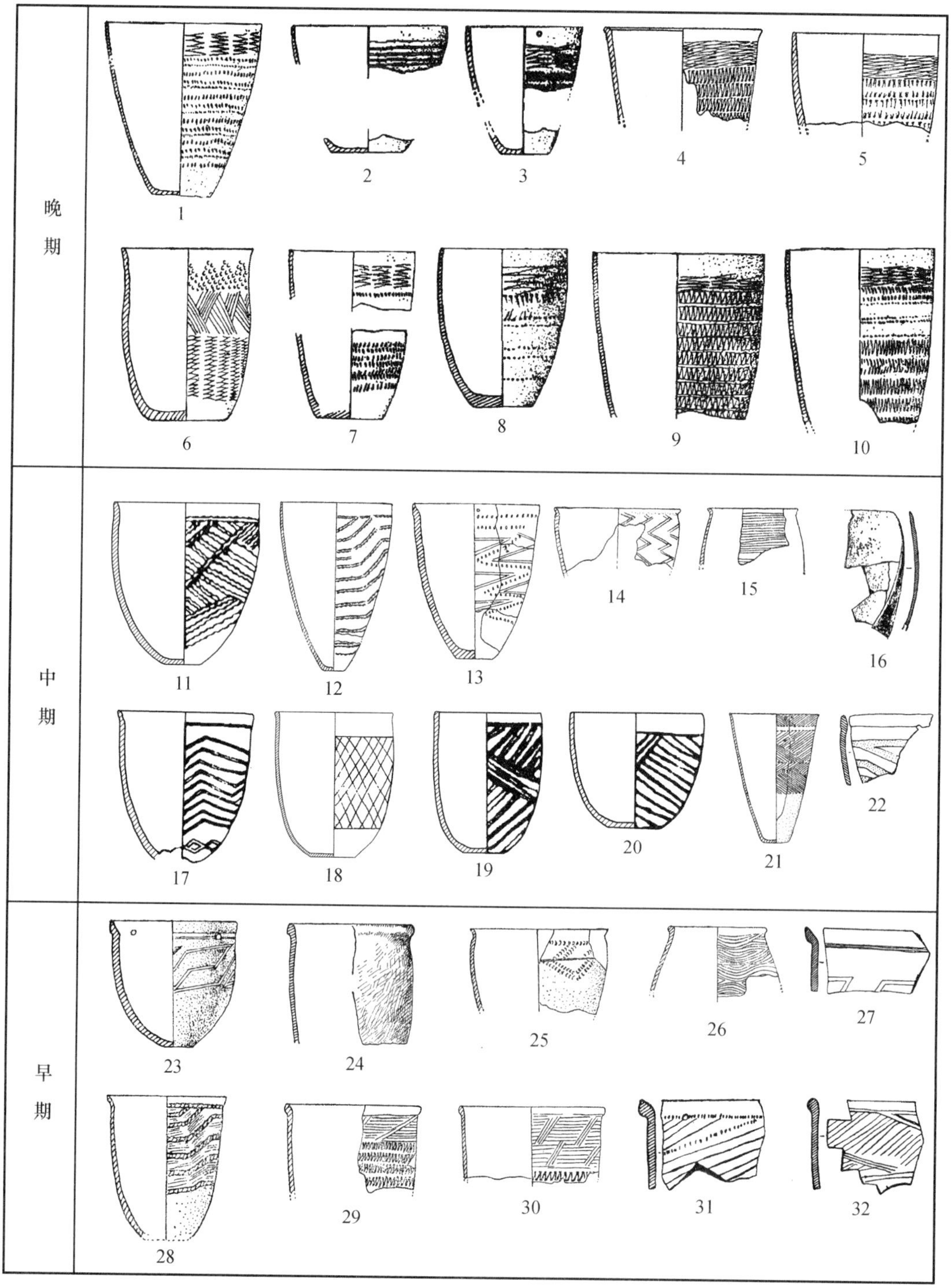

图一四　左家山下层文化早、中、晚三期的代表性陶器

1～14、17～21、23～25、28～30. 筒形罐（ⅡF3：7、ⅡF3：3、ⅡH6：2、H2：3、H2：2、F1上：12、ⅡF3：8、ⅡT17③：1、ⅡF3：1、ⅡF3：6、H5：32、T2②：1、AT4①：4、T11③：8、H5：25、H5：31、H5：24、H5：36、T14③：4、AT5②：13、AT1①标：3、T16④：12、T16④：1T16④：6、T16④：5）　15、26. 鼓腹罐（T16③：2、T16④：4）　16. 斜口器（H5：4）　22、27、31、32. 陶器口沿（DT2②标：3、AT4①标：3、AT6①标：2、AT1①标：2）

（1～3、7～10. 西断梁山遗址；4～6、12、14、15、21、25、26、28～30. 左家山遗址；11、16～20. 元宝沟遗址；13、22～24、27、31、32. 腰井子遗址）

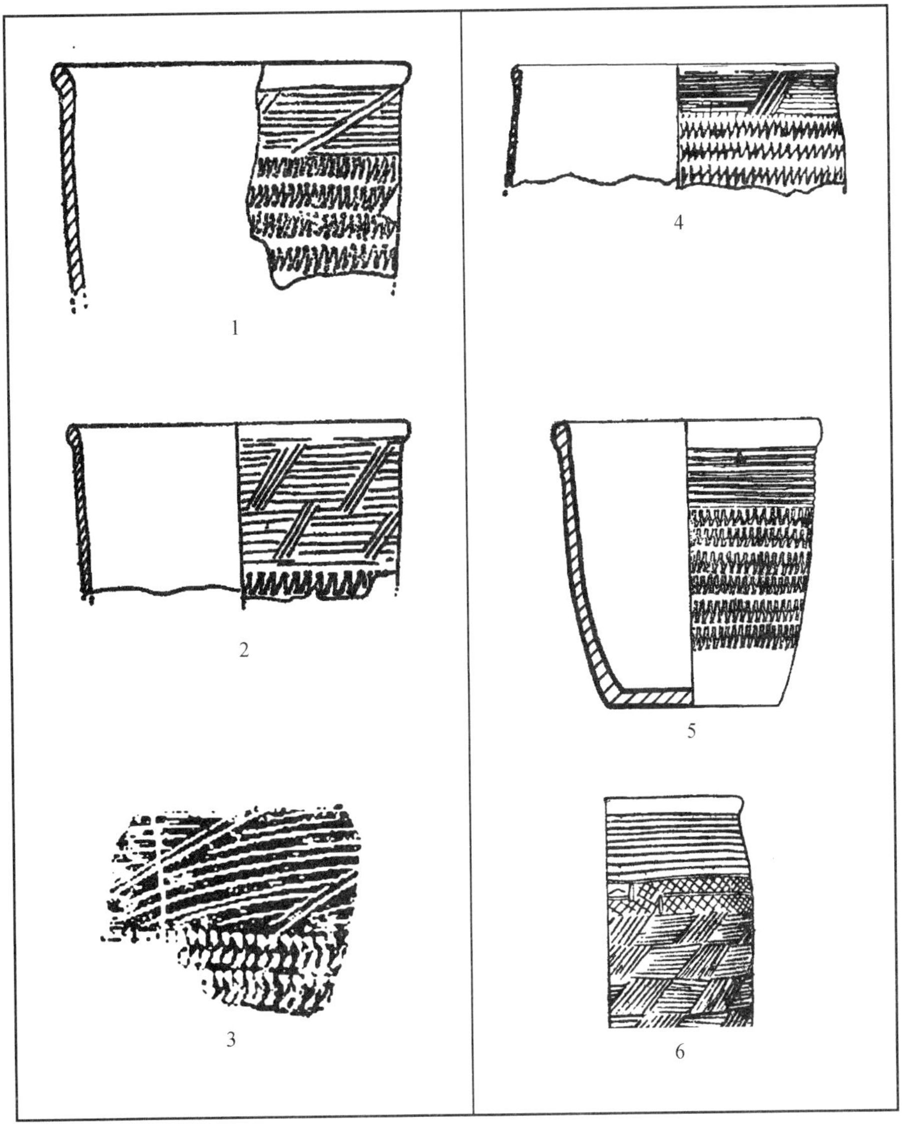

图一五　左家山下层文化早期陶器（左）与东高台山一期、兴隆洼文化晚期陶器（右）的比较
1、2、4、5. 筒形罐（T16④：6、T16④：5、T1⑥：10、AF24②：2）　3、6. 纹饰标本（T16④、F123④：79）
（1～3. 左家山遗址；4. 东高台山遗址；5. 白音长汗遗址；6. 兴隆洼遗址）

部分陶器口部所施的压印席纹（图一五，3）非常规整，与兴隆洼文化晚期的同类纹饰[53]（图一五，6）极为接近，反映出东北地区早期新石器时代文化的席纹形态比较规整，写实风格更为强烈。由此推断，左家山下层文化早期应与兴隆洼文化晚期[54]和东高台山一期遗存年代大体相当，即不晚于公元前5000年，整体年代应大致处在公元前5500～前5000年。

从陶器特征来看，左家山下层文化中期的部分陶器与赵宝沟文化的同类器相同或相近。腰井子二组出土的两件折线纹，在左家山下层文化中较为少见，而此类纹饰是赵宝沟文化的典型纹饰之一。如腰井子AT9①标：1（图一六，1）与赵宝沟遗址[55]出土的F9①：142（图一六，13）极为相似。腰井子DT2②标：3复线折线纹（图一六，5），内填充篦点纹，与赵宝沟F9①：61（图一六，9）的纹饰如出一模。元宝沟遗址发现一件施刻划几何形纹饰标本（图一六，2），与属于赵宝沟文化的小山遗址[56]F2②：4（图一六，14）所施的刻划纹十分相近。左家山遗址T16③出土的弦纹标本（图一六，6）与小山F1②：16（图一六，10）纹饰类似。左家山下层文化发现的菱形纹（图一六，3）形态规整，同样的纹饰也见于赵宝沟文化的赵宝沟遗址（图一六，15）。元宝沟遗址H5出土的一件泥质钵（图一六，7）较为特别，口沿施条带状朱彩，类似的彩陶钵在小山遗址中发现有数件（图一六，11）。元宝沟H5：36筒形罐（图一六，4），直口，浅腹，器壁近底处弧收，与小山遗址出土的F2②：36筒形罐（图一六，16）形态相仿。元宝沟H5：24筒形罐（图一六，8）与赵宝沟F105②：15（图一六，12）形态一致，均为直口，深腹。鉴于赵宝沟文化的年代为公元前5000～前4500年[57]，通过陶器纹饰和器形的比较，结合左家山和元宝沟遗址的碳十四年代数据[58]，现可判定左家山下层文化中期的年代也应在公元前5000～前4500年。

左家山下层文化晚期的部分陶器无论在器形还是纹饰方面都与红山文化早期陶器存在一定的共性。例如西断梁山ⅡF3：7筒形罐（图一七，1），腹壁较斜直，器身施由横压竖排之字纹和竖压横排之字纹组成的复合纹饰，与属于红山文化早期的小东山遗址[59]F2：9筒形罐（图一七，10）整体风格一致。西断梁山ⅡH6：2筒形罐（图一七，2），与属于红山文化早期的西水泉[60]F13：10筒形罐（图一七，11）器物造型相同，而且均施竖排之字纹和横排之字纹。西断梁山ⅡF3：9筒形罐（图一七，3），敛口，上腹较鼓，与四棱山遗址[61]T4：1筒形罐（图一七，12）形态接近。伊通杏山遗址发现的属于左家山下层文化的弧线之字纹（图一七，5）在哈拉海沟遗址[62]出土的红山文化早期遗存中比较常见（图一七，8）。左家山遗址H11出土的一件陶钵（图一七，6）口部施数周戳点纹，其下刻划整齐的席纹，类似的纹饰也见于哈拉海沟遗址的红山文化早期遗存（图一七，9）。左家山遗址H11出土的另一件纹饰标本（图一七，4），系数周刻划横线纹和复线波浪纹组成的复合纹饰，与那斯台遗址[63]发现的红山文化早期纹饰标本（图一七，7）十分相像。依据以上诸多相同或相似的文化因素，可以判定左家山下层文化晚期与红山文化早期的年代大体相当。最新的研究成果表明，红山文化早期大约处于公元前4500～前4000年[64]，故可认为，左家山下层文化晚期也应该处于这一时间范畴之内。

四、左家山下层文化与周边文化的互动

根据前文的分析，可知左家山下层文化的分布范围大致位于第二松花江以西，北抵霍林河下游，南至辉发河，而科左中旗敖恩套布等遗址[65]采集的含有左家山下层文

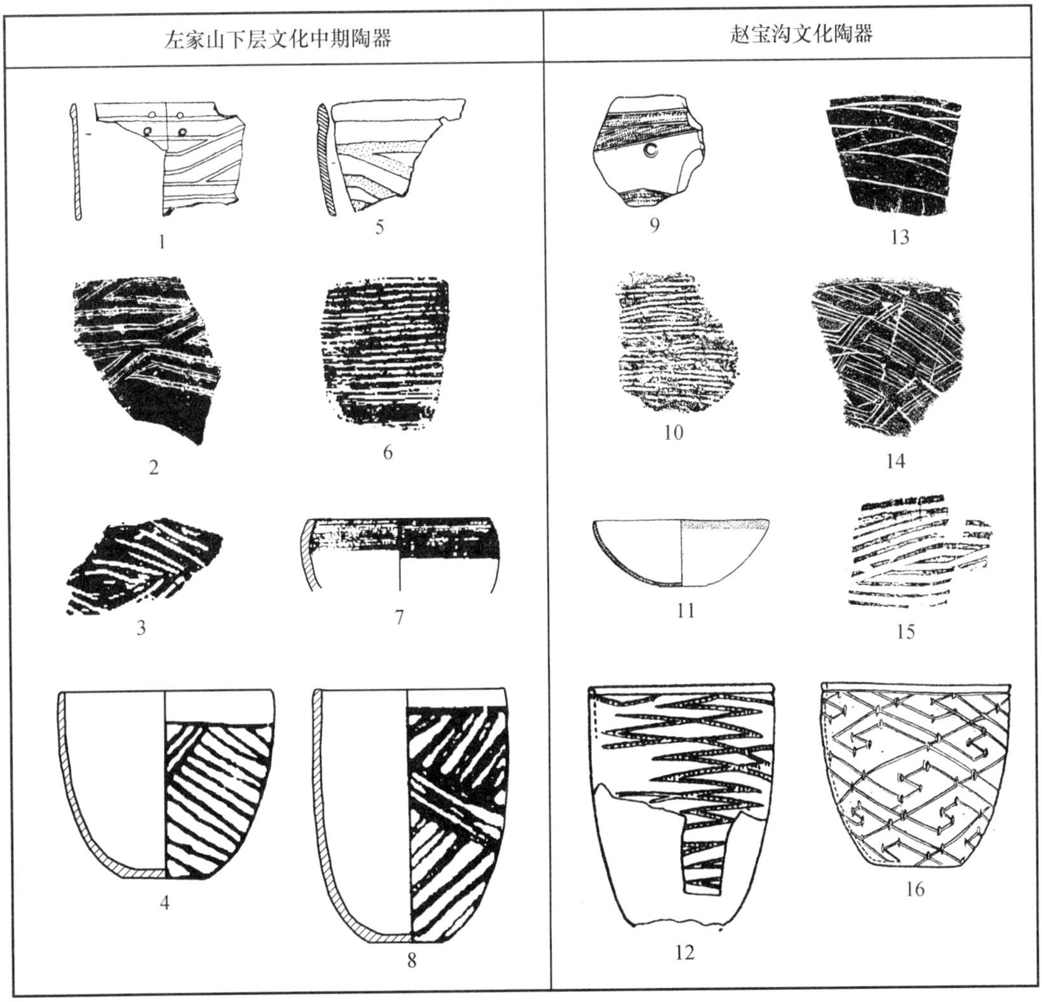

图一六　左家山下层文化中期陶器与赵宝沟文化陶器的比较

1、5. 陶器口沿（AT9①标：1、DT2②标：3）　4、8、12、16. 筒形罐（H5：36、H5：24、F105②：15、F2②：36）　7、11. 钵（H5：40、F2②：26）　2、3、6、9、10、13～15. 纹饰标本（单位不详、T12③、T16③、F9①：61、F1②：16、F9①：142、F2②：4、F9①：148）

（1、5. 腰井子遗址；2、4、7、8. 元宝沟遗址；3、6. 左家山；9、12、13、15. 赵宝沟遗址；10、11、14、16. 小山遗址）

化因素的遗存反映出左家山下层文化向西可能已经到达科尔沁沙地东北地区。虽然左家山下层文化的分布区域恰处于东北地区的中心位置，但是综观东北地区各新石器时代考古学文化，不难发现左家山下层文化与东北辽西地区、辽东北部地区、辽东南部地区的同时期文化存在密切的联系，而与其他区域的新石器文化交往甚少。

以左家山下层文化为视角，进一步考察其与辽西地区兴隆洼文化晚期-赵宝沟文化-红山文化早期和辽东地区新乐下层文化、小珠山下层文化的关系，则不难发现它们彼此之间存在着较为明显的文化面貌方面的趋同性和文化转变方面的同步性。

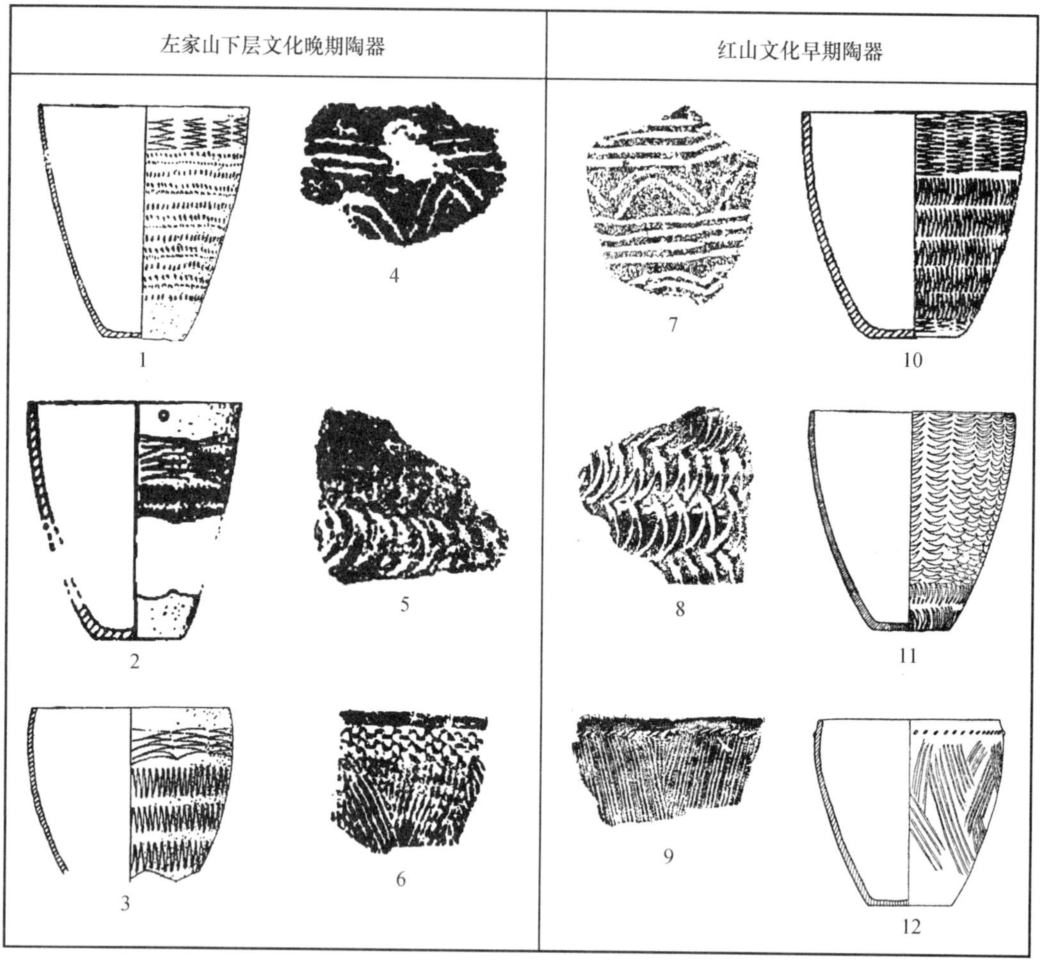

图一七　左家山下层文化晚期陶器与红山文化早期陶器的比较

1～3、10～12.（ⅡF3：7、ⅡH6：2、ⅡF3：9、F2：9、F13：10、T4：1）　4～9. 纹饰标本（H11、H11、其余单位不详或为采集）

（1～3. 西断梁山遗址；4、6. 左家山遗址；5. 杏山遗址；7. 那斯台遗址；8、9. 哈拉海沟遗址；10.小东山遗址；11. 西水泉遗址；12. 四棱山遗址）

（1）文化面貌的趋同性。

左家山下层文化、兴隆洼文化晚期、赵宝沟文化、红山文化早期、新乐下层文化、小珠山下层文化虽然属于不同的考古学文化，但是在文化面貌上存在一定的相似性。比如陶器皆以平底筒形罐为大宗，特别是陶器普遍流行之字纹。正是基于他们之间文化面貌的趋同性，笔者才从文化间的亲缘联系出发，将他们一同归入了东北地区以之字纹为代表的考古学文化系统，并简称为“之字纹系统”[66]。

已有的考古发现证明，之字纹最早出现于兴隆洼文化，学术界也普遍认为之字纹应该起源于辽西地区。从这一认识出发，左家山下层文化之字纹的出现应该是受到辽西地区兴隆洼文化的影响所致，新乐下层文化与小珠山下层文化之字纹的出现也应大抵如此。之字纹之所以能够在第二松花江流域、辽东北部地区、辽东南部地区得以传播与流行，并且成为这些地区早期新石器时代考古学文化的重要组成因素，当与这些地区之间考古学文化的长期碰撞、交流、渗透有关。

不过，需要说明的是，左家山下层文化与同时期的兴隆洼文化晚期、赵宝沟文化、红山文化早期、新乐下层文化、小珠山下层文化，虽然在文化面貌上表现出一定的趋同性，属于同一个考古学文化系统，但是它们在文化交流中依然保持着各自的本土文化特点，而分属于不同的考古学文化。

（2）文化转变的同步性。

以最近一段时间在辽西地区新石器文化编年序列研究和红山文化、新乐下层文化、小珠山下层文化分期研究方面所取得的一系列成果为基础[67]，将本文关于左家山下层文化的分期结果与周边同时期考古学文化发展的阶段性做一横向比较，则不难发现左家山下层文化的早、中、晚三期与辽西地区兴隆洼文化晚期–赵宝沟文化–红山文化早期、辽东北部地区新乐下层文化的早、中、晚三期，小珠山下层文化的早、中、晚三期在文化发展阶段的转变上表现出了高度的同步性（表二）。即左家山下层文化早期与兴隆洼文化晚期、新乐下层文化早期、小珠山下层文化早期的年代大体相当，均处于公元前5000年以前。大约从公元前5000年开始，左家山下层文化、新乐下层文化、小珠山下层文化基本同时进入到文化发展的中期阶段，而辽西地区的兴隆洼文化则在这一时段转变成了赵宝沟文化。在公元前五千纪的中叶，大约公元前4500年，左家山下层文化进入其第三个发展阶段，新乐下层文化、小珠山下层文化也同样发展到了各自的晚期阶段，而辽西地区则由赵宝沟文化发展成了红山文化早期。

表二　左家山下层文化与周边地区含之字纹陶器文化的年代对应关系表

年代（BC）	第二松花江流域	辽东北部地区	辽东南部地区	辽西地区
4500～4000	左家山下层文化晚期	新乐下层文化晚期	小珠山下层文化晚期	红山文化早期
5000～4500	左家山下层文化中期	新乐下层文化中期	小珠山下层文化中期	赵宝沟文化
5500～5000	左家山下层文化早期	新乐下层文化早期	小珠山下层文化早期	兴隆洼文化晚期

大约在公元前4000年，东北的整个南部区域考古学文化发生了一次较大的转变，无论是第二松花江流域，还是辽东北部地区和辽东南部地区，以之字纹为代表的遗存突然消失，仅在之字纹的发源地辽西地区仍然保持着陶器表面施之字纹的文化传统，即便如此这一传统也就最多延续了500～1000年左右（红山文化中晚期），最终还是彻底地销声匿迹了。代之而起的，则要么是以流行各类刻划纹为主要标志的“刻划纹系统”诸

文化，要么是以各类泥条堆纹为主要标志的“堆纹系统”诸文化[68]。

至于导致左家山下层文化与辽西、辽东地区同时期诸文化出现文化转变的同步性这一现象的原因，很可能与之字纹的原生地辽西地区早期新石器文化的发生、发展和变化有关。辽西地区不仅是之字纹系统的中心，而且一直居于主导地区。由于“之字纹系统”内的考古学文化之间联系紧密，因此当辽西地区早期新石器文化发生历史性转变时，势必会对“之字纹系统”内部其他区域的考古学文化造成影响，虽然未必会致使同一文化系统内其他区域的考古学文化出现文化上的更迭，但在文化面貌上还是会有不同程度的体现，即文化内部的阶段性差异。至于公元前4000年，发生在东北南部区域的文化大变革，则很可能与新石器时代的“刻划纹系统”和“堆纹系统”在这一时期的强势崛起和对外扩张有着直接的关系。

注　释

［1］张忠培. 吉林市郊古代遗址的文化类型［J］. 吉林大学社会科学学报，1963（1）.

［2］吉林大学考古教研室. 农安左家山新石器时代遗址［J］. 考古学报，1989（2）.

［3］吉林省文物考古研究所. 吉林农安县元宝沟新石器时代遗址发掘［J］. 考古，1989（12）.

［4］吉林省文物考古研究所. 吉林省东丰县西断梁山新石器时代遗址发掘［J］. 考古，1991（4）.

［5］吉林省文物考古研究所，白城地区博物馆，长岭县文化局. 吉林长岭县腰井子新石器时代遗址［J］. 考古，1992（8）.

［6］吉林省文物考古研究所，长春市文物管理委员会办公室. 长春市腰红嘴子与北红嘴子遗址发掘简报［J］. 考古，2003（8）.

［7］a.陈全家，赵宾福. 左家山新石器时代遗址的分期及相关文化遗存的年代序列［J］. 考古，1990（3）.

b.刘景文. 论腰井子新石器时代文化类型——兼谈吉林省西北部新石器时代文化若干问题［J］. 博物馆研究，1990（3）.

c.金旭东. 第二松花江刘新石器时代遗存研究［A］. 中国考古学年会第八次年会论文集［C］. 北京：文物出版社，1991.

d.何明. 吉林省新石器时代的考古发现与认识［J］. 博物馆研究，1991（1）.

e.何明. 试论第二松花江流域的新石器时代文化遗存［A］. 内蒙古东部区考古学文化研究文集［C］. 北京：海洋出版社，1991

f.陈雍. 左家山新石器时代遗存分析［J］. 考古，1992（11）.

g.金旭东. 试论西断梁山新石器时代遗存［J］. 考古，1992（9）.

h.刘国祥. 东丰西断梁山遗存的文化性质与年代探讨［N］. 中国文物报，2000-12-13.

［8］吉林大学历史系考古专业. 吉林省农安县考古调查简报［J］. 北方文物，1985（1）.

［9］同［2］.

[10] 赵宾福，刘伟. 辽东南部地区五种新石器文化的编年及其纵横关系研究（待刊）.

[11] a.同［2］.

b.同［7］a.

[12] 同［2］.

[13] 赵辉. 辽东地区小珠山下、中层文化的再检讨［J］. 考古与文物，1995（5）.

[14] 中国社会科学院考古研究所等. 辽宁长海县小珠山新石器时代遗址发掘简报［J］. 考古，2009（5）.

[15] 赵宾福. 东北新石器文化的时空框架及文化系统［A］. 庆祝宿白先生九十华诞文集［C］. 北京：科学出版社，2012.

[16] 吉林省文物考古研究所. 吉林省东丰县西断梁山新石器时代遗址发掘［J］. 考古，1991（4）.

[17] 吉林省文物考古研究所，东丰县文化馆. 1985年吉林东丰县考古调查［J］. 考古，1988（7）.

[18] 其中一件筒形罐在原报告图六中所显示的器物号是H3：9，而根据正文的叙述，该陶罐的器物号实际应为F3：9。

[19] 同［3］.

[20] 在元宝沟遗址的发掘报告中没有标明这件筒形罐的具体出土层位，仅介绍编号为T：1；有学者在发表于《中国考古学会第八次年会论文集》的《第二松花江流域新石器时代遗存研究》一文中，指出这件筒形罐应出自T4的第②层，并将其器物号改为T4②：1。

[21] a.同［5］.

b.同［7］b.

[22] 同［5］.

[23] 赵宾福，于怀石.吉林长岭腰井子遗址新石器时代陶器试析［J］. 东北史地，2016（6）.

[24] 同［6］.

[25] 同［6］.

[26] 吉林省文物考古研究所. 东辽河上游考古调查发掘简报［J］. 辽海文物学刊，1995（2）.

[27] a.郭珉，李景冰. 吉林省乾安县新石器时代遗址调查［J］. 北方文物，1992（2）.

b.吉林省文物志编委会. 乾安县文物志［Z］. 1985.

[28] a.长春市文物管理委员会. 吉林省饮马河沿岸古文化遗存调查简报［J］. 考古，1986（9）.

b.吉林省文物志编委会. 德惠县文物志［Z］. 1983.

[29] 吉林大学考古专业. 吉林农安德惠考古调查简报［J］. 北方文物，1985（1）.

[30] a.同［28］a.

b.吉林省文物志编委会. 九台县文物志［Z］. 1984.

[31] a.何明. 吉林省伊通河上游考古调查［J］. 北方文物，1990（3）.

b.金旭东. 1990年四平地区新石器时代遗址调查简报［J］. 博物馆研究，1994（2）.

[32] 董学增. 吉林市郊二道岭子、虎头砬子新石器时代遗址调查［J］. 文物，1973（8）.

［33］　吉林省文物志编委会. 通榆县文物志［Z］. 1985.
［34］　吉林省文物志编委会. 长岭县文物志［Z］. 1986.
［35］　同［31］b.
［36］　a.刘景文. 梨树陈家屯遗址调查［J］. 博物馆研究，1984（3）.
b.金旭东. 东辽河流域的若干古文化遗存［J］. 考古，1992（4）.
c.吉林省文物志委员会. 梨树县文物志［Z］. 1984.
［37］　同［34］.
［38］　同［34］.
［39］　同［34］.
［40］　长春市文物管理委员会办公室. 长春市大屯遗址清理简报［J］. 博物馆研究，1991（2）.
［41］　中国考古学会. 中国考古学年鉴［Z］. 北京：文物出版社，1997.
［42］　吉林省文物志编委会. 农安县文物志［Z］. 1987.
［43］　吉林省文物志编委会. 九台县文物志［Z］. 1984.
［44］　吉林省文物志编委会. 双阳县文物志［Z］. 1986.
［45］　中国考古学会. 中国考古学年鉴［Z］. 北京：文物出版社，1993.
［46］　张忠培. 吉林市郊古代遗址的文化类型［J］. 吉林大学社会科学学报，1963（1）.
［47］　张忠培. 吉林市郊古代遗址的文化类型［J］. 吉林大学社会科学学报，1963（1）.
［48］　a.吉林市博物馆. 吉林永吉星星哨新石器时代遗址调查与探掘［A］. 考古学集刊（第2集）［C］. 北京：中国社会科学出版社，1982.
b.吉林省文物志编委会. 永吉县文物志［Z］. 1985.
［49］　吉林省文物志编委会. 辉南县文物志［Z］. 1987.
［50］　同［34］.
［51］　沈阳市文物管理办公室. 新民东高台山第二次发掘［J］. 辽海文物学刊，1986（1）.
［52］　内蒙古自治区文物考古研究所. 白音长汗——新石器时代遗址发掘报告［R］. 北京：科学出版社，2004.
［53］　中国社会科学院考古研究所内蒙古工作队. 内蒙古敖汉旗兴隆洼遗址发掘简报［J］. 考古，1985（10）.
［54］　赵宾福. 辽西地区汉以前文化发展序列的建立及文化纵横关系的探讨［A］. 边疆考古研究（第10辑）［C］. 北京：科学出版社，2011.
［55］　中国社会科学院考古研究所. 敖汉赵宝沟——新石器时代聚落［R］. 北京：中国大百科全书出版社，1997.
［56］　中国社会科学院考古研究所内蒙古工作队. 内蒙古敖汉旗小山遗址［J］. 考古，1987（6）.
［57］　同［54］.
［58］　目前，左家山下层文化中期有两个碳十四测年数据，左家山T11③层蚌壳（BK85061）经测

定年代为距今6755年±115年；元宝沟JNBYH5动物骨骼标本经测定年代为距今5490年±145年，树轮校正值为距今6140年±175年（公元前4190年）。由于在北方地区骨骼标本测年数据往往偏晚，因此本文仅以左家山遗址的碳十四数据作为参考。

[59] 辽宁省文物考古研究所，朝阳市博物馆，朝阳县文物管理所. 朝阳小东山新石器至汉代遗址发掘报告［A］. 辽宁省道路建设考古报告集（2003）［C］. 沈阳：辽宁民族出版社，2004.

[60] 中国社会科学院考古研究所内蒙古队.赤峰西水泉红山文化遗址［J］.考古学报，1982（2）.

[61] 辽宁省博物馆，昭乌达盟文物工作站，敖汉旗文化馆. 辽宁敖汉旗小河沿三种原始文化的发现［J］. 文物，1977（12）.

[62] 内蒙古文物考古研究所，赤峰市博物馆. 元宝山哈拉海沟新石器时代遗址发掘报告［J］. 内蒙古文物考古，2008（1）.

[63] 巴林右旗博物馆. 内蒙古巴林右旗那斯台遗址调查［J］. 考古，1987（6）.

[64] 赵宾福，薛振华. 以陶器为视角的红山文化发展阶段研究［J］. 考古学报，2012（1）.

[65] 朱永刚，郑钧夫. 科尔沁沙地东北部地区新石器时代遗存初探［A］. 边疆考古研究（第11辑）［C］.北京：科学出版社，2012.

[66] 同［15］.

[67] a.同［54］.

b.赵宾福，薛振华. 以陶器为视角的红山文化发展阶段研究［J］. 考古学报，2012（1）.

c.赵宾福，杜战伟. 新乐下层文化的分期与年代［J］. 文物，2011（3）.

d.赵宾福，刘伟. 小珠山下层文化新论——辽东半岛含之字纹陶器遗存的整合研究［A］. 中国考古学会第十五次年会论文集［C］. 北京：文物出版社，2013.

[68] 同［15］.

The New Research on Lower Zuojiashan Culture

ZHAO Bin-fu YU Huai-shi

The archaeological assemblages at the Neolithic Zuojiashan site are re-divided into five chronological periods. The first 3 periods shared a great similarity in that Z symbol are prevalent in pottery decoration; meanwhile, this is rare in the cases of periods 4 and 5. Thus, Lower Zuojiashan culture is named after the Zuojiashan archaeological remains characterized by the Z symbol decoration in periods 1, 2, 3. And this culture distributed along the Second Songhua River. Middle and Upper Zuojiashan Culture are named after Zuojiashan remains from periods 4 and 5, respectively. Based on a synthetical analysis of archaeological remains from first 3 periods at Zuojiashan site and adjacent sites, the Lower Zuojiashan Culture can be divided into 3 subphases, i.e. early, middle and late phase. The dates of Lower, Middle and Upper Zuojiashan Cultures are at least 5500 to 5000BC, 5000 to 4000 BC and 4500 to 4000 BC, inferred through comparisons with other cultures around. The mutual relationships between Lower Zuojiashan Culture with Late Xinglongwa-Zhaobaogou-early Hongshan Culture in western Liaoning provice, with Lower Xinle Culture in eastern Liaoning province and with Lower Xiaozhushan Culture in northeastern Liaoning province are further discussed.

辽东半岛史前海事活动初探*

徐昭峰[1, 2]　谢迪昕[3]

（1. 吉林大学边疆考古研究中心，长春，130012；2. 辽宁师范大学历史文化旅游学院，大连，116081；3. 辽宁省博物馆，沈阳，110167）

辽东半岛地处黄渤海交界，海岸线悠长，海洋自然成为辽东半岛居民生活中不可或缺的重要组成部分，是沿海居民生存、交往的重要平台。本文中所论之“史前海事活动”，泛指新石器时代人类发生的与海洋有关的一切活动。包括渔猎、航海以及海洋文化等方面。

关于辽东半岛海事活动的研究，几无专论，只在相关研究中有所涉及，包括对辽东半岛贝丘遗址的认识、海岸线变迁及海侵海退、其与周边地区通过海洋进行的文化交流、海上交通工具和路线、与海洋有关的相关活动等诸方面。本文试在前人研究的基础上，结合一些考古新资料，对辽东半岛史前海事活动作一探讨，不当之处，尚望指正。

一、文化与分区

辽东半岛的地理范围南起大连、旅顺，北部以辽河口与鸭绿江口连线为界，三面临海。该区域的史前考古学文化约略可分为三个小区、辽东半岛南端及临近海岛区、辽东半岛东北部黄海沿岸区和辽东半岛西北侧渤海沿岸区。

（一）辽东半岛南端及临近海岛区

这一地区的主要考古学文化主要涵盖三个阶段：小珠山下层文化、小珠山中层文化和小珠山上层文化，这三个阶段可细化为五期[1]。其中小珠山下层文化已发现的新石器时代遗址地点有大连市郭家村遗址、大潘家村遗址[2]、小磨盘山贝丘、烈士山贝丘[3]，旅顺王家村东岗遗址、文家屯遗址、石灰窑村遗址[4]，长海县广鹿岛小珠山贝丘、吴家村贝丘、柳条沟东山贝丘遗址、东水口贝丘、门后遗址、蛎碴岗遗址、洪子东

---

*　基金项目：吉林大学博士后（141485）；中国博士后科学基金第九批特别资助项目（2016790242）辽宁省高等学校优秀人才支持计划（WR2014007）；教育部人文社会科学重点研究基地重大项目（13JJD780003）；辽宁省大学生校外实践教育基地——辽海考古实践教育基地（10165201502）阶段性研究成果。

遗址、南窑遗址，大长山岛上马石贝丘、清化宫贝丘[5]，小长山岛唐家沟贝丘、旗杆山贝丘、英杰村贝丘、姚家沟贝丘，獐子岛李墙屯遗址、沙包子遗址，海洋岛亮子沟贝丘[6]。对应年代约为距今6000～7000年。

小珠山下层文化的分布范围包括了长海县的广鹿岛、大长山岛、獐子岛、海洋岛，以及旅顺口区一带。说明小珠山下层文化时期人们已经可以进行短距离的海上航行，从陆地到达海岛，从一个海岛通往另一个海岛，海事活动已然开始。

小珠山中层文化的主要遗址包括广鹿岛小珠山遗址、吴家村遗址，旅顺郭家村遗址下层，旅顺口区王家村东岗下层、柏岚子，甘井子区文家屯，普兰店市碧流河三砣子，庄河市北吴屯遗址上层等。年代约距今5000～6000年。分布地域也涵盖了近海陆地和海岛，同一文化间的相互联系，也需要通过舟船类航海交通工具才能完成。

小珠山上层文化的遗址包括小珠山，普兰店市乔东[7]，旅顺口区三涧堡街道的蛎碴台、王家屯，甘井子文家屯[8]，瓦房店的蛤皮地[9]、歪头山，广鹿岛蛎碴岗、南窑、洪子东，大长山岛上马石中层，獐子岛李墙屯上层、沙包子上层，旅顺口区郭家村上层、官地苗圃、王家村东岗上层[10]、四平山、将军山[11]、老铁山[12]、大潘家村[13]等。年代约为距今4200～5000年。其中墓葬所出遗物与遗址所出的差别较大，文家屯、四平山、将军山积石冢中出土较多玉器，且出土有较多山东龙山文化特色的黑陶、蛋壳陶等。同一文化遗址的分布同前两阶段一样，在临海陆地和海岛都存在，尤为重要的是，该阶段出土物反映出辽东半岛和胶东半岛之间的文化交流极为密切，这种交流从考古学观察的角度来看，都是通过渤海海峡这一交通路径来完成的。

（二）辽东半岛东北部黄海沿岸区

这一小区大致包含了三种考古学文化，分别是后洼下层文化、后洼上层文化和北沟文化。

后洼下层文化典型遗址有后洼遗址等[14]。后洼遗址出土的舟形器是反映海事活动的一个重要物证，还发现有不少滑石雕塑艺术品、装饰品。年代约为距今6000年，与小珠山下层文化晚段年代相当。后洼下层文化有一定的分布范围，向北已延伸到鸭绿江流域的蒲石河地区，向西已达鞍山地区。丹东地区的主要遗址有后洼下层、大岗、东尖山乡山东村严家山，孤山乡谷屯村阎坨子、王坨子、蜊碴坨子，黄土坎乡石灰窑地下岩洞；宽甸县永甸乡臭梨崴子，庄河市的北吴屯下层也属于后洼下层文化范围。

后洼上层文化，无论是陶器形制还是纹饰都有自己的特点，并不是从后洼下层文化演变而来，而是从本溪水洞下层文化发展而来，是辽东半岛地区独立发展的一支文化[15]。年代应在距今5000年左右。主要遗址包括宽甸县永甸乡臭梨崴子、牛毛坞张家砬子，本溪县水洞和北甸子乡北崴子，海城县小孤山仙人洞等。

北沟文化，典型遗址为北沟西山，年代距今4500年左右。北沟文化的分布范围包括丹东、庄河、海城、本溪、鞍山等。遗址地点有丹东市东沟县石佛山、潘北，新农乡蚊子山、石固山，龙王庙乡的西泉眼，北井子镇的柞木山；宽甸县下露河乡的老地沟、大台子，鼓楼子乡刘家街；岫岩县西山、前营；海城市马风乡团山，析木镇羊角峪；庄河县高阳镇华沟，蓉花山镇窑南，大郑镇南山，大营子乡后岗、北山及步云山乡龙庙山等[16]。

（三）辽东半岛西北侧渤海沿岸区

该区包含所谓的三堂一期文化和三堂二期文化。关于这两支考古学文化的性质，学界尚存争议，本文暂不讨论其性质及其归属问题，容另文探讨。

三堂一期文化，典型遗址即瓦房店市长兴岛三堂村。年代大体估定在距今4500～5000年。

三堂二期文化，常见器类与小珠山遗址上层和郭家村遗址上层出土同类器相同。

二、经济模式反映出的海事活动

辽东半岛的贝丘遗址主要是海洋捕捞活动堆积而成的遗存，是新石器时代先民海事活动的见证。这种渔业类型与农业初期的采集农业性质相同，只是将采集的地点放到海洋，采集的物种变成了贝类、鱼类等[17]，是渔业发展的初期形式。贝丘遗址内包含的软体动物均为海生品种，种类有白笠贝、盘大鲍、锈凹螺、蝾螺、纵带锥螺、扁玉螺、红螺、疣荔枝螺、脉红螺、魁蚶、贻贝、僧帽牡蛎、密鳞牡蛎、长牡蛎、大连湾牡蛎、蛤仔、青蛤、缢蛏等[18]，为辽东半岛周边海域常见品种，栖息于潮间带、浅砾石海底、泥质海底以及10米深的珊瑚礁附近。除软体动物外，贝丘遗址中还发现有长约8厘米的鱼类鳍刺、鲟鱼骨和鳖甲[19]。这些证据表明早在小珠山下层文化时期的先民就已经掌握了潮汐规律，捡拾采集贝壳、海螺、牡蛎等海产品来补充食物。

不同材质和大小各异的网坠表明远在新石器时代，辽东半岛的居民就已经掌握了精湛的捕鱼技术，拥有了专门的渔业活动作为生计的来源之一。而且单一的捡拾渔业逐渐发展为捕捞渔业，这从各个遗址出土的大量网坠可见一斑。辽东半岛所出网坠没有标准的规格和形制，材质也多为就地取材。

通过观察可以发现网坠大小的变化呈现出一定的规律：随着时间的推移网坠的规格逐渐增大。新石器时代中期遗址网坠的长度基本在5～9厘米，大的不超过10厘米。晚期遗址的网坠规格增大，长约10厘米，铜石并用时期基本大小都在10厘米以上。一般而言，体积较小的网坠应为捕捞体型较小鱼类或近海捕捞时使用。郭家村遗址出土有重达2千克、形如石锁的巨型石网坠[20]，可以想见当时的捕鱼规模。如此巨大的网坠应该是出于深海捕捞的目的而制作的。后洼下层文化还出土了带有刻划鱼纹的网坠，这些均反映出当时人们对海洋的开发和利用的探索过程。

从不同时期遗址分布的密度来看，到小珠山上层文化时期人口的数量要远大于小珠山下层文化时期，可能是由于人口数目的增长使得近海渔业资源枯竭，迫使人类向远海寻求资源。但这种近、远海捕捞的变化也有可能是当时的居民出于保护近海有限的渔业资源而做出的选择，是辽东半岛居民在长时间的海事活动中适应自然、探索自然的结果。

远海捕捞需要有船才能实现，虽然在辽东半岛地区未见船只的实物，但从后洼下层、北吴屯、郭家村遗址出土的舟形陶器来看，当时是有舟船存在的，并且除了用于捕鱼维持生计外，还成为连通海岛和海岛、海岛和陆地、远距离区域间（如辽东半岛和胶东半岛）的重要交通工具。

随着人类对海洋及鱼类等认识的提高，辽东半岛的捕鱼工具和捕鱼活动也开始呈现多元化。在小珠山中层文化时期辽东半岛的渔猎工具多为网坠，说明当时是以网捞为主，形式比较单一。晚期的三堂一期文化出土了5件骨鱼卡，而到了小珠山上层文化时期开始普遍出现骨鱼卡、鱼叉、鱼镖等不同的捕鱼工具，网坠的规格也更大，表明渔业的发展更趋向成熟和多元化。在郭家村下层和吴家村遗址发现的前端磨出平刃或弧刃、另一端保有骨节、报告中称为骨凿的器物很有可能就是织网用的骨梭[21]。

新石器时代渔业这种海事活动在辽东半岛沿岸居民的生活中占有十分重要的地位。人们在对海洋的不断探索过程中逐渐发展出比较完善的捕鱼产业。网坠大小的变化反映了先民对海洋的探索过程，另一方面由于人口数量的增多和对食物需求的加大使得人们开始向着更深的海域进发。

三、拟形器反映出的海事活动

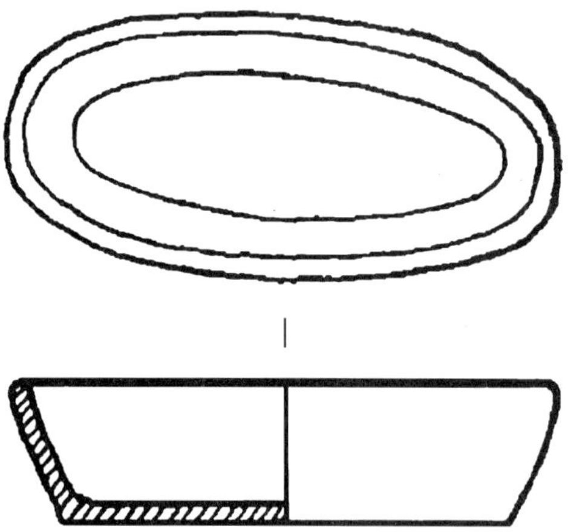

图一　舟形器（郭家村ⅡT9②：23）

辽东半岛地区共出土新石器时代舟形器9件，其中6件出自后洼下层，另3件分别出自大岗遗址、郭家村上层和吴家村遗址[22]（图一）。一般出有舟形器的遗址还出有陶猪、陶鸟一类的雕塑艺术品，推断舟形器应是舟船的模拟品。

独木舟的制作是将原木用火烤过之后再用石斧、石锛一类工具挖出凹槽。而沿海地区所出的有段石锛就是专门的造船工具[23]。小珠山上层遗址就有有段石锛的出土。造船工具的发现也表明了这一时期辽东半岛地区有舟船的存在。

这几件舟形器形制不同，所属的年代也不同。后洼下层、大岗所出的舟形器较短，器身稍宽，两端呈圆弧状；郭家村上层所出舟形器年代略晚，器形较长，器身较窄，两端较尖，平底。结合河姆渡发现的榫卯结构的木板房屋[24]，可以推测小珠山上层文化时期的人们能够利用木板或木材制造承载量更大的木板船。由于舟船的应用，辽东半岛南端的文化才如此蓬勃发展起来。

除了舟形器以外，贝丘遗址中出土的另一种模拟实物的拟形器也间接反映了当时的海事活动痕迹。郭家村遗址、大潘家村、文家屯遗址都出土带有乳突的深腹小罐，高不过8厘米，口径2～4厘米，平底，形似海参（图二）。虽然目前这类海参罐的具体用途还不明确，但从将其作为生活用陶的造型可以确定海参在当时十分受当地人推崇。海参罐上布满乳突，应是对刺参形象的模拟。现在长海县还是刺参的著名产地，以肉质鲜美营养丰富著称。海参罐的发现说明先民对海参这种营养丰富的海洋生物有了一定的认识。

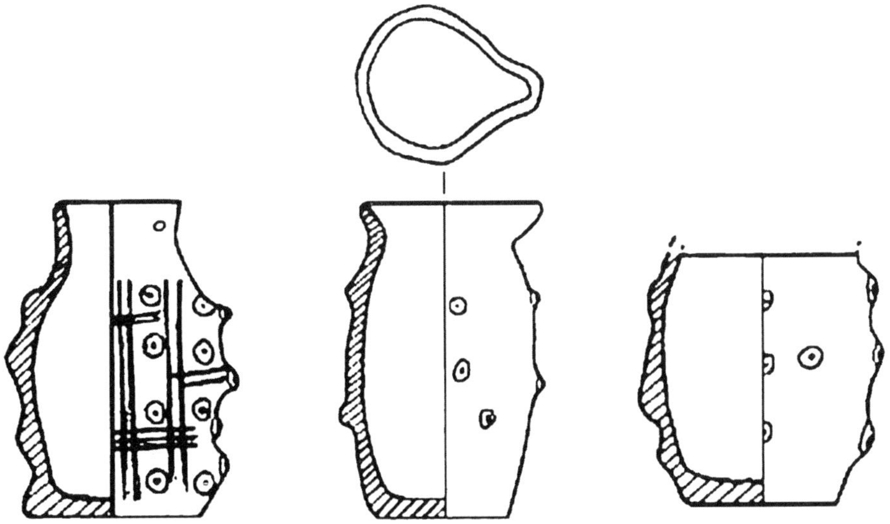

图二　海参罐

1. 郭家村上采：66　2. 郭家村上采：62　3. 郭家村ⅡT7①：30

此外辽东半岛发现的与海事活动有关的拟形器还有牙璧，一共16件，吴家村遗址、四平山积石冢[25]、文家屯东大山[26]、郭家村遗址、瓦房店三堂遗址都有发现（图三）。除郭家村出土2件为陶制外，其余均为玉石制，中间呈圆环状，外部一般有2～4个同一方向旋转的牙，有的牙上还有凸起的4～6个细小的齿，形似漩涡。新石器时代牙璧的分布以辽东半岛和山东半岛最为密集，辽东半岛发现的年代最早的牙璧出自小珠山中层文化时期。

关于牙璧的定名和性质问题学界多有争论，清代学者吴大澂最早称呼这类圆孔状有齿的器物为“璇玑”，并认为是天文仪器，可观星象[27]。这一观点一度受到西方许多颇有影响力的学者支持。1984年夏鼐先生正式提出玉璇玑不是天文仪器，并将“璇玑”更名为“牙璧”[28]。杨伯达先生则倾向于辽东及山东半岛所出的牙璧应该是对风

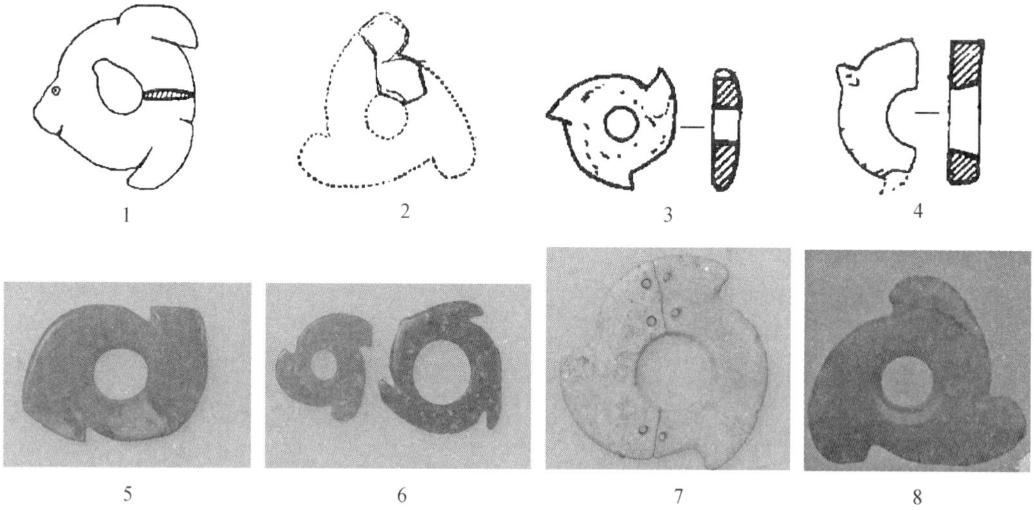

图三　辽东半岛出土牙璧

1. 吴家村采：12　2. 三堂Ⅱ203⑤：10　3. 郭家村ⅠT9③：15　4. 郭家村ⅠT8③：17　5～7. 四平山积石冢　8. 东大山3号石室墓37

及海的抽象模拟，牙璧的形象既像风又像海中的漩涡，是对风神和海神的崇拜[29]。这种对风神、海神的崇拜也印证了辽东半岛先民对海洋的依赖和敬畏。而在许多遗址中出土的纺轮上有类似于漩涡和水波的模拟花纹（图四），或许可以看做是风神海神崇拜的佐证。

另外在后洼下层、郭家村遗址都发现有一定数量的陶塑、石塑的鸟（图五）、鱼和人像，这类雕塑也或多或少的反映出海事活动的痕迹。雕塑中的鸟应该是海鸟，海鸟为了捕食会经常在海面盘旋，而海鸟聚集的地方一般都有数量颇丰的鱼类。新石器时代的渔民只要跟着海鸟聚集的地方就可以捕到数量可观的鱼，因此才会有如此多陶塑鸟的形象。同时，鱼形雕塑更是海洋捕捞的直接反映（图六）。

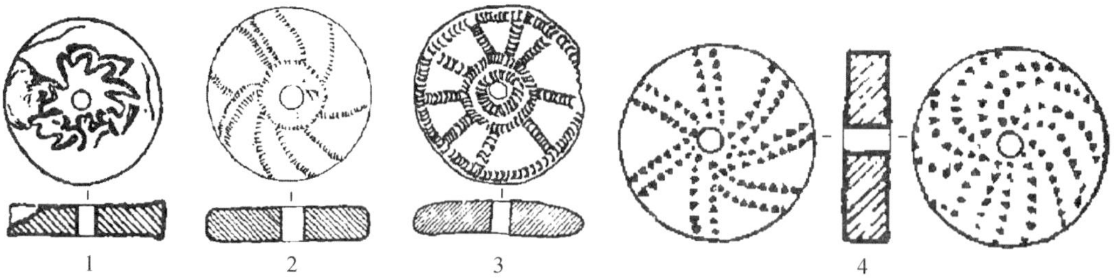

图四　纺轮

1. 郭家村ⅡT3③：10　2. 郭家村ⅡT2④：7　3. 吴家村ⅠF1：39　4. 郭家村ⅠT1④：15

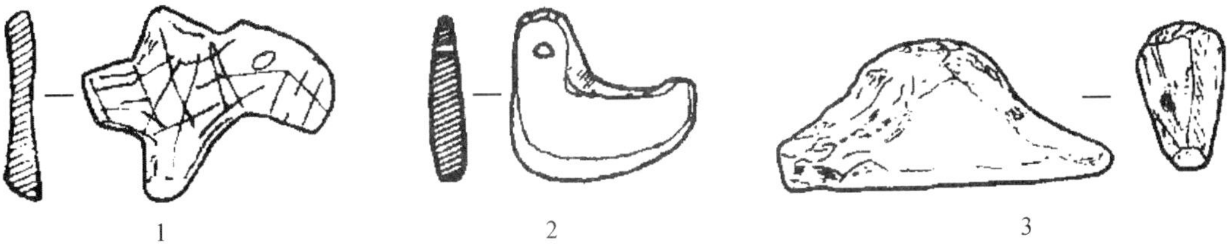

图五　鸟类雕塑

1. 后洼ⅢT10④：12　2. 后洼ⅤT24④：4　3. 后洼ⅣT1②：25

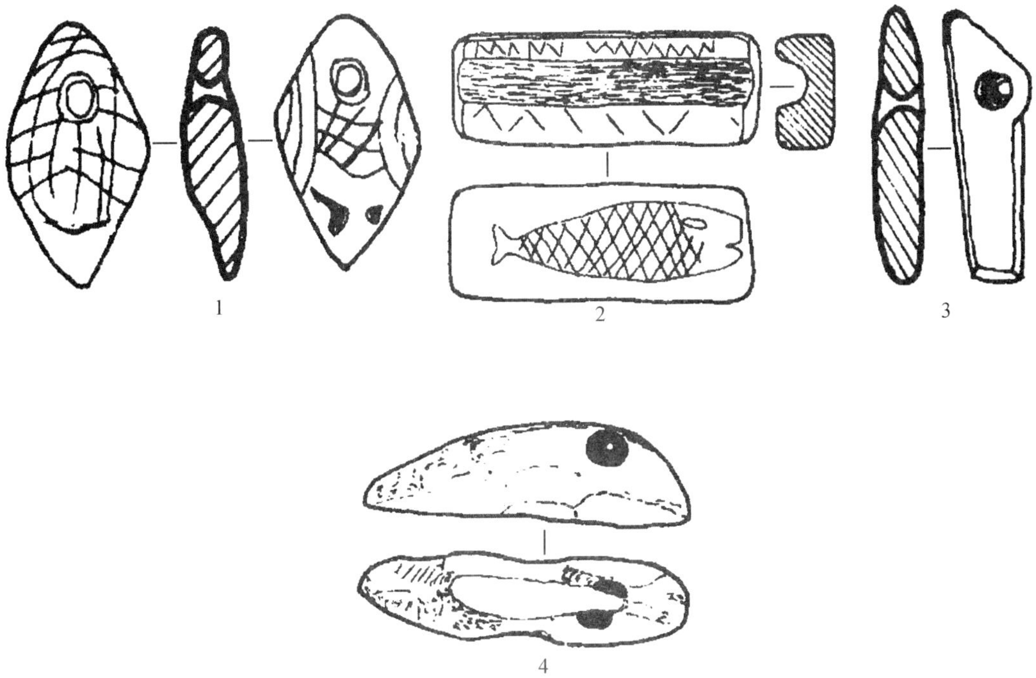

图六　鱼形雕塑

1. 后洼ⅤT13④：17　2. 后洼ⅠT4④：6　3. 后洼ⅢT5④：26　4. 后洼上ⅤT3③：16

四、文化分布与文化交流反映出的海事活动

1. 文化分布

贝丘遗址的分布并不是一成不变的，最初的小珠山下层文化基本集中在长山群岛以及黄海北岸的碧流河一带，海事活动主要在近海陆地与海岛之间展开；辽东半岛东北部的后洼下层文化基本分布范围也在黄海沿岸地势平坦的缓坡之上，遗址分布多集中于庄河、大洋河、鸭绿江流域。而辽东半岛西侧的渤海沿岸尚无贝丘遗址的发现（图七）。

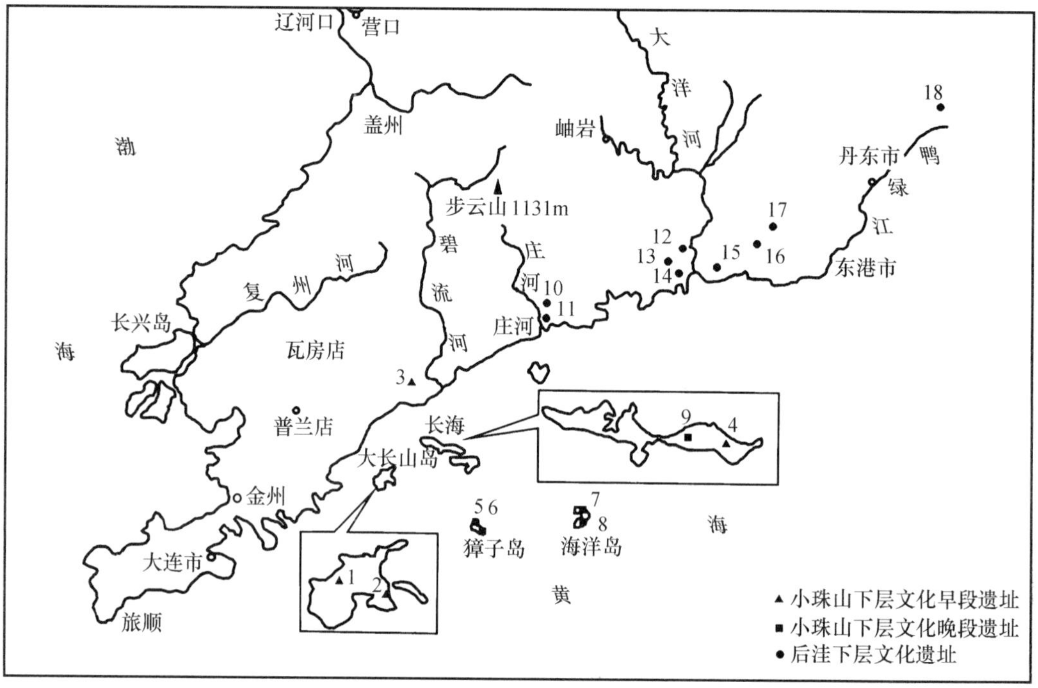

图七　小珠山下层文化时期遗址分布示意图

1. 小珠山遗址　2. 柳条沟东山遗址　3. 塔寺屯遗址　4. 清化宫遗址　5. 沙包子遗址　6. 李墙屯遗址　7. 亮子沟遗址　8. 南玉屯遗址　9. 上马石下层遗址　10. 殷墟半拉山遗址　11. 北吴屯遗址　12. 阎坨子遗址　13. 王坨子遗址　14. 赵坨子遗址　15. 石灰窑遗址　16. 大岗遗址　17.后洼遗址　18.臭梨崴子遗址

辽东半岛这一时期的文化面貌基本以压印纹为主的筒形罐为大宗。贝丘遗址在长海诸岛和黄海北岸的辽东半岛临海陆地均有分布。

小珠山中层文化时期，后洼上层文化面貌发生了变化，辽东半岛西侧渤海沿岸的三堂一期文化，带有鲜明的下辽河流域偏堡文化的特色。这一时期辽东半岛开始出现带有胶东半岛文化特征的器物。北部的后洼上层文化活动范围依然集中在大洋河及鸭绿江流域。这一时期辽东半岛南部及海岛区的小珠山中层文化覆盖范围逐渐扩大，向南到达辽东半岛最南端的旅顺一带，向西最远到达交流岛，北面到达庄河，北吴屯上层所出遗物已属于小珠山中层文化。这一时期的小珠山中层文化活动范围已经抵近渤海沿岸（图八）。

小珠山上层文化时期，辽东半岛北部黄海沿岸被北沟文化覆盖，西侧渤海沿岸则是三堂二期文化，辽东半岛南端的小珠山上层文化遗址的数量增多且包含的文化内涵也更加丰富，最西侧的交流岛蛤皮地遗址依然有属于小珠山上层文化的陶器残片（图九）。单一的筒形罐文化系统被带有龙山文化因素和本地土著文化特点的壶、罐、豆、杯、盘、碗、盂等所取代。

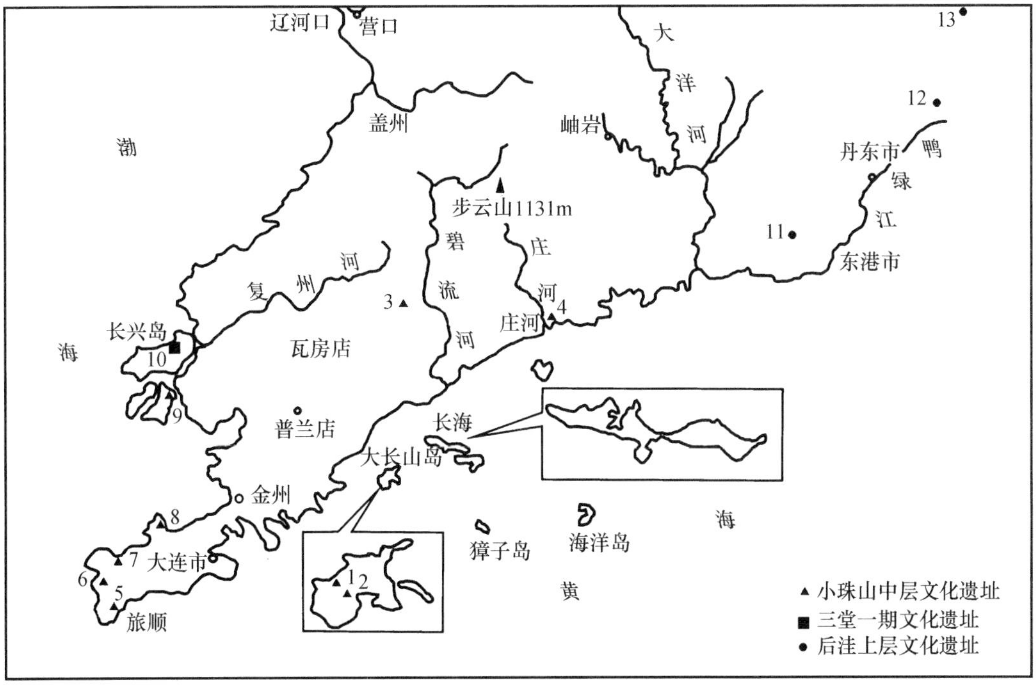

图八　小珠山中层文化时期遗址分布示意图

1. 小珠山遗址　2. 吴家村遗址　3. 三坨子　4. 北吴屯遗址　5. 柏岚子　6. 郭家村　7. 王家村东岗　8. 文家屯遗址　9. 蛤皮地　10. 三堂村一期　11. 后洼遗址　12. 臭梨崴子　13.牛毛坞张家砬子

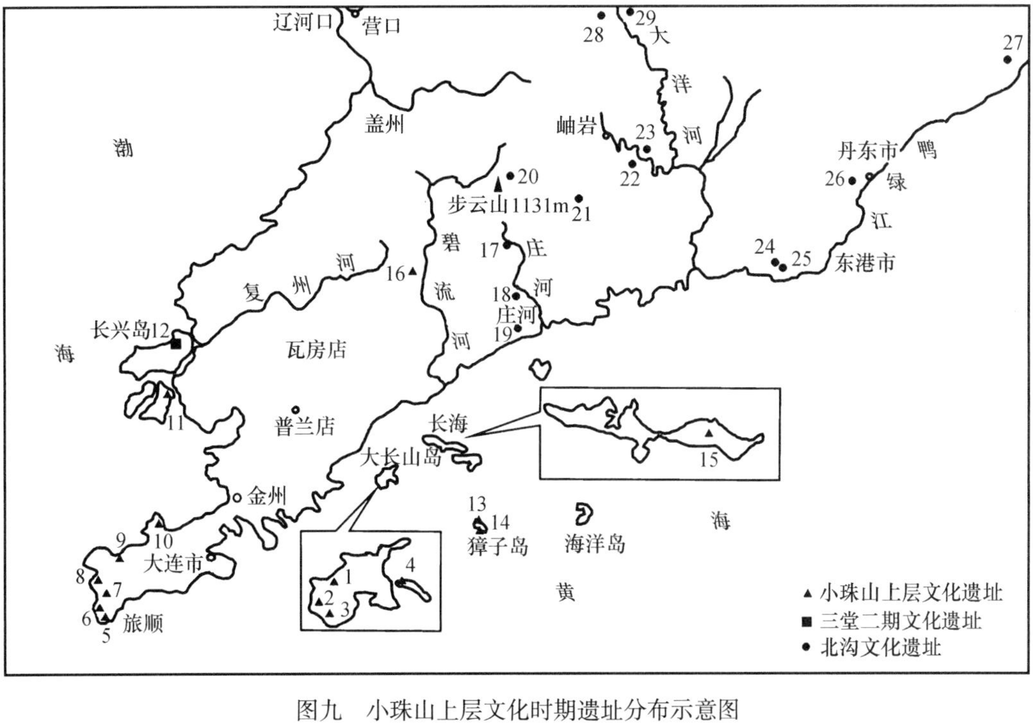

图九　小珠山上层文化时期遗址分布示意图

1. 小珠山遗址　2. 蚚碴岗遗址　3. 南窑遗址　4. 洪子东遗址　5. 老铁山　6. 将军山　7. 四平山　8. 郭家村　9. 大潘家村　10. 文家屯　11. 蛤皮地　12. 三堂村二期　13. 沙包子　14. 李墙屯　15. 上马石中层　16. 双塔镇乔东　17. 庄河市蓉花山镇窑　18. 高阳镇华沟　19. 大郑镇南山　20. 步云山乡龙庙山遗址　21. 大营子乡后岗　22. 北山　23. 岫岩北沟遗址　24. 前营遗址　25. 东沟县石佛山　26. 北井子镇柞木山　27. 宽甸老地河　28. 海城市马风乡团山　29. 析木镇羊角峪

海事活动在文化变迁上的体现通过辽东半岛新石器时期遗址分布变化可以清楚看到：广鹿岛、大长山岛、獐子岛、海洋岛隔海相望但同属小珠山下层文化范围，小珠山下层文化与后洼下层文化在庄河一带产生碰撞和交流。小珠山中层文化的覆盖范围到达半岛南端和渤海东岸的交流岛一带，到小珠山上层文化时半岛南端的遗址密度增大，活动范围也到达了渤海沿岸的长兴岛。不管怎样变迁，相同的文化在辽东半岛南端、长海群岛、渤海沿岸诸岛都有分布，而连接彼此之间的有效工具就是舟船，这种隔海而望的文化紧密性表明海事活动自始至终伴随着辽东半岛地区先民的生产生活，也反映出辽东半岛先民对海洋的依赖和对海洋的认识是深刻的。

2. 文化交流

从现有的资料看，辽东半岛南端和胶东半岛之间的海事活动在新石器时代开始就十分频繁。胶东半岛的考古学文化约可分为三个阶段：白石村文化和邱家庄下层；紫荆山一期、北庄二期和杨家圈一期；龙山文化时期[30]。

白石村文化、邱家庄下层年代与小珠山下层文化年代基本一致。从两地所出砺石、石球、带沟槽滑石网坠等石器来看，无论是用料还是形制都很相似。可以说小珠山下层文化时期辽东半岛和胶东半岛应该有了一定的接触，但交流并不深入，也不频繁。

紫荆山一期、北庄二期和杨家圈一期所处年代基本与小珠山中层文化相当。该时期辽东半岛地区的陶器整体仍保持着自己独立的风格，但出现了一些明显带有胶东风格的器物，如觚形器、鬶、盆形鼎、蘑菇状把手等。还有与紫荆山遗址下层风格相似的黑彩陶片，花纹有三角加平行斜线纹和上下勾连的弧线三角纹两种。辽东半岛地区出土的山东系陶器的质地、颜色以及彩陶的花纹构图和施彩方法等几乎与山东地区没什么区别，这种相似性并非是仿造的结果，可能是陶器本身的移动所造成的[31]，也或许是贸易而来。

及至小珠山上层文化时期，辽东半岛南端的陶器开始带有强烈的山东龙山文化色彩，由此学界一度将此时的辽东半岛文化划归到山东龙山文化中去。

这一时期辽东半岛出现了颇具规模的墓葬形式——积石冢，如旅顺四平山、老铁山和将军山等均为积石冢遗存。积石冢内所出遗物与遗址所出有所不同。积石冢中出土有大量精美的山东龙山文化常见的黑陶、蛋壳陶和一定数量的玉器，遗址则基本不见。积石冢内所出的玉器应为辽东半岛本地制作，山东地区所出的玉器几乎均出于墓葬，玉器的质地、颜色与辽东半岛的绿色半透明的岫岩玉或白云石大理岩极为相似，两地的玉料来源可能一致。这说明该时期两地的交流极为密切和深入。另外，在庙岛群岛周围海域还发现有重十余斤的石锚，可以停泊两三吨的船只。在北隍城岛西北约十千米海域曾打捞过一只陶鬶，年代介于龙山文化和岳石文化之间，从水底陶器聚集的情况看可能是由于翻船的结果[32]。这一时期辽东半岛与胶东半岛的交流空前密切，给辽东半岛带来了巨大的变革。

庙岛群岛岛屿之间相距最远不超过20千米，其最北端距离旅顺约42千米，可以用肉眼看到旅顺的老铁山，这样的距离对当时拥有舟船的先民来说是完全可以到达的。法国航海家艾力克·比斯亚普乘坐独木舟从波利尼西亚航行到印度尼西亚；名为富坚的日本人乘坐5米长的独木舟只身横渡日本海，行程2200多千米，历时79天，期间基本以海产为食，从未上岸[33]。这些均证明了独木舟完全有能力在海上进行远距离航行。

一般认为小珠山下层文化的直接来源是新乐下层文化，与辽西地区的兴隆洼文化有着很深的渊源[34]。但小珠山下层文化与新乐下层文化无论在器形、器类、纹饰上均有较大差异，其早段陶器器形、纹饰等风格与辽西地区兴隆洼文化晚期筒形罐风格很相似，因此我们认为辽东半岛南端的小珠山下层文化是沿渤海沿岸经海路由辽西地区的兴隆洼文化发展而来。此外辽西地区发达的积石冢在辽东半岛、朝鲜半岛也均有分布，产生时间渐次延后，也表明了这一自辽西至辽东再至朝鲜半岛的海上传播路径的存在。

稻作农业的半月形传播也表明了海上传播路径的存在。研究表明我国的稻作农业发源于长江中下游地区，在大汶口文化时期山东地区已发现了丰富的稻作农业遗存，龙山文化时期更为丰富和发达[35]。最新的研究表明，胶东半岛地区的稻作农业最早出现于龙山文化早期，而辽东半岛南端的稻作农业遗存也出现于龙山文化早期，这表明两地稻作农业的发展几乎没有时间差，辽东半岛南端的稻作农业当源于胶东半岛[36]。毫无疑问，稻作农业也是经由海上从胶东半岛传至辽东半岛的，其后才传入朝鲜半岛和日本列岛。

海事活动与辽东半岛先民的生活密不可分，也正是由于海事活动在环渤海地区的普遍存在才使得环渤海地区的文化呈现出广泛而密切的联系。

五、结　　语

通过对辽东半岛地区遗存的考古学观察，我们发现新石器时代辽东半岛先民在生存、精神和文化交流三个方面都与海事活动息息相关。渔猎采集、海洋崇拜以及文化分布和文化交流是辽东半岛居民在海事活动中与海洋建立紧密联系的具体体现。

小珠山下层文化时期辽东半岛的经济形态以渔猎为主，农业为辅；小珠山中层文化时期农业比重有所增加，出现了用于收割的石刀和蚌刀，但渔猎依旧在经济生活中占据较大的比例，人们开始饲养家畜；到了小珠山上层文化时期已明确发现有碳化的黍和稻作农业的迹象，渔猎工具也更加丰富，真正形成了捕鱼、钓鱼、叉鱼多种方式结合的捕鱼业。从出土的渔猎工具的变化可以看到，渔猎活动经历了单纯的捡拾渔业到规模性的网捞渔业再到以网捞为主，捡拾、钓鱼、叉鱼多种捕鱼方式共存的三个发展阶段，捕鱼工具的不断完善以及网坠大小的变化，反映出渔业捕捞从近海到远海的一个变化，体现了新石器时代近海资源的枯竭以及可能存在的人们对近海资源的有意识保护，表明辽东半岛地区的先民对于海洋的依赖和开发程度不断加深。

从小珠山下层文化时期起辽东半岛的文化就开始不断的扩展，逐渐覆盖半岛南端及其周边诸岛，并最终跨越渤海海峡到达山东半岛。最初为了生存而不断发展的捕鱼业以及追逐资源和文化交流的需要催生了逐渐精湛的航海技术，使得新石器时代晚期辽东半岛与山东半岛的海上交流逐渐密切起来；到铜石并用时代，大量精美的山东系陶器出现在辽东半岛，辽东半岛盛产的玉石器出现在胶东地区。同时，辽东半岛的居民为了获得更加丰富的渔业资源也不断向朝鲜半岛地区移动。可以说海事活动是环渤海地区文化交流互动的主要方式。

关于海事活动的路线问题，本文认为有两种方式。一种是借助肉眼可辨的岛屿进行接力式航行，以辽东半岛与山东半岛之间的海事活动交往为代表。另一种为沿海岸线航行。辽东半岛与朝鲜半岛、辽东半岛与辽西地区所发生的联系应该是通过沿海岸线航行的路径实现的。这两种海路航行的方式结合起来使环渤海地区的史前文化互动逐渐密切，文明的种子在环渤海沿岸开始生根发芽。

注　释

［1］ 中国社会科学院考古研究所等. 辽宁长海县小珠山新石器时代遗址发掘简报［J］. 考古，2009（5）.

［2］ 大连市文物考古研究所. 辽宁大连大潘家村新石器时代遗址［J］. 考古，1994（10）.

［3］ 安志敏. 记旅大市的两处贝丘遗址［J］. 考古，1962（2）.

［4］ 刘俊勇，王瑽. 辽宁大连市郊区考古调查简报［J］. 考古，1994（4）.

［5］ 辽宁省博物馆等. 长海县广鹿岛大长山岛贝丘遗址［J］. 考古学报，1981（1）.

［6］ 旅顺博物馆. 旅大市长海县新石器时代贝丘遗址调查［J］. 考古，1962（7）.

［7］ 旅顺博物馆. 大连新金县乔东遗址发掘简报［J］. 考古，1983（2）.

［8］ 辽东先史遗迹发掘报告书刊行会. 文家屯——1942年辽东先史遗迹发掘调查报告书［R］. 京都：真阳社，2002.

［9］ 辽宁省文物考古研究所等. 瓦房店交流岛原始文化遗址试掘报告［J］. 辽海文物学刊，1992（1）.

［10］ 辽宁省博物馆等. 大连市郭家村新石器时代遗址［J］. 考古学报，1984（3）.

［11］ 郭大顺等. 以辽河流域为中心的新石器文化［J］. 考古学报，1985（4）.

［12］ 旅大市文物管理组. 旅顺老铁山积石墓［J］. 考古，1978（2）.

［13］ 同［2］.

［14］ 许玉林等. 辽宁东沟县后洼遗址发掘概要［J］. 文物，1989（12）.

［15］ 杜战伟，赵宾福，刘伟. 后洼上层文化的渊源与流向——论辽东地区以刻划纹为标识的水洞下层文化系统［J］. 北方文物，2014（1）.

［16］ 苏小幸. 辽东半岛新石器时代晚期文化的再认识［J］. 考古，1994（6）.

［17］ 袁晓春，等. 山东蓬莱贝丘遗址的海洋生物研究［A］. 胶东考古研究文集［C］. 济南：齐鲁

书社，2004：150–155.

［18］ a.傅仁义. 大连郭家村遗址的动物遗骨［J］. 考古学报，1984（1）.

b.傅仁义. 大连市北吴屯遗址出土兽骨的鉴定［J］. 考古学报，1994（3）.

［19］ 辽宁省文物考古研究所等. 大连市北吴屯新石器时代遗址［J］. 考古学报，1994（3）.

［20］ 同［18］a.

［21］ 于临祥，王宇. 从考古发现看大连远古渔业［A］. 中国考古学会第六次年会论文集［C］. 北京：文物出版社，1990.

［22］ 许玉林. 从辽东半岛黄海沿岸发现的舟行器谈我国古代舟船的起源与应用［J］. 辽海文物学刊，1986（2）.

［23］ 林惠祥. 中国东南区新石器文化特征之一：有段石锛［J］. 考古学报，1958（3）.

［24］ 浙江省文物管理委员会，等. 河姆渡遗址第一期发掘报告［J］. 考古学报，1978（1）.

［25］ 澄田正一. 辽东半岛四平山积石冢の研究［M］. 京都：柳原出版株式会社，2008.

［26］ 同［8］.

［27］ 夏鼐. 所谓玉璿玑不会是天文仪器［J］. 考古学报，1984（4）.

［28］ a.杨伯达. “璇玑”、“玉牙璧”辨析——兼论“夷玉”与岫岩玉的关系［A］. 旅顺博物馆学苑［C］. 长春：吉林文史出版社，2008：1–17.

b.同［27］.

［29］ 同［28］a.

［30］ 聂政. 胶东半岛大汶口文化早期的聚落与生业［D］. 山东大学博士学位论文，2013.

［31］ 冈村秀典（著），姜宝莲（译）. 辽东半岛与山东半岛史前文化的交流［A］. 环渤海考古国际学术讨论会论文集［C］. 北京：知识出版社，1996：108–111.

［32］ 严文明. 夏代的东方［A］. 胶东考古研究文集［C］. 济南：齐鲁书社，2004：177.

［33］ 同［22］.

［34］ 刘俊勇. 辽东半岛南端新石器至早期青铜时代文化与周围文化的关系［J］. 东北史地，2008（3）.

［35］ 徐昭峰. 我国稻作农业的北传［N］. 光明日报（理论版），2009-12-01（12）.

［36］ 靳桂云，栾丰实，张翠敏，王宇. 辽东半岛南部农业考古调查报告［A］. 东方考古（6）［C］. 北京：科学出版社，2009：314–315.

The Study of Maritime Activities in Pre-history Liaodong Peninsula

XU Zhao-feng　XIE Di-xin

Liaodong Peninsula lies in northeast China, surrounded by the sea on three sides, which provided a superior living condition and adequate food source for the Neolithic residents. The content-rich maritime activities thus had developed and became an important part of the culture. The study of maritime activities covers three aspects: fishery activities, marine cultural exchange and maritime belief. Fishery activities were evolved from one-way fishing to multi-way coexisted, and the location from offshore to the open sea. As the transportation hub of the Bohai rim, Liaodong Peninsula had different degrees of contacts with the Shandong Peninsula, Korean Peninsula and the western Liaoning Province, standing an important link in the spread of the agricultural civilization around the Bohai rim. Maritime belief was a kind of worship of the God of wind and the God of sea, emerged by the two activities above, causing a huge impact on coastal areas.

殷墟祭祀坑中的北方文化因素研究

韩金秋

（河北省文物研究所，石家庄，050031）

在殷墟的晚商文化遗存中，存在大量北方文化因素，各类型单位中均有发现。祭祀坑是祭祀先王或其他神祇或建筑奠基时用以埋葬人牲和其他牺牲、祭品的土坑。目前所见出土北方文化因素祭祀坑主要有侯家庄西北岗王陵的"刀斧葬"、乙七建筑基址祭祀坑和武官村北祭祀坑等。本文将就这些单位中的北方文化因素及其所蕴含的意义进行讨论。

一、北方文化因素的种类

祭祀坑中的北方文化因素可分为刀子、管銎斧、挂缰钩等三类。

1. 刀子

根据首部形态的不同，可分为七类。

（1）环首刀

根据刀身形态差异，可分为二型。

A型　刀背弧曲较甚，刀柄与刀身相接处呈钝角，刀柄与刀刃长度比不足1/1。标本侯家庄M1716：R9180：1[1]（图一，1）；标本侯家庄M1461[2]（图一，2）；标本侯家庄M1485：R9259：7，柄饰弦纹（图一，3）。

B型　刀背平直，刀柄与刀身相接处呈钝角，刀柄与刀刃长度比约为1/2。标本丁组基址1号房基M10：1，长20.5厘米（图一，4）；标本侯家庄M1039：R1980：6（图一，5）。

C型　刀背呈S形，尖部上翘显著，刀柄与刀刃长度比大于1/1。标本侯家庄M1546：R9272：1，长12.2厘米（图一，6）。标本武官村北祭祀坑M221：1[3]，长21厘米（图一，7）；标本侯家庄M1007：R8960，长16.6厘米（图一，8）。

（2）长条孔刀

刀首平，刀柄尾端有长条形穿孔，翘尖。标本侯家庄M1432：R7490：8（图一，9）。

（3）圆孔刀

刀首平，刀柄尾端有小圆孔穿，弓背。标本侯家庄M1008：R8965：8（图一，10）。

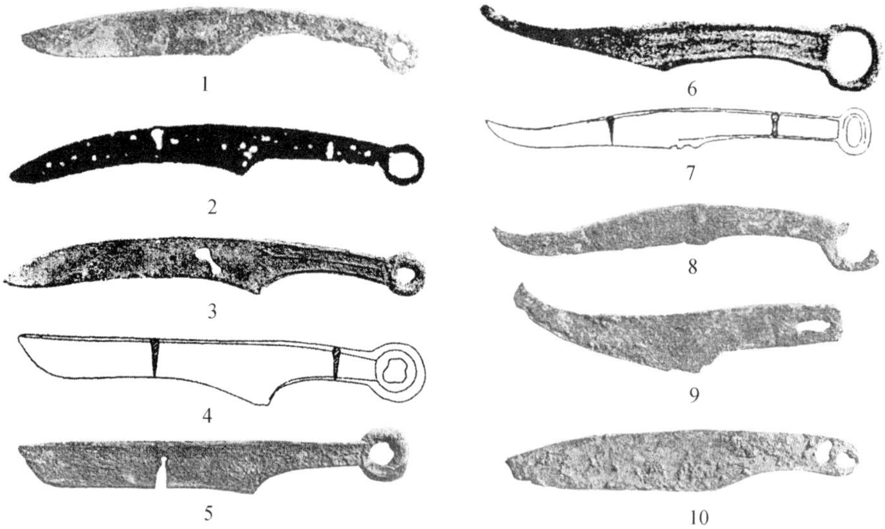

图一　殷墟祭祀坑出土的北方式刀子（一）

1. 侯家庄M1716：R9180：1　2. 侯家庄M1461　3. 侯家庄M1485：R9259：7　4. 丁组基址1号房基M10：1　5. 侯家庄M1039：R1980：6　6. 侯家庄M1546：R9272：1　7. 武官村北祭祀坑M221：1　8. 侯家庄M1007：R8960　9. 侯家庄M1432：R7490：8　10. 侯家庄M1008：R8965：8

（4）三凸环首刀

环首外缘有三个小凸起，柄身相接处有下栏。背稍外凸，直刃，环首下侧无小环纽。标本小屯M164：13：2853[4]，柄中间有纵向凸弦纹一道。长27.4厘米（图二，1）。高本汉著录的一件也属于此式，柄饰一道人字纹[5]。

（5）兽首刀

迄今为止，见于报道的祭祀坑出土的兽首刀有10余件，全部为鹿首，根据刀身形制不同，可分为二式。

Ⅰ式：刀身细长，柄身相接处有下栏，柄部有精致纹饰，鹿首生动，眼睛为筒状，口微张，鼻子突出刻画，有的在兽首下有小环纽，耳外通常有大环。标本侯家庄M1537：R9161：1，柄饰凹菱形格纹，长19.3厘米（图二，2）。

Ⅱ式：刀身较宽，凸背凹刃，柄身相接处无下栏，柄部纹饰简单，鹿首简化，无耳，无大环。标本侯家庄M1008：R8964，鹿首下有环纽，柄饰凸弦纹一条（图二，3）；标本侯家庄M1693：R9306：6，形制与侯家庄M1008：R8964几乎相同，只是无环纽，长17.8厘米（图二，4）。

（6）蘑菇首刀

刀首为实体椭圆帽状，形似蘑菇，目前仅报道2件。根据刀身形制差异，可分二型。

A型　翘尖。标本小屯M238：14：0769[6]，柄部有纹饰刀柄饰凸弦纹三道，下有一小孔（图二，5）。

B型　弓背。标本侯家庄M1616：9299：2（图二，6）。

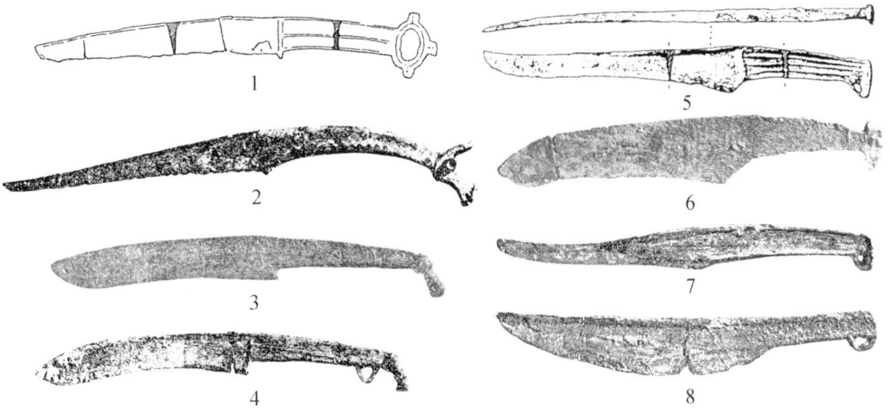

图二 殷墟祭祀坑出土的北方式刀子（二）

1. 小屯M164：13：2853 2. 侯家庄M1537：R9161：1 3. 侯家庄M1008：R8964 4. 侯家庄M1693：R9306：6 5. 小屯M238：14：0769 6. 侯家庄M1616：9299：2 7. 侯家庄M1461：R9150：1 8. 侯家庄M1548：R9321：1

（7）半环纽刀

刀首平，下有半环形小纽一个。有图片发表的仅2件，可分为二式。

Ⅰ式：凸背翘尖，柄部无纹饰。标本侯家庄M1461：R9150：1（图二，7）。

Ⅱ式：直背略凹，凸刃。标本侯家庄M1548：R9321：1（图二，8）。

2. 管銎斧

斧刃宽度大于管銎长度，内为圆柱状。“刀斧葬”中共出土719件。目前只披露了6件，根据形制差异，可分为三型。

A型 斧身宽度大于管銎的长度，管銎后接柱形内，斧身饰凸弦纹。标本丁组基址1号房基M10：9，斧身略呈扇形，銎上有穿，长13.2厘米（图三，1）。标本丁组基址1号房基M10：4，斧身窄长，长10厘米（图三，2）。标本侯家庄M1694：R9308，管銎上有“X”形纹（图三，3）。标本侯家庄M1717：R91583[7]，管銎较长，长10.5、宽5厘米（图三，4）。

B型 斧身宽度与管銎长度相等，管銎上无内，斧身素面。标本丁组基址1号房基M10：7，长8.3厘米（图三，5）。

C型 斧身宽度小于与管銎长度，管銎上有柱形内，斧身饰凸弦纹。标本侯家庄M2093：R9211，銎上有穿（图三，6）。

3. 挂缰钩

目前在殷墟祭祀坑内发现2件。根据首部不同，可分为二型。

A型 勺形首。标本小屯M238：3[8]，素面，首部呈耳挖勺形，长40.6厘米（图四，1）。

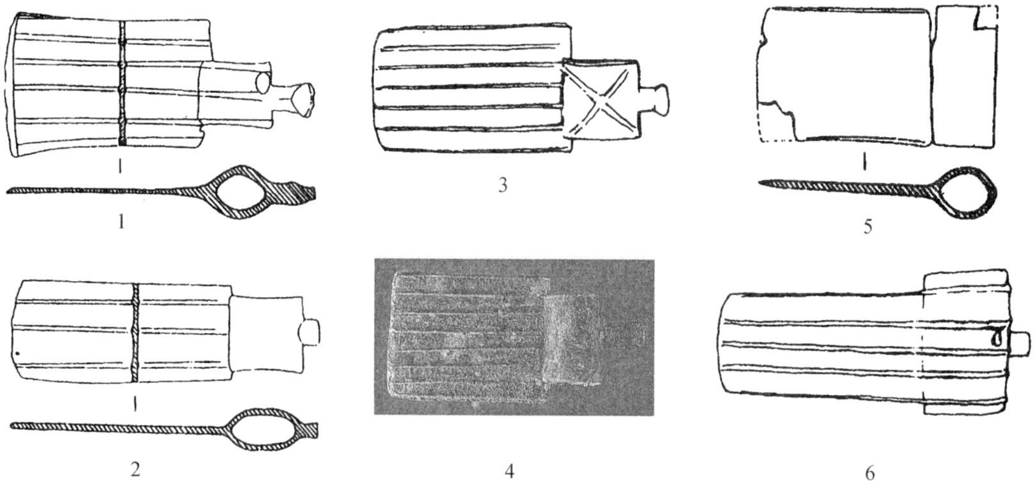

图三　殷墟祭祀坑出土的管銎斧

1. 丁组基址1号房基M10：9　2. 丁组基址1号房基M10：4　3. 侯家庄M1694：R9308　4. 侯家庄M1717：R91583　5. 丁组基址1号房基M10：7　6. 侯家庄M2093：R9211

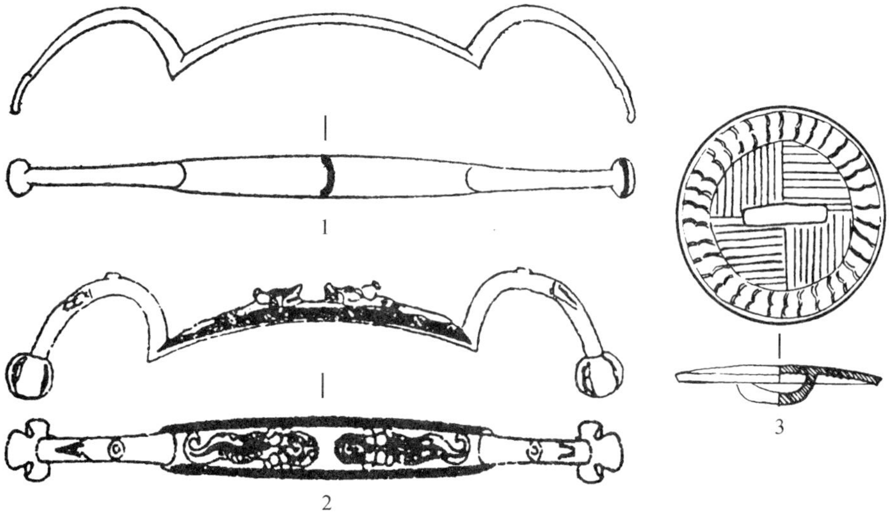

图四　祭祀坑出土的挂缰钩和铜镜

1. 小屯M238：3　2. 小屯M164　3. 侯家庄M1005

B型　球玲首。标本出土于小屯M164，正面饰浮雕龙纹，镶嵌绿松石，首部为四瓣球玲形，弓臂弯上部有圆圈形凸起（图四，2）。

4. 铜镜

仅1面，出土于侯家庄M1005[9]。镜面微凸，无纽座，外层中间纹饰为34条节状凸线。内层为四等分，每等分有凸线10条，相邻等分的平行线互相垂直。直径6.7、反面6.5、厚0.2～0.3厘米（图四，3）。

二、北方文化因素的年代

出土有北方文化因素的各类祭祀坑都散布于殷墟遗址各地，没有统一的地层关系。即便如刀斧葬、乙七建筑基址祭祀坑等，多数也都是同一时期甚至是同一次祭祀所遗留，单个祭祀坑之间没有打破关系。因此难以从层位关系上确定祭祀坑的早晚并进而分期。只能从出土物确定年代。这其中如小屯M164、小屯M238、丁组建筑基址M10等有可供断代的陶器、铜器，年代较为确定，而“刀斧葬”则没有出土陶器和年代特征明显的铜器，只能与出土有相似器形的年代明确的单位进行比较确定年代。虽然刀斧葬从属于西北岗王陵区大墓，大墓的具体年代已经较为确定，但根据相关资料，祭祀的对象可能是一个大墓，也有可能是多个大墓，无法确定祭祀坑到底属于哪座大墓，也就不能根据大墓来确定祭祀坑的年代了。可将祭祀坑大体分为两个时期。

第一期，有丁组建筑基址1号房基M10。其中出土有陶器，年代特征明显，本文依从报告的定年，年代为殷墟一期，相当于武丁早期。北方文化因素种类有环首刀B，管銎斧A、B。

第二期，有小屯M164、小屯M238、侯家庄M1005和“刀斧葬”。学界对小屯M164、小屯M238年代已经取得共识[10]。侯家庄M1005出土的中柱盆、壶等，与妇好墓中同类器形制相似[11]，年代应一致。刀斧葬的年代可依出土刀子与年代明确刀子的比较而定。A型环首刀形制与武官村大墓E9出土刀子相似[12]，应为同时期。C型环首刀柄身同宽的特征与妇好墓、武安赵窑中环首刀相似[13]，年代应相近，到殷墟三期此类刀子柄部成为椭圆形与刀身之间有一条界线，也可说明C型环首刀晚不到那时。兽首刀Ⅰ与妇好墓同类器形制相仿，Ⅱ、Ⅲ式与小屯M20兽首刀相近[14]。本期年代为殷墟二期，相当于武丁晚期。北方文化因素有环首刀A、B、C，以及三突环首刀、兽首刀、蘑菇首刀、管銎斧C、挂缰钩、铜镜等。有的器类，如圆孔刀、长条孔刀、半环纽刀，缺少可对比的精确年代材料，但由于出自刀斧葬，年代也应在第二期。

以上所分的两期属殷墟早期，即武丁在位时期，正是商与西北发生大规模战争时期，晚商文化中绝大多数北方文化因素在此时出现当与此有关，祭祀坑中北方文化因素的年代与此相符也是必然的了。

三、北方文化因素的出土单位和使用者

祭祀坑中各类北方文化因素都是有使用痕迹的实用器物，其使用者应为祭祀坑中的人牲。由于所处位置和包含内容的不同，祭祀坑还可分为不同种类，各类祭祀坑中人牲的身份地位也存在差异。

1.“刀斧葬”

1934～1935年发掘的侯家庄王陵东区东北角1000多座祭祀坑中，有80座出土刀子、管銎斧，被称为“刀斧葬”。为晚商历代王陵的祭祀坑。武官村北祭祀坑也在此区域内，性质相同。“刀斧葬”散布于一大片祭祀坑中，形制、大小与同一片墓地的其他祭祀坑相近。为长方形竖穴土坑墓，长2米左右，宽1米左右，深3.7～6.5米。长径以北偏东为主。无葬具，人骨架上有席子痕迹。每个坑中整齐叠放8～10具无头人骨架。主要随葬品有刀子（环首刀、长条孔刀、圆孔刀、兽首刀、半环纽刀）、管銎斧、砺石三种，出土位置在骨架胸部，系处死人牲后抛入。每坑中刀子、管銎斧数量和人骨架的数量大体一致，大致每人随葬刀子、砺石、管銎斧各1件。共出土刀子719件，管銎斧719件，原有人牲也应为719人。还有少量骨镞、铜镞、小骨器等。

刀斧葬中部分尸骨腿部有紧贴铜镞或者骨镞，可知生前应受过伤。体质人类学研究表明，祭祀坑中的人牲为与异族征战过程中俘获的战俘[15]。甲骨文中也曾记载战俘是人牲的重要来源之一[16]。刀斧葬中还有中原传统的短茎刀，形制多样，有不同程度的使用痕迹，他们的使用者则可能在殷墟从事劳作的奴隶。总体而言，刀斧葬中的人牲来源应是战俘，有的可能被俘后就用做祭祀，有的可能先用做奴隶再做祭祀。从都伴出管銎斧看，人牲都应来自北方，以管銎斧（钺）为兵器。

2. 西北岗王陵区其他祭祀坑

目前仅见侯家庄M1005，在1935年发掘王陵区的东区，位于东区发掘范围内的西北角，属于梁思永先生划分9组中的7组。本组墓葬除了4座车马坑为东西向外，其余都是南北向，共分8排。M1005在从北向南数第7排，与37座小墓排成一行，为长方形竖穴土坑墓，南北长2.3米，东西宽0.9（南）～0.8米（南），上口距地表1.2米，底部距地表3.2米，方向10°。填土未经夯打。底面有6个人骨架，头向北，部分身首分离，俯身。随葬品放在人骨中间。陶器有盆1、中柱盆1。铜器有壶3、盂1、中柱盂2（有旋龙）、铲3、扒勺1、箸6。还有骨锥。

墓葬内人骨都是身首分离，显然系人牲无疑。虽然有青铜礼器，但与晚商铜器墓中的组合不同，墓葬的性质与乙七宫殿基址内有铜器的祭祀坑相似。墓葬中的北方文化因素仅有铜镜一面，在西壁下部，正面向上，纽向下斜放在墓底面上，上压有人骨。出土位置距其他器物较远，在坑的底部边上，也不像人牲身上携带之物，铜镜在该墓中的涵义不像其他类别祭祀坑中北方器物那样明显。对早期铜器的功能，有照容用具和宗教礼器两种说法，我们赞同后一种。铜镜的起源和流行区域都在北方地带，因而它也是一种北方地带宗教所使用的用具，与中原是不同的。墓葬内陶器2件，铜壶、盂、铲都是3件，箸6件，扒勺1件，铜镜1件，这几个数字（1、2、3、6）的最大公约数是6，人骨也有6具，这种数量关系不是随意的，器物的种类、数量与人牲的数量之间应该是相配套的，成为一种组合。从目前的认知分析，能够反映出这种组合性质的器物似乎只有铜镜。我们推测，这个祭祀坑应与宗教有关，而且与北方地带的宗教（萨满？）有关。

3. 殷墟宫殿区乙七建筑基址旁的祭祀坑

此为宫殿奠基或举行仪式时的祭祀坑。据发掘者介绍，这里的祭祀坑分为北、中、南三组。不过又有学者对这种分类表示怀疑。综合20世纪50年代前后历次发掘资料，可以确定乙七建筑基址为宗庙建筑，其南侧祭祀坑为长期杀祭所遗留[17]。

小屯M164位于中组墓葬西部，自成一列。长方形竖穴土坑，为1人、1马、3羊、5犬的合葬坑，还出土马具、兵器、工具、陶器等。北方文化因素有三凸环首刀、B型挂缰钩，均位于人牲腰部，附近有策柄、镞等。伴出商式陶器，有圜底罐、带盖罍、中柱盆、深腹盆等。

小屯M238位于北组墓葬东南角，南北向。长方形竖穴土坑，分三层葬有5具人骨架，之下为打碎的青铜礼器，有觚、爵、斝、壶等。北方文化因素有蘑菇首刀和A型挂缰钩，位于坑的底部西北角，与礼器距离较远，附近有镞、砺石等。

从两座祭祀坑中的北方式刀子均伴出有挂缰钩、镞看，其中人牲的身份基本相同，应为车马御手。他们的尸骨完整、随葬品较多，身份应高于刀斧葬中的人牲，可能为地位较高的奴隶或侍从。甲骨文中称与畜牧、车马有关的奴隶为“刍”。卜辞中有“□来刍，陟于西示”的记载，意思就是用刍做牺牲[18]。晚商时期车、马突然出现于中原，一般认为是从欧亚草原传入的[19]。在车马自西向东传播至中原的过程中，北方人群应先于中原熟悉、使用车马。小屯M238中的挂缰钩为素面，端部为勺形，而不是常见的球铃，从形制发展的角度看应为同类器中较早的一件，林沄先生认为这种器物源自北方[20]。两座祭祀坑中的人牲均与车马有关，还使用北方式的工具，而且同属殷墟早期，暗示着他们或许就是长于车马驾驭的北方人，通过俘虏或者其他途径来到中原，小屯M164、M238这类祭祀坑中的北方文化因素与车马在殷墟的出现有密切关系。

4. 丁组建筑1号房基祭祀坑M10

丁组建筑基址发现于1980年，位于小屯村东，乙组建筑以南。共有3排大型建筑基址。M10位于F1房基东南部，为自西向东6座祭祀坑中最西面的一座。为长方形竖穴土坑，长1.8、宽0.96米，方向100°。坑内埋人骨架3具，均俯身。人架被覆盖在陶片下面。北方文化因素有管銎斧4件（A型3件、B型1件），A型环首刀3件，出土位置报告中未详细说明。伴出有盆4、圜底尊2、罍3、罍盖1。这个祭祀坑是1号基址奠基时祭祀的遗存。出土管銎斧有4件（1件不完整的），环首刀3件，与“刀斧葬”器物组合相同。小屯M164与建筑1号基址祭祀坑M10出土的陶器全部为泥质盛储器，缺少适于炊煮的夹砂陶器——陶鬲，与商式小型墓中炊器、盛储器组合完全不同。这是殷墟祭祀坑中陶器的一般情形。如果这代表了一组完整的日用陶器，其中可以作为炊器的只有圜底罐。商周时期，以罐作为炊器的考古学文化主要分布于西北地区，两座祭祀坑中的人牲可能与西北地区有关。

一般认为，祭祀坑中的人牲都是奴隶。而晚商的奴隶多来自战俘，在甲骨文中相关记载很多。除了在战场上俘获以外，还有专门的掠夺人口，如经常卜问能否“获羌”。也有少量进贡而来的奴隶。刀斧葬中的带箭伤、其他随葬有北方式兵器的奴隶应是在战场上俘获的。也有一些战俘没有被马上杀掉，可能从事劳役。在刀斧葬中也出土商式刀子就可以说明这一点。一些长于驾驭的人可能被用来做车马御手。从伴出品看，人牲应来自以管銎斧为兵器和以罐为炊器的地方，大体在北方地带中部、西部。

四、北方文化因素的可能来源

辨明来源地对探究祭祀坑中北方文化因素的意义而言无疑是最为关键的，但这也是最为困难的。金属成分检测是判明某种金属（器形）的来源、产地的有效途径，但这是以对不同考古学文化的器物做大量的检测、分析为基础的，而祭祀坑中的北方文化因素则基本没有做过成分检测。在这种情况下，器形对比是目前较为可行的办法。

A型环首刀在新疆东部[21]、甘青地区[22]、晋陕高原[23]等地均有发现，基本位于长城地带中西部（图五），是出现时间最早的刀子之一，齐家文化即有出土[24]。A型环首刀刀身与刀柄处呈钝角的特征最早只见于新疆、甘肃地区，说明那里应是这种刀子的发源地。

B型环首刀在新疆[25]、青海[26]、晋陕高原[27]、冀东-辽西[28]、外贝加尔[29]都有发现（图五）。夏时期就已出现，也是最早出现的刀子之一。

长条孔刀在新疆东部[30]、青海东北部[31]、晋陕高原[32]、冀东-辽西[33]有发现（图六）。刀身与B型环首刀相似，部分刀子年代可早到夏代，其他地区的多为晚商时期。台西遗址也曾出土[34]。

圆孔刀发现于新疆东部[35]、冀东-辽西[36]等地，刀身与A型环首刀相似，是北方地带年代最早的刀子之一，天山北路部分刀子年代也可早到夏代，辽西地区的属晚商时期。

三凸环首刀在晋陕高原[37]、冀东-辽西[38]、米努辛斯克盆地[39]、蒙古[40]等地都有发现（图七）。

兽首刀的发现范围最广，西到新疆[41]，东到冀东-辽西[42]均有发现（图八），遍及整个北方地带，是北方系青铜器中特征最为鲜明的一种器物。

蘑菇首刀也称“菌首”“伞形首”刀，米努辛斯克盆地此类刀子数量最多（多为折背式），可能是此类刀子的源地。另外还发现于内蒙古中南部[43]、关中北部[44]、

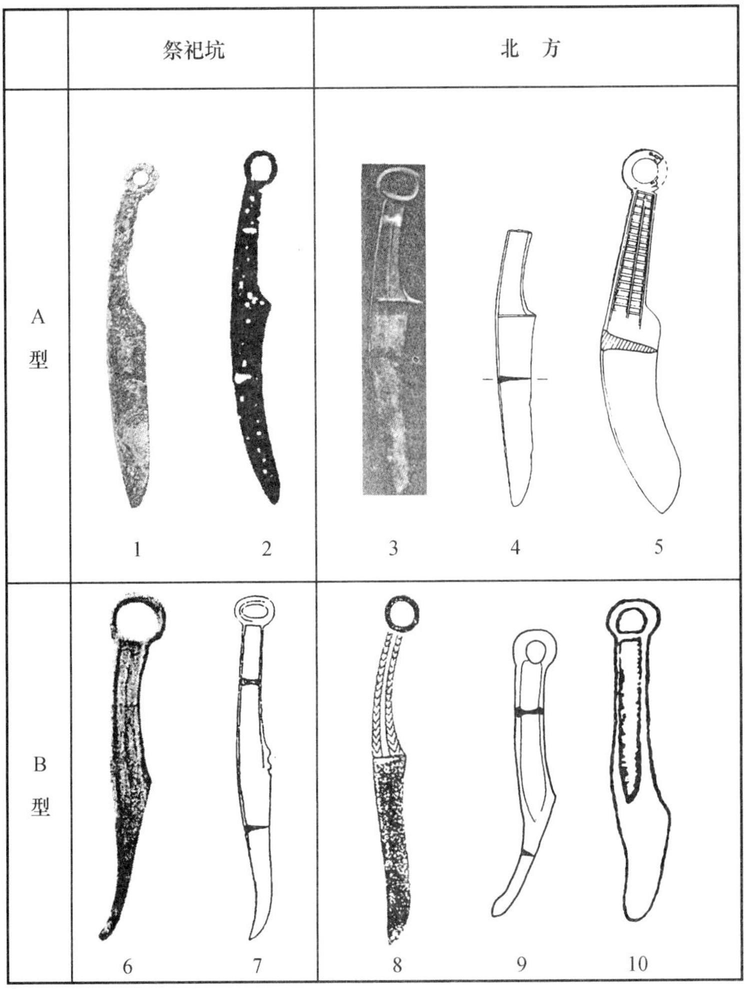

图五 环首刀与北方同类器比较

1. 侯家庄M1461 2. 侯家庄M1716 3. 子长李家塌 4. 宜川殿头 5. 潘家梁M221：208 6. 侯家庄M1546 7. 武官村北祭祀坑M202 8. 石楼褚家峪 9. 鄂尔多斯E·159 10. 外贝加尔

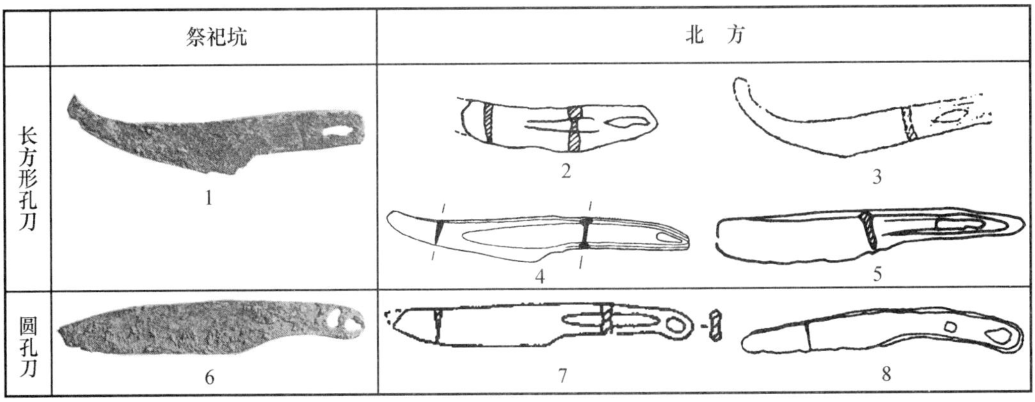

图六 长方形孔刀、圆孔刀与北方同类器比较

1. 侯家庄M1432：R7490：8 2、7. 天山北路墓地 3. 湟中潘家梁 4. 榆林文管所 5. 法库湾柳 6. 侯家庄M1008：R8965：8 8. 绥中冯家

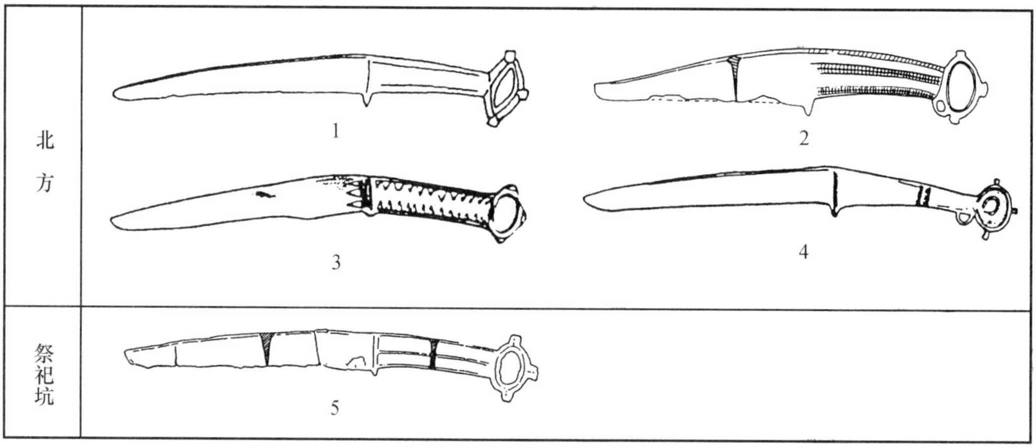

图七　三突环首刀与北方同类器比较

1. 石楼后兰家沟　2. 抚顺望花　3. 米努辛斯克盆地　4. 蒙古　5. 小屯M164：13：2853

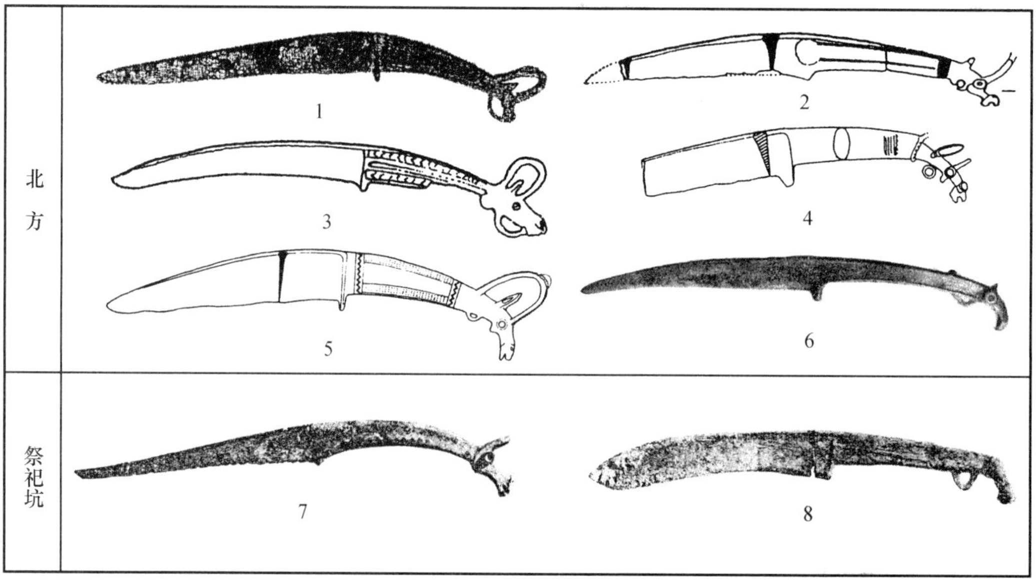

图八　兽首刀与北方同类器比较

1. 哈密花园乡　2. 建平二十家子　3. 绥德墕头村　4. 法库湾柳　5. 青龙抄道沟　6. 奈曼东犁　7. 侯家庄M1537：R9161：1　8. 侯家庄M1693：R9306：6

冀东–辽西[45]（图九）。

半环纽刀在齐家文化就已经出现，晚商时主要发现于晋陕高原一带[46]。内蒙古博物馆收藏一件铸造环首刀和半环纽刀的石范[47]（图一〇）。将晋陕高原地区定为半环纽刀的起源地大致不误。

管銎斧在整个北方地带均有分布，尚不见与A型形制相同者，但其各个组成要素基本都可在北方的管銎斧上找到。一是圆柱形内，主要见于关中[48]、冀东–辽西[49]的管

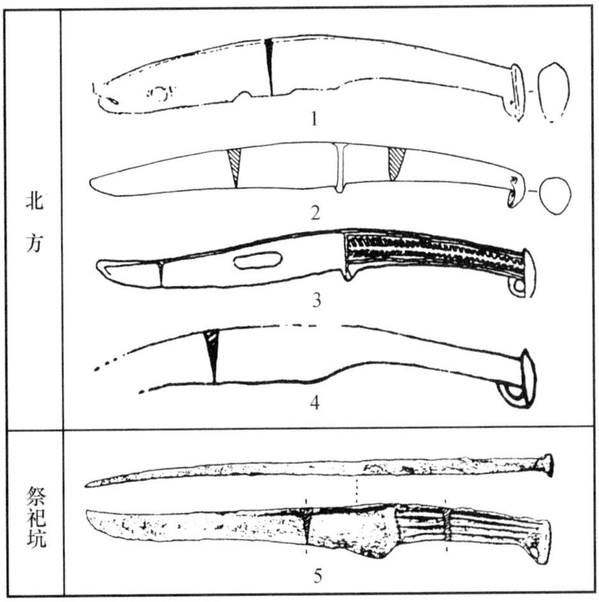

图九 蘑菇首刀与北方同类器比较

1. 后迁义99T1③：17 2. 赤峰 3. 冯家87SFJ1：12 4. 黑豆嘴M1 5. 小屯M238

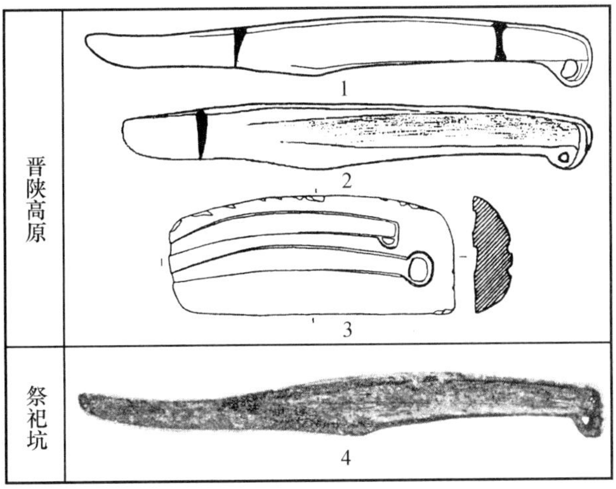

图一〇 半环纽刀与北方同类器比较

1. 鄂尔多斯 2. 榆林 3. 内蒙古博物馆收藏 4. 侯家庄M1461：R9150：1

銎斧上。二是凸弦纹，在晋陕高原[50]、冀东–辽西[51]等地的管銎斧上可以见到。A型可能是北方尚未发现的一种管銎斧。当然也存在另一种可能，祭祀坑中的管銎斧有很多较为轻薄，尺寸也不大，应不是实战用具，斧刃也非常齐整，没有因长期使用形成的弧形磨损痕迹，这些管銎斧可能是商人制作的明器。其模仿的原型则很有可能是晋陕高原常见的管銎钺[52]，平面形制器身较宽、管銎较短均与A型管銎斧非常相似。相较于管銎斧，商人更熟悉钺，因而仿制过程中把管銎斧当成了自己熟知的钺是很有可能的。

B型管銎斧形制等同于朱永刚先生划分的Bb型管銎斧[53]，高本汉著录的一件与之几乎完全相同，北方地带出土地明确的为清涧双庙河村、绥德黄家坡等地[54]，只是纹饰与B型管銎斧不同。在没有更多资料出现以前，似乎可将B型管銎斧的来源地划定在晋陕高原。

C型管銎斧的同类器集中发现于青海[55]（图一一），所不同的是青海的斧刃中间均有周缘凸起的圆孔，可能是地方特征，C型管銎斧的源头应在青海地区。

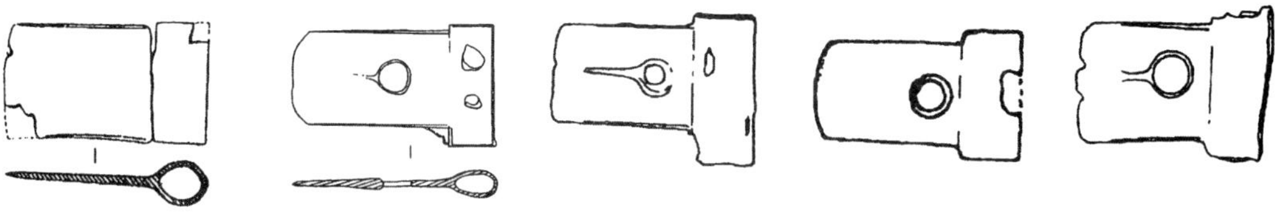

图一一　C型管銎斧与青海同类器比较

1. 丁组基址1号房基M10：7　2. 湟中潘家梁M138：1　3. 湟中潘家梁M117：1　4. 化隆上半主洼M14：4　5. 湟中潘家梁M10：5

挂缰钩目前以殷墟的发现最早，林沄先生认为其起源于北方地带[56]，并认为其原型可能是木质，保德林遮峪墓葬出土一对双球铃器，下端为空銎，可插入木柲。故宫博物院藏有双球铃首的挂缰钩，可知保德林遮峪的双球铃器实际是挂缰钩的首部。西周早期的宝鸡石鼓山M1也出土有一对挂缰钩的首部[57]。两个地点均在晋陕高原，这里为挂缰钩的发源地可能性较大。

目前其他晚商时代铜镜发现于晋陕高原[58]、陕西淳化[59]、河北张北[60]、滦南[61]、辽宁喀左[62]、甘肃平凉[63]、青海湟中[64]、大通[65]等地。虽然数量不多，但分布几乎遍及北方地带，可见当时北方文化普遍有使用铜镜的习惯。从目前铜镜的发现数量看，殷墟铜镜源自甘青或晋陕高原的可能性最大。与侯家庄M1005纹饰同样为四象限的铜镜，目前在北方地带仅发现于关中北部的淳化，但年代并不更早，其来源尚难以确定。

经以上分析，环首刀、长条孔刀、圆孔刀、三突环首刀、兽首刀、蘑菇首刀、铜镜在长城地带各地都有发现，地域性不强。只有如下几种器物的发源地较为清楚，半环纽刀为晋陕高原的特有器形；A、B型管銎斧、挂缰钩可能来源于晋陕高原；C型管銎斧可能来自青海。这样晋陕高原、青海就成为殷墟祭祀坑中北方文化因素的可能来源区域。从地域邻近的角度看，殷墟祭祀坑中的北方文化因素来自晋陕高原的可能性更大。这里也出土了环首刀、三突环首刀、兽首刀等北方地带广为发现的刀子（图一二），商文化器物在这里的发现也远远多于其他两个地区。但单凭器物形制就认定其来源于此稍显证据薄弱，还需结合当时的考古学文化格局进行分析，以确定这些北方文化因素是从何时、以何种方式出现在殷墟的。

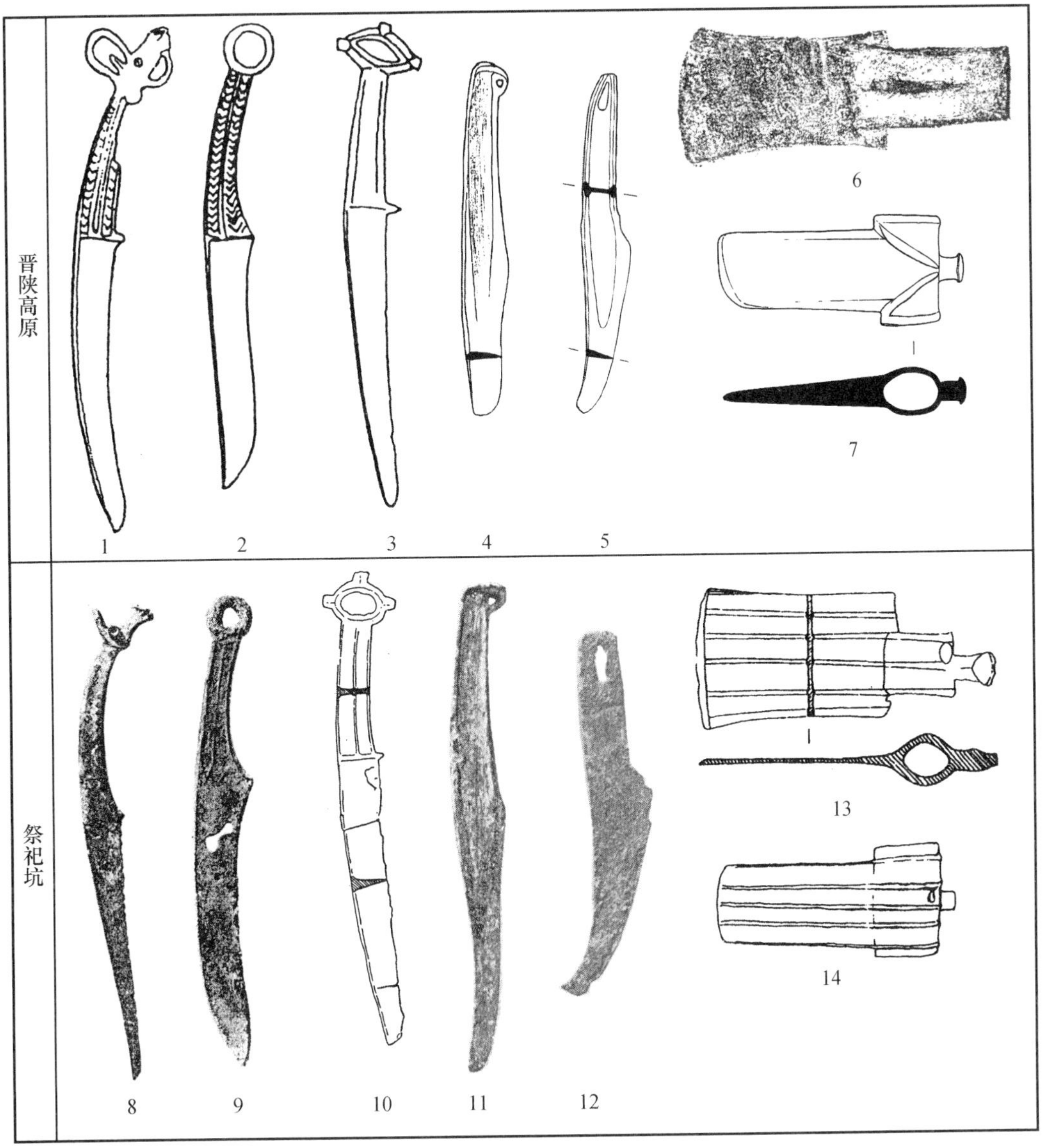

图一二 与晋陕高原同类器比较

1. 绥德墕头 2. 石楼褚家峪 3. 石楼后任家沟 4. 榆林 5. 榆林文管所 6. 绥德杨家峁 7. 绥德黄家坡 8. 侯家庄M1537：R9161：1 9. 侯家庄M1485：R9259：7 10. 小屯M164：4 11. 侯家庄M1461：R9150：1 12. 侯家庄M1432：R7490：8 13. 丁组基址1号房基M10：9 14. 侯家庄M2093：R9211

二里岗上层晚期，商文化衰落，商人经历了“九迁”。此时北方地区考古学文化格局也发生了大变动。原有的夏家店下层文化、大坨头文化、朱开沟文化或消失不见，或被取而代之。同时蛇纹器、花边鬲向东流布，大量北方系青铜器开始在长城地带广泛传播[66]。进入晚商时代，商人与北方开始了战争。在殷墟二期，商人的主要作战对象是西北方国，在甲骨文和历史文献中均有记载。战争时间之长，战争规模之大，前所未有，如《易经·既济》的“高宗伐鬼方，三年克之”；《库方二氏所藏甲骨卜辞·130》：“贞，登妇好三千，登旅万乎伐羌。”商西北可做商文化的劲敌的主要为李家崖文化（石楼类型），通常认为就是文献中的“鬼方”，有大型城址[67]和夯土建筑[68]，出土大量青铜礼器及兵器，可见实力之强大。但能与商进行长时间、大规模的战争，单凭一个李家崖文化恐怕难以做到，最有可能的是李家崖文化联合了西北地区的其他文化，形成一个联盟与商为敌。以目前的发现看，周边的黑豆嘴类型、保德类型以及鄂尔多斯地区的考古学文化均与李家崖文化存在密切联系。甲骨文所记商人对西北的作战最多的是工方，还有羌方、土方等其他方国，而鬼方辞例则很少[69]。从考古学文化和甲骨文两方面分析，商人对西北的作战对象当为包括了以李家崖文化为首的诸多考古学文化及人群的一个联盟，暂且称之为“鬼方集团”。祭祀坑中的北方文化因素主要通过与鬼方集团的战争出现于殷墟，有的是战俘所用的器物，也有的是非战争俘获的北方人带来的，还有的则可能是商人仿制的北方式器物。当然也不能排除其他情况，如和平时期的赠与和入贡等。

五、结　　语

在殷墟出土北方文化因素的多种单位中，祭祀坑中所出的北方文化因素的种类仅次于中型墓。种类虽然不多，但数量远远超过其他类型单位所出北方文化因素的总和。祭祀坑出土的北方文化因素为寻常的工具、兵器，使用者也多是战俘、奴隶，但对商文化的影响却是巨大的。而大型、中型墓葬中的北方文化因素则更多反映的是缴获战利品的炫耀。

商人俘获北方战俘，带来了人力、器物、技术。相对于将战俘俘获之后就杀掉祭祀，将其蓄养起来作为奴隶对商文化的意义更大。奴隶在繁重的劳役中，对商文化的器用和技术方面产生了潜移默化却深远的影响。自殷墟二期，在工具方面，连铸刀子成为中原刀子的主体形制，改变了中原短茎刀的传统，北方式刀子则成了马车上的“标准配置”；在兵器方面，管銎技术开始被商文化借鉴；在交通方面，大量谙熟车马的北方人在中原“供职”，促进了中原车马技术和交通方式的发展。

战争在这个过程中起了重要作用，是北方传统技术和人来到中原的主要途径，也是商文化吸收外来技术以革新自身的外在动力，在殷墟早期也是中原文化与北方文化互动的主要形式。更有深远意义的是，商文化以此抵御了以北方系青铜器流布为表现形式的北方人群的冲击，并在这个过程中获得发展动力、技术及人力，经历了“九迁”的商人重新崛起，创造了辉煌的晚商文化。

注　　释

[1]　高去寻. 刀斧葬中的铜刀[A]. 历史语言研究所集刊第37本[C]. 台北：历史语言研究所，

1967：355–381. 以下侯家庄西北岗王陵刀斧葬内出土铜刀均出自该文，不另注。

［2］ 李济. 记小屯出土之青铜器（中篇·锋刃器）［A］. 李济考古学论文选集［C］. 北京：文物出版社，1990：624–671.

［3］ 安阳亦工亦农文物考古短训班. 安阳殷墟奴隶祭祀坑的发掘［J］. 考古，1977（1）：20–36.

［4］ 石璋如. 小屯第一本遗址的发现与发掘丙编殷墟墓葬之二——中组墓葬［C］. 台北：历史语言研究所，1972.

［5］ 转引自乌恩. 殷至周初的北方青铜器［J］. 考古学报，1985（2）：135–155，注47. 本文中有多件器物为高本汉著录，均引自乌恩先生这篇文章，不另注。

［6］ 石璋如. 小屯第一本遗址的发现与发掘丙编殷墟墓葬之一——北组墓葬［C］. 台北：历史语言研究所，1970：396.

［7］ 陈芳妹. 故宫所藏殷至周初的异形兵器及其所反映的文化关系问题——商周青铜兵器研究之二［A］. 故宫青铜兵器图录［C］附录. 台北：故宫博物院，1995：241–289.

［8］ 石璋如. 小屯第一本遗址的发现与发掘丙编殷墟墓葬之一——北组墓葬［C］. 台北：历史语言研究所，1970：394.

［9］ 高去寻. 殷代的一面铜镜及其相关问题［A］. 历史语言研究所集刊第二十九本——庆祝赵元任先生六十五岁论文集（下册）［C］. 台北：历史语言研究所，1958：685–719.

［10］ a.胡平生. 安阳小屯YM238的年代问题［J］. 考古与文物，1982（6）：51–56.
b.彭裕商. 小屯乙十一基址与M238的年代［J］. 考古与文物，1989（6）：56–61.
c.林沄. 商文化青铜器与北方地区青铜器关系之再研究［A］. 考古学文化论集（一）［C］.北京：文物出版社，1987：129–155.

［11］ 中国社会科学院考古研究所. 殷墟妇好墓［M］. 北京：文物出版社，1980.

［12］ 郭宝钧. 1950年春殷墟发掘报告［J］. 中国考古学报，1951（5）：1–62.

［13］ 河北省文物研究所，等. 武安赵窑发掘报告［J］. 考古学报，1992（3）：329–364.

［14］ 石璋如. 小屯第一本遗址的发现与发掘丙编殷墟墓葬之一北组墓葬（上）［C］. 台北：历史语言研究所，1970：140.

［15］ 杨希枚. 河南安阳殷墟墓葬中人体骨骼的整理和研究［A］. 安阳殷墟头骨研究［C］. 北京：文物出版社，1985：21–44.

［16］ 罗琨. 商代人祭及相关问题［A］. 甲骨探史录［C］. 上海：三联书店，1992：112–191.

［17］ 黄展岳. 古代人殉人牲通论［M］. 北京：文物出版社，2004：61.

［18］ 王宇信，杨升南. 甲骨学一百年［M］. 北京：社会科学文献出版社，1999：478.

［19］ a.袁靖等. 中国动物考古学研究的两个问题［N］. 中国文物报，1997–4–26.
b.水涛. 驯马、马车与骑马民族文化［N］. 中国文物报，1997–6–15.
c.韩东. 也谈家马的起源与其他［N］. 中国文物报，1999–6–23.

［20］ 林沄. 商文化青铜器与北方地区青铜器关系之再研究［A］. 考古学文化论集（一）［C］. 北京：文物出版社，1987：129–155.

［21］ 吕恩国，常喜恩. 新疆青铜时代考古文化浅论［A］. 苏秉琦与当代中国考古学［C］. 北京：科学出版社，2001：172-193，图一六：1，3.

［22］ 青海省文物考古研究所. 青海湟中下西河潘家梁卡约文化墓地［A］. 考古学集刊（8）［C］. 北京：科学出版社，1994：28-86.

［23］ a.齐天谷. 陕西子长县出土的商代青铜器［J］. 考古与文物，1989（5）：140-141.
b.田广金，郭素新. 鄂尔多斯式青铜器［M］. 北京：文物出版社，1986：25.
c.内蒙古中南部的鄂尔多斯地区在地理分区上也属晋陕高原，因此本文将出土于这里的器物均纳入晋陕高原。

［24］ 李水城. 西北与中原早期冶铜业的区域特征及交互作用［J］. 考古学报，2005（3）：241，图二：18.

［25］ 吕恩国，常喜恩. 新疆青铜时代考古文化浅论［A］. 苏秉琦与当代中国考古学［C］. 北京：科学出版社，2001：172-193，图一六：7，11.

［26］ 青海省湟源县博物馆等. 青海湟源县大华中庄卡约文化墓地发掘简报［J］. 考古与文物，1985（5）：图十六，9.

［27］ a.山西吕梁地区文物工作室. 山西石楼褚家峪、曹家塬发现商代铜器［J］. 文物，1981（8）：49-53.
b.田广金，郭素新. 鄂尔多斯式青铜器［M］. 北京：文物出版社，1986：25.

［28］ 李殿福. 库伦、奈曼两旗夏家店下层文化遗址的分布与内涵［A］. 文物资料丛刊（7）［C］. 北京：文物出版社，1985：98-114.

［29］ 杨建华. 商周时期中国北方冶金区的形成——商周时期中国北方青铜器的比较［A］. 边疆考古研究（第6辑）［C］. 北京：科学出版社，2008：194，注62.

［30］ 北京科技大学冶金与材料史研究所等. 新疆哈密天山北路墓地出土铜器的初步研究［J］. 文物，2001（6）：79-89，图一，1.

［31］ a.青海省文物考古研究所. 青海湟中下西河潘家梁卡约文化墓地［A］. 考古学集刊（8）［C］.北京：科学出版社，1994：28-86，图三四：9.
b.李水城. 西北与中原早期冶铜业的区域特征及交互作用［J］. 考古学报，2005（3）：239-277，图五：2.

［32］ 陕西省考古研究院. 陕北出土青铜器［M］. 成都：巴蜀书社，2009：505.

［33］ 王云刚，等. 绥中冯家商代窖藏铜器［J］. 辽海文物学刊，1996（1）：51-55.

［34］ 河北省文物研究所. 藁城台西商代遗址［M］. 北京：文物出版社，1985：82，图五三，11.

［35］ 出自天山北路墓地，参见：
a.李水城. 西北与中原早期冶铜业的区域特征及交互作用［J］. 考古学报，2005（3）：239-277，图七，7.
b.吕恩国，常喜恩. 新疆青铜时代考古文化浅论［A］. 苏秉琦与当代中国考古学［C］. 北京：科学出版社，2001：172-193，图一八，2.

［36］ 王云刚，等. 绥中冯家商代窖藏铜器［J］. 辽海文物学刊，1996（1）：51–55.
［37］ a.郭勇. 石楼后兰家沟发现商代青铜器简报［J］. 文物，1962（4/5）：34–35.
b.山西文物管理委员会保管组. 山西石楼县二郎坡出土商周青铜器［J］. 文物参考资料，1958（1）：36–38.
［38］ a.抚顺市博物馆. 辽宁抚顺市发现殷代青铜环首刀［J］. 考古，1981（2）：190.
b.王云刚，等. 绥中冯家商代窖藏铜器［J］. 辽海文物学刊，1996（1）：51–55.
c.锦州市博物馆. 辽宁兴城县杨河发现青铜器［J］. 考古，1978（6）：387.
［39］ 杨建华. 商周时期中国北方冶金区的形成——商周时期中国北方青铜器的比较［A］. 边疆考古研究（第6辑）［C］，北京：科学出版社，2008：165–197，图二十三.
［40］ 同［39］.
［41］ 王炳华. 新疆东部发现的几批铜器［J］. 考古，1986（10）：887–890.
［42］ 郭大顺. 辽河流域"北方式青铜器"的发现与研究［J］. 内蒙古文物考古，1993（1/2）：23–28.
［43］ 田广金，郭素新. 鄂尔多斯式青铜器［M］. 北京：文物出版社，1986：26.
［44］ 姚生民. 陕西淳化县出土的商周青铜器［J］. 考古与文物，1986（5）：12–22.
［45］ a.王云刚，等. 绥中冯家商代窖藏铜器［J］. 辽海文物学刊，1996（1）：51–55.
b.张文瑞. 冀东地区龙山至青铜时代考古学文化研究［D］. 吉林大学硕士学位论文，2004：30.
［46］ a.陕西省考古研究院. 陕北出土青铜器［M］. 成都：巴蜀书社，2009：510
b.田广金，郭素新. 鄂尔多斯式青铜器［M］. 北京：文物出版社，1986：26.
［47］ 转引自李刚. 中国北方青铜器的欧亚草原文化因素［D］. 南京大学博士学位论文，2004：图4.1，13.
［48］ 姚生民. 陕西淳化县出土的商周青铜器［J］. 考古与文物，1986（5）：12–22.
［49］ 郭大顺. 辽河流域"北方式青铜器"的发现与研究［J］. 内蒙古文物考古，1993（1/2）：23–28.
［50］ 杨绍舜. 山西柳林高红发现商代铜器［J］. 考古，1981（3）：211–212.
［51］ 辽宁大学历史系考古教研室等. 辽宁法库县湾柳遗址发掘［J］. 考古，1989（12）：1076–1086.
［52］ 吴兰，宗宇. 陕北发现商周青铜器［J］. 考古，1988（10）：955–957.
［53］ 朱永刚. 中国北方的管銎斧［J］. 中原文物，2003（2）：30–44+50.
［54］ 陕西省考古研究院. 陕北出土青铜器［M］. 成都：巴蜀书社，2009：407，410.
［55］ a.青海省文物考古研究所. 青海湟中下西河潘家梁卡约文化墓地［A］. 考古学集刊（8）［C］. 北京：科学出版社，1994：28–86.
b.青海省文物考古研究所. 青海化隆县上半洼卡约文化墓地第二次发掘［J］. 考古，1998（1）：51–64.
［56］ 林沄. 商文化青铜器与北方地区青铜器关系之再研究［A］. 考古学文化论集（一）［C］. 北京：文物出版社，1987：129–155.
［57］ 石鼓山考古队. 陕西宝鸡石鼓山西周墓葬发掘简报［J］. 文物，2013（2）：4–54.

［58］ 田广金，郭素新. 鄂尔多斯式青铜器［M］. 北京：文物出版社，1986：143.
［59］ 姚生民. 陕西淳化县出土的商周青铜器［J］. 考古与文物，1986（5）：12-22.
［60］ 转引自宋新潮. 中国早期铜镜及其相关问题［J］. 考古学报，1997（2）：147-169，注43.
［61］ 张文瑞. 冀东地区龙山及青铜时代考古学文化研究［D］. 吉林大学硕士学位论文，2003：30.
［62］ 郭大顺. 试论魏营子类型［A］. 考古学文化论集（1）［C］. 北京：文物出版社，1987：79-98.
［63］ 高阿申. 甘肃平凉发现一件商代铜镜［J］. 文物，1991（5）：96.
［64］ 李汉才. 青海湟中县发现古代双马铜钺和铜镜［J］. 文物，1992（2）：16.
［65］ 刘宝山. 青海出土的几种早期青铜器［J］. 青海文物，1996（10）：75-77.
［66］ 韩嘉谷. 花边鬲寻踪——兼谈我国北方长城文化带的形成［A］. 北方考古研究（四）［C］. 郑州：中州古籍出版社，1999：141-152.
［67］ 张映文，吕智荣. 陕西清涧县李家崖古城址发掘简报［J］. 考古与文物，1988（1）：47-56.
［68］ 山西省考古研究所. 2004柳林高红商代夯土基址试掘简报［A］. 三晋考古（第三辑）［C］. 太原：山西人民出版社，2006：116-127.
［69］ 林小安. 殷武丁臣属征伐与行祭考［A］. 甲骨文与殷商史（第二辑）［C］. 上海：上海古籍出版社，1986：223-302.

A Study on the Northern Cultural Factors from the Burial Pits in Yinxu Site

HAN Jin-qiu

Yinxu was the capital of late Shang Dynasty during 13th–11th century BC. As the reflection of cultural communication, a large number of Northern cultural factors was found from all kinds of units in the past 90 years since 1920s. Some of them were unearthed from the burial pits. The paper is aimed to make a discussion on the northern cultural factors unearthed from the burial pits, and try to reveal the meaning among them.

中山灵寿城东周时期墓葬研究*

滕铭予

（吉林大学边疆考古研究中心，长春，130012）

“中山”是东周时期由北方地区少数民族“鲜虞”建立于太行山东麓的国家，其首见于史书为公元前506年[1]，曾于公元前407年灭于魏，后桓公复国，最终于公元前296年灭于赵，前后历国二百余年。由于桓公复国后国力达到鼎盛，地位仅次于战国七雄[2]，成为东周历史上非常重要的一个国家，加之有学者认为与中山国有关的考古学文化是研究东周时期北方长城地带“狄人”文化的重要切入点[3]，因此有关中山国的考古发现就成为考古学和历史学都非常关注的热点。史载“中山武公初立居顾，桓公徙灵寿”[4]，而发现于河北省中部平山县境的灵寿城，即为中山桓公复国后所徙之灵寿。目前与灵寿城有关的考古工作主要有对王兿墓的发掘，以及对灵寿城内外的发掘与调查，相关报导分别见于1996年发表的《兿墓——战国中山国国王之墓》[5]和2006年发表的《战国中山国灵寿城——1975～1993年考古发掘报告》[6]。

在《兿墓——战国中山国国王之墓》和《战国中山国灵寿城——1975～1993年考古发掘报告》中，除了对城外西侧的王兿墓、城内西部王陵区的“成公”墓进行了较为详细的报导以外，还对王陵区内其他的中山王族墓和部分陪葬墓，以及在城址外发现的一般墓葬进行了介绍。灵寿城的始建大体在公元前380年，即桓公复国建灵寿，一直到公元296年，赵灭中山，灵寿城结束了其作为中山国都城的历史[7]。在这里发现的王兿墓、成公墓，以及附近的王族墓、陪葬墓等，其年代均在灵寿城作为中山国都城的范围之内，而其他在城外发现的墓葬，其年代跨度则远远超过了灵寿城作为中山国都城的时期。本文将在梳理灵寿城发现的东周时期墓葬年代的基础上，讨论与中山国历史发展过程相关的一些问题。

一

《战国中山国灵寿城——1975～1993年考古发掘报告》将在灵寿城发现的墓葬分

* 基金项目：教育部人文社会科学重点研究基地重大项目“东周时期三晋地区与北方地区的文化互动”（2008JJD780113）。

别以春秋中、晚期中山鲜虞族墓，战国早期中山鲜虞族墓和战国中晚期墓葬进行介绍，笔者对部分墓葬的年代存有不同看法，分别论述如下。

在灵寿城发现的墓葬，根据其年代大体可分为四个阶段。

1. 第一阶段：春秋中晚期

原报告认定属于这一时期的墓葬共9座[8]，并称之为鲜虞族墓，分别分布在访驾庄北、访驾庄西北和北七汲村北。报告对其中的4座墓进行了介绍，其中访驾庄北M8002、访驾庄西北M8004和北七汲村北M8212为春秋中期，访驾庄北M8006为春秋晚期。笔者认为访驾庄北M8002和M8006的年代并不属于这一阶段，这两座墓葬的年代将在下文讨论。

访驾庄西北M8004为土圹竖穴墓，有积石，墓向东向偏北，推测墓主人为男性。该墓没有被盗扰，随葬器物有中原式青铜礼器无盖鼎、匕各1件（图一，1、2），另有工具、兵器、车马器、装饰品等。其中的无盖鼎为判断该墓年代提供了重要的线索，此鼎与洛阳中州路M2415所出相近（图一，3），纹饰虽较后者更细密，但洛阳中州路M2415中共出的敦和匜的纹饰亦较细密，因此访驾庄西北M8004无盖鼎的年代与中州路M2415接近，或为春秋中期偏早[9]，或稍晚之。

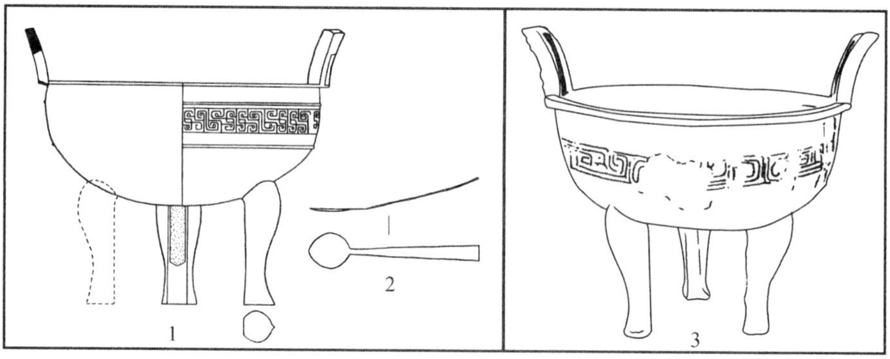

图一　访驾庄西北M8004年代对比

1. 访驾庄西北M8004：15　2. 访驾庄西北M8004：17　3. 洛阳中州路M2145：4

北七汲村北M8212为土圹竖穴墓，墓向为西，因被严重盗扰其随葬器物仅余4枚尖首刀（图二，上左）。与之形制相同的尖首刀还见于葫芦沟M44、M97、M151（图二，下右），以及玉皇庙墓地M164、M380（图二，下中）等墓。葫芦沟墓地随葬有尖首刀的墓葬大都只共出一件陶罐，玉皇庙M380除尖首刀外只有作为项饰的石珠，仅据上述器物要判断这些墓葬的年代尚有难度，不过玉皇庙M164除尖首刀外，还共出1件双环蛇形首的直刃匕首式短剑和1件夹砂陶罐（图三，左），笔者曾作《玉皇庙墓地出土的直刃匕首式短剑研究》一文，指出双环蛇形首直刃匕首式短剑仅见于玉皇庙墓地南区，其年代大体在春秋晚期早段，最晚可能到春秋战国之际[10]。玉皇庙墓地还有

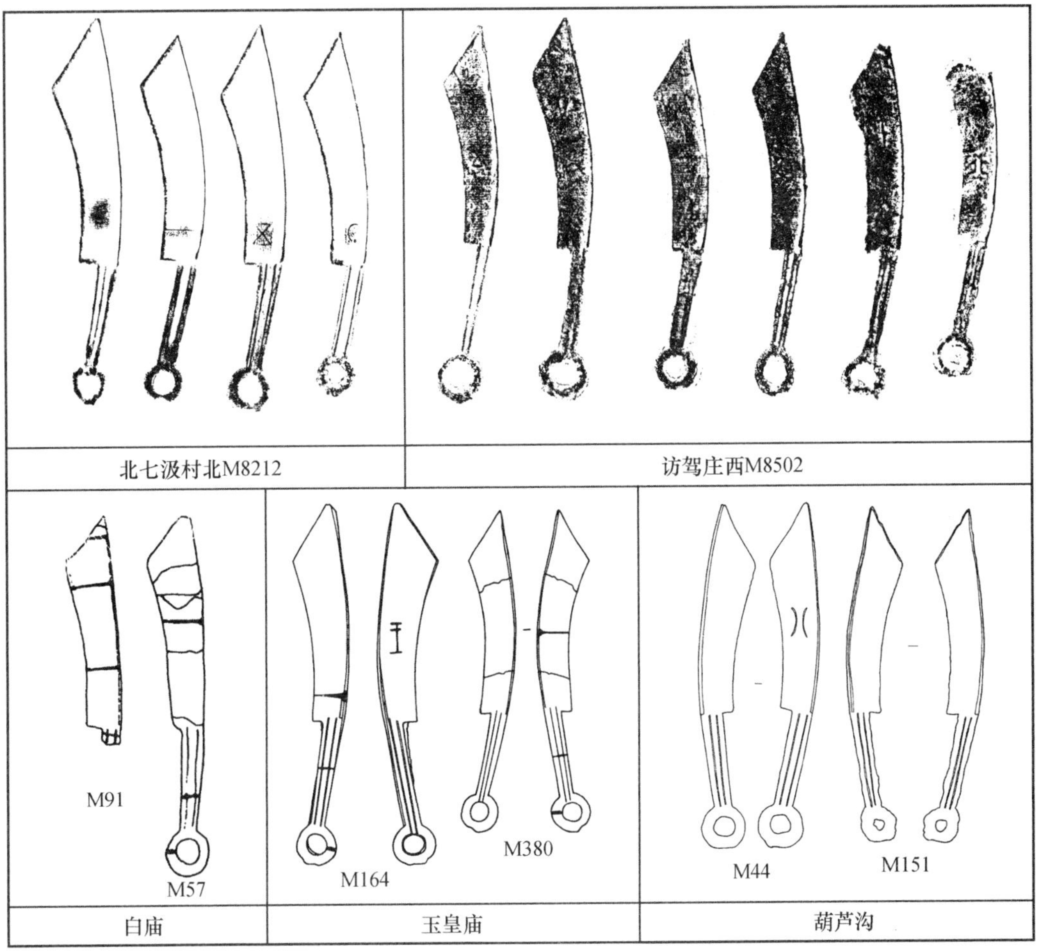

图二 北七汲村北M8212出土尖首刀对比图

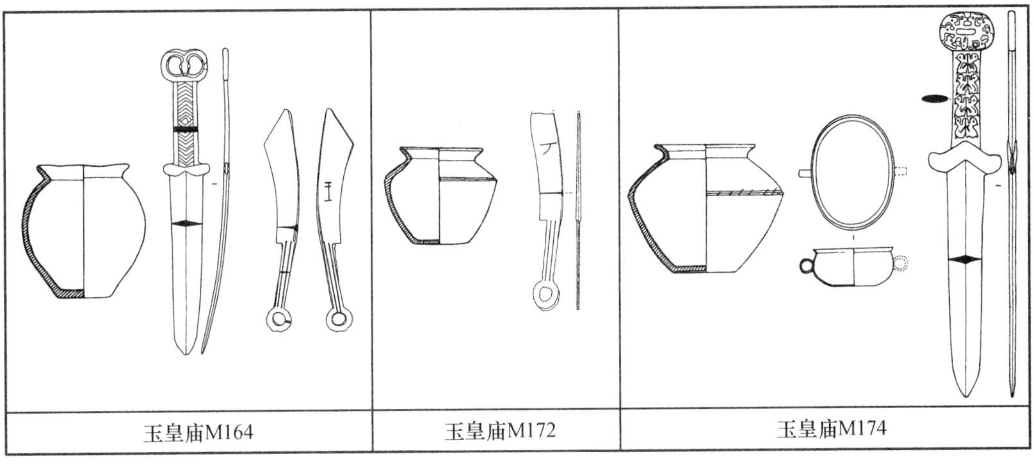

图三 玉皇庙M164所出尖首刀对比图

M172随葬残尖首刀（图三，中），虽然尖首刀的首部残破无法与完整者进行比较，但该墓使用尖首刀随葬作为一种时代风俗，应与同墓地其他随葬尖首刀的墓葬大体同时。M172随葬的泥质折肩罐与M174所出相同，而M174共出了中原式青铜礼器鉌（图三，右），其年代在春秋晚期晚段[11]。另外，林沄先生曾对冀北山地属于玉皇庙文化的白庙墓地出土的尖首刀进行了讨论，在认定其为“狄刀”的基础上，指出在冀北地区墓葬中已发现的尖首刀其年代均不早于春秋晚期[12]。林沄先生所论白庙墓地出土的尖首刀虽已残破，但仍能看出其刀身前端明显宽于柄端，尖首锐凸，大弧背，刀上或铸有文字、符号（图二，下左），而北七汲村北M8212所出的尖首刀与之非常相似。综合考虑上述因素，北七汲村北M8212的年代不会早到春秋中期，应以春秋晚期为是。

同样随葬有尖首刀的墓葬还有访驾庄西M8502（图二，上右），为土圹竖穴墓，有积石，墓向东偏北。该墓长达4.9、宽4.3米，是该墓地规模最大者。因盗扰严重，仅在椁底南侧残存有14捆尖首刀，每捆100枚，另在椁室西南端有残破的陶片，可辨器形者有鬲[13]、尊和盆。原报告认为该墓年代为战国早期，但其出土的尖首刀形制与北七汲村北M8212相同，均为刀身前端明显宽于柄端，大弧背，因此该墓的年代当与北七汲村北M8212相同，也在春秋晚期。

另有北七汲村内北M8216，土圹竖穴墓，一棺一椁，墓向北偏西，盗扰后的劫余有陶鬲2件，平盘豆1件，原报告认为该墓的年代为战国早期。其出土的鬲为夹砂灰陶，长筒腹，裆部稍向下弧，三小足（图四，1、2）。在灵寿城一号居址下层曾出土过夹砂灰陶鬲，其整体形态和纹饰与北七汲村内北M8216所出不同，但是其裆部稍向下弧，三小足，却与M8216所出有异曲同工之处（图四，4、5）。一号居址的年代在城址建立之前[14]，其下限应不会晚于战国早期，而东周时期三晋地区陶鬲发展的一般规律是鬲的裆部经历了从弧裆到平裆再至裆部下弧的变化过程，而春秋晚期到战国早期，正是鬲的裆部由平裆向下弧的变化时期。M8216出土的平盘豆，豆盘壁较薄，豆把上下近直（图四，3），而灵寿城战国早期墓葬如岗北村西M8011中出土的平盘豆，豆盘壁较厚，豆把上粗下细（图四，6），年代稍晚的岗北村东M8008所出平盘豆，不仅豆把呈曲线，而且在近底处有一道凸棱（详见下文），显然北七汲村内北M8216所出的平盘豆年代应早于岗北村西M8011所出。由此，北七汲村内北M8216的年代以春秋晚期为宜。

综上，属于春秋中晚期的墓葬有访驾庄西北M8004、北七汲村北M8212、访驾庄西M8502、北七汲村内北M8216。

2. 第二阶段：战国早期

原报告认为属于这一期的墓葬共有18座[15]，分布在访驾庄、七三水库、北七汲村、穆家庄西和蒲北窑场等处。报告对穆家庄西M8101和M8102、北七汲村内北M8216、访驾庄北M8221、访驾庄西M8502、蒲北窑场M9307共6座墓进行了介绍，年代全部为战国早期。

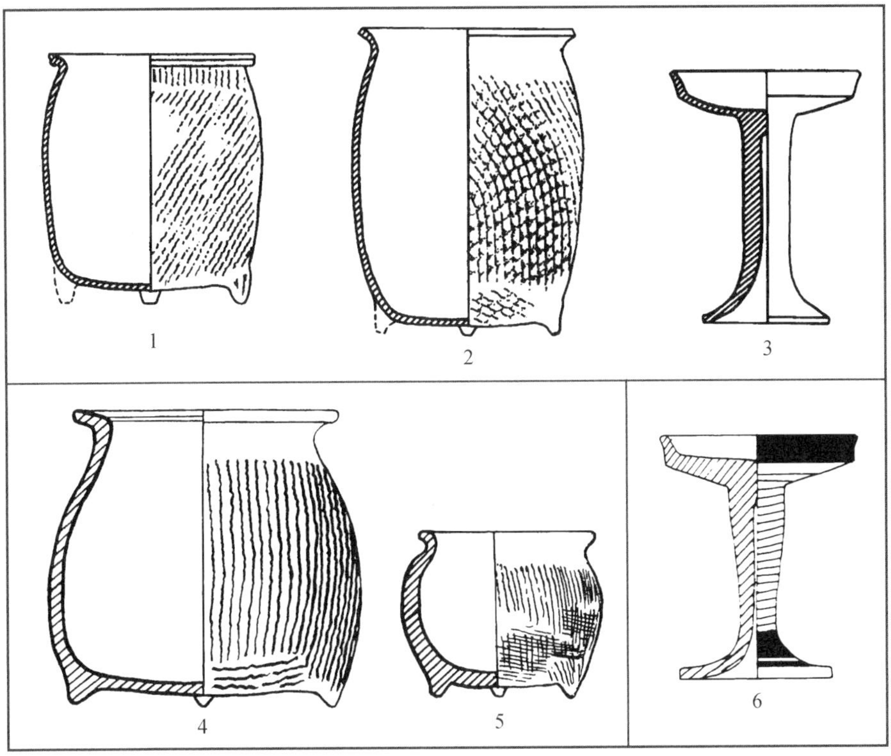

图四　北七汲村内北M8216所出陶鬲对比图

1. 北七汲村内北M8216：3　2. 北七汲村内北M8216：4　3. 北七汲村内北M8216：1　4、5. 灵寿城一号居址采集　6. 岗北村西M8011：11

上述6座墓中，访驾庄西M8502和北七汲村内北M8216在前文已进行了讨论，其年代应该在春秋晚期。穆家庄西M8101和M8102均为土圹竖穴，积沙，墓向均为西偏北。两墓因随葬了铜礼器鼎、豆、敦、壶、铏，以及冀北山地玉皇庙文化的典型器物包金虎形饰、螭柄的直刃匕首式短剑等而引起学者的广泛关注（图五、图六）。朱凤瀚先生在《中国青铜器综论》中对两墓进行了专门的讨论，指出两墓所出青铜礼器中既有春秋晚期的齐器，也有与三晋、燕地战国早期流行的同类器物相似者。由于这两座墓的上部均被灵寿城城垣所破坏，因此其年代下限不会晚于战国早期，大体在战国早期晚段[16]。需要说明的是，朱书认为穆家庄西M8102随葬的盖豆（M8102：3）为燕式豆，该豆豆盖上有三环纽，与已发现的燕式豆豆盖或为圈形捉手、或为三长足形纽并不相同，实际上形制与其最为接近的当属济南左家洼M1：4[17]，而这种豆盖有三环纽的长柄盖豆亦是同时期齐地盖豆的典型标志[18]，因此，穆家庄西M8102随葬的盖豆很可能是来自齐地的器物。

访驾庄北M8221为土圹竖穴墓，有积石，墓向北，该墓未经盗扰。随葬品均为实用的兵器、工具和属于服饰用品的带钩（图七，上）。该墓随葬的螭柄直刃匕首式短剑与

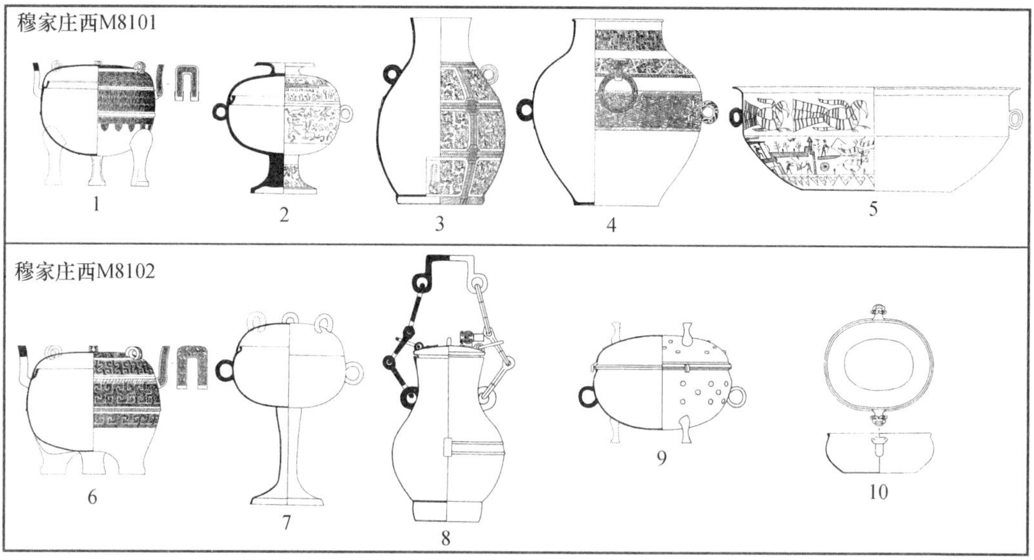

图五　穆家庄西M8101、M8102随葬器物之一

1. M8101：1　2. M8101：2　3. M8101：3　4. M8101：5　5. M8101：4　6. M8102：1　7. M8102：3　8. M8102：4　9. M8102：7　10. M8102：6

穆家庄西M8102所出非常接近，所出中原式铜戈援虽较短，但援锋已呈流线型，与穆家庄西M8101所出相同，原报告认为该墓墓主人为武士，年代为战国早期，当是。

蒲北窑场M9307，土圹竖穴，墓向北偏西。发现时已被严重破坏。据报告该墓所出带钩形制与M8101和M8221所出相同，另有5枚尖首刀，其形制与前述春秋晚期各墓所出有明显的不同，形体稍小，弧背不明显，已近直刀，因此原报告对于该墓的年代判断是正确的。另外，在灵寿城内发现了多处铸币作坊，出土了大量制作各种刀币的陶范，但是没有发现制造尖首刀的陶范，这些现象可以说明在灵寿城建城之后所铸造的刀币并不包括尖首刀，这也从另一个角度说明尖首刀流行的年代下限不会晚到灵寿城建城之后，最晚即到战国早期。

除了上述原报告认为属于战国早期的墓葬以外，笔者认为报告刊布的墓葬中，还有一部分墓葬的年代应当属于这一时期。

访驾庄北M8002，土圹竖穴，墓向东偏北，一棺一椁，有二层台，在南、北和西侧二层台上各有一个殉人。该墓早年经盗扰，劫余仅有海贝、石贝，另在盗洞内发现有用于车軎的铜辖和马衔等。原报告认为此墓年代在春秋中期。该墓出土的中原式马衔内环为圆形，这种马衔的内环在中原地区经历了从水滴形到圆形的变化，内环为圆形的马衔大量出现是在春秋晚期。而该墓出现了无积石，有殉人，随葬中原式车马器等多种与中原文化有关的现象，在冀北山地玉皇庙文化中则是在战国早期时出现[19]。虽然灵寿城所处位置较冀北山地玉皇文化更接近中原地区，可能会较早受到中原文化的影响，但考虑到战国早期时这里尚有墓葬如访驾庄北M8221，还保留有积石、随葬螭柄直刃匕首式

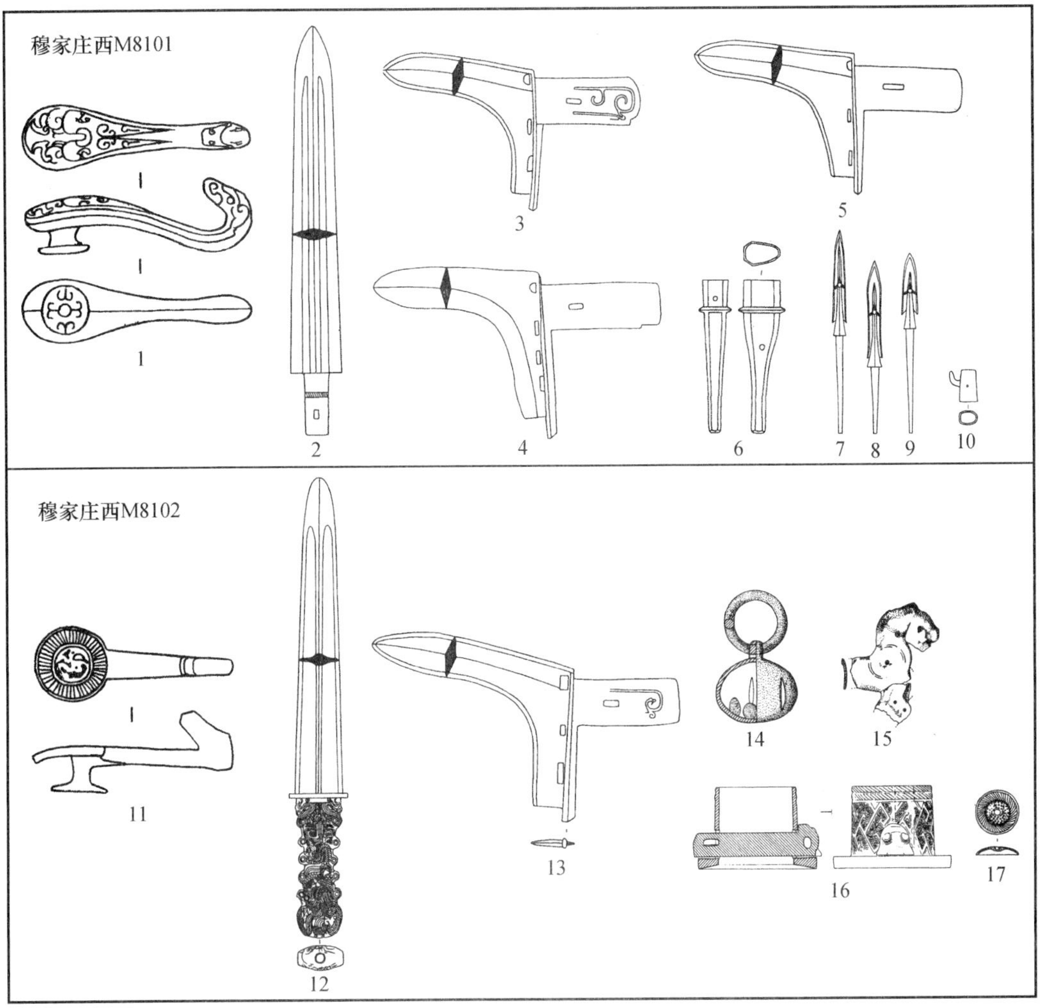

图六　穆家庄西M8101、M8102随葬器物之二

1. M8101：12　2. M8101：7　3. M8101：8　4. M8101：13　5. M8101：9　6. M8101：6　7. M8101：10-1　8. M8101：10-7　9. M8101：10-9　10. M8101：11　11. M8102：9　12. M8102：12　13. M8102：14　14. M8102：11　15. M8102：15　16. M8102：10　17. M8102：17

短剑等传统因素，综合考虑访驾庄北M8002的年代应该不会早到春秋中期，很可能已经到了战国早期。

访驾庄北M8006，土圹竖穴，有积石，墓向东偏北。该墓被严重盗扰，仅在椁外北部的积石底部发现1件铜甗。原报告只是表述根据墓葬形制和随葬铜甗的器形判断该墓年代为春秋晚期，并未进行具体的说明。如上文所述，积石墓并不是春秋晚期墓葬的独有形制，而M8006所出铜甗为上甑下鼎式，其上甑为大口斜直腹，口沿有附耳，下鼎的腹部呈扁球状，三足细长，肩上有双环耳（图八，1）。由于这种甗形制特殊，主要发现于滹沱河流域及其北部的沙河、唐河流域这一时期的墓葬中，如行唐黄龙岗[20]、曲

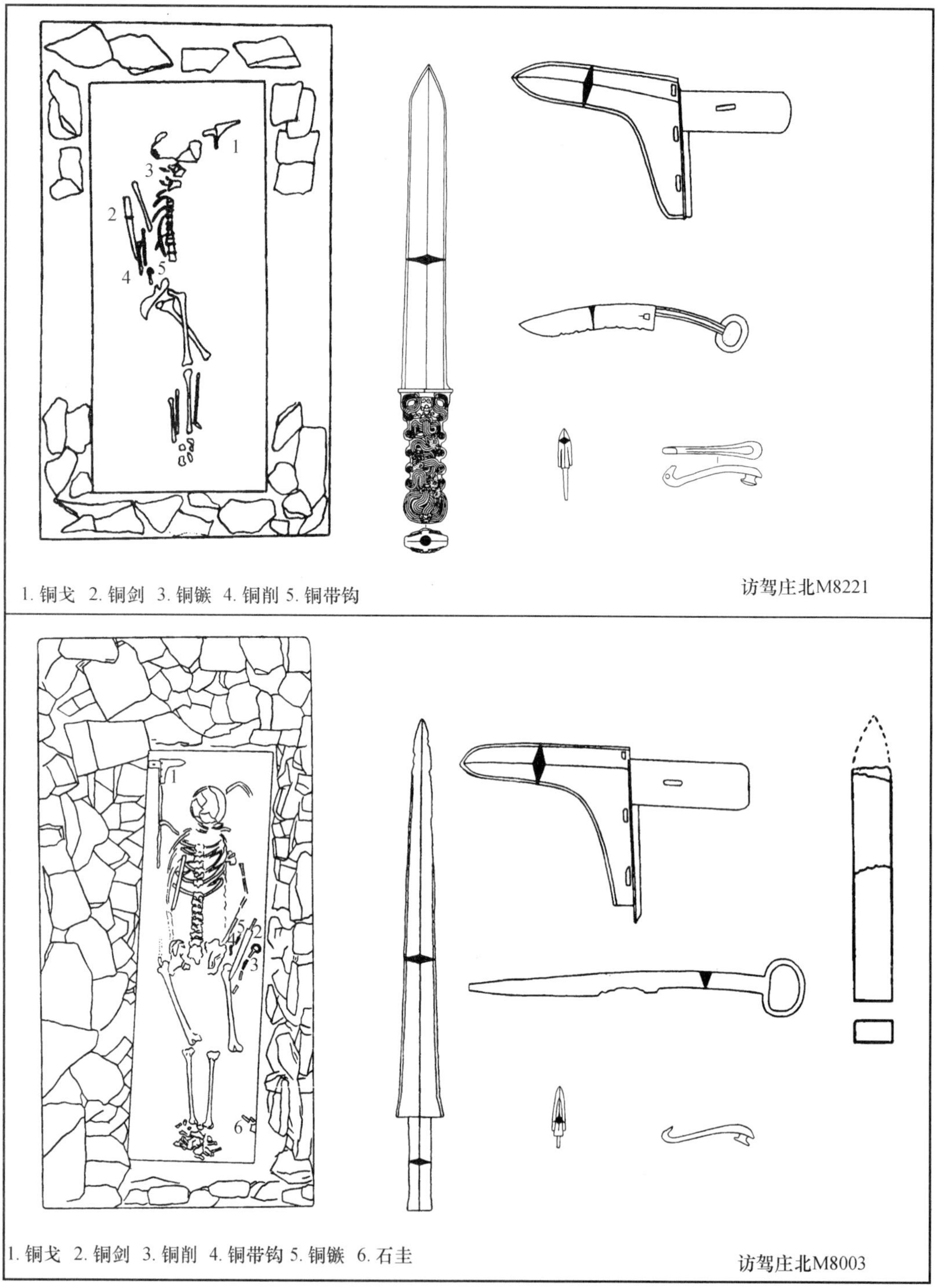

图七　访驾庄村北M8221和M8003

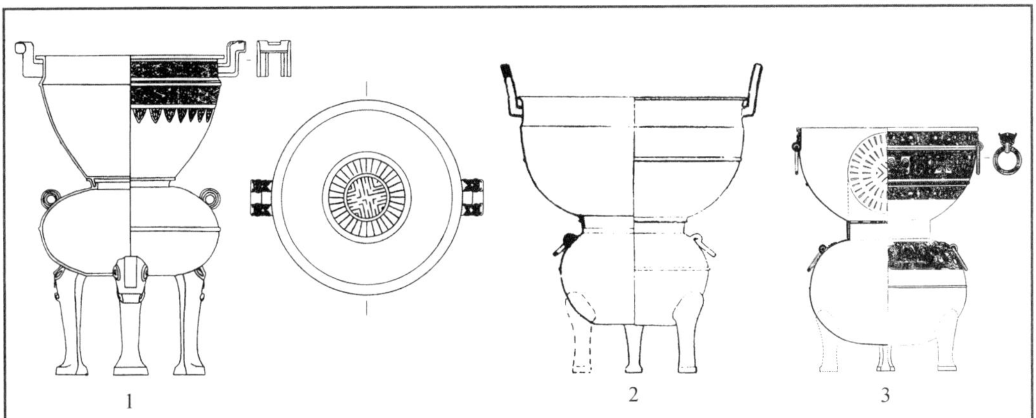

图八 访驾庄北M8006所出铜甗对比图

1. 访驾庄北M8006：1 2. 长治分水岭M269：30、M269：31 3. 太原金胜村M251：532

阳大赵邱[21]、唐县北城子[22]，以及满城采石厂[23]等，因此很难与中原地区流行的上甑下鬲的铜甗进行比较，不过这种上甑下鼎组合的甗在中原地区春秋晚期到战国早期的墓葬也有出现，如年代为春秋晚期早段的山西长治分水岭M269：30、M269：31，其上甑圆弧腹，口沿下附耳，底部有长条形箅孔（图八，2）[24]；年代为战国早期的太原金胜村M251：532，甑为圆弧腹，口沿下有铺首衔环，底部的箅孔有三重，细密而整齐（图八，3）[25]。通过与春秋晚期到战国时期中原地区占主流地位的上甑下鬲的铜甗进行比较，可知在中原地区，这两种铜甗虽然在形制上不同，但其甑底的箅孔变化却颇为一致，均经历了从简单到复杂、从疏朗到细密的演变过程。访驾庄北M8006所出，其甑底部的箅孔细密而多重，与中原地区战国早期的铜甗甑底的箅孔形态及布局相同，由此访驾庄北M8006所出铜甗的年代显然应该在战国早期。

下列各墓，原报告认为均为战国中期墓葬。

访驾庄北M8003，土圹竖穴墓，积石，打破M8004，墓向北偏西，未经盗扰。随葬品为兵器、工具和服饰用品，另有一件石圭（图七，下）。原报告认为墓主人为守陵的士兵。该墓随葬的中原式铜戈，援较短，边角为较圆缓的圭首；出土的削背平直；带钩的纽偏于钩首处等，均为各类器物早期的特点。实际上若将此墓与同样分布在访驾庄北、亦未经盗扰的M8221相比，就会发现两墓存在着相当多的一致性。两墓均为土圹竖穴，积石，方向为北偏西，均随葬有1件中原式的铜戈，另各有一剑、一削，数件铜镞，均在腰部出有带钩。两墓随葬的铜剑和削有较大的不同，不易直接进行年代的对比，但两墓所出的带钩形制基本相同，所出的中原式铜戈，均为短援，援锋呈流线型，只是M8003铜戈其援与内基本呈直线，而M8221所出铜戈援已稍有上翘，两者锋部的流线也以M8221所出为甚，即M8003的铜戈表现出较M8221所出铜戈更早的特点。两墓都分布在访驾庄北，墓葬形制相同，随葬器物虽然在形制上并不完全一致，但种类相同，这些都表明两墓的年代亦应接近。综上，M8003的年代不会晚到战国中期，至少是与M8221同时，或稍早于M8221。

岗北村西M8011，土圹竖穴，一棺一椁，墓向北偏西。原报告认定其年代为战国中期早段。其随葬器物置于椁内南部，以仿铜陶礼器为主，有鼎5、盖豆4、平盘豆4、壶2、高柄壶2、盘1、匜1、带流盆1、鸟柱盆1、筒形器1，另有一件双耳平底三足罐（图九）。在棺内人骨腰部有水晶和紫冰石的串饰、玛瑙环等装饰品，还有铜镜1，2件带钩置于足端。这一组器物中最具时代特征者当属鸟柱盆与筒形器。鸟柱盆实为灯具，鸟柱为搭灯芯之用，盆内盛放液体的燃料，如油脂类，使用时置于筒形器之上，二者配合使用。这套灯具在豫北冀南，以及山西境内的赵文化墓葬中非常多见，被认为是赵文化墓葬中的特有器物，在与之有着密切交流的魏文化中也偶有发现。鸟柱盆在形制上大体经历了盛放液体燃料的部分从盆到盘的变化，即越来越浅，鸟柱则越来越高，最后远远超出盆沿，鸟翅由收拢到做展翅飞翔状；筒形器从开始的敛口、斜直腹，到敞口、直腹，最后为大喇叭口、弧腹，或有圈足[26]。岗北村西M8011所出鸟柱盆，深腹，中柱

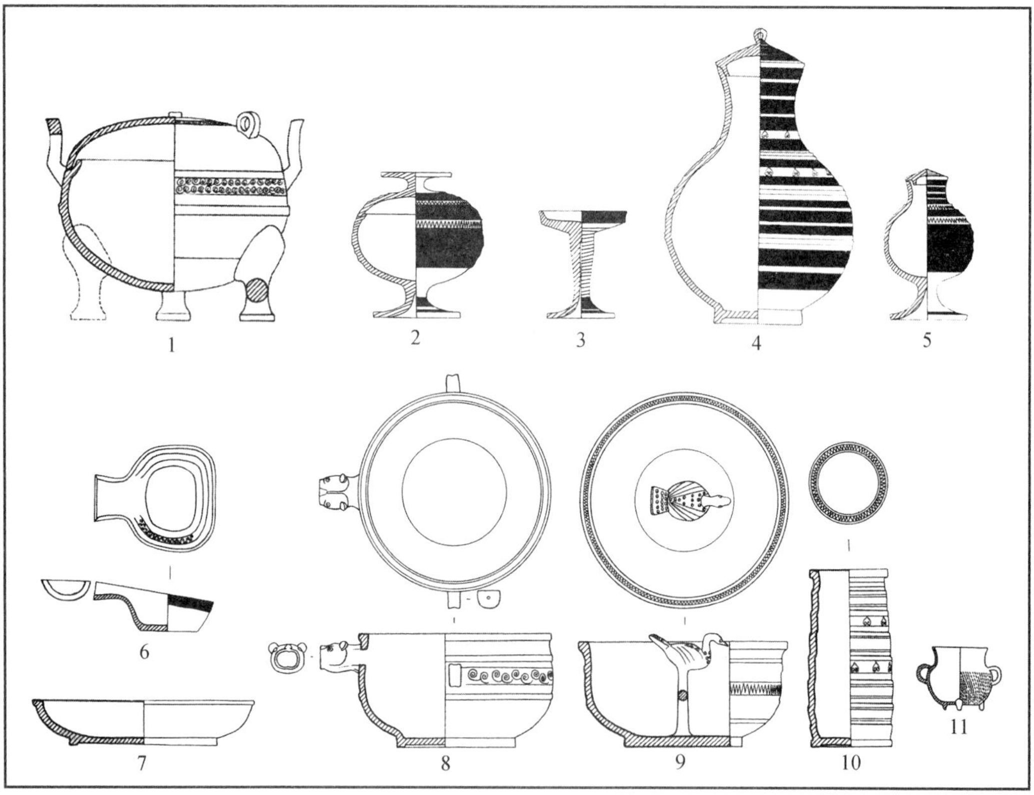

图九　岗北村西M8011所出陶器

1. 鼎（M8011：1）　2. 盖豆（M8011：6）　3. 盘豆（M8011：11）　4. 壶（M8011：16）　5. 高柄壶（M8011：19）　6. 匜（M8011：21）　7. 盘（M8011：20）　8. 带流盆（M8011：22）　9. 鸟柱盆（M8011：23）　10. 筒形器（M8011：25）　11. 双耳平底三足罐（M8011：24）

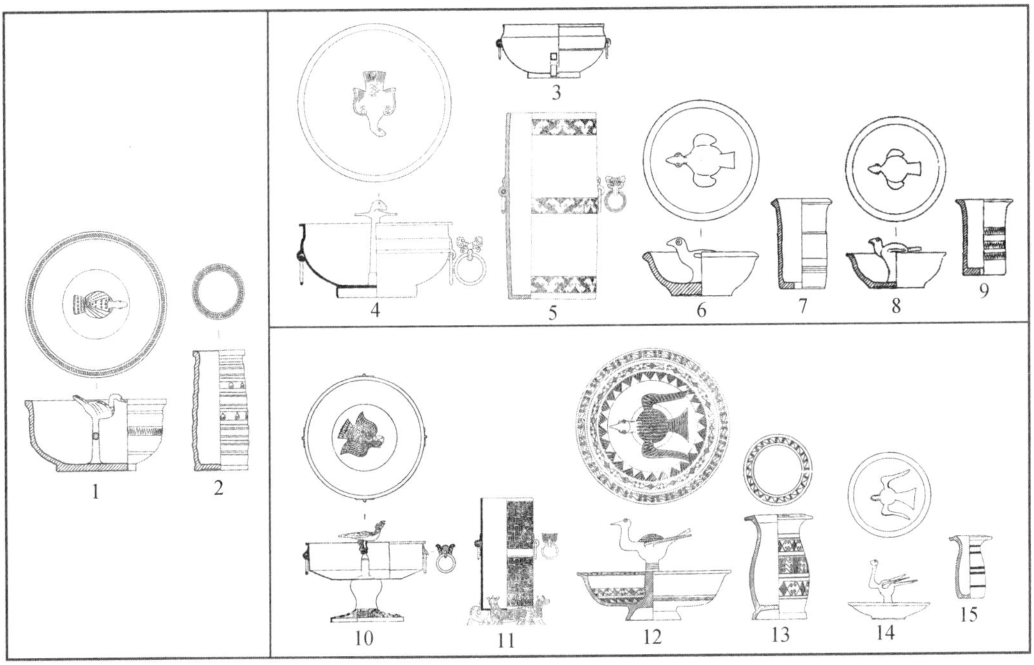

图一〇 灵寿城各墓所出鸟柱盘/盆对比图

1. 岗北村西M8011：23 2. 岗北村西M8011：25 3. 太原金胜村M251：622 4. “成公”墓（M6）：121 5. “成公”墓（M6）：122 6. “成公”墓（M6）：54 7. “成公”墓（M6）：53 8. 中山王族三号墓陪葬墓：14 9. 中山王族三号墓陪葬墓：19 10. 中山王᷊墓DK：21 11. 中山王᷊墓DK：20 12. 中山王᷊墓XK：91 13. 中山王᷊墓XK：92 14. ᷊陵外陪葬墓（WPM1）：16 15. ᷊陵外陪葬墓（WPM1）：17

上的鸟基本与盆沿平，双翅收拢；筒形器敛口，平底，斜直腹，腹部有两周三角形镂孔（图一〇，1、2），这些都是同类器物中的早期形态。从已发现材料中尚找不到可与岗北村西M8011鸟柱盆进行比较的陶器，不过太原金胜村M251出土的铜器中，原报告称之为素面鉴的M251：622（图一〇，3），通高13.5、口径26.5厘米，在其底部中心有一空心的方柱体，原报告指出其形似战国时期常见的鸟柱盘，只是出土时其上未见插入物[27]，其深腹盆的形制与岗北村西M8011所出鸟柱盆相近。另外在灵寿城内被认为是中山国第四代国君“成公”墓中，同时出土了铜、陶的鸟柱盆和筒形器各1件（图一〇，4～7），铜鸟柱盆的形制与太原金胜村M251所出非常相似，只是其鸟柱完好，鸟身恰高出盆沿，双翅稍展，筒形器为直口、直腹[28]；“成公”墓中出土的陶鸟柱盆，盆腹较浅，或可称为鸟柱盘，盘口外敞，鸟头高出盘口，双翅稍展，筒形器为敞口，直腹[29]。位于“成公”陵区内、年代与“成公”墓大体同时的中山王族墓M3之陪葬墓，其所出的鸟柱盘和筒形器的形制则与“成公”所出相近（图一〇，8、9）[30]。中山第五代国君王᷊墓中也同时随葬了铜、陶鸟柱盆和筒形器各1件（图一〇，10～13），铜鸟柱盆除了装饰更加华丽以外，形制也有较大的变化，盆身变浅，底部有类豆把的圈足，鸟翅较“成公”墓所出更为舒展，筒形器装饰十分华丽，下有三卧兽足；同墓所出的陶鸟

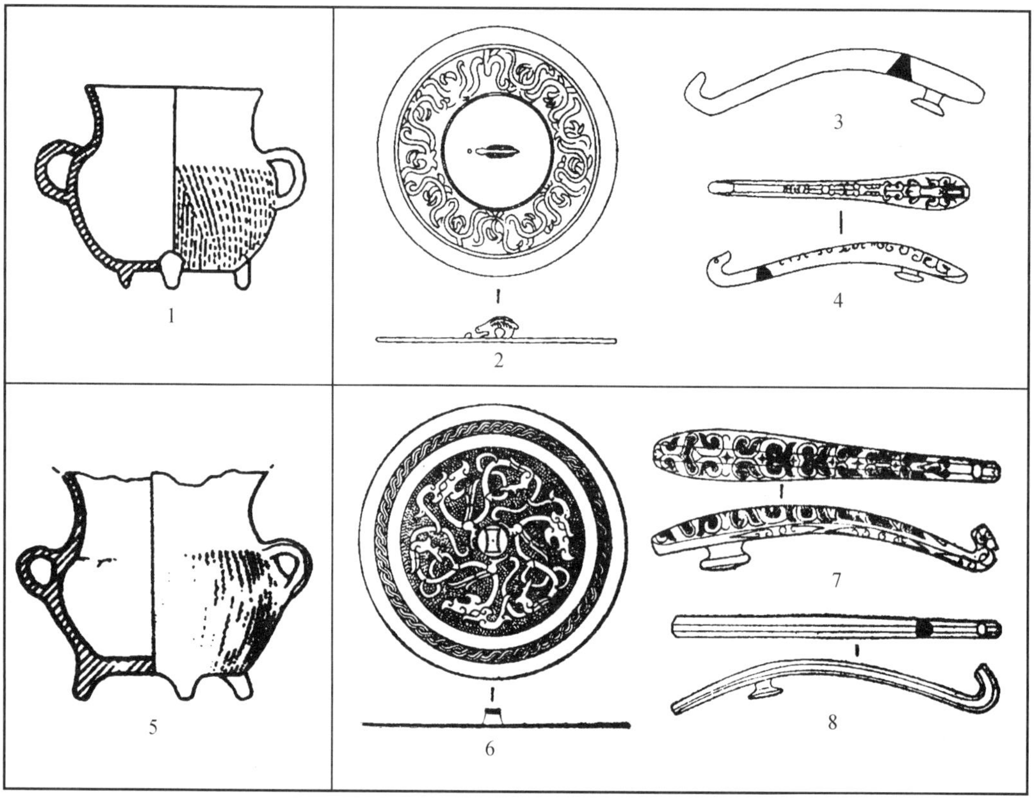

图一一　岗北村西M8011出土器物比较图

1. 岗北村西M8011：24　2. 岗北村西M8011：29　3. 岗北村西M8011：27　4. 岗北村西M8011：28　5. 侯马下平望M3：5　6. 太原金胜村M251：400　7. 太原金胜村M251：385-1　8. 太原金胜村M251：243-1

柱盘，浅盘，下带圈足，鸟柱高出盘口，双翅做展翅飞翔状，筒形器则为大喇叭口，束颈，弧腹，圈足。与之年代大体相同的王嚳墓的陪葬墓中，所出的鸟柱盘和筒形器（图一〇，14、15），均与王嚳墓所出形制相同或相近[31]。若将上述墓葬所出的铜、陶鸟柱盆/盘与岗北村西M8011所出鸟柱盆相比，显然岗北村西M8011与太原金胜村和中山“成公”墓所出最为接近，而鸟柱与盆口的相对高度又不及中山“成公”墓所出，理应位于鸟柱盆/盘系列中的最早一端，其年代也应早于属于战国中期早段的“成公”墓，可早到战国早期。岗北村西M8011所出的铜镜无缘，镜面平，带钩呈长琵琶形，纽靠近钩首，都与太原金胜村所出铜镜、带钩的形制相同，岗北村西M8011还随葬了一件带耳三足陶罐，笔者曾作《东周时期三晋地区的北方文化因素》一文，涉及对三晋地区出此类带耳罐墓葬年代的讨论，应该也在战国早期（图一一）[32]。综合考虑上述各种因素，岗北村西M8011的年代应该在战国早期。

岗北村东M8205，土圹竖穴，一椁一棺，墓向北偏西。该墓室内未经盗扰，随葬品中不见陶器，除了在椁内西南角放置一个车轮以外，在人骨腰部放置了以水晶珠、红玛瑙珠、紫冰石珠、墨绿玉珠等组成的串饰，另有水晶环和玛瑙环，以及带钩。虽然该墓未见陶器，但所出上述装饰品的组成和出土位置与岗北村西M8011相近，应该是同一时代的流行风尚，其年代也大体在战国早期。

1971年河北省文物部门曾在访驾庄北清理了一座墓葬，墓葬为长方形土圹竖穴，圹内有积石，人骨东向，随葬器物有鼎、绳络纹提链壶、豆、盘、匜等，只是豆、盘、匜已残，不能确知其形制[33]，朱凤瀚先生在《中国青铜器综论》中对此墓进行了较为详细的讨论，认为此墓的年代当在战国早期偏早[34]。

综上，属于战国早期的墓葬有穆家庄西M8101、M8102、蒲北窑场M9307、访驾庄北M8221、M8003、M8002、M8006、岗北村西M8011、岗北村东M8205，以及1971年访驾庄北墓。

3. 第三阶段：战国中期

原报告将战国中、晚期墓葬一并报导，其中有文字介绍的属于战国中期早段的墓葬为访驾庄北M8003、岗北村东南M8007、岗北村西M8011、岗北村东M8205，盖家庄村西M8207，属于战国中期晚段的有岗北村东M8008、蒲北窑场M8009。

上文已对访驾庄北M8003、岗北村西M8011和岗北村东M8205的年代进行讨论，均应属于战国早期。

灵寿城是中山桓公复国后于公元前380年前后所建，经历了桓公、成公、王礨后，到公元前296年，赵灭中山，迁其王尚于肤施，灵寿城被废弃。因此灵寿城作为中山国都城历经80余年，相当于战国中期到战国晚期早段[35]。目前已在灵寿城西城南部王陵区发掘了被认为是“成公”的墓葬以及其周边的陪葬墓，在灵寿城外西灵山脚下发掘了王礨墓，以及其周边的陪葬墓。据考证“成公”在位期间大体在公元前349～前328年，相当于战国中期偏早阶段，王礨在位期间则在公元前327～前310年，属于战国中期偏晚阶段。朱凤瀚先生在《中国青铜器综论》中对上述两座国君墓随葬的青铜礼器进行了讨论，指出“成公”墓所出青铜礼器中，铜鼎与三晋地区战国中期早段所出相近，部分器物如鬲、浅盘豆、圆壶、提梁壶等则比较接近战国早期的同类器物。而王礨墓随葬的青铜礼器表现出比“成公”墓略晚的特征，年代已在战国中期偏晚[36]。由于这两座墓葬下葬年代明确[37]，虽然仅相隔20年左右，但其随葬器物表现出明显的时代差别，可以将其分别作为灵寿城战国中期早段、战国中期晚段墓葬的典型代表（图一二），而灵寿城其他地点发现的战国中期墓葬亦可以相应的归属于“成公”墓组和王礨墓组。

灵寿城发现的墓葬中可以归属于“成公”组的墓葬，除了在“成公”陵区内中山王族墓M3陪葬墓以外（图一三，上），还有盖家庄村西M8207，其所出仿铜陶礼器鼎、盖豆、壶、高柄壶、鸟柱盘、筒形器，以及形制极具特色的鸭形尊，与“成公”墓和王族墓M3之陪葬墓所出几乎完全相同（图一三，中）。另外分布在岗北村周围的

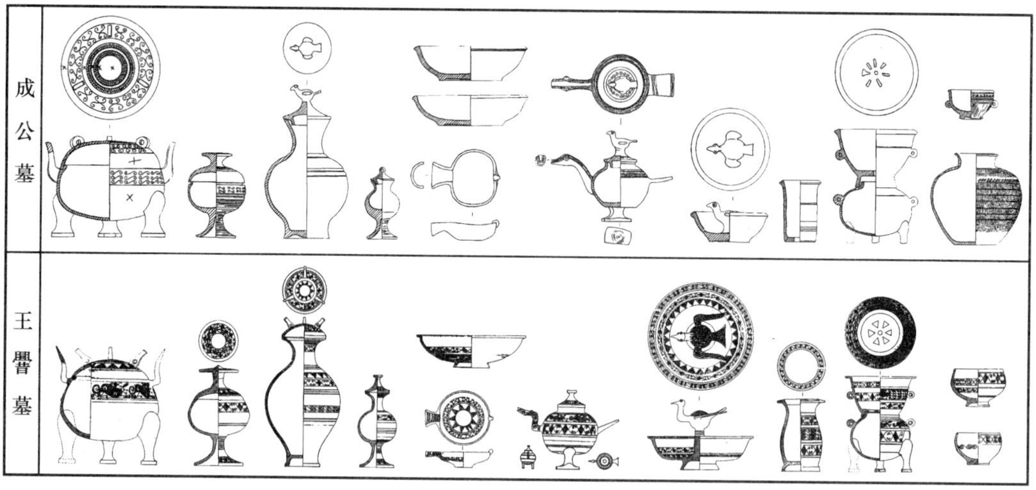

图一二　中山“成公”墓与王譻墓出土仿铜陶礼器对比图

岗北村东南M8007和岗北村东M8008（图一三，下），原报告并没有将各墓所出器物全部发表，但可以通过已发表的器物和墓葬登记表对各墓所出器物进行比较。上述各墓所出陶器，较“成公”墓所出有些许变化，但显然与王譻组墓相差甚远，亦可归属于“成公”组。

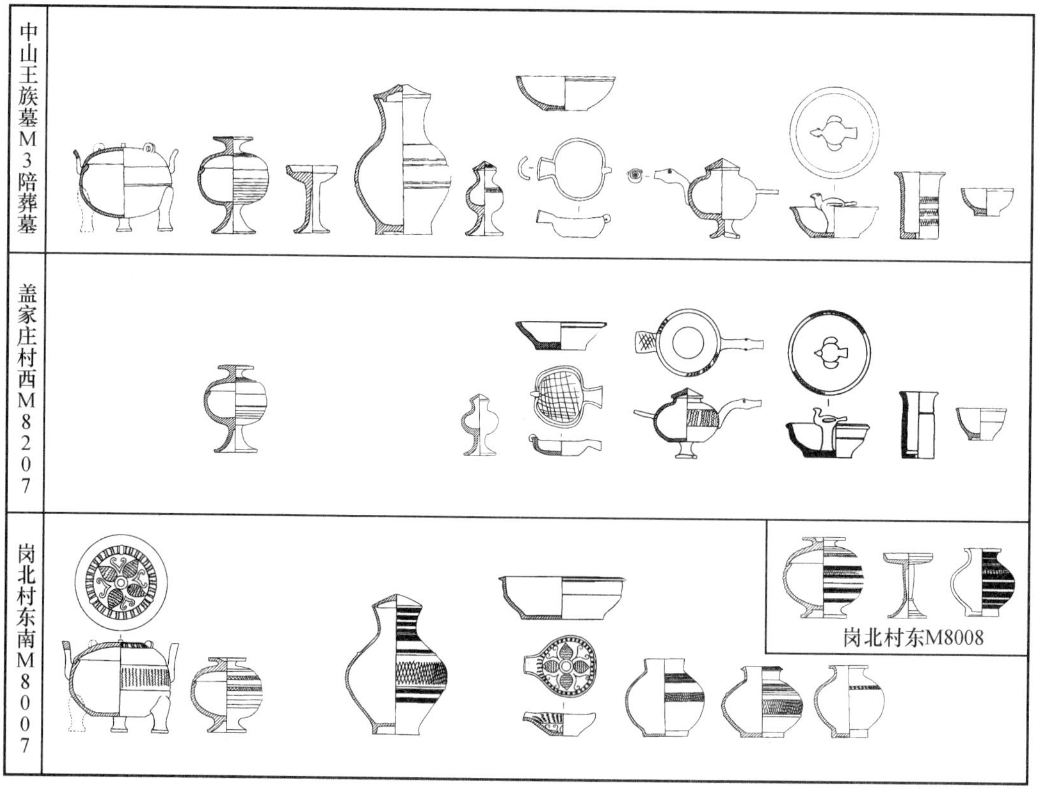

图一三　“成公”组墓葬器物对比

属于王𰯼墓组的墓葬除了位于王𰯼墓封土两侧和位于陵区外东南侧的陪葬墓以外（图一四，上），另有分布在蒲北窑场的M8009，分布在岗北村西北的M8012（图一四，中）和岗北村东南的M8204（图一四，下）等墓，原报告认为蒲北窑场M8009年代为战国中期晚段，而后两座墓的年代均为战国晚期早段。这三座墓葬随葬的器物没有全部发表，但据墓葬登记表均出有Ⅲ式盖豆[38]，这种盖豆最为明显的特点是其豆盖捉手向上凸起形成一个小尖顶，而具有同样捉手形态的盖豆见于王𰯼墓中；加之随葬的陶鼎整体呈椭圆形，蹄足粗壮等特点颇有“成公”墓组陶鼎的遗风，因此其年代不会晚到战国晚期，可归属于王𰯼墓组，年代在战国中期晚段。值得注意的是，从报告发表的岗北村西北M8012和岗北村东南M8204两墓所出随葬器物的整体风格看，除了盖豆豆盖捉手顶部凸起形成小尖顶的特点不见于同时期三晋两地区以外，鼎、高柄壶、盘、匜等都与王𰯼墓及其陪葬墓的同类器物不同，而是与三晋地区战国中期墓葬的同类器物相同。

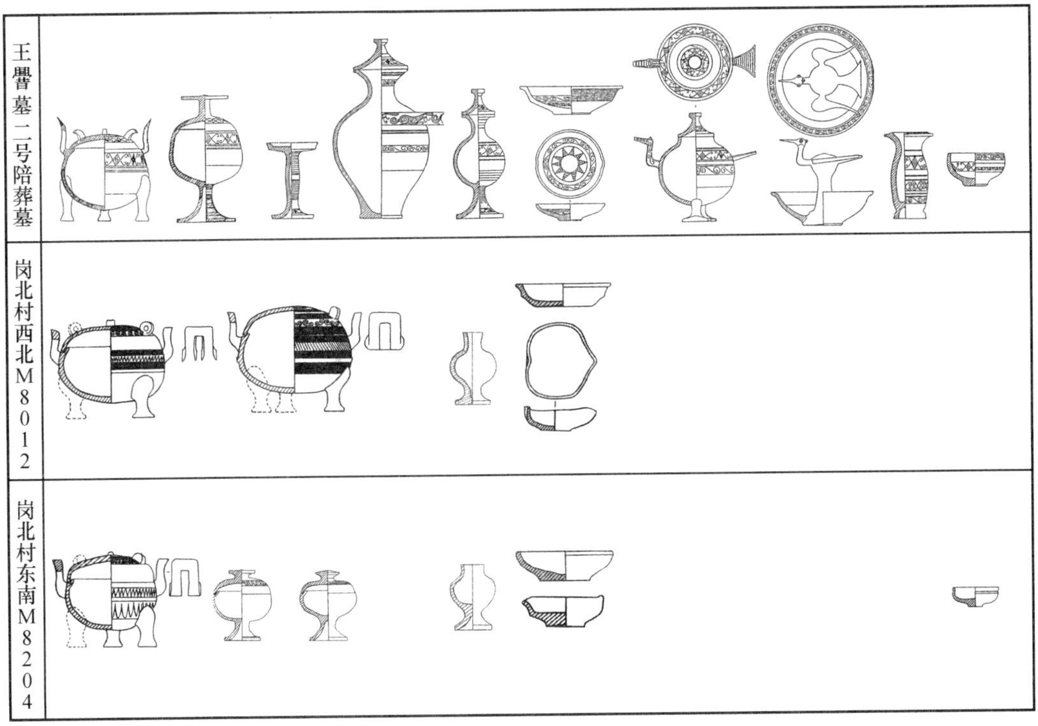

图一四　王𰯼墓组墓葬器物对比

4. 第四阶段：战国晚期

原报告认定属于战国晚期的墓葬有岗北村西北M8010、M8012，岗北村东南M8204，中七汲村北M8001，访驾庄北M8304。如上文，其中岗北村西北M8012，岗北村东南M8204当与王𰯼墓年代相当，为战国中期晚段。原报告判断中七汲村M8001（图一五，上）、访驾庄北M8304（图一五，中）和岗北村西北M8010（图一五，下）均为战国晚期赵灭中山以后，此地已被赵统治时期的墓葬，当是。需要说明的是岗北村西北

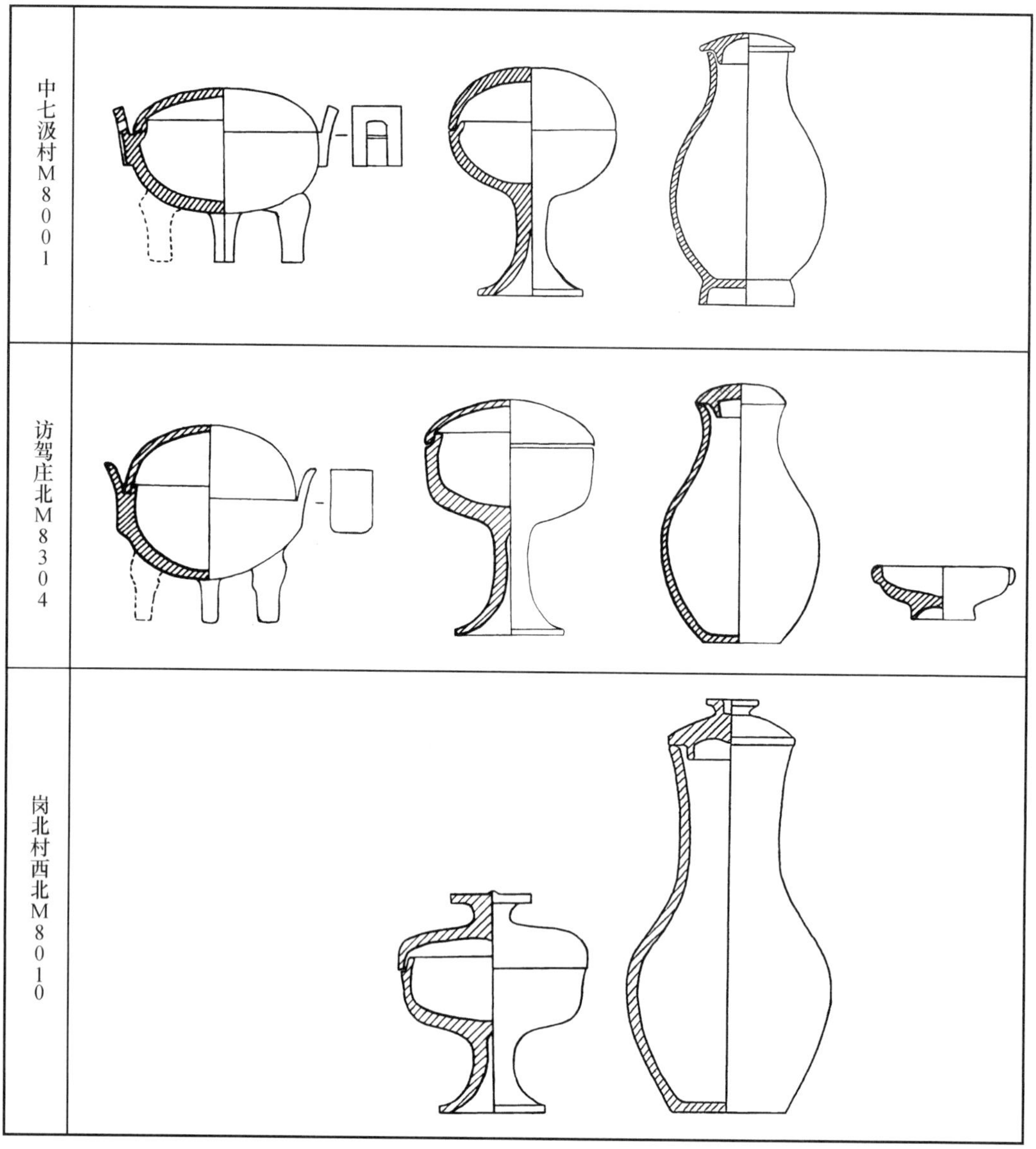

图一五　灵寿城战国晚期墓葬

M8010，该墓所出陶器并未全部发表，所出的盖豆、壶均为灰陶，整体素面，与灵寿城战国中期各墓所出陶器多为磨光黑陶并有暗纹等风格迥异，而与中七汲村M8001和访驾庄北M8304所出器物相同，其年代为战国晚期无误，只是所出盖豆豆盖的捉手上部向上凸起形成尖顶，应是战国中期晚段“王譽”组墓葬中盖豆风格的延续。

通过上文的讨论，到目前为止在灵寿城发现的东周时期墓葬大体可分为四个阶段，即春秋中晚期，战国早期，战国中期，战国晚期。其中战国中期可进一步分为“成公”墓组和“王譽”墓组，分别相当于战国中期早段和战国中期晚段，各阶段墓葬的基本情况见表一。

表一　灵寿城东周时期墓葬统计表（不含王陵及陪葬墓）

墓葬	本文年代	原报告年代	形制	墓向（度）	青铜容器	青铜兵器、工具与车马器	陶器	其他器物	备注
访驾庄村北M8004	春秋中期晚段	春秋中期	土圹竖穴积石	52	无盖鼎1，匕1	戈1，镞12，环首削1，斧1，锛1，凿1，衔2		金盘丝耳环2，铜笄1，骨管88，石珠22，铜泡22，铜卡条1，带柄镜1	完好
北汲村北M8212	春秋晚期	春秋中期	土圹竖穴	280				尖首刀4	被盗扰
访驾庄村西M8502	春秋晚期	战国早期	土圹竖穴积石	52			鬲尊盘，不能修复	14捆尖首刀共1400枚，骨贝16	被盗扰
访驾庄村北M8216	春秋晚期	战国早期	土圹竖穴	337			鬲2，平盘豆2		被盗扰
穆家庄西M8101	战国早期	战国早期	土圹竖穴积沙	300	鼎1，狩猎宴乐纹盖豆1，络绳纹壶1，罍1，细线纹鉴1	钺1，戈3，镞3，鐏1，盖弓帽1		带钩1	被盗扰，盖弓帽，原报告为镞杆帽
穆家庄西M8102	战国早期	战国早期	土圹竖穴积沙	306	鬲形鼎1，提梁壶1，敦1，三环纽盖豆1，铏1	螭首剑1，戈1，车軎		包金虎形饰残1，圆首带钩1，铃1，泡1	被盗扰
访驾庄村北M8221	战国早期	战国早期	土圹竖穴积石	350		螭首剑1，戈1，镞3，环首削1		禽首带钩1	完好
蒲北窑场M9307	战国早期	战国早期	土圹竖穴	320		削1		琵琶形带钩1，小尖首刀5	被盗扰
访驾庄村北M8002	战国早期	春秋中期	土圹竖穴	60		钻头1		磨背海贝101，石贝177	被盗扰，车马器出于扰洞中
访驾庄村北M8006	战国早期	春秋晚期	土圹竖穴积石	52	甗1				被盗扰

续表

墓葬	本文年代	原报告年代	形制	墓向（度）	青铜容器	青铜兵器、工具与车马器	陶器	其他器物	备注
访驾庄村北M8003	战国早期	战国中期	土圹竖穴积石	330		剑（铍？）1，戈1，镞1，环首削1		禽首带钩1，石圭1	完好
岗北村西M8011	战国早期	战国中期	土圹竖穴	327		锛1	鼎5，盖豆4，平盘豆4，壶4，高柄壶2，盘1，匜1，兽头流双耳深腹罐1，鸟柱盆1，筒形器1，双耳三足罐1	带钩2，铜镜1，玛瑙环5，水晶和紫冰石串珠饰一组	完好
岗北村东M8205	战国早期	战国中期早段	土圹竖穴	345		车轮及车饰件		带钩1，骨管2，水晶环1，玛瑙环4，水晶珠8，红玛瑙珠14，紫冰石珠4，墨绿玉珠1，组成一串饰	完好
平山访驾庄	战国早期	战国早期	土圹竖穴积石	东西	鼎1，提梁络绳纹壶1，盘1，豆1，匜1				被盗扰
盖家庄西M8207	战国中期早段	战国中期早段	土圹竖穴	354			鼎2，盖豆2，盘豆4，壶2，高柄壶2，鸭形尊1，鸟柱盘1，筒形器1，盘1，匜1，碗1		被盗扰
岗北村东南M8007	战国中期早段	战国中期早段	土圹竖穴	12			鼎3，盖豆2，壶2，罐4，匜1，盆1		被盗扰
岗北村东M8008	战国中期早段	战国中期晚段	土圹竖穴	350		鐏1，铜孔雀形车饰1	盖豆2，平盘豆1，壶2，罐2，盘1	投壶用矢10，铜壁插2	被盗扰

续表

墓葬	本文年代	原报告年代	形制	墓向（度）	青铜容器	青铜兵器、工具与车马器	陶器	其他器物	备注
蒲北窑场M8009	战国中期晚段	战国中期晚段	土圹竖穴	337			鼎1，盖豆1，平盘豆1，罐1	带钩1	被盗扰
岗北村西北M8012	战国中期晚段	战国晚期早段	土圹竖穴	350		剑1，削1	鼎2，盖豆2，壶2，匜1，盆2，高柄壶1	带钩1	完好
岗北村东南M8204	战国中期晚段	战国晚期早段	土圹竖穴	337			鼎2，盖豆2，平盘豆2，壶2，高柄壶2，盘1，匜1，碗1		完好
岗北村西北M8010	战国晚期	战国中期晚段	土圹竖穴	337			鼎1，盖豆2，壶2，匜1，碗1		完好
中七汲村北M8001	战国晚期	战国晚期	土圹竖穴	17			鼎2，盖豆2，壶2，匜1，盆2，高柄壶1		完好
访驾庄村北M8304	战国晚期	战国晚期	土圹竖穴	352		镀1	鼎1，盖豆2，壶2，碗1	石圭	被盗扰

二

据原报告，在灵寿城周围共发现规模不等的墓地11处，从上文可知春秋中晚期墓葬仅见于访驾庄周围和北七汲村附近，从墓葬形制和随葬器物的风格看，可分为两组。

第一组埋葬于访驾庄附近，以积石墓为主。访驾庄西北M8004、访驾庄西M8502均在棺外有积石，东向。访驾庄西北M8004随葬了中原式铜鼎和匕，但置于双耳处的金盘丝耳环，在颈下放有用鸟骨磨制的长骨管与绿松石扁珠相间串成的项饰，以及发现于腰腿部、很可能是缀于纺织品上作为装饰的铜泡等，都是冀北山地玉皇庙文化墓葬中代表性的葬俗，其头向东、墓圹内有积石等，也与玉皇庙文化有相同之处。该墓所出的素面有柄铜镜虽然不见于玉皇庙文化的典型墓地中，但也有学者指出亦属于北方系青铜文化[39]。访驾庄西M8502被盗扰，劫余有1400枚尖首刀。

第二组埋葬在北七汲村附近，以土圹竖穴墓为主。北七汲村北M8212和北七汲村内北M8216均为土圹竖穴木椁墓，前者为北向，后者为西向。M8216随葬有陶鬲和平盘豆，其出土的陶鬲底下弧、三小足的特点与灵寿城一号居址下层出土的夹砂灰陶鬲非常相似，由于灵寿城一号居址出土的陶鬲与易县燕下都东沈村6号居址、徐水大马各庄M3、M7等春秋时期燕文化遗存所出陶鬲几近相同，应该是受到燕文化影响的产物。由此推测，北七汲村北M8216很可能也是受到了燕文化影响的墓葬。M8212被盗扰，仅余4枚尖首刀。

到了战国早期，灵寿城墓葬仍然可以分为两组，其分布范围也有不同。

第一组，主要分布在灵寿城西部的访驾庄、穆家庄和灵寿城东北部的蒲北村一带，见诸报导的有穆家庄西M8101、M8102，访驾庄北M8221、M8006、M8003，蒲北窑场M9307等。这些墓葬多为有积石或积砂的东西向墓，随葬器物中既有冀北山地玉皇庙文化的典型器物，如金盘丝耳环、直刃匕首式短剑、虎形饰等，有些墓葬也随葬有较多的中原式青铜礼器，其中不仅有来自三晋地区的鼎、盖豆、钘，还有来自齐地的盖豆、壶、敦等，以及可能是来自南方的饰有细线刻划纹的铜鉴。

第二组，主要分布在岗北村附近。岗北村西M8011，与同时期三晋地区的墓葬几近相同，土圹竖穴，无积石，南北向，除了一件带耳三足罐以外，随葬器物为一套典型的三晋式仿铜陶礼器，还有三晋地区常见的铜镜，带钩等。

到了战国中期，在这里发现的墓葬依年代分为“成公”组墓和“王譽”组墓。“成公”墓除了在墓室周围仍垒筑积石椁外，其南北墓道、二层台等特点与已发现的被认为是赵王陵陪葬墓的邯郸周窑一号墓极为相似[40]，随葬器物中除了极具中山国特色的山字形器等，青铜礼器和仿铜陶礼器都表现出与同时期赵文化墓葬所出同类器物的相似。“成公”组其他墓葬中所看到的对赵文化的模仿，也表现出较强的一致性。“王譽”墓还保留着在墓室内积石的习俗，在随葬一套种类、形制都与中原地区几近相同的青铜礼器的同时，还随葬了一套带有自身特色的仿铜陶礼器，这套仿铜陶礼器从器类上看与“成公”组墓所出相同，但盖豆的盖顶捉手加高，顶部凸起；高柄壶和壶的盖多为笠形，顶部凸起，或为尖顶，或有小纽；鸟柱盘立鸟的喙部和双翅加长并极为尖锐；陶器多为磨光黑陶，多饰繁缛的暗纹等，已经形成了可区别于同时期中原列国文化的、非常鲜明的自身特色。作为“成公”墓和王譽墓的陪葬墓，以及其他分属于“成公”墓组和王譽墓组的墓葬均为土圹竖穴墓，个别墓有填砂或积炭。只是属于“王譽”墓组的部分墓葬随葬的仿铜陶礼器的形制异于“王譽”组墓，而是同于三晋地区同时期的墓葬。很可能在战国中期晚段，这里的墓葬亦可分为两组。

到了战国晚期，在这里发现了典型的赵文化墓葬，如中七汲村M8001和访驾庄北M8304。值得注意的是岗北村西北M8010，从随葬器物的种类看，与分布在中七汲村和访驾庄北的赵墓并无二致，但是其盖豆颇有战国中期晚段“王譽”组墓葬中盖豆的遗风，所在墓地也发现有较多的战国中期的中山墓葬。这样的墓葬虽然仅就目前发表材料看仅有一座，但是由于原报告并没有将墓葬材料悉数发表，因此可以推测很可能还有相同情况的墓葬存在。这样看来，到了战国晚期，灵寿城的墓葬亦可分为两组。

三

综上所述，在春秋中晚期时居住在灵寿城及其附近的人数并不很多，很可能存在着两个不同的人群。他们分别集中埋在访驾庄周围和北七汲村周围的两个墓地，并在墓葬形制、随葬器物等方面表现出具有不同的习俗。前者表现出与冀北山地玉皇庙文化较多相似的同时，也显示出与中原文化的联系，他们很可能就是后来建立中山国的被称为“鲜虞”的族群。值得注意的是，在这些墓葬中，即使不考虑其随葬的中原式青铜礼器，其余的器物中也多见玉皇庙文化中作为墓主人身份标志的黄金饰品，或有大量的尖首刀，由此可知这些人在生前原本就拥有较高的社会地位或者较强的经济实力，而使用中原式青铜礼器随葬，则可能是出于对舶来品的喜爱。后者可看到受到了较多的燕文化的影响，这应该与这一地区在春秋中晚期时临近燕地有关[41]。相同的情况还见于稍北的唐河流域，在顺平坛山村一座春秋晚期的墓葬中，随葬器物具有强烈的玉皇庙文化特点，如铜鍑、鎏金团兽形铜泡、金虎饰、金盘丝耳环等，同时也出土了一件弧底、三小足的陶鬲[42]，可以为这一地区与燕文化之间存在着交流提供佐证。从两组墓葬都随葬了被认为是“狄刀”的尖首刀，似乎也说明了两个人群在经济领域的互通，他们之间很可能是一种和平的共处。

在战国早期时，生活在这里的居民人数有所增加，其墓葬在分布范围、墓葬形制、随葬器物上都还可以看出存在着一定的差别，仍可以分为两组。与玉皇庙文化有较多共同点的人群随着随葬青铜礼器数量的增加，开始出现炊煮器（鼎）、盛食器（豆、敦）、酒器（壶、罍）和水器（鉴）的组合。由这些青铜礼器的不同来源显示出这一人群与三晋地区、齐地，甚至可能还有更远的南方地区的广泛交流，而使用这些原本并非成套的青铜礼器搭配形成与中原地区相同的较规范的组合，一方面表现出他们对中原地区礼制的向往或认同，另一方面也说明他们自身并没有被纳入到中原地区的等级体系之中。这些墓的墓主人在随葬外来青铜礼器的同时，也随葬自身传统的黄金饰品，这些外来的青铜礼器和自身传统的黄金饰品一起，成为表现墓主人地位或财富的双重标志，从而进一步凸现了自己原有的身份地位。而另一支人群的墓葬形制和随葬器物等都与同时期的三晋地区相同，加之灵寿城一号居址发现的耸肩尖足空首布与侯马铸铜遗址空首布范的形制完全相同，这些现象都表现出战国早期这里所居住的另一支人群与三晋地区间有着密切的关系。

战国中期，灵寿城始建，这里成为中山国政治、经济、文化的中心。在这里发现了中山国最高统治者的王陵和王室贵族的墓葬，以及部分中山国民的墓葬，是为典型的中山墓葬。属于战国中期早段包括“成公”墓在内的“成公”墓组，在墓葬形制和随葬器物的组合上，一方面保留了部分自身传统，另一方面也表现出对同时期赵文化的全面模仿。不过在这里作为中山国自身特点的标志已经不是像战国早期时使用的积石墓、黄金饰品等，而是被大体量的青铜制品，如“山”字形器所代替。到了“王嚳”墓组，从墓葬形制和随葬器物可以明显看到，在战国中期早段全面模仿赵文化的基础上，将某些特点发挥到极致，并最终形成极为独特的文化面貌。这些墓葬在战国中期早段和晚段发生的文化面貌上的变化，似乎表明中山国的统治阶层在战国中期早段时更多的是追求进入“中原”文化的等级体系之中，而到了战国中期晚段，则更加注重发扬自身文化传统，追求文化面貌上的独具特色。值得注意的是，在属于战国中期晚段的墓葬中，又出现了随葬器物风格同于三晋地区的墓葬，而这些墓葬的墓主人很可能是在灵寿城建城之前就居住在这里的与三晋地区有着关系的人群的后裔。当然也不排除此时亦有新的三晋人群进入。

战国晚期，赵灭中山，随着赵人进入灵寿城地区，这里出现了典型的赵文化墓葬是可以理解的。但是仍然可以看到这里还有另外一支人群，从他们的墓葬所在墓地多有战国中期的中山墓葬，以及他们此时使用的随葬器物还保留着战国中期晚段中山墓葬随葬器物的部分特点来看，这些墓葬的墓主人似乎应该是中山被灭国后的遗民，他们与征服者共处，延续了自春秋晚期开始这里就有不同人群共同生活的状态。

四

中山国为北方地区的少数民族所建，在东周列国纷争之际，屡遭晋伐“而不服”，“魏灭之而復兴”[43]，在其中原化的过程中，国力一度十分强大，曾与韩、赵、魏、燕共同相王，地位也得到了中原列国的认同，不过最终还是在秦统一六国的大趋势中为赵所灭。本文通过对灵寿城发现的东周时期墓葬的研究，可以在以下两个与中山国的历史发展过程有关的问题上得到一些新的认识。

第一，从灵寿城东周时期墓葬所表现出的与中原文化的关系，以及对于墓主人身份地位的表现方式等角度，可以看到建立了中山国的“鲜虞”族所经历的中原化进程。

春秋中晚期时，其与中原文化的关系主要是一些身份地位特殊者所表现出的对于作为“舶来品”的中原式青铜礼器的喜爱。到了战国早期，社会中处于较高阶层的人表现出对中原地区等级制度的认同，遂使用中原式青铜礼器和传统器物的双重标志来表现墓主人的身份地位或财富，其结果应是进一步加强了社会的阶层分化。也许正是由于这种社会阶层的进一步分化，使得其与中原地区的等级制度日渐契合，到战国中期早段时，中山国的上层贵族出于政治上的考虑，已追求进入到中原文化的政治等级体制当中。不过到战国中期晚段时，作为已进入中原地区政治秩序中的一员，中山国上层贵族似乎在政治上谋求与中原各国具有平等地位的同时，在文化上则力争突出自身的传统与特色，从而避免自己成为中原文化上的附庸。

第二，灵寿城地区自春秋中晚期始，到战国晚期，一直都有不同的人群在这里居住，可知这里在春秋中晚期时，既已开始了社会基层组织地缘化的进程。

灵寿城在不同时期不同的人群间或因政治、战争的关系而有消长进退，或在经济领域互有流通，或在文化上融合你我，其主流应是不同人群间的和平共处。尤其是在桓公复国建灵寿后，这里虽已是中山国的中心所在，可居住在这里的居民却不是铁板一块，仍然可以看到具有中原文化背景的人群生活在这里。这些现象表明，在东周时期发生的中国古代政治制度从以血缘关系为主的封建制向以地缘关系为主的中央集权制的转变过程中，这里与其他地区一样[44]，也同样发生着社会基层组织从以血缘关系为主向以地缘关系为主的转变。

注　释

［1］（清）王先谦（撰），吕苏生（补释）. 鲜虞中山国事表·疆域图说补释［M］. 上海：上海古籍出版社，1993：8. 谓“中山见于史乘，始于左定四年传，时当公元前五零六年”。

［2］参见：王先谦（撰），吕苏生（补释）. 鲜虞中山国事表·疆域图说补释［M］. 上海：上海古籍出版社，1993.

［3］杨建华. 中国北方东周时期两种文化遗存辨析［J］. 考古学报，2009（2）：155-184.

［4］二十五别史·世本·居篇［M］. 济南：齐鲁书社，2000：62.

［5］河北省文物研究所. 𰯼墓——战国中山国国王之墓［R］. 北京：文物出版社，1996.

［6］河北省文物研究所. 战国中山国灵寿城——1975～1993年考古发掘报告［R］. 北京：文物出版社，2005.

［7］河北省文物研究所. 战国中山国灵寿城——1975～1993年考古发掘报告［R］. 北京：文物出版社，2005：5.

［8］据原报告第五章第一节，属于春秋中晚期的墓葬共发掘9座，但查墓葬登记表，仅有8座墓葬

属于这一时期。

［9］ 朱凤瀚. 中国青铜器综论（下）［M］. 上海：上海古籍出版社，2009：1592.

［10］ 滕铭予，张亮. 玉皇庙墓地出土的直刃匕首式短剑研究［A］. 边疆考古研究（第13辑）［C］. 北京：科学出版社，2013：181-196.

［11］ 滕铭予，张亮. 东周时期冀北山地玉皇庙文化的中原文化因素［J］. 考古学报，2014（4）：481-518.

［12］ 林沄. 从张家口白庙墓地出土的尖首刀谈起［A］. 林沄学术文集（二）［C］. 北京：科学出版社，2008：20-30.

［13］ 原报告在对该墓进行的文字描述中，称所出陶片器形为鬲、尊和盆，但在墓葬登记表中，仅记有陶器尊和盆。文字描述和墓葬登记表分别于原报告的267页和36页。

［14］ 河北省文物研究所.战国中山国灵寿城——1975～1993年考古发掘报告［R］. 北京：文物出版社，2005：26.

［15］ 据原报告第五章第四节，共发掘18座属于战国早期的墓葬，墓葬登记表中属于战国早期的墓葬共20座。

［16］ 朱凤瀚. 中国青铜器综论（下）［M］. 上海：上海古籍出版社，2009：1968-1969.

［17］ 济南市文化局文物处，历城区文化局.山东济南市左家洼出土战国青铜器［J］. 考古，1995（3）：209-213.

［18］ 朱凤瀚. 中国青铜器综论（下）［M］. 上海：上海古籍出版社，2009：2009-2038.

［19］ 滕铭予，张亮. 东周时期冀北山地玉皇庙文化的中原文化因素［J］. 考古学报，2014（4）：481-518.

［20］ 河北省文物研究所.行唐县庙上村、黄龙岗出土的战国青铜器［A］. 河北省考古文集［C］. 北京：东方出版社，1998：199-201.

［21］ 王丽敏. 河北曲阳县出土战国青铜器［J］. 文物，2000（11）：60-61.

［22］ 郑绍宗. 唐县南伏城及北城子出土周代青铜器［J］. 文物春秋，1991（1）：14-22.

［23］ 满城唐县发现战国时期青铜器［N］. 光明日报，1972-7-6. 转引自朱凤瀚. 中国青铜器综论（下）［M］. 上海：上海古籍出版社，2009：1972.

［24］ 山西省文物工作委员会晋东南工作组，山西省长治市博物馆. 长治分水岭269、270号东周墓［J］. 考古学报，1974（2）：63-86.

［25］ 山西省考古研究所，太原市文物管理委员会. 太原晋国赵卿墓［R］. 北京：文物出版社，1996：36.

［26］ 黄朝伟. 战国时期赵国墓葬研究［D］. 吉林大学硕士学位论文，2009.

［27］ 山西省考古研究所，太原市文物管理委员会. 太原晋国赵卿墓［R］. 北京：文物出版社，1996：57.

［28］ 河北省文物研究所. 战国中山国灵寿城——1975～1993年考古发掘报告［R］. 北京：文物出版社，2005：150-152.

［29］ 河北省文物研究所. 战国中山国灵寿城——1975～1993年考古发掘报告［R］. 北京：文物出版社，2005：180–184.

［30］ 河北省文物研究所. 战国中山国灵寿城——1975～1993年考古发掘报告［R］. 北京：文物出版社，2005：239.

［31］ 河北省文物研究所. 战国中山国灵寿城——1975～1993年考古发掘报告［R］. 北京：文物出版社，2005：338–349.

［32］ 滕铭予，张亮. 东周时期三晋地区的北方文化因素［A］. 边疆考古研究（第10辑）［C］. 北京：科学出版社，2011：108–140.

［33］ 唐云明，王玉文. 河北平山县访驾庄发现战国前期青铜器［J］. 文物，1978（2）：96.

［34］ 朱凤瀚. 中国青铜器综论（下）［M］. 上海：上海古籍出版社，2009：1968–1969.

［35］ 河北省文物研究所. 战国中山国灵寿城——1975～1993年考古发掘报告［R］. 北京：文物出版社，2005：7–8.

［36］ 朱凤瀚. 中国青铜器综论（下）［M］. 上海：上海古籍出版社，2009：1951–1956.

［37］ a.据考证，中山“成公”的下葬年代为公元前328年，王嚳的下葬年代为公元前310年，或公元308年，参见：河北省文物研究所. 战国中山国灵寿城——1975～1993年考古发掘报告［R］. 北京：文物出版社，2005：7–8.

b.朱凤瀚. 中国青铜器综论（下）［M］. 上海：上海古籍出版社，2009：1956.

［38］ 在原报告的正文描述中，M8012所出盖豆为Ⅱ式，但在墓葬登记表中，该墓所出盖豆为Ⅲ式。

［39］ 张文立. 平山三汲出土铜镜初识［A］. 边疆考古研究（第1辑）［C］. 北京：科学出版社，2002：55–62.

［40］ 目前对于赵王陵的工作仅限于地面调查，因此对其墓葬的具体形制并不清楚，周窑一号墓距赵王陵三号陵陵台仅2.5米，地表原亦有封土，其与赵王陵关系极为密切，应为赵王室重要成员。参见：河北省文管处，邯郸地区文保所，邯郸市文保所. 邯郸赵王陵［J］. 考古，1982（6）：597–605.

［41］ 关于春秋时期燕国的分布范围，请参见陈光. 东周燕文化分期论［J］. 北京文博，1998（2）：19–27.

［42］ 保定市文物管理所. 河北顺平县坛山战国墓［J］. 文物春秋，2002（4）：43–45.

［43］ （清）王先谦（撰），吕苏生（补释）. 鲜虞中山国事表・疆域图说补释・原识［M］. 上海：上海古籍出版社，1993：7.

［44］ 关于社会基层组织从以血缘关系为主到以地缘关系为主的变化，可参见：滕铭予. 秦文化：从封国到帝国的考古学观察［M］. 北京：学苑出版社，2003.

A Study about the Tombs of Zhongshan State Lingshou City from Eastern Zhou Period

TENG Ming-yu

In this paper, time periods of the Eastern Zhou Dynasty tombs found in Lingshou City are discussed, which are generally divided into: mid-late Spring and Autumn period, early Warring States period, mid Warring States period and late Warring States period. Wherein, the mid Warring States period can be further divided into “Chenggong” tomb group and Wang (Cuo) tomb groups, respectively, equivalent to the early stage of mid Warring States and the late stage of mid Warring States period. Two points of understanding are made on a basis of the above. First, the Central Plain localization process of Zhongshan State’s “Xianyu” ethnic group experienced from the fondness of import Central Plains style bronze rituals in late Spring and Autumn Period and recognition of the hierarchy of Central Plains region in the early Warring States Period, to early stage of mid Warring States period when “Xianyu” began to get into the political hierarchy system of the Central Plains cultures. However, during the late stage of mid Warring States period, while “Xianyu” sought political equality with Central Plains, culturally they strove to avoid becoming a vassal of the Central Plains culture. Second, there have been different people living in Lingshou City area since the mid-late Spring and Autumn Period to late stage of mid Warring States period, we can understand that in the mid-late Spring and Autumn Period of this area, the processes of geographical associations of grassroots organization had already begun.

塔里木盆地的贵霜大月氏人*

陈晓露

（中国人民大学出土文献与中国古代文明研究协同创新中心，北京，100872）

大月氏是古代中国西北地区的一支游牧民族，原本活动在“敦煌、祁连之间”，后为匈奴驱逐，远赴中亚建立起贵霜帝国，称雄一时。19世纪末20世纪初，塔里木盆地发现了大量以贵霜官方文字之一——佉卢文书写的文字材料，这表明曾有一批贵霜大月氏人来到西域。值得注意的是，这一时期佛教亦在塔里木盆地盛行起来，与大月氏人的到来密切相关[1]。本文拟结合新发现材料，从考古学角度考察这一支东迁的贵霜大月氏人在西域地区的活动轨迹。

一、佉卢文在塔里木盆地的流传

佉卢文是起源于古代犍陀罗，后来流行于中亚广大地区的一种古文字。19世纪80年代以来，新疆地区不断发现大批佉卢文资料，计有木牍、残纸、帛书、皮革文书、题记、碑铭和汉佉二体钱，这些资料对研究公元2～4世纪塔里木盆地的语言和历史具有重要意义，自发现以来就深受学术界重视。按照出土地点，这些佉卢文资料主要出自于阗、龟兹和鄯善三个古代绿洲王国，其中以鄯善出土的数量最多，绝大部分出自尼雅遗址[2]。

在鄯善发现的佉卢文文书中，有许多内容是官方性质的，这证明佉卢文是作为鄯善的官方文字使用的。然而，并不能由此断言贵霜大月氏人在鄯善是以统治者身份出现。事实上，通过更加细致的分析可知，佉卢文的书写材料与内容表现出明显的阶段性，即这种文字在塔里木盆地的流通经过一个从非官方到官方的过程，而非一开始就自上而下地推行。

就目前所知，塔里木盆地最早的佉卢文文书是写在丝绸上，已进行释读或断年、可用于讨论的材料主要有以下几件：

（1）楼兰考古队1980年在孤台墓地MB2发现的“延年益寿大宜子孙锦”幅边背面有一行佉卢文题记，林梅村先生对其进行了考释，意为“频婆·室利诃陀之锦，（价值）百钱”，并认为这件佉卢文织锦当在东汉桓、灵之际，并且不晚于公元188年[3]。

* 基金项目：国家社科基金青年项目“楼兰考古与中外文化交流研究”（14CKG009）阶段性成果。

（2）尼雅95MN1M1号和95MN1M8号两座墓出土的木弓上发现缠有写有佉卢文的绢带[4]。

（3）斯文赫定在孔雀河三角洲发现的Grave34号墓中出土的一件丝织品上写有佉卢文题记，挪威奥斯陆大学的柯若教授对这条题记进行了释读和研究，释文为"siṃdhācāriyaṣa paṭa 20 20"，意为"印度法师之绸缎40（匹）"，同时认为其年代应该在公元2世纪最后数十年的范围之内[5]。

这几件文书所在墓葬表现出十分相似的特征，均为竖穴土坑或沙室墓，随葬大量漆木器及丝毛棉织物，其中尤其以带把杯、马蹄形梳篦、汉代铜镜、带有各种吉语的文字织锦为典型器物。楼兰地区这一类型墓葬数量十分丰富，通过考古类型学分析可知，其年代大致在公元2世纪末～3世纪上半叶。上述佉卢文文书的年代无疑应落在这个时间范围之内，这与语言学家从语言和书体特征判断所得到的结论相一致。

从内容上来看，这三件帛书均涉及丝绸的所有者、长度与价钱。与此相关的是，尼雅95MN1M1也出土了一片被截断的原色丝绸，上书有汉文墨书，读作"河内修若东乡杨平缣一匹"，说明了丝绸的产地——河内郡，在今河南黄河以北地区，"修若"不见于文献，应即文献中的"修武"。"杨平"则是丝绸所有者的名字。"缣"为汉代平纹类丝织物的通称[6]。斯坦因在敦煌以西的烽燧线上也曾发现过一件类似的写有文字的原色丝绸，上面写着"任城国亢父缣一匹，幅广二尺二寸，长四丈，重廿五两，直钱六百一十八"[7]。据王国维考证，任城国建于东汉章帝元和元年（公元84年），亢父为其属县；顺帝时羌虏数反，任城王崇辄上钱帛佐边费，由此任城国之缣得以远至塞上，因此这件丝绸的年代当在元和元年到顺帝年间（公元126～144年）[8]。类似的关于记录丝绸的尺寸和价格的文字也常见于汉简之中，一般认为是两汉时期丝绸贸易的反映[9]。因此，上述佉卢文帛书与这两件丝绸上的汉文题记均属于同一性质，应与当时的丝绸贸易有关，用于记录所交易丝绸的信息。

此外，山普拉墓地84LSIM48号墓出土的一件所谓于阗文绢书，实际上是佉卢文书，其内容被释读为"eṣa paṭa［diṭhi］？？？4"，意为"这捆丝绸54尺"。研究者根据字体与语言特征，认为其年代在公元2世纪末[10]。这件帛书无疑与楼兰出土的佉卢文帛书属于同一性质。

可与这些佉卢文帛书相类比的还有斯坦因在敦煌汉长城烽燧发现的另一件原色丝绸，上面用婆罗谜文写着相似的内容"……短丝绸46拃"，其年代被定在公元前61年到公元9年之间[11]。季羡林先生指出，这条题记使用的文字是印度俗语，字母是婆罗谜文，说明"印度俗语在公元前后几十年内已经成为西域一带的商业通用语言了"[12]。

从汉文史料来看，《后汉书·西域传》所记关于西域史实止于灵帝熹平四年（公元175年），其中没有任何关于佉卢文的记载，佉卢文传入塔里木盆地应在公元175年之后。但上述分析表明，至迟在公元2世纪末，佉卢文已经被应用于当时的丝绸贸易之中。这意味着佉卢文在起初进入塔里木盆地时，除了出现在佛经、钱币上外，还有一种形式是作为一种商业语言，由丝绸之路上的商人们带入塔里木盆地中，而这种形式所使用的书写材料主要是丝绸。

除了商业用语之外，佉卢文在传入塔里木盆地早期的另一种形态是佛教用语，于阗出土的著名的佉卢文《法句经》即是最突出的代表。此外，佉卢文还见于米兰佛寺：

（1）斯坦因在米兰M. III佛寺发现了三块丝幡（M.III.0015），上面用佉卢文写着9条短语。经波叶尔解读，丝幡上每一段短语都包含一个印度俗语的祈求健康的祝愿，其中使用的短语“arughadachinae bhavadu”常见于贵霜碑铭中；此外保存下来的7个人名应源自印度和伊朗语[13]。语言学分析表明，这件文书的书写者与贵霜文化有着千丝万缕的关系，很可能不是本地土著居民；同时，它使用丝绸作为书写材料，早于公元3世纪以后通行的木牍或封简，应属于佉卢文初传塔里木盆地时期的文书。

（2）米兰M. V佛寺壁画中发现了二则佉卢文题记：其一见于《须大拏太子逾城出家》本生故事画中须大拏乘马出城的场景中，题写在城门的门楣上，意为“此系仙授，布阇弥之子”。须大拏称号甚多，仙授乃其中之一。其二写在画面中有降雨之能的白象的右臀部，意为“此系蒂陀之作品，彼为之获般摩伽钱，三千”。斯坦因指出，题记中画家蒂陀（Tita）实为希腊名字“Titus”用在梵文或印度俗文字中的一种特定形式，在公元初期的罗马帝国远东诸省、包括叙利亚以及其他靠近波斯的边境地区之中是一个很常用的名字，因此，蒂陀可能是一位精通佉卢文的希腊裔画师[14]。从壁画风格和佛寺形制来看，M.V佛寺的年代在公元2世纪末～3世纪初，因此这两条题记也属于塔里木盆地最早的佉卢文书之一。

丝绸以外，作为过渡时期佉卢文的书写材料的还有皮革，早于中原风格的简牍。以皮革为书写材料属于西方传统，《史记·大宛列传》中曾提到，安息正是使用皮革作为书写材料（“画革旁行以为书记”）[15]。尼雅N.XIV遗址的第二层堆积中发现了一件皮革文书，和汉文文书共出，大致为东汉时期。尼雅遗址共出土有25件皮革文书，其中许多与简牍文书有共存关系，从内容看不乏官方文书（国王敕谕），说明简牍作为书写材料出现后，皮革文书虽退居次要地位，但仍被使用。

由上可知，东汉晚期，佉卢文就已经传入塔里木盆地，初期作为外来语的特征十分明显，使用者主要是外来人群体，主要用于商业和佛教等民间用语领域。可以推测，贵霜人并非以统治者身份降临，而是以商人、工匠、佛教徒等身份进入，鄯善是他们最主要的移民点，于阗和龟兹也有少量人数。随着贵霜大月氏人到来的数量日益增多，佉卢文的使用也日益广泛，鄯善随后将其作为官方文字，与汉文同时流通使用。

在这之前，当地的官方文字是汉文。尼雅N.XIV遗址曾出土一组西汉简牍，记述了精绝王公贵族相互送礼问候的贺词。上层人士之间以汉文作为信件往来的书写语言，证明西汉时期汉文的确是这一地区的官方文字[16]。相应的，佉卢文在书写形式上表现出受到汉文的很大影响，也证实了二者是先后成为鄯善官方文字的。

佉卢文书写材料中，数量最多的是简牍，形制可分为楔形、矩形、长方形、棒形、标签形、Takht形和杂类，其中前三种发现的数量最多，无疑是受汉文竹简和木牍影响的[17]。佉卢文简牍还借鉴了汉简中的“封检”形式。检，《说文解字》曰：“书署也。”徐铉注：“书函之盖三刻其上绳缄之，然后填以泥，题书其上而印之也。”楼兰、尼雅出土的许多佉卢文双简分为底牍和封牍，书写时先从底牍开始写，写不下的内容续写在封牍上，然后把两片木牍合起来，有文字的部分合在里面，再用绳索缠绕，最后加印封泥，形式与汉简中的“封检”几乎完全一样[18]。尼雅N. V出土的一件汉文木牍，中间为封泥处，刻有三个线槽，封泥座上方有“鄯善王”字样，右边的一个残字沙畹推测为“诏”字，文书形制与佉卢文封牍完全一致，说明当时尼雅的两种文字都使用这种书写形式。佉卢文作为鄯善后增加的官方文字，很自然的接受了原来的汉文书写形式的影响。

二、楼兰壁画墓的墓主人

2003年，楼兰LE古城东北约4千米处因盗墓而发现的一座壁画墓（图一），引发了学术界的广泛关注。该墓葬坐落于一处雅丹上，顶部中央现存一座土坯建筑，似为佛塔；一侧带有水平的长墓道；墓道尽头连接双洞室，前后室以土墙隔开；前室中部竖立一中心柱；前后室四壁均装饰有大量壁画[19]。

值得注意的是，墓葬表现出大量汉文化因素，如斜坡墓道、彩绘木棺、穿壁纹装饰、独角兽壁画、马蹄形梳篦等，于志勇、覃大海二位先生据此认为该墓葬的墓主人是汉族屯戍军吏或商旅[20]。不过，与此同时，该墓葬也表现出了明显的贵霜文化因素，特别是前室东壁上方残留了一小段佉卢文题记，经语言学家解读，应为壁画画家的签名[21]。这揭示出该墓的主人应是一位公元3～4世纪侨居楼兰的贵霜大月氏人[22]。细

图一　楼兰壁画墓

察该墓的墓葬结构，墓道为造墓者从雅丹一侧横向掏出的水平墓道，与汉式墓葬典型的“斜坡墓道”有一定差别；前室的中心柱也与中原墓葬中的中心柱不同，后者为仿地面建筑，而前者表面绘满法轮，则代表佛塔或法轮柱。韦正先生通过与河西汉墓的详细比较，指出该墓虽然受到了汉文化的强烈影响，但墓主人应还是楼兰当地的高级贵族[23]。

贵霜帝国为西迁中亚的大月氏人于公元前2世纪建立。大月氏原为游牧民族，但贵霜版图辽阔，鼎盛时期囊括了巴克特里亚、犍陀罗和帕提亚的部分地区，因此在文化上融合了伊朗、希腊、印度等多种文化因素。这一特点在流寓楼兰的贵霜大月氏人墓葬中有充分体现：前室东壁表现了贵霜艺术中常见的“大酒神节”题材，壁画人物服饰与饮器亦见于贵霜艺术；墓葬出土绢衫绘有贵霜艺术中的希腊酒神形象；前室后壁所绘牡马与出土的箭杆、皮囊、马鞍冥器等物品则应是本民族游牧文化的遗留[24]。

贵霜帝国实行宗教宽容的政策，佛教和佛教艺术在这一时期获得了较大的发展[25]。楼兰壁画墓表现出鲜明的佛教文化色彩，墓室结构和壁画上都可见到佛教因素，这是墓主人为贵霜人的有力证据：前室中心柱表面绘有法轮，是象征佛法的佛塔或法轮柱；后室四壁亦满绘法轮；墓门东侧更清晰地描绘了“佛与供养人”的图像。

学术界一般认为，佛教在两汉之际即已传入中原[26]。目前所知的中国最早的佛像，如孔望山摩崖造像、四川麻浩崖墓造像，均为贵霜风格的造像，这意味着佛教主要是取道中亚、通过陆上丝绸之路传播。不过，西域地区迄今尚未发现东汉以前的佛教遗存。研究者认为，由于佛教徒不从事生产活动，西域地区的人口密度直到魏晋时期才能够支持佛教活动的存在[27]。这与考古发现所揭示的楼兰鄯善历史是一致的，魏晋时期楼兰地区的遗址数量与规模都超过两汉时期。正如韦正先生指出，从墓葬来看，汉文化

图二　前室墓门东侧绘“佛与供养人”图

在这一时期对楼兰地区有着较强的影响，过去学术界大大低估了魏晋西域长史的控制力度[28]。正是汉文化的传播和对楼兰的开发，带动了这一地区的经济发展，佛教也正是在这一时期兴盛起来。姚秦弘始二年（公元400年），法显西行求法路过鄯善，在游记中记录了鄯善佛教盛行的情形："得至鄯善国……其国王奉法，可有四千余僧，悉小乘学。诸国俗人及沙门尽行天竺法，但有精粗。"[29]不难推测，自魏晋以后，至公元5世纪法显到达时，佛教已经在楼兰地区流行了相当长一段时间。

佉卢文书中也反映了佛教在魏晋时期的鄯善王国是十分兴盛的，僧人和佛教徒的数量很多，并且在王国内形成了几个佛教僧团。事实上，这一时期楼兰地区佛教的兴盛正是与贵霜大月氏人的到来有着密切关系。公元2世纪，贵霜帝国内乱，这次内乱的重要原因之一正是佛教大小乘派系的矛盾。伽腻色迦王晚期，大乘佛教教团在印度东部兴起，危及到了信奉小乘的北方大月氏人的地位。北方王朝在内乱中失利后，作为小乘信徒的大月氏人向东流亡，来到楼兰地区[30]。如前所述，由于汉文化的传播，鄯善在这一时期获得了较大的发展，经济规模和人口密度已足以支持佛教寺院生存的程度。因此，这批流亡的贵霜大月氏人选择楼兰地区作为定居点。从楼兰出土木简残纸中可知，定居楼兰的贵霜大月氏人数量非常多。他们中很多加入了汉朝军队，听命于西域长史的调遣。楼兰文书中屡屡见到大月氏士兵的名字[31]。他们的到来不仅直接推动了鄯善佛教的兴盛，而且使得佉卢文成为这一时期鄯善的流行语言甚至官方用语。楼兰壁画墓的墓主人无疑正是这次贵霜东迁浪潮中的一位身份较高的人物。

值得一提的是，据《出三藏记集》载："竺法护，其先月氏人也，世居敦煌郡。"法护是西晋时期最重要的译经师，极大地推动了佛教在中国的发展，《高僧传》称其"死而化道周洽，时人咸谓敦煌菩萨也"。如前所述，楼兰在西晋时期属于敦煌的凉州刺史管辖，魏晋文献中所谓"凉州"或"敦煌"有时泛指塔里木盆地。楼兰地区在西晋时期佛教十分发达，因此，竺法护很可能是出身于世居楼兰的大月氏人家族。

三、偏洞室墓与大月氏人

偏洞室墓又被称为"早期土洞墓""竖穴洞室墓""地下横穴室墓"[32]等，是指先从地表向下挖出竖穴墓道、在其底部再挖横穴墓室的墓葬形制，一般认为与游牧文化有着密切的关系。有学者提出，中亚地区公元前2～1世纪的大月氏人墓葬可能也采取了偏洞室墓这种形式，在谢米列契、费尔干纳谷地和泽拉夫善谷地三个地区发现的偏洞室墓可能是史书记载的大月氏人向西迁徙所留下来的遗存；新疆察吾呼沟三号墓地的偏洞室墓与谢米列契、费尔干纳地区许多特征相似，其族属应是大月氏人；蛤蟆墩墓地亦可见偏洞室墓[33]。涉及诸多墓地和多种墓葬形制，研究者曾批评不能简单地将大月氏人墓葬与偏洞室墓直接画等号[34]。蛤蟆墩墓地与沙井文化与大月氏人起源有关的观点也受到越来越多学者的质疑。

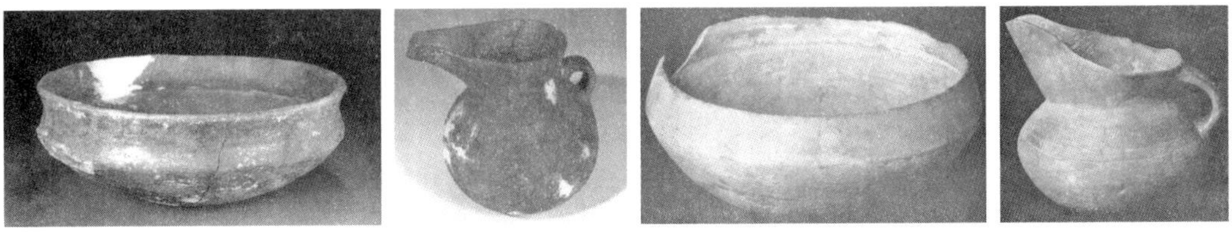

图三 温宿包孜东墓葬与犍陀罗地区出土陶器

偏洞室墓在欧亚草原西部、中亚及中国西北地区都有发现，其起源、流行和文化内涵均十分复杂，对此本文暂不涉及[35]。作为一种墓葬形制，偏洞室墓不宜与某个族属笼统地对应，而是应视具体情况而定。我们认为，东迁塔里木盆地的贵霜大月氏人中，部分可能使用了偏洞室墓这种形制，这支人群是以伴随佉卢文在塔里木盆地的流行为特征的，年代在公元2世纪末～4世纪末。

考古工作者在中亚发掘了许多贵霜时期的偏洞室墓，如塔拉斯河流域的肯特尔（Kenkol）墓地、锡尔河中游沿岸的查达拉（Chardara）墓地，随葬品表现出明显的游牧文化特征，年代在公元1～4世纪[36]。2001年，法国考古队在撒马尔干也发掘了一座偏洞室墓，出土有汉代铜镜，年代在西汉末—东汉初（约公元1世纪）[37]。历史上许多游牧民族都曾在这些地区活动，目前仍不能确定这些偏洞室墓的性质是属于康居、匈奴或月氏人。不过，这些墓葬所在的年代与地区都属于贵霜控制范围，大月氏人占据中亚多年，无论是本民族葬俗还是受其他民族影响，采用偏洞室墓这种形制都是很自然的。

1985年，新疆文物考古研究所在温宿县包孜东墓地发掘了一座游牧人石堆丛葬墓（85WBBM41），墓室内尸骨达20具之多，器物出土较为丰富，有陶器、铜器、骨器、石器等类共计565件，从出土汉镜看，墓葬年代大约在公元2世纪[38]。值得注意的是，这座游牧人古墓出土的陶器与犍陀罗奇特拉（Chitral）地区出土的陶器十分相似[39]。贵霜大月氏人曾经统治犍陀罗，丧葬制度或受到后者影响。因此，包孜东这座游牧人墓葬可能是来自中亚犍陀罗的大月氏人。

2003～2004年，考古工作者在偃师市西部的邙山冲积扇上发现了一座侨居洛阳的大月氏人后裔的纪年墓。这座墓葬采用长方形竖井墓道的单室土洞墓，弧形拱顶，墓中出土扇形铭文砖，正面阴刻隶书3行17字："永康元年（公元300年）二月廿一日安文明妻支伯姬丧"。从姓氏分析，墓主人显然是大月氏人后裔，其夫君应为安息人[40]。据《出三藏记集》记载："支谦字恭明，大月氏人也，祖父法度，以汉灵帝世率国人数百归化，拜率善中郎将。"由此可知东汉灵帝年间，这批流亡东方的大月氏人最后有数百人抵达了洛阳。研究者曾对于北京大学赛克勒博物馆所藏洛阳出土的井阑石刻进行了研究，认为这正是东汉年间抵达洛阳的贵霜大月氏人僧团的遗存[41]。支伯姬无疑也是这批月氏移民的后裔。

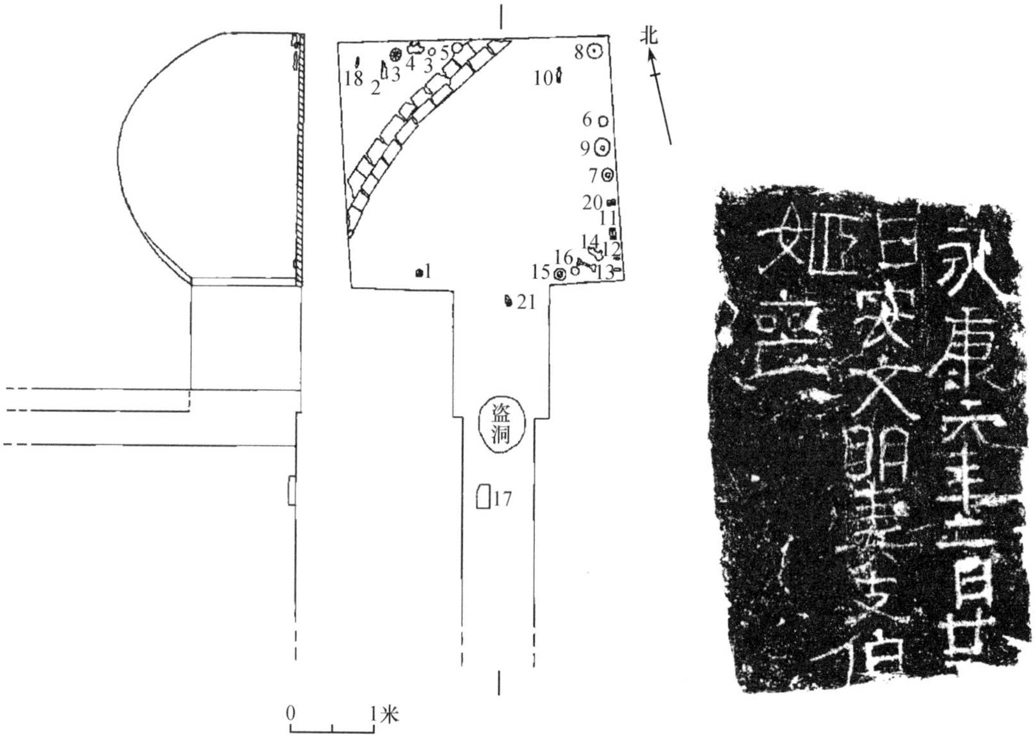

图四　河南偃师支伯姬墓平、剖面图及出土铭文砖

从墓葬形制来看，长方形竖井墓道的单室土洞墓在洛阳地区西晋墓中很少见到，但与楼兰地区发现的一批偏洞室墓却较为接近，所不同的是受到了一些汉地墓葬因素的影响，如在墓道和洞室之间设置有甬道、墓底使用铺地砖。

楼兰地区的偏洞室墓主要集中于两个地点，一是LE古城东北墓葬群，二是扎滚鲁克一号墓地。

楼兰LE古城东北墓葬群是2009年考古工作者在罗布泊地区进行全国第三次文物时发现的，共有五处墓地，墓葬形制主要是带墓道的洞室墓，前述2003年发现的楼兰壁画墓也属于这个墓葬群。其中编号为09LE31M1为竖穴偏洞室墓，随葬品表现出游牧文化的特征[42]。这个墓葬群的性质尚难确定，但我们推测，一些受到汉文化影响的贵霜大月氏人埋葬在了这里，09LE31M1的墓主人仍保留着部分月氏人的丧葬习俗。

扎滚鲁克一号墓地位于且末县托格拉克勒克乡扎滚鲁克村西2千米处，共发掘了12座偏洞室墓：均为长方形竖穴墓道；墓穴方向多在48°～63°，大体上是东北向；多为单洞室，一座双洞室墓；单洞室绝大多数在竖穴的偏东北方向位置；葬具多用梯架式木尸床，另有1座墓用箱式木箱；葬式多为仰身直肢；有殉牲习俗，主要是羊；随葬品主要是马具，游牧文化特征浓厚。从墓葬形制、葬具、随葬器物来看，年代当在魏晋时期，公元3世纪～4世纪中叶[43]。

从楼兰地区墓葬序列来看，汉代这里的是流行刀形墓和竖穴土坑墓，没有使用偏洞室墓的传统。而这批偏洞室墓的数量较多，且结构复杂、随葬品丰富，墓葬等级较高，出现得极为突兀。这意味着魏晋时期有一支外来人群到达了该地区，而这支外来人群可能即和流亡塔里木盆地的大月氏人有关。

属于这一时期的偏洞室墓还可见于营盘墓地。营盘遗址位于库鲁克塔格山南麓、孔雀河三角洲西北缘，东距楼兰LA古城约200千米，是一处大型聚落遗址，遗址区内有古城、佛寺、烽燧和大型公共墓地。墓地在古城外东北1千米的山前台地上，南距孔雀河干河床5千米，经调查约有古墓300座。新疆文物考古研究所先后于1989、1995、1999年三次对墓地进行了清理发掘，共发掘墓葬112座，清理被盗墓100余座，其年代被定为“上限到汉，下限到魏晋或略晚”[44]。我们认为，这个年代范围过于笼统。事实上，通过与楼兰地区墓葬对比，我们可以明确地将营盘墓地分为东汉和魏晋两期：东汉时期均为长方形竖穴土坑墓，使用独木船形棺和没有彩绘的箱式木棺两种葬具，随葬大量木器，其中许多器形如木盘、带把木杯、木碗等与尼雅95MN1号墓地等东汉墓葬中所出器物完全一样；魏晋时期有竖穴土坑和竖穴偏室两种墓葬形制，低等级墓无葬具，高等级墓出现以彩绘箱式木棺为葬具。竖穴偏室墓均分布在台地下，偏室依靠台地沙壁向内掏挖形成，口用木柱、柳条栅栏、芦苇草、门板等封堵，其内无木质葬具，随葬三角状唇部陶罐、漆奁、木杯等。值得一提的是，偏洞室墓M59出土了一封佉卢文书信，字体表明显表现出晚于鄯善王童格罗迦时代的特征[45]。曾经有研究者提出，营盘的偏洞室墓不排除与月氏人有关的可能性[46]。这一观点与我们关于楼兰地区偏洞室墓葬的推测不谋而合。这批大月氏人显然并非西迁途中留在天山绿洲盆地或河西“小众不能去者、保南山羌”的所谓“小月氏”，而是公元3世纪时流亡塔里木盆地的贵霜大月氏人。

特别的，营盘墓地保存情况最好、最具特色的95BYYM15号墓葬值得注意。这座墓为长方形竖穴土坑墓，采用营盘M15以四足长方形箱式木棺为葬具，木棺外壁满绘穿璧纹和花卉、卷草、树叶等各种纹饰，与楼兰壁画墓和1998年被盗的彩棺墓（09LE14M2）所使用的彩绘箱式木棺从形制到纹饰都十分接近；木棺外覆盖一条长方形彩色狮纹栽绒毛毯，这一做法亦见于彩棺墓；木棺内葬一人，头向东北，仰身直肢；墓主人头枕鸡鸣枕，面部罩盖麻质面具，鼻孔用织物封塞，身着红地对人兽树纹罽袍，袍面以裸体小男孩的形象作为装饰，表现出浓厚的希腊罗马艺术风格[47]。从文化内涵上来看，M15规格较高，表现出受到汉文化（彩绘木棺）和希腊文化（墓主人所穿罽袍）两方面的影响，这些与楼兰壁画墓十分相似。因此我们猜测，营盘M15号墓的墓主人可能亦与贵霜大月氏人有关，或即营盘偏洞室墓所葬大月氏移民团中的高层人物。

据体质人类学的研究成果，营盘墓地的人骨特征与蒙古人种差异较大，更接近欧洲人种的特点，但有蒙古人种特征的混杂；而在周邻地区的人骨材料中，营盘墓地与察吾呼三号墓地的关系最为密切，而与楼兰城郊墓地的关系最远[48]。楼兰城郊墓一般认为是楼兰土著居民，其种族主要是以欧洲人种的地中海东支类型[49]。

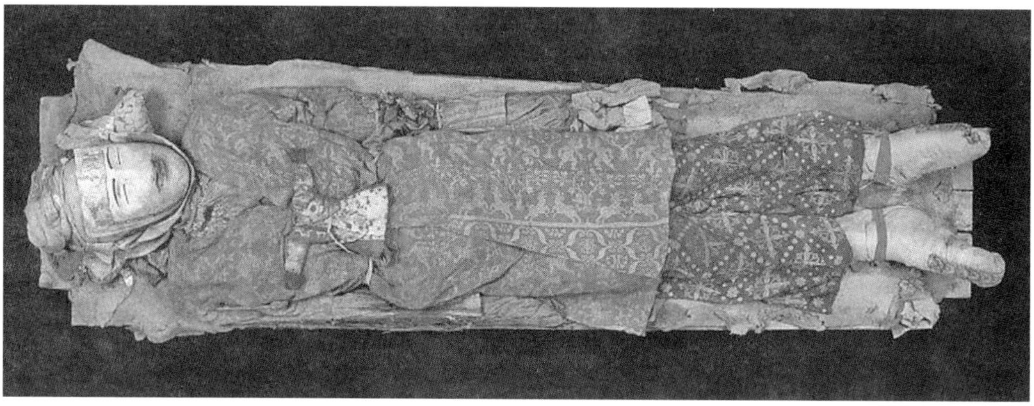

图五　营盘M15号墓墓主人

察吾呼三号墓地位于新疆巴音郭楞蒙古自治州和静县县城西北30千米处。1983～1988年，新疆文物考古研究所等多家单位先后在此做过工作，共发掘了40座墓葬[50]。发掘者认为，察吾呼三号墓地中殉牲的习俗以及墓葬内出土的陶罐与宁夏同心倒墩子、内蒙古东胜补洞沟、凉城毛庆沟，以及诺颜乌拉匈奴墓地中的陶罐接近，从而推测该墓地埋葬人群的族属是东汉前期匈奴。然而，我们发现，在1984年发掘的墓葬中曾出土有三角状唇部的陶罐，这是典型的魏晋时期汉文化器物，在敦煌祁家湾大量出土，楼兰平台墓地、孔雀河三角洲Grave34、扎滚鲁克墓地中均有出土。因此，察吾呼三号墓地的年代至少沿用到了魏晋时期。

该墓地已清理的40墓葬中，有16座为偏洞室墓。偏室在竖井墓道底部向一侧掏挖，另一侧多留下生土二层台。1988年发掘的M1比较特殊，为双侧偏室，一侧底部低于墓道底，另一侧与墓道底平齐。偏室的口与墓道之间多用土坯、立木或石头封挡。这一做法亦见于营盘墓地、中亚的谢米列契和费尔干纳地区。

据体质人类学分析，察吾呼三号墓地的人骨整体上表现出原始欧洲人种的特征，但出现了很多变异趋势使得一些特征显得弱化，可能带有某种蒙古人种混合特征[51]。这一结论与营盘墓地完全一致。正如发掘者从器物、葬具、葬式等方面注意到的：察吾呼三号墓地是一支外来文化，其中的偏室墓也不是当地发展起来的。事实上，这批墓葬的随葬品比较简单，其中的铜带扣、弓弭、弓弣、铁镞、动物纹饰件等均为游牧文化墓葬常见物品，并不能说明墓葬族属一定是匈奴。因此，我们认为，察吾呼三号墓地的偏洞室墓不能排除是大月氏人墓葬的可能性。

此外，1996年考古工作者在吐鲁番交河沟西墓地也发掘了8座竖穴偏室墓，发掘者认为其大部分与共存的竖穴土坑墓年代相近，将年代定为西汉时期；然而，我们发现，其中96TYGXM4则在墓葬形制、随葬品明显与其他墓葬不同，偏室较为宽大、内四壁比较平直，墓道底部出土1件轮制灰陶罐，为三角状唇部。因此，这座墓葬应为魏晋时期，可能也与大月氏人有关[52]。

图六 察吾呼三号与交河沟西墓地出土三角状唇部陶罐

四、小 结

综合全文的讨论，我们对公元2世纪末～4世纪中叶进入塔里木盆地的贵霜大月氏人进行了考察。楼兰地区无疑是他们向东移民的一个重要地点，营盘、察吾呼、吐鲁番等地也可能有少量的大月氏人定居。随着他们的迁徙，他们的丧葬习俗、佉卢文、佛教和犍陀罗艺术等也来到了西域，在塔里木盆地的历史上扮演着重要的角色，成为中华文明史上不可或缺的一笔。

注 释

［1］ 对于这一现象出现的原因，西方学者曾提出东汉王朝退出西域后、贵霜帝国统治过塔里木盆地的理论；国内学者则多倾向于认为，佉卢文的流行是公元2世纪以后贵霜内乱、大量大月氏难民涌入西域的产物。参见：

a. Brough, J. Comments on Third-Century Shan-shan and the History of Buddhism［J］. *BSOAS*, 1965 (3): 582–612.

b.林梅村. 贵霜大月氏人流寓中国考［A］. 西域文明——考古、语言、民族和宗教新论［C］. 北京：东方出版社，1995：33–67.

［2］ a.林梅村. 沙海古卷——中国所出佉卢文书初集［M］. 北京：文物出版社，1988.

b.莲池利隆. ニヤ遺跡出土のーシュティー文字资料の研究［A］. 中日日中共同尼雅遗迹学术调查报告书［C］（第一卷）. 京都/乌鲁木齐，1996：281–337.

c.中日日中共同尼雅遗迹学术考察队. 中日日中共同尼雅遗迹学术调查报告书［C］（第二卷）. 京都/乌鲁木齐，1999：161–176+227–244.

［3］ 林梅村. 楼兰新发现的东汉佉卢文考释［A］. 西域文明——考古、语言、民族和宗教新论［C］. 北京：东方出版社，1995：193–196.

［4］ 中日日中共同尼雅遗迹学术考察队. 中日日中共同尼雅遗迹学术调查报告书［C］（第二卷）. 京都/乌鲁木齐，1999：116+126.

［5］ Bergman, F. *Archaeological Researches in Sinkiang, Especially the Lop-Nor Region*［M］.

Stockholm, 1939: 231–234.

［6］ 赵丰，于志勇. 沙漠王子遗宝：丝绸之路尼雅遗址出土文物［M］. 香港，2001：101.

［7］ Chavannes, E. *Chinese Documents from the Site of Dandanuilig, Niya and Endere*［M］. Oxford, 1913: 118.

［8］ 罗振玉，王国维. 流沙坠简［M］. 北京：中华书局，1993：186.

［9］ 丘进. 关于汉代丝绸国际贸易的几个问题［J］. 新疆社会科学，1987（2）：45–61.

［10］ 戴维. 鄯善地区汉晋墓葬与丝绸之路［D］. 北京大学硕士学位论文，2005：9.

［11］ a. Stein, M. A. *Serindia: Detailed Reporat of Explorations in Central Asia and Westernmost China Carried out and Described under the Orders of H. M. India Government*［M］(Vol.1). Oxford, 1921: 701–704.

b.林梅村. 公元3世纪的西域纺织物［A］. 古道西风——考古新发现所见中外文化交流［C］. 北京：生活·读书·新知三联书店，2000：374.

［12］ 季羡林. 中国蚕丝输入印度问题的初步研究［A］. 中印文化关系史论文集［C］. 北京：三联书店，1982：63.

［13］ a. Stein, M. A. *Serindia: Detailed Reporat of Explorations in Central Asia and Westernmost China Carried out and Described under the Orders of H. M. India Government*［M］(Vol.1). Oxford, 1921: 495, Plate XXXIX.

b. Boyer, A. M. Inscriptions de Miran［J］. *Journal Asiatique*, 1911 (17): 418.

［14］ Stein, M. A. *Serindia: Detailed Reporat of Explorations in Central Asia and Westernmost China Carried out and Described under the Orders of H. M. India Government*［M］(Vol.1). Oxford, 1921: 538.

［15］ 刘文锁. 楼兰的简纸并用时代与造纸技术之传播［A］. 边疆考古研究（第2辑）［C］. 北京：科学出版社，2003：409.

［16］ 林梅村. 楼兰尼雅出土文书［M］. 北京：文物出版社，1985：88.

［17］ 中日日中共同尼雅遗迹学术考察队. 中日日中共同尼雅遗迹学术调查报告书［C］第二卷. 京都/乌鲁木齐，1999：245–259.

［18］ 王国维（原著），胡平生，马月华（校注）. 简牍检署考校注［M］. 上海：上海古籍出版社，2004：75–92.

［19］ a.李文儒. 被惊扰的楼兰——楼兰“王陵”核查、楼兰古墓追盗［J］. 文物天地，2003（4）.

b.张玉忠. 楼兰地区魏晋墓葬［A］. 中国考古学年鉴（2004年）［C］. 北京：文物出版社，2005：410–412.

［20］ 于志勇，覃大海. 营盘墓地M15的性质及罗布泊地区彩棺墓葬初探［J］. 吐鲁番学研究，2006（1）：63–95.

［21］ 戴维. 鄯善地区汉晋墓葬与丝绸之路［D］. 北京大学硕士学位论文，2005：37.

［22］ 林梅村. 楼兰文明［A］. 丝绸之路考古十五讲［C］. 北京：北京大学出版社，2006：175–182.

[23] 韦正. 楼兰地区汉晋墓葬的初步分析［A］. 汉代西域考古与汉文化［C］. 北京：科学出版社，2014：97–103.

[24] 陈晓露. 楼兰壁画墓所见贵霜文化因素［J］. 考古与文物，2012（2）：79–88.

[25] Rosenfield, J. M. *The Dynastic Arts of the Kushans*［M］.Berkeley and Los Angeles, 1967.

[26] 任继愈. 中国佛教史［M］第一卷. 北京：中国社会科学出版社，1985：45.

[27] 刘欣如. 贵霜时期东渐佛教的特色［J］. 南亚研究，1993（3）：40–48.

[28] 韦正. 楼兰地区汉晋墓葬的初步分析［A］. 汉代西域考古与汉文化［C］. 北京：科学出版社，2014：102.

[29] 章巽. 法显传校注［M］. 上海：上海古籍出版社，1985：7–8.

[30] 林梅村. 贵霜大月氏人流寓中国考［A］. 西域文明——考古、语言、民族和宗教新论［C］. 北京：东方出版社，1995：33–67.

[31] 如林编239号“出床卌一斛七斗六升，给禀将军伊宜部兵胡支鸾十二人……泰始二年（公元266年）十月十一日……”；林编293号“胡支得失皮铠一领，皮兜鍪一枚、角弓一张、箭卌枚、木桐一枚，高昌物故”；林编434号“兵支胡薄成、兵支胡重寅得”；林编605号“兵支胡管支、赵君风明省”。参见：林梅村. 楼兰尼雅出土文书［M］. 北京：文物出版社，1985.

[32] a.谢端琚. 试论我国早期土洞墓［J］. 考古，1987（12）：1097–104.

b.陈戈. 新疆发现的竖穴洞室墓［A］. 中国考古学论丛［C］. 北京：科学出版社，1993：401–414.

c.高滨侑子（著），韩钊（译）. 中国古代洞室墓［J］. 文博，1994（1）：17–23.

[33] 扎德涅普罗夫斯基（著），梅建军（译）. 由考古证据论月氏的迁徙路线［J］. 吐鲁番学研究，2001（2）：98–101.

[34] 吕恩国. 新疆的偏室墓不一定是月氏遗存——简评《由考古证据论月氏的迁徙路线》［J］. 吐鲁番学研究，2001（2）：102–103.

[35] a.李高峰. 天山至河西走廊早期铁器时代文化比较［D］. 北京大学考古文博学院学士学位论文，2003.

b.韩建业. 中国先秦洞室墓谱系初探［J］. 中国历史文物，2007（4）：16–25.

[36] Zadneprovskiy, Y. A. The nomads of northern Central Asia after the invasion of Alexander［A］. *History of Civilizations of Central Asia*: *The Development of Sedentary and Nomadic Civilizations, 700 B.C. to A.D. 250*［C］Vol. II. Paris, 1994: 469–472.

[37] Rapin, C. Nomads and the shaping of Central Asia： from the early Iron Age to the Kushan Period［A］. *Nomads after Alexander, Central Asia before Islam*［C］. Proceedings of the British Academy, 133, Oxford, 2007: 29–72.

[38] 新疆博物馆，阿克苏文管所，温宿文化馆. 温宿县包孜东墓葬群的调查和发掘［J］. 新疆文物，1986（2）：1–14.

[39] Allchin, F. R. A pottery group from Ayun, Chitrāl［J］. *Bulletin of the School of Oriental and*

African Studies, 1970 (1): 1–4.

［40］ 洛阳市第二文物工作队，偃师商城博物馆. 河南偃师西晋支伯姬墓发掘简报［J］. 文物，2009（3）：36–40.

［41］ 林梅村. 洛阳所出佉卢文井栏题记——兼论东汉洛阳的僧团与佛寺［A］. 西域文明——考古、语言、民族和宗教新论［C］. 北京：东方出版社，1995：387–404.

［42］ 资料由新疆文物考古研究所张玉忠、于建军二位先生提供，谨致谢忱！

［43］ 新疆维吾尔自治区博物馆，巴音郭楞蒙古自治州文物管理所，且末县文物管理所. 1998年扎滚鲁克第三期文化墓葬发掘简报［J］. 新疆文物，2003（1）：1–19.

［44］ a.新疆文物考古研究所. 新疆尉犁县因半古墓调查［J］. 文物，1994（10）：19–30.
b.新疆文物考古研究所. 新疆尉犁县营盘墓地1995年发掘简报［J］. 文物，2002（6）：4–45.
c.新疆文物考古研究所. 新疆尉犁县营盘墓地1999年发掘简报［J］. 考古，2002（6）：58–74.

［45］ 林梅村. 新疆营盘古墓出土的一封佉卢文书信［J］. 西域研究，2001（3）：44–45.

［46］ 李文瑛. 新疆尉犁营盘墓地考古新发现及初步研究［A］. 汉唐之间的视觉文化与物质文化［C］. 北京：文物出版社，2003：314–315.

［47］ 新疆文物考古研究所. 尉犁县营盘15号墓发掘简报［J］. 文物，1999（1）：4–16.

［48］ 陈靓. 新疆尉犁县营盘墓地古人骨的研究［A］. 边疆考古研究（第1辑）［C］.北京：科学出版社，2002：323–341.

［49］ 韩康信. 新疆楼兰城郊古墓人骨人类学特征的研究［J］. 人类学学报，1986（3）：227–242.

［50］ a.中国社会科学院考古研究所新疆队，新疆巴音郭楞蒙古自治州文管所. 新疆和静县察吾乎沟口三号墓地发掘简报［J］. 考古，1990（10）：882–889.
b.新疆文物考古研究所. 新疆察吾呼——大型氏族墓地发掘报告［R］. 北京：东方出版社，1999：253–271.

［51］ 新疆文物考古研究所. 新疆察吾呼——大型氏族墓地发掘报告［R］. 北京：东方出版社，1999：299–337.

［52］ a.新疆文物考古研究所. 1996年新疆吐鲁番交河故城沟西墓地汉晋墓葬发掘简报［J］. 考古，1997（9）：46–54.
b.新疆文物考古研究所. 交河沟西——1994～1996年度考古发掘报告［R］. 乌鲁木齐：新疆人民出版社，2001：11–13.

The Yuezhi-Kushan People in the Tarim Basin

CHEN Xiao-lu

The Yuezhi people, who originally resided in the northwest part of China, expelled by the Xiongnu people in Western Han period and migrated to the Central Asia, eventually became the rulers of the vast Kushan Empire, in which Buddhism was supported and Kharosthi was used as one of the official languages. In the late 19th and early 20th centuries, numerous Kharosthi scripts were found in the Tarim Basin, suggesting that a group of Yuezhi-Kushan people arriving there, which was related to the flourishing of Buddhism in the Western Regions at that time. This essay described and analyzed the distribution of this group of Yuezhi-Kushan people through archaeological materials.

吉林大学考古与艺术博物馆收藏短茎式铜剑再考*

成璟瑭

（吉林大学边疆考古研究中心，长春，130012）

吉林大学考古与艺术博物馆收藏有一柄短茎式铜剑，据林沄教授相告，1973年，时任旅顺博物馆副馆长的许明纲先生将此剑作为教学辅助标本，赠送给吉林大学考古专业的，林沄教授作为经手人，将此剑带回学校陈列室，供学生上课观摩。1992年，陈列室王丹老师曾将此剑作为“北方系青铜器”简要介绍[1]，学界对此剑的认识多以此文为准。直到2013年12月，吉林大学考古与艺术博物馆正式开馆，此剑作为“问鼎·观兵·赏镜”陈列的展品公开展示。笔者多次观摩此剑，所得认识与王丹老师的介绍多有出入，有重新介绍并研究的必要。经史吉祥馆长同意，作成此文。

一、铜剑介绍及出土地点考证

该铜剑为柱脊曲刃短茎式，锋部较短，略有缺失，铸造开刃至基部折角，节尖、脊突明显，柱脊逐渐粗壮，到剑身下端与茎部连接，脊棱线不甚明显，断续至节尖下方逐渐消失，剑叶厚度与开刃宽度基本均匀，但节尖处开刃略宽。锋部截面呈菱形，茎部截面呈扁椭圆形，茎部两侧可观察到合铸范线，略经研磨。通体锈蚀较重，研磨痕迹不甚明显，局部裸露红锈或亮黄色。剑身一侧下段墨书“后牧岗上东73”，另一侧下段墨书“□上73”。铜剑残长24.8厘米，剑身残长22.2厘米，茎部残长2.6厘米，以节尖为界，剑身上段长10.8厘米，下段长11.4厘米，锋部残长1.2厘米，脊棱线长约11.9厘米，重心位置在剑锋下方13.8厘米处，重262克。

作为博物馆的传世文物，我们最需要了解的是该短剑的出土地点，以便在判断其真伪后，对其年代、属性等进行更深入的研究。据林沄教授转述，许明纲馆长介绍这柄短剑应该是出土于旅大地区的，结合剑身下段的墨书，更进一步加大了我们对其出土地

* 基金项目：国家社科基金重大项目“东大杖子墓地及相关遗址的整理与研究”（12&ZD193）；国家社科基金青年项目“朝鲜半岛青铜武器的生产与流通研究”（13CKG007）；吉林大学博士后科研启动资助；吉林省优秀博士后科研启动资助。

点判断的准确性。“后牧”应该指的是辽宁省大连市甘井子区营城子镇辖区内的后牧城驿村一带，前牧城驿村与其相距约5千米，南北相向，共同位于旅大半岛北部，通往旅顺地区的北部要道上。牧城驿一带常有短茎式铜剑及其相关遗存以及汉代遗存的发现[2]。

“岗上”指的是后牧城驿村北部五个高出地面的土丘，西北—东南向弧线排列，最北面的一座土丘是岗上，岗上当时据村北约400米，现在已被扩张的村舍所包围。该土丘大体呈圆形，当时直径约100米，丘峰位于相对靠南的位置，现在岗上遗址已不明显，仅相对于周围菜地略高一点而已。中国社会科学院考古研究所东北考古工作队于1964年发掘过岗上遗址，共清理墓葬23座，出土陶器、青铜器、玉石器、骨器，以及其他材质的装饰品，共计870余件，为辽东半岛南端的青铜时代考古研究提供了丰富的资料[3]。

关于“岗上东”，笔者认为应该是旅顺博物馆1971年在岗上墓地东约100米处清理的一座积石墓。据许明纲先生文章介绍，后牧城驿村民1971年在岗上墓地东侧平整土地时，发现一座积石墓，该墓葬出土短茎式青铜短剑三柄，其中一柄通长27.8厘米，茎长4厘米[4]，其余两柄未予介绍。笔者2007年在旅顺博物馆调研时，受郭富纯馆长及王嗣洲主任好意，曾观摩过该馆收藏的所有青铜武器，其中，有两件短茎式铜剑在博物馆馆藏文物目录中标注为“营城子后牧城驿1号墓”出土，王主任介绍，此1号墓位于岗上墓地东侧，应为许明纲先生文章中介绍的“后牧城驿东墓地”。而两柄铜剑与吉林大学考古与艺术博物馆收藏的铜剑形制大体相似，尺寸稍有差异。经笔者测量，旅顺博物馆收藏的两柄短剑分别长27.9厘米与29.9厘米，其中长27.9厘米的铜剑，茎长3.7厘米，应为许文介绍的那柄青铜短剑。但许文介绍该墓地出土三柄铜剑，库房中只观摩到两柄，不见第三柄，因此笔者大胆推测，第三柄短茎式铜剑即为赠与吉林大学考古与艺术博物馆的这柄短茎式铜剑，它们应该共出于辽宁省大连市甘井子区营城子镇后牧城驿村岗上墓地东侧的“后牧城驿1号墓”。为了区别于岗上墓地的墓葬编号，笔者建议将该墓暂记为“后牧城驿岗上墓地东1号墓”为妥，这也与吉林大学收藏这柄铜剑的墨书基本吻合。只是铜剑下段墨书标注的“73”似为年份，但又不是许文中介绍的发现该墓葬的1971年，遗憾的是当事人许明纲先生已经离世，有关其具体含义，还有待于进一步深入研究。

进一步补充一点，大连营城子牧城驿一带青铜-汉代遗址相对集中，目前出土的青铜短剑已经达到20柄左右（详见附表及图一），对研究该地区的历史文化具有重要参考价值。

二、有关铜剑的年代与族属性质

如果对这柄短茎式铜剑的出土地点考证无误的话，接下来，我们再讨论一下这柄铜剑的年代与性质。

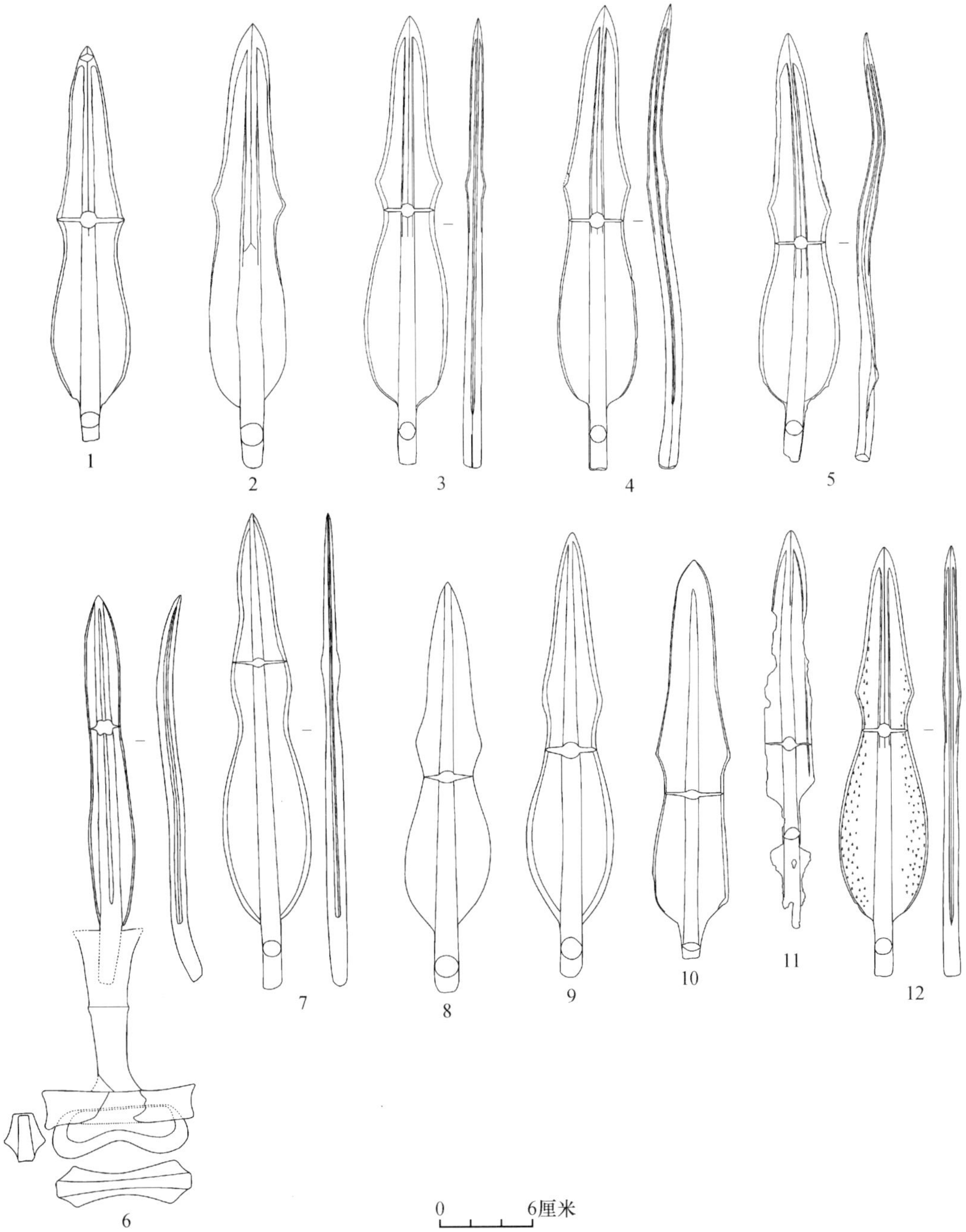

图一 牧城驿一带发现的短茎式铜剑举例

1、2. 后牧城驿岗上墓地东1号墓（吉林大学收藏；旅顺博物馆收藏） 3~5. 岗上墓地（M6：7、M18：1、M19：5） 6~10. 楼上墓地（6.一号墓；7~10.三号墓） 11. 楼上墓地（M6：2） 12. 双坨子墓地（M1：1）

目前，有关“后牧城驿岗上墓地东1号墓”出土铜剑的年代大致有以下观点：王丹在介绍吉林大学收藏的这件短茎式铜剑时，认为其与内蒙古赤峰市宁城县南山根遗址出土的铜剑类似，进而根据南山根遗址出土的其他遗物，判断其年代应为西周晚期到春秋早期[5]；许明纲根据其形制，初步判断其晚于双房墓地出土铜剑，年代约为“春秋至战国初”[6]；刘俊勇根据岗上墓地的地层关系，结合碳十四测年数据，推测包括“岗上东墓地”的年代为春秋中、晚期[7]；吴江原将“岗上东墓地”出土的短茎式铜剑划分为“AⅠ型”，虽未具体言及其年代，但判断“岗上东墓地”出土铜剑与“岗上墓地”出土铜剑类似，岗上墓地年代大致为公元前8世纪后半到公元前7世纪，即春秋早中期[8]；吕军在其博士论文中，将许明纲介绍的后牧城驿村东墓地出土的短茎式铜剑划分为“AbⅡ式”，年代大约为春秋中期[9]。

综合以上观点，笔者认为，吉林大学考古与艺术博物馆收藏的这柄可能出自“后牧城驿岗上墓地东1号墓”的铜剑，与内蒙古宁城县南山根M101出土的铜剑长短相近，形制类似，但其墓葬形制、共伴遗物等差别较大，两者地理位置又相距甚远，不适宜作类比分析；倒是刘俊勇根据地层关系对岗上墓地相对年代作出的判断比较可信，加之岗上墓地与“后牧城驿岗上墓地东1号墓”位置相近，墓葬形制类似，出土遗物的多寡虽有差别，但仍可判断为二者的年代是接近的，即春秋中、晚期。

关于铜剑的族属性质，已有很多学者对此进行过研究，具体到“后牧城驿岗上墓地东1号墓”及其出土遗物，大连地区的学者倾向于其为“秽貊”或“貊人”遗存[10]。但经林沄教授考证，“秽貊”并举的现象出现在汉代以后，而“貊”确为先秦时期北方的重要民族，但其分布范围以及文化特征，还需要进一步的考古工作[11]。日本学者考证，“貊”是中原王室东周时期对东北“异族”的泛称，而不是单一民族，“貊人”是“临近燕地，包括辽宁省西部大小凌河流域的十二台营子文化在内的中原疆域之外的东北诸民族……”[12]由此来看，包括后牧城驿岗上墓地东1号墓在内的这些遗存的族属判断还缺乏更为明确的证据，需要更系统的材料，以及在此基础上的综合研究。

三、余　言

对博物馆藏品的真伪判断、来源分析以及综合研究是一项非常有意义的工作，通过这项工作，可以丰富博物馆藏品的信息，提升藏品的研究价值，同时也为相关课题的研究提供了新的资料。

注　释

[1] 王丹. 吉林大学藏北方青铜器［J］. 北方文物，1992（3）：16-24.

[2] a.〔日〕关东厅博物馆. 营城子——前牧城驿附近的汉代壁画砖墓［M］. 关东厅博物馆，1934.

b.旅顺博物馆. 旅顺口区后牧城驿战国墓清理［J］. 考古，1960（8）：12-17.

c.许明纲. 大连市近年来发现青铜短剑及相关的新资料［J］. 辽海文物学刊，1993（1）：8-12.

d. 刘俊勇. 大连地区曲刃青铜短剑遗存研究［J］. 辽海文物学刊，1993（1）：71-75.

e.中国社会科学院考古研究所. 双坨子与岗上——辽东史前文化的发现与研究［M］. 北京：科学出版社，1996.

[3] 同［2］e.

[4] 同［2］c.

[5] 同［1］.

[6] 同［2］c.

[7] 同［2］d.

[8] 〔韩〕吴江原. 琵琶形铜剑文化与辽宁地区的青铜器文化［M］. 首尔：清溪（出版社），2006.

[9] 吕军. 中国东北系青铜短剑研究［D］.吉林大学博士学位论文，2006.

[10] 同［2］c，d.

[11] 林沄. 说“貊”［J］. 史学集刊，1999（4）：53-60.

[12] 〔日〕吉本道雅. 中国先秦时代的貊［J］. 京都大学文学部研究纪要，2008（47）：1-36.

附表　牧城驿一带发现短茎式铜剑统计

序号	遗址	遗迹	状态	收藏单位	参考文献
1	后牧城驿岗上墓地东	1号墓	完整	吉林大学考古与艺术博物馆	注［1］
2	后牧城驿岗上墓地东	1号墓	完整	旅顺博物馆	注［4］
3	后牧城驿岗上墓地东	1号墓	完整	旅顺博物馆	注［4］
4	后牧城驿岗上墓地	M6	完整	中国社科院考古研究所？	注［3］
5	后牧城驿岗上墓地	M13	剑锋	中国社科院考古研究所？	注［3］
6	后牧城驿岗上墓地	M18	完整	中国社科院考古研究所？	注［3］
7	后牧城驿岗上墓地	M19	完整	中国社科院考古研究所？	注［3］
8	后牧城驿岗上墓地	不详	不详	中国社科院考古研究所？	注［3］
9	后牧城驿岗上墓地	不详	不详	中国社科院考古研究所？	注［3］
10	后牧城驿楼上墓地	1号墓	不详	不详	注［2］b
11	后牧城驿楼上墓地	1号墓	略残	不详	注［2］b

续表

序号	遗址	遗迹	状态	收藏单位	参考文献
12	后牧城驿楼上墓地	1号墓	略残	不详	注［2］b
13	后牧城驿楼上墓地	1号墓	完整	不详	注［2］b
14	后牧城驿楼上墓地	3号墓	完整	不详	注［2］b
15	后牧城驿楼上墓地	3号墓	完整	不详	注［2］b
16	后牧城驿楼上墓地	3号墓	完整	不详	注［2］b
17	后牧城驿楼上墓地	3号墓	完整	不详	注［2］b
18	后牧城驿楼上墓地	M6	残	中国社科院考古研究所?	注［3］
19	后牧城驿楼上墓地	M3	残	中国社科院考古研究所?	注［3］
20	后牧城驿双坨子墓地	M1	完整	中国社科院考古研究所?	注［3］

Reanalysis on the Bronze Short-Stemmed Sword Collected in Archaeology and Art Museum of Jilin University

CHENG Jing-tang

The author analyzed multiple evidences on one bronze short-stemmed sword collected in the Archaeology and Art Museum of Jilin University, and then concluded that it was unearthed on the eastern burial 1 of Gangshang Cemetery, which was located on Muchengyi Village at Chengzi Town in Ganjingzi District of Dalian, Liaoning Province. The paralleled other two short-stemmed swords are now collected in the Lüshun Museum. Through the comparison on characteristic of artifacts and patterns of tombs, the sword could be dated on the Middle and Late of the Spring and Autumn Period. As for whom it belongs to, temporarily, the answer remains to be uncertain.

欧亚草原中部区早期游牧文化动物纹装饰研究*

邵会秋

（吉林大学边疆考古研究中心，长春，130012）

发达的武器、马具和动物纹装饰是欧亚草原早期游牧人群最重要的三个文化特征，其中动物纹装饰器物制作精美、造型栩栩如生，格外引人关注。早在20世纪初，国外学者就对草原地区的动物纹装饰产生了浓厚的兴趣，“动物纹”一词即来源于1922年苏联学者罗斯托夫特泽夫（M. Rostovtzeff）在普林斯顿大学的一次演讲，他当时用这个词来描述希腊罗马艺术所泛生的第二级艺术风格，也借以描述欧亚草原公元前1千纪的装饰艺术[1]。

欧亚草原地区是动物纹装饰器物最主要的分布区，从自然地理上它可以分为西部区、中部区和东部区，西部区包括东欧草原和乌拉尔地区；中部区包括乌拉尔山以东的哈萨克草原、萨彦–阿尔泰和天山地区；东部区指从萨彦-阿尔泰到大兴安岭的中国北方和蒙古高原地区（图一）。其中中部区在公元前1千纪与东部区和西部区各早期游牧文化都存在着非常紧密的联系，是欧亚草原的核心区域，也是中国北方地区与西部草原地区联系的主要区域[2]。已有一些研究成果涉及中部区的部分动物纹装饰[3]，但缺乏对中部区动物纹装饰系统的梳理和分析，而这种研究不仅有助于深入了解各地早期游牧文化的区域性特征，也为欧亚草原和中国北方早期游牧文化动物纹装饰的起源和发展研究提供重要参考。

欧亚草原中部区主要早期游牧文化包括米努辛斯克盆地的塔加尔文化、图瓦地区的早期游牧文化、阿尔泰地区的迈耶米尔和巴泽雷克文化以及哈萨克草原和天山地区的萨卡文化。

一、米努辛斯克盆地塔加尔文化的动物纹装饰

塔加尔文化是米努辛斯克盆地著名的早期游牧文化，该类遗存很早就已经被发现，但最早归纳研究该类遗存的是苏联学者C. A. 捷普劳霍夫，他在20世纪20年代将这类遗存归入“米努辛斯克坟丘文化”，而塔加尔文化的命名是由后来的C. B. 吉谢列夫根据他发掘的塔加尔岛的巨冢而提出的[4]。塔加尔文化的遗存数量巨大，主要集中在

* 基金项目：国家社会科学基金“商周时期中国北方动物纹装饰综合研究”（12CKG006）阶段研究成果。

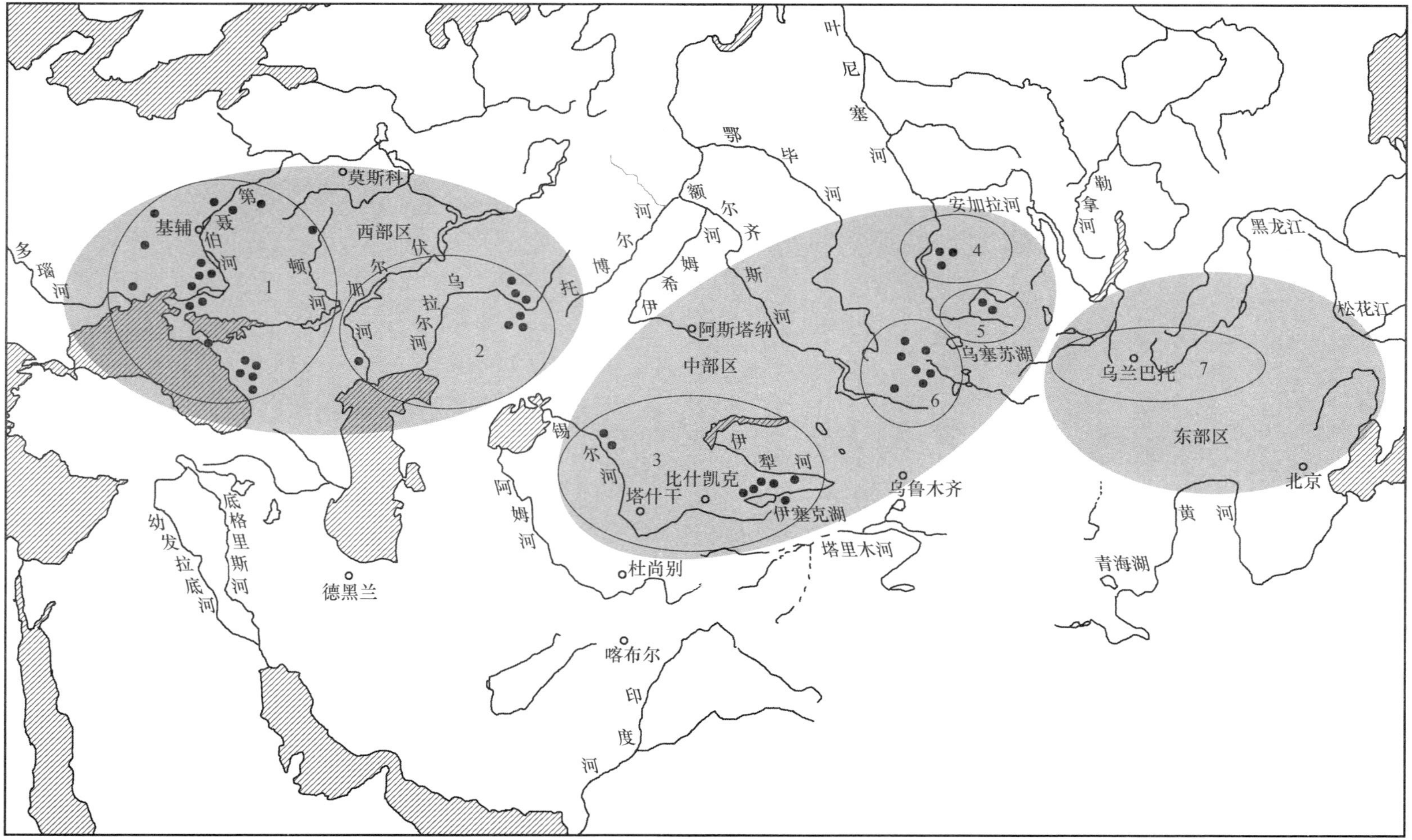

图一　欧亚草原早期游牧文化分区示意图

1. 斯基泰文化　2. 萨夫罗马泰–萨尔马泰文化　3. 萨卡文化　4. 塔加尔文化　5. 图瓦早期游牧文化　6. 阿尔泰迈耶米尔和巴泽雷克文化　7. 蒙古石板墓文化

俄罗斯叶尼塞河中游的米努辛斯克盆地，包括克拉斯诺亚尔斯克南部、克麦罗沃州和托木斯克州的部分地区（图一，4）。

很多学者对塔加尔文化墓地遗存进行过分期研究[5]，其中最有影响力的观点是苏联学者M.P.格里亚兹诺夫提出的四期说，他将各期都以典型的墓地命名：巴伊诺沃期（Bainovo）（公元前7～前6世纪）、波德戈尔诺沃期（Podgornovo）（公元前6～前5世纪）、萨拉加什期（Saragash）（公元前4～前3世纪）和捷西期（Tes'）（公元前2～前1世纪）[6]。近年来有学者又从碳十四数据的结论将四期的年代进行了调整：巴伊诺沃期（公元前10世纪末～前8世纪）、波德戈尔诺沃期（公元前8～前6世纪）、萨拉加什期（公元前6～前3世纪）和捷西期（公元前2～公元1世纪）[7]。

动物纹装饰在塔加尔文化中表现地非常突出，其中大角羊题材最为常见。大角羊因公羊的弯曲大角而得名，以草和灌木为食，善于攀爬陡峭的山岩，群居为主，通常不能驯化。西伯利亚地区是这种山羊最重要的分布区之一。塔加尔文化的游牧人群在日常生活中随时都可以接触到这种动物，对大角羊的喜爱程度非常深。这种题材的动物纹装饰在容器、武器、工具和装饰品等各种器物上都有所体现。

在塔加尔文化中有一类小盔形器或柲帽的顶端多装饰有四肢并拢站立的大角羊形象，这些大角羊均呈站立状，羊角发达向后弯曲，羊头有的平视，有的仰视，羊身有的瘦长，有的肥硕。羊的眼睛均用多重圆圈来表示，羊尾非常短（图二，5～7）。与之共出的往往是一类带銎孔的工具，在其顶端的边缘连续装饰有若干个大角羊，羊头部平视，吻部略长，羊角向后卷曲，羊身肥硕（图二，8、9）。除了这两种器物外，在刀首和管銎斧上也往往装饰有单个或者两个大角羊形象，两只大角羊既有相背（图二，4），也有前后排列（图二，3），眼睛一般用空心圆圈表示，四肢站立（图二，2～4）。此外，这种大角羊也出现在铜鍑（图二，1）和铜镜（图二，10）把手上。

以上基本都是立体的大角羊装饰，在塔加尔文化中还有一定数量的浮雕装饰，在一件残损的圆形饰牌表面可以看出装饰有2个大角羊的头部，羊的面部特征表现地非常写实，嘴微张，用半圆弧带表示研究，羊角向后卷曲呈大半个圆（图二，11）。

其他的动物纹数量明显要少于大角羊，而且通常不同动物装饰在特定的器物上，例如，野猪主要装饰在刀剑和战斧上（图三，12～14），鹿多见于青铜牌饰上，这类形象的遗物较多，但是形制较简单。绝大多数的鹿纹都是卧伏状的姿态，鹿角较发达，鹿的头部或平视或仰视（图三，9～11）。而马的形象主要在牌饰和器物柄首，一般为站立，比较瘦长，马头部向下俯视，前后肢分立，尾巴下垂（图三，4～6）。还有一类就是鸟形象的装饰，除了少量的小饰件外，这种题材基本都装饰在刀剑或战斧等工具武器上，主要突出鸟头和鸟喙的形状（图三，4、5）， 在短剑柄首上往往装饰有两只鸟头相对的形象，这种短剑我们也称之为“双鸟回首剑”（图三，1～3）。而这种铜剑在欧亚草原有广泛的分布，中国北方地区也有大量的发现，但塔加尔文化的双鸟回首剑非常写实，是属于这种铜剑的早期形制。

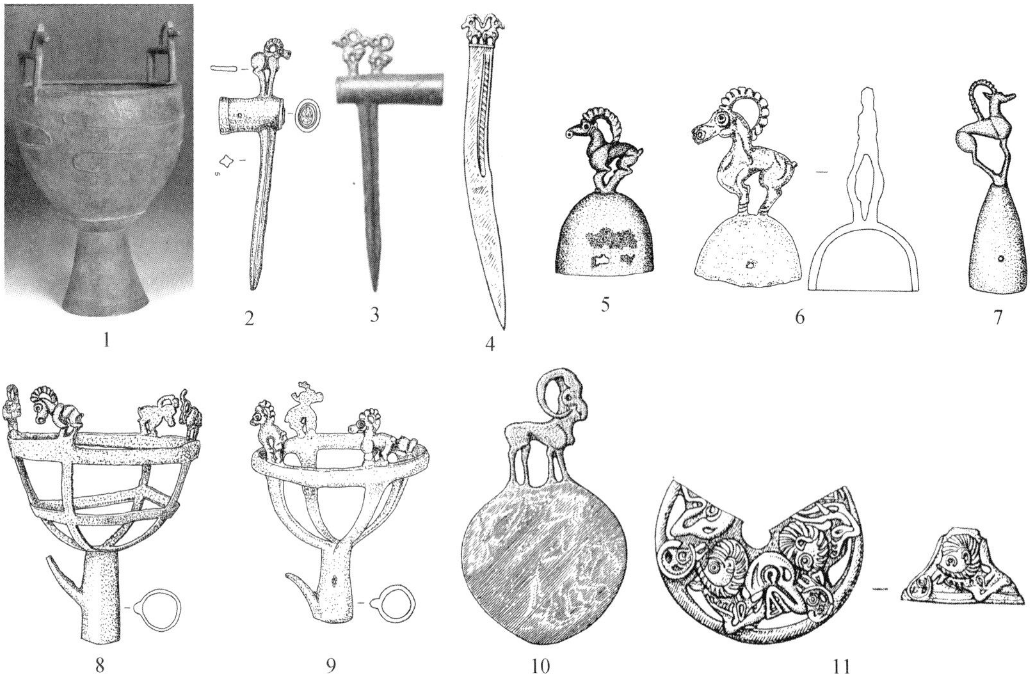

图二　塔加尔文化大角羊装饰

1. 克里斯诺亚尔斯克　2、5～9. 别拉亚加一号墓地（Belyj Jar Ⅰ）　3. 巴尔苏奇哈1号墓地M2（Barsuchikha Ⅰ）　4. 乌维利切诺（Увеличено）　10. 格拉兹赫（Гораизых）　11. 米努辛斯克盆地

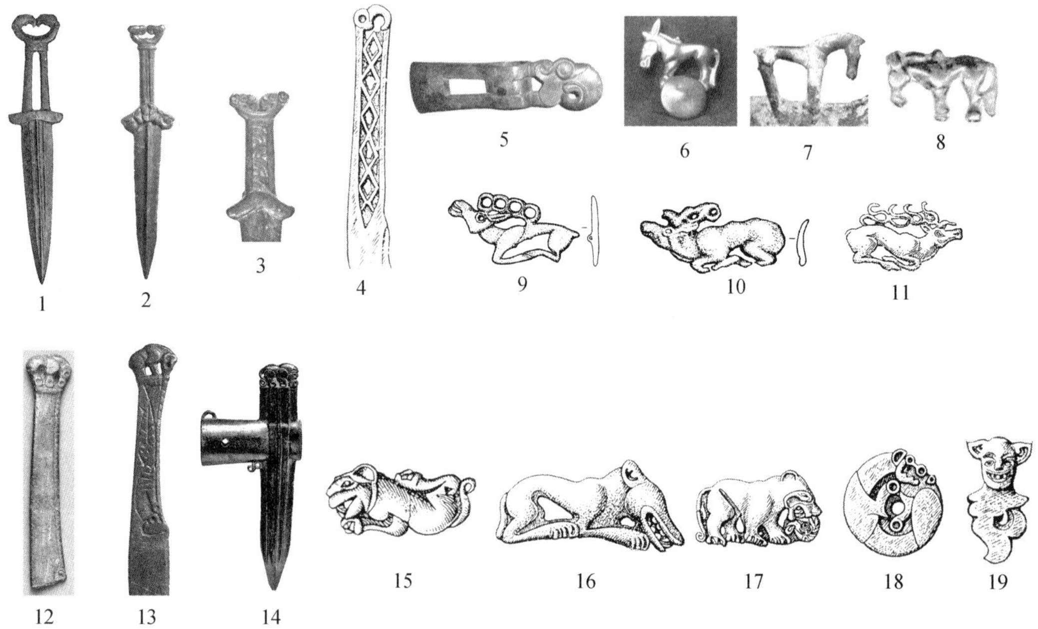

图三　塔加尔文化其他动物纹装饰

1～4、6、11、12、14、15、17、19. 米努辛斯克盆地　5. 乌蒂纳（Iudina）　7. 蒂格利兹斯科耶（Tigrizskoe）　8. 达尔尼一号冢M1（Dal'ni）　9、10. 别拉亚加一号墓地　13. 科利亚科瓦（Корякова）　16. 阿钦斯克州（Ачинский округ）　18. 别尔斯科耶（Бейское）

塔加尔文化中猛兽形象这类题材的器物是比较少的。有一件呈卧伏状的狼形象铜雕，狼的吻部较长，嘴微张露出两排锋利的牙齿，尾巴下垂，四肢跪伏（图三，16）。有一件卧虎形象，前肢跪伏，后肢向后侧卧趴，尾巴上翘略有卷曲，虎首表现地有些夸张，整体虎身显得很健硕（图三，15）。还有一种是表现食肉类动物噬咬食草类动物的形象，有一件虎噬大角羊的铜雕，在大张的虎口有一只大角羊头，虎身强壮，四肢短小粗壮，尾巴下垂，尾尖部又略向上卷曲（图三，17）。还有一件呈圆形的卷曲动物纹饰牌（图三，18），从此动物所表现的特征来看，应当是雪豹，这件器物与阿尔然一号王冢出土的同类器很相似，但写实性不如那件饰牌。

神兽题材在塔加尔文化动物纹装饰中基本极为少见，可以说这种题材并不是塔加尔人群所喜爱的。但有一件比较特殊的器物，其上半部分是一个人面兽耳的形象，人的面部特征表现地非常夸张，牙齿外露，两眼不对称，鼻子和眉毛很逼真；下半部分为一个呈花朵形的铜片（图三，19）。

总体看来，塔加尔文化动物纹非常写实。早期艺术中尤为写实的表达动物面孔特点，主要是山羊、野猪和鸟的形象，其中大角羊题材最为常见。晚期动物种类逐渐增加，铸造技术也更加成熟，晚期动物纹出现风格化，简单化的特征。塔加尔文化的动物纹艺术呈现出多样性和纯朴性的特点，多是利用当地所见的动物进行单体的动物形象描绘，缺少奇巧精致形象，野兽争斗的场面或者是神兽题材非常少见。

二、图瓦地区早期游牧文化的动物纹装饰

图瓦地区位于叶尼塞河上游，具体来说主要是指萨彦岭和唐努乌拉山之间的广阔地区，这一地区面积近20万平方千米，今主要归属于俄罗斯图瓦共和国。这一地区的早期游牧文化发现和研究最早始于19世纪末，当时A.V.阿德里诺沃对图瓦地区进行了调查，并收集了部分坟丘内随葬器物[8]。但早期的发现和研究相对薄弱，直到20世纪中叶才有人开始对图瓦地区的早期游牧遗存进行了较为系统的研究，而图瓦阿尔然王冢（1971～1974年）的发掘使得该地区的早期游牧文化受到了广泛的关注。从目前的发现看，这一时期的遗存分布较为广泛，基本覆盖了整个图瓦地区（图一，5）。很多俄罗斯学者对这个地区早期游牧文化遗存进行过分期[9]，国内也有研究成果对此进行总结分析，并结合阿尔然二号王冢的资料，将这个地区早期游牧文化划分为二期五段[10]。但鉴于目前的资料限制，分为五段可能还不是很成熟，根据图瓦地区目前发表的资料，结合周边地区同时期文化的特征，可将这个地区早期游牧文化分为早、中、晚三期：早期以阿尔然一号王冢为代表，年代在公元前9～前8世纪；中期以阿尔然二号王冢为代表，年代在公元前8～前6世纪；晚期以萨格里-巴兹Ⅱ号墓地（Sagly-Bazi Ⅱ）为代表，年代在公元前5～前3世纪[11]。

在早期阿尔然一号王冢时期发现的动物纹器物数量少[12]，但个个造型优美，有一

件直径17厘米写实的卷曲动物纹非常著名，这件器物被认为是目前此类卷曲动物纹中最早的一件，塑造的是一只雪豹的形象，姿态优美工艺精良（图四，1）。同样有较高艺术价值的也有多件站立在竿头饰上的立兽，为写实的立羊造型，蹄部的描写是用双道笔画表示（图四，2~5）。此外，野猪形象的装饰也见于阿尔然一号王冢中，装饰在短剑上，最典型的特征是吻部长、腿长，身体较为瘦长，应当是雄性野猪，双腿自然下垂，给人一种非常懒散的感觉（图四，6）。

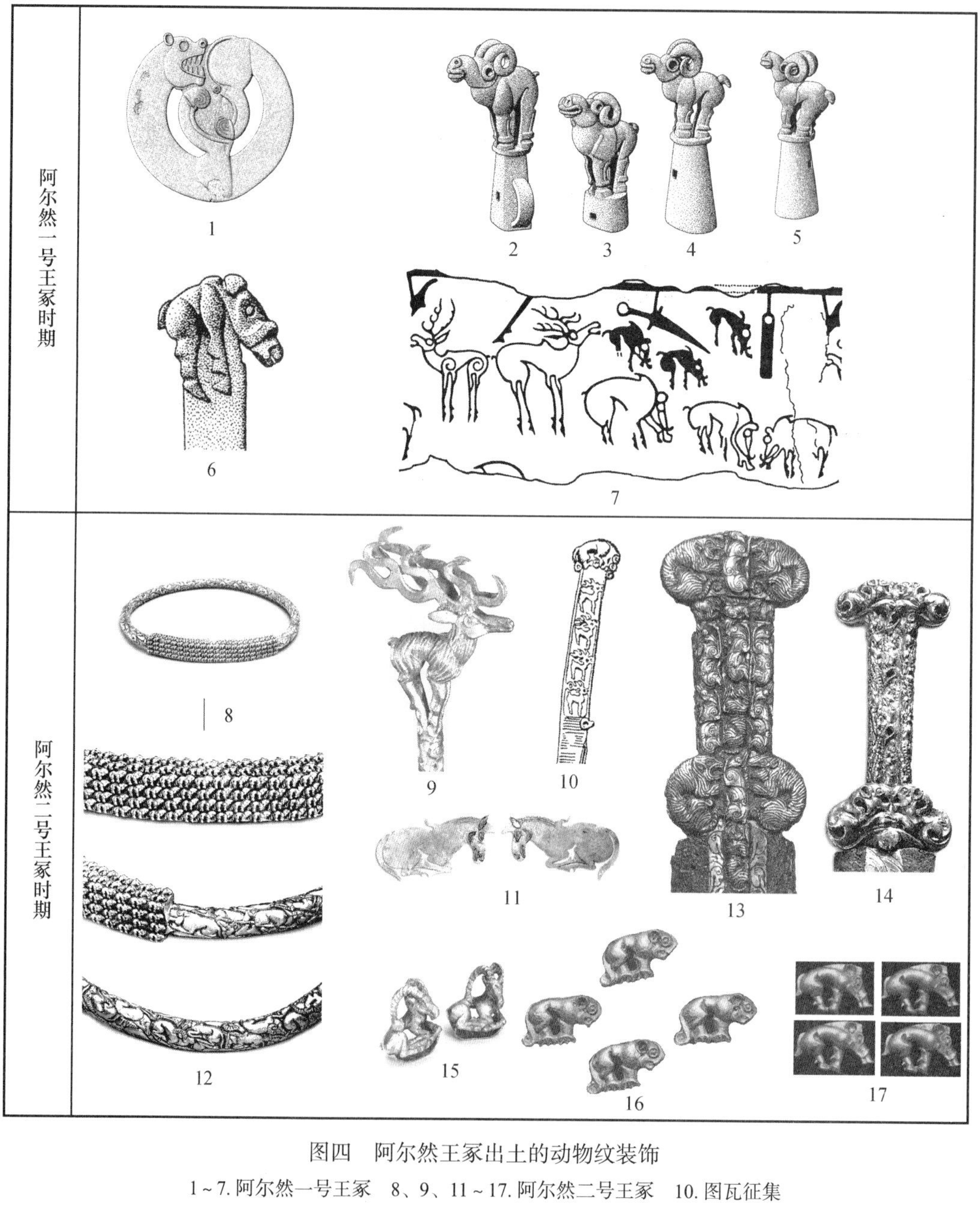

图四　阿尔然王冢出土的动物纹装饰

1~7. 阿尔然一号王冢　8、9、11~17. 阿尔然二号王冢　10. 图瓦征集

在一号王冢发掘过程中还发现雕刻有鹿的形象和工具武器的鹿石（图四，7），鹿石遗存种类很多，分布也非常广泛，已有学者进行过详细的论述[13]，阿尔然一号王冢中出土的鹿石中鹿的形象很显然是属于接近自然鹿形象的萨彦-阿尔泰类型[14]，这种鹿石主要流行在卡拉苏克时期，但与典型的卡拉苏克时期鹿石鹿的形象上差异明显，而鹿石上野猪觅食的形象与短剑柄首野猪形象非常相似，因此我们判断阿尔然一号王冢中的这件鹿石年代可能稍早，与王冢建造时期或大致同时。

中期阿尔然二号王冢时期动物纹种类有所增加，主要出现在一些金饰件上[15]。其中有一件重达1.5千克的精美金项圈，项圈上满满的装饰了成排的动物纹（图四，8）。此外，还有蹲踞的马和羊的金饰牌（图四，11、15）、站立的金鹿（图四，9）以及数量巨大的猫科动物（图四，16）和野猪（图四，17）等单体动物饰件。装饰在墓主人披肩上的2500片左右的豹形金饰片，尺寸仅为1.1厘米×1.21厘米（图五）。野猪造型

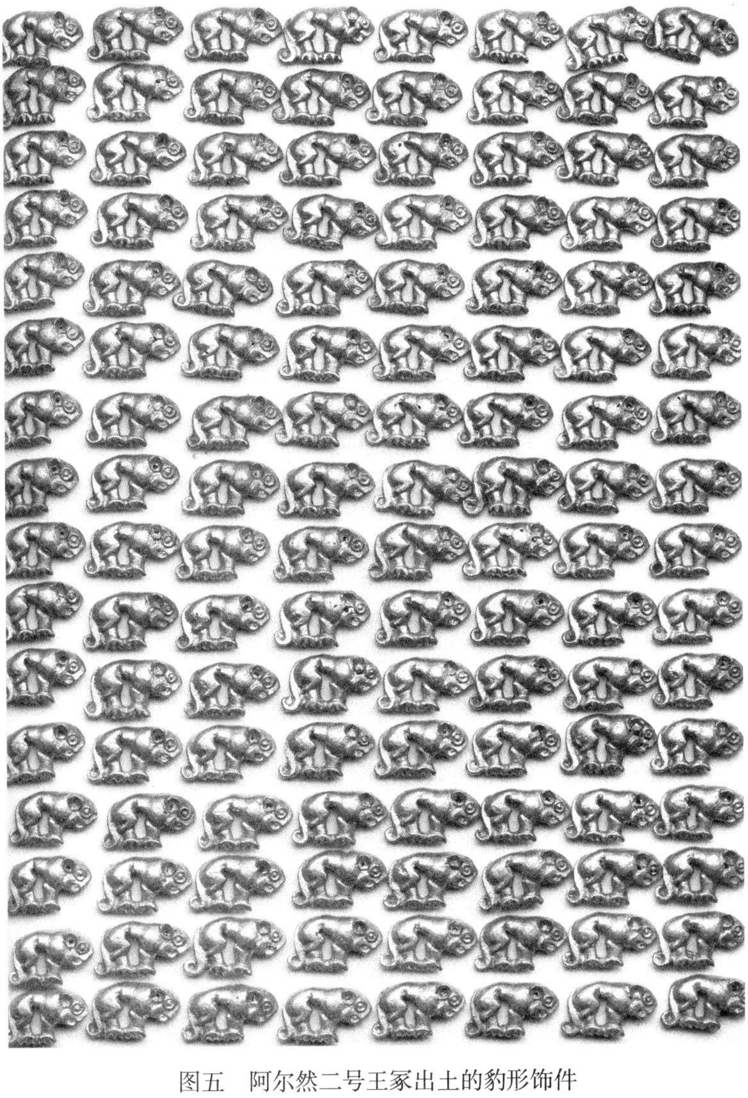

图五 阿尔然二号王冢出土的豹形饰件

图六　阿尔然二号王冢出土的野猪形饰件

保留原有的特征，也应当是雄性野猪，只是更加规整，器形也明显变小，尺寸为1.2厘米×2.1厘米~1.6厘米×2.4厘米，数量有上百件之多（图六），应当是镶嵌器物上的装饰。需要指出的是，在阿尔然一号与二号冢众多的动物纹中，都是实际生活中能够见到的动物，没有斯基泰文化中常见的格里芬或神兽动物。这反映了早期的动物装饰的特点。在二号王冢中还出了两件金柄短剑，猫科动物成对的装饰在短剑的剑首与剑格上，剑身和剑柄上都装饰有繁冗的动物纹（图四，13、14）。

另外在图瓦地区还曾出土了一件早期的铜刀[16]，刀柄上浮雕有成排的鹿纹，柄首则是卧兽的形象（图四，10）。类似形制的柄部成排的动物纹器物在蒙古也有发现。

图瓦地区晚期文化的动物纹艺术也是非常发达的，以写实性的描绘手法为主，动物形象中长角山羊最多，多为站立的单个山羊（图七，5、6、9~11），也有少量蹲踞山羊（图七，12）和对立的双山羊形象（图七，8）。其次为鹿和马，在木盒上装饰的比较多，马和鹿经常同时出现，有的还有猎手的形象，这些图案应该是描述当时狩猎的场景（图七，1~4），除了木盒上的图案外，还发现有单个长方形马饰牌（图七，14）和单体回首鹿纹饰牌（图七，13）以及鹿头的形象（图七，21、22）。此外还有单个鸟牌饰（图七，15~18）、双鸟回首装饰（图七，20）等。

除了描述食草动物外，晚期还有一部分猛兽咬杀食草动物的群体动物形象装饰，这种动物纹装饰既有在骨片上的（图七，23~25），也有在青铜饰牌上（图七，26、29、30）以及骨梳上的（图七，27、28）。

总体看来，图瓦地区虽然不同时期动物纹装饰有不同的特征，但其动物纹艺术也存在着较强的连续性。山羊、野猪、豹和鹿等动物一直是主要的装饰题材，从早期到晚

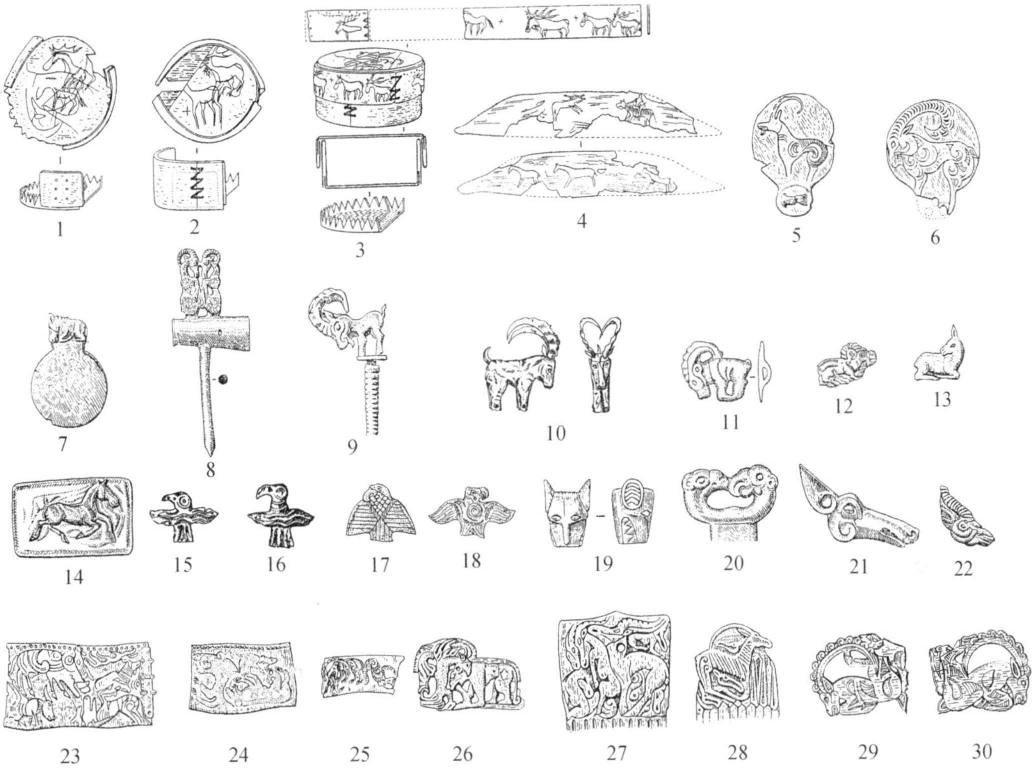

图七 晚期的动物纹装饰艺术

（均引自М. Г. Мошкова. *Степная полоса Азиатской части СССР в скифо-сарматское время*. Москва, 1992，图77、图78）

期动物纹装饰的写实性都非常强，到晚期动物纹装饰中也出现了一些野兽搏杀或捕食的多体动物纹装饰，但基本都是自然界中常见的动物，不见超自然的神兽形象。从整个欧亚草原来看，图瓦地区动物纹装饰出现的时间非常早，尤其在阿尔然一号王冢时期出土的卷曲雪豹饰件和双腿自然下垂的野猪形象，在草原地区发现的同类器中都是最早的。

三、阿尔泰地区早期游牧文化的动物纹装饰

阿尔泰地区主要是指俄罗斯南西伯利亚阿尔泰山系及其邻近地区，该地区东邻蒙古共和国，南接哈萨克斯坦和中国新疆阿勒泰地区，今辖属于俄罗斯戈尔诺-阿尔泰共和国（图一，6）。这一地区拥有丰富的金、银、铜、锡等矿产资源，因此阿尔泰山也被称之为“金山”。阿尔泰地区的气候和环境非常适合游牧经济，这里分布着大量的早期游牧人群墓葬遗存。俄罗斯很多考古学者对这些遗存进行了系统的研究，大部分学者将阿尔泰地区的早期游牧文化划分为早、中、晚三期：早期，公元前8世纪～前6世纪；中期，公元前5世纪～前3世纪；晚期，公元前2世纪～公元1世纪。也有的学者以典型墓地遗存命名这个三个阶段，早期为麦耶米尔文化（Maiemir），中期为巴泽雷克期文化

（Pazyryk），晚期为辛宾斯克文化（Shibinsk）[17]。近年来有学者依据巴泽雷克文化的图雅赫塔（Tuekta）墓地出土的材料和所测碳十四数据研究将巴泽雷克文化的上限提到了公元前6世纪[18]。在这里我们采用这个年代结果，并主要介绍前两个阶段的动物纹装饰。

1. 麦耶米尔文化（公元前8世纪～前6世纪）

在阿尔泰地区发现的这一时期的遗存数量较少，器物材料基本都出自墓葬遗存和一些征集品。墓葬中死者往往被埋葬在地表上，上面覆盖着石头，也有的墓葬将尸体埋葬于一个浅坑中，周围有石头围成的圆形栅栏。

从出土的器物特征上看，迈耶米尔遗存在很大程度上继承了卡拉苏克文化的因素。动物纹装饰在这个阶段应用的并不是非常广泛，尤其是在稍早时期大多数器物上并没有体现出动物纹装饰艺术。但我们仍然可以在一些青铜和金器上看到动物纹装饰。

这些动物纹主要装饰在铜戈、铜刀、铜镜和其他一些装饰品上。所表达的动物形象大多简单朴素，也都是自然界中较为常见的动物，包括鸟、鹿、羊、野猪、马、雪豹、鱼等（图八）。既有仅刻画出动物头部的情况，在战斧和铜刀柄上比较常见；也有

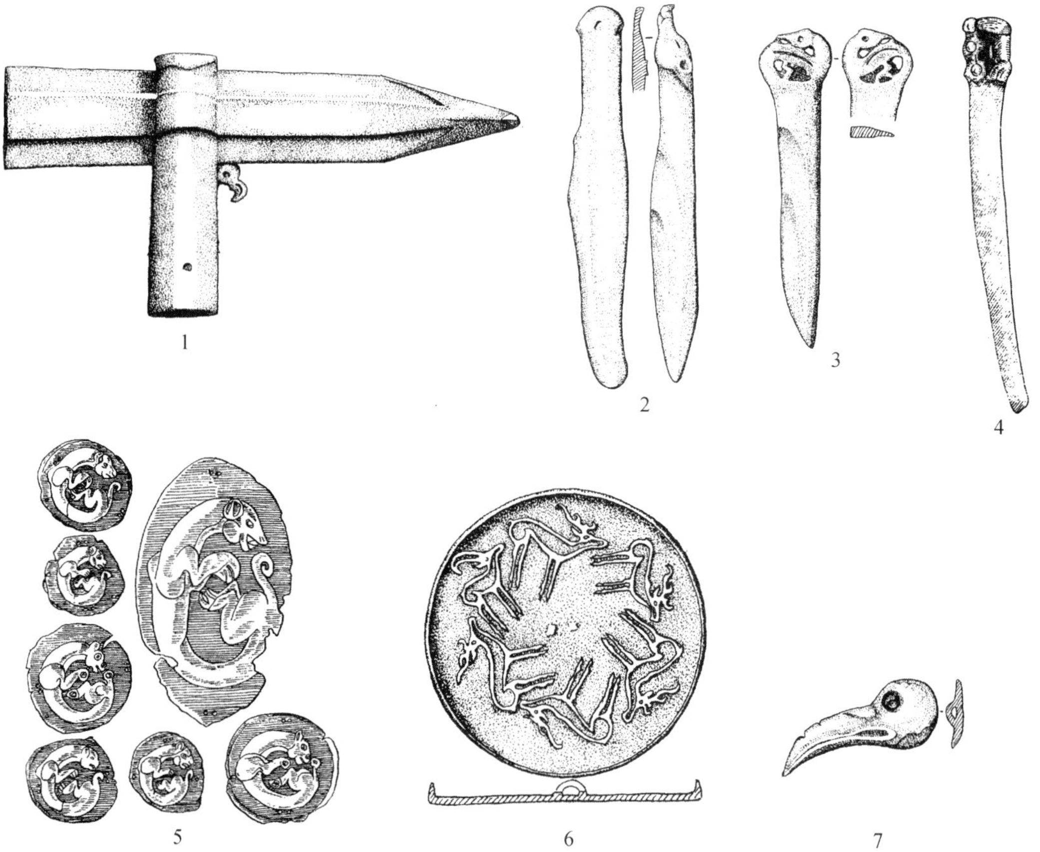

图八　麦耶米尔时期的墓葬随葬品

1. 铜戈　2～4. 铜刀　5. 金饰件　6. 铜镜　7. 金鸟头饰件

表现动物整体形象造型的情况，主要是在铜镜和一些饰件上。

在乌斯特-布赫塔尔玛墓地（Ust-Bukhtarma）墓地曾出土过一件圆形铜镜[19]，可以看做是这个时期青铜铸造和动物纹装饰艺术水平的重要体现。铜镜直径13.5厘米，中央有一个突起的纽，铜镜表面饰有五只站立的鹿和一只羊，所有动物均线条简单，蹄尖着地，但整体显得非常生动写实（图八，6）。这件铜镜上踮脚尖的鹿纹与阿尔然一号王冢中鹿石上的鹿纹极为相似（图四，7），可视为同一时代的器物。

在公元前6世纪迈耶米尔的晚期，动物纹装饰风格发生一些改变，这种改变在哈萨克斯坦齐列克塔墓地（Chilikta）中表现得非常明显[20]。这个墓地位于阿尔泰山西南麓，今属于哈萨克斯坦所辖。在齐列克塔墓地的5号土丘冢中发现了一些动物纹装饰的金器。与之前的器物不同，这里出土的卷曲动物纹虽然仍然是雪豹的形象，且也装饰有圆圈纹，但整体已经相当简化。之前站立的鹿变成了蹲踞的金鹿形象。另外在一些器物的制作工艺和表现手法上也发生了变化，这里出土的金鹿和金鱼上出现了镶嵌绿松石工艺（图九）。

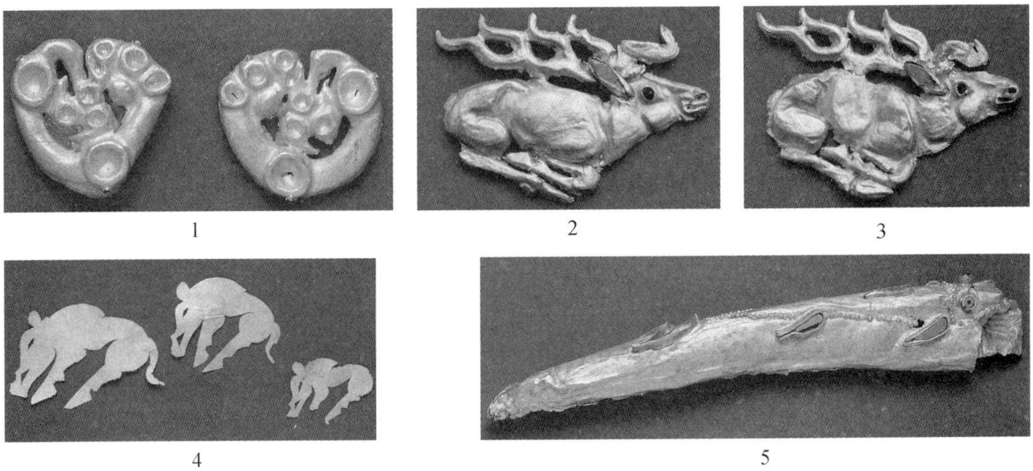

图九　哈萨克斯坦齐列克塔墓地5号土丘冢出土的金饰件

1. 卷曲猫科动物　2、3.金鹿　4. 野猪　5. 鱼

从整体上看，迈耶米尔时期的动物纹装饰简单写实，这种风格仍然与卡拉苏克时代的写实性装饰艺术相联系，但已大量开始使用动物主题的装饰艺术。鹿纹和卷曲雪豹纹装饰与图瓦阿尔然一号王冢时期的风格非常相似，基本体现了早期游牧人群贴近自然的意识。但到了稍晚阶段装饰风格发生了一定的改变，可以看作是外来文化的影响所致。

2. 巴泽雷克文化（公元前6世纪～前3世纪）

巴泽雷克文化时期阿尔泰地区的早期游牧文化进入了前所未有的繁荣阶段，目前发掘的属于这一时期的墓葬不仅数量多，规格等级也很高，随葬品非常丰富[21]。由于这个文化的墓葬大多埋葬于西伯利亚冻土层下，因此墓葬中的随葬品保存得非常完好，尤其是一些木器、皮革、骨器和丝织品等有机质，甚至墓主人的纹身都清晰可见。而这些有机质是巴泽雷克文化的动物纹装饰的主要载体。

巴泽雷克文化的动物纹装饰非常广泛，其艺术也格外引人注目。出现在马具及其装饰品上的动物纹数量最多，包括马鞍、马衔、马镳以及其他的马饰件（图一〇）。

其次就是墓主人的衣帽装饰、墓葬中的挂毯以及棺木。巴泽雷克文化毡帽形状大都比较接近，整体呈仙鹤形，在毡帽上镶嵌有山羊、鹿和鸟等形象（图一一，1～3）。有学者认为这种仙鹤形象在巴泽雷克艺术中占据着重要的地位，可能代表了巴泽雷克人群种族象征或族徽[22]。但在有的墓葬中墓主人没有戴帽子，取而代之的是高高的头

1

2

3

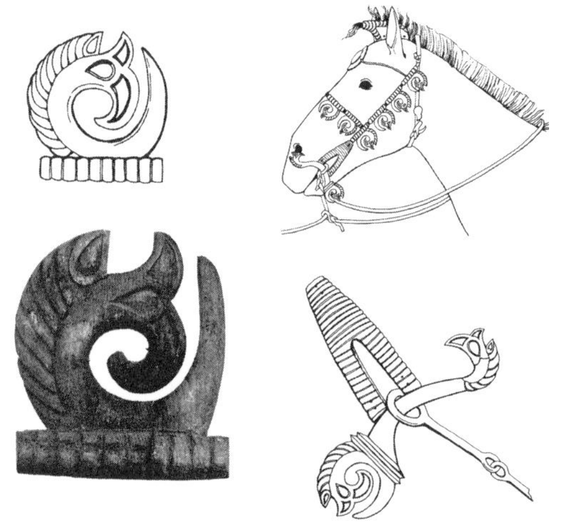

4

图一〇　格里芬装饰马具及复原图

1. 阿克–阿拉哈（Ak-Alakh）一号墓地M1　2～4. 阿克–阿拉哈三号墓地M1

图一一　巴泽雷克文化帽饰和头饰

1. 阿克-阿拉哈一号墓地M1　2. 阿克-阿拉哈一号墓地M1　3. 维尔赫-卡德津（Verkh-Kaldzhin）二号墓地M3　4. 阿克-阿拉哈三号墓地M1

饰。在阿克-阿拉哈三号墓地，墓主人是位年轻女性，其头饰非常有特色，实际上是剃除头发使用马毛接发，在假发底部是一个两层结构的“毡帽”，里面有黑色柔韧物质，有利于与头皮的固定接触，佩戴较高的头饰。里面放置着一根棍子，帮助头饰保持竖立状态。头饰上有山羊、麋鹿和15个类似天鹅的鸟类图形结构装饰，十分的精致（图一一，4）。

动物纹装饰的另外一种常见载体就是墓主人的皮肤上，巴泽雷克文化人群有纹身的习俗，由于冻土层的保护，纹身得以保存下来。在这些纹身上有大量的动物纹形象（图一二）。尤其是巴泽雷克墓地M2，墓主人不仅双臂上布满了各种神兽的纹身，后背、胸前以及下肢也都有动物纹身（图一二，1），令人叹为观止。

巴泽雷克文化动物纹种类比较丰富，但大体可以划分为三大类。第一类就是格里芬形象。格里芬虽然是希腊神话中鹰头狮身有翅的神兽，但在巴泽雷克文化的动物纹中占有非常重要的地位。这些格里芬主要装饰在马具上（图一〇），不仅数量多，而且造型多样，既有单个格里芬的形象，也有格里芬相对或并排的造型（图一三，1～11）。另外一些格里芬争斗（图一三，14）以及格里芬捕食食草动物的场景。这些场景包括格里芬食鹿（图一三，12）、格里芬食鹅（图一三，13）、格里芬噬羊等（图一三，16）。在巴泽雷克墓地一号墓葬的马鞍上装饰有格里芬踏鹿的形象，这只格里芬回首展翅，双脚踏在身材高大的麋鹿上，描绘的画面极其生动形象。我们可以看出巴泽雷克文化人群对格里芬可谓情有独钟。

第二类常见的题材则是其他超自然的神兽形象。所描绘的也都是自然界不存在的动物，有的为兽身鸟首，有的是兽身鸟足，多为不同动物造型组合而成（图一四）。例如在图雅赫塔一号冢出土的皮革制成的神兽形象，整体上呈现的是一只站立的老虎，但头上有鹿角（图一四，3）。在巴泽雷克神兽题材中有一种表现手法就是将尾巴的尖部描绘成三角形（图一四，1、2）。还有一种表现手法就是将动物头上的角描绘成成排类似鸟头的形象，这在巴泽雷克2号墓葬中的格里芬噬鹿木雕上非常明显（图一四，4），在纹身上的神兽上也有类似装饰（图一四，7）。在巴泽雷克墓地5号墓葬出土了一件描绘神兽的彩色毛毡制品，人首兽身，下肢站立，头上有鹿角，长耳，展开的翅膀和长长的尾巴，将鸟兽人三者结合一起，可算是将神兽题材表现得淋漓尽致。另外在图雅赫塔墓地还出土一件木雕的神兽形象，突出龇牙的面部，这种手法与古代美索不达米亚神话中的神兽洪巴巴（Humbaba）有些相似。

巴泽雷克时期第三类动物纹是自然界常见的动物造型。这些动物的种类很多，包括羊（图一五，1、8、10）、鹿（图一五，5～7、9、11、12）、虎（图一五，14～16）、狮（图一五，2）、公鸡（图一五，3、4）、天鹅（图一五，13）和鸟（图一五，17）等。尤其是羊、鹿、虎和鸟的形象非常普遍，造型也多样。既有单个动物头部形象，也有表现整个动物的，还有动物排列在一起的形象，如排鹿（图一五，12）和排虎纹（图一五，14～16）等。巴泽雷克墓地出土的毛毡制成的天鹅饰品（图一五，13）和丝织品上的花鸟纹（图一五，17）形象都非常具有特色，其中天鹅造型优美生动，表现出当时工匠高超的技艺。

除了上述的自然动物题材外，还有大量展现动物攻击捕食画面的题材，整个动物都呈现出来，往往轮廓以彩色描绘，具有极高的艺术价值，主要有虎噬羊（图一五，18、21）、虎噬鹿（图一五，19、20、22）以及双狮食羊（图一五，23）等场景。在巴

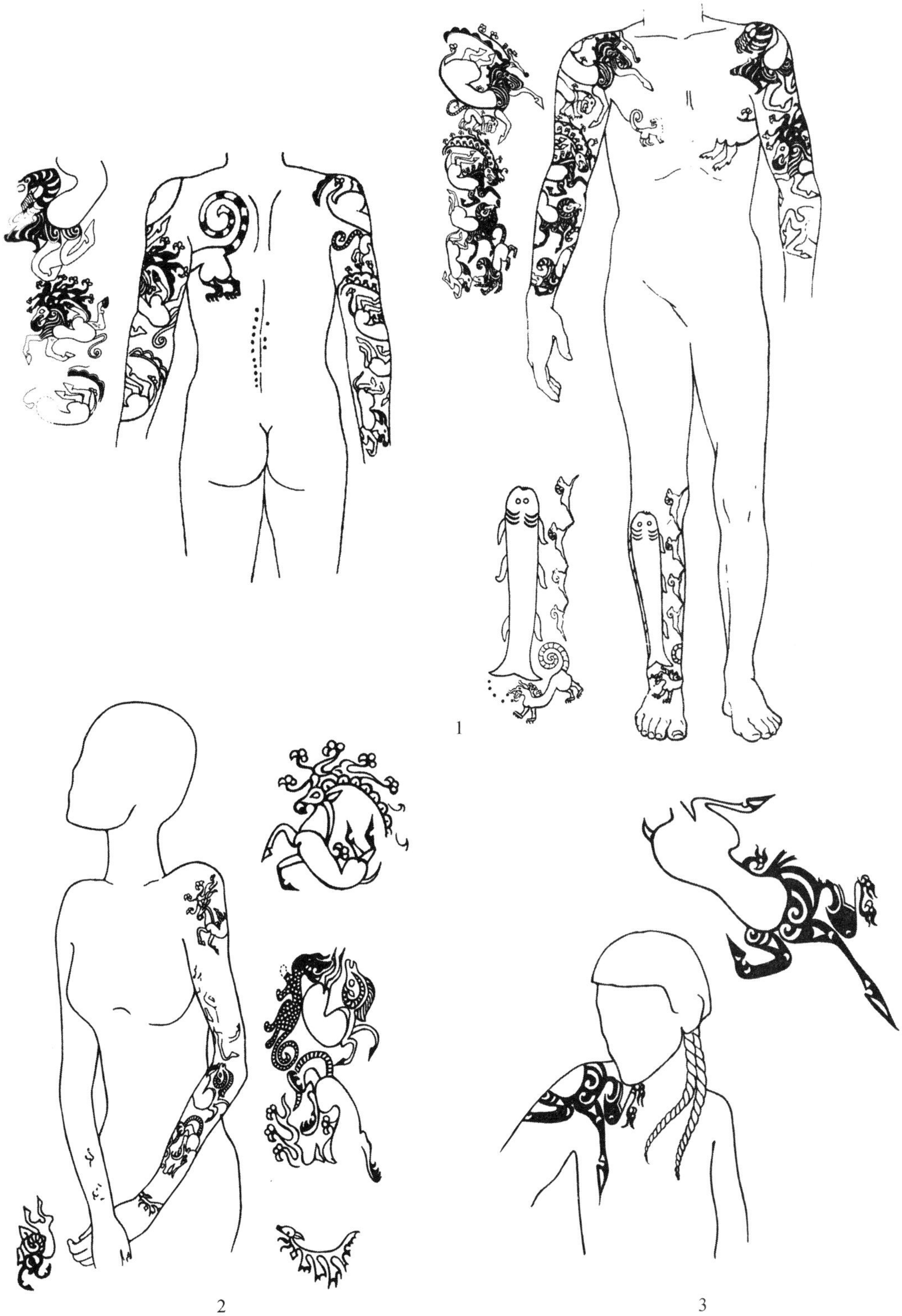

图一二 巴泽雷克文化墓葬主人的纹身图案

1. 巴泽雷克M2 2. 阿克-阿拉哈三号墓地M1 3. 维尔赫-卡德津2号墓地M3

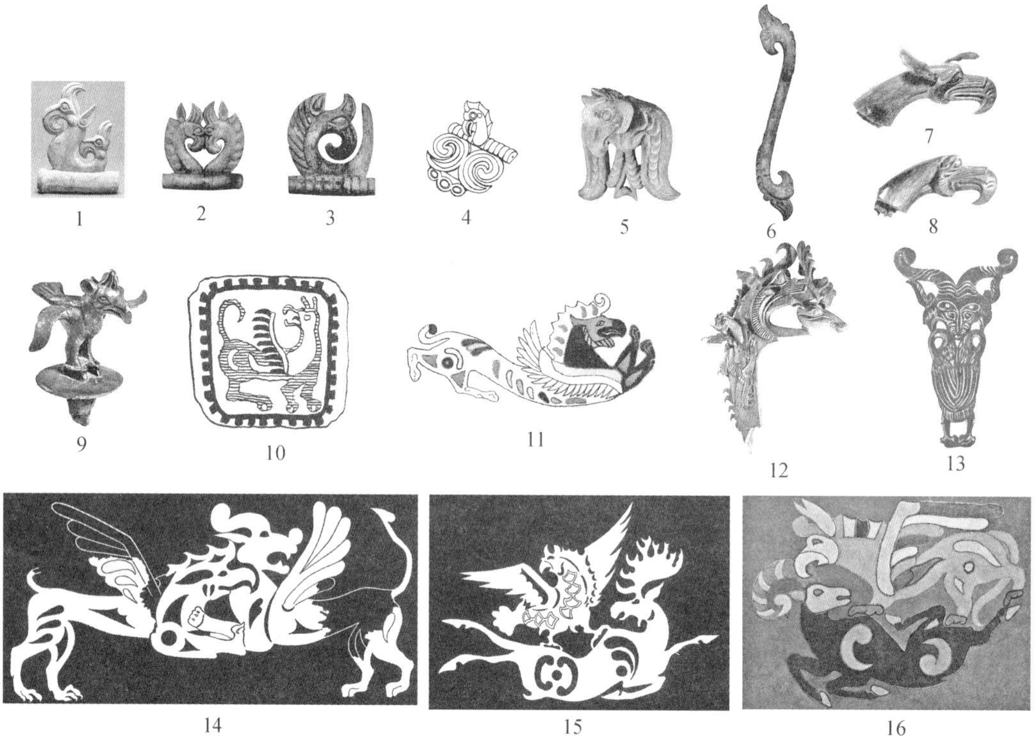

图一三　格里芬的形象

1. 图雅赫塔M1　2、5、6. 阿克-阿拉哈一号墓地M1　3、4. 阿克-阿拉哈一号墓地M3　7、8、11～13. 巴泽雷克M2　9、14～16. 巴泽雷克M1　10. 巴泽雷克M5

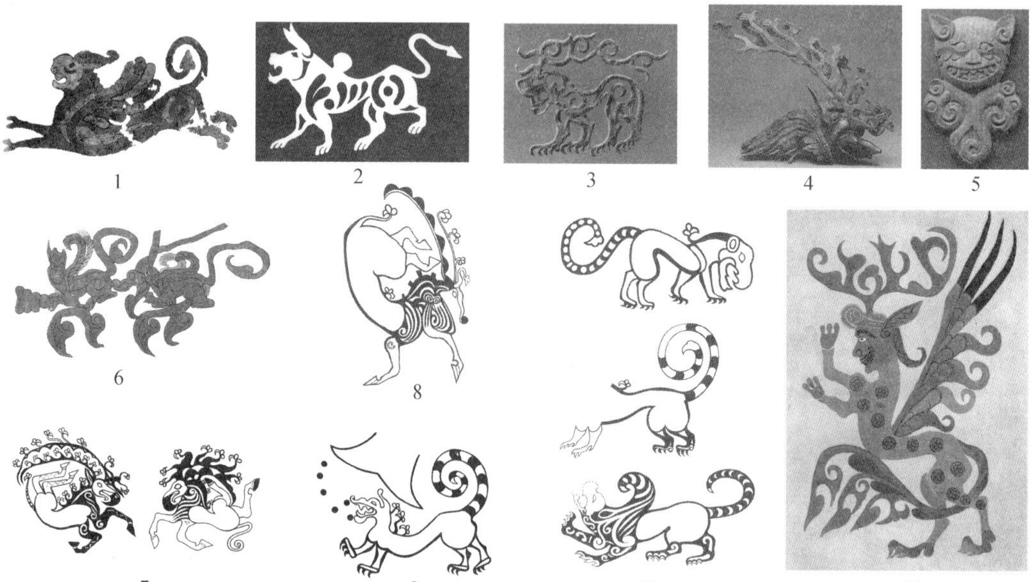

图一四　巴泽雷克文化的神兽题材

1. 阿克-阿拉哈三号墓地M1　2. 巴泽雷克M1　3、5. 图雅赫塔一号冢　4、7～10. 巴泽雷克M2　6. 巴泽雷克M4　11. 巴泽雷克M5

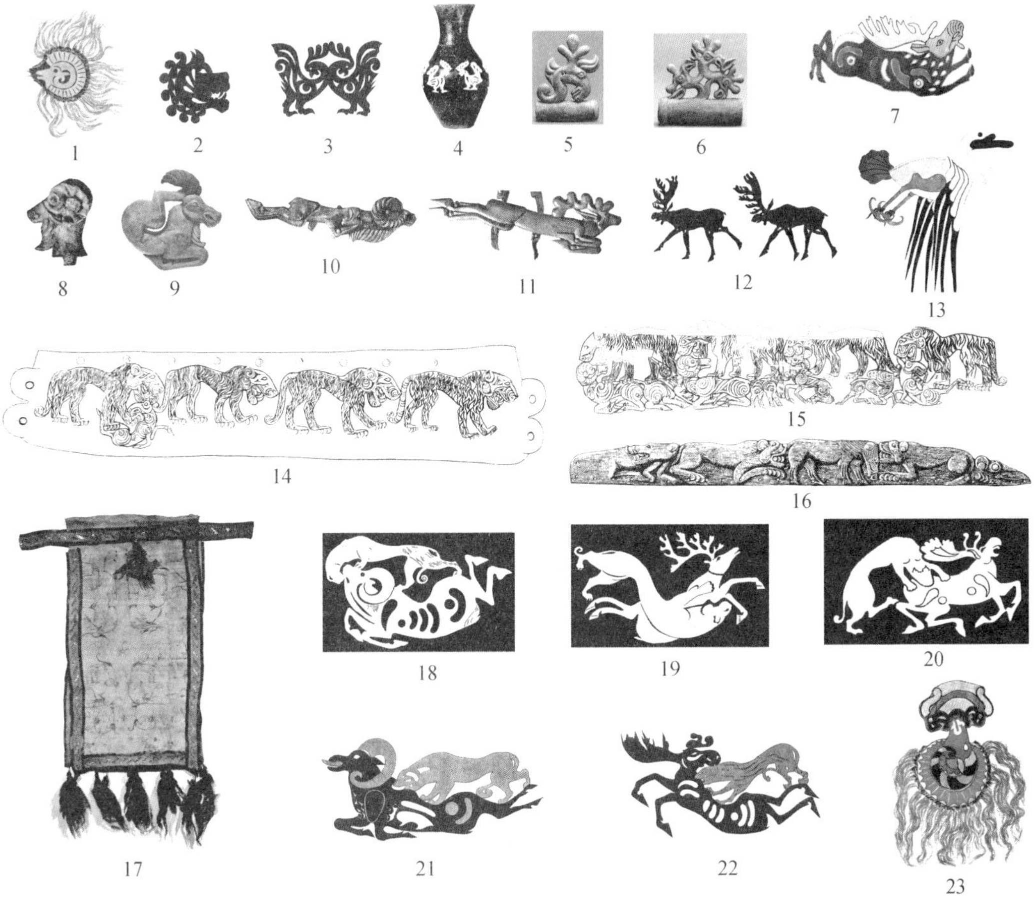

图一五 写实性动物形象

1～3、10、11、18～20、23. 巴泽雷克M1 4、7、12、14、21、22. 巴泽雷克M2 5、6. 图雅赫塔一号冢 8. 阿克-阿拉哈墓地 9. 巴泽雷克M3 13、17. 巴泽雷克M5 15. 巴沙勒德墓地M2 16. 阿克-阿拉哈一号墓地M1

泽雷克墓地M2的棺木上描绘着成排行走的四只老虎，其中第一只老虎正在捕食脚下的鹿（图一五，14），同样的造型图案出现在巴沙达尔墓地（Bashadar） M2中出土的一件木牌饰上，不同的是这件木牌上每个老虎都在捕食，而且被捕食的动物既有鹿也有羊（图一五，15）。从两个图案的对比来看，巴泽雷克墓地棺木上的图案很明显是一个半成品，很可能由于某种原因当时的工匠已经没有时间完成整个图案的构图就仓促埋葬了。

以上是巴泽雷克文化动物装饰的主要题材。巴泽雷克人群在表现这些动物纹时往往使用一种非常特别的表现手法，我们暂称之为“翻转动物纹”。这种表现手法的主要特征就是动物后半身极其夸张的扭曲反转，在第二和第三种题材的动物纹装饰中都大量出现（图一三，16；图一四，7、8；图一五，14、15、18；图一六）。在巴泽雷克M1出土的马鞍上描绘着相对的两只格里芬噬鹿形象，色彩鲜艳，被捕食的鹿后肢翻转

1

2

图一六　翻转动物纹

1. 巴泽雷克M1　2. 俄罗斯冬宫博物馆彼得大帝藏品（出自西西伯利亚或阿尔泰）

180°，是比较典型的翻转动物纹形象（图一六，1）。另外在俄罗斯冬宫博物馆彼得大帝藏品中也有件翻转动物纹的金饰牌，展现的是虎噬马的形象，可谓翻转动物纹器物中的精品（图一六，2）。

总体看来，巴泽雷克文化的动物纹装饰艺术极其发达，木器、皮革、骨器和丝织品以及人体等有机质是动物纹装饰的主要载体。流行超自然的动物纹题材，包括格里芬和其他各种神兽装饰，而自然界常见的动物纹比例相对较小，有羊、鹿、鸟、虎和天鹅等，也有一些描绘动物攻击捕食的装饰，这些都显示出阿尔泰地区早期游牧人群对自然的敬畏和崇拜，各种材质的载体、形象生动的动物形象也体现出当时工匠高超的技艺。其中后肢翻转的动物纹在巴泽雷克文化中非常有特色，这种动物纹分布范围比较广泛，在中国北方和欧亚草原的其他早期游牧文化中也有发现，但其应用程度都无法与巴泽雷克文化相比，所属年代也都没有太早。

四、萨卡文化的动物纹装饰

公元前1千纪的早期铁器时代，在里海东部的中亚草原地带生活着多支游牧部落，这些早期游牧人群就是塞人，又被称为“塞克”，《汉书》中也称之为“塞种”。实际上这一分布区内各地区文化面貌存在着较大差别，这里我们将这些文化暂称为萨卡文化（Saka）。

与黑海北部的斯基泰人不同，古代文献中对于里海东部地区这些早期游牧人群缺乏详细的记载，而且很多相关信息比较零散，其可信性也大打折扣。因此目前关于萨卡文化的研究主要资料来源于考古发掘。但由于分布地域广大，各地区都存在自身的特色，这些差别主要体现在葬俗、随葬品和人种特征等方面上。从目前的发现看，根据分布地域的差异至少可以划分为哈萨克斯坦中部和东部、天山七河、费尔干纳和帕米尔以及咸海周围地区等类型。由于萨卡文化跨越的时间较长，繁荣期的绝对年代在公元前750～公元100年[23]。

在各地发现的萨卡遗存中都存在着动物装饰艺术，但是由于出土器物存在着很大差别，动物装饰的器物丰富程度也大为不同。在萨卡遗存中资料最为丰富的就是位于天山七河地区的伊塞克古冢。

伊塞克古冢位于伊塞克湖边，墓群大约有40座古墓。其中的一座墓死者穿着华丽的盛装携带武器躺在木板上，仰身直肢，头朝西，金饰衣服、鞋子和头饰都被保留下来。墓主人年龄为16～18岁，具有蒙古人特点的欧罗巴人。发掘者K. A.阿基舍夫将墓葬的年代定为公元前5～前4世纪[24]，近来有学者依据随葬品的比对认为其年代在公元前3～2世纪[25]。

这座墓葬出土了大量的动物饰件，主要是二维浮雕的金箔与银箔。动物造型中的大角羊和猫科动物代表了捕食者与被捕食者。出土的饰物大多是金银锻打和铸造的牌饰，装饰在墓主人的帽饰与服饰上，衣服上就有4000多件金箔以及牌饰和珠宝装饰，最终的效果使人成为金质的雕塑（图一七，1）。随葬品中有165件金质动物纹饰件，描述的图案种类也非常丰富：带鸟头形角的鹿（图一七，3）、奔腾的马（图一七，7）、后肢翻转的鹿和马（图一七，5、6）以及有翼有角的神马，神马向后弯曲的角与向上卷曲的翼形成两个相对的卷曲纹（图一七，8）。雪豹向上跃起，回首，身上使用纵向条纹与横断的节段纹表现，脚下踏着锯齿状的山峰（图一七，4）。还有立体的山羊形象（图一七，11）和神兽的形象（图一七，9、10）。其中雪豹形象的动物纹装饰数量最多。另外古冢中还出土了一柄镶金的铁剑，剑柄首装饰着双鸟回首的金片，剑脊部的金片上装饰有成排的动物纹（图一七，2）。双鸟回首剑是中国北方和南西伯利亚地区较为常见的一种短剑，除了伊塞克古冢外，在哈萨克斯坦地区还征集过多件双鸟回首剑，大部分都收藏在地方博物馆中[26]。这些双鸟回首剑多数都是蝶翅形剑格（图一八，1～4），只有一件无明显剑格（图一八，5）。

除了伊塞克古冢外，天山七河地区还发现一些其他的动物装饰艺术的器物。这一地区出土了一些非常特殊的器物——铜盘，这是一种具有某种祭祀功能的器物[27]，在一些铜盘的上面装饰着许多动物装饰，既有成排的羊、马和豹形象（图一九，1～3），

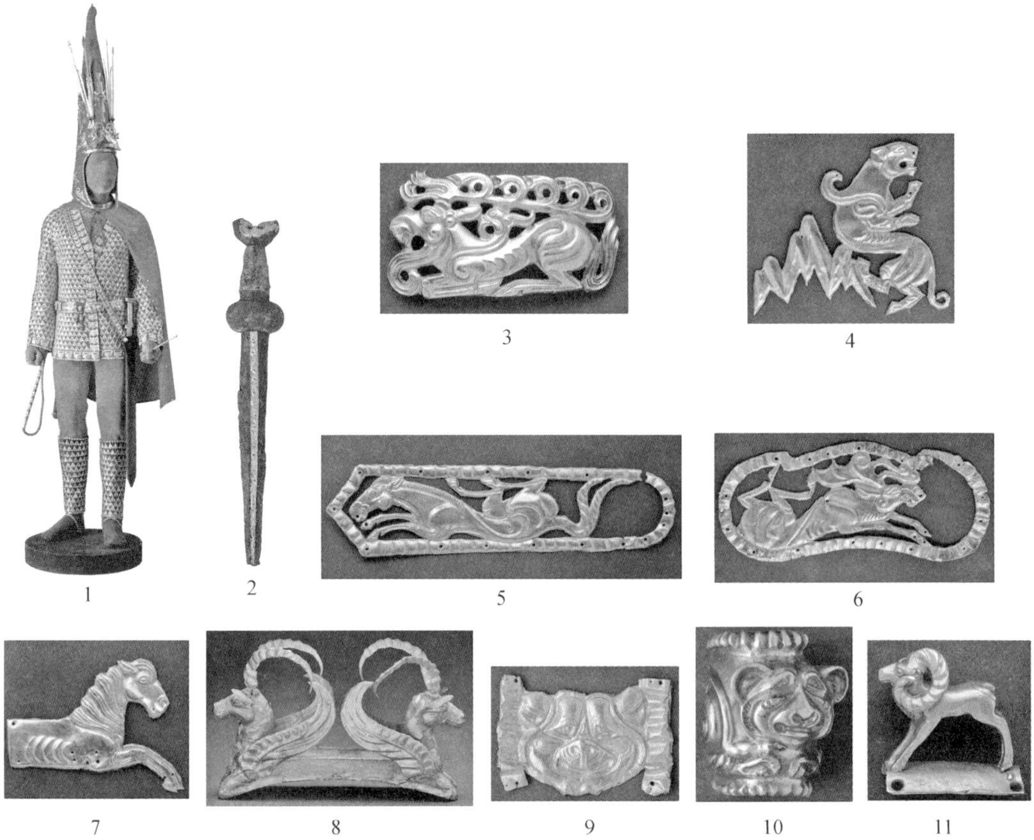

图一七　伊塞克古冢出土的动物装饰器物

（均引自K. A. Akishev. *Issyk Mound: The Art of Saka in Kazakhstan*, Moscow, 1978.）

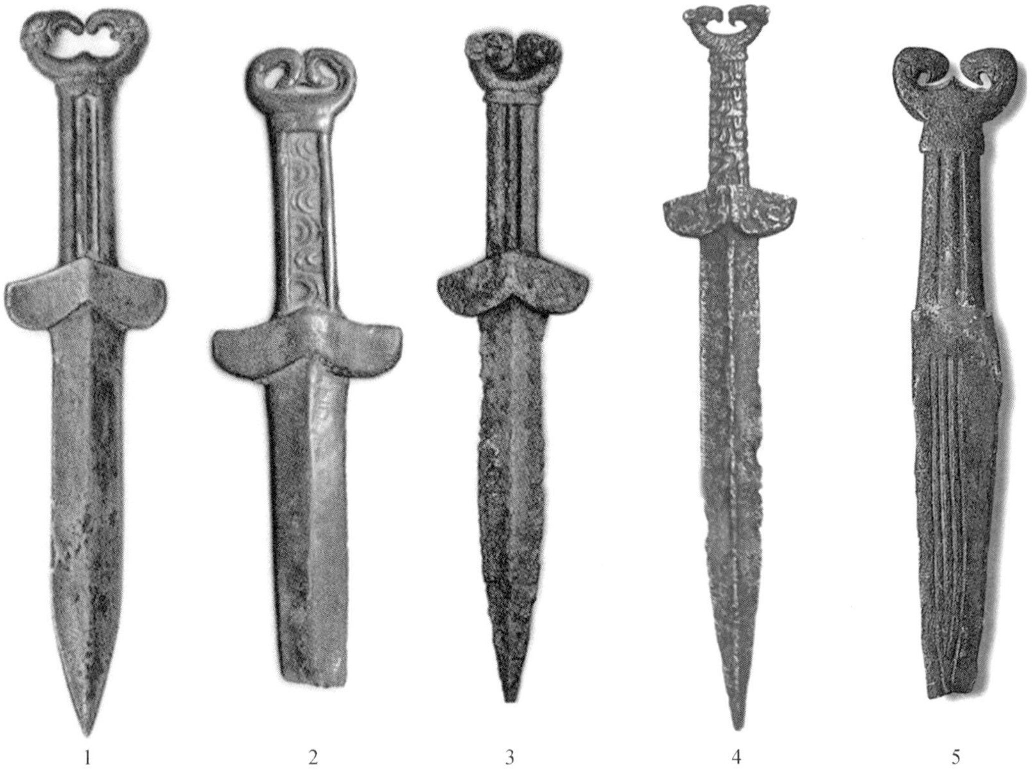

图一八　萨卡文化中其他双鸟回首剑

（均出自哈萨克斯坦）

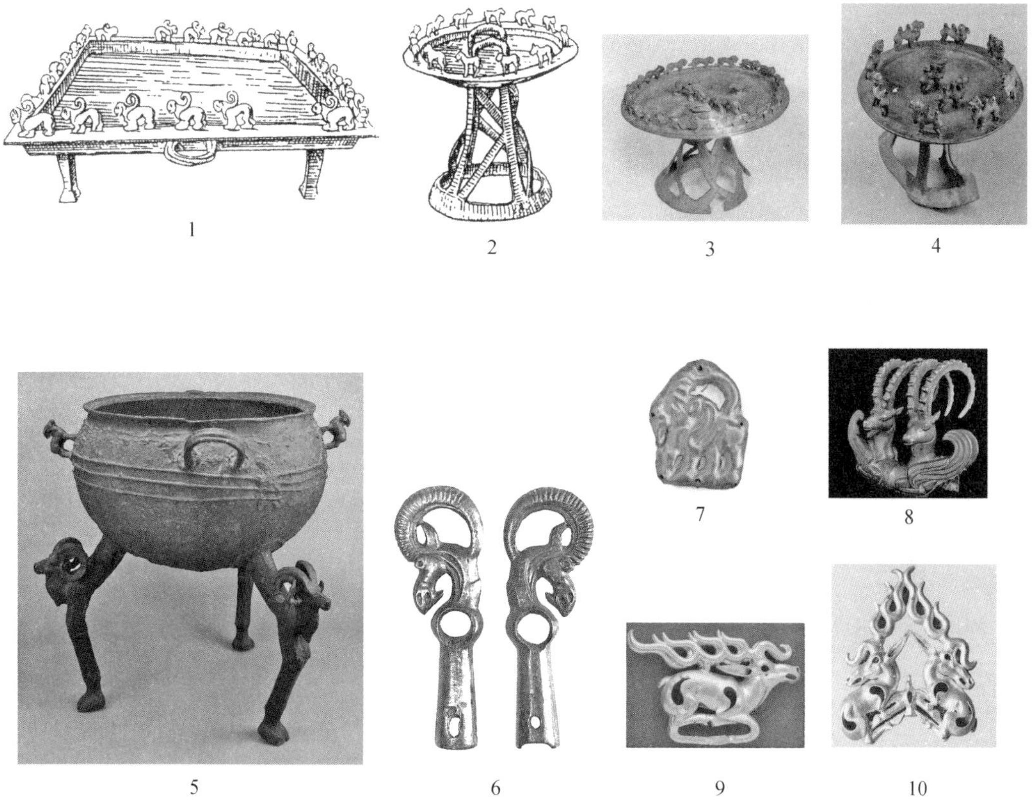

图一九　天山七河地区其他动物纹装饰

（1、2. 引自M. Г. Мошкова, *Степная полоса Азиатской части СССР в скифо-сарматское время*. Москва, 1992，图27；3～10. 引自Grigore Arbore Popescu, L'uomo doro, Electa, Milano Elemond, 1998.）

还有骆驼（图一九，4）。天山七河地区还出土一种三足铜鍑，在有的铜鍑的三个足部都装饰着立体的山羊形象（图一九，5），这也是该地区非常有特色的一种器物。此外，在七河地区还发现了一件与伊塞克古冢相似的银质的带翅膀北山羊饰件，与伊塞克古冢不同的是，这件器物的两只动物是并肩排列，而不是相背（图一九，8）。另外，在这个地区还出土的一些北山羊（图一九，7）和鹿的金饰件（图一九，9、10）。还有一对非常有特色的北山羊青铜竿头饰，这对器物细节铸造的非常细致，显示了极高的工艺水平（图一九，6）。

帕米尔地区的动物纹主要装饰在牌饰上（图二〇）。这些饰牌一种背纽为圆孔形（图二〇，1、3），一种背纽为扣钉状（图二〇，5、8）。而动物纹表现的方式主要分为两种，一种为伫立的熊（图二〇，1～3）和羊形象（图二〇，6），一种为蹲踞鹿形象（图二〇，4、5、7、8），除了牌饰外，在一把铜柄铁剑的剑柄上也装饰有蹲踞的鹿（图二〇，9）。但总体看来这些动物纹装饰种类较少，而且都比较抽象，线条也很简单，缺乏对细部的描绘。

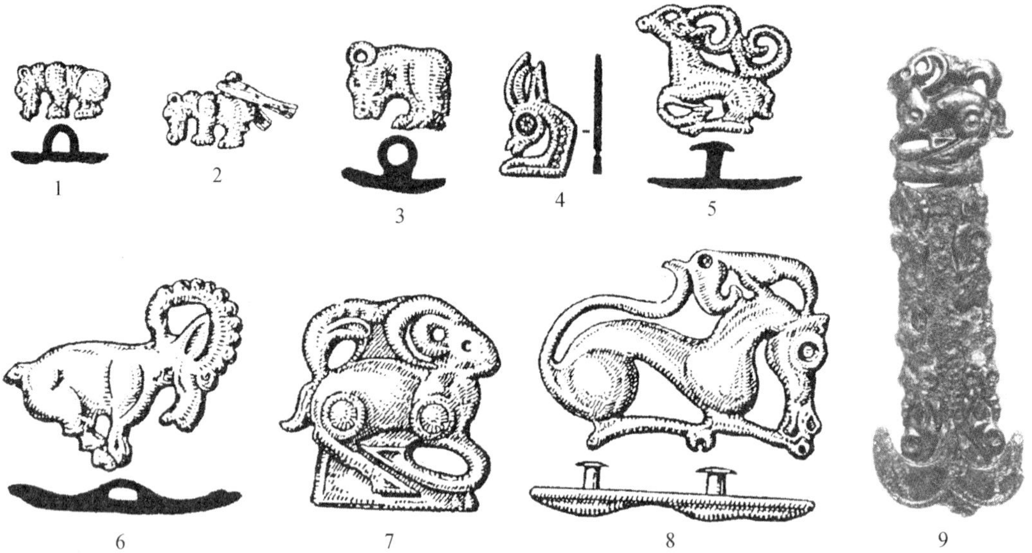

图二〇　帕尔米地区的动物装饰艺术

（引自*Nomads of the Eurasian Steppes in the Early Iron Age*，图102～104）

哈萨克斯坦中部和东部地区的动物纹装饰都主要集中在公元前7～前5世纪，而且装饰有动物纹的器物数量比较多，在哈萨克斯坦东部地区以平面风格浮雕和锻打的金箔为主，其中卷曲动物纹尤为突出，主要是一些猫科动物形象，部分动物四肢以圈点代替（图二一，12～14），除了卷曲动物外还有鱼（图二一，15）、鹿（图二一，10、

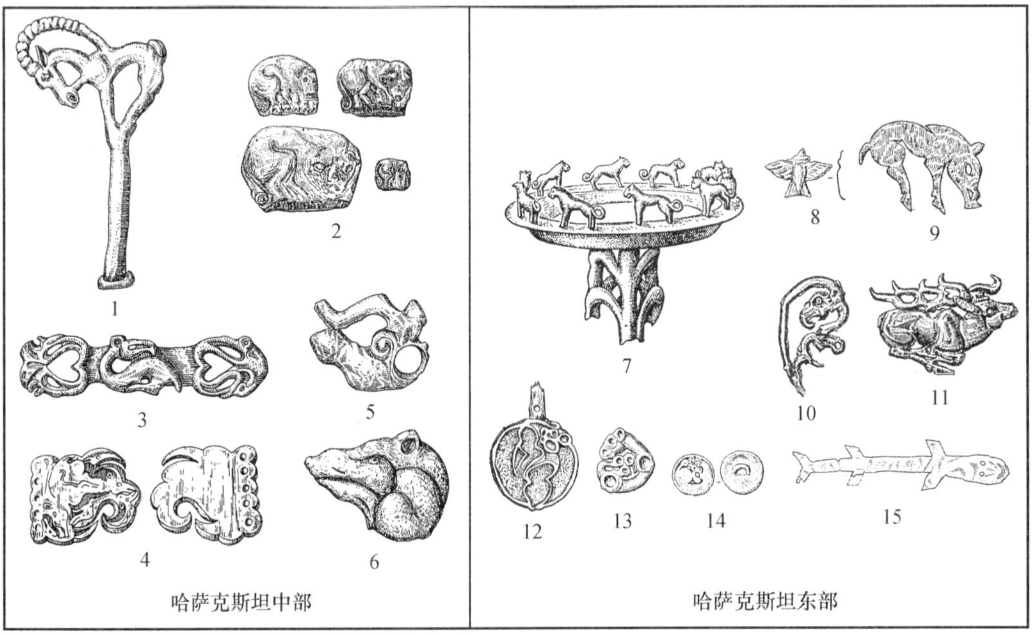

图二一　哈萨克斯坦中部和东部的动物装饰艺术

（引自*Nomads of the Eurasian Steppes in the Early Iron Age*，图12～17、图40～43）

11）、鸟（图二一，8）和野猪（图二一，9）。立体动物造型数量很少，仅装饰在祭器铜盘上，呈现出的是多个立体猫科动物的形象（图二一，7）。哈萨克斯坦中部的动物纹装饰分为立体和平面两种，立体的造型只有山羊，属于那种北山羊风格（图二一，1），这种立体动物装饰是一种竿头饰，其从功能上看归属于车马器类。平面风格所反映的动物种类较多，有鸟（图二一，3、4）、麋鹿（图二一，5）、熊（图二一，6）和猫科动物的形象（图二一，2）。平面牌饰从风格上也可以分为两种，即透雕和浮雕，早期的青铜和骨质的饰件大部分为透雕，而金箔锻打的猫科动物则为浮雕风格。

咸海周边地区也发现有动物纹装饰，在锡尔河下游早期萨卡文化动物纹艺术十分发达，动物装饰表现的手法比较多样，包括卷曲动物形象（图二二，1、2）、站立动物形象（图二二，4）、蹲踞动物形象（图二二，7、8、10、12）和其他一些单独描绘动物头像的手法。反映的动物种类包括羚羊（图二二，7、8）、马（图二二，3、10）、鹿（图二二，4）、骆驼（图二二，5）、野猪（图二二，6）、鸟（图二二，9）和猫科动物以及一些神兽的形象（图二二，1、2、11、12）。阿姆河下游地区萨卡尔–查加（Sakar-Chaga）墓地中出土了一些反映当地动物纹艺术的器物（图二二，13～16），这里也出土与锡尔河下游形制相似卷曲动物纹的青铜饰牌（图二二，13），还发现有中

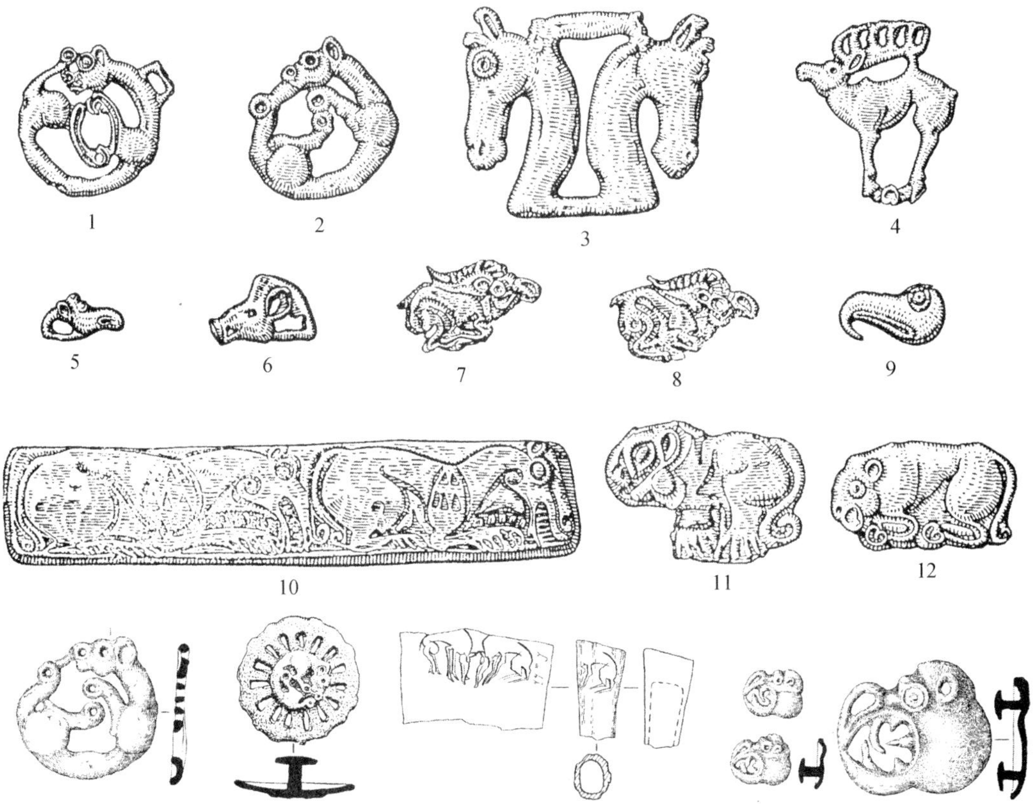

图二二　咸海周边地区的动物装饰艺术

（引自*Nomads of the Eurasian Steppes in the Early Iron Age*，图60～69）

心装饰卷曲动物纹的铜扣（图二二，14）以及神兽形象的青铜饰牌（图二二，16）和雕刻动物纹的骨管（图二二，15）。

总体看来，萨卡文化分布范围广大，出土资料虽然比较零散，但各地都有较为发达的动物纹装饰。在这些动物纹中，雪豹和山羊是最主要的两种动物装饰题材，还有鹿、鸟、野猪、马、熊和鱼等动物。表现形式中卷曲动物纹非常常见，但是与阿尔然一号王冢时期相比，动物形象比较抽象，另外双鸟回首短剑也占有一定比例。在早期主要以单体平面动物纹饰件为主，形制包括卷曲、站立或蹲踞，表现的都是自然界常见的动物题材。晚期出现了神兽题材和后肢翻转动物纹，但萨卡文化中野兽捕食和搏斗动物纹装饰比较少见。此外，在天山七河地区装饰有立体动物纹的铜盘和三足铜鍑非常具有特色。

五、结　语

公元前1千纪欧亚草原气候波动、战争和游牧化经济等因素导致的人群流动大大加速了草原上的文化融合，并在草原风格的动物纹上留下了鲜明的印记。欧亚草原中部区早期游牧文化的动物纹最早始自公元前9世纪，于公元前5世纪至前4世纪达到繁荣阶段，随着铁器的广泛应用而逐渐衰落。通过前文的分析，我们可以将整个欧亚草原中部区早期游牧文化的动物纹装饰大致分为三个阶段。

第一阶段，公元前9～前7世纪，动物纹装饰只出现在米努辛斯克盆地和萨彦-阿尔泰地区，主要包括塔加尔文化的早期、阿尔然一号王冢时期和迈耶米尔文化。这个时期动物纹非常简朴写实，题材都是自然界常见的野生动物，体现了早期游牧人群贴近自然的意识，主要动物包括山羊、野猪、雪豹和鹿等，在米努斯斯克盆地塔加尔文化以大角羊装饰最为丰富，少见雪豹纹饰，这可能与其盆地的地理环境相关，而西萨彦岭的阿尔然一号王冢时期和阿尔泰地区迈耶米尔文化中雪豹、山羊、鹿和野猪都比较流行，其中阿尔然一号王冢时期出土的卷曲雪豹饰件和双腿自然下垂的野猪形象，在草原地区发现的同类器中都是最早的。这个时期的风格与青铜时代末期卡拉苏克文化的刀剑上写实性装饰艺术存在着一定联系，卡拉苏克时期鹿石上的动物装饰也可以看做是早期铁器时代萨彦-阿尔泰地区动物装饰艺术的先驱[28]。

第二阶段，公元前7～前6世纪，这个时期基本是在前一阶段的动物纹装饰基础上发展的，但这个时期动物纹装饰分布范围扩大，除了米努辛斯克盆地和萨彦-阿尔泰地区之外，哈萨克草原、天山七河以及帕米尔高原等地的萨卡文化中也广泛流行。装饰仍以单体动物纹为主，表现得也都是自然界常见的野生动物题材，动物种类有所增加，雪豹和山羊仍是最主要的动物，此外还有鹿、鸟、野猪、马、熊和鱼等动物。卷曲动物纹非常常见，但是与前一阶段相比，动物形象比较抽象，部分动物四肢以圈点代替。这个时期金质的动物纹饰件比重增加，主要以图瓦阿尔然二号王冢和哈萨克斯坦齐列克塔墓地为代表，此外在新疆哈巴河东塔勒德墓地也出土许多类似的金质动物纹饰件[29]。

第三阶段，公元前5～前3世纪，在最北部的米努辛斯克盆地的塔加尔文化中铸造技术更加成熟，动物纹出现风格化、简单化的特征，但基本上还是延续了之前的动物纹装饰风格，仍然利用当地所见的动物进行单体的动物形象描绘，野兽争斗的场面或者是神兽题材非常少见。图瓦地区与米努辛斯克盆地情况相近，也不见超自然的神兽，但不同的是出现了一些野兽搏杀或捕食的多体动物纹装饰。从公元前5世纪前后开始，阿尔泰的巴泽雷克文化和以伊塞克古冢为代表的天山七河地区萨卡文化与前两个阶段动物纹装饰差异非常明显，前一阶段自然界常见的动物题材变少，出现了许多新的因素。在巴泽雷克文化中流行超自然的动物纹题材，包括大量的格里芬和其他各种神兽装饰，还有一些描绘动物攻击捕食的装饰，其中后肢翻转的动物纹在巴泽雷克文化中非常有特色。以伊塞克古冢为代表的萨卡文化中也出现神兽题材和后肢翻转动物纹，在天山七河地区出现装饰有自身特色的立体动物纹的铜盘和三足铜鍑。

如果从整个阿尔泰地区来看，迈耶米尔时期和巴泽雷克时期的动物纹艺术缺乏直接密切的联系，巴泽雷克文化的大量动物题材很明显不是直接来源于迈耶米尔文化。这说明巴泽雷克文化的动物纹艺术突然爆发很可能与外部文化的因素相关。而阿尔泰地区早期游牧文化的繁荣期——巴泽雷克文化时期出现的一些新的因素，很明显受到了外来因素的影响。有人认为在公元前6世纪来自小亚细亚地区的游牧民族到达了这里，带来了一系列新的文化因素[30]。吴欣博士曾对巴泽雷克文化和阿契美尼德王朝波斯文化进行了细致的比较，揭示了巴泽雷克文化与波斯阿契美尼德王朝之间的密切联系，她认为巴泽雷克文化不仅很多器物是从波斯文化中直接输入的，而且还吸收了阿契美尼德时期波斯艺术风格因素，而萨卡文化是二者联系的中介[31]。

从上面的分析看，整个欧亚草原中部区的动物纹装饰存在着两个不同的发展传播方向，从公元前9～前6世纪，起源于米努辛斯克盆地和萨彦阿尔泰地区的写实性早期动物纹装饰，向南部哈萨克斯坦和七河等地传播，而大约从公元前5世纪开始，随着阿契美尼德王朝的强大，起源于南部波斯文化的超自然神兽和野兽搏斗等题材的动物纹装饰艺术经萨卡文化向北传播，在阿尔泰的巴泽雷克文化中达到了巅峰，这个文化不仅直接引入和吸收了波斯文化的器物和因素，还创造了自身特色的动物纹装饰艺术。而更北部的图瓦和米努辛斯克盆地受到其影响较小。至于其原因尚不明确，但很可能与阿尔泰地区的自然环境有关，因为这个地区拥有着各种丰富的矿产资源，这或许是阿契美尼德波斯文化与其保持密切联系的重要原因，而且随着波斯王朝的衰落，阿尔泰巴泽雷克文化也随之消亡。

我们所提出的仅是欧亚草原中部区动物纹装饰的两个大的发展趋势和方向，实际上还存在着多条传播路线，超自然动物纹和后肢翻转动物纹在中国北方地区也有发现，但年代上当都在战国晚期以后，晚于阿尔泰地区的巴泽雷克文化，极有可能是从阿尔泰巴泽雷克文化经蒙古传播到中国北方的。此外，有学者从七河的伊塞克古冢到新疆天山中部阿拉沟墓地[32]，再到甘肃天水的马家塬墓葬[33]，勾勒出了从七河天山地区到天水地区秦文化分布区的通道[34]。

欧亚草原动物纹装饰是草原早期游牧文化研究的重要内容，这种研究对于了解早期游牧人群的文化特征、思想意识和文化交流都非常有意义，本文的研究只是初步的尝试，限于资料和视野的限制，很多认识仍需深化。

注　释

［1］ Rostovtzeff, M. *The Animal Style in South Russia and China*［M］. Princeton: Princeton University Press, 1929.

［2］ 杨建华，邵会秋. 匈奴联盟与丝绸之路的孕育过程［J］. 吉林大学社会科学学报，2015（1）.

［3］ a.林沄. 论欧亚草原的卷曲动物纹［A］. 林沄学术文集（二）［C］. 北京：科学出版社，2009.
b.林沄. 欧亚草原有角神兽牌饰研究［J］. 西域研究，2009（3）.
c.杜正胜. 欧亚草原动物文饰与中国北方民族之考察［J］. 中研院历史语言研究所集刊，第六十四本，第二分，1993.

［4］ 中国大百科全书考古编委会. 中国大百科全书（考古卷）［C］. 北京：中国大百科全书出版社，1986：510.

［5］ 吉谢列夫（著），王博（译）. 南西伯利亚古代史［M］. 乌鲁木齐：新疆人民出版社，2014.

［6］ Gryaznov, M. P. *The Ancient Civilization of Southern Siberia*［M］. New York: Cowles Book Company, 1969.

［7］ Bokovenko, N. A. The emergence of the Tagar culture［J］. *Antiquity*, 2006 (80).

［8］ Bokovenko, N. A. History of studies and the main problems in the archaeology of the south Siberia during the Scythian period［A］. *Nomads of the Eurasian Steppes in the Early Iron Age*［C］. Berkely, CA: Zinat Press, 1995: 255–261.

［9］ Bokovenko, N. A. History of studies and the main problems in the archaeology of the south Siberia during the Scythian period［A］. *Nomads of the Eurasian Steppes in the Early Iron Age*［C］. Berkeley, CA: Zinat Press, 1995.

［10］ 马健. 公元前8～前3世纪的萨彦–阿尔泰——早期忒器时代欧亚东部草原文化交流［A］. 欧亚学刊（第八辑）［C］. 北京：中华书局，2008：38–84.

［11］ 杨建华，包曙光. 俄罗斯图瓦和阿尔泰地区的早期游牧文化［J］. 西域研究，2014（2）.

［12］ Gryaznov, M. P. *Arzhan: Tsarskii kurgan ranneskifskovo vremeni (Arzhan: The Tsar Kurgan of the Early Scythian Time)*［M］. Leningrad, 1980.

［13］ 潘玲. 论鹿石的年代及相关问题［J］. 考古学报，2008（3）.

［14］ 沃尔科夫. 蒙古鹿石［M］. 北京：中国人民大学出版社，2007.

［15］ Konstantin V. Cugunov, Hermann Parzinger, Anatoli Nagler. *Der Skythenzeitliche Furstenkurgan Arzan 2 in Tuva*［M］. Berlin: Verlag Philipp Von Zabern Mainz, 2010.

[16] Мошкова, М. Г. *Степная полоса Азиатской части СССР в скифо-сарматское время* [M]. Москва, 1992.

[17] 引自Bokovenko, N. A. History of studies and the main problems in the archaeology of the south Siberia during the Scythian period [A]. *Nomads of the Eurasian Steppes in the Early Iron Age* [C]. Berkeley, CA: Zinat Press, 1995: 255–261.

[18] Mallory, J. P., etc. The date of Pazyrak [A]. *Ancient Interactions: East and West in Eurasia* [C]. Cambridge: University of Cambridge, 2002: 199–212.

[19] A. A. 提什金，H. H. 谢列金. 金属镜：阿尔泰古代和中世纪的资料 [M]. 北京：文物出版社，2012：图五，1.

[20] Aruz, J., etc. *The Golden Deer of Eurasia* [M]. New York: The Metropolitan Museum of Art, 2000.

[21] a. Rudenko, S. I. *Frozen Tombs of Siberia* [M]. Los Angeles: University of California Press, 1970.
b. Полосьмак, Н. В. *Всадники Укока* [M]. Новосибирск: Инфолио-пресс издательство, 2001.
c. Stark, S., etc. *Nomads and Networks: The Ancient Art and Culture of Kazakhstan* [M]. Princeton: Princeton University Press, 2012.

[22] Cheremisin, D. V. On the semantics of animal style ornithomorphic images in Pazyryk ritual artifacts [J]. *Archaeology Ethnology & Anthropology of Eurasia*, 2009 (37/1): 85–94.

[23] Hall, M. E. Towards an absolute chronology for the Iron Age of Inner Asia [J]. *Antiquity*, 1997 (71): 863–874.

[24] a. Akishev, K. A. *Issyk Mound: The Art of Saka in Kazakhstan* [M]. Moscow: Iskusstvo Publishers, 1978.
b.阿基舍沃（著），吴妍春（译）.伊塞克古墓–哈萨克斯坦的塞克艺术 [J].新疆文物，1995（2）：90–115.

[25] Chang, C. *Of Gold and Grass: Nomads of Kazakhstan* [M]. The Foundation of International Arts & Education CA, 2006.

[26] Stark, S., Rubinson, K. S. *Nomads and Networks: The Ancient Art and Culture of Kazakhstan* [M]. Princeton: Princeton University Press, 2012.

[27] 邵会秋. 新疆发现的早期铜盘研究 [J]. 新疆文物，2008（3–4）.

[28] Hančar, F. The Eurasian Animal Style and the Altai Complex [J]. *Artibus Asiae*, 1952, 15 (1/2): 171–194.

[29] 新疆文物考古研究所. 新疆哈巴河东塔勒德墓地发掘简报 [J]. 文物，2013（3）.

[30] Marsadolov, L. The Cimmerian tradition of the Gordion Tumuli (Phrygia): found in the Altai barrows (Bashadar, Pazyryk) [A]. *Kurgans, Ritual Sites, and Settlements Eurasian Bronze and Iron Age* [C]. BAR International Series 890, 2000: 247–258.

[31] Wu, Xin. Persian and Central Asian elements in the social landscape of the early nomads at

Pazyryk, Southern Siberia ［A］. *Social Orders and Social Landscapes Article*［C］. Cambridge: Cambridge Scholars Publishing, 2007.

［32］ 新疆社会科学院考古研究所. 新疆阿拉沟竖穴木椁墓发掘简报［J］. 文物，1981（1）：18-22.

［33］ a. 甘肃省文物考古研究所，张家川回族自治县博物馆. 2006年度甘肃张家川回族自治县马家塬战国墓地发掘简报［J］. 文物，2008（9）.

b. 早期秦文化联合考古队，张家川回族自治县博物馆. 张家川马家塬战国墓地2007—2008年发掘简报［J］. 文物，2009（10）.

c. 早期秦文化联合考古队，张家川回族自治县博物馆. 张家川马家塬战国墓地2008—2009年发掘简报［J］. 文物，2010（10）.

d. 早期秦文化联合考古队，张家川回族自治县博物馆. 张家川马家塬战国墓地2010—2011年发掘简报［J］. 文物，2012（8）.

［34］ 杨建华. 张家川墓葬草原因素寻踪-天山通道的开启［J］. 西域研究，2010（4）.

The Study of Animal Style of Early Nomadic Culture in Central Eurasia Steppe

SHAO Hui-qiu

Central Eurasia steppe, which includes Kazakstan Steppe, Sayan-Altai and Tianshan Mountain to the east of Ural, is the core area of Eurasia steppe and also the place where Northern Zone communicated with west steppe zone. This article carried out a systematic analysis to the animal style in this area. My study shows that the animal style of early nomadic culture in central Eurasia steppe can be distinguished into three development stages: 9th–7th century BC, 7th–6th century BC and 5th–3rd century BC. Different characteristics can be identified in different stages. There are two different developing and spreading directions in the animal style in the whole central Eurasia steppe: from 9th–6th century BC, realism early animal style that originated in Minusinsk and Sayan-Altai spread to southern Kazakstan, Sever rivers and other areas; from 5th century BC, with the development of Achaemenid, the animal style originated from Persian culture in the south that is represented by preternatural mythical animal and fighting animal style spread to the north through Saka culture and reached its peak during Pazyryk culture in Altai.

《秦晋国妃墓志》“有诏于显陵”解读

——兼谈辽代寝殿学士制度

万雄飞[1]　陈　慧[2]

（1. 吉林大学边疆考古研究中心，长春，130012；2. 辽宁省凌源市博物馆，凌源，122500）

探寻医巫闾山辽代帝陵是辽史研究和辽代考古最重要的课题之一。早在20世纪30年代，著名历史学家金毓黻先生就曾两次深入医巫闾山腹地，亲自调查辽代显、乾二陵。根据调查发现，他认为北镇琉璃寺遗址就是东丹王陵[1]，即辽代显陵。此说影响甚大，后世学者纷纷采信。然而，1970年北镇龙岗子村辽代耶律宗政和耶律宗允墓的发现，打破了这一传统认识。

1987年辽宁省文物考古研究所正式发掘了这两座墓葬[2]。一号墓为耶律宗政与秦晋国妃合葬墓。耶律宗政是辽景宗之孙、辽圣宗之侄、辽孝贞皇太弟耶律隆庆之子，去世前封爵为魏国王。一号墓内出土的《耶律宗政墓志》[3]称：“归葬于乾陵，祔祖宗之寝庙，顺也。”二号墓为耶律宗允墓，此墓紧邻一号墓，两者相距仅30米。宗允是宗政的同母弟，逝前封爵为郑王。二号墓内出土的《耶律宗允墓志》[4]称：“陪葬于乾陵，祔孝贞皇太弟之茔。”两方墓志的说法很明确，证明耶律宗政墓和耶律宗允墓是辽代乾陵的陪葬墓。由于龙岗子村和琉璃寺实际上在一条山沟（当地人称“二道沟”）之内，龙岗子村位于地势平缓的沟口附近，琉璃寺遗址位于深沟的最里端，那么按照金毓黻先生的看法，辽代的两处帝陵——显陵和乾陵就同处一条山谷之中。这种陵寝布局，对比内蒙古的另外三处位置和布局较明确的辽代帝陵，几乎是不可能的。

耶律宗政墓内出土的另一方《秦晋国妃墓志》，进一步干扰了对龙岗子墓地性质的判断。秦晋国妃是耶律宗政的正妻，去世后与耶律宗政合葬一墓。《秦晋国妃墓志》[5]载：“有诏于显陵，开魏国王玄堂而合祔焉。”同一座墓内，一个称“归葬于乾陵”，一个说“有诏于显陵”，说法不同。“归葬于乾陵”的意思很明确，说明了该墓属乾陵陪葬墓之一，并无歧义。问题关键是如何正确理解《秦晋国妃墓志》“有诏于显陵”一语的含义，这就不得不说到辽代帝陵制度中特殊的“寝殿学士”制度。

辽代在皇帝陵墓之旁都要建寝殿，寝殿内设皇帝御容像，有的还画功臣像，统称为御容殿。辽帝驾崩时举行的丧葬仪式中，有一项就是新皇帝要在御容殿“授遗物于皇族、外戚及诸大臣”[6]。御容殿也是辽代皇帝祭祀先帝的重要场所，《辽史》中多处记载新皇帝于御容殿致奠或献酎。

辽代五处帝陵均在山陵前或其侧建筑了御容殿，并各有专名。祖陵御容殿称明殿。《辽史》卷三七《地理志一》载："太祖陵凿山为殿，曰明殿。殿南岭有膳堂，以备时祭。门曰黑龙。东偏有圣踪殿，立碑述太祖游猎之事。殿东有楼，立碑以纪太祖创业之功。"怀陵御容殿称凤凰殿。《辽史》卷三七《地理志一》载："穆宗被害，葬怀陵侧，建凤凰殿以奉焉。"显陵御容殿称影殿。《辽史》卷三八《地理志二》载："显陵者，东丹人皇王墓也。人皇王性好读书，不喜射猎，购书数万卷，置医巫闾山绝顶，筑堂曰望海。山南去海一百三十里。大同元年，世宗亲护人皇王灵驾归自汴京。以人皇王爱医巫闾山水奇秀，因葬焉。山形掩抱六重，于其中作影殿，制度宏丽。"[7]乾陵御容殿称玉殿，《辽史》卷一〇《圣宗一》载："甲午，葬景宗皇帝于乾陵，以近幸朗、掌饮伶人挞鲁为殉。上与皇太后因为书附上大行。丙申，皇太后诣陵置奠，命绘近臣于御容殿，赐山陵工人物有差。庚子，以先帝遗物赐皇族及近臣。……乙巳，以御容殿为玉殿，酒谷为圣谷。"庆陵御容殿称望仙殿。《辽史》卷一八《兴宗一》："甲午，葬文武大孝宣皇帝于庆陵。乙未，祭天地。问安皇太后。丙申，谒庆陵，以遗物赐群臣，名其山曰庆云，殿曰望仙。"同卷载："秋七月丁巳，谒庆陵，致奠于望仙殿。"

辽代帝陵陵园内还设置有专门的陵寝官，负责管理陵园日常事宜、协理皇室祭祠先祖，所设职官有"明殿学士"和"明殿左相"等。辽圣宗统和元年四月，"谒三陵，以东京所进物分赐陵寝官吏。"十二月"遣使分祭诸陵，赐守殿官属酒"[8]。《新五代史》卷七二《四夷附录第一》载："其母述律，遣人赍书及阿保机明殿书赐德光。明殿，若中国陵寝下宫之制。其国君死葬，则于其墓侧起屋，谓之明殿。置官属职司，岁时奉表，起居如事生。置明殿学士一人，掌答书诏。每国有大庆吊，学士以先君之命为书，以赐国君，其书常曰：'报儿皇帝'云。"欧阳修《新五代史》所记"明殿"的有关制度，实际是辽代帝陵的通制，并不仅限于阿保机陵寝。类似明殿学士的陵寝官，辽帝诸陵都有设置，通称为寝殿学士。寝殿学士平时"岁时奉表，起居如事生"；每当"国有大庆吊"，还可以代先皇言，以先王的口气，发诏书给现任皇帝，这就是辽代较独特的寝殿学士制度。

在考古资料中也发现了相似内容。辽宁喀左县钱杖子村辽代王悦墓[9]出土的《王悦墓志》[10]载："祖讳，明殿左相。"王悦的祖父担任的诸多官职中，有一项就是"明殿左相"，其地位应高于明殿学士。

辽代寝殿学士制度有其悠久的历史渊源。寝殿学士代先王发言、下诏书的特殊制度，是契丹原始宗教信仰的延续。《契丹国志》卷首《契丹国初兴本末》记载了一段关于契丹建国之前的传说，称："后有一主，号曰迺呵，此主特一髑髅，在穹庐中，覆之以毡，人不得见。国有大事，则杀白马灰牛以祭，始变人形，出视事，已，即入穹庐，复为髑髅。"这个传说貌似荒诞，实则大有深意。清高宗乾隆帝阅后认为："如祭用白马灰牛，毡中枯骨变形视事，及戴野猪头披皮之事。虽迹涉荒诞，然与诗书所载简狄吞卵、姜嫄履武，复何以异。盖神道设教，以溯发祥。古今胥然。义正如此。又何必信远而疑近乎。”[11]的确如此，这个传说其实与商人和周人的早期传说一样，反映了契丹族在发祥期的某些史实。

契丹始祖“迺呵”，既为一主，平时却是一具髑髅，它喻指契丹族已经去世的杰出部落领袖。国有大事，枯骨化形且治事，反映的是在部落时代，契丹民族遇到大事难以决策之际，需聆听祖先神谕作为最终策略。而要获得神谕，必须杀牲以祭，所谓“杀白马灰牛以祭，始变人形”。由于传说中有意无意地疏漏了一个重要环节，即“髑髅”如何发出指令来治事，因此才变得晦涩难解。其实中间还有一个媒介，这个媒介就是契丹族的萨满。契丹建国之前，信奉北方地区流行的萨满教。内蒙古吐尔基山辽墓[12]的墓主就是一个契丹皇室的大萨满，墓葬出土的金质神帽、腿部缀铃的神服和带日月图案的金牌，从考古研究上证实了契丹人原始宗教信仰就是萨满教[13]。萨满的主要职能之一就是沟通人与天地鬼神。死去的祖先，特别是声名显赫的已故部落首领，往往也被当做神灵来崇拜。通过萨满这个媒介，“髑髅”就能发出神谕，化形治事。等事情终结之后，“即入穹庐，复为髑髅”。再次说明“髑髅”是已故的领袖，而非现实的人物。

《契丹国志》记载的契丹古老传说与辽代寝殿学士制度之间，存在着密切联系[14]，它们共同的精神内核是萨满教祖先崇拜信仰。辽代寝殿学士制度中，在“每国有大庆吊”之时，“先君”要发声表态，并赐书给现任“国君”。寝殿学士在这里起到了沟通“先君”与现任“国君”的作用，这就如同契丹部落时期的萨满一样。可以说，辽代的寝殿学士制度正就是契丹社会萨满教祖先崇拜信仰的延续。当然，契丹国家政权建立之后，传统习俗也发生了重大改变，“先君”发声表态的事情，一般仅限于“大庆吊”之类的礼仪性事务，而不再干涉其他军国大事，这是神权对君权的让步。

契丹建国之后，祖先崇拜观念不仅没有削弱，反而得到了强化，同时辽代寝殿学士制度也得以长期存在。《辽史》中屡见辽帝“祠木叶山”“望祠木叶山”或“遣使祭木叶山”的记载。木叶山是契丹民族的发祥地，也是契丹先祖的象征。《辽史》卷三二《营卫志》载：“今永州木叶山有契丹始祖庙，奇首可汗、可敦并八子像在焉。”辽代祭木叶山，主要目的就是祭祀契丹祖先。祭祀祖先不仅是后人对先人的追思，还具有增强民族凝注力、巩固现任首领地位的现实意义。

最后回至开篇讨论的《秦晋国妃墓志》“有诏于显陵”一语解读的问题。理解了前文所述的辽代寝殿学士制度，就知道下发诏书的实际是显陵里的“寝殿学士”，他们假借显陵先皇之名，下诏书令秦晋国妃与耶律宗政合葬。这些类似于萨满身份的寝殿学士由现任皇帝任命，所发诏书实际体现了时任皇帝（辽道宗）的旨意。

秦晋国妃与耶律宗政合葬之事，为什么需要假借显陵先皇发诏来决定呢？这与秦晋国妃的婚姻状况有关。秦晋国妃一生共有三次婚姻，她十六岁时（开泰五年）嫁给自己亲舅耶律隆庆，这是第一个丈夫。结婚后，秦晋国妃“恭诉宸幄、礼敦贞顺”。但不幸的是，这年的年底耶律隆庆“入觐，还至北安州，浴温泉，疾薨，葬医巫闾山”[15]。两人结婚不到一年，耶律隆庆就去世了。耶律隆庆有五子，但是没有一个为秦晋国妃所生。《秦晋国妃墓志》中说她本人：“无子嗣续，惜哉。”秦晋国妃的第二个丈夫即耶律宗政，他是秦晋国妃第一任丈夫耶律隆庆的长子，因此秦晋国妃实际上是耶律宗政的后母，这种婚配方法是游牧民族常见的收继婚制[16]。这门婚事由辽圣宗亲手包办，秦晋国妃“奉诏所归”，但是耶律宗政汉化程度较深，谙熟儒家礼义，强烈反对这桩违反伦理纲常的婚姻。《耶律宗政墓志》称：“先是圣宗皇帝藩戚间，逼王娶妃，王性介特。辞以违卜，不即奉诏，自是不复请婚，以致无子。”耶律宗政以介特之性，宁可终身不婚以至无子，也不奉诏娶其后母。但这毕竟是辽圣宗亲自赐婚，因此两人虽无夫妻之实，但是却有夫妻之名。秦晋国妃第三任丈夫为刘二玄，也是奉诏成婚，刘二玄官至上京留守。《秦晋国妃墓志》对刘二玄没有更多的记载，但他却是秦晋国妃真正的人生伴侣。

由于秦晋国妃一生有三次婚姻，三任丈夫都声名显赫、地位崇高，而且前两任丈夫还是父子关系，因此她死后应该与谁合葬成为一个难题。这道难题只能由秦晋国妃逝世时的现任皇帝——辽道宗来解决。她的第一任丈夫耶律隆庆是辽道宗的亲叔祖，第二任丈夫耶律宗政是辽道宗的堂叔。两人是皇室至亲，且是族中长辈，辽道宗面对此问题也颇为棘手。可能考虑到耶律宗政终生未娶，无妻无子，他最终决定让秦晋国妃与耶律宗政合葬。但是这个诏令由他来发布也不合适，于是借口先皇之命，由医巫闾山显、乾二陵中辈分更高的显陵来“下诏”令二人合葬，显然是最好的办法。

正确理解《秦晋国妃墓志》“有诏于显陵”一语，目的在于确定龙岗墓群的性质，从而为探寻医巫闾山辽代显、乾二陵奠定可靠的参考坐标。《耶律宗政墓志》和《耶律宗允墓志》记载明确，证明龙岗一、二号墓皆为乾陵陪葬墓。《秦晋国妃墓志》中“有诏于显陵”一语，并没有否认龙岗墓群为乾陵陪葬墓的性质，只是强调了秦晋国妃与耶律宗政合葬的理由。乾陵陪葬墓群的确认，对探寻辽代乾、显二陵具有重要作用，朝揭开医巫闾山辽代帝陵的神秘面纱迈进了一步。

注　释

［1］ a.金毓黻. 东丹王陵考察记［J］. 满洲学报，1934（3）.
b.金毓黻. 东北通史（上编六卷）［M］. 五十年代出版社排印本，1936.

［2］ 张克举. 北宁龙岗辽墓［A］. 辽宁考古文集［C］. 沈阳：辽宁民族出版社，2003.

［3］ 向南. 辽代石刻文编［M］. 石家庄：河北教育出版社，1995.

［4］ 同［3］.

［5］ 同［3］.

［6］ （元）脱脱等. 辽史［M］卷五〇志第十九. 北京：中华书局，1974.

［7］ 影殿也可能是御容殿的通称，“影”有御容之意。《契丹国志》卷一一《天祚皇帝中》天庆九年夏金人：“并先破乾显等州，如凝神殿、安元圣母殿，木叶山之世祖殿、诸陵并皇妃子

弟影堂，焚烧略尽，发掘金银珠玉。"
[8] 同[6].
[9] 李文信，朱贵，李庆发.辽宁喀左县辽王悦墓[J].考古，1962(9).
[10] 同[3].
[11] 四库全书总目[M]卷首载乾隆四十六年十月十六日上谕.
[12] a.王大方.穿越千年——吐尔基山辽墓彩棺开棺目击[N].中国文物报，2003-6-18.
b.塔拉，孙建华.吐尔基山辽墓展览[N].中国文物报，2004-3-24.
[13] 冯恩学.吐尔基山辽墓墓主身份解读[J].民族研究，2006(3).
[14] 陈述.契丹政治史稿[M].北京：人民出版社，1986.
[15] 同[6].
[16] a.(汉)司马迁：史记[M]卷一一〇匈奴列传："父死，妻其后母。兄弟死，皆取其妻妻之。"北京：中华书局，1959.
b.(西晋)陈寿：三国志[M]卷三〇，魏书乌桓传："父兄死，妻后母执嫂。"北京：中华书局，1959.

Interpretation about "the Imperial Edict from Xian Mausoleum" on the Epigraph of the Qin-Jin-Guo Queen: And the System of the "Qindian Xue shi" of Liao Dynasty

WAN Xiong-fei　CHEN Hui

The "Qindian Xue shi" system is the officer in the mausoleum of Liao Dynasty, who, on behalf of the former emperor, can write the imperial edict to the emperor and officers. The system is the continuance of Khitan's the primary religion on the worship of ancestor, and it has a long history and implication. Learning on the system can understand that the meaning of "the imperial edict from Xian mausoleum" is the edict written by the Qindian Xue shi on behalf of the former emperor. The edict did not deny the fact that Longgangzi of Beizhen County was the burial area of Qian mausoleum.

考古与科技

内蒙古凉城县水泉墓地战国时期人骨研究*

张全超[1]　张　群[1]　孙金松[2]　党　郁[2]　曹建恩[2]

（1. 吉林大学边疆考古研究中心，长春，130012；2. 内蒙古自治区文物保护中心，呼和浩特，010020）

水泉墓地位于乌兰察布市凉城县永兴镇水泉村北约1.5千米的山坡之上，面积约1万平方米。墓地北依蛮汗山支脉，东临一南北向的大型冲沟，南侧下方地势开阔，可远眺永兴湖，西侧约500米处为一南北向的季节性河流。2008年5～8月内蒙古自治区文物考古研究所为配合台南艺术大学、内蒙古师范大学考古专业学生实习，对凉城县永兴镇水泉墓地进行科学的考古勘探、发掘，共发掘墓葬29座，其中27座为战国晚期墓葬，其余2座为五代时期墓葬。这27座战国晚期墓葬根据墓向可分为东西向、南北向两种，其中部分墓葬存有棺椁痕迹及殉牲现象，随葬品主要有铜带钩、铁带钩以及其他的一些陶、铜、铁、骨、玉石玛瑙制品。2008年夏，笔者赴水泉墓地进行了现场性别年龄鉴定，同年9月于老虎山工作站对水泉墓地出土人骨进行了观察和测量工作，现将战国晚期时段的人骨研究结果报告如下。

* 基金项目：国家社科基金重大项目“汉民族历史形成过程的生物考古学考察”（11&ZD182）；国家社科基金重大项目“赤峰二道井子夏家店下层文化遗址的发掘与多学科综合研究”（14ZDB050）；教育部人文社会科学重点研究基地重大项目“青铜—早期铁器时代蒙古高原古代居民体质人类学的综合研究”（11JJD780008）；教育部人文社会科学重点研究基地重大项目“龙山时代晋陕高原的文化交流与互动”（13JJD780004）；霍英东教育基金会青年教师基金基础性研究课题（141111）；指南针计划专项项目“中国古代人类骨骼遗存资源数据库建设及共享”项目；吉林大学基本科研业务费资助项目（2012QY090）。

一、观察与测量

1. 颅骨的形态观察

依据墓葬方向可将水泉墓地分为两组：A组，以东西向墓葬为代表的一类遗存；B组，以南北向墓葬为代表的一类遗存。笔者通过对这两类墓葬出土的人骨标本进行仔细观测，发现两类墓葬出土人骨在体质特征上并没有明显的形态学差异，因此，将其合并为一组进行研究。

颅骨非测量性形态特征的观察标准依据《人体测量方法》[1]和《人体测量手册》[2]的相关著述。

水泉组颅骨标本的形态特征可以概括为：颅形以椭圆形为主；眉弓凸度男性较为发达，女性发育较弱；男性额部中等倾斜者较为常见，女性则发育平直；颅顶缝结构普遍发育简单。乳突为男性发育较为粗壮，而女性则以中等发育或发育较小者居多。眶型以长方形为主。梨状孔男性多为心形，女性心形、梨形各半。梨状孔下缘男女两性均以鼻前窝型为主。鼻前棘男女两性均较为低矮，多为Broca Ⅰ型，犬齿窝均欠发达，鼻根凹多数表现为0级，翼区以“H”形为多见，颧骨上颌骨下缘转角处多欠圆钝，腭型以“U”形和椭圆形为主，腭圆枕以嵴状为主，颏形以方形为主，下颌角区以外翻者居多，下颌圆枕和铲型门齿均有较高的出现率。

2. 颅骨的测量性特征

从水泉战国时期居民颅骨测量性特征的分类结果来分析，该组男性颅骨的主要体质特征可以概括为：一般具有中颅型、高颅型和狭颅型相结合的颅形特点，中等的面宽绝对值，和中等的上面高度，偏低的中眶型和中鼻型，中等程度扁平的面形，女性组在主要颅面部测量特征上与男性基本一致。

鉴于本文颅骨标本上所反映出的简单的颅顶缝、欠发达的犬齿窝和鼻根凹、转角处欠圆钝的颧骨上颌骨下缘、铲型齿的较高出现率等特点，我们认为该组颅骨应归属于亚洲蒙古人种的范围。

二、比较与分析

1. 与亚洲各近代组的比较

为了进一步考察水泉战国时期居民与现代亚洲蒙古人种各个地区居民在种族类型上的渊源关系，我们共选择华北组、抚顺组、爱斯基摩（东南）组、爱斯基摩（勒俄

表一　水泉组与各近代颅骨组的比较（男性）　　（长度：毫米；角度：度；指数：%）

比较项目	水泉组	华北组	抚顺组	爱斯基摩（东南）组	爱斯基摩（勒俄康）组	楚克奇（河滨）组	楚克奇（驯鹿）组	蒙古组	布里亚特组
1颅长（g-op）	176.2	178.5	180.8	181.8	183.9	182.9	184.4	182.2	181.9
8颅宽（eu-eu）	140.2	138.2	139.7	140.7	143.0	142.3	142.1	149.0	154.6
17颅高（ba-b）	138.8	137.2	139.2	135.0	137.1	133.8	136.9	131.4	131.9
9最小额宽（ft-ft）	93.8	89.4	90.8	94.9	98.1	95.7	94.8	94.3	95.6
45颧宽（zy-zy）	137.0	132.7	134.3	137.5	140.9	140.8	140.8	141.8	143.5
48上面高（n-sd）	74.4	75.3	76.2	77.5	78.2	78.0	78.9	78.0	77.2
52眶高R	33.9	35.5	35.5	35.9	35.9	36.3	36.9	35.8	36.2
51眶宽（mf-ek）R	43.1	44.0	42.9	43.4	44.5	44.1	43.6	43.2	42.2
54鼻宽（nasal breadth）	26.9	25.0	25.7	24.4	23.5	24.6	24.9	27.4	27.3
55鼻高（n-ns）	56.3	55.3	55.1	54.6	54.7	55.7	56.1	56.5	56.1
72面角（n-pr FH）	86.8	83.4	83.6	83.8	85.6	83.2	83.1	87.5	87.7
8：1颅指数	79.6	77.6	77.3	77.6	77.5	77.9	77.2	82.0	85.1
17：1颅长高指数	78.8	77.0	77.1	[74.3]	[74.6]	[73.2]	[74.2]	[72.1]	[72.5]
17：8颅宽高指数	99.0	99.5	100.0	[96.0]	[95.9]	[94.0]	[96.3]	[88.2]	[85.3]
52：51眶指数R	78.7	80.7	83.0	83.0	80.8	82.4	84.5	82.9	86.0
54：55鼻指数	48.1	45.2	46.9	44.8	43.0	44.7	44.5	48.6	48.7
9：8额宽指数	66.9	64.7	[65.0]	[67.5]	[68.6]	[67.5]	[66.7]	[63.3]	[61.8]

注：[ ]中的数值是根据平均数计算所得的近似值。

康）组、楚克奇（河滨）组、楚克奇（驯鹿）组、蒙古组、布里亚特组[3, 4]等8个近代颅骨组进行比较，参加对比的项目和对比组详见表一。本文采用计算水泉战国组与各近代组之间欧氏距离系数的方法进行定量分析，并根据欧氏距离系数绘制聚类图。所有的统计分析都在SPSS11.5 for windows 下完成，所有用于统计分析的数据均经过标准化（下同）。

表二　水泉组与亚洲蒙古人种各近代组之*Dij*值（男性）

	1	2	3	4	5	6	7	8	9
水泉组	0.0								
华北组	9.5	0.0							
抚顺组	13.7	9.1	0.0						
爱斯基摩（东南）组	11.9	10.2	13.8	0.0					
爱斯基摩（勒俄康）组	14.2	15.3	18.0	7.0	0.0				
楚克奇（河滨）组	14.8	14.4	17.9	5.0	6.0	0.0			
楚克奇（驯鹿）组	14.8	13.9	15.6	5.8	6.5	5.2	0.0		
蒙古组	20.0	22.2	27.3	15.1	15.3	12.4	15.2	0.0	
布里亚特组	25.6	28.4	33.6	21.5	20.8	18.8	20.8	8.1	0.0

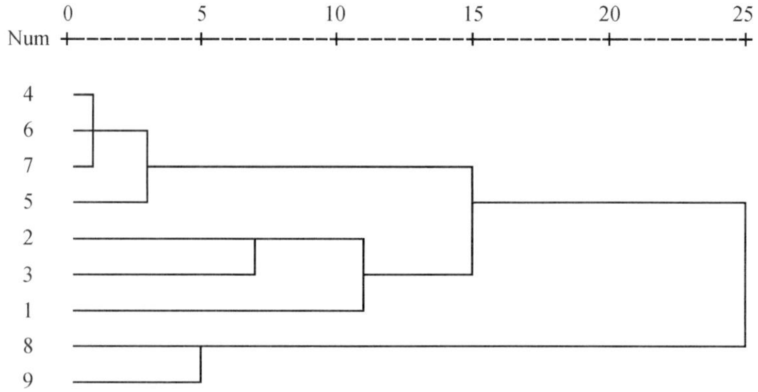

图一　水泉组与亚洲蒙古人种各近代组之聚类图

1. 水泉组　2. 华北组　3. 抚顺组　4. 爱斯基摩（东南）组　5. 爱斯基摩（勒俄康）组　6. 楚克奇（河滨）组　7. 楚克奇（驯鹿）组　8. 蒙古组　9. 布里亚特组

根据表二的欧氏距离系数值，我们进一步对其进行聚类分析，制出图一，清晰地反映出了水泉组与亚洲蒙古人种与各个近代组之间的关系，在小于刻度25的范围内，9个颅骨组大致可以区分为两个聚类群，第一聚类群（1～7组）除水泉组以外，基本代表了现代蒙古人种中的东亚和东北亚类型群体，第二聚类群（8、9组）主要代表了现代蒙古人种中的北亚类型群体。而刻度在小于15～20的范围内，第一聚类群（1～7组）又分为两个小的聚类群，第一小类（4～7组）代表了现代蒙古人种东北亚类型群体，第二小

表三　水泉组与其他古代颅骨组的比较（男性）　　（长度：毫米；角度：度；指数：%）

马丁号	项目↓组别→	水泉组	土城子战国组	将军沟组	毛饮合并A组	毛饮合并B组	忻州窑子A组	忻州窑子B组	朱开沟组	新店子组	阳畔组
1	颅长（g-op）	176.2	180.3	181.0	182.0	182.2	178.5	182.4	179.1	173.8	176.0
8	颅宽（eu-eu）	140.2	140.3	138.1	142.0	139.8	146.9	139.8	139.9	153.3	152.5
17	颅高（ba-b）	138.8	141.0	140.0	136.9	142.7	127.9	138.0	138.1	129.2	129.5
9	最小额宽（ft-ft）	93.8	92.1	90.6	90.5	90.6	91.0	89.1	90.8	94.3	89.5
45	颧宽（zy-zy）	137.0	136.2	133.7	134.6	135.5	136.9	135.4	135.2	142.1	139.0
48	上面高（n-sd）	74.4	75.6	73.6	74.5	74.3	78.1	74.4	71.8	73.9	72.0
52	眶高R	33.9	34.2	33.4	33.9	33.7	32.4	32.7	33.4	33.1	33.0
51	眶宽（mf-ek）R	43.1	43.6	43.6	43.8	42.9	42.8	42.9	43.9	44.4	42.1
54	鼻宽（nasal breadth）	26.9	26.5	26.3	26.0	26.8	26.8	25.9	27.0	27.1	25.1
55	鼻高（n-ns）	56.3	54.7	55.1	55.1	54.7	56.6	53.8	52.4	56.5	55.2
72	面角（n-pr FH）	86.8	82.5	84.5	86.0	83.6	89.5	82.7	87.3	88.0	84.0
8：1	颅指数	79.6	77.6	76.3	78.1	76.8	82.3	76.6	78.2	88.1	87.5
17：1	颅长高指数	78.8	77.8	77.3	75.5	78.9	71.8	75.7	77.6	72.8	73.3
17：8	颅宽高指数	99.0	100.4	101.5	96.6	101.6	87.1	98.8	98.6	84.6	84.9
52：51	眶指数R	78.7	78.4	77.7	77.4	78.7	75.9	76.4	76.0	74.7	78.5
54：55	鼻指数	48.1	48.6	47.4	47.2	49.1	47.4	48.4	51.7	48.1	45.5
9：8	额宽指数	66.9	66.5	65.9	64.1	64.9	62.1	63.8	64.2	61.6	58.7
77	鼻颧角（∠fmo-n-fmo）	143.4	144.1	145.0	150.2	145.6	150.5	145.1	149.3	148.8	149.0

类（1～3组）包括了水泉组和代表现代蒙古人种东亚类型的群体。水泉组与现代蒙古人种中的东亚类型群体聚为一类，可见该组古代居民与现代蒙古人种东亚类型居民在颅骨特征上较为一致。

2. 与各相关古代组的比较

为了进一步探讨水泉战国时期居民与东周时期内蒙古中南部地区其他居民在人种类型上的关系，本文选择了与其在时空范围相关的东周时期内蒙古中南部地区的土城子战国组[5]、将军沟组[6]、毛饮合并*A组、毛饮合并B组、忻州窑子A组、忻州窑子B组、新店子组、阳畔组[7]、朱开沟组[8]等9个古代颅骨组，仍然采用计算欧氏距离系数的方法进行定量分析，并根据欧氏距离系数绘制聚类图，具体项目见表三，比较结果见表四。

表四　水泉组与其他古代组之间的*Dij*值（男性）

	1	2	3	4	5	6	7	8	9	10
水泉组	0.0									
土城子战国组	7.5	0.0								
将军沟组	9.1	5.4	0.0							
毛饮合并A组	11.7	10.4	9.6	0.0						
毛饮合并B组	10.1	4.6	4.8	10.5	0.0					
忻州窑子A组	21.9	24.2	24.7	16.8	25.9	0.0				
忻州窑子B组	11.2	7.0	6.1	7.7	7.1	21.4	0.0			
朱开沟组	10.5	10.5	9.4	8.1	10.0	20.7	9.1	0.0		
新店子组	26.2	29.6	31.4	24.5	31.7	13.1	28.4	26.6	0.0	
阳畔组	26.0	28.1	29.4	22.4	29.7	13.4	25.9	25.5	10.0	0.0

图二直观地反映出了水泉墓地居民与东周时期内蒙古中南部地区其他相关古代居民之间的关系，主要体现了水泉组居民与内蒙古中南部地区青铜—早期铁器时代居民在体质特征上的异同点。在刻度小于25的范围以内，10个颅骨组大致可以区分为两个聚类群，第一聚类群包括：水泉组、忻州窑子B组、将军沟组、土城子战国组、毛饮合并B组、毛饮合并A组、朱开沟组，基本代表了与现代蒙古人种东亚类型颅骨形态特征相似的群体；第二聚类群包括忻州窑子A组、新店子组和阳畔组，代表了与现代蒙古人种北亚类型颅骨形态特征相似的群体。第一聚类群在刻度在5～10的范围内又可以分为两个小的聚类，第一个小聚类包括水泉组、忻州窑子B组、将军沟组、土城子战国组、毛饮合并B组等，除水泉组外，其他各组均属于先秦时期该地区"古中原类型"的古代群

* 毛庆沟和饮牛沟合并组简称"毛饮合并组"。

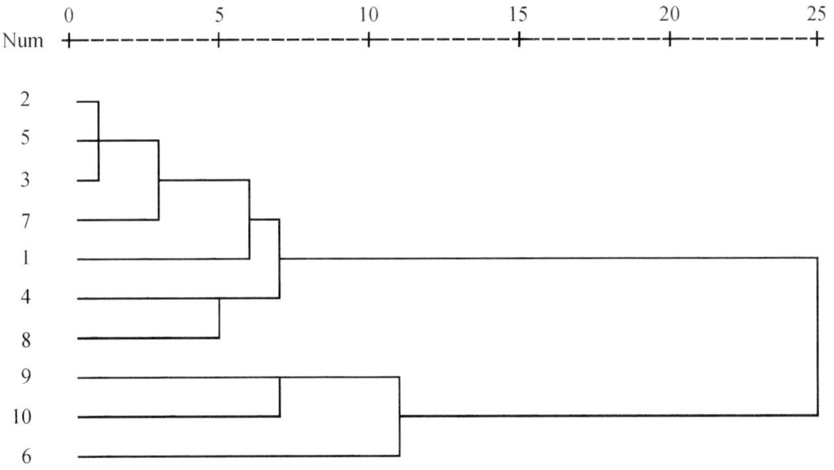

图二　水泉组与其他古代人群关系的树状聚类图（男性）

1. 水泉组　2. 土城子战国组　3. 将军沟组　4. 毛饮合并A组　5. 毛饮合并B组　6. 忻州窑子A组　7. 忻州窑子B组　8. 朱开沟组　9. 新店子组　10. 阳畔组

体，“古中原类型”居民在先秦时期曾广泛分布在黄河中下游地区[9]，水泉战国晚期居民在体质特征上与内蒙古中南部地区先秦时期的“古中原类型”居民十分相似，第二小聚类包括毛饮合并A组、朱开沟组等代表“古华北类型”居民的群体，“古华北类型”居民在先秦时期的内蒙古长城地带广有分布，应该是该地区最主要的原始土著，其中心分布区可能是在内蒙古中南部到晋北、冀北一带的长城沿线[10]。

三、结　　论

水泉战国时期居民的人骨标本是内蒙古中南部地区东周时期具有代表性的古人种学资料，对深入探讨该时期古代人群的融合与考古学文化变迁之间的关系具有重要的学术价值。结合体质人类学和考古学的相关研究成果我们对水泉墓地战国时期人骨标本的综合研究得出以下几点结论。

（1）水泉组颅骨标本的形态特征可以概括为：颅形以椭圆形为主；眉弓凸度男性较为发达，女性发育较弱；男性额部中等倾斜者较为常见，女性则发育平直；颅顶缝结构普遍发育简单。乳突男性为发育较为粗壮，而女性则以中等发育或发育较小者居多。眶型以长方形为主。梨状孔男性多为心形，女性心形、梨形各半。梨状孔下缘男女两性均以鼻前窝型为主。鼻前棘男女两性均较为低矮，多为Broca Ⅰ型，犬齿窝均欠发达，鼻根凹多数表现为0级，翼区以“H”形为多见，颧骨上颌骨下缘转角处多欠圆钝，腭型以“U”形和椭圆形为主，腭圆枕以嵴状为主，颏形以方形为主，下颌角区以外翻者居多，下颌圆枕和铲型门齿均有较高的出现率，这些性状都显示了其具有亚洲蒙古人种的形态特点。

（2）主要的颅、面部形态特征可以概括为：一般具有中颅型、高颅型和狭颅型相结合的颅形特点，中等的面宽绝对值和中等的上面高度，偏低的中眶型和中鼻型，中等程度扁平的面部形态，女性组在主要颅面部测量特征上与男性基本一致。

（3）与现代亚洲各个蒙古人种的欧式距离的计算结果表明：水泉战国时期居民与近代华北、抚顺居民在颅骨的基本形态特征方面最为接近。可见，该组古代居民与现代蒙古人种东亚类型居民在颅骨特征上较为一致。

（4）与相关的古代居民的聚类分析的结果显示：在10个古代对比组中，本文标本与忻州窑子B组、将军沟组、土城子战国组、毛饮合并B组等内蒙古中南部地区先秦时期的“古中原类型”居民在人种类型上较为一致，而与该地区先秦时期的土著居民“古华北类型”的代表毛饮合并A组、朱开沟组以及代表“古蒙古高原类型”的忻州窑子B组、新店子组和阳畔组都存在一定程度的形态学差异。水泉墓地依据墓葬方向又可以分为A、B两组，A组，以东西向墓葬为代表的一类遗存；B组，以南北向墓葬为代表的一类遗存。笔者在形态观测过程中认真观察了这两类墓葬出土人骨的形态学差异，结果未发现有明显的人种学差异，这与东周时期同处于岱海地区的毛庆沟墓地、饮牛沟墓地、崞县窑子墓地、忻州窑子墓地、小双古城墓地等情况不同，上述各个墓地都存在不同体质类型人群的混杂，尤其是该地区春秋中期—战国早期“古蒙古高类型”居民的南下，一方面加剧了内蒙古长城地带游牧文化带的形成，同时也加剧了人群间的相互融合。水泉居民的体质特征研究基本上可以排除有“古蒙古高原类型”人群的混入，而考古学研究结果表明，以战国晚期水泉、饮牛沟墓地为代表，此阶段为第三阶段融合的最终产物，除墓向不一外，其余的随葬制度均已融合、不易区分[11]。因此，在融合程度相当高的水泉墓地当中也已经无法判定是否有“古华北类型”人群的混入，这与考古学研究的结果基本吻合。

致谢：本文所使用的颅骨标本由内蒙古自治区文物考古研究所提供，在此致以衷心感谢。

注　　释

［1］ 吴汝康，吴新智，张振标. 人体测量方法［M］. 北京：科学出版社，1984.

［2］ 邵象清. 人体测量手册［M］. 上海：上海辞书出版社，1985.

［3］ 潘其风，韩康信. 柳湾墓地的人骨研究［A］. 青海柳湾［R］. 北京：文物出版社，1984.

［4］ 韩康信. 沈阳郑家洼子的两具青铜时代人骨［J］. 考古学报，1975（1）：157-164.

［5］ 顾玉才. 内蒙古和林格尔县土城子遗址战国时期人骨研究［M］. 北京：科学出版社，2010.

［6］ 张全超，曹建恩，朱泓. 内蒙古和林格尔县将军沟墓地人骨研究［J］. 人类学学报，2006，25（4）：276-284.

[7] 张全超. 内蒙古和林格尔县新店子墓地人骨研究［M］. 北京：科学出版社，2010.
[8] 潘其风. 朱开沟墓地人骨的研究［A］. 朱开沟——青铜时代早期遗址发掘报告［R］. 北京：文物出版社，2000.
[9] 朱泓. 中原地区的古代种族［A］. 庆祝张忠培先生七十岁论文集［C］. 北京：科学出版社，2004.
[10] 朱泓. 中国东北地区的古代种族［J］. 文物季刊，1998（1）：54-64.
[11] 孙金松. 岱海地区东周早期游牧民族墓地的再梳理［D］. 吉林大学硕士学位论文，2011.

A Research on Ancient Human Skulls from Shuiquan Cemetery of Warring States Period in Liangcheng County, Inner Mongolian

ZHANG Quan-chao ZHANG Qun SUN Jin-song DANG Yu CAO Jian-en

This paper reports an anthropometrical study of human remains recovered from Shuiquan site, a Bronze Age cemetery site located in Liangcheng County, Inner Mongolian Autonomous Region. The cemetery can be dated back to the late Warring States period. The authors applied anthropometrical methods to quantify the human skulls. The morphological features of Shuiquan group crania show that the racial type is closely related to the modern East Asiatic Mongoloids while the racial type is “Ancient Central Plain Type” after the authors’ comparative research on the racial type of the ancient groups in the same region during Eastern Zhou Dynasty. The Shuiquan Site exist two types of tombs with different orientation while the physical characteristic is uniform. Combining with the archaeological material, in the process of population’s migration and integration during Spring and Autumn and Warring States period in this region, Shuiquan population is the final product of integration with high consistency.

北京延庆西屯墓地汉代颅骨的人类学特征*

周亚威[1]　朱　泓[2]

（1. 郑州大学历史文化遗产保护研究中心，郑州，450001；2. 吉林大学边疆考古研究中心，长春，130012）

西屯墓地位于北京市延庆县城西约2千米，该墓地北靠燕山余脉冠帽山，南临妫水河，以欢呼路为界，分为西区（Ⅰ区）和东区（Ⅱ区）。2009年9月4日～2009年11月5日，北京市文物研究所对这批墓葬进行了考古发掘工作，共发掘墓葬490座。其中东区（Ⅱ区）共发现墓葬107座，西区（Ⅰ区）共发现墓葬383座。汉代墓葬多数为单人葬，二人合葬占一定比例，少见三人合葬墓；绝大多数为仰身直肢葬，少数为侧身屈肢葬，个别为二次葬；墓主人头向以北向和东向为主，少数为西北向和南向；葬具一般为棺椁，棺前有头厢，有的仅有木棺，有的为瓮棺，无葬具者绝少；墓葬一般均有随葬品，多数为陶器，有部分瓷器、银器、铜器、铁器、玉器和石器，竖穴土坑墓多置于头厢内，砖室墓多置于前室。其中M51是一处保存完整，规模较大的“凸”字形、带墓道的竖穴土坑墓，墓葬棺、椁、头厢保存较好，出土提梁卣、鼎、豆、壶等多件青铜器，具有重要的研究价值[1]。西屯墓地墓葬分布比较集中，沿用时间较长，年代早至战国时期，历经汉代、魏晋北朝、唐代、辽代直至明清时期。西屯墓地出土的人骨标本是华北地区颇有代表性的一批汉代至明清时期的人骨资料。西屯墓地延续时代较长，大部分墓葬年代集中在汉代，因此本文主要以汉代组人群为研究目标。本文运用体质人类学的研究方法对西屯墓地汉代颅骨标本（男性39例，女性42例）进行了人种学方面的分析，结果如下。

一、观察与测量

1. 颅骨的形态观察

本文对颅骨非测量性形态特征的观察标准主要参照《人体测量手册》[2]和《人体

---

* 基金项目：国家哲学社会科学基金重大项目“汉民族形成过程的生物考古学考察”（11&ZD182）；河南省高等学校哲学社会科学创新团队项目“中原考古”（2012-CXTD-01）；第57批中国博士后科学基金面上基金（2015M572113）；河南省博士后科研资助（2014019）。

测量方法》[3]中的相关著述。观察结果参见表一。

据表一所列出的24项非测量性状的测量统计结果，可将延庆西屯墓区汉代组颅骨标本的形态特征做以下概述：男性颅骨颅型以卵圆形和椭圆形为主，眉间突度和眉弓的发育程度中等，颅顶缝前囟段男性以愈合形和深波形者居多，女性微波形者居多，前囟段部分比较简单；顶段深波形和锯齿形者居多，顶孔段，锯齿形者居多；后段，深波形者为主，复杂形出现率较少，总体颅顶缝形状简单，前额以平直为主，眶形多为长方形，梨状孔形状以心形为主、梨形次之，梨状孔下缘多为锐形，鼻前棘以稍显为主，犬齿窝多数为浅或无，均为铲形门齿，齿弓形状以“U”形为主，鼻根区凹陷1级为主，翼区男性愈合者居多，顶蝶型次之，女性以顶蝶型为主，愈合者次之，下颌角形以直形的出现率最高外翻型次之，颏型以方形者为主，其次为尖形者，腭圆枕和下颌圆枕出现率较低，乳突发育一般，以中等为主，枕外隆突稍显者居多。

表一　西屯墓地汉代组连续性形态特征观察统计表

	性别（例数）	体质特征	观察项目	性别	体质特征
颅形	男（38） 女（41）	圆形1，椭圆形21，卵圆形16 椭圆形11，卵圆形29，楔形1	鼻前棘	男（35） 女（39）	不显3，稍显25，中等4，显著3 不显3，稍显27，中等9
眉弓凸度	男（38） 女（41）	微显8，稍显19，中等11 微显28，稍显9，中等4	梨状孔形状	男（36） 女（40）	心形19，梨形17 心形27，梨形13
眉弓范围	男（38） 女（41）	1级30，2级8 0级9，1级30，2级2	梨状孔下缘	男（38） 女（41）	锐形15，钝性7，鼻前沟形1，鼻前窝形1 锐形21，钝性6，鼻前沟形12，鼻前窝形2
眉间凸度	男（38） 女（41）	稍显23，中等10，显著5 不显13，稍显21，中等5，显著2	犬齿窝	男（38） 女（41）	0级5，1级28，2级4，3级1 0级10，1级27，2级4
前囟段（顶骨）	男（38） 女（41）	愈合14，直线形1，微波形9，深波形13，锯齿形11 愈合4，直线形2，微波形28，深波形6，锯齿形1	铲形门齿	男（37） 女（40）	铲形37 铲形40
顶段（顶骨）	男（38） 女（41）	愈合14，深波形12，锯齿形11，复杂形1 愈合5，微波形1，深波形17，锯齿形18	齿弓形状	男（32） 女（40）	“U”形27，椭圆形3，抛物线形2 “U”形37，抛物线形3

续表

	性别（例数）	体质特征	观察项目	性别	体质特征
顶孔段（顶骨）	男（38） 女（41）	愈合17，微波形3，深波形6，锯齿形11，复杂形1 愈合5，微波形5，深波形15，锯齿形16	腭圆枕	男（37） 女（40）	无35，脊状2 无38，脊状2
后段（顶骨）	男（38） 女（41）	愈合19，微波形3，深波形11，锯齿形4，复杂形1 愈合3，微波形8，深波形18，锯齿形9，复杂形3	乳突	男（38） 女（40）	特小4，小11，中等19，大4 特小2，小22，中等15，大1
前额	男（38） 女（41）	平直29，中等8，倾斜1 平直36，中等5	枕外隆突	男（38） 女（41）	无3，稍显21，中等12，显著2 无10，稍显26，中等5
眶形	男（38） 女（41）	圆形10，椭圆形7，方形9，长方形12 圆形7，椭圆形13，方形9，长方形10，斜方形2	翼区	男（37） 女（40）	愈合22，顶蝶型13，X点型2 愈合7，顶蝶型28，X点型5
鼻根区凹陷	男（38） 女（41）	0级7，1级24，2级6，3级1 0级12，1级28，2级1	下颌角区	男（27） 女（31）	外翻形11，直形16 外翻形11，直形20
颏形	男（26） 女（32）	方形19，圆形3，尖形4 方形17，圆形5，尖形10	下颌圆枕	男（26） 女（32）	无25，弱1 无31，弱1

2. 颅骨的测量性特征

依据表二的颅骨测量数据，对西屯墓地汉代组颅骨的形态类型和分布进行统计和分类，结果见表三。结合上述对西屯墓地汉代组颅骨测量性特征的分类结果，可以对西屯墓地汉代组颅骨的主要体质特征做以下概述：男性组颅型以中颅型为主，其次为长颅型，有少量圆颅型和个别特圆颅型，女性颅型出现率主要集中在中颅型，其次为圆颅型，长颅型者占少数，少有特圆颅型者，其平均颅指数均显示为中颅型。颅长高指数男性和女性个体出现率均以高颅型为主，正颅型次之，无低颅型。男性和女性额型均为中额型。男性个体鼻型出现率以阔鼻型为主，其次为中鼻型，女性个体鼻型出现率以阔鼻型为主，其次为中鼻型和狭鼻型，特阔鼻型出现率较低。腭指数男性平均值为82.76，女性平均值为82.69，均为中腭型。面突指数和总面角所反映的面突程度男性和女性较为一致，均属于正颌型和中颌型。齿槽面角男性和女性个体出现率较为一致，均以平颌型为主，其次为突颌型，超突颌型个体出现率较低。反映面部扁平度的鼻颧角的变异范

表二　西屯墓地汉代颅骨测量值及指数　（长度：mm；角度：度；指数：%）

项目	男（例数）	女（例数）	项目	男（例数）	女（例数）
颅骨最大长（g-op）	181.79（39）	174.41（41）	鼻颧角（∠fmo-n-fmo）	144.87（30）	144.08（30）
颅基底长（n-enba）	103.88（36）	98.54（37）	颧上颌角（∠zm-ss-zm）	125.69（22）	124.95（29）
颅骨最大宽（eu-eu）	140.28（37）	136.08（41）	鼻梁角（∠72-75）	16.80（20）	15.02（23）
额骨最小宽（ft-ft）	93.93（37）	91.51（40）	面三角Ⅰ（∠pr-n-ba）	65.97（27）	67.36（30）
耳点间宽（au-au）	128.16（38）	124.16（40）	面三角Ⅱ（∠n-pr-ba）	73.31（27）	71.09（30）
枕骨最大宽（ast-ast）	110.56（37）	107.48（40）	面三角Ⅲ（∠n-ba-pr）	40.71（27）	41.55（30）
枕骨大孔长（enba-o）	36.95（35）	36.08（36）	下颌髁突间宽（cdl-cdl）	126.03（21）	120.48（22）
枕骨大孔宽（FOR.MA.B）	31.07（35）	29.34（34）	下颌角间宽（go-go）	102.18（19）	95.56（23）
颅高（b-ba）	139.78（37）	133.91（37）	髁孔间径（bimental brea.）	49.89（23）	47.68（27）
耳上颅高（po-po）	117.58（33）	113.19（32）	下颌体长（mandi. body.len）	79.82（22）	76.70（21）
颅周长（g-op-g）	526.72（38）	505.36（42）	下颌体最大投影长	108.35（21）	108.70（20）
颅横弧（po-b-po）	321.70（38）	316.58（40）	下颌联合高（id-gn）	32.31（20）	29.83（27）
颅矢状弧（n-o）	374.85（39）	361.00（41）	下颌体高ⅠL	32.53（21）	29.51（27）
额骨矢状弧（n-b）	127.41（37）	122.44（41）	下颌体高ⅠR	32.56（22）	30.26（28）
额骨矢状弧（n-b）	124.33（26）	124.00（40）	下颌体高ⅡL	29.35（18）	27.72（25）
枕骨矢状弧（l-o）	120.64（25）	115.23（39）	下颌体高ⅡR	29.35（19）	27.72（23）
额骨矢状弦（n-b）	112.67（37）	109.15（41）	下颌体厚ⅠL	13.06（20）	12.16（25）
顶骨矢状弦（b-l）	112.04（25）	110.51（40）	下颌体厚ⅠR	13.03（21）	12.17（26）
枕骨矢状弦（l-o）	99.40（25）	95.32（39）	下颌体厚ⅡL	16.09（20）	15.28（24）
面底长（pr-enba）	98.99（29）	96.79（34）	下颌体厚ⅡR	16.12（20）	15.43（24）
上面宽（fmt-fmt）	104.24（36）	102.05（38）	下颌支高L	65.88（21）	59.27（19）
两眶宽（ek-ek）	98.55（36）	95.88（36）	下颌支高R	64.68（23）	61.98（22）
面宽/颧点间宽（zy-zy）	135.85（22）	131.04（22）	下颌支宽L	42.23（20）	40.81（22）
中面宽（zm-zm）	102.56（29）	97.57（35）	下颌支宽R	41.98（23）	40.71（22）
全面高（n-gn）	124.23（6）	120.56（13）	下颌支最小宽L	34.38（19）	33.25（24）
上面高（n-pr）	70.68（32）	69.00（36）	下颌支最小宽R	33.48（23）	33.77（23）
上面高（n-sd）	74.10（33）	71.80（37）	下颌角	121.80（20）	125.24（21）
前眶间宽（mf-mf）	17.49（37）	18.60（40）	颏孔间弧	57.95（20）	56.23（22）
眶宽（mf-ek）L	44.18（36）	42.82（38）	颅长宽指数	77.24（37）	78.25（40）
眶宽（mf-ek）R	44.30（37）	43.14（38）	颅长高指数	76.88（37）	77.22（36）
眶宽（d-ek）L	39.97（35）	38.79（36）	颅宽高指数	99.60（36）	98.52（37）
眶宽（d-ek）R	40.28（36）	39.48（37）	额宽指数	67.09（36）	67.42（39）

续表

项目	男（例数）	女（例数）	项目	男（例数）	女（例数）
眶高（Orb.Brea.）L	35.32（37）	35.03（39）	枕大孔指数	82.20（35）	81.60（33）
眶高（Orb.Brea.）R	35.20（38）	34.93（39）	面突指数	95.71（28）	98.61（33）
颧骨高（fmo-zm）L	45.94（32）	43.99（34）	垂直颅面指数	50.89（30）	51.45（32）
颧骨高（fmo-zm）R	46.64（31）	44.21（37）	垂直颅面指数	53.29（31）	53.30（33）
颧骨宽（zm-rim.Orb.）L	26.31（33）	24.96（34）	上面指数（K）	52.55（19）	52.86（19）
颧骨宽（zm-rim.Orb.）R	27.00（31）	24.10（36）	上面指数（K）	55.12（19）	55.14（19）
鼻宽（nadal breadth）	27.23（39）	27.04（42）	上面指数（V）	69.69（24）	70.76（31）
鼻高（n-ns）	54.58（38）	52.04（42）	上面指数（V）	73.06（24）	73.88（31）
鼻最小宽（simotik chord）	7.10（36）	7.48（39）	鼻指数	49.86（38）	52.20（42）
鼻最小宽高（Sim.cho.to SC）	2.72（36）	2.58（39）	眶指数 L	79.91（36）	81.56（38）
上颌齿槽弓长（pr-alv）	52.26（31）	50.75（32）	眶指数 R	79.34（37）	80.85（38）
上颌齿槽弓宽（ekm-ekm）	63.55（21）	61.83（30）	眶指数 L	88.23（35）	89.96（36）
腭长（ol-sta）	44.82（28）	43.92（36）	眶指数 R	87.29（36）	88.28（37）
腭宽（enm-enm）	37.29（22）	36.31（32）	鼻眶指数 L	61.44（36）	63.65（38）
两眶内宽（fmo-fmo）	98.38（35）	94.98（36）	鼻眶指数 R	61.61（37）	63.12（38）
鼻眶内宽矢高（n to fmo-fmo）	15.56（31）	14.79（33）	鼻眶指数 L	67.65（35）	69.86（36）
两眶内宽（d-d）	22.25（36）	21.42（37）	鼻眶指数 R	67.62（36）	68.73（37）
额侧角 I（∠n-m FH）	82.03（36）	81.18（38）	鼻根指数	38.19（36）	34.65（39）
额侧角 II（∠g-m FH）	74.53（36）	77.77（39）	腭指数	82.76（22）	82.69（29）
前囟角（∠g-b FH）	44.54（37）	45.41（38）	横颅面指数	84.49（21）	84.32（22）
总面角（∠n-pr FH）	82.03（31）	81.28（36）	高平面指数	86.70（36）	86.50（36）
中面角（∠n-ns FH）	85.52（33）	84.88（34）	下颌骨指数	61.59（20）	62.89（19）
齿槽面角（∠ns-pr FH）	66.23（31）	66.57（35）	下颌支指数 L	67.08（18）	69.05（18）
鼻梁侧角（∠n-rhi FH）	65.43（23）	66.67（23）	下颌支指数 R	65.81（21）	66.17（20）

围较大，男性鼻颧角的范围在134°～155°。女性鼻颧角的范围在137°～154°，变异范围相对于男性较小。综合分析表明西屯墓地汉代居民面部扁平度整体属于中等偏大。

西屯墓地汉代组男性颅骨的形态特征可简述为：具有中颅型、高颅型和狭颅型相结合的颅型，狭额型、中上面型、中眶型、阔鼻型、狭腭型、颌部突出程度中等、面部水平方向具有中等偏大的上面部扁平度。女性颅骨额骨和面宽较男性更窄，其他面部特征与男性一致。据上文所述男性颅骨与女性颅骨之间的形态分布基本一致，只女性眉弓和眉间突度发育较弱，乳突、枕外隆突及鼻前棘也普遍发育较弱，下颌角区直形居多，外翻形相对较少。这些差异应该属于性别上的差异，不存在种族意义。以上这些形态特征显示出比较明显的蒙古人种性质，因此，西屯墓地汉代居民应归属于亚洲蒙古人种的范畴。

表三　西屯汉代组颅面部测量性特征出现率统计表

项目	性别	例数	形态类型以及出现例数、出现率（%）					
颅长宽指数			超长颅型	特长颅型	长颅型	中颅型	圆颅型	特圆颅形
	♂	37	0（0.00）	0（0.00）	7（18.92）	24（64.86）	5（13.51）	1（2.70）
	♀	40	0（0.00）	1（2.50）	5（12.50）	21（52.50）	10（25.00）	3（7.50）
颅长高指数			低颅型	正颅型	高颅型			
	♂	35	0（0.00）	8（22.86）	27（77.14）			
	♀	36	0（0.00）	6（16.67）	30（83.33）			
颅宽高指数			阔颅型	中颅型	狭颅型			
	♂	36	2（5.56）	10（27.78）	24（66.67）			
	♀	37	4（10.81）	12（32.43）	21（56.76）			
额宽指数			狭额型	中额型	阔额型			
	♂	36	12（33.33）	14（38.89）	10（27.78）			
	♀	39	17（43.59）	9（23.08）	13（33.33）			
上面指数（sd）			特阔上面型	阔上面型	中上面型	狭上面型	特狭上面型	
	♂	20	0（0.00）	4（20.00）	10（50.00）	4（20.00）	2（10.00）	
	♀	22	1（4.55）	13（59.09）	4（18.18）	3（13.64）	1（4.55）	
全面指数			特阔面型	阔面型	中面型	狭面型	特狭面型	
	♂	33	0（0.00）	0（0.00）	17（51.52）	16（48.48）	0（0.00）	
	♀	33	0（0.00）	0（0.00）	16（48.48）	17（51.52）	0（0.00）	
眶指数（R）			低眶型	中眶型	高眶型			
	♂	36	9（25.00）	22（61.11）	5（13.89）			
	♀	38	3（7.89）	28（73.68）	7（18.42）			

续表

项目	性别	例数	形态类型以及出现例数、出现率（%）					
鼻指数			狭鼻型	中鼻型	阔鼻型	特阔鼻型		
	♂	38	11（28.95）	9（23.68）	17（44.74）	1（2.63）		
	♀	42	5（11.90）	10（23.81）	23（54.76）	4（9.52）		
腭指数			狭腭型	中腭型	阔腭型			
	♂	21	7（33.33）	6（28.57）	8（38.10）			
	♀	29	15（51.72）	4（13.79）	10（34.48）			
面突指数			正颌型	中颌型	突颌型			
	♂	28	17（60.71）	9（32.14）	2（7.14）			
	♀	33	16（48.48）	15（45.45）	2（6.06）			
面角			特突颌型	突颌型	中颌型	平颌型	特平颌型	
	♂	28	0（0.00）	5（17.86）	20（71.43）	3（10.71）	0（0.00）	
	♀	31	0（0.00）	11（35.48）	17（54.84）	3（9.68）	0（0.00）	
中面角			特突颌型	突颌型	中颌型	平颌型		
	♂	29	1（3.45）	0（0.00）	8（27.59）	20（68.97）		
	♀	29	2（6.90）	1（3.45）	8（27.59）	18（62.07）		
齿槽面角			超突颌型	特突颌型	突颌型	中颌型	平颌型	
	♂	27	3（11.11）	0（0.00）	6（22.22）	1（3.70）	17（62.96）	
	♀	30	2（6.67）	0（0.00）	6（20.00）	2（6.67）	20（66.67）	

二、比较与分析

1. 与现代亚洲蒙古人种各类型的比较

为确认西屯墓地古代居民的种系归属，我们将西屯汉代组颅骨的17项线性、指数和角度值与现代亚洲蒙古人种的北亚、东北亚、东亚和南亚等四个区域的变异范围相比较，以考察他们之间的关系。对比数据详见表四。

表四显示，在西屯汉代组古代居民与北亚类型的比较中，共计7项落入北亚类型的变异范围，其中鼻指数和眶指数分别接近北亚类型变异范围的上限和下线界值。而在颅宽、颅高、面宽、鼻颧角、上面指数和鼻根指数等反映颅面部线性和角度的项目中，均超出了其变异范围。在与东北亚类型的比较中，共计12项落入东北亚类型的变异范围，但颅长、最小额宽、上面高、颅指数、垂直颅面指数和上面指数已十分接近变异范围的上下限，而面宽、鼻颧角、鼻指数和眶指数等重要面部项目远超出变异范围的界值。与南亚类型的比较中，共计9项目落入南亚类型的变异范围，且最小额宽、面宽和颅长高

指数已非常接近变异范围的上下限界值。在西屯汉代组与东亚类型的比较中，共计11项落入东北亚类型的变异范围，未落入变异范围的项目鼻颧角、眶指数、最小额宽和额测角非常接近变异范围的上限和下线界值。西屯汉代组与东亚类型除鼻根指数外，基本颅面特征比较一致。从对比情况来看，西屯组汉代居民与现代亚洲蒙古人种的东亚类型最为相似，其次是东北亚类型，而与南亚类型和北亚类型关系最为疏远。据表四所统计的与现代亚洲蒙古人种各类型的比较结果显示，西屯墓地汉代组颅骨的体质特征基本未超出亚洲蒙古人种的变异范围，这与颅面部形态观察的结果相符合。

表四　西屯汉代组颅骨与现代亚洲蒙古人种各类型的比较（男性）

（长度：毫米；角度：度；指数：%）

马丁号	西屯汉代组	现代亚洲蒙古人种			
		北亚类型	东北亚类型	东亚类型	南亚类型
1	181.79	174.90 ~ 192.70	180.70 ~ 192.40	175.00 ~ 182.20	169.90 ~ 181.30
8	140.28	144.40 ~ 151.50	134.30 ~ 142.60	137.60 ~ 143.90	137.90 ~ 143.90
17	139.78	127.10 ~ 132.40	132.90 ~ 141.10	135.30 ~ 140.20	134.40 ~ 137.80
9	93.93	90.60 ~ 95.80	94.20 ~ 96.60	89.00 ~ 93.70	89.70 ~ 95.40
32	82.03	77.30 ~ 85.10	77.00 ~ 79.00	83.30 ~ 86.90	84.20 ~ 87.00
45	135.85	138.20 ~ 144.00	137.90 ~ 144.80	131.30 ~ 136.00	131.50 ~ 136.30
48	74.1	72.10 ~ 77.60	74.00 ~ 79.40	70.20 ~ 76.60	66.10 ~ 71.50
8：1	77.24	75.40 ~ 85.90	69.80 ~ 79.00	76.90 ~ 81.50	76.90 ~ 83.30
17：1	76.88	67.40 ~ 73.50	72.60 ~ 75.20	74.30 ~ 80.10	76.50 ~ 79.50
17：8	99.6	85.20 ~ 91.70	93.30 ~ 102.80	94.40 ~ 100.30	95.00 ~ 101.30
48：17	53.29	55.80 ~ 59.20	53.00 ~ 58.40	52.00 ~ 54.90	48.00 ~ 52.20
48：45	55.12	51.40 ~ 55.00	51.30 ~ 56.60	51.70 ~ 56.80	49.90 ~ 53.30
72	82.03	85.30 ~ 88.10	80.50 ~ 86.30	80.60 ~ 86.50	81.10 ~ 84.20
77	144.87	147.00 ~ 151.40	149.00 ~ 152.00	145.00 ~ 146.60	142.10 ~ 146.00
54：55	49.86	45.00 ~ 50.70	42.60 ~ 47.60	45.20 ~ 50.20	50.30 ~ 55.50
SS：SC	39.22	26.90 ~ 38.50	34.70 ~ 42.50	31.00 ~ 35.00	26.10 ~ 36.10
52：51	79.34	79.30 ~ 85.70	81.40 ~ 84.90	80.70 ~ 85.00	78.20 ~ 81.00

注：数据援引自［4］。

2. 与亚洲蒙古人种各近代组的比较

为更进一步了解西屯汉代组古代居民的种族归属，我们选用了华北组、华南组、抚顺组、蒙古组、通古斯组、爱斯基摩组和贝加尔湖组等7个近代对比组（见表五）。依据18个项目（颅长、颅宽、颅高、最小额宽、颧宽、上面高、眶高、眶宽、鼻宽、鼻高、面角、颅指数、颅长高指数、颅宽高指数、上面指数、眶指数、鼻指数、额宽指数）的值，计算西屯汉代男性颅骨与亚洲蒙古人种的各近代组的平均数组间差异均方根函数值和欧式距离函数值。各近代组数据列于表六。

从表六所反应的西屯汉代组男性颅骨与其他组的平均数组间差异均方根值可以看出，西屯汉代组男性颅骨与抚顺组和华北组关系最为密切，其次是华南组和代表东北亚蒙古人种的爱斯基摩组，与代表北亚蒙古人种的蒙古组和通古斯组的关系最为疏远。

表五　西屯汉代组与亚洲蒙古人种各近代组的比较（男性）

（长度：毫米；角度：度；指数：%）

马丁号	西屯汉代组	华北组	华南组	抚顺组	蒙古组	通古斯组	爱斯基摩组	贝加尔湖组	同种系标准差
1	181.79	178.50	179.90	180.80	182.20	185.50	181.80	189.70	5.73
8	140.28	138.20	140.90	139.70	149.00	145.70	140.70	144.50	4.76
17	139.78	137.20	137.80	139.20	131.40	126.30	135.00	132.40	5.69★
9	93.93	89.40	91.50	90.80	94.30	90.60	94.90	94.40	4.05
45	135.85	132.70	132.60	134.30	141.80	141.60	137.50	141.30	4.57
48	74.1	75.30	73.82	76.20	78.00	75.40	77.50	74.90	4.15
52	35.2	35.50	34.60	35.50	35.80	35.00	35.90	33.90	1.91
51	44.3	44.00	42.10	42.90	43.20	43.00	43.40	42.20	1.67
55	27.23	25.00	25.25	25.70	27.40	27.10	24.40	25.90	1.77
54	54.58	55.30	52.60	55.10	56.50	55.30	54.60	55.00	2.92
72	82.03	83.39	84.70	83.60	87.50	86.60	83.80	86.30	3.24
8：1	77.24	77.56	78.75	77.30	82.00	78.70	77.60	76.30	2.67
17：1	76.88	77.02	77.02	77.01	[72.12]	[68.09]	[74.26]	[69.79]	2.94
17：8	99.6	99.53	97.80	100.00	[88.19]	[86.68]	[95.95]	[91.76]	4.30
48：45	55.12	56.80	55.67	56.80	55.01	53.25	[56.36]	53.00	3.30▲
52：51	79.34	80.66	84.90	83.00	82.90	81.50	83.00	80.70	5.05
54：55	49.86	45.23	49.40	46.90	48.60	49.40	44.80	47.20	3.82
9：8	67.09	[64.69]	[64.94]	[65.00]	[63.29]	[62.18]	[67.45]	[65.33]	3.29★

注：1.标有"★"的采用挪威组同种系标准差，标有"▲"的采用欧洲同种系标准差，其余采用埃及E组[5]的同种系标准差。

2.标注"[ ]"内的数值是根据平均数计算所得的近似值。

3.华南组、抚顺组数据引自[6]，其余引自[7]。

表六　西屯汉代组与亚洲蒙古人种各近代组均方根值及欧氏距离系数函数的比较（男性）

对比组	华北组	华南组	抚顺组	蒙古组	通古斯组	爱斯基摩组	贝加尔湖组
全部项目	0.38	0.42	0.25	1.48	1.85	0.49	1.15
角度指数项目	0.32	0.36	0.25	2.20	2.87	0.53	1.53

3. 与各古代组之比较

本文在探讨西屯组与其他古代对比组的体质特征关系时，主要运用了在时间上或地域上关系接近，并且已经确认了其文化面貌和体质特征的人群。首先选取中国北方地区汉代及汉以后的16组（郑州汉代组[8]、良辅组[9]、纳林套海组[10]、大同北魏组[11]、紫薇组[12]、完工组[13]、上孙家寨组[14]、陶家寨组[15]、三道湾组[16]、朝阳组[17]、大安渔场组[18]、邢家店组[19]、山嘴子组[20]、喇嘛洞组[21]、呼和乌素组[22]、大保当组[23]）古代人群分别与西屯汉代组进行对比分析（对比数据见表七、表八、表一一），以确定其亲疏关系。

由表一一所列的函数值来看，西屯汉代组在全部项目的组差均方根值上与紫薇组、陶家寨组和良辅组关系最为密切。从角度和指数项目的组差均方根值来看，其结果与全部项目所表现出的远近关系基本一致，与西屯汉代组关系最为密切的仍是紫薇组和良辅组，所不同的是，与陶家寨组关系相对疏远一些。

为探讨西屯汉代组古代居民的种系来源，我们选择19组新石器时代和青铜时代组（玉皇庙组[24]、瓦窑沟组[25]、游邀组[26]、李家山组[27]、朱开沟组[28]、白庙Ⅰ组[29]、白庙Ⅱ组[29]、夏家店上层合并组[30]、蔚县合并组[31]、大甸子Ⅰ组[32]、大甸子Ⅱ组[32]、台西组[33]、天马曲村组[34]、姜家梁组[35]、庙子沟组[36]、仰韶合并组[37]、庙底沟组[38]、西夏侯组[39]、柳湾合并组[40]）作为对比，根据表九和表一〇各项对比组数值计算出西屯汉代组与先秦时期各对比组的组间差异均方根函数值和欧式距离系数，结果见表一一。

由表一一所列出的函数值来看，西屯汉代组在全部项目的组差均方根值上与瓦窑沟组、天马曲村组、玉皇庙组、大甸子Ⅰ组和游邀组关系最为密切，关系最为疏远的为白庙Ⅱ组、大甸子Ⅱ组、台西组和西夏侯组。从角度和指数项目的组差均方根值来看，关系最为密切的为天马曲村组、瓦窑沟组和玉皇庙组，关系最为疏远的为白庙Ⅱ组和西夏侯组。

表七 西屯汉代组与汉代及汉以后对比组之比较（男性）

（长度：毫米；角度：度；指数：%）

马丁号	西屯汉代组	郑州汉代组	良辅组	纳林套海组	大同北魏组	紫薇组	完工组	上孙家寨组	标准差
1	181.79	179.90	184.93	181.67	182.50	182.18	184.25	181.20	5.73
8	140.28	141.20	141.23	142.00	144.40	139.76	140.60	139.70	4.76
17	139.78	138.50	137.58	134.17	137.90	142.81	139.00	136.20	5.69△
45	135.85	142.94	136.27	142.00	137.10	140.64	142.50	137.10	4.57
48	74.10	75.40	74.67	74.60	72.60	74.99	77.50	75.80	4.15
51	44.30	44.32	45.53	44.92	41.60	44.88	43.25	42.80	1.67
52	35.20	35.79	35.26	36.17	34.10	35.33	33.75	35.80	1.91
54	27.23	27.33	26.14	27.17	27.20	27.45	26.25	27.10	1.77
55	54.58	54.76	52.65	55.75	54.80	55.05	59.00	56.50	2.92
72	82.03	85.75	84.75	85.80	85.40	84.15	88.00	85.30	3.24
8：1	77.24	79.22	77.31	78.17	79.12	76.80	76.44	77.30	2.67
17：1	76.88	76.59	76.93	73.85	75.56	78.49	75.54	75.90	2.94
17：8	99.60	97.41	97.54	94.57	95.49	101.98	98.94	97.70	4.30
48：17	53.29	55.56	50.30	55.60	54.90	50.80	55.75	54.80	—
48：45	55.12	53.35	52.74	52.54	55.50	53.95	54.40	55.20	3.30☆
52：51	79.34	80.95	77.44	80.58	81.30	78.84	78.01	83.70	5.05
54：55	49.86	49.96	50.30	48.97	49.63	50.01	45.41	48.40	3.82
9：8	67.09	66.68	67.02	68.75	65.72	67.63	64.89	65.40	—

注：标准差标有△者为挪威组同种系标准差；标有☆者为欧洲同种系标准差，其余采用埃及E组的同种系标准差。

表八 西屯组与汉代及汉以后对比组之比较（男性）

（长度：毫米；角度：度；指数：%）

马丁号	陶家寨组	三道湾组	朝阳组	大安渔场组	邢家店组	山嘴子组	喇嘛洞组	呼和乌素组	大保当组	标准差
1	183.98	181.69	185.00	179.20	183.20	180.28	177.94	184.50	183.10	5.73
8	140.32	148.51	150.00	147.10	141.10	148.78	144.43	140.30	148.10	4.76
17	135.56	130.65	131.50	133.50	142.00	135.15	136.30	145.20	136.90	5.69△
45	137.73	141.08	137.75	136.50	136.10	141.56	136.96	136.80	138.30	4.57
48	75.91	78.91	76.05	72.60	77.20	76.47	75.15	77.40	74.70	4.15
51	44.06	43.24	43.90	43.50	46.20	43.84	44.02	43.40	43.20	1.67
52	35.75	34.20	33.40	33.50	36.00	33.98	33.80	35.40	34.90	1.91

续表

马丁号	陶家寨组	三道湾组	朝阳组	大安渔场组	邢家店组	山嘴子组	喇嘛洞组	呼和乌素组	大保当组	标准差
54	26.59	27.43	25.75	25.90	27.80	26.21	26.71	25.60	26.70	1.77
55	54.43	56.38	52.40	52.50	54.50	52.96	54.16	57.50	55.90	2.92
72	84.38	87.50	85.50	86.50	94.00	84.40	85.83	87.00	85.90	3.24
8：1	76.38	81.88	81.13	82.09	77.02	82.63	80.96	76.60	80.90	2.67
17：1	73.81	72.00	71.02	74.50	77.51	74.66	77.28	78.36	74.40	2.94
17：8	96.77	88.02	87.67	90.75	100.64	91.31	94.42	103.01	92.20	4.30
48：17	56.09	60.60	57.91	54.38	54.37	57.22	54.58	55.62	54.20	—
48：45	55.61	56.21	55.20	53.19	56.72	53.77	54.76	54.53	54.20	3.30☆
52：51	81.24	78.22	76.05	77.01	77.92	77.50	76.92	81.57	80.20	5.05
54：55	48.94	48.86	49.12	49.33	51.01	49.51	49.09	44.19	47.80	3.82
9：8	64.43	62.94	61.00	59.01	65.98	62.47	63.49	65.87	63.30	—

注：标准差标有△者为挪威组同种系标准差；标有☆者为欧洲同种系标准差，其余采用埃及E组的同种系标准差。

表九　西屯组与先秦对比组之比较（男性）　（长度：毫米；角度：度；指数：%）

马丁号	西屯汉代组	玉皇庙组	瓦窑沟组	游邀组	李家山组	朱开沟组	白庙Ⅰ组	白庙Ⅱ组	夏家店上层合并组	蔚县合并组	标准差
1	181.79	180.19	181.33	183.65	182.20	179.07	185.38	181.13	181.19	175.11	5.73
8	140.28	142.34	140.08	140.65	140.00	139.89	139.88	149.25	136.20	142.37	4.76
17	139.78	141.05	139.45	142.13	136.50	138.10	146.50	140.00	140.70	138.58	5.69
45	135.85	136.63	136.33	137.60	138.60	135.20	136.50	145.50	133.75	136.37	4.57
48	74.10	74.52	72.50	73.95	77.30	71.77	76.00	76.38	75.10	72.99	4.15
77	144.87	146.62	145.10	147.35	147.00	149.32	146.88	148.13	149.50	142.64	—
8：1	77.24	78.90	77.25	76.73	76.93	78.22	75.32	82.54	75.06	81.32	2.67
17：1	76.88	78.11	76.90	77.15	74.96	77.58	79.09	77.31	78.26	79.53	2.94
17：8	99.60	99.33	99.55	101.02	97.60	98.57	104.83	93.84	103.46	98.09	4.30
48：17	53.29	53.07	52.02	51.41	56.99	52.20	51.88	54.56	53.38	52.35	—
48：45	55.12	54.89	53.24	53.53	55.88	53.45	55.95	52.59	56.15	53.32	3.30
52：51	79.34	79.36	79.87	76.73	82.02	76.00	77.43	77.47	80.48	77.05	5.05
54：55	49.86	48.39	48.21	50.52	47.01	51.74	48.15	49.23	52.43	49.39	3.82

注：标准差标有△者为挪威组同种系标准差；标有☆者为欧洲同种系标准差，其余采用埃及E组的同种系标准差。

表一〇 西屯组与先秦对比组之比较（男性） （长度：毫米；角度：度；指数：%）

马丁号	大甸子Ⅰ组	大甸子Ⅱ组	台西组	天马曲村组	姜家梁组	庙子沟组	仰韶合并组	庙底沟组	西夏侯组	柳湾合并组	标准差
1	182.67	174.23	187.75	183.26	178.27	177.63	180.70	179.43	180.30	185.93	5.73
8	138.13	145.07	143.00	141.56	134.20	137.03	142.56	143.75	140.90	136.41	4.76
17	141.06	141.08	144.00	141.30	138.10	140.93	142.53	143.17	148.30	139.38	5.69
45	135.09	136.86	148.00	138.28	135.63	136.64	136.37	140.83	139.43	137.24	4.57
48	73.53	72.65	75.75	73.55	75.53	73.50	73.38	73.48	75.39	78.19	4.15
77	145.07	145.66	144.75	146.00	146.76	149.81	146.40	147.56	144.98	146.49	—
8：1	75.61	83.44	76.79	77.30	75.76	77.22	79.10	80.31	78.20	73.92	2.67
17：1	77.59	82.40	75.91	77.18	78.74	79.57	78.62	77.64	83.85	74.74	2.94
17：8	101.93	96.85	98.00	99.68	102.33	102.95	99.41	99.47	104.72	100.96	4.30
48：17	52.02	51.21	51.56	52.12	52.22	52.05	51.60	54.06	50.84	56.57	—
48：45	55.31	53.12	53.04	53.56	55.71	53.68	54.58	51.86	54.07	57.60	3.30
52：51	78.33	75.99	75.51	77.05	77.39	76.76	77.18	77.71	77.97	78.46	5.05
54：55	50.51	51.37	49.02	50.52	49.00	49.90	52.08	50.15	48.46	49.09	3.82

注：标准差标有△者为挪威组同种系标准差；标有☆者为欧洲同种系标准差，其余采用埃及E组的同种系标准差。

表一一 西屯汉代组与各古代对比组之间的组间差异均方根值

函数值 / 对比组	汉及汉以后		函数值 / 对比组	先秦	
	全部项目	角度指数项目		全部项目	角度指数项目
郑州汉代组	0.58	0.60	玉皇庙组	0.31	0.35
良辅组	0.47	0.48	瓦窑沟组	0.25	0.30
纳林套海组	0.71	0.81	游邀组	0.32	0.34
大同北魏组	0.66	0.64	李家山组	0.51	0.51
紫薇组	0.42	0.41	朱开沟组	0.41	0.44
完工组	0.86	0.86	白庙Ⅰ组	0.67	0.70
上孙家寨组	0.51	0.56	白庙Ⅱ组	1.16	1.04
陶家寨组	0.48	0.58	夏家店上层合并组	0.55	0.62
三道湾组	1.26	1.52	蔚县合并组	0.71	0.79
朝阳组	1.24	1.48	大甸子Ⅰ组	0.32	0.36
大安渔场组	1.01	1.23	大甸子Ⅱ组	1.10	1.31
邢家店组	1.02	1.42	台西组	0.98	0.47
山嘴子组	1.00	1.15	天马曲村组	0.30	0.28
喇嘛洞组	0.68	0.85	姜家梁组	0.57	0.47

续表

对比组 \ 函数值	汉及汉以后		对比组 \ 函数值	先秦	
	全部项目	角度指数项目		全部项目	角度指数项目
呼和乌素组	0.78	0.90	庙子沟组	0.52	0.56
大保当组	0.85	1.03	仰韶合并组	0.42	0.48
			庙底沟组	0.66	0.64
			西夏侯组	0.98	1.12
			柳湾合并组	0.68	0.68

三、结　　论

通过对西屯墓地汉代组颅骨形态特征的统计与分析，现将西屯墓地汉代颅骨的人类学特征做以下概述：

（1）西屯墓地汉代组颅骨连续性形态特征可以概括为：男性颅骨颅型以卵圆形和椭圆形为主，眉间突度和眉弓的发育程度中等，颅顶缝形状简单，前额以平直为主，眶形多为长方形，梨状孔形状以心形为主。鼻前棘以稍显为主，犬齿窝多数为浅或无，均为铲形门齿，齿弓形状以“U”形为主，鼻根区凹陷1级为主，翼区男性愈合者居多，顶蝶型次之。

（2）颅面部指数归类统计后可将西屯组概况为：具有中颅型、高颅型和狭颅型相结合的颅型，狭额型、中上面型、中眶型、阔鼻型、狭腭型、颌部突出程度中等、面部水平方向具有中等偏大的上面部扁平度。女性颅骨额骨和面宽较男性更窄，其他面部特征与男性一致。

（3）通过与现代亚洲蒙古人种的对比情况来看，西屯组汉代居民与现代亚洲蒙古人种的东亚类型最为相似，其次是东北亚类型，而与南亚类型和北亚类型关系最为疏远。

（4）各项平均数组间差异均方根值对比显示：西屯汉代组男性颅骨与抚顺组和华北组关系最为密切，其次是华南组和代表东北亚蒙古人种的爱斯基摩组，与代表北亚蒙古人种的蒙古组和通古斯组的关系最为疏远。

（5）从角度和指数项目的组差均方根值来看，西屯汉代组与汉及汉以后古代组关系最为密切的是紫薇组和良辅组，与陶家寨组关系相对疏远一些。从西屯汉代组与先秦时期古代组的组差均方根值来看，关系最为密切的为天马曲村组、瓦窑沟组和玉皇庙组，关系最为疏远的为白庙Ⅱ组和西夏侯组。

注　　释

［1］ 北京市文物考古研究所. 军都山墓地玉皇庙（一）［M］. 北京：文物出版社，2009：1–8.

［2］ 邵象清. 人体测量手册［M］. 上海：上海辞书出版社，1985：34–132.

［3］ 吴汝康，吴新智，张振标. 人体骨骼测量手册［M］. 北京：科学出版社，1984：11–101.

［4］ 韩康信，谭婧泽，张帆. 甘肃玉门火烧沟古墓地人骨的研究［A］. 中国西北地区古代居民种族研究［C］. 上海：复旦大学出版社，2005：191–293.

［5］ Morant, G. M. A first study of the Tibetan skull［J］. *Biometrika*, 1923 (14): 222.

［6］ 中国科学院考古研究所体质人类学组. 宁城夏家店上层文化人骨研究［J］. 考古学报，1975（2）：157–168.

［7］ 韩康信，潘其风. 安阳殷墟中小墓人骨的研究［A］. 安阳殷墟头骨研究［C］. 北京：文物出版社，1985：50–81.

［8］ 韩康信，张君，赵凌霞. 陕西神木大保当汉墓人骨鉴定［A］. 神木大保当——汉代城址与墓葬考古报告［R］（附录）. 北京：科学出版社，2001：132–159.

［9］ 韩康信，谭婧泽，张帆. 青海大通上孙家寨古墓地人骨的研究［A］. 中国西北地区古代居民种族研究［C］. 上海：复旦大学出版社，2005：1–63.

［10］ 张全超，胡延春，朱泓. 磴口县纳林套海汉墓人骨研究［J］. 内蒙古文物考古，2010（2）：136–142.

［11］ 韩巍. 山西大同北魏时期居民的种系类型分析［A］. 边疆考古研究（第4辑）［C］. 北京：科学出版社，2005：270–280.

［12］ 陈靓. 西安紫薇田园都市唐墓人骨种系初探［J］. 考古与文物，2008（5）：95–105.

［13］ 潘其风，韩康信. 东汉北方草原游牧民族人骨的研究［J］. 考古学报，1982（1）：117–136.

［14］ 张敬雷. 青海省西宁市陶家寨汉晋时期墓地人骨研究［D］. 吉林大学博士学位论文，2008.

［15］ 潘玲. 完工墓地的文化性质和年代［J］. 考古，2007（9）：78–86.

［16］ 朱泓. 察右后旗三道湾汉代鲜卑族颅骨的人种学研究［A］. 内蒙古文物考古文集［C］. 北京：中国大百科全书出版社，1992.

［17］ 朱泓. 朝阳魏晋时期鲜卑墓葬人骨研究［J］. 辽海文物学刊，1996（2）：79–90.

［18］ 朱泓. 吉林省大安县渔场墓地汉晋时期人骨研究［A］. 边疆考古研究（第2辑）［C］. 北京：科学出版社，2004：353–361.

［19］ 朱泓. 吉林农安县邢家店北山墓地的古代人骨［J］. 考古，1989（4）：368–374.

［20］ 朱泓. 内蒙古宁城山嘴子辽墓契丹族颅骨的人类学特征［J］. 人类学学报，1991（4）：278–286.

［21］ 陈山. 喇嘛洞墓地三燕文化居民人骨研究［D］. 吉林大学博士学位论文，2009：142–145.

［22］ 朱泓. 吉林农安县邢家店北山墓地的古代人骨［J］. 考古，1989（4）：368–374.

［23］ 韩康信，张君，赵凌霞. 陕西神木大保当汉墓人骨鉴定［A］. 神木大保当——汉代城址与墓葬考古报告［R］附录. 北京：科学出版社，2001：132–159.

［24］ 潘其风. 北京延庆军都山东周墓地出土人骨的观察和研究［A］. 军都山墓地——葫芦沟与西梁垙（二）［R］附录. 北京：文物出版社，2000：675–760.

［25］ 陈靓. 瓦窑沟青铜时代墓地颅骨的人类学特征［J］. 人类学学报，2000（1）：32-43.
［26］ 朱泓. 忻州游邀夏代居民的人类学特征［A］. 忻州游邀考古［R］附录二. 北京：科学出版社. 2004：188-214.
［27］ 张君. 从头骨非测量性状看青海李家山卡约文化居民的种族类型［J］. 人类学学报，2001（5）：80-84.
［28］ 潘其风. 朱开沟墓地人骨的研究［A］. 朱开沟［R］附录一. 北京：文物出版社，2000：341-352.
［29］ 易振华. 河北宣化白庙墓地青铜时代居民的人种学研究［J］. 北方文物，1998（4）：8-17.
［30］ 朱泓. 夏家店上层文化居民的种族类型及相关问题［J］. 辽海文物学刊（辽宁省博物馆建馆四十周年纪念特刊），1989（1）：111-122.
［31］ 张家口考古队. 蔚县夏家店下层文化颅骨的人种学研究［J］. 北方文物，1987（1）：2-11.
［32］ 潘其风. 大甸子墓葬出土人骨的研究［A］. 大甸子——夏家店下层文化遗址与墓地发掘报告［R］. 北京：科学出版社，1996：224-322.
［33］ 汪洋. 藁城台西商代居民的人种研究［J］. 文物春秋，1996（4）：13-21.
［34］ 潘其风. 天马-曲村遗址西周墓地出土人骨的研究报告［A］. 天马-曲村（1980～1989）［R］附录一. 北京：科学出版社，2000：1138-1152.
［35］ 李法军. 河北阳原姜家梁新石器时代人骨研究［M］. 北京：科学出版社，2008：115-134.
［36］ 朱泓. 内蒙古察右前旗庙子沟新石器时代颅骨的人类学特征［J］. 人类学学报，1994（2）：126-133.
［37］ 考古研究所体质人类学组. 陕西华县横阵的仰韶文化人骨［J］. 考古，1977（4）：47-256.
［38］ 韩康信，潘其风. 陕县庙底沟二期文化墓葬人骨的研究［J］. 考古学报，1979（2）：255-270.
［39］ 中国科学院考古研究所山东队. 山东曲阜西夏侯遗址第一次发掘报告［J］. 考古学报，1964（2）：57-106.
［40］ 潘其风，韩康信. 柳湾墓地的人骨研究［A］. 青海柳湾——乐都柳湾原始社会墓地［R］. 北京：文物出版社. 1984.

Anthropological Features of Residents Skulls in Xitun Graveyard, Yanqing, Beijing

ZHOU Ya-wei　ZHU Hong

This paper examined 81 skulls of ancient residents in Xitun from the aspect of physical anthropology and made the following conclusions: The residents of Han group are most similar to the East Asian type of Asian Mongoloid, and are most distant to the South and North Asian type. After compared root-mean-square values of the difference of various mean groups, this paper found that the skulls of Han group of Xitun are most close to those of Fushun group and North China (Huabei) group, and are most distant to those of Mongolia group and Turgus group, which represent North Mongoloid; when compared with Han and after-Han groups, the skulls of Han group of Xitun are most close to those of Ziwei and Liangfu groups, and are distant to those of Tao jiazhai group. When compared with groups of pre-Qin period, the skulls of Han group of Xitun are most close to those of Tianma-Qucun group, Wa zhaigou group, and Yuhuangmiao group, while the skulls are most distant to those Baimiao II group and Xi xiahou group.

蒙古国胡拉哈山谷和浑地壕莱山谷蒙元时期古人分子考古研究*

蔡大伟[1]　朱司祺[1]　赵　欣[2]　孙玮璐[1]　张全超[1]　陈永志[3]
朱　泓[1]　周　慧[1]
（1. 吉林大学边疆考古研究中心考古DNA实验室，长春，130012；2. 中国社会科学院考古研究所，北京，100710；3. 内蒙古文物考古研究院，呼和浩特，010011）

一、引　　言

蒙元时期，蒙古人西征和南下建立起横跨欧亚大陆的蒙古帝国，在中国历史上形成了空前的民族大迁徙和大融合。中国和西亚文化交流达到了顶峰，大批的阿拉伯人、波斯人和中亚各族人迁到东方，导致这一时期蒙古高原的人群组成非常复杂。此外，元朝实行民族等级制度，将其他民族划分为色目、汉人、南人，客观上进一步促进了民族的融合[1]。因此，蒙元时期人群的来源对于我们了解蒙元时期复杂的社会结构和历史发展具有重要的意义。

2007年6月14日至9月11日，内蒙古自治区文物考古研究所与蒙古国游牧文化研究国际学院、蒙古国国家博物馆组成联合考古队，对蒙古国后杭爱省浩腾特苏木乌兰朝鲁巴戈胡拉哈山谷1号墓园、浑地壕莱山谷3号墓园进行了考古发掘[2]。在胡拉哈山谷内共清理墓葬15座，其中匈奴时期墓葬1座，回鹘时期墓葬5座，蒙元时期墓葬9座。在浑地壕莱山谷内清理蒙元时期墓葬5座。这些墓葬是近年来蒙古国考古发掘的重要发现，为研究北方草原地带古代人群的丧葬制度、人种构成以及种族来源提供了重要的资料和线索。

古DNA可以跨越时空直接追踪核酸的变异情况，构建和复原古代人群的遗传结构，从而探究不同历史时期人群之间的亲缘关系，为阐明人类的起源、进化以及

---

* 基金项目：国家社科基金重大项目“汉民族历史形成过程的生物考古学考察”（11&ZD182）；蒙古族源问题的体质人类学与分子考古学研究（国家社科重大委托子课）；教育部人文社会科学重点研究基地重大项目“青铜—早期铁器时代蒙古高原古代居民体质人类学的综合研究”（11JJD780008）；吉林大学青年学术领袖项目（2015FRLX01）；第48批教育部留学回国人员科研启动基金。

迁徙提供直接的线索和证据。本文对这两个墓地蒙元时期古代人进行了线粒体DNA（mtDNA）分析，从分子角度揭示了这些古人的遗传结构，为蒙元时期人群来源提供了新的线索。

二、材料与方法

1. 样本采集与处理

样本由内蒙古自治区文物考古研究所提供，均为牙齿。古人的性别、年龄等体质人类学鉴定由张全超完成，详见表一。首先将牙齿样本在10%次氯酸钠溶液中浸泡10～15分钟，依次用超纯水、无水乙醇清洗干净，然后将牙齿样本的每面均用紫外灯照射30分钟，最后放入SPEX 6750研磨机中，液氮冷却，打磨成粉，–20℃冷冻保存。

表一　样本信息

实验编号	考古编号	出土地点	年代	采样部位	体质人类学鉴定		分子鉴定
					性别	年龄	
N1	2007HHM11	胡拉哈山谷11号墓	蒙元时期	牙齿	女	25岁	女
N2	2007HHM1	胡拉哈山谷1号墓	蒙元时期	牙齿	未知	14～15岁	男
N3	2007HHM8	胡拉哈山谷8号墓	蒙元时期	牙齿	女	20～25岁	女
N4	2007HHM12	胡拉哈山谷12号墓	蒙元时期	牙齿	男	50～55岁	男
N5	2007HLM2	浑地壕莱山谷2号墓	蒙元时期	牙齿	女	50岁左右	女
N6	2007HLM1	浑地壕莱山谷1号墓	蒙元时期	牙齿	女	20～25岁	女
N7	2007HLM4	浑地壕莱山谷4号墓	蒙元时期	牙齿	男	25～30岁	男

2. 古代DNA提取、扩增和测序

取200mg牙粉，加入1mL的抽提裂解液（0.465M EDTA，0.5%SDS，0.4mg/mL蛋白酶K）裂解细胞，随后利用Amicon Ultra-4mL超滤管浓缩含DNA的裂解液，最后用商业化试剂盒QIAquick® PCR Purification Kit按照操作说明提取DNA[3]。

使用3对套叠引物扩增mtDNA高可变Ⅰ区393bp片段（核苷酸位置16017-16409，包括引物长度），mtDNA单倍型类群的鉴定采用APLP方法分析，利用一对引物扩增AMG基因进行性别鉴定，本研究所用引物序列参考见赵永斌等（2010）[4]。

PCR采用25μL反应体系，包括2μL DNA抽提液、1.5× PCR buffer、2.5mM $MgCl_2$、0.25mM dNTPs、每条引物0.5μM、1.0UTaq 聚合酶以及2mM BSA。扩增程序如下：94℃变性5 min后，94℃时1 min，55℃～54℃时45 s，72℃时1 min，33个循环，最后于72℃延伸10 min。

PCR扩增产物使用2%琼脂糖进行检测，使用QIAEXR Ⅱ GEL Extraction Kit 试剂盒进行回收和纯化，纯化后的PCR产物用ABI 310 DNA自动测序仪进行测序。

3. 污染的防止

本实验采用了严格的防污染措施：所有的研究都在专门的古DNA研究实验室中进行，PCR前与PCR后分别在两个相互隔离的空间操作，实验过程中均穿着专用的实验防护服，并佩戴口罩和一次性乳胶手套，一次性耗材与所用器皿都经过高温蒸汽灭菌（121℃、15min）。每个样本都要进行至少两次抽提，每次抽提液至少要进行2～3次PCR，并在抽提与PCR操作过程设置阴性对照，来监测可能的污染。

4. DNA数据分析

古DNA序列被截取到16038-16391（去除两端引物序列），长度354bp，进行数据分析。DNA序列用Clustal X 1.83软件（下载地址ftp: //ftp-igbmc.u-strasbg.fr/pub/ClustalX/）进行对位比对，确定变异位点及单倍型。

三、结果与分析

1. 线粒体DNA列变异和单倍型类群

我们进行了3次独立抽提，用三次抽提产物的扩增序列进行验证结果的真实性，所有抽提和扩增空白对照都呈阴性，表明在实验过程中没有受到外源DNA的污染。最终获得了7个真实可靠的线粒体高可变一区393bp的序列，未发现来自实验室人员的污染，将这些序列与剑桥标准序列比对发现共存在15个变异位点，全部为转换。N3和N4共享同一单倍型，表明两者具有相同的母系来源。利用APLP法确定样本的单倍型类群归属于M8、D4、G2a、G2、D4/G1（表二）。

表二　胡拉哈山谷与浑地壕莱山谷墓地古人线粒体突变位点和单倍型类群归属

样本	突变位点															单倍型类群
	1	1	1	1	1	1	1	1	1	1	1	1	1	1	1	
	6	6	6	6	6	6	6	6	6	6	6	6	6	6	6	
	0	1	1	2	2	2	2	2	2	2	3	3	3	3	3	
	9	2	9	1	2	2	5	7	7	8	9	0	1	2	6	
	3	9	2	4	3	7	6	0	8	6	8	9	9	7	2	
参考序列	T	G	C	C	C	A	C	C	C	C	T	A	G	C	T	
N1	.	A	.	.	T	.	.	.	.	.	C	.	A	T	.	M8

续表

样本	突变位点														单倍型类群
N2	.	.	.	.	T	.	.	.	.	T	.	.	.	.	C	D4
N3	.	.	.	.	T	G	.	.	T	.	.	.	.	.	C	G2a
N4	.	.	.	.	T	G	.	.	T	.	.	.	.	.	C	G2a
N5	.	.	.	T	T	.	.	.	.	.	.	.	.	.	C	D4/G1
N6	C	.	.	.	T	G	.	.	T	.	.	G	.	.	C	G2
N7	.	.	T	.	.	.	T	T	.	.	.	.	.	.	.	U

2. 共享序列搜索

为了研究所得到的胡拉哈山谷与浑地壕莱山谷墓地古人mtDNA序列在现今人群的分布情况，我们利用BLAST程序在GenBank 核酸数据库中搜寻与古代序列共享的人群分布，结果表明在7个古代个体中，除了N6以外，都能在现代人群中找到共享序列（表三）。N1、N2、N3、N4 主要被北亚和中亚地区的现代人群共享，N5主要被现代中国人所共享，N7主要被欧洲人群所共享。

表三　胡拉哈山谷与浑地壕莱山谷墓地古人序列在现代人中的共享分布

样本编号	共享序列分布（数量）
N1	塔吉克斯坦（6）、中国锡伯族（1）、吉尔吉斯斯坦（1）、蒙古（1）、未知（1）
N2	中国（8）、图瓦（2）、布里亚特（3）、卡宁干（1）、吉尔吉斯斯坦（1）、乌兹别克斯坦（1）
N3和N4	布里亚特（5）、维吾尔（1）、日本（2）、回族（1）、乌兹别克（5）、中国（28）、哈萨克斯坦（8）、吉尔吉斯斯坦（6）、土库曼斯坦（2）、雅库特（4）、未知（2）
N5	中国（4）
N6	无共享序列
N7	高加索（2）、意大利（17）、丹麦（10）、芬兰（3）、瑞典（1）、罗马尼亚（1）、德国（史前3）、俄罗斯（9）、布里亚特（1）、哈萨克斯坦（1）、波兰（2）、突尼斯（1）、希腊（3）、匈牙利（1）、英国（1）、冰岛（1）、未知（9）

3. 性别鉴定

我们对7例个体的性别进行了鉴定。首先，我们设计了一对引物扩增牙釉蛋白编码基因AMG，该基因是X和Y染色体同源基因，如果检测个体是男性（含X和Y染色体），PCR扩增出现两条条带（X和Y）；如果是女性（含X和X染色体），PCR扩增将出现一条条带（X）。我们检测结果与体质人类学的鉴定结果完全一致，此外一个体质人类学未能鉴定出性别的青少年N2，也检测成功（表一）。这一结果显示了基因检测的可靠性和准确性，以及古DNA分析的优势。

四、讨　论

历史上，蒙古的扩张造成了欧亚民族的大迁徙。蒙古族的人数不多，经济较为落后。为了维护被征服地区的统治，以及政治经济、生产生活的需要，蒙元时期，大量的东方汉人、蒙古人、契丹人被成批移民到西方，而西方的大批被征服者被迁往东方[5]。因此，蒙元时期的人群构成非常复杂，可能包含大量东西方不同种族的人。例如在付玉琴等对内蒙古元上都遗址砧子山墓地古代人群进行的古DNA检测显示埋藏在砧子山墓地的元代居民为汉族人，主要是来自中国北方地区的汉族[6]。

在本研究中，我们对胡拉哈山谷和与浑地壕莱山谷两处的墓地中出土的7例人骨进行了分子考古学分析，通过重建线粒体遗传结构，从分子角度上揭示了此地区古代居民的种族来源。线粒体DNA遵循严格地母系遗传，在线粒体DNA中存在许多不同的类群，我们称之为单倍型类群，这些类群呈现明显的地理分布特征，对于我们揭示人群的起源、迁徙具有重要的作用。基因分析发现，7个古代个体归属于D4、G2、G2a、M8、U，其中样本N5由于缺乏16286T变异位点，不能确定是D4或G1。单倍型类群D4在欧亚大陆北部分布最为广泛，在北亚人群中都有很高的分布频率。D4在古代北方地区也广泛分布，例如在宁夏彭阳县古城镇春秋战国时期的两处墓地[4]、内蒙古商都东大井墓地东汉时期的拓跋鲜卑遗存中都发现了高频率的D4[7]。单倍型类群G型在东亚、北亚及中亚地区分布广泛。但值得注意的是，在中亚地区只有 G2 亚型有分布，而且可能是从一个非常早的迁移事件中到达这里。单倍型类群M8主要发现在中亚和东亚，频率较低。单倍型类群U主要分布在欧亚大陆西部，是欧洲的主要类型。从线粒体单倍型类群的地理分布上看，结合共享序列搜索结果，暗示胡拉哈山谷和与浑地壕莱山谷墓地的人群可能主要来自北亚、中亚和欧洲。在本研究中，属于D4类型的个体很可能是本地居住的蒙古人，属于G2和G2a的个体很可能来自中亚地区，而属于U的个体很可能来自欧洲。我们的结果生动地再现了蒙元时期复杂的人群组成，对揭示蒙元时期社会结构的认识及东西方人群的迁徙、融合具有重要的意义。

附记：衷心感谢内蒙古自治区文物考古研究所为本研究提供人骨标本，并提供相关研究背景材料。

注　释

［1］李大龙. 浅议元朝的“四等人”政策［J］. 史学集刊，2010（2）：50-53.

［2］中蒙联合考古队. 蒙古浩腾特苏木回鹘陵园遗址发掘有重大收获［N］. 中国文物报，2007-11-2.

［3］蔡大伟，王海晶，韩璐，等. 4种古DNA抽提方法效果比较［J］. 吉林大学学报（医学版），

2007，33（1）：13–16.

［4］ Zhao, Y. B., Li, H. J., Cai, D. W., et al. Ancient DNA from nomads in 2500-year-old archeological sites of Pengyang, China［J］. *J. Hum. Genet*, 2010, 55 (4): 215–218.

［5］ 张来仪. 试论蒙元时期东西方人员的往来［J］. 西北大学学报（哲学社会科学版），1994（2）：104–108.

［6］ 付玉芹，许雪莲，王海晶，等. 内蒙古砧子山墓地古人的线粒体DNA 多态性分析［J］. 东北师大学报（自然科学版），2006，38（2）：121–126.

［7］ 于长春，谢力，张小雷，等. 拓跋鲜卑与四个北方少数民族间亲缘关系的遗传学分析［J］. 东北师大学报（自然科学版），2007，39（4）：121–126.

Molecular Archaeological Research on Human Remains from the Khulhiin am and Khundiin khooloi Sites in Mongolia during the Mongol-Yuan Period

CAI Da-wei ZHU Si-qi ZHAO Xin SUN Wei-lu ZHANG Quan-chao
CHEN Yong-zhi ZHU Hong ZHOU Hui

In order to reveal the origins of human populations in Mongol-Yuan period, we carried out the ancient DNA analysis of seven individuals from the Khulhiin am and Khundiin khooloi sites in Mongolia. Based on the geographic distribution of mtDNA haplogroups, and combining the results of shared sequence search, our results suggested that the populations from two archaeological sites may be come from North Asia, Central Asia and Europe. Our results reveal vividly the complex population structure in the Mongol-Yuan period, which has the vital significance to understand the social structure, population migration and fusion between the East and West.

“见微知著”的推演*

——物质组成、性质分析对文物保护和科技考古研究的贡献

刘　爽

（吉林大学边疆考古研究中心，长春，130012）

文物是历史上遗留至今的具有历史、艺术、科学价值的遗迹遗物，物质组成是其最基本的特性之一。在科技考古和文物保护中，首先要明确的是研究对象的材料组成、结构特性，然后观察分析解读判断，再利用物质的特性寻找解决问题的路径，在检测分析数据上得出有的放矢的结论，因此，检测分析是科学研究工作的基础，物质特性在研究工作中占据重要地位。本文从宏观世界的宇宙星体对远古文明的影响、科技考古和文物保护研究的贡献讲起，到文物保护对物质的基本特性的利用，一直到微观世界的分子、原子、原子核、电子在检测分析中的贡献，从理化分析的角度概览物质组成、结构、性质对文物保护和科技考古研究的作用，梳理各种有趣的研究课题，以期起到纲举目张、见微知著的效果。

文化遗产的物质载体无一例外来源于地球上的这个物质世界，物质由分子（或原子）组成，分子由原子组成，原子由原子核和核外电子组成，原子核由质子和中子组成，而比这个地球世界，更辽远的是宇宙星体，从而形成这样一个从宏观到微观的结构链条，依次为宇宙星体→地球→分子→原子→原子核→质子、中子、核外电子，其中地球上的物质世界和宇宙星体构成宏观世界，分子、原子、原子核、质子、中子、电子构成微观世界。自然科学的发展是按照从宏观世界自然规律的总结→微观领域的深层剖析，每一步的延伸都异常的艰难，付出了无数学人前赴后继、焚膏继晷的努力，但唯有对微观世界的不断探索和开拓，才使研究物质组成、分析其腐蚀机理成为可能，文物科技考古研究才开始跨入飞速发展的新阶段。

* 基金项目：吉林大学基本科研业务费哲学社会科学研究项目“中国东北地区史前遗址黑曜岩制品理化特性综合研究”（2014QY032）；2014年度教育部人文社会科学重点研究基地重大项目（14JJD780002）；国家社科基金重大项目（15ZDB055）“吉林大安后套木嘎遗址的发掘与综合研究”资助。

一、宇宙星体对古代文明的影响和对科技考古的贡献

天外来客——陨石，是地球以外未燃尽的宇宙流星脱离原有运行轨道呈碎块状散落到地球上的石铁混合物，大多数陨石来自小行星带，小部分来自月球和火星。在古代，人们往往把陨石当做圣物，如古罗马人把陨石当做神的使者，他们在陨石坠落的地方盖起钟楼来供奉，匈牙利人则把陨石抬进教堂，用链子把它锁起来，以防这个“神的礼物”飞回天上，伊斯兰教圣地麦加将一块陨石视为“圣石”，在一些文明古国，还常常用陨石作为皇帝和达官贵人的陪葬。德国斯图加特大学的研究人员发现了一尊有着1000年历史的镍铁陨石雕成的佛像，重10千克，高大约24厘米，研究发现这尊佛像由一块罕见的陨石雕成，所代表的文化据信介乎佛教和前佛教时期的苯教文化之间，所刻画的佛是毗沙门天王，即北方的多闻天王，在西藏被称之为“藏巴拉”。陨铁的坚韧特性也被人类的先祖认识和开发，在冶铁技术普遍应用之前，人类最早利用的自然铁就是陨铁，如在我国河北省藁城台西村商代中期遗址就有用陨铁作刃部的铁刃铜钺出土。

星体对于科技考古的贡献最突出的例子就是利用星星判断金字塔的年代，这是一个极富创意的方法，由剑桥大学的埃及学者凯特·斯宾塞提出。古埃及人认为法老去世后将成为北方之神，因而一定要把金字塔建造在正确的南北朝向上。事实上，并不是所有的埃及金字塔都朝向正南正北，而是有一定的偏差，造成偏差的原因是古埃及人根据大小北斗中两颗星星的连线确定北极，但地球南北极连线而成的轴线有周期性的偏离，只有在公元前2467年时，这两颗星的连线才精确地指向北极，在此前后都有偏差，而且距此年代越远，偏差越大，偏差的大小可以根据天文学知识计算出来。根据这个理论，推算出埃及最大的金字塔——吉萨金字塔建造的年代为距今4467年，正负误差仅十年。

此外，高能宇宙射线激发地球大气层中的氮生成具有放射性的碳十四，可以对久远年代以前死亡的有机体进行年代测定，从而使只能依靠地层和类型进行相对年代判断的考古年代学第一次可以知道相对确定的历史年龄，引发了一场考古学上的“碳十四测年革命”，发明者美国放射化学家W.F.利比因此获得1960年诺贝尔化学奖。

关于人类通过观察星体研究天时历法的研究详见《从历法演变看中国古代的时间观》（收录于《新果集——庆祝林沄先生七十华诞论文集》，科学出版社，2009年）。

二、物质组成特性在文物保护中的应用

欲流之远者，必浚其源泉。分门别类，通常是研究工作的第一步。一般来说，物质世界分为无机物和有机物，它们有着迥然相异的性质和面貌。“机”的最初含义是生机、生命力的意思，是有生命的动植物的概括，但自从1828年，德国的一位化学家在实

验室用无机物无意中制造出有机物的尿素，无机和有机的界限就打破了。有机物更确切地定义是含碳化合物，通常含有碳、氢、氧三种元素，虽然元素种类少，但结构复杂，分子量大，同分异构多，性质独特。

文物的分类方式有很多，在文物保护领域，有意义的是按照文物的材质组成进行分类，实际工作中，也要求文物按材质分库保管和展示。因为物质组成是文物的最本质特征，相同的材质具有相同的特性，有相似的保护诉求和环境要求。根据材质组成将文物归纳为有共性的几大类，在大类所统领的共性中，每种文物都有各自的特性，而不管其特性是多么的殊异不同，它们都受到大类共性的制约，从而决定了对其采取的保护技术特点和保存环境的相应要求。

金属文物、陶瓷砖瓦、石玉玻璃都属于无机材料类文物，劣化表现为生锈、碎裂、剥蚀风化，“宁为玉碎不为瓦全”是对玉石特性生动的提炼和描述，青年男女表达爱意的誓言“海枯石烂不变心”又是对石头特性的误解，因为经过久远岁月风霜磨蚀，特别是近现代工业革命带来的环境污染，使许多看似坚硬的石材雕像发生风化，艺术精华的表面逐渐变得模糊、漫漶不清。

纺织品、书法绘画、竹木漆器、骨角牙器为有机材料类文物，劣化表现为易受环境影响、粘连变色、干裂翘曲、霉腐生虫等。在实际情况下，大多数文物都是由两种或两种以上的材料构成的，如泥塑是由可塑性泥土和石质或木质构成的骨架组成；壁画是由地仗层（砖、石、木、竹等）和泥层、画面层组成；漆器是由漆皮和胎（木、金属、麻、陶等）组成；还有各种合金器、镀金器、螺钿器（如镶嵌贝壳的漆器）等，这一类文物统称为复合材料类文物。这类文物的劣变现象和原因非常复杂，因为它们不仅受外界环境的影响，同时各材质之间因为物化性质不同而各向异性，膨胀收缩、吸水放水、温度湿度传导等在各个方向存在差异，从而导致自身应力疲劳，产生脱落、粉化、碎裂、崩解等劣变现象。在对它们进行保护处理时，应分别根据不同质地采取相应的技术措施，并应综合考虑其相互之间交叉作用的影响，其中最重要的是找到对各种材质都有益的环境因素如温湿度的平衡点，并保持稳定，避免环境突变。

所有的保护试剂都遵循相似相溶原理，就是结构相似才能互溶，即有机物一般易溶于有机溶剂中，而无机物一般易溶于无机溶剂中，这就是正所谓的“物以类聚”。如用乙醚或丙酮清洗油污，用水清洗泥垢等。需要强调的是，酒精（乙醇）比较特殊，它是由碳、氢、氧组成的有机物，但既能溶于有机试剂，也能溶于水，而且挥发较快，在文物保护中用来作清洁干燥杀菌剂，性质温和广谱，经济易得，效果很好。对饱水漆木器进行脱水处理的方法中，醇—醚—树脂联浸法就是充分利用这个原理达到最终由醇替换水，再由醚替换醇，最后醚快速挥发，而溶解在醚中的有机树脂留在纤维组织中从而起到加固定型的作用。出于安全的考虑，应用于文物保护的试剂最好为中性，即pH值约等于7.0。

有机质包括低分子化合物，如乙醇、丙酮、乙烯等，和高分子化合物如塑料、橡胶、纤维、涂料、胶粘剂，高分子化合物的分子量从几千到几万乃至几百万，其中文物保护中常用到的有塑料、涂料和胶黏剂。用于对文物封护嵌埋的聚乙烯、有机玻璃等属于塑料，涂料用于表面封护和加固，胶粘剂用于对断裂材料进行粘接。根据文物保护基本原则“不改变文物原状”的要求，用于文物保护的材料要求无色透明、无眩光、与文物材料兼容，同时要具有可再处理性、长期稳定性、安全无隐患、较好的耐蚀性和耐候性等。

三、分子层面的分析

物质由分子组成，分子是能够独立存在并保持原物质的组成和基本化学性质的最小结构单位。物质在分子的层面被分为混合物和纯净物，几乎所有的文物都是混合物。如果物质的分子没有发生改变，就是说没有新物质产生，就是物理变化，如因磕碰导致变形断裂，又如水结冰，或变为水蒸气以及可溶盐的溶解-重结晶现象等，饱水漆木器的冷冻脱水、多孔材料的脱盐都是利用物质的物理性质进行的保护处理。

不同的物质具有不同的物理和化学性质。物理性质是指物质不需要发生化学变化就能表现出来的性质，可直接感知或测量，如颜色、状态、光泽、气味、味道、熔点、沸点、硬度、密度、溶解性、导电性、传热性等。根据物理性质可以对文物进行材料分析、腐蚀程度判断，如用磁铁检测锈蚀铁器的铁芯保存情况，通过敲击声判断陶质的火候，根据锈蚀物的颜色、状态初步判断有无有害锈等。物质材料多数具有热胀冷缩、湿胀干缩的性质，利用材料的体积、重量和结构随温度变化的规律设计的热分析法（差热分析、热膨胀法、热重法），可以进行陶瓷的烧结温度、制造工艺等科技考古方面的研究。

只使用机械工具进行修复的方法叫作物理法，也叫机械法。使用化学试剂的方法叫做化学法，化学试剂通常都有损害性，所以我们提倡尽量使用机械法修复文物，但机械法修复通常费时费力效率低见效慢，也很难做到将隐藏在孔隙内部的污染物彻底清除干净，实际工作中多是机械法和化学法互相配合取长补短联合使用。

四、原子、原子核、质子、中子、电子在检测分析中的应用

物质在原子的层面被分为单质和化合物，由同种元素的原子组成的叫单质，如铁、金、氧气、氯气、氮气等；由不同元素的原子组成的叫化合物，如食盐氯化钠、二氧化碳、水等。在化学反应中，原子重组，有新物质生成，但元素种类未变，化学反应不能使原子发生分解。化学变化过程中同时发生物理变化，根据变化的现象，可以判断有无化学变化发生，如燃烧、发光、变色等。

原子由原子核和核外电子组成，原子核由质子和中子组成，其中质子带正电荷，

电子带负电荷，中子不带电荷，因此原子是电中性的，在化学反应中，如果失去最外层电子，原子带正电变成阳离子，反之得到电子带负电，变成阴离子。我们把失去电子的反应叫氧化反应，得到电子的反应叫还原反应，氧化还原是组成文物的物质劣变时发生的基本反应，如金属生锈、石材风化、有机物降解等，而阻隔环境中的氧就可以有效的阻断氧化腐蚀反应的发生，所以文物保护中有一种措施叫充氮绝氧封护。

原子中质子数=核电荷数=核外电子数=原子序数。元素是具有相同核电荷数的一类原子的总称。同位素是质子数相同而中子数不同的一类原子，它们在元素周期表中占同一位置，是同一种元素，一般来说，化学性质基本相同，但核性质不同。同位素在科技考古中的应用特别广泛，如碳十四测年；碳十三、氮十五研究食物结构、环境特征；氧十八测年；牙齿与骨骼中的锶同位素异同可以在一室程度上推断生命体迁徙与否；铅同位素研究青铜器和含铅的玻璃、颜料的原料来源等。同位素的测定使用质谱仪，可以检测ppb级（10^{-9}）的微量元素。

具有相同质子数和中子数的一类原子（核）叫核素，有稳定性核素和放射性核素之分。放射性就是由于原子核内部不稳定而发生的变化，或生成新核，或能量改变，在这个过程中放出能量表现为α射线、β射线或γ射线。自然界中元素有112种，核素约2600多种，其中稳定性核素约280多种，放射性核素约2300多种。放射性作为一种高能量源，在文物保护检测分析领域独领风骚，许多保护技术利用到放射性，如在对饱水漆木器进行醇醚联浸法脱水定型时，渗入器壁的有机单体（如乙酸乙烯酯）在放射源钴六十（^{60}Co）的照射下引发聚合反应进行加固。在对秦始皇兵马俑彩绘进行保护时，利用单体渗透+电子束辐射聚合成功保护了一批出土的珍贵彩绘陶俑。

碳十四测年是利用生命体的呼吸作用，因终其一生与外界进行气体交换，所以生物体内碳十四含量与外界环境始终保持一致，而当它们死亡后，立即停止与生物圈的碳交换，其体内的放射性碳十四的量开始减少，减少的速度由放射性衰变规律决定，通过测定残留的碳十四的量而知道生物体死亡距今的时间。所以，放射性碳十四测年本质上是一种用来测量生物体剩余放射能的方法。20世纪80年代末，这种方法因为澄清了一桩历史悬案而轰动世界：经过对来自耶稣裹尸布的样品进行碳十四检测可知，其植物纤维原料产于13世纪，从而证明被人们崇拜多年的裹尸布是后世伪造的。

核反应是原子中的质子和中子之间的反应，核反应中有新物质生成，也会有新元素产生。通过测定原子核的放射性来对待测物质进行分析鉴定的方法叫放射分析法，也叫核分析法，如中子活化分析，就是用中子照射待测样品，使样品中的原子核在中子的轰击下发生核反应，产生放射性同位素，测定其放射性和放出的射线的强度来确定待测样品的成分和含量，这种方法不破坏样品，灵敏度高，准确性好，可分析原子序数从9到86之间的元素。质子激发X射线荧光分析是利用高速质子激发原子产生特征X射线的能量和强度来进行物质定性和定量分析的方法，因为质子比电子体积重量大得多，所以测量的灵敏度比常规用电子激发的X射线荧光分析方法高2个数量级，还可以将束流引到加速器外部，在大气中直接对完整器进行无损检测，亦可对瓷器表层作扫描测量。

穆斯堡尔谱是放射源中处于激发态的原子核所辐射出的γ射线照射在样品中的没有放射性的同类原子核上，使产生无反冲共振吸收谱。放射源为Fe时可以研究铁的价态和磁性，进而研究陶瓷的烧成工艺；放射源为Sn时可以研究青铜器。

五、结　论

文物保护和科技考古有着千丝万缕的联系，却并不是殊途同归的兄弟，恰恰相反，是同途殊归，也就是说它们的研究目的不同，解释方法不同，但研究初始阶段采用的对物质成分结构微观特性的检测分析手段相同，都要用到各种先进物化原理和检测仪器。目前，中国考古学物质资料的历史框架体系已经基本建立，在此基础上学科关注的重点开始转向这一物质文化框架背后的人类社会或历史的诸方面，学术研究向社会层次的深入和研究领域的宽泛及多样化已成为学科发展的重要动态，而真实、准确、全面提取和释读考古物质材料所蕴含的信息是解决相关课题的关键所在。信息提取的主要目的有：

（1）获取全面准确的物理、化学及环境信息：组成成分、结构、微观形貌、制作工艺、技术源流、产地来源、保存状况、年代及真伪鉴定等；

（2）为展示保管、修复保护、评估鉴定文物提供科学依据；

（3）为深入地分析研究工作提供科学数据和资料。

对于同一件文物，不同研究背景的专家关心考虑的问题是不同的，传统研究者注重的是造型、款式、花纹、铭文、尺寸、年代、用途、发掘位置、流传经过、历史文献等，而检测分析者关心的是微观结构、组成成分、制造工艺、产地来源、真伪鉴定、技术断代等。

一般来说，文物材料分析通常包括化学成分、组织结构、制造工艺等，所以科学检测主要围绕形貌分析、成分分析、物相结构分析及制造工艺等方面进行，常用的文物研究和分析技术有：

（1）文物微观形貌和显微组织分析：

透视照相技术：X光照相技术、中子射线照相技术、红外成像技术；

显微组织分析：光学显微分析：体视显微镜、偏光显微镜、金相显微镜；

电子显微分析：扫描电子显微镜、透射电子显微镜、扫描隧道显微镜等。

（2）文物组成成分分析：原子吸收光谱、原子发射光谱、X射线荧光光谱、气相色谱、液相色谱等。

（3）文物组成结构分析：X射线衍射、红外吸收光谱、拉曼光谱等。

（4）文物制作工艺研究：穆斯堡尔谱、核磁共振、热分析、离子束分析等。

（5）文物其他性质分析：强度分析、色差分析、电化学分析等。

纵观各种分析方法，其理论依据大部分是利用入射电磁波或物质波（X射线、电子束、可见光、红外光）与材料作用，产生携带样品信息的各种出射电磁波或物质波（X射线、电子束、可见光、红外光），探测这些出射的信号，进行分析处理，即可获得文物材料的组织、结构、成分、价键信息。

此外，基于其他物理性质或电化学性质与材料的特征关系而建立的色谱分析、质谱分析、电化学分析及热分析等方法也是文物考古科学分析的重要方法。

参考文献

许淳淳等. 金属文物保护全程技术方案［M］. 北京：化学工业出版社，2012.

马清林等. 铁质文物保护技术［M］. 北京：科学出版社，2011.

王蕙贞. 文物保护学［M］. 北京：文物出版社，2010.

陈铁梅. 科技考古学［M］. 北京：北京大学出版社，2008.

郭宏. 文物保存环境概论［M］. 北京：科学出版社，2001.

陕西省考古研究所. 修复与保护［M］. 北京：1996.

王惠贞，宋迪生. 防腐防霉杀菌概论［M］. 西安：陕西科学技术出版社，1995.

宋迪生. 文物与化学［M］. 成都：四川教育出版社，1992.

联合国教科文组织. 文物保护工作中的适用技术［M］. 北京：中国对外翻译出版社，1985.

马清林，苏伯民，胡之德，李最雄. 中国文物分析鉴别与科学保护［M］. 北京：科学出版社，2001.

中国文化遗产研究院. 文物科技研究［M］. 北京：科学出版社，2009.

李士，秦广雍. 现代实验技术在考古中的应用［M］. 北京：科学出版社，1991.

From the Macroscopic World to the Microscopic World: The Contribution of Material Composition, Structure and Properties Analysis to the Cultural Relics Conservation and Archaemetry

LIU Shuang

The article argues the fundamental role about material composition, structure and properties in cultural relics conservation and archaemetry from the angle of physical and chemical analysis, in order to have an overview from the macroscopic world of cosmic objects to the influence of the ancient civilization and the contribution of cultural conservation research, to the microscopic world of molecules, atoms, nuclei, electronics contribution to the science analysis.

国家社科基金重大项目专栏

哈民忙哈遗址经济形态研究：一个居住模式与生态环境悖论的推导*

朱永刚

（吉林大学边疆考古研究中心，长春，130012）

一、引　　言

哈民忙哈遗址文化面貌独特，出土陶器及器物组合特征与周邻发现的新石器文化均有所不同，尤其是陶器纹饰的标志性具有鲜明的区域特点。这类遗存主要分布在新开河、勒高琴格讷乌河沿岸，北至霍林河、洮儿河，南不过西辽河，已测定的碳十四年代数据（经树轮校正）在公元前3600～3100年[1]，相对年代与红山文化晚期相当，或已进入红山文化最晚阶段，据此发掘者提出命名为"哈民忙哈文化"[2]。目前，经正式发掘并报道的同类性质遗址有吉林白城洮北双塔第二期遗存[3]，内蒙古科左中旗哈民忙哈，科右中旗哈尔沁[4]，扎鲁特旗南宝力皋吐D地点[5]和道老杜粮库[6]等。其中哈民忙哈遗址是迄今在科尔沁沙地发现的最大规模的史前聚落。遗址初步探明面积超过10万平方米，2010～2012年发掘面积达6000平方米，这里多项重要考古发现为学术界所关注[7]。

自20世纪80年代开始，随着聚落考古学的兴起，依据考古资料对史前文化经济形态的研究为人们所重视。史前文化的经济形态具有多样性，狩猎、采集、捕捞、农业，哪一种生业方式在经济部门中居主导地位，食物的主要来源是什么，如何获取食物及人们的生存状态，往往成为讨论的热点问题。但以往的研究偏重于生产工具，大多通过工

---

* 基金项目：2012年度国家社科基金重大项目系列成果（12&ZD191）；国家科技部十二五科技支撑计划"中华文明起源过程中区域聚落与居民研究"（2013BAK08B05）。

具的分类与功能分析，对研究对象的经济类型进行界定，这样的单重证据法未免过于简单，所得结论容易失之客观。

哈民忙哈遗址经大面积发掘，文化内涵单纯，出土遗物丰富。针对这类聚落遗址的特点，在发掘前即制定了周密的发掘预案和严谨的考古工作流程，发掘中对出土遗物（含自然遗物）全面采集，为防止细小遗物流失，还对所有遗迹内填土进行筛选，并重点提取了浮选样本。目前，经系统收集的各类遗存已进行了科学检测和初步研究，汇集各方面信息，采取多重证据法，本文将着力从三个方面对哈民忙哈遗址的经济形态进行综合研究。

首先，石器工具及其组合的考察，是研究史前文化经济形态，了解生业方式的主要途径。近年来在不断的实践与探索中，对石器工具的研究已形成了一套较为完整的科学方法，流程包括石料鉴定、形制分类、测量称重、痕迹观察、工艺分析，以及模拟实验考古和相应条件下民族志材料的比较。本文从石器工具的分类入手，通过统计分析和功能判定，重点讨论石器生产工具和食物加工工具的形制特点、使用方式及在哈民忙哈遗址经济活动中的作用。

其次，系统地采集动物遗物和通过浮选法获取小植物遗存已普遍运用于考古发掘，从石磨盘、石磨棒或其他器具表面提取淀粉粒并进行种属鉴定，在考古学领域也逐渐推广开来。越来越多自然科学方法和手段的介入，将促成史前经济形态研究的系统化和科学化。应该指出的是，动植物遗存的研究专业性，需要必备设备和专业知识背景的支撑。另外，获取动植物遗存的方法是否得当，操作、检测流程是否规范，量化、统计结果是否科学，课题设计是否合理等，任何一个环节出现疏漏都可能对结果产生影响。哈民忙哈遗址前期对动植物遗存的搜集比较充分，后期在实验室进行的整理、鉴定和分项统计周密细致，已具备了开展这方面研究的必备条件。

最后，关于经济形态的讨论，还涉及居住模式、聚落规模、人口密度、自然环境和文化背景等多方面内容。哈民忙哈遗址在短时间内的突然废弃与经济形态有何关联，本文将从文化生态学的角度深入解析。

史前经济形态研究是一个相对独立的领域，同时需要系列科学检测的多学科合作及对相关信息的梳理分析。相对以往的单重证据研究，多重证据法能够提供作出准确判断的优化选择。

二、石器工具的分类与功能分析

哈民忙哈遗址层位关系简单，表土层为风积沙土，第2、3层为文化层。各种遗迹大多开口于第2层下（局部区域因缺少第2层，也有直接开口于表土层下），除个别灰坑打破房址外，房址之间没有确认的叠压打破关系，出土器物亦没有明显差别[8]，所以基本可视为同一时期遗存，或以聚落考古角度解释不同活动层面上的遗存。

从发掘现场看，生产工具集中出土于房址居住面上，石器工具占很大比例，2010～2011年两次大面积发掘共获591件，经遴选可共观察的标本有484件。以形态与制法分析，可分为石镐、石杵、磨盘、磨棒、石饼、敲砸器、石斧、石锛、石凿、石刀、石矛、石镞、骨柄石刃刀、石球、环形石器、砺石、石片、石叶共18种（图一）。

通过测量、称量、使用痕迹观察和部分器物的模拟实验，按初步认定的工具使用范围，可划分为镬土、研磨、锤捣、斫木、刈割、渔猎六大类（无法归入其中或功能尚不明确的列入其他）。各种石器工具的分类与数量统计详见表一。

表一　哈民忙哈遗址石器工具分类与数量统计表

功能 类别	镬土工具	研磨工具	锤捣工具	斫木工具	刈割工具	渔猎工具	其他	备注
石镐	19							
石杵			24					
敲砸器			120					绝大多数由石镐改制而成，也有少数为石斧改制
磨盘		79						
磨棒		85						
石饼		28						
石斧				33				
石锛（凿）				38				
石刀					6			
石矛						1		
石镞						24		
骨柄石刃刀						3		
石球						4		
环形石器							7	
砺石							8	
石片							3	
石叶							2	
合计	19	192	144	71	6	32	20	484
百分比	3.9	39.7	29.8	14.7	1.2	3.6	4.1	100

石镐是哈民忙哈遗址非常有特色的石器工具，多安山岩制作，窄体，长条形，束柄，刃端略宽，完整器通长在30厘米左右，重约1000克，发掘简报称之为“石耜”[9]。石耜是辽西地区新石器文化最主要的破土工具，赵宝沟文化的石耜凹顶，亚腰，阔刃呈锄形。红山文化的石耜选材更坚硬，器形较大，多为窄柄，前端略宽，尖弧刃。由于红

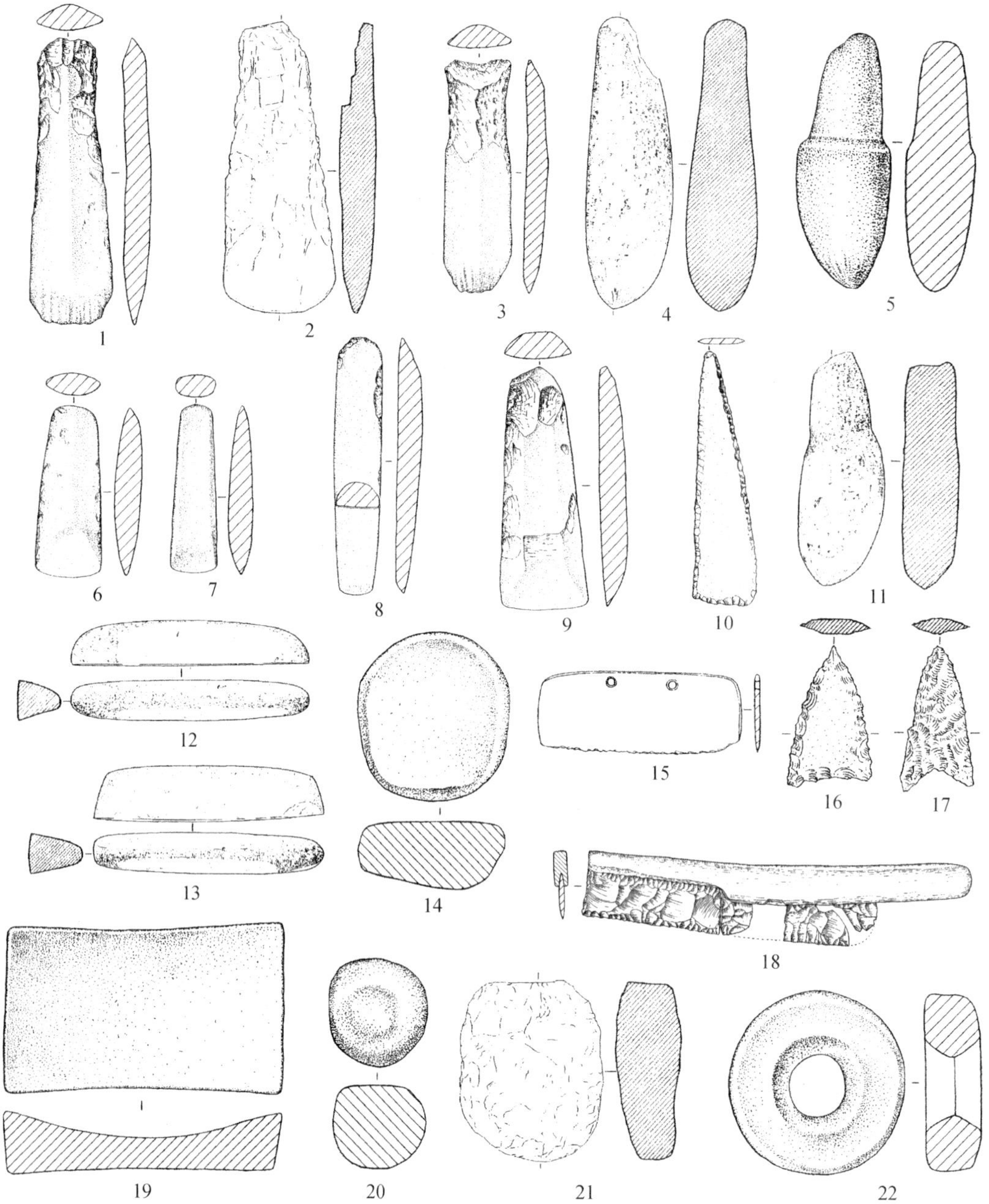

图一　遗址出土石器

1～3. 镐（F35：13、T007066②：1、F24：27）　4、5、11. 杵（F7：1、F37：32、F13：33）　6、7. 斧（F21：23、F36：15）　8. 凿（F37：41）　9. 锛（F40①：7）　10. 矛（F37：38）　12、13. 磨棒（F12：16、F7：14）　14. 饼（F30：12）　15. 刀（F22：12）　16、17. 镞（F12①：3、F6：6）　18. 骨柄石刃刀（F36：14）　19. 磨盘（F19：20）　20. 球（F20K：1）　21. 敲砸器（F12：4）　22. 环形器（F32：49）

山文化晚期已具有较为发达的农业经济，所以石耜被认作辽西山地有利于黄土台塬拓荒的农业生产工具，并与发达的耜耕农业有关，有学者认为耜的原型为兴隆洼文化亚腰、阔刃石锄[10]。相比较哈民忙哈遗址出土的石镐器身狭长，横截面较窄，破土宽度有限。该石器器体一面扁平，一面拱背呈菱形，偏锋。细致观察刃面有纵向磨蚀痕，据此推断其横向装柄，运动轨迹为弧线，应该是一种适宜挖掘深度的镬土工具。所以无论器物形制还是使用方式都与石耜有明显区别，是两种完全不同的破土工具（图二）。

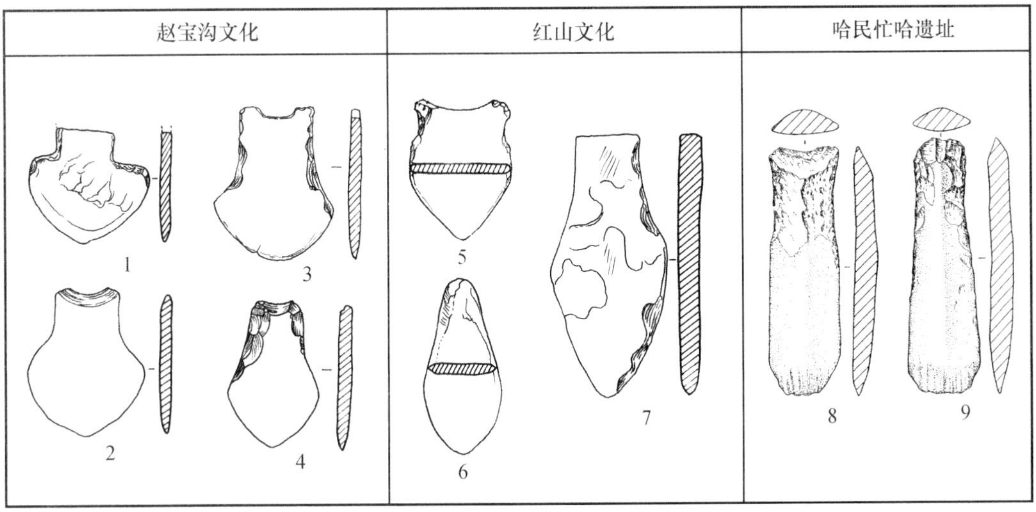

图二　石耜与石镐比较图

石耜：1、2、4. 赵宝沟（F7②：29、F103②：31、F14②：8）　3. 白音长汗（AF79①：4）　5. 五十家子　6. 红山后　7. 白音长汗（AH65：1）

石镐：8、9. 哈民忙哈（F24：27、F35：13）

本次统计的石镐有19件，仅占石器工具的3.9%。但在该遗址发现的100多件敲砸器中绝大多数是由石镐改制而成，如果把这一部分改制石器的原有功能计算在内，那么所占比例将达到20%以上，即使考虑到一件完整的石镐残损后可能被改制成2件或多件敲砸器，初步估算其所占比例也不低于10%，可见这是一种使用频次较高的石器。据了解，石镐主要分布于科尔沁沙地及以北地区[11]，而很少见于西辽河以南地区。从使用痕迹分析，其刃部清晰的沟痕应是砂土长期磨蚀所致，是最适于沙地深挖的镬土工具。有学者通过模拟实验，认为哈民忙哈遗址的石镐，主要用于根茎类植物采集和啮齿类动物地下洞穴掏挖，而非石耜那样的农业工具[12]。

磨盘、磨棒、石饼等研磨器，主要功能是对植物籽粒进行脱壳和研粉，而敲砸器、石杵则是加工坚果或根茎类的工具，这两类石器在哈民忙哈遗址出土数量众多，分别占石器工具39.7%和29.8%，均属植物性食物加工工具。

该遗址出土的磨盘、磨棒，一般采用安山岩、石英砂岩、英安岩等石料，多残缺。保存完整的磨盘，形似长方形板砖，边缘棱角分明，加工较细致，一般规格长约30厘米，宽18厘米，厚6～7厘米，重约5000克。磨棒的长度基本与磨盘等宽，厚度（即研磨面宽）多在3～4厘米，残存高度并不一致，大多数磨损到不方便把握才废弃。对正处于使用期的一件完整磨棒（F35：31）检测，长17.8厘米，厚3.8厘米，高11.7厘米，重1270克。形似半截磨盘。石饼为圆形或圆角方形（其中有部分为改制石器），器体扁平，一般有两个研磨面。直径6～8厘米，厚3～4厘米，重约400克左右。检视哈民忙哈遗址的石磨盘有两个研磨面，一面为均匀的马鞍形，另一面中间有凹陷痕迹或呈浅碟形，这样的情况比较普遍，说明磨盘是两面使用的。磨棒、石饼形制、重量不同，在与磨盘配合使用时，磨棒主要用于碾磨，石饼则用于碾压或转圈研磨，也就意味着加工对象有所不同。磨棒接触面大，对外皮较薄、颗粒饱满的谷物是有效的脱壳工具；石饼接触面较小，更适于外壳较硬且光滑的野生动物籽实，但后者加工起来有难度，效率不高。过去把磨盘、磨棒都笼统地看做是谷物加工工具，实际早期研磨器的加工对象与使用方法可能是多样化的。从中国北方地区对植物性食物的利用，经历了由广谱采集到集约化采集的进程来看[13]，这种混合式食物加工方法较为原始，更接近新石器时代早期。

石杵是另一类食物加工工具。与一般史前文化所见石杵有别，哈民忙哈遗址的石杵一端尖头，体形较粗，另一端器身收窄，形若炮弹，重1000～2000克。从器身中部有节和中轴线偏向一侧的整体设计来看，应该是横向装柄的大型捶捣类石器工具。由于遗址没有发现石臼，结合石杵尖部有明显的纵向磨蚀沟痕而不是崩疤分析，其加工对象的质地不会很硬，最有可能是根茎类植物，如蕨根、苁蓉等对土壤、水分要求不高的沙地和荒漠生长的植物（现内蒙古境内均有广泛分布）。而对坚果类植物的采集与加工，则可从遗址出土的大量敲砸器得到证明。总之，从食物加工工具种类和在石器工具组合中所占比重来看，说明哈民忙哈居民植物性食物来源是多样的，也一定程度地反映了广谱采集或某一专项采集在其经济活动中占有重要地位。

砍伐与木作工具统称斫木工具，主要有石斧、石锛、石凿，可能还包括因残缺难以辨认器形的端刃器。石斧以玄武岩、燧石为主，正锋，通体磨光，重者560克，轻者300克，与一般史前文化石斧无形制上的差别。石锛、石凿多为燧石，一般重约80克，最大一件重150克，最小的还不到10克。有些石凿顶端有崩疤，或许也用作石楔或雕刻器使用。认定的渔猎工具有石镞、石矛、骨柄石刃刀等。石镞多为燧石或玛瑙石，通体琢制，有平底三角和凹底有翼三角两种形制，长2～4厘米，最长的一件6.2厘米。完整的石矛只有一件（F37：38），硅质板岩，等腰三角形，刃缘经压削呈齿状，长13.5厘米，宽3.4厘米。骨柄石刃刀保存完整，有多件石刃还镶嵌在骨柄上。近年发掘的南宝力皋吐墓地，随葬品中就有大量石镞和保存相当完整的骨柄石刃刀，这种特定的工具组合突显了在科尔沁沙地自然环境下，渔猎成分占优的文化特性[14]。

具有刈割功能的锋刃器——石刀只出土一件（F22：12），圆角长方形，背部有双孔，磨制，使用痕迹清晰。另外还有不多的条形或片状石器，由于出土数量太少难以对使用方式作出判断。遗址出土的蚌壳不少，尽管易于风化，但仍能看出其中有些被加工成蚌刀或有使用痕迹。

通过分类与功能分析，哈民忙哈遗址石器工具有以下几个显著特点：

（1）生产工具种类单一，形制较为简单。石镐作为具有地域特色的一种攫土工具，与一般认定为农耕工具的石耜在形制和装柄上有很大区别，石镐最有效的使用方式是掏挖而非耕耘。

（2）食物加工工具所占比例很高，包括磨盘、磨棒、石饼等研磨器，也有大量的敲砸器和石杵等捶捣类工具。食物加工工具的多样性，意味着食物来源的广谱性，另一方面也说明植物性食物的重要性。然而与周邻农业发展水平较高的新石器文化比较，该遗址迄今没有发现确认的配套农业生产工具，最主要是缺乏收割工具，即使把蚌刀考虑在内，似乎也感到不足。

（3）据遗址资源域调查，现方圆十几平方千米内没有发现石料产地，可认定当时的采石地点应远离遗址。由于获取石料途径艰难，这里的石器工具基本都是物尽其用。从损耗程度来看，大多使用痕迹清晰，过度磨损的情况很普遍，甚至残损后还会被改作他用，其中绝大多数敲砸器都是由残断的石镐改制而来。改制石器大量存在，是该遗址一种很特殊的文化现象。

值得注意的是，一些常见的生产工具如石斧、石锛、石凿、石刀等在石器工具组合中所占比例偏少，考虑到哈民忙哈遗址是因突发灾难事件而废弃的，那么这类便携工具就很有可能被幸存者带走。如果仅依据遗址留存的石器工具分类与数量统计，尚难以掌握各种生产活动的真实情况，当然也无法判断哪一种生产活动在经济部门中居主导地位，所以我们需要进一步深入讨论。

三、动植物遗存考察

在哈民忙哈遗址发掘中，考古工作者对房址、灶坑、灰坑、环壕内堆积土样，以及部分陶器内残留物进行了有针对性的提取，共采集样本44份，浮选结果共获得植物种子816 342粒，包括粟、黍、大麻、藜属、狗尾草、野稷、马唐、大籽蒿等，详见表二。

表二　哈民忙哈遗址浮选植物遗存统计表

种属	绝对数量	数量百分比（%）
粟（*Setaria italica*）	20	0.003
黍（*Panicum miliaceum*）	615	0.08
大麻（*Cannabis sativa L.*）	3	0.0004
藜属（*Chenopodium*）	66	0.008

续表

种属	绝对数量	数量百分比（%）
狗尾草属（*Setaira*）	3	0.0004
大籽蒿（*Artemisia sieversiana*）	815632	99.91
马唐［*Digitaria sanguinalis*（*L.*）*Scop.*］	1	0.0001
野稷（*Panicummiliaceum L. var. ruderale Kit.*）	2	0.0003
合计	816342	100

注：本表引自孙永刚、赵志军对哈民忙哈遗址浮选样本的植物种属鉴定和数量统计，参见注［15］。

经鉴定，粟、黍、大麻为人工栽培作物，共出土638粒，其中黍的绝对数量占到农作物的96.39%。植物考古学研究认为，旧石器时代晚期至新石器时代早期太行山及燕山南麓对植物性食物的利用经历了从广谱性采集向专项采集的发展过程，并在距今万年前后出现了粟类植物的原初驯化品种[16]。在燕山以北距今8000年的兴隆沟遗址发现了人工栽培的粟，有学者判断内蒙古东部地区已出现原始农业[17]。粟和黍是燕山南北地区旱地农业的主要种植品种。与粟相比黍更耐旱和抗低温，对贫瘠土壤的耐受力较强，面对科尔沁沙地气候与环境诸多不利因素，哈民忙哈遗址的农作物以黍为主，既是文化适从性的表现，也是无奈的选择。然而农作物占浮选植物总量比例较低，说明当时生产规模有限。

在野生植物中，大籽蒿出土最多，绝对数量为815632粒，占浮选植物总量的99.91%。大籽蒿亦称“白蒿”，菊科蒿属，一年生草本，籽实为瘦果倒卵形。《野菜博录》记载，“叶如细丝，似初生松针，包微青白，稍似艾香，味微辣，采嫩苗焯熟，换水淘净，油盐调食”[18]。大籽蒿在我国大部分地区均有分布，籽实可食用。二十世纪六七十年代经济困难时期，阿鲁科尔沁旗蒙古族就大量采集野生植物作为粮食代用品，在经常食用的13种野生植物中，就有大籽蒿[19]。石器工具研究证明哈民忙哈居民强调植物根茎和坚果类食物的利用，尤其是富含淀粉的蕨根类植物，这类植物经浸泡，捶捣、过滤、沉淀后可制成食物。另外从石磨盘、磨棒表面还提取到残存的香蒲淀粉粒，香蒲是一种水生植物，其根茎烧烤后可直接食用。该遗址房址内还发现百余枚保存完整的蕤核，蕤核又名扁桃木，俗称蕤李子，属蔷薇科，多年生落叶灌木。果实可食用，核仁味甘、性温、含油，亦可入药[20]。

在科尔沁沙地特殊地理环境下，采集应该是当时人们获取食物的主要途径之一。可以想象当食物短缺时，采集者还可能强化利用某些植物，如平时不怎么食用的植物或收益比较低的细小颗粒植物，甚至略带毒性（通过漂洗过滤去除毒素可食用）的高风险植物。采集业是人类最古老的谋生手段之一，并为原始种植业的诞生奠定了基础。凯·马丁和巴巴拉·沃利斯通过对390个狩猎和采集群体的观察，发现75%的群体依赖采集而不是狩猎[21]。哈民忙哈遗址发现大量的食物加工工具，包括磨盘、磨棒、石饼、石杵、敲砸器等。从它们在石器工具组合所占比重来看，毋庸置疑植物性食物应该是经常性的食物来源。

哈民忙哈遗址动物遗存分布广泛，绝大多数出土于房址内。经系统收集、筛选、统计，这批动物骨骼包括哺乳动物、爬行动物、软体动物、鸟类和鱼类五个门类，合计38个种属。在可鉴定标本中哺乳动物约占2/3，种类有东北鼢鼠、大林姬鼠、黄鼠、鼠、黄鼬、麝鼹、野兔、獾、貉、狐狸、狼、獐、狍、梅花鹿、马鹿、猪、牛、马等[22]。按统计数量排序，野兔标本5003件，最小个体数315个；猪980件，最小个体数29个；狍195件，最小个体16个；东北鼢鼠117件，最小个体15个；牛50件，来自3个个体；狐狸39件，最小个体4个；狼38件，最小个体3个；在以上出土数量最多的7种动物中，除猪以外均为草原动物。从统计数据看，野兔标本占哺乳动物总数的75%，出土数量惊人，东北鼢鼠及其他啮齿类动物也占有较高的比例，兔和鼠都是繁殖力极强的草原动物，是利用价值较高的肉食来源，然而对这类动物的大量捕食却潜藏着致命危险。在遗址出土的哺乳动物中，猪骨数量占15%。动物考古研究通常以臼齿长度参数作为区分家猪与野猪的标准。哈民忙哈遗址猪上颌M3测量值与古代和现代四个对比组猪臼齿长度比较，明显大于家猪，而近于野猪对比组。结合猪骨年龄结构分析，在40件可判定年龄标本中，小于1岁的占15%，2岁以上的占42.5%[23]。据已有资料统计，史前遗址出土的家猪年龄基本以年轻个体为主[24]。以秦安大地湾第四期，家猪年龄结构段13～18个月和19～24个月为参照[25]。哈民忙哈遗址猪的各年龄段比较分散，超出一般新石器遗址家猪年龄的合理分布范围，因此初步认定为野猪。

哈民忙哈遗址动物遗存鉴定结果认为，尚未发现饲养动物，所有标本均为野生动物。研究者还对主要野生动物产肉量进行了统计，粗略推算出，獐、狍子、梅花鹿、马鹿、野猪、牛、马、野兔、环颈雉9种动物可提供4138.5千克肉量[26]。一些个体较小的动物，如各种鼠类、贝壳类、鱼类，由于易于采食，数量较大，对肉食的贡献率也不可忽视。遗址出土的狩猎工具有石镞、骨镞、骨鱼镖、骨柄石刃刀、石球等，但缺乏围猎大型动物工具。据此判断哈民忙哈居民经常性捕食的动物，以中小型哺乳动物和水生软体动物为主。

综上所述，狩猎和采集在哈民忙哈遗址经济结构中占有主导地位，捕捞作为补充也是获取食物的一个途径。从浮选结果来看，农业是存在的，并具备一定的生产经验，但受气候、环境等不利因素制约，生产规模不大，与周邻同时期新石器文化较发达农业经济相比，处于落后阶段。概之，该遗址经济形态为狩猎采集兼营农业的生产方式，主要特征表现为对攫取型自然经济的依存度较高和食物来源的多样性。

四、一个居住模式与生态环境悖论的推导

2010～2012年，哈民忙哈遗址共清理出房址54座，房址平面呈长方形或方形，

多数面阔大于进深，均为半地穴式建筑。“凸”字形门道设于居室东南，方位集中在130°～145°。居室面积一般在15～20平方米，最小的仅6.8平方米，最大的一座36平方米。穴壁一般深0.3～0.5米，最深的达0.75米。居住面平整，保存较好的居住面和穴壁壁面见有烧烤痕迹，局部深度2～3厘米。灶坑位于居室中部偏向门道一侧，均为圆形，口径大于底径，灶面多有烧结面，有的坑体外侧叠筑马蹄形灶圈，个别灶内遗留陶具（支脚），多数灶底发现有草木灰。柱洞痕迹清晰，分明柱和半壁柱两种，分布较有规律，半壁柱一般沿穴壁内侧排列，明柱则多见于居住面和房址外缘。房址内存有不同厚度的堆积层，但包含遗物较少，遗物集中出土于居住面上。也有部分房址半地穴外缘处发现完整的陶器、石器、甚至成组的研磨器，这种现象在辽西地区新石器时代聚落发表资料中很少见。研究者认为哈民忙哈遗址半地穴房址外围应有一圈“二层台”，即房址（至少是大部分房址）营建时的地面框架范围要大于半地穴面积[27]。

在以往考古实践中，史前房址的地面建筑基本荡然无存，哈民忙哈遗址有7座房址清理出坍塌的房屋木质构架，为复原史前房屋的建筑方式和居住形态研究提供了难得的第一手资料。F32是保存最完整的一座，经逐层发掘，在房址内堆积中清理出坍塌的木质构架，真实反映了房屋的结构。初步分析，四柱顶扠架四横梁位于房址中部，构成周围檩木中间的支撑点，檩木搭建在横梁上，一端接地，一端聚向中间，其上等距离铺设椽木。梁、檩、椽相互结合形成完整构架，地面呈现四面斜坡“攒尖顶”式建筑。门道两侧虽未发现柱洞，但应建有雨篷，其做法可能是先架设木架大叉手，顶部支承至门道横梁前端。为防雨水倒灌，门道与居室衔接处见有红烧土堆积的土埂。

哈民忙哈遗址经多次发掘，已基本掌握聚落规模与布局特点。从发掘区域来看，所有房址门道均朝向东南，自西北向东南有10余排，每排4～8座。虽然有些房址在排列中的位置略有参差，但布局基本整齐。散布于房址周围的灰坑为圆形或椭圆形，较浅，皆平底，出土遗物很少。发现的10余座墓葬大多位于发掘区东部环壕内侧，也有见于房址排列之间。墓葬均土坑竖穴，除一座三人仰身屈肢外，其余皆单人叠肢葬，极少有随葬器物。遗址东部发现并行的2条围沟，经钻探已初步探明其大致走向。

哈民忙哈遗址的房址均为长方形或方形半地穴建筑，居室内设有圆形灶坑，门道朝向统一，房址成排分布，居住区外有围沟环绕，建筑布局与兴隆洼文化和赵宝沟文化十分相似。兴隆洼与赵宝沟聚落的共同特征是单体房屋——每一排房屋——若干排同时存在房屋组成的村落至少三重组织结构[28]。如果把单体房屋看成是村落中最基本的消费单元，一般生产活动和食物分配可能在每一排房屋中进行（从布局角度讲，同一排列房屋主人的内部关系较其他排列房屋的关系更为密切），大型活动包括围猎、祭祀、域外冲突等则以整个村落为中心组织实施，这意味着分层的社会组织结构与经济活动密切相关。哈民忙哈村落布局体现出较强的社会组织凝聚力，同时也是渔猎型经济群体居住模式的真实写照。

科尔沁沙地总面积约6万余平方千米，区域内沙丘连绵起伏，连片分布，大体呈东西走向的垄状沙丘，迎风坡常有风蚀洼地，积水形成湖泡。现植物群落为栎、松、榆、山楂等乔木遗株和低矮灌木，地表植被稀疏，常见有鸡锦、蒿类、蕨类、碱草等。沙坨、疏林、草甸、湖泡相间分布，自然景观独特[29]。科尔沁沙地年平均气温5～8℃，降水量350～400毫米，受海洋季风影响，春季干旱少雨，夏季温暖湿润，冬季寒冷干燥。这里的植被覆盖率受降水影响易产生较大波动，丰水年份植物生长茂盛，沙丘趋于固定，沙地面积缩小，连续干旱古土壤被风积沙层所掩盖，使沙地面积不断扩大。地层剖面显示，自全新世以来本区域曾几度发生沙地的进退，人类活动亦发生变化。科尔沁沙地第一次大规模收缩出现在距今8000～5000年，正直大暖期气候最适宜期[30]。这一时期，邻近科尔沁沙地的辽西地区，先后形成从兴隆洼文化、赵宝沟文化到红山文化完整的新石器文化序列，尤其是红山文化时期遗址分布的密度和范围显著增大。距今5000～4000年的小河沿文化时期，气候变冷，环境恶化，沙地复活扩大。此期小河沿文化遗址分布稀疏，数量明显减少。哈民忙哈遗址年代相当于红山文化晚期，约距今5000年前后，正处于冷暖交替的气候不稳定时期。从历史资料来看，气候波动常伴随着饥荒和人群的大规模迁徙，这种情况在史前文化的边缘地带表现得更为突出[31]。

以哈民忙哈遗址代表的新石器时代晚期遗存在科尔沁沙地的出现，是一个突兀的文化现象。据近年在这一地区的考古调查，哈民文化之前只有零星的考古发现，之后的南宝力皋吐类型文化面貌差异也很明显[32]。有研究者指出新石器时代晚期，红山文化的分布范围已明显向南收缩，其在西辽河以北区域被哈民文化所占据[33]。由此可以推定在科尔沁沙地这种新出现的文化，是迁徙而至的域外居民，他们不仅有认同感而且形成了别具一格的区域文化。

科尔沁沙地气候变化敏感，生态环境脆弱，这样的生存条件显然不适宜大规模人群的长期定居。哈民忙哈遗址面积超过10万平方米，即使与发达的红山文化相比，规模也达到了大型聚落的水平。目前在已发掘的6000平方米范围内，共发现人骨200余例，其中有181具人骨出土于房址内，均属非正常死亡。如果按灾难事件约1/3的死亡率计算，理论上推算的人口数量应不少于300～400人[34]，那么整个遗址人口规模就可能达到千余人。通常人口密度、居住模式、人类群体活动周期与生态环境的变异程度有密切联系。若环境持续波动，人口密度就会变小，定居时间缩短，流动性增大。哈民忙哈大规模史前聚落的发现，显然有悖于常理。

从考古发掘现场可以看出，哈民忙哈遗址延续时间不长，遗址的废弃具有突然性，从三方面可以证实这一判断：其一，遗物集中出土于房址居住面上，陶器大多完整，还发现有成套的生产工具和数量可观的玉器。玉器均出土于房址内，制作精美，具有红山文化的形制和风格，或见于人骨颈部，或散落在腰腹之间，应该是随身佩戴的珍爱之物；其二，遗址在数座坍塌的房址内清理出木构架，有的保存相当完整，木构架上有火烧烤的痕迹，其情境似失火或有意焚毁；其三，房址内发现大量人骨，最多的一座房址可能观察到的最小个体数为97具。由于人骨的体位方向不同，姿态各异，甚至层层叠压，明显非刻意摆放，当排除居室葬的可能。种种迹象表明，遗址的废弃与突发灾难事件有关，初步研究认定房址内出土的大批人骨属群体性非正常死亡，直接原因可能缘于一场肆虐的鼠疫[35]。

在哈民忙哈遗址经济结构中，狩猎、采集所占比重较大，这一方面反映人们为了获取食物要花费大量时间，付出更多努力；另一方面表明由于受到动物繁衍、迁徙，植物生长季节等方面的制约，周期性的食物短缺是不可避免的，也就是说完全依赖狩猎采集很难维持生计。迫于人口压力，哈民忙哈居民可能采取了狩猎采集兼营农业的多元经济策略。

本文对石器工具组合和动植物遗存研究证明了其食物来源的广谱性特征，包括某些高风险食物。从统计数据来看，哈民忙哈居民经常捕食的动物以中小型哺乳动物和蚌类软体动物为主，其中野兔的数量惊人，东北鼢鼠和其他啮齿类动物采食量也占有相当高的比例。兔和鼠都是草原动物，繁殖力极强，是易于捕获且收益较高的食物来源。然而各种啮齿类动物是天然的微生物寄生宿主，大量捕食会有很大机缘将病原体转移给人类，如果被感染的个体迅速传播，将导致大面积发病和死亡，最终酿成可怕的灾难。

从文化生态学角度考察，攫取型经济活动很容易造成资源的过度消耗，问题的关键在于哈民忙哈居民“选择了一种与其经济基础不相宜的居住模式”[36]。所以从一开始人们就面临着巨大的生存危机，而一系列因素的耦合作用导致了惨剧的发生，也是遗址突然废弃的根本原因。综上所论，科尔沁沙地特殊的自然地理环境很难维系大量人口聚居，从人地关系的角度分析哈民忙哈遗址的大型聚落与生态环境是一个悖论。

注　释

[1] 碳十四测年为北京大学考古文博学院碳十四实验室承担，并得到“中华文明探源及其相关文物保护技术研究之课题3500BC～1500BC考古学文化谱系年代研究”资助（编号：2013BAK08B01）.

[2] 内蒙古文物考古研究所，科左中旗文物管理所.内蒙古科左中旗哈民忙哈新石器时代遗址2010年发掘简报［J］.考古，2012（3）.

[3] 吉林大学边疆考古研究中心，吉林省文物考古研究所. 吉林白城双塔遗址新石器时代遗存［J］.考古学报，2013（4）.

[4] 内蒙古自治区文物考古研究所. 科右中旗哈尔沁新石器时代遗址［J］.草原文物，2011（1）.

[5] a.塔拉，吉平. 内蒙古南宝力皋吐墓地及遗址又获重要发现［N］. 中国文物报，2008-12-19（5）.

b.吉平，江岩. 扎鲁特旗南宝力皋吐D地点新石器时代遗址［A］. 中国考古学年鉴［Z］. 北京：文物出版社，2012：174-175.

[6] 内蒙古自治区文物考古研究所. 通辽市扎鲁特旗道老杜粮库遗址发掘简报［A］. 内蒙古文物

考古文集（第四辑）［C］. 北京：科学出版社，2013.

［7］ 内蒙古自治区文物考古研究所. 考古揽胜——内蒙古自治区文物考古研究所60年重大考古发现［M］. 北京：文物出版社，2014：21-31.

［8］ 内蒙古文物考古研究所，吉林大学边疆考古研究中心. 内蒙古科左中旗哈民忙哈新石器时代遗址2011年的发掘［J］.考古，2012（7）.

［9］ 同［2］.

［10］ 刘国祥. 赵宝沟文化经济形态及其相关问题探讨［A］. 21世纪中国考古学与世界考古学［C］. 北京：中国社会科学出版社，2002年.

［11］ 据了解这种石镐在内蒙古科左中旗、科右中旗、扎鲁特旗、科右后旗，吉林省通榆县、乾安县、洮安县等以往田野考古调查中都有发现。

［12］ 陈胜前，杨宽. 哈民忙哈遗址石器工具研究［J］. 人类学学报，2016（2）.

［13］ 李国强. 中国北方旧石器时代晚期至新石器时代早期粟类植物的驯化起源研究［J］. 南方文物，2015（1）.

［14］ 内蒙古自治区文物考古研究所，扎鲁特旗人民政府. 科尔沁文明——南宝力皋吐墓地［R］. 北京：文物出版社，2010年.

［15］ 孙永刚，赵志军，吉平. 哈民忙哈史前聚落遗址出土植物遗存研究［J］. 华夏考古，2016（2）.

［16］ 同［13］.

［17］ 赵志军. 从兴隆洼遗址浮选结果谈中国北方旱作农业起源问题［A］. 东亚古物（A卷）［C］. 北京：文物出版社，2004年.

［18］ （明）鲍山（编），王承略（点校解说）. 野菜博录［M］.济南：山东画报出版社，2007：387.

［19］ 裴盛基，淮虎银. 民族植物学［M］. 上海：上海科学技术出版社，2007：72-73.

［20］ 同［18］.

［21］ Martin, K., Voorhies, B. *Female of the Species*［M］. New York: Columbia University Press, 1975.

［22］ 陈君. 内蒙古哈民忙哈遗址出土动物遗存及相关问题研究［D］. 吉林大学硕士学位论文，2014.

［23］ 陈全家，刘晓庆，陈君等. 内蒙古科左中旗哈民忙哈遗址出土猪骨初步研究［A］. 边疆考古研究（第19辑）［C］. 北京：科学出版社，2016.

［24］ 袁靖，罗运兵，李志鹏. 论中国古代家猪的鉴定标准［A］. 动物考古（第1辑）［C］. 北京：文物出版社，2010.

［25］ 甘肃文物考古研究所. 秦安大地湾——新石器时代遗址发掘报告［R］. 北京：文物出版社，2006：890.

［26］ 同［22］.

［27］ 朱永刚，吉平. 探索内蒙古科尔沁地区史前文明的重大考古新发现——哈民忙哈遗址发掘的

主要收获与学术意义［J］. 吉林大学社会科学学报，2012（4）.
［28］ a.苏秉琦. 中国通史（第二卷）［M］. 上海：上海人民出版社，1994：358.
b.同［10］.
［29］ 裘善文，等. 中国东北西部沙地与沙漠化［M］. 北京：科学出版社，2008：21-23.
［30］ 夏正楷，邓辉，武弘麟. 内蒙西拉木伦河流域考古文化演变的地貌背景分析［J］. 地理学报，2000，55（3）.
［31］ 徐婧华. 太阳、气候、饥饿与民族大迁移［J］. 地球科学，1998（4）.
［32］ 朱永刚，陈醉. 近年科尔沁沙地新石器时代考古发现与研究的新进展［J］. 内蒙古社会科学，2016（1）.
［33］ 郑钧夫. 燕山南北地区新石器晚期遗存研究［D］. 吉林大学博士学位论文，2012.
［34］ 朱永刚. 内蒙古哈民忙哈遗址房址内大批人骨死因蠡测——关于史前灾难事件的探索与思考［J］. 考古与文物（待刊）.
［35］ 同［34］.
［36］ 同［12］.

The Research of Economic Form of Haminmangha Site: An Inference of the Dwelling Pattern and Ecologic Environment Paradox

ZHU Yong-gang

The research of economic form of Haminmangha is composed of systematic experimental tests, analytical reports and related research results. It mainly includes three dimensions: (1) the classification of stone tools and their functions; (2) the identification and analysis of fauna and flora remains; (3) the study of the pattern of dwelling, population size, natural environment and cultural background. Synthesizing all the researches above, it can be indicated that the economic form of Haminmangha is a mixture of hunting-gathering and farming, reflected by the highly dependence on exploitive natural economy and diversity of food resources. Under the specific natural environment of Horqin sand land, exploitive ways of economic activities can lead to the over consumption of nature resources. To make matters worse, the inhabitants of Haminmangha selected a form of dwelling pattern which does not fit in the economic bases. The coupling effect of a series of factors is the root cause leading to the destruction of the site.

内蒙古哈民忙哈遗址改制石器研究*

陈　醉

（吉林大学边疆考古研究中心，长春，130012）

哈民忙哈遗址位于内蒙古科左中旗哈民艾勒村东，西北距舍伯吐镇东偏南约20千米，南距通辽市50千米，介于西辽河及其支流新开河之间，地处西辽河平原东部，科尔沁沙地的腹心地带。2010～2011年，内蒙古文物考古研究所和吉林大学边疆考古研究中心组成联合考古队对该遗址进行发掘，共发掘4000余平方米，清理房址43座、灰坑38个、墓葬6座以及环壕1条。出土遗物共计千余件，主要有陶器、石器、玉器和骨、角、蚌器[1]。哈民忙哈遗址是迄今在科尔沁沙地发现规模最大的史前聚落遗址，所揭示遗存的文化面貌独特，与周邻地区已发现命名的新石器时代文化均不相同，根据对其文化内涵的认识，将这类遗存命名为“哈民忙哈文化”，其年代大体相当于红山文化晚期和左家山三期文化[2]，已测定的碳十四年代数据（经树轮校正）在公元前3600～前3100年[3]。

哈民忙哈遗址石器工具主要有镐（简报中称之为耜）、斧、锛、刀、磨盘、磨棒、杵、环、镞、骨柄石刃刀、敲砸器等。其中两种石器特点鲜明：一是石镐，平面呈长条形，刃端略宽，完整标本通长约30厘米。据了解，以往在科尔沁沙地及周边区域的考古调查中，有多个地点发现过这种石镐，但在毗邻的西辽河以南地区却从未见过相关报道。从使用痕迹分析，这是一种适用于沙土深挖的破土工具，如掏挖植物根茎或啮齿类动物洞穴等[4]。二是改制石器，所谓改制石器，是指对已残损石质生产工具进行二次加工改造，使其具备新功能的石器。改制后石器获得的新功能可能代替原有功能，或新功能与原功能兼有。改制石器不同于修整石器，后者虽然也是对残损的石器进行二次加工，但一般未使功能发生变化。哈民忙哈遗址发现的改制石器数量众多，而且绝大多数由石镐改制而成，这是一种值得关注的特殊文化现象。本文拟以2010～2011年哈民忙哈遗址出土改制石器为研究对象，通过改制工艺、使用痕迹观察，对其功能和使用方式等进行分析和研究。

---

* 基金项目：国家社会科学基金重大项目“哈民忙哈-科尔沁沙地新石器时代遗址发掘与综合研究”（12&ZD191）。

一、形制分类

哈民忙哈遗址共发现改制石器114件，约占2010～2011年出土石器总量的19.06%。其中由石镐改制而成的石器占绝大多数，共计108件，可分为敲砸器、石饼、网坠、石楔四类。

敲砸器100件，占改制石器总数的87.72%。多安山岩制作，厚度和宽度与石镐相近，两面仍保留有石镐磨光处理痕迹，以及同样近似圆角棱形的横截面形状，所以此类敲砸器是由石镐改制而成。依据其平面形状的不同，可分为五型。

A型　圆形，41件。边缘打制成形，少量有琢制痕迹，形制较为规整，多两面磨光，横截面近圆角棱形。

标本F39①：14，安山玢岩，灰褐色，打制成形，周缘可见清晰的敲砸痕迹。直径6.8、厚2.8厘米（图一，1）。

标本T011059②：1，玄武岩，蓝灰色，夹杂白色斑点。两面磨光，边缘使用痕迹清晰。直径6、厚2.8厘米（图一，2）。

B型　椭圆形，35件。打制成形，形制规整，横截面近圆角棱形。

标本F12：6，安山岩，褐色。打制成形，两面磨制光滑，体扁平，在长轴两端可见敲砸痕迹。长9.6、宽6.8、厚3.6厘米（图一，3）。

标本F19：2，安山玢岩，灰褐色，打制成形，局部磨光，整体扁平，钝厚，顶端略平，边缘可见打制形成的疤痕。长轴两端有明显使用痕迹。长9.2、宽6.4、厚3.2厘米（图一，4）。

C型　舌状，13件。打制或琢制而成，弧背，腹部较平。顶端平直，有一小平面，底部稍加打制，圆钝。

标本F13：25，晶屑凝灰岩，青绿色。打制而成，局部磨光，横截面近圆角棱形。顶端平直，底部可见打制形成的疤痕，使用砸痕清晰。长8、宽7.8、厚3.6厘米（图一，5）。

标本F15：5，安山岩，青绿色。打制成形，横截面近圆角棱形。四周修整，底部打制，有使用敲砸痕。长10.8、宽7.6、厚3.6厘米（图一，6）。

D型　亚腰形，5件。打制成形，两面磨光，刃部厚钝。

标本F15：6，安山岩，青绿色。边缘打制，两面磨光。其长轴上端两侧制作出凹口，可能为便于装柄，两端可见使用砸痕。长11.2、宽6.7、厚2.1厘米（图一，7）。

标本F37：22，玄武岩，黑褐色，打制成形，磨制成器。边缘可见磨痕，一端见有砸击痕迹。长12、宽6.4、厚2.8厘米（图一，8）。

E型　圆角长方形，6件。整体扁平，形制较规整，边缘可见敲砸痕迹。

标本F1：6，玄武岩，青灰色。琢制成形，表面经简单磨光，横截面近圆角棱形。长10.4、宽6.8、厚3.2厘米（图一，9）。

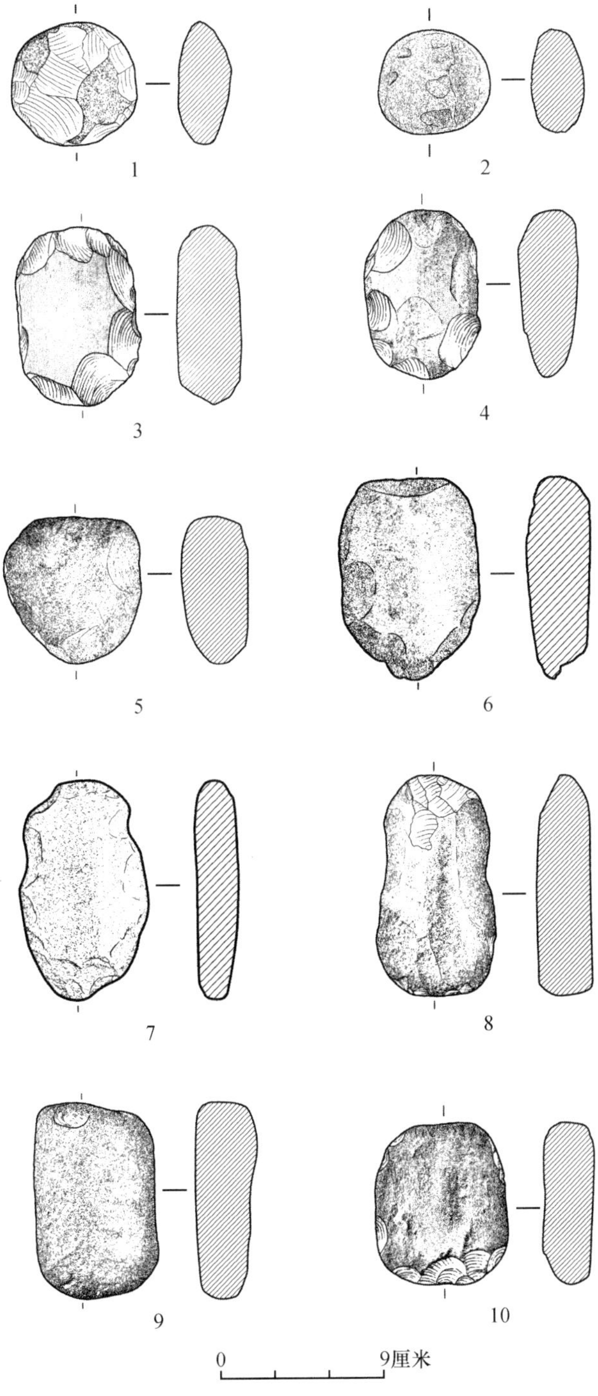

图一　石镐改制的敲砸器

1、2. A型（F39①：14、T011059②：1）　3、4. B型（F12：6、F19：2）　5、6. C型（F13：25、F15：5）
7、8. D型（F15：6、F37：22）　9、10. E型（F1：6、F28：13）

标本F28：13，杂砂岩，灰褐色。边缘打制，两面磨光，横截面近圆角棱形，一端敲砸痕清晰。长8.8、宽7.2、厚2.8厘米（图一，10）。

由石镐改制其他功能石器还有石饼、网坠和石楔。

石饼　4件。标本F20：14，安山岩，青灰色，打制成形，整体扁平，平面呈椭圆形，横截面近圆角棱形。一面可见研磨痕迹。直径6.2～6.9、厚2.1厘米（图二，1）。

网坠　3件。标本T011070②：2，安山岩，灰褐色，打制，局部磨光，一侧中部有磨蚀形成的沟槽。长7.2、宽6.4、厚2.8厘米（图二，2）。

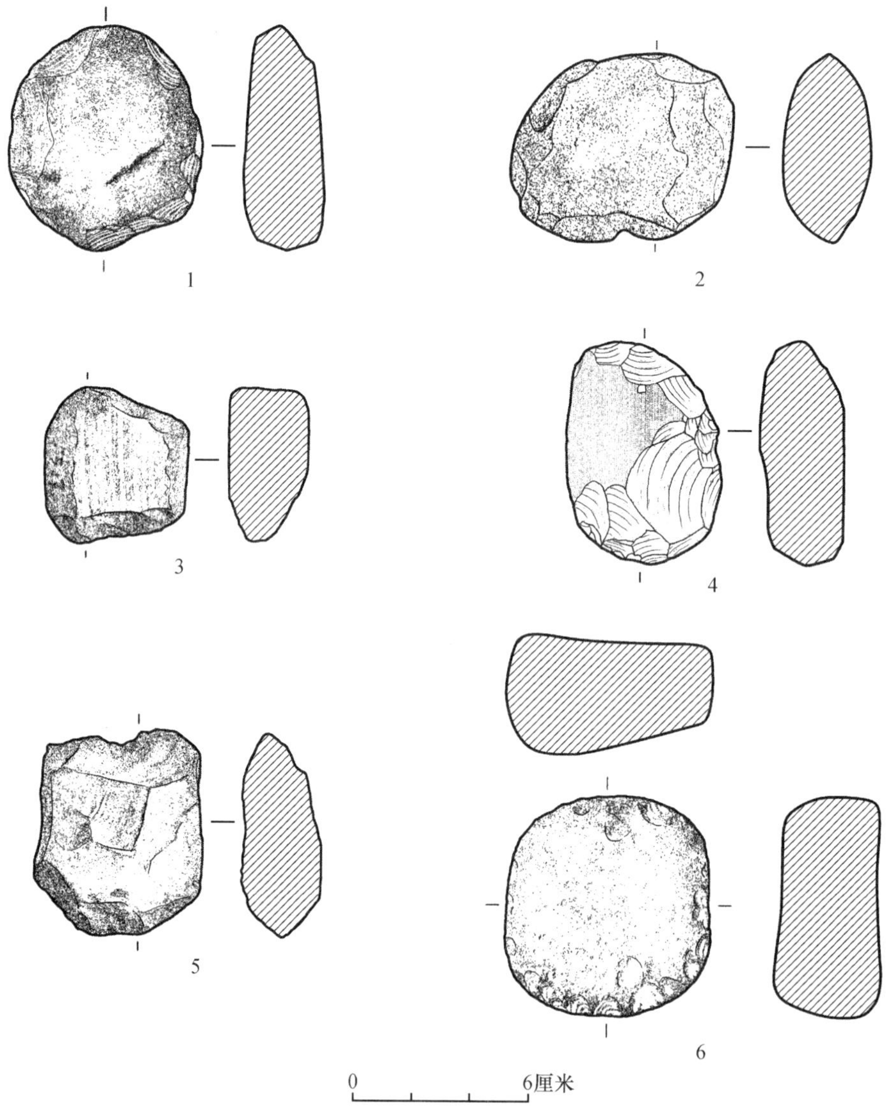

图二　改制石器

1、6. 石饼（F20：14、F13：15）　2. 网坠（T011070②：2）　3. 石楔（F5：7）　4、5. 敲砸器（F12：21、F13：23）

（1、2、3. 石镐改制；4、5. 石斧改制；6. 磨盘改制）

石楔 1件。F5：7，凝灰岩，青灰色，平面近方形，两面有磨光痕迹，横截面近圆角棱形。改制后两侧边平直，平顶，顶端有撞击疤痕，厚背，刃部交互打制。残长5.6、宽4.8、厚2.8厘米（图二，3）。

哈民忙哈遗址出土完整的石斧很少，与石镐改制石器相比，石斧改制石器仅有5件，均为敲砸器，约占改制石器总量的4.39%。根据宽度、横截面形状及个别敲砸器近似弧刃正锋的形制特点，判断此类敲砸器由石斧改制而成。标本F12：21，玄武岩，灰色，边缘打制，两面磨制光滑，形制规整，平面呈椭圆形，周缘可见敲砸使用痕迹。长7.2、宽5.2、厚2.8厘米（图二，4）。标本F13：23，褐色，打制成形，体扁平，平面呈舌状，弧刃正锋，有敲砸痕迹。长6.4、宽5.6、厚2.8厘米（图二，5）。

遗址内还出土1件由石磨盘改制而成的石饼。F13：15，英安岩，黑褐色。平面近圆角方形，边缘琢制，形制规整。研磨面倾斜，研磨痕迹细腻。长11.2、宽10.4、厚4.0～6.0厘米（图二，6）。

二、加工与使用痕迹观察

石器制作和使用痕迹的分析是探讨其功能和使用方法的前提。改制石器作为特殊石器，与一般石器的加工制作不同，会或多或少地保留原有加工制作痕迹，并叠加二次制作痕迹。首先要排除原有的制作痕迹，以确认哪些痕迹是改制过程中形成的，进而有针对性地分析改制石器的制作工艺及特点。改制石器边缘常见有徒手打击疤痕，推测由硬锤直接打击，在原石器面上出现二次加工打击点和半椎体疤痕等破裂现象。通过形制观察还能够得到石器工具大致的使用范围，痕迹分析则可以进一步探讨石器使用方式，但仅从形制和痕迹方面观察是不够的，民族学资料的佐证是确认石器功能范围、推测使用方式十分有效的方法。另外，特定的自然地理环境和文化背景也应该在考量之中。

从哈民忙哈遗址敲砸器改制加工痕迹来看，几乎均为多点打击制作，部分个体打制后稍加磨制，绝大多数敲砸器两面仍保留有石镐或石斧磨光处理的原始面。仔细观察，敲砸器打制点集中分布的位置有一定规律，可分周缘打制、两端打制和尖端打制三种。A型和B型敲砸器多使用周缘打制的方法；两端打制法主要应用于D型和E型敲砸器；C型敲砸器则使用尖端打制法进行制作。敲砸器打制点集中分布位置的使用痕迹也十分清晰，同样使用的是周缘敲砸、两端敲砸和尖端敲砸，即打制部位与使用着力位置相重叠。使用同一件敲砸器，在相同作用力的情况下，接触面积越小，被加工物品所受到的压强越大，把多次打击制作的部位作为着力点，能够提高敲砸器使用效率，推测加工者在改制石器时，尽可能利用残缺石器的形态并考虑改制后的用途和使用方式，所以将残损石镐或石斧改为不同形制的敲砸器是有意识的行为。

哈民忙哈遗址出土的敲砸器长度6～9厘米，宽介于4.5～6.5厘米，重量多在100～250克，最重的一件约378克。参照类型划分计算各型敲砸器尺寸和重量的平均值，如表一所示。

表一　敲砸器尺寸、重量平均值统计表

	长/直径（cm）	宽（cm）	厚（cm）	重量（g）
A型	6.2		2.4	140
B型	7	5.4	2.8	145.7
C型	7.5	6.6	2.7	243.1
D型	9	6	2.5	177
E型	7.7	6.3	2.7	181.9

图三　敲砸器表面使用痕迹

各型敲砸器的厚度差距不大，长度、宽度和重量均有一定差异。有限的尺寸以及较轻的重量说明加工对象个体不大且不会太坚硬。敲砸器表面使用痕迹集中分布在器物边缘，表面可见粉碎性碰撞痕迹（图三），使用痕迹显示此类石器的主要功能为敲砸，同时也说明石器使用时着力的方向和力度，故敲砸器大多用于敲砸坚果。哈民忙哈遗址发掘中出土数量较多的蕤核，其中仅一座房址内就发现144枚[5]。蕤核形状呈扁卵形或扁心脏形，质地坚硬致密。《野菜博录》记载，“俗名蕤李子。生函谷川谷，及巴西河东皆有。今古峪关西茶店山谷间亦有之。其木高四五尺，枝条有刺，叶细，似枸杞叶而尖长，又似桃叶而狭小，亦薄。花开白色，结子红紫色，附枝茎而生，状类五味子，其核仁味甘，性温，微寒，无毒，其味甘酸。摘取其果红紫色熟者食之。”[6]又据《全国中草药汇编》所录，“蕤核以核仁入药，秋季果实成熟后采收，去果肉，晒干，用时打碎果壳，取种仁用。”[7]蕤核是一味可食用中药，获取蕤核需要敲裂较为坚硬果壳。除剥食坚果类食物外，敲砸器也可能用于捶捣一些根茎类植物提取淀粉和利用树皮、葛、麻等加工纤维织物。

敲砸器有两种使用方法：一种手持，A、B、C、E型敲砸器周边圆钝无刃，部分敲砸器边缘凸起的棱部还有故意磨制痕迹，结合器形和集中在边缘的使用痕迹分析，敲砸器大多手持使用，按照这种使用方式，作用力集中在一处，敲砸速率应该不会很快；另一种装柄，可称复合式敲砸器。D型敲砸器器体呈亚腰形，从部分石器亚腰处的凹口痕迹推测，此型敲砸器似需要安柄使用。推测安柄方式有两种：一是捆绑式，民族学所见生活在菲律宾的塔锡兑人使用的一种圆盘形石器，这种连柄的圆盘形器保存完整，器身两侧打制亚腰，用藤条环绕在器身亚腰处，柄部捆缚细藤，上下两端均可使用（图四，1）[8]。哈民忙哈遗址D型敲砸器形制与塔锡兑人的圆盘形器类似，应是采用捆绑式的

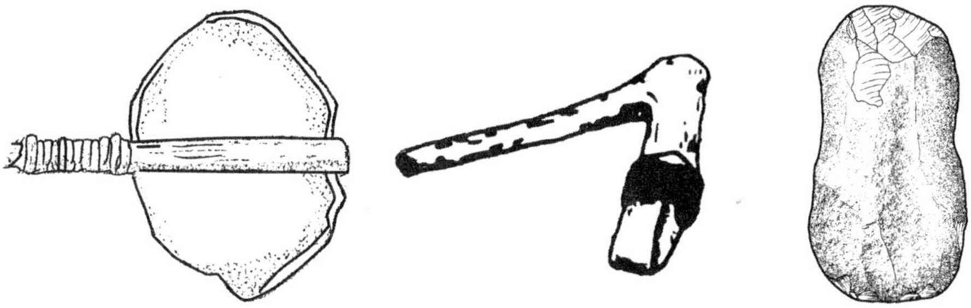

图四　圆盘形器与敲砸器对比图

1. 塔锡兑人的圆盘形器（引自Further Studies on the Tasaday, P. 11, Fig. 6）　2. 鹤嘴柄式石斧（引自宋兆麟：《我国的原始农具》，《农业考古》1986年第1期）　3. 哈民忙哈（F37：22）

复合敲砸器。二是榫卯式，装柄方式与鹤嘴柄式石斧类似，先制作鹤嘴式木柄，在鹤嘴上制作榫卯结构，然后将D型敲砸器一端插入榫卯处，再用绳索固定（图四，2）。经实测，亚腰形敲砸器平均长度最长（参见表一），装柄使用敲砸器在长度上明显大于手执使用敲砸器。有趣的是，其他形制敲砸器也有个别个体表面有捆绑痕迹，如A型敲砸器F15：17，直径7.4厘米，侧边可见磨蚀痕迹，说明其他类型敲砸器也有安柄使用的。

另外三种改制石器出土数量较少。网坠的器身中部束腰，似凹槽，平均长度为6.7、宽6、厚2.8厘米，平均重量达143.7克，边缘多处可见敲砸痕迹。在哈民忙哈遗址动物遗存中发现数量颇多的水生动物遗骸[9]，骨制品中也包含少量骨鱼鳔，说明水生动物是哈民忙哈居民的食物来源之一。网坠束腰处应该是绳槽，使用时系拴在渔网底部，用来捕获水生动物。

哈民忙哈遗址出土改制石饼5件，其中4件由石镐改成，平面近椭圆形，边缘多点打制而成，有一个研磨面，其表面仍可见残留的石镐磨光痕迹，长约6厘米，宽约5厘米，厚2.7厘米，重量在160克左右。另一件石饼F13：15由磨盘改制而成。哈民忙哈遗址磨盘呈长方形，使用痕迹清晰，有两个研磨面，一面为马鞍形，是与磨棒配合使用的主研磨面，另一面是与石饼配合使用的次研磨面，呈浅盘状[10]。此件石饼研磨面倾斜，据此判断其为磨盘马鞍形主磨面残存部分。这5件改制石饼与遗址内出土的石饼形制类似，整体扁平，研磨痕迹清晰，使用方式与石饼相同，手持把握，在磨盘上转动研磨。

F5：7是一件比较特殊的石器，体型小，重量轻，棱部经磨制，顶部有锤击形成的疤痕，刃部较钝，交互打制而成，使用痕迹不明显。这件改制石器并不能为手持把握提供方便，石楔是纵裂大型原木，加工木板和木方时使用的工具[11]，F5：7顶端的锤击痕说明其使用方式与石斧不同，故判定为石楔。

哈民忙哈遗址改制石器制作简单，以打制为主，较少使用磨制和琢制技术，看似随意，但加工时具有较强的目的性，根据残损石器的长短、形态的不同，采取了有针对的加工方法。改制石器表面使用痕迹清晰，结合形制和民族学资料分析，哈民忙哈遗址改制石器功能单一，与狩猎采集有关的食物加工工具占比重最大，未见典型农耕石器。

三、改制石器是一种特殊的文化现象

哈民忙哈遗址只有极个别叠压打破现象，堆积被扰乱的情况也较少，遗址因某种特殊原因突然废弃，因此很大程度保留着当时人们生产生活的场景。改制石器大多出土于房址内，有必要对房址内改制石器的出土情况进行简要分析。

2010～2011年共发掘房址43座，其中30座房址发现至少1件改制石器，说明哈民忙哈居民使用改制石器的现象较为普遍。敲砸器出土数量最多，共72件，占改制敲砸器总数的68.57%。发现有敲砸器的29座房址中F12、F13、F15、F17、F19、F20、F37和F39出土数量超过3件，同时这8座房址出土遗物也十分丰富，发现的石质工具除敲砸器外，还有石斧、石杵、石锛、磨盘、磨棒、石饼等，几乎涵盖了哈民忙哈遗址石质生产工具的各个类别。敲砸器集中出土可能意味着这些房址的主人更多地参加与敲砸有关的生产活动。从空间位置来看，房址内出土的敲砸器多被放置在灶坑以西，靠近穴壁的居住面上，周围一般不见其他种类石质工具，与其共出的多为陶器，如筒形罐、陶壶、斜口器等。F15居住面发现敲砸器5件，其中4件出土于房址西角，距穴壁直线距离不足0.8米，周围还放置1件筒形罐、1件陶壶和1件斜口器。F37居住面发现的3件敲砸器都靠近西南壁分布，其中2件旁边发现1件完整的三足鼓腹罐，另1件附近出土1件陶壶。值得注意的是，在F15内发现石器改制时打制剥离的石片，结合改制石器皆由残损石器改制且制作简单的特点，推断改制石器大都是在房址内制作的。

从这8座房址在遗址中的平面布局分析，F15、F17、F19、F20位于发掘区的西北部，分布较集中，彼此之间的距离较近。F37、F39位于发掘区东南部，之间的距离约25米，而F12、F13分别位于西部和东部，相距较远。推测在已发掘的区域内存在两个对采集坚果集中加工的区域。当然讨论房子功能及其居民经济活动，还应当把它附近可能与之发生关系的其他房子联系起来才能看清楚。对于发现敲砸器数量较多房址的功能以及是否存在分工等问题，还有待于对聚落形态的综合研究。

综上所述，针对哈民忙哈遗址发现的大量改制石器，提出以下几点认识。

（1）哈民忙哈遗址完整石器数量不多，大部分石器工具被过度使用，磨耗严重，遗址内也没有发现石料，石片数量很少，以上现象说明石器工具不是在遗址内生产，而是在外地制作完成后带入遗址的。资源域调查结果显示，遗址方圆十几平方千米内未发现石料产地，石器生产地与遗址相距甚远，这导致哈民忙哈遗址石料资源供给不足，其居民需充分利用现有石器，甚至将残损石器改作他用。哈民忙哈遗址出土大量改制石器是应需求的必然。

（2）哈民忙哈遗址石器工具种类单一，组合相对简单。按初步认定的工具使用范围，可划分为镬土、研磨、捶捣、斫木、刈割和与渔猎相关工具六类[12]。石镐作为具有自身特色的镬土工具，器身修长，单面刃，在2010～2011年发掘中共出土19件，但这类工具的出土数量并不能说明其在石器工具组合中的意义，石镐残损后，被改制成敲砸器等工具，一件破损的石镐可改制2件或多件其他石器，据此估算其在石器中所占较大比例，是哈民忙哈居民重要生产工具之一。石镐并不是农业工具，主要用于深挖，适用于根茎采集和掏挖动物地下洞穴[13]。哈民忙哈遗址研磨工具有磨盘、磨棒和石饼三种，还有石杵、敲砸器两种捶捣石器。研磨和捶捣石器作为食物加工工具，种类较多，意味着多样的食物来源。石镞、骨柄石刃刀和网坠则反映经济形态中具有狩猎和捕捞成分。数量有限的石刀和蚌刀既说明农业的存在，又体现出其在经济形态中的比重较低。哈民忙哈遗址农业生产受自然环境限制较甚，科尔沁沙地地处森林草原与干旱草原过渡带，生态环境脆弱，土壤机制不稳定，气候指标显示科尔沁地区在距今6000～4200年间气候暖湿，但存在百年尺度的气候波动，其中距今5600～5500年和5400～4900年相对冷干[14]。哈民忙哈遗址年代为公元前3600～前3100年，也就是说，处在气候相对冷干，冷暖交替的不稳定期，并不适宜发展农业。综上所述，哈民忙哈遗址是一种以狩猎采集为主，渔业为补充，兼营农业的混合经济形态。哈民忙哈遗址经济形态会影响石器种类及功能，所以敲砸器、石饼、网坠和石楔四种改制石器的出现和哈民忙哈遗址经济形态之间有密切联系。

（3）哈民忙哈遗址改制石器数量多，占石器比重大，而在相邻的辽西地区新石器时代考古文化中十分少见。检视已发表的辽西地区新石器时代诸考古学文化资料，改制石器在部分遗址只有零星发现。在兴隆洼遗址1992年发掘中出土的A型石刀F220③：7，背部及一侧较直，刃部锋利，系利用石锄改制而成[15]，仅占当年出土打制石器的3.45%。另一处兴隆洼文化的查海遗址中出土部分石刀是利用铲形石器或石斧残片改制而成[16]，石刀仅占石器总量的1.7%，利用铲形石器或石斧残片制成的石刀所占比重更低。在赵宝沟遗址中发现饼形器H3①：2，近圆形，饼状，为残石斧改制而成[17]，在石器总量中所占比重不足1.95%。还有牛河梁遗址第五地点出土一件石斧N5XC：7，刃部残损后，经过修整，继续当石锤使用[18]，也应属于改制石器的范畴。白音长汗遗址红山文化遗存中发现一件石杵BT307①：1-1，四棱柱形，有竖把柄，磨棒残断后，磨制成石杵[19]，占该遗址红山文化石器的0.72%。

结合哈民忙哈遗址所处的自然地理位置及其经济形态，再通过与辽西地区新石器时代考古学文化对比，从现有材料分析，改制石器大量存在，应该是哈民忙哈居民对周围生态环境的适从性反映，同时也是一种特殊的文化现象。

注　释

［1］ 朱永刚，吉平. 探索内蒙古科尔沁地区史前文明的重大考古新发现——哈民忙哈遗址发掘的主要收获与学术意义［J］. 吉林大学社会科学学报，2012（4）.

［2］ 郑钧夫，朱永刚，吉平. 试论哈民忙哈文化［A］. 边疆考古研究（第15辑）［C］. 北京：科学出版社，2014.

［3］　碳十四测年为北京大学考古文博学院碳十四实验室承担，并得到“中华文明探源及其相关文物保护技术研究之课题3500BC～1500BC考古学文化谱系年代研究”资助（编号：2013BAK08B01）.

［4］　陈胜前，杨宽，李彬森等. 哈民忙哈遗址石器工具研究［J］. 人类学学报，待刊.

［5］　孙永刚，赵志军，吉平. 哈民忙哈史前遗址生业方式研究——以植物考古学为中心［J］. 农业考古，2015（4）.

［6］　（明）鲍山（编），王承略（点校）. 野菜博录［M］. 济南：山东画报出版社，2007.

［7］　谢宗万，范崔生，等. 全国中草药汇编［M］. 北京：人民卫生出版社，1975.

［8］　转引自汪宁生. 试释几种石器的用途——民族考古学研究之一例［A］. 中国原始文化论集——纪念尹达八十诞辰［C］. 北京：文物出版社，1989.

［9］　陈君. 内蒙古哈民忙哈遗址出土动物遗存及相关问题研究［D］. 吉林大学硕士学位论文，2014.

［10］　同［4］.

［11］　杨鸿勋. 论石楔及石扁铲——新石器时代考古中被误解了的重要工具［A］. 文物与考古论集——文物出版社成立三十周年纪念［C］. 北京：文物出版社，1987.

［12］　朱永刚. 哈民忙哈遗址经济形态研究：一个居住模式与生态环境悖论的推导［A］. 见本辑《边疆考古研究》（第19辑）［C］. 北京：科学出版社，2016.

［13］　同［4］.

［14］　刘冰，靳鹤龄，孙忠. 近6ka以来科尔沁沙地东部气候变化记录［J］. 中国沙漠，2011（31）.

［15］　中国社会科学院考古所内蒙古工作队. 内蒙古敖汉旗兴隆洼聚落遗址1992年发掘简报［J］. 考古，1997（1）.

［16］　辽宁省文物考古研究所. 查海——新石器时代聚落遗址发掘报告［R］. 北京：文物出版社，2012.

［17］　中国社会科学院考古研究所. 敖汉赵宝沟——新石器时代聚落［R］. 北京：中国大百科全书出版社，1997.

［18］　辽宁省文物考古研究所. 牛河梁——红山文化遗址发掘报告（1983～2003年度）［R］. 北京：文物出版社，2012.

［19］　内蒙古自治区文物考古研究所. 白音长汗——新石器时代遗址发掘报告［R］. 北京：科学出版社，2004.

A Study on Reprocessed Lithic Tools from Haminmangha Site in Inner Mongolia

CHEN Zui

Haminmangha site is the largest prehistorical settlement ever discovered in Horqin Sandy land, where a large number of reprocessed lithic tools has been found. The so-called reprocessed lithic tools refers to the secondary transforming of broken stone tools, which makes them have new functions. The new functions after the transformation might take place of primary functions or combine with it. The object of study for this article is the reprocessed lithic tools excavated in 2010–2011 in Haminmangha. Based on the morphological typology, this paper would analyze and study it from the perspectives of transforming technique, use-mark analysis, functional and utility methods. Combining this with geographic location, economic forms and as well as comparison with Neolithic culture of Liaoxi area, this paper considered that it the existence of reprocessed lithic tools in large quantity is a particular cultural phenomenon of this site.

内蒙古科左中旗哈民忙哈遗址出土猪骨初步研究*

陈全家[1] 刘晓庆[1, 2] 陈 君[1, 3] 吉 平[4] 王春雪[1]

（1. 吉林大学边疆考古研究中心，长春，130012；2. 沈阳师范大学古生物学院，沈阳，110034；3. 广西民族博物馆，南宁，530000；4. 内蒙古自治区文物考古研究所，呼和浩特，010011）

哈民忙哈遗址位于内蒙古科左中旗舍伯吐镇东南约20千米，西南距通辽市30千米处。遗址地理坐标为东经122°12.989′，北纬43°58.909′，海拔180米。遗址现存范围南北长约900、东西宽约200米，平面呈不规则椭圆形，总面积约18万平方米[1]。内蒙古文物考古研究所、科左中旗文物管理所及吉林大学边疆考古中心在2010、2011、2012年三度对其进行发掘。经发掘，哈民忙哈遗址的文化内涵单纯，系首次发现这类遗存的原生堆积，故将这类遗存命名为“哈民忙哈文化”。通过与其他相似文化比较，并结合碳十四测年结果，可初步推断，哈民忙哈遗址的年代约为距今5500～5000年，相当于中原仰韶文化晚期阶段[2]。

哈民忙哈遗址共出土动物骨骼25857件。该批遗存数量丰富，种类繁多。可鉴定种属标本共9349件，包括野兔、环颈雉、野鸭、狍、梅花鹿、马鹿、野猪、狼、狐狸、貉、圆顶珠蚌、鲶鱼、鳖等在内的40余种动物。猪骨约占可鉴定种属标本数量的10%，共980件。该批猪骨数量多，保存情况较好，可供研究的测量数据相对充足，这对探讨野猪的形态特征、捕猎情况以及在整个遗址内所处的地位和重要性提供了必要信息，极大地丰富了对该遗址的整体认识。

一、出土猪骨材料所反映的问题

猪骨标本共980件，包括头骨（含颌前骨、上颌骨及游离牙齿）836件、下颌骨15件、寰椎6件、荐椎1件、肱骨12件、尺骨11件、桡骨12件、股骨6件、胫骨13件、肩胛

* 基金项目：国家社科基金重大项目（12&ZD191）中期研究成果；国家科技部“十二五”科技支撑计划项目（2013BAK08B05）；吉林大学哲学社会科学青年学术骨干支持计划。

骨20件、髋骨7件、跟骨8件、距骨8件、掌/跖骨13件、髌骨1件、第一指/趾骨6件、第二指/趾骨3件、蹄骨2件。最小个体数为29。头骨（不含下颌骨）占绝大部分，多为破碎的头骨碎片。其中所包含的大量不完整上颌骨碎块，是判断该遗址野猪最小个体数的依据。

下文将从猪的测量尺寸、年龄结构、性别构成、相对比例、可提供肉量、骨骼破碎度、空间分布等方面展开讨论。

1. 测量尺寸

区分野猪与家猪的常用标准为臼齿大小，多以下颌m2、m3的长度值作为比较的测量数据。该遗址中，保存有m3的下颌骨标本仅有2件，不符合统计学原理，未将其作为比较对象。保存有M3的上颌骨标本数量多，且M3保存情况较好，数据相对充足。笔者对上颌M3的长、宽值进行了测量及统计，如下表所示（表一）。

表一　哈民忙哈遗址猪上颌M3的测量数据统计　　（单位：毫米）

项目	数量	极小值	极大值	平均值	平均值的标准误差	标准差
M3长	14	35.38	41.90	37.63	0.42	1.56
M3宽	14	21.78	23.42	22.67	0.17	0.64

本次研究中，笔者选取了另外四组猪群的上M3测量数值进行比较。跨湖桥遗址[3]是浙江萧山地区新石器时代遗址，出土的猪为家猪，是中国南方地区最早的家猪，共6组数据。

大甸子遗址[4]是内蒙古的青铜时代遗址，与该遗址位于同一地区，出土的猪为家猪，共6组数据。双塔遗址[5]是吉林白城地区新石器时代遗址，出土的猪为野猪，但上颌M3测量数据仅2组，只进行均值统计。来自吉林大学边疆考古研究中心动物考古实验的现生野猪标本，共6组数据。通过比较M3的测量数据，可以区分出各猪群M3的数据差异，野猪与家猪的尺寸对比更加明显，同类数据值相互接近。

从M3长度值的测量数据来看（图一），当置信度为95%时，哈民忙哈遗址出土猪的M3长度值明显大于跨湖桥遗址及大甸子遗址的猪群，与现生野猪的数值接近。从M3长度值的平均值来看（图一），哈民忙哈遗址、双塔遗址及现生野猪的数值相近，大于大甸子及跨湖桥遗址的数值。从M3的散点分布图来看（图二），哈民忙哈遗址、双塔遗址及现生野猪的尺寸相近，大甸子及跨湖桥遗址的尺寸相近，与各遗址的猪群特点相符。

结合以上比较结果，哈民忙哈遗址的猪群形体与野猪更为接近，与家猪有明显的不同，并较现生野猪形体更大，表明该遗址猪群主体应为野猪。

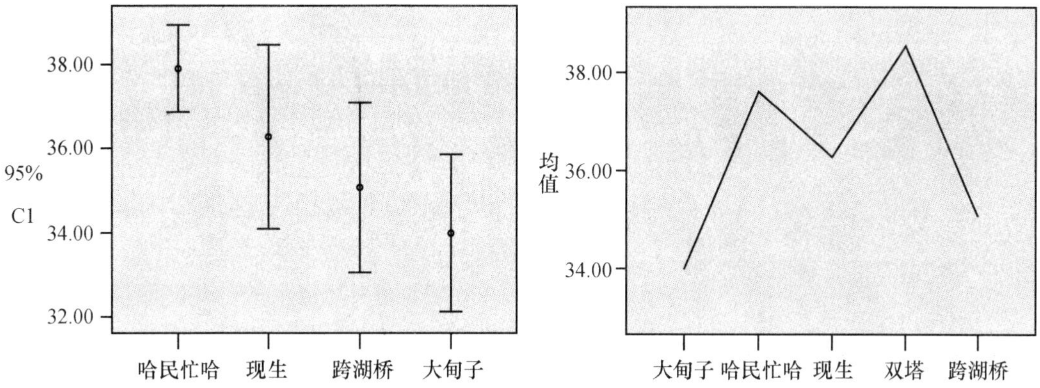

图一　哈民忙哈遗址猪群与其他遗址猪群上颌M3长度值的比较（95%置信度）及均值比较

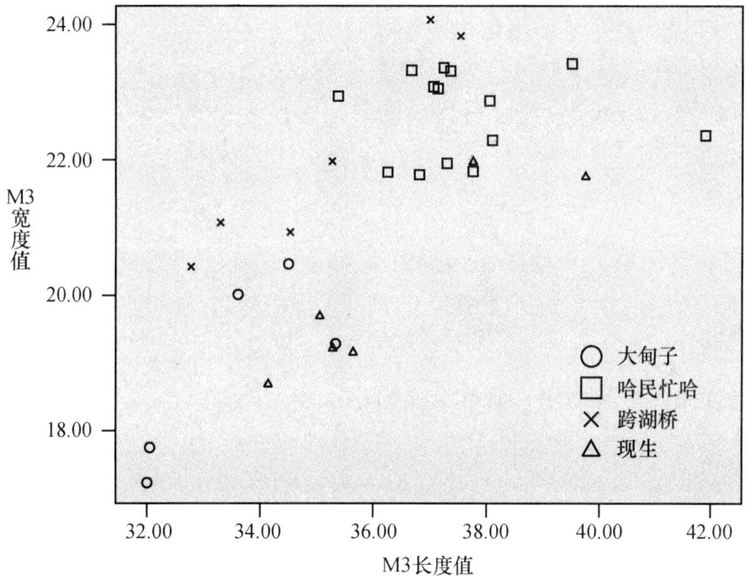

图二　哈民忙哈遗址与其他遗址出土猪骨上颌M3的尺寸散点分布图

2. 年龄结构

国内已有的资料统计表明，考古遗址中出土家猪的年龄结构基本上以年轻个体为主[6]，而捕获的野猪正常情况下年龄分布比较均匀，可以根据其年龄结构推测遗址中出土猪是否为家猪[7]。

根据遗址出土猪的牙齿萌出、脱落以及磨损情况，建立了该遗址猪的年龄结构表（表二）。通过统计结果可知，40件可判断年龄的标本中未发现半岁以下的标本，1岁以下占15%，1～2岁占42.5%，2～3岁占20%，3岁以上占22.5%。2岁以下占总数的57.5%，2岁以上占总数的42.5%，数量较接近。从统计结果看，遗址内猪群的年龄分布均匀，各年龄段数量差异小，可以进一步确定该遗址中的猪为野猪。

表二　哈民忙哈遗址猪群的年龄结构

年龄（月）	左（数量）	右（数量）	总数（数量）	总数（%）
6～12	1	5	6	15
12～18	4	2	6	15
18～24	6	5	11	27.5
24～36	4	4	8	20
36以上	4	5	9	22.5
总数	19	21	40	100

结合测量尺寸及年龄结构的比较结果表明，遗址中的猪均为野猪，是原始居民通过狩猎捕获而来的。其数量之多，也从侧面反映了原始居民的捕猎技术之高。有意思的是，遗址中并未发现半岁以下的猪崽骨骼标本，1岁以下未成年野猪的标本也较其他年龄段野猪数量少。我们是否可以推测，原始居民在狩猎时会避开未成年的猪崽，集中捕获成年野猪。这是一种狩猎技术的体现，也是原始居民对动物资源可持续利用的方式。

3. 性别构成

在猪的性别鉴定中，一般采用犬齿的形态特征作为辨别标准。鉴定的材料为猪的犬齿和保存有犬齿槽的左、右侧下颌骨及下颌联合部残块。雄性犬齿发育，断面呈三角形，雌性犬齿较小，断面似椭圆形[8]。也可以通过观察颌骨的犬齿孔判断野猪性别。雄性犬齿齿槽宽深，边缘突出，雌性犬齿齿槽窄圆，边缘微凸。

经鉴定，可确定性别的标本约15件，其中雌性8件，占总数的53.33%，雄性7件，占总数的46.67%。研究表明，性别比例失衡很可能反映了与家畜相关的选择性模式。母猪或性别特征不明显的猪占据明显多数时，可以推测家猪的数量所占比例较大[9]。该遗址内，雌、雄性野猪比例大致相同，表明原始居民未针对某性别进行大量猎杀，人为干涉少，进一步佐证了遗址出土的猪为野猪这一结论。

4. 猪的相对比例及提供肉量

通过对遗址内出土动物骨骼标本的形态特征、测量数据的比较，并结合居民食谱分析、分子DNA结果，可知哈民忙哈遗址内发现的动物均为野生动物，尚未发现家养动物。可见，当时原始居民并未开展任何形式的畜养行为，畜养经济还未起步。

就各种属野生动物的最小个体数来看（图三），野兔所占比例最大，其次为软体动物类、环颈雉。除环颈雉外的鸟类、鱼类、野猪、以狍为主的鹿科动物所占总数比例大致相当。犬科动物及牛、马的数量最少。

按野生动物的数量多少及与人类的关系分析，可将其分为两类：

（1）主要捕获对象：野兔、软体动物、环颈雉、鹿科动物、野猪、鱼类。

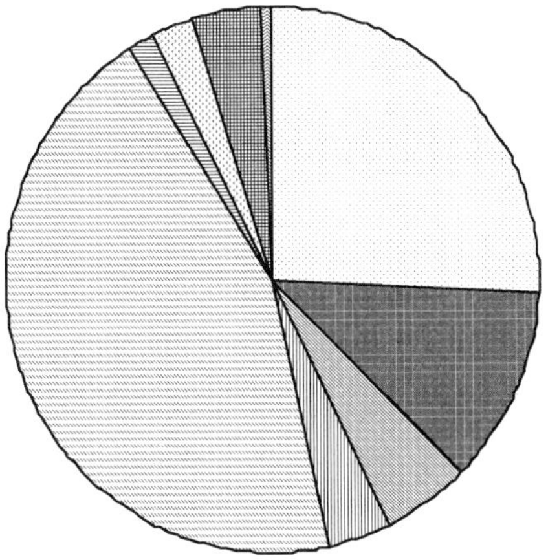

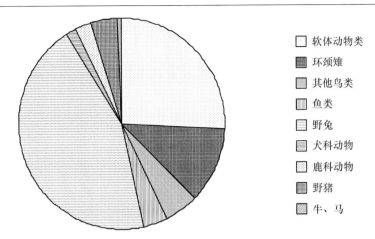

图三　各种属野生动物最小个体数的比例比较

（2）偶然捕获对象：除环颈雉外的其他鸟类、犬科动物、牛、马。

通过提供肉量的估算，可推测原始居民对各种动物的依赖程度。从哈民忙哈主要野生动物提供肉量来看（表三），野猪所占比例最高，近60%。其次为野兔、牛、狍等，但均与野猪所占比例相差悬殊。可见，野猪为原始居民的主要肉食消费对象，具有无法取代的地位。

综上所述，当地原始居民对野猪的依赖性相当明显。狩猎时，原始居民以野猪作为主要捕猎对象之一。同时，在居民主要肉食来源动物中，野猪的肉食贡献率最高。这表明野猪在该遗址中扮演着举足轻重的角色。

表三　哈民忙哈遗址主要野生动物提供肉量统计表

项目 / 种属	最小个体数		MW肉量		附注		
	N	%	N（kg）	%	个体出肉量（kg）	净肉率（%）	个体净肉量（kg）
獐	1	0.22	7.5	0.18	15[10]	50	7.5
狍子	16	3.56	280	6.77	35[11]	50	17.5
梅花鹿	1	0.22	50～75≈62.5	1.51	100～150[12]	50	50～75
马鹿	1	0.22	75～125≈100	2.42	150～250[13]	50	75～125
野猪	29	6.46	2465	59.56	170[14]	50	85
牛	3	0.67	375	9.06	312.5[15]	40	125
马	1	0.22	175～250≈212.5	5.13	350～500[16]	50	175～250
野兔	315	70.16	551	13.31	2～3[17]	70	1.4～2.1
环颈雉	82	18.26	85	2.05	1.3～1.65[18]	70	0.9～1.155
合计	449	100	4138.5	100			

5. 骨骼破碎度

研究不同骨骼类型的破碎度，能够解释骨骼的利用方式。高比例的骨骼完整度通常意味着肉是主要产品，骨骼没有经过进一步的处理就被丢弃。相反，低比例的完整度往往表示人们有意劈裂骨骼，这种情况多与获取脂肪和骨髓有关[19]，有时也与手工业的加工方法有关。

遗址中的骨骼会由于多种原因导致破碎，如人为踩踏、发掘、运输、风化作用等。在对标本整理的过程中，已对骨骼进行拼合工作，尽可能减少发掘及运输造成的骨骼破碎痕迹。而作为聚落遗址中出土的动物遗存，多来自于灰坑、房址等遗迹中，即使是破碎度极高的骨骼也应是由于人类的外力作用造成的，如肢解、砍砸、投掷等。风化作用也会造成骨骼破碎，尤其是对骨壁薄弱的头骨来说，会大大增加头骨的破碎程度。故统计时未计入头骨骨骼标本，仅针对肢骨及中轴骨进行讨论。

为了解居民对野猪骨骼的利用方式，本次研究中主要以哺乳动物肢骨及中轴骨为研究对象，选取猪、狍、牛的骨骼进行比较。鉴定过程中，对标本的相对尺寸进行估测，记录其残留部分相对于完整标本的百分比，进而进行统计。根据骨骼标本的残留大小及相对完整度，将破碎度分为四个级别：0 ~ 1/3、1/3 ~ 2/3、2/3＜完整、完整。

从图四可见，猪、狍、牛的骨骼破碎度占总数最多的均为0 ~ 1/3级别，比例分别为35%、35%、48%。其中牛的骨骼破碎率最高，猪、狍大致相同。就各个破碎度级别的骨骼特点来看，猪、狍、牛三者极为相似，0 ~ 1/3级别的标本均为肢骨及肩胛骨碎骨。肩胛骨的破碎度与它不易保存的特性有关，受人类行为影响较少。而肢骨碎骨表现为仅剩两端关节面或是中段骨干，断口偶见砍砸痕迹。肢骨破碎与人类行为有直接关系。可见，原始居民有砸骨吸髓的饮食习惯。完整的标本为肢梢骨。肢梢骨体积小，易保存，且无脂肪、骨髓，利用价值小。中轴骨，如椎骨，无利用价值，会被整个遗弃。1/3 ~ 2/3级别的标本多为肢骨碎块或碎片。2/3＜完整级别的标本为肢骨、肢梢骨各占一半。

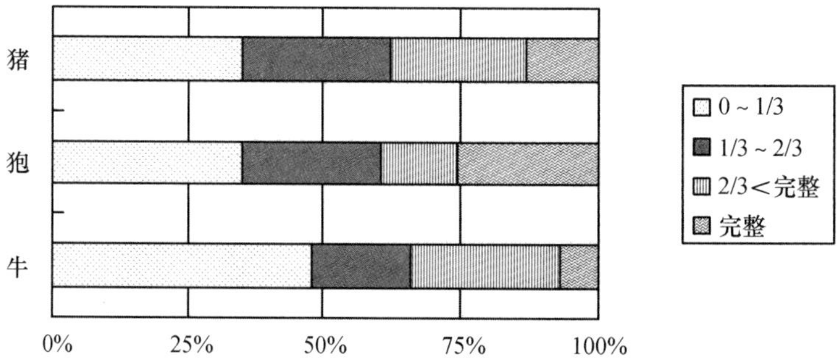

图四　猪、狍、牛的主要骨骼破碎度

根据以上分析推测，原始居民对大中型哺乳动物有获取脂肪及骨髓的需求，会采取砸骨吸髓的方法进一步利用骨骼。对不同的哺乳动物而言，它们的肢骨尺寸及骨髓、脂肪含量不尽相同，故骨骼的利用率各异。三者中，对牛的骨髓提取率最高，其次为猪，最低为狍。这正是牛骨破碎率最高的原因。野猪作为体型较大的中型哺乳动物，其较高的骨骼破碎率表明野猪也是居民摄取骨髓及脂肪的重要来源。

6. 空间分布

在标本整理过程中，发现猪头骨集中出土于几个遗迹单位之内，如H20、H24、H25、H27、F50等。猪头骨破碎严重，碎片、碎块占绝大多数。下颌骨数量极少，仅发现1件完整的左右侧皆存下颌骨及2件下颌骨髁突标本。经粗略统计，各单位猪头骨碎片数量如下表所示（表四）。通过简单拼合及鉴定，头骨碎片中包含了来自于至少20个野猪个体的骨骼。猪头骨的上颅保存相对完整，可拼合出至少3个上颅颅腔，包括顶骨、额骨、枕骨、颞骨等。上颌骨数量多，尤其是P4—M1一段保存情况较好，对研究野猪的臼齿测量尺寸及年龄结构提供资料。

表四　各遗迹单位出土猪头骨数量统计表　　（单位：件）

单位	H20	H24	H25	H27	F50	T006065②	T006064②	总计
数量	52	73	250	160	102	109	12	758

对照哈民忙哈遗址发掘区遗迹位置图[20]发现，4个灰坑的位置集中，位于房址密集的区域，相邻的房址出土动物遗存数量较少，如F10、F11等。这表明4个灰坑是原始居民投放食物残余及废弃物的垃圾坑，猪头应是居民消耗掉肉食之后的残余。破碎猪头在进入垃圾坑前的状态是什么样呢？H20中发现的猪头风化程度极低，保存了猪头的原始样貌。头骨均为碎片，大小不一，上颌骨及游离牙齿来自于至少3个不同个体，破碎程度高。可见猪头骨在扔入垃圾坑前就已遭到人为破坏。H24、H25、H27灰坑中的头骨破碎程度更高，骨表破碎、掉屑情况严重。这3个灰坑中的头骨除了遭到人为破坏外，还受到日积月累的风化作用。可见，有一部分头骨是在地表暴露一段时间后，才被埋藏起来。综上所述，野猪头骨是经过人为破坏成为碎片后，被废弃至垃圾坑内的。原始居民为何要将头骨分解成碎片的原因，还需要通过进一步的研究来探讨。

二、结　　语

通过对哈民忙哈遗址出土猪骨的测量尺寸、年龄结构、性别构成等方面的分析，哈民忙哈猪骨表现出了明显的野猪种群结构特征。对猪骨的综合研究初步表明，原始居民尚未开始饲养家猪，所发现的猪骨均来自于野猪。就目前的研究来看，野猪在哈民忙哈遗址占有极其重要的地位。原始居民对野猪的依赖性极强，肉食消费对象主要为野猪，消费方式不仅局限于猪肉，也体现在对野猪脂肪及骨髓的需求。另外，遗址中出现的特殊现象亦值得关注。之后，将会通过更进一步的稳定同位素及古DNA研究来检验这一结论。

哈民忙哈遗址的发掘是继扎鲁特旗南宝力皋吐遗址之后，科尔沁地区的又一重要考古发现。其中出土的大批动物骨骼遗存更是为研究科尔沁地区的史前环境、经济生活及社会生活提供了宝贵资料。野猪猪骨材料从侧面反映出该遗址以狩猎经济为主的生业模式，并对探讨当时的肉食消费、食物构成、生活场景等提供了线索。

注　释

[1] 内蒙古文物考古研究所，科左中旗文物管理所. 内蒙古科左中旗哈民忙哈新石器时代遗址2010年发掘简报［J］. 考古，2012（3）.

[2] 内蒙古文物考古研究所，吉林大学边疆考古研究中心. 内蒙古科左中旗哈民忙哈新石器时代遗址2011年的发掘［J］. 考古，2012（7）.

[3] 袁靖，杨梦菲. 动物研究［C］. 北京：文物出版社，2004.

[4] 罗运兵. 大甸子遗址中猪的饲养与仪式使用［A］. 边疆考古研究（第8辑）［C］. 北京：科学出版社，2009.

[5] 张萌. 双塔遗址一期的动物利用方式研究［D］. 吉林大学硕士学位论文，2011.

[6] 袁靖，罗运兵，李志鹏等. 论中国古代家猪的鉴定标准［A］. 动物考古（第Ⅰ辑）［C］. 北京：文物出版社，2010.

[7] 胡松梅，等. 陕北横山杨界沙遗址动物遗存研究［J］. 人类学学报，2013（1）.

[8] 黄蕴平. 内蒙古朱开沟遗址兽骨的鉴定与研究［J］. 考古学报，1996（4）.

[9] 管理. 家猪起源研究方法探索［D］. 中国科学技术大学博士学位论文，2008.

[10] 盛和林，等. 中国鹿类动物［M］. 上海：华东师范大学出版社，1992.

[11] 同［10］.

[12] 同［10］.

[13] 同［10］.

[14] 李谅. 青海省长宁遗址的动物资源利用研究［D］. 吉林大学硕士学位论文，2012.

[15] 同［14］.

[16] 潘清华. 中国哺乳动物彩色图鉴［M］. 北京：中国林业出版社，2007.

[17] 根据现生标本推测，野兔的肉量在2～3千克。

[18] 根据现生标本推测，环颈雉的肉量在1.3～1.65千克。

[19] 马萧林. 灵宝西坡遗址的肉食消费模式——骨骼部位发现率、表面痕迹及破碎度［J］. 华夏考古，2008（4）.

[20] 内蒙古文物考古研究所，吉林大学边疆考古研究中心. 内蒙古科左中旗哈民忙哈新石器时代遗址2011年的发掘［J］. 考古，2012（7）.

Analysis of Pig Bones from Haminmangha Site in Inner Mongolia

CHEN Quan-jia LIU Xiao-qing CHEN Jun JI Ping WANG Chun-xue

Until now, Haminmangha site is the largest and well-preserved prehistoric settlement site in Northeast China. In addition, the quantity of collected faunal remains is very large, 25857 specimens, including 9349 specimens identified to 38 species. A lot of pig-bones (n=980 pieces) has been preserved very well and being extremely representative. According to analysis of pig-bones' measuring size, age structure and sex structure, it could be determined the bones belong to the wild pig. Combined with the analysis of skeletal fragmentation, spatial distribution and structure of meat resources, it can not only know the source of meat, consumption patterns and economic development, but also provide clues of subsistence pattern and cultural features of Haminmangha site.

哈民忙哈聚落遗址孢粉分析与哈民文化古生态环境初步研究*

汤卓炜[1,2]　朱永刚[1]　吉　平[5]　张淑芹[2]　韩　璐[2,4]
肖晓鸣[3]　安　硕[1]　时红运[4]　汪菲菲[4]

（1. 吉林大学边疆考古研究中心，长春，130012；2. 吉林大学东北亚生物演化与环境教育部重点实验室，长春，130021；3. 辽宁大学历史学院，沈阳，110031；4. 吉林大学生命科学学院，长春，130012；5. 内蒙古文物考古研究所，呼和浩特，010010）

一、遗址概况

哈民忙哈（蒙语意为沙坨子）遗址位于内蒙古自治区通辽市科左中旗舍伯吐镇东南约20千米的哈民营子东北部，南距通辽市50千米。遗址中心地理坐标为东经122°13019′，北纬43°58444′，海拔177.6米。遗址介于西辽河及其支流新开河之间，地处西辽河平原东部、科尔沁沙地腹地，平面呈不规则椭圆形，总面积近10万平方米，遗址被掩埋在风积沙土层下面。哈民遗址是迄今为止在内蒙古乃至东北地区发现面积最大的一处大型史前聚落遗址[1]。

2010年5～9月，为配合通（辽）—霍（林河）铁路复线建设，内蒙古文物考古研究所会同通辽市科左中旗文物管理所组成联合考古队，对铁路沿线进行了文物调查，期间发现了正在被盗掘的哈民忙哈遗址。后经国家文物局批准，2010年内蒙古文物考古研究所首次对哈民忙哈遗址进行了考古发掘，2011年内蒙古文物考古研究所会同吉林大学边疆考古研究中心对该遗址进行了大面积有计划的正式考古发掘工作。2012～2013年内蒙古文物考古研究所又对该遗址连续进行了两个年度的系统性考古发掘。发掘过程中清理出房址、墓葬、灰坑、环壕等大量遗迹，上千件珍贵遗物，以及较多的动物遗存，同时开展的植物遗存采集工作同样获得了丰富的第一手资料。这批材料对研究科尔沁沙地腹心地带新石器时代原始居民的社会结构、政治关系以及生活方式具有重大的研究价

* 基金项目：国家社科基金重大项目“哈民忙哈——科尔沁沙地新石器时代遗址发掘与综合研究”（12&ZD191）成果；国家科技部十二五科技支撑计划“中华文明起源过程中区域聚落与居民研究”（2013BAK08B05）；北京大学考古文博学院碳十四实验室承担的“中华文明探源及相关文物保护技术之研究课题3500BC～1500BC考古学文化谱系年代学研究”项目（2013BAK08B01）。

值。哈民忙哈聚落遗址的考古发掘填补了中国东北地区新石器时代考古学文化的空白。此项发掘入选“中国社会科学院考古学论坛——2011年中国考古新发现”和“2011年度全国十大考古新发现”[2, 3]，之后又被内蒙古自治区文物考古研究所公布为2014年6项重大考古发现成果之一[4]。

针对该遗址出土的各类材料，陆续开展了包括科技考古在内的综合性考古学研究。本项研究被列为国家社科基金重大项目子课题，进行孢粉分析及古环境重建，借以探讨哈民文化的人地关系。

二、孢粉分析野外采样

2010年9月16日，受内蒙古文物考古研究所吉平副所长委托，吉林大学边疆考古研究中心汤卓炜教授带领硕士研究生肖晓鸣、安硕赴通辽市科尔沁左翼中旗哈民忙哈遗址I区进行孢粉分析土样采集。

采样当天阴天，有风。采样点位于遗址I区探方T009065南壁向南扩方约1米后留下的新南壁的东侧。采样点GPS数据为北纬 43°58′54.8″，东经 122°13′01.2″；海拔高度：180米（误差3米）；采样剖面方向：NW260°。采样方法为自下而上的间断式剖面采样。采样剖面处见有4个地层单位，第1层为表土（褐黄色砂土层），第2层（灰色亚砂土层）和第3层（灰褐色细砂土层）为文化层，第4层（黄色细砂土）为生土，未见底。共采土样5个（每个样都在500克以上），具体见图一。

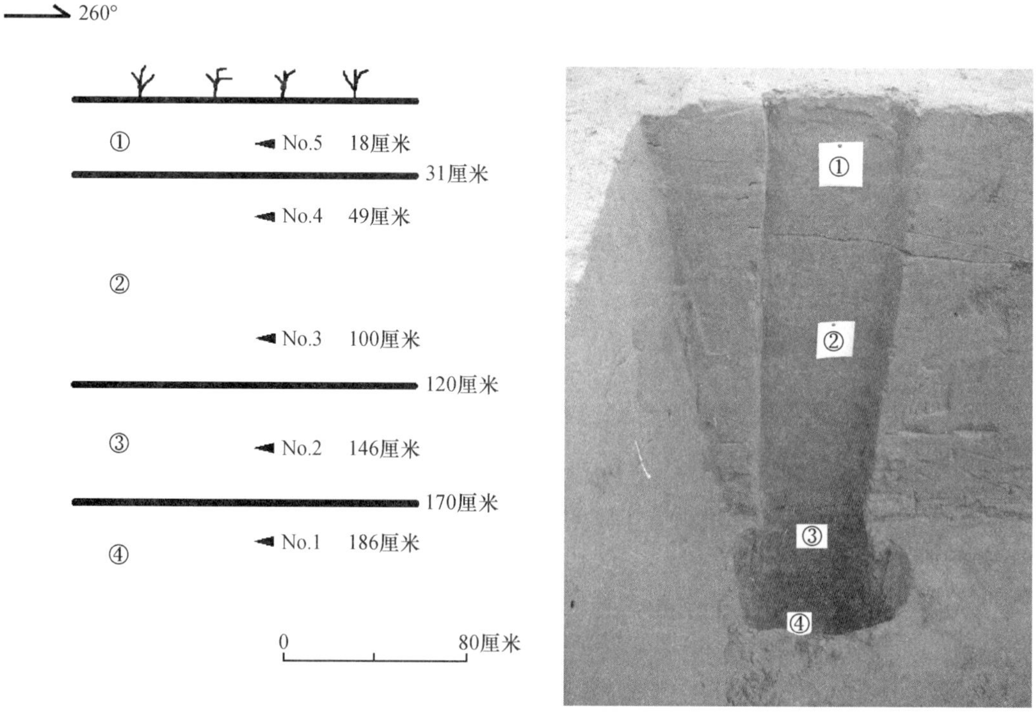

图一　哈民忙哈遗址Ⅰ区T009065南壁采样示意图及照片

三、实验室鉴定分析结果

哈民忙哈聚落遗址孢粉分析土样来源均采自第一次发掘的考古地层堆积，采样密封、标记、记录后由汤卓炜运回实验室进行分检处理。

实验室分析分工为，汤卓炜进行孢粉土样的实验前期处理；肖晓鸣进行孢粉分离；时红运和汪菲菲负责制片与镜检；张淑芹负责形态学分类鉴定指导；韩璐负责孢粉分析形态学鉴定小结的撰写；汤卓炜、安硕负责后续鉴定结果的汇总与环境分析。

孢粉鉴定结果：经实验室处理后，哈民忙哈遗址从生土层到地表层（1～5号样本）鉴定出的主要孢粉类型有禾本科（Poaceae）、蔷薇科（Rosaceae）、松科（Pinaceae）、茜草科（Rubiaceae）、百合科（Liliaceae）、豆科（Fabaceae）、蓼科（Polygonaceae）、木兰科（Magnoliaceae）等，同时还发现大量孢子。孢粉鉴定统计结果如下。

No.1采自生土层，经3次镜检，总共鉴定孢粉65个，绝大多数都为孢子；可鉴定花粉数3个，其中2个禾本科花粉（可见清晰单孔），另一个待定。

No.2采自哈民文化层，经2次镜检，总共鉴定孢粉21个，可鉴定花粉数3个，其中1个鉴定为禾本科，1个疑似为蔷薇科，另一个待定。其他为孢子。

No.3采自哈民文化层，总共鉴定孢粉78个，可鉴定花粉数2个，1个松科，另一待定。其他为孢子。

No.4采自哈民文化层，总共鉴定孢粉数160个，可鉴定花粉数十个，4个禾本科，2个茜草科，1个百合科，1个豆科，2个待定。其他为孢子。

No.5采自地表层，总共可鉴定孢粉192个，可鉴定花粉数6个，其中1个松科，1个蓼科，1个木兰科，3个待定。其他为孢子。

四、古环境重建与人地关系简析

整体上看，孢粉含量很低，但是从下到上有递增的趋势；下部层位生物多样性很差，哈民文化层上部生态多样性较强，次之为表土层形成期。孢粉分析结果反应的环境是：虽然禾本科花粉占的比例最大，禾本科是干旱环境植物的指征，证明这一地区可能存在一定范围的荒漠化，但是蔷薇科、松科、茜草科、豆科、蓼科等花粉的发现，又都显示当时的环境可能并不十分干燥，环境指征的差异性反映出生态环境的多样性。

哈民忙哈聚落遗址从生土层到地表层（1～5号样本），共鉴定孢粉数516个，可鉴定孢粉数基本上呈现数量依次增加的趋势。总共可鉴定花粉数为24个，占孢粉总数的4.65%。由此可见，花粉含量较低，其中可鉴定最多的花粉为禾本科，其花粉数为7个，占可鉴定花粉总数的29.2%，分析可能与科尔沁沙地环境本身植被较少有一定关系，但是考虑到孢子花粉分布的空间范围一般是有一定限度的，所以孢粉含量低可能更主要的是与人类构筑聚落时的高强度樵采和掘土活动导致遗址附近植被锐减有关。另一方面，经过显微形态学鉴定，禾本科花粉普遍尺寸较大，表明该遗址发现的禾本科花粉为栽培禾本科，暗示了在公元前3600～前3100年，该遗址人类已经有意识地培育农作物，进行农耕活动。孙永刚等开展的浮选碳化植物遗存研究的结果证实，有农作物种子遗存（如粟、黍、大麻等），应当属于人工栽培的作物，共计638粒，占全部浮选植物遗存总量的0.0834%，尽管数量极少，但是产生这些植物遗存的农耕活动也同样会对地表植被产生破坏性影响，导致孢粉含量的明显降低*。

结合动物考古的研究成果可知，在哈民文化先民们生活时期的遗址外围呈现出草原、灌丛、林地及荒漠兼有的多样性生态景观，还有一定的开阔水体，渔猎捕捞对象主要有珠蚌、鲶鱼、环颈雉、野兔、东北鼢鼠、狍、野猪等[5]。根据前人对科尔沁沙地的地貌、古土壤、植被以及气候的研究，可知当时的大环境背景是沙漠地带的沙丘大部分被固定，处于植被覆盖度较高的固化沙丘地貌阶段[6]；处于科尔沁沙地第一层古土壤发育期（气候及草原植被条件较好的时期才能形成古土壤）[7]；草原植被生长茂盛，蒿属、藜科占优势，其他有少量豆科、菊科、唇形科、苋科、松属、麻黄属、栎属、榆属等，反映温凉半湿润森林草原环境[8]；气候相对温湿，这种植被组合有利于古土壤的发育，为农耕活动提供物质基础。宏观大的环境背景是能够支持低水平的原始农耕活动的，但是更适合于广谱适应的渔猎采集活动。

从哈民忙哈遗址石器工具的最新研究成果看，生产工具种类相对单一，形制简单，其中所谓的“耜”也并非适合农耕，而是更适合于掘取根茎和掏啮齿类洞穴的掏挖工具。石器中有将近30%是食物加工工具，20%左右是砍砸工具。从石器组合来看，该遗址迄今尚未发现成组的农业生产工具，尤其缺少收割工具（仅一件），所以其农耕活动规模应当十分有限，与辽西诸新石器文化相比，仍处于较为原始和落后的阶段。尽管如此，遗址附近有限的农耕活动也会对植被发育造成不良影响，使孢粉浓度降低。孢粉浓度过低的原因应当与遗址附近的人类聚落构筑活动强度较高，樵采、除草使植被覆盖度急剧降低有关。遗址出土的磨盘、磨棒、斧、锛、凿、“耜”（实为镐）、杵、石饼、锄及球等[9]石器组合表明当时人类活动对附近植被和地貌的干扰程度应达到相当的程度。房屋构建过程中大量砍伐树木也会对遗址附近植被发育产生不良影响。东南向半地穴木框架结构房址的布局也反映对湿度和温度的阶段性降低的适应和对西北寒冷季风的有效抵御。

全新世气候适宜期发生在距今8000～3000年，而距今8000～5000年正值这一时期的气候最适宜期，科尔沁沙地第一次大规模收缩，距今5000～4000年，气候变冷，环境开始恶化，沙地复活。所以约距今5000年前后，正处于冷暖交替的气候多变的不稳定期[10]。哈民遗址碳十四测年数据跨度在公元前3600～前3100年[11]，相当于红山文化晚期阶

* 承本项目负责人转告。

段。因此，哈民文化的先民们恰好生活在气候适宜期鼎盛期之后的降温阶段，处于相对温湿、但是有波动性气候变化的适宜期之末，暖湿向干冷气候转型期之前。根据现有动植物考古研究材料的初步分析可以推断，在经历500年左右的兴衰过程中，哈民文化的先民曾经采用定居渔猎采集兼有少量原始农耕的经济形态，体现出适应相对多样性生态环境的复合型生业模式，属于比较典型的广谱适应方式。但是，能供养如此众多人口的大型聚落遗址的存续，已经在遗址附近的生态景观上留下深刻的人为干扰痕迹，营造遗址过程的人为景观应当围绕在遗址附近，也会使得天然森林灌丛草原植被的覆盖率非常低下，大型野生动物出没的森林草原环境已远离遗址，构建房屋所进行的樵采活动也将消耗了大量优质木材，从而加剧了遗址周边森林草原植被的破坏。遗址周围相对稳定和丰富的资源有流经遗址南面的古河流，以及遗址北部沙岗北面的古河流和附近的泡子等水资源和发育良好的古土壤资源，遗址西部近处已存在烧制陶器所需的黑黏土等。呈现出南、北有河流经过，四周泡子、沼泽散布，北有沙坨子相依，耕地相间其中，荒漠及草原围绕四周的地貌景观。总体上看，哈民文化时期的人地关系处于比较脆弱的“准协调”的状态，在大环境背景处于波动性降温的条件下，遗址附近植被经过聚落构筑的高强度活动被破坏殆尽，进一步加剧了局地生态环境恶化的进程。遗址所在地及其附近的文化层中鼠洞遍布，反映出伴生啮齿动物非常繁盛，是爆发鼠疫等致命性传染病的潜在有利条件。从以F40为代表的突发性集中埋葬死者的情况推断，在没有杀戮、饥荒、洪水等灾害出现的前提下，过度垦殖会使粮食有剩余，促成人口的突发式增长，同时也会诱发伴生的啮齿类肆虐，成为最终导致遗址附近小生境的极度恶化的重要原因之一。哈民忙哈聚落遗址的先民们正是生活在气候适宜期之末向波动性降温期气候变化的转变阶段，对应红山文化晚期之末。这种对波动性恶化气候的广谱适应成为随后小河沿文化人类活动空间和规模急剧收缩的前兆。

今后需要加强的植物考古学研究是通过古DNA准确鉴定禾本科花粉的种属情况，以及考察不同地层年代的栽培禾本科是否有遗传连续性，并探究其来源及对现代禾本科农作物的遗传贡献作用。另外，对保存相对较好的碳化木房屋构件应当尽量开展树种鉴定和研究，从而获得更精确的人地关系相关信息。

注　释

［1］内蒙古文物考古研究所，科左中旗文物管理所. 内蒙古科左中旗哈民忙哈新石器时代遗址2010年发掘简报［J］. 考古，2012（3）：3–19.

［2］内蒙古文物考古研究所，吉林大学边疆考古研究中心. 内蒙古科左中旗哈民忙哈新石器时代遗址2011年的发掘［J］考古，2012（7）：14–30.

［3］阿如娜，吉平. 内蒙古通辽哈民遗址第三次发掘又获重要发现［N］. 中国文物报，2013-4-26（8）.

［4］“哈民史前聚落遗址”再出土500余件史前遗物［N］. 长春日报，2014-1-21（6）.

［5］ 陈君. 内蒙古哈民忙哈遗址出土动物遗存及相关问题研究［D］. 吉林大学硕士学位论文，2014.

［6］ 裘善文.科尔沁沙地的形成与演变的研究［A］. 中国东北平原第四纪自然环境形成与演化［C］. 哈尔滨：哈尔滨地图出版社，1990：185-201.

［7］ 裘善文，李取生，夏玉梅，王璟璐. 东北西部沙地古土壤与全新世环境［A］. 中国全新世大暖期气候与环境［C］. 北京：海洋出版社，1992：153-160.

［8］ 崔海亭，孔昭宸. 内蒙古东中部地区全新世高温期气候变化的初步分析［A］. 中国全新世大暖期气候与环境［C］. 北京：海洋出版社，1992：72-79.

［9］ 朱永刚，吉平. 探索内蒙古科尔沁地区史前文明的重大考古新发现——哈民忙哈遗址发掘的主要收获与学术意义［J］. 吉林大学社会科学学报，2012（4）：85.

［10］ 夏正楷，邓辉，武弘麟. 内蒙古西拉木伦河流域考古文化演变的地貌背景分析［J］. 地理学报，2000，55（3）：329-336.

［11］ 哈民忙哈遗址碳十四测年由北京大学考古文博学院碳十四实验室完成，并得到北京大学考古文博学院碳十四实验室承担的"中华文明探源及相关文物保护技术之研究课题3500BC～1500BC考古学文化谱系年代学研究"项目（2013BAK08B01）的资助。

Spore-pollen Analysis of Haminmangha Settlement and Initial Research on Palaeoecological Environment of Hamin Culture

TANG Zhuo-wei　ZHU Yong-gang　JI Ping　ZHANG Shu-qin　HAN Lu
XIAO Xiao-ming　AN Shuo　SHI Hong-yun　WANG Fei-fei

In order to probe into the human-earth interrelation during Hamin Culture which occurred in the center part of Khorchin sandy land in Neolithic period, the authors analyses the spore and pollen samples collected from the stratigraphic section of Haminmangha settlement site in September of 2010. Based on the result of spore-pollen analysis we reconstructed the ancient ecological environment of Hamin Culture. The researches show that even if desertification in certain area occurred, which is reflected by high percentage of grass family pollen, but the environment was not very dry and existed ecological diversity shown by environmental marks according to the occurrence Rosaceae, Pinaceae, Rubiaceae, Leguminosae, and Polygonaceae, etc. The environment was more suitable for broad-spectrum adaptation. Firewood chopping and collecting led to decrease of vegetation and lower pollen content. Farming activity can be inferred by the occurrence of cultivated Poaceae pollen but the farming scale could not be large inferred by the assemblage of stone implements.

内蒙古哈民忙哈遗址蚌制品管钻技术初探*

王春雪[1]　陈全家[1]　陈　君[2]　朱永刚[1]　吉　平[3]　于秀杰[4]

（1. 吉林大学边疆考古研究中心，长春，130012；2. 广西民族博物馆，南宁，530028；3. 内蒙古文物考古研究所，呼和浩特，010010；4. 内蒙古自治区赤峰市文物局，赤峰，024000）

一、引　　言

在过去几十年里，我国史前考古学家们进行了一系列考古学调查与发掘，在出土大量陶器、石器等人工制品的同时，也发现了丰富的、由各种原料制成的各种类型装饰品，它们属于旧石器时代中期向晚期过渡阶段、旧石器时代晚期以及新石器时代。丰富的考古学材料为研究物质文化的发展趋势提供了坚实的基础，同时，也为复原晚更新世晚期至全新世初期的古环境提供了重要材料。诸如，北京房山龙骨山山顶洞遗址内出土的一批装饰品，包括穿孔兽牙、海蚶壳、青鱼眶上骨、骨管及石珠[1]；辽宁海城小孤山遗址出土的穿孔兽牙和蚌壳[2]；河北泥河湾盆地虎头梁遗址出土的一批较为丰富的装饰品，包括穿孔贝壳、鸵鸟蛋壳、鸟的管状骨制成的扁珠及穿孔石珠等[3]；三峡地区兴隆洞出土的距今120万～155万年前的带有成组刻划痕迹的剑齿象门齿[4]；宁夏灵武水洞沟遗址发现的由鸵鸟蛋皮制成的串珠[5]。由此可以看出，史前时期原始居民一般会选择兽牙及兽骨、鱼骨、各种贝壳、鸵鸟蛋皮及石块等原料，通过修整、磨制、钻孔、刻划等工序制作各种类型装饰品。在民族学材料里，这些装饰品被认为是原始艺术及抽象思维变化最生动、最具体的代表。这些装饰品的生产和佩戴可以解释为人类群体和个人的认同感，也可以作为佩戴者个人身份地位的象征，或者可以与各种祭祀活动联系在一起[6]。

原始艺术的起源是个古老而时尚的话题。原始艺术的形成实际上意味着抽象思维活动的概念化，也就是把思维活动的格局转变为名副其实的概念[7]，这种抽象思维创造行为的多样化发展，促使一部分实用工具上的形式因素完全摆脱了功能属性的束缚，

---

* 基金资助：国家社科基金重大项目“哈民忙哈——科尔沁沙地新石器时代遗址发掘与综合研究”（12&ZD191）；国家科技部十二五科技支撑计划“中华文明起源过程中区域聚落与居民研究”（2013BAK08B05）；吉林大学哲学社会科学青年学术骨干支持计划（2015FRGG02）。

从而产生了史前人类审美意识的多种载体，如装饰品等。史前时期出现的这些原始艺术产品都被认为是最早的有关原始人类艺术创作起源的考古发现和现代人类行为的最早记录。近年来，东亚地区早期装饰品的制作工艺及技术问题逐渐成为史前考古学界学术研究的热点问题，学者们也都致力于寻找新的材料来解决这一科学问题。而为了解决这一问题，北美和欧洲考古学家们尝试进行复原装饰品制作工艺的模拟实验，从而解释和分析考古遗址内所发现各种装饰品的生产工序、功能以及所代表的含义。

史前装制品的生产工序主要包括切割、钻孔、打磨、雕琢和抛光等，尤其是钻孔技术，有关研究始终未有突破性的进展。钻孔技术可上溯至旧石器时代晚期的骨角器制作。钻孔技术的发明有力地促进了复合工具的发展。史前时期的石质、玉质以及骨质装饰品由于造型、装饰或佩戴的需要，对穿孔工艺提出了更高的要求，致使钻孔技术得以长足的发展。红山、良渚和凌家滩等新石器遗址中都出土了大量形式各异的以玉器为主的穿孔人工制品，其中，凌家滩遗址出土钻芯的发现证明新石器时代的先民们已掌握了三种钻孔技术——锥钻、依赖机械转动的梃钻（实心钻）和管钻（空心钻）。

哈民忙哈遗址位于内蒙古科左中旗舍伯吐镇东南约20千米，西南距通辽市30千米处。遗址地理坐标为东经122°12.989′，北纬43°58.909′，海拔180米。遗址现存范围南北长约900、东西宽约200米，平面呈不规则椭圆形，总面积约18万平方米[8]。内蒙古文物考古研究所、科左中旗文物管理所及吉林大学边疆考古中心在2010、2011、2012年三度对其进行发掘。经发掘，哈民忙哈遗址的文化内涵单纯，系首次发现这类遗存的原生堆积，故将这类遗存命名为“哈民忙哈文化”。通过与其他相似文化比较，并结合碳十四测年结果，可初步推断，哈民忙哈遗址的年代约为距今5500～5000年，相当于中原仰韶文化晚期阶段[9]。该遗址出土了大量蚌制品，蚌制品即由软体动物壳为材料制作成的工具及装饰品等，其主要原料为瓣鳃纲动物的壳体。本次研究的材料为来自于哈民忙哈遗址中出土的几件管钻蚌制品。本文尝试利用显微观察的手段对于管钻制品的各项技术特征进行观察分析，具体包括痕迹、加工工艺、测量数据等（图一），对处于管钻

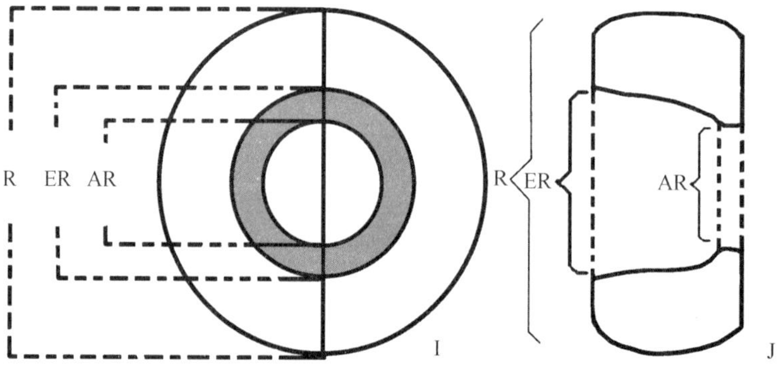

图一　管钻蚌饰品的部分观察参数

R. 蚌饰品直径　ER. 管钻钻孔外径　AR. 管钻钻孔内径（钻芯）　I. 管钻蚌饰品平面图　J. 管钻蚌饰品纵剖图

（图中阴影部分为管钻区域）

工艺各个阶段的产品进行详细描述，以复原遗址中古人类对于管钻制品具体的选材、加工工艺流程等特点，进而推测哈民忙哈遗址古人类的管钻工艺流程。

二、管钻样品、技术及实验方法

1. 样品

管钻蚌制品共4件，均为半成品，材料为珍珠蚌未订种蚌壳，选料部位均为靠近腹缘处的厚壳片（图二）。蚌片边缘经过加工，仅内侧可见单面管钻痕迹。3件半成品的钻痕深浅程度不尽相同，最深的几乎从内侧钻透，最浅的内表面仅有模糊的圆形摩擦痕迹。从钻孔的直径及孔壁厚度推测，钻孔工具可能是骨壁稍厚的骨管，或是中空的植物。另发现1件圆形蚌残块F15∶38（图二，3），边缘齐整，壳体较厚，直径不足1厘米。大小与蚌饰半成品的钻孔大致相同，应为蚌饰钻孔内的废料。

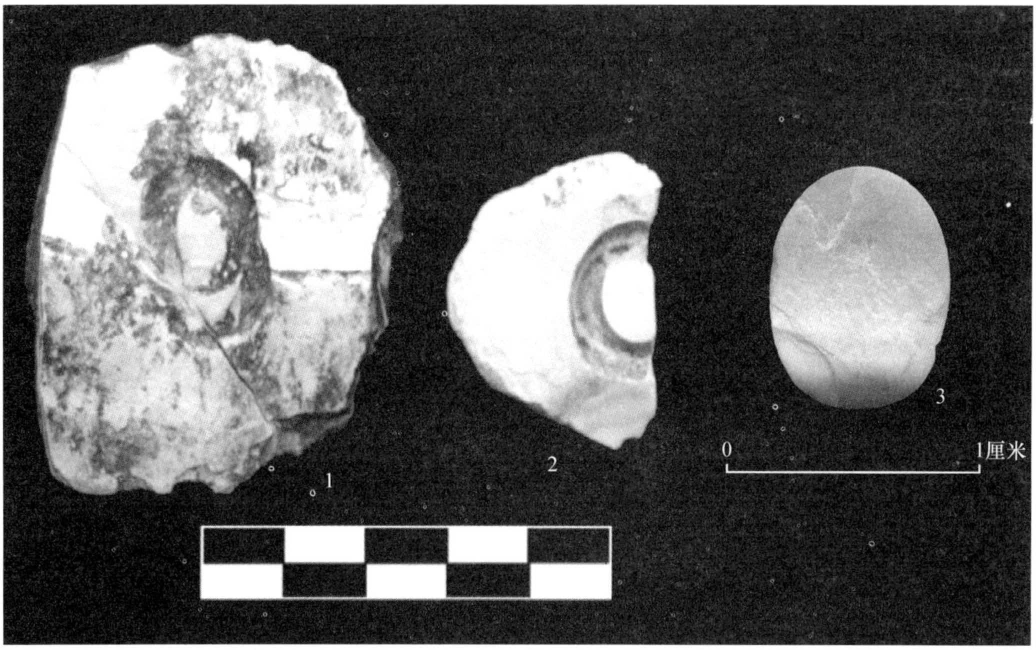

图二　哈民忙哈遗址出土的部分管钻蚌制品

1、2. 未钻透的管钻蚌制品　3. 管钻产生的钻芯

2. 管钻技术

管钻是360°或者是连续360°的旋转运动[10]。根据国内一些对新石器时代玉器管钻技术研究的学者观点[11]，管钻的主要作用是穿孔。管钻还可分为单面以及双面管钻。单面管钻，是选择器物的一面进行管钻，管钻越深，摩擦面积越大，也就阻力越大，越

费劲，双面管钻可以弥补这一不足；而双面（双向）管钻实际上是两次单向钻孔而成，而非双向同时对钻形成。无论是采用单面管钻还是双面管钻，加工者不仅为了保证器物表面的平整及美观，还要保证器物加工的成品率。

根据我国古代制玉工艺来看，钻头根据形制主要分为实心钻和空心钻两类，实心钻用于打眼和钻孔，空心钻用于钻较大的孔和套取料芯[12]。空心钻是指用来打孔的钻是空心的，形状为圆筒状，长短、粗细不同。在新石器时代等史前时期用来制作钻的材料有骨管、竹管等，而在铁器时代以后则流行铜管、铁管和钢管打孔。

3. 实验方法

观察分析设备为日本基恩士（KEYENCE）公司的VHX-100型数码显微镜，依次选用VH-Z25变焦镜头（放大倍数25～175倍）和VH-Z100大范围变焦镜头（放大倍数100～1000倍）。该数码显微镜可进行景深扩展和样品表面的三维成像。

观测前，将样品置于去离子水浴中，利用超声波清洗，以去除表面泥土和穿孔中的填土。主要观测了样品的正反面和穿孔内侧壁的表面。

4. 实验观测参数

在对管钻蚌饰品进行显微观察时，重点对以下观测属性进行详细记录：蚌饰品外形的完整程度、管钻钻孔的完整程度、管钻钻孔内径和外径的完整程度、钻孔方向(无/由内表面向外表面钻/由外表面向内表面钻/两面对钻)、钻孔内径的大小、钻孔外径的大小、个体直径的大小、重量、厚度、面积、断裂状态、所处的生产阶段、颜色、光泽、有无染色、管钻周围区域的磨光、径切面、可辨认的使用痕迹、风化及磨蚀程度等。根据以上技术特征，对其进行基本数据的测量、统计，建立数据库，对所发现的管钻蚌制品进行总体分析，最大程度复其管钻阶段的重要特征，进而推测当时的蚌制品生产工艺。

三、结果与讨论

标本F11C：1，残，长29.9毫米，宽25.8毫米，厚1.9毫米，重3.5克。其上可以看到明显的单面管钻痕迹，未钻透，管钻外径15.4毫米，内径9.3毫米（图二，2）。管钻钻孔从现有的残存部分来看，大致呈椭圆形，未穿透的部分仍保留有钻芯。在放大倍数为50倍的镜下，我们在观察管钻孔壁及钻芯纵剖面时，发现孔壁与钻芯壁并未挺直，而是由一些不十分挺直的线条构成（图四；图版二，3），这也就是在新石器时代玉器管钻技术中较为常见的“波纹式推进”[13]。此外，我们还可以观察到管钻区域（钻孔壁与钻芯壁之间的区域）宽度不一致，变化范围在2.8～4.2毫米，且钻芯壁与钻孔底部着力点之间的夹角约为130°（图三；图版二，1）。这主要是因为钻具旋转的离心力作用，

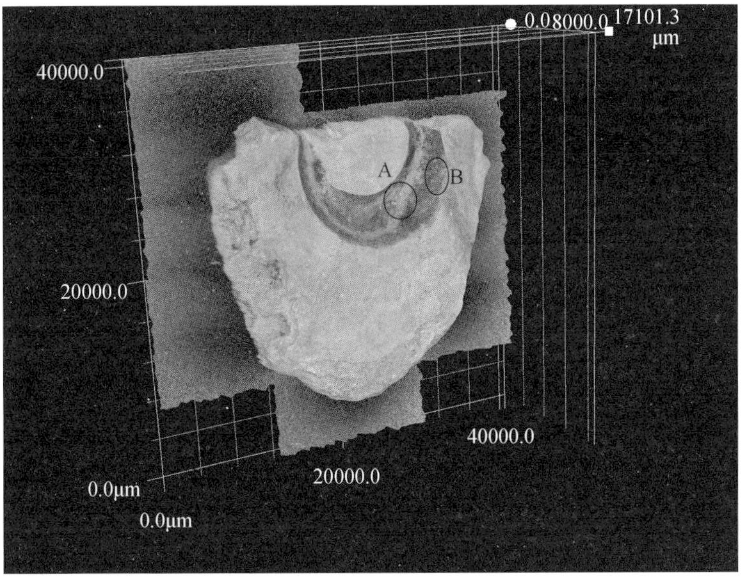

图三　未钻透的管钻蚌制品（F11C：1）（20X）

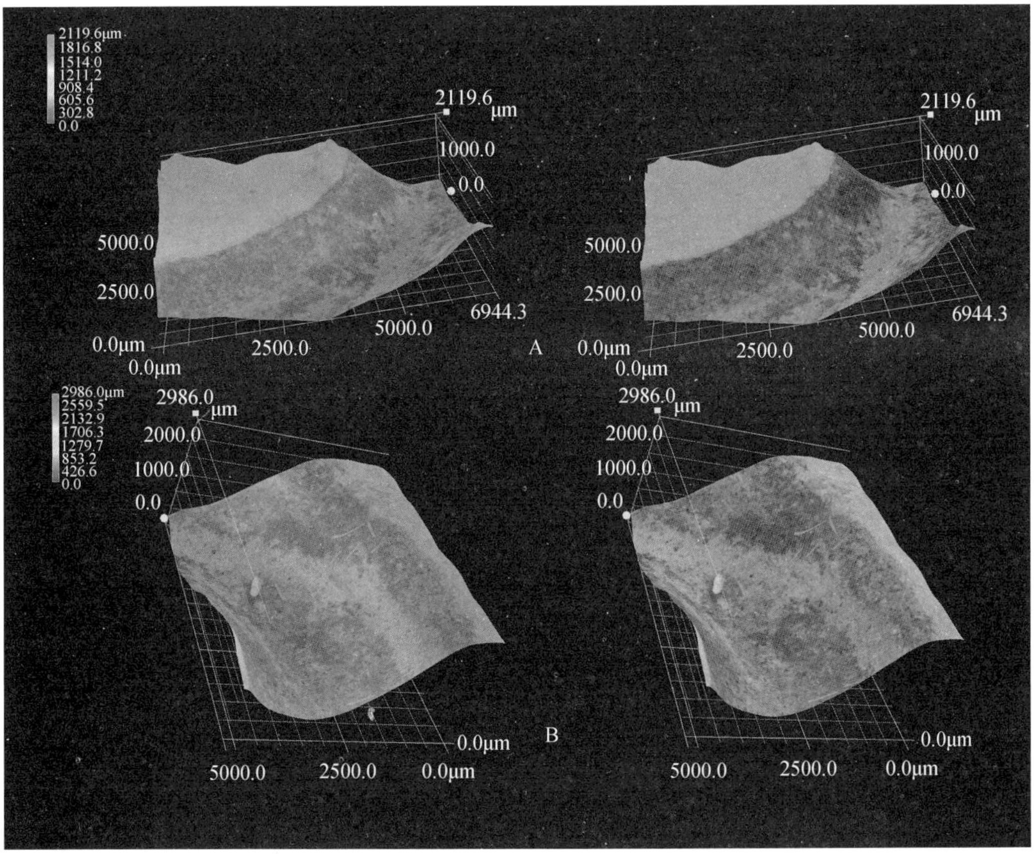

图四　管钻蚌制品（F11C：1）的三维成像（50X）
（图中的A、B与图三中的A、B区相对应）

在同一个器物内管钻孔的孔壁磨损程度一般大于其钻芯，虽然钻具的整体作用力是作用钻具的顶端，但是旋转的动力源却来自钻杆，这种旋转的作用力的主体指向外周，因此造成了器物“口大底小”以及管钻内壁倾斜的情况。

标本2010L：1，长37.87毫米，宽36.5毫米，厚9.2毫米，重21.2克。整体呈梯形，截面呈梭形。毛坯为珍珠蚌靠近腹缘处的厚壳片。其上可以观察到较浅的管钻着力的痕迹，即为同心圆状的凹凸痕迹，由此可以判断其处于钻孔的初级阶段。管钻外径16.9毫米，内径8.1毫米。器身表面留有密集的呈同心圆状的旋痕，单凭肉眼来看，同心圆状旋痕的圆心似乎不与所在端面外缘的圆心重合，但该件钻芯壁有汇合痕（图五；图版二，4）。根据该处管钻钻孔位置并结合旋痕的分布状态来看，推测其管钻工作中断的原因有以下几种可能：

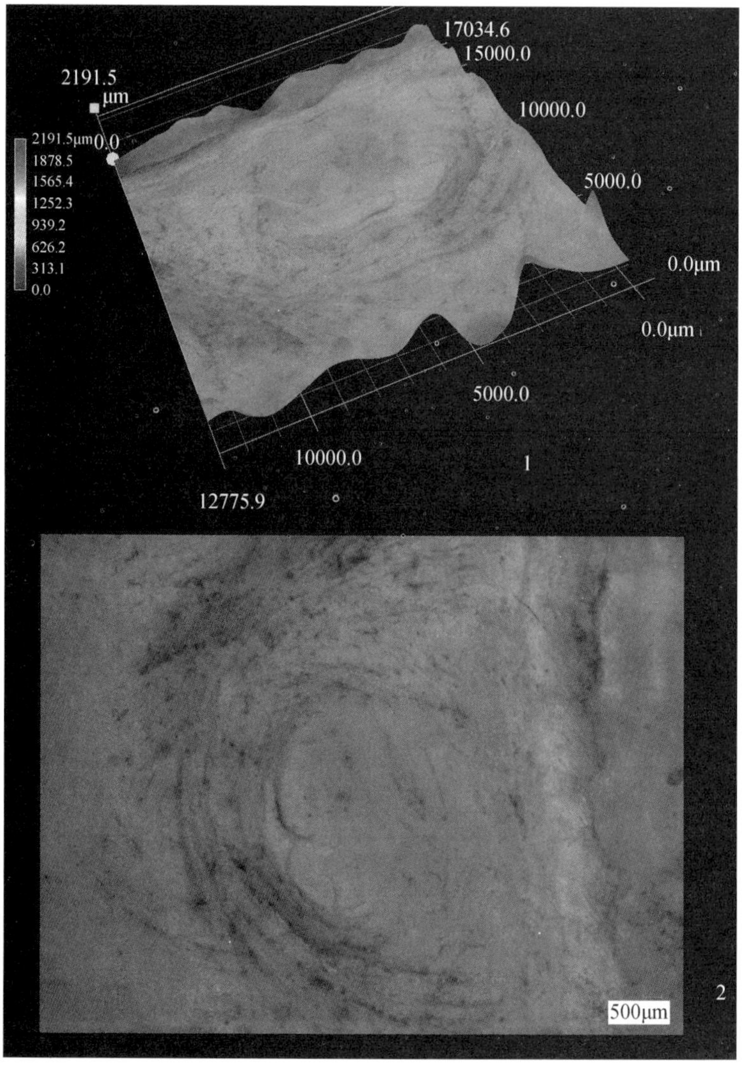

图五　管钻蚌制品（2010L：1）的三维成像（20X）

（1）古人类将管钻进行到一定程度时，需要更换管钻钻具，更换后，加工者或因自身的技术水平而未将管钻位置完全对正造成管钻同心圆旋痕出现错位后的汇合痕迹。

（2）由于古人类所选管钻位置正处于斜面部分，倾斜度为16.7°，加工者在进行管钻时，因毛坯管钻位置较斜而造成管钻钻孔着力点在毛坯上发生短距离位移，从而导致管钻旋痕出现不完全重合的现象。

从以上对于该标本管钻工作中断原因的推测来看，管钻技术与加工者对钻孔位置的把握能力有着直接的关系，否则常会出现钻孔位置过于偏离毛坯中心位置，管钻钻孔时就会出现管钻钻孔位置错位的现象，随着管钻外孔径的不断变大，也会造成管钻区域变大。

标本F17（临），长46.4毫米，宽39.4毫米，厚10.4毫米，重12.3克。整体呈椭圆形，毛坯边缘有明显修整的痕迹（图二，1）。整体呈椭圆形。在放大20倍的镜下，可以观察到两处未完全重合在一起的管钻痕迹（图六；图版二，2），较完整的管钻痕迹外径为14.8毫米，钻芯呈椭圆形，内径为6.5毫米，不完整的管钻痕迹外径约为12.3毫米。根据两处不重合的旋痕来看，该件标本应为管钻位置发生位移，违背了加工设计者最初的概念型板设计，进而推测应为其被废弃的原因。

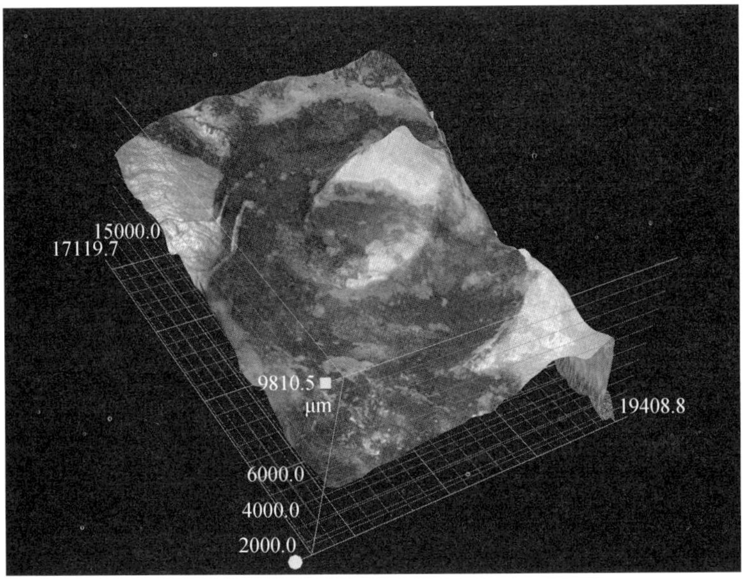

图六　管钻蚌制品［F17（临）］的三维成像（20X）

F15：38，整体呈圆形，直径为8.9毫米，为管钻钻孔产生的钻芯，边缘较为规整（图二，3）。其尺寸与其余3件管钻蚌饰品的钻芯内径十分接近。这反映了古人类能够较好地把握管钻钻孔的大小，力求做到蚌饰品生产标准化，也体现出古人类有意使生产出来的管钻钻孔及其产品大小均一，使其佩戴起来更具美感。

那么，哈民忙哈遗址的管钻技术是钻具旋转还是器物旋转呢？这是管钻技术需要讨论的一个问题。目前有学者根据新石器时代玉器管钻技术的分析[10]，并通过观察一定数量的管钻钻孔孔壁和钻芯标本，发现部分对象管钻标本两端施压的方向有别，即对向管钻的用力方向并不平行，这是解决管钻运动方式的一个关键点。在哈民忙哈遗址内，所发现的管钻蚌饰品中孔壁与钻芯的壁面均存在着类似平行的旋痕，长短、粗细、深浅各有别，而且旋痕很多延伸不到一周，又被上下旋痕叠压打破。而孔壁与钻芯壁面的旋痕总体上较为规整、近似平行，孔壁与器物表面转折较为生硬，钻芯壁与端面转折也生硬，器表孔壁周围和钻芯端面一般多平整光滑，少量有初始管钻跑偏或错位所留凹痕。这些现象均表明，哈民忙哈遗址的管钻技术是360°的钻具旋转，孔和钻芯端面或为椭圆或几乎为正圆，管钻槽在同一深度层面上宽度也几乎一致，说明在管钻过程中，钻具角度几乎没有什么变化，很有可能由某种简易机械装置固定角度进行管钻，管钻不可能是不到360°的低速徒手式驱动钻具的旋转方式。

四、结　　语

综上分析，这些管钻钻孔蚌饰的成品应为蚌环，以中间的钻孔作为穿绳的孔洞，缚绳后佩戴于胸前，起装饰作用。4件标本分别为制作蚌环的半成品及钻芯，处在蚌环生产工序中的不同生产阶段。根据目前发现的穿孔蚌制品来看，哈民忙哈遗址蚌饰的制作流程可推测为以下几步：选料—截料—改料—钻孔—定型—精加工。在通过选料、截料、改料后，得到蚌坯，于蚌坯中部钻孔，取得蚌环雏形。之后，以磨制等方法精修雏形边缘。经抛光精细加工后，即成形。

装饰品模拟实验研究在探讨装饰品制作工艺方面，除了目前通用的常规实验和民族学类比之外，还需侧重对装饰品生产所使用的钻孔工具进行分析，尝试揭示古人类使用什么工具进行管钻钻孔，钻孔的具体方式如何，对工具的形制有无特殊要求等方面的信息。为解决上述问题，需要将模拟实验与微痕分析、显微CT扫描等研究方法结合起来。这两种方法分别侧重于两个研究方向：微痕分析侧重于通过不同原料制成的工具对蚌壳毛坯进行钻孔时，分析工具刃部产生的微痕，进而与考古材料进行对比，判断古人类使用的装饰品制作工具[14]；而显微CT扫描主要通过对管钻产品的钻孔部位进行显微CT扫描，建立钻孔处的三维模型，从而判断古人类具体的钻孔方式[15, 16]。一般说来，管钻穿孔直径较大、长度较短时，原则上可观察到钻孔内壁的局部加工痕迹。然而，光学显微镜通常只能观测到钻孔内壁边缘的几毫米处，即便借助数码显微镜的景深扩展技术，最多也仅能斜向显示钻孔口沿内壁的局部区域。当蚌饰品的钻孔深到一定程度时，无论光学显微镜或电子显微镜，都无法显示整个钻孔内壁的旋转痕迹。另一方面，光学显微镜或电子显微镜也无法建立管钻钻孔的三维模型，对钻孔形状难以提供有效的信息。在未来的工作中可以尝试采用高分辨率的显微CT扫描，重建蚌饰品管钻钻孔内壁的三维图像，获取较为清晰的钻孔形状和微痕信息，以此为依据探讨考古遗址内出土蚌制品的管钻工艺。

综上所述，我们有理由相信将模拟实验与微痕分析及显微CT扫描等方法结合起来应用于我国史前考古遗址出土的装饰品材料上具有广阔的应用前景。

注 释

［1］ 张森水. 中国旧石器文化［M］. 天津科学技术出版社，1987：230.

［2］ 黄慰文. 海城小孤山的骨制品和装饰品［J］. 人类学学报，1986，5（3）：259–266.

［3］ 盖培. 虎头梁旧石器时代晚期遗址发掘报告［J］. 古脊椎动物与古人类，1977，15（4）：287–300.

［4］ 高星，黄万波，徐自强. 三峡兴隆洞出土12～15万年前的古人类化石和象牙刻划［J］. 科学通报，2003，48（23）：2466–2472.

［5］ 贾兰坡. 水洞沟旧石器时代遗址的新材料［J］. 古脊椎动物与古人类，1964，8（4）：75–83.

［6］ 张晓凌. 中国原始艺术精神［M］. 重庆：重庆出版社，2005：28–62.

［7］ Marian Vanhaeren, Francesco d'Errico, Chris Stringer, et al. Middle Paleolithic Shell Beads in Israel and Algeria［J］. *Science*, 2006 (312): 1785–1788.

［8］ 内蒙古文物考古研究所，科左中旗文物管理所. 内蒙古科左中旗哈民忙哈新石器时代遗址2010年发掘简报［J］. 考古，2012（3）：3–24.

［9］ 内蒙古文物考古研究所，吉林大学边疆考古研究中心. 内蒙古科左中旗哈民忙哈新石器时代遗址2011年的发掘［J］. 考古，2012（7）：14–35.

［10］ 盛文嘉. 关于长江下游地区新石器时代管钻技术的若干认识［J］. 南方文物，2013（4）：66–71.

［11］ 杨益民，吴卫红，谢尧亭，等. 古代玉器钻孔工艺的初步研究［A］. 全国射线数字成像与CT新技术研讨会论文集［C］. 北京：科学出版社，2010：148–166.

［12］ 孔富安. 中国古代制玉技术研究［D］. 山西大学博士学位论文，2007：1–341.

［13］ 邓聪. 东亚史前玉器管钻技术试释［A］. 史前琢玉工艺技术［C］. 台北：台湾博物馆，2003：152.

［14］ 高星，沈辰. 石器微痕分析的考古学实验研究［M］. 北京：科学出版社，2008.

［15］ 张敬国，杨竹英，陈启贤. 凌家滩玉器微痕迹的显微观察与研究［J］. 东南文化，2002（5）：16–27

［16］ 杨益民，郭怡，谢尧亭，等. 西周倗国墓地绿松石珠微痕的数码显微镜分析［J］. 文物保护与考古科学，2008，15（1）：1–8.

Preliminary Analysis on Pipe Drilling Technology of Mussel Artifacts from Hamin Mangha Site at Inner Mongolia

WANG Chun-xue　CHEN Quan-jia　CHEN Jun　ZHU Yong-gang　JI Ping　YU Xiu-jie

Based on Micro three dimensional imaging studies and microscopical observation, this study takes these mussel artifacts unearthed from Hamin Mangha site as example and concludes and discusses the characteristics, breakage accidents and reasons of pipe drilling technology. Analysis results suggested that the specific process of its production, and interpreted their function.

域外考古

新涅任斯克城址

——镇安军治所

〔俄〕Н. Г. 阿尔捷米耶娃　В. В. 阿欣诺　А. Л. 伊夫里耶夫
С. В. 马基耶夫斯基（著）
杨振福（译）
（辽宁社会科学院，沈阳，110031）

近几十年来，中世纪城址遭到文物盗掘分子们的疯狂盗挖，使文化层与古建筑遗址遭到灭顶之灾。这些盗贼用金属探测器搜寻到的罕见文物沦为了某些文物爱好者的收藏品，从而使科学丧失了绝无仅有的研究材料——这一切在今天已成为俄罗斯整个考古学界的灾难。在滨海边疆区境内，有许多知名的城址未经专家调查就沦为了文物盗掘分子的猎物。首先遭劫的是新涅任斯克城址。该城址位于滨海边疆区境内什科托夫斯克区新日诺村西南。

关于新涅任斯克城址的最早报道发表于1908年，是Л. А. 克罗波特金公爵撰写的第47号报道，其中有一段话是这样说的："在注入乌苏里斯克湾的坎加乌兹河（此河现名为苏霍多尔河）左岸，距河口大约15俄里之处的新涅任村附近的山崖上，坐落着一处城防工事，即新涅任斯克城址，该城址的平面图为不规则形图形，有一部分城墙是用石头修筑的，高低参差不齐。"[1]

1962年，Э. В. 沙夫库诺夫考察该城址后写道："距大枕头山不远，在对着新涅任村的坎加乌兹河陡峭的左岸上，发现了一座被内城划分为几个部分的大型城址。在城址中只采集到几块中世纪用陶轮制成的灰陶器皿的残片。虽然在城址内随处可见探井，却没能从中采集到任何考古材料，也没能发现文化层的特征，原因很明显：城内遍地长满了高高的灌木丛，浓密的野葡萄藤把柞树林缠绕得水泄不通，因而极难对该城址进行详细调查，只是随机回填了文物盗掘分子发掘的探井。”[2]

1979年，В. Д. 列尼科夫率领考古队调查该城址。学者们测绘出该城址的平面图，相当全面地描述了城防工事并将其断代为12～13世纪[3]。

该城址位于苏霍多尔河左岸的山崖形的大枕头山上；大枕头山兀立于两座帽形山之间鞍部当中的宽阔的河谷谷地里；从这个鞍部向西是一片低洼的碗形峡谷。该城址占地面积约50公顷（图一），四周围绕着土筑城墙，但是，筑在东面山坡上的城墙却是用石头砌筑的，高达2～3米，基础宽3米。城墙总长3200米。西面的城墙高6～8米，东面和北面的城墙高1.5～2米。南面的城墙最易遭受攻击，特地修筑了11座敌台并修筑起一道副城墙。主城墙与副城墙之间有一条宽2～3米的路。北面城墙有三处砌筑了与城墙外侧基础相毗连的“C”形城墙，以增强防守。这些防御工事很可能就是凸角堡。在北面，城墙上没设置敌台，因为这里是城的制高点；但有意思的是，从城的里侧看，这个

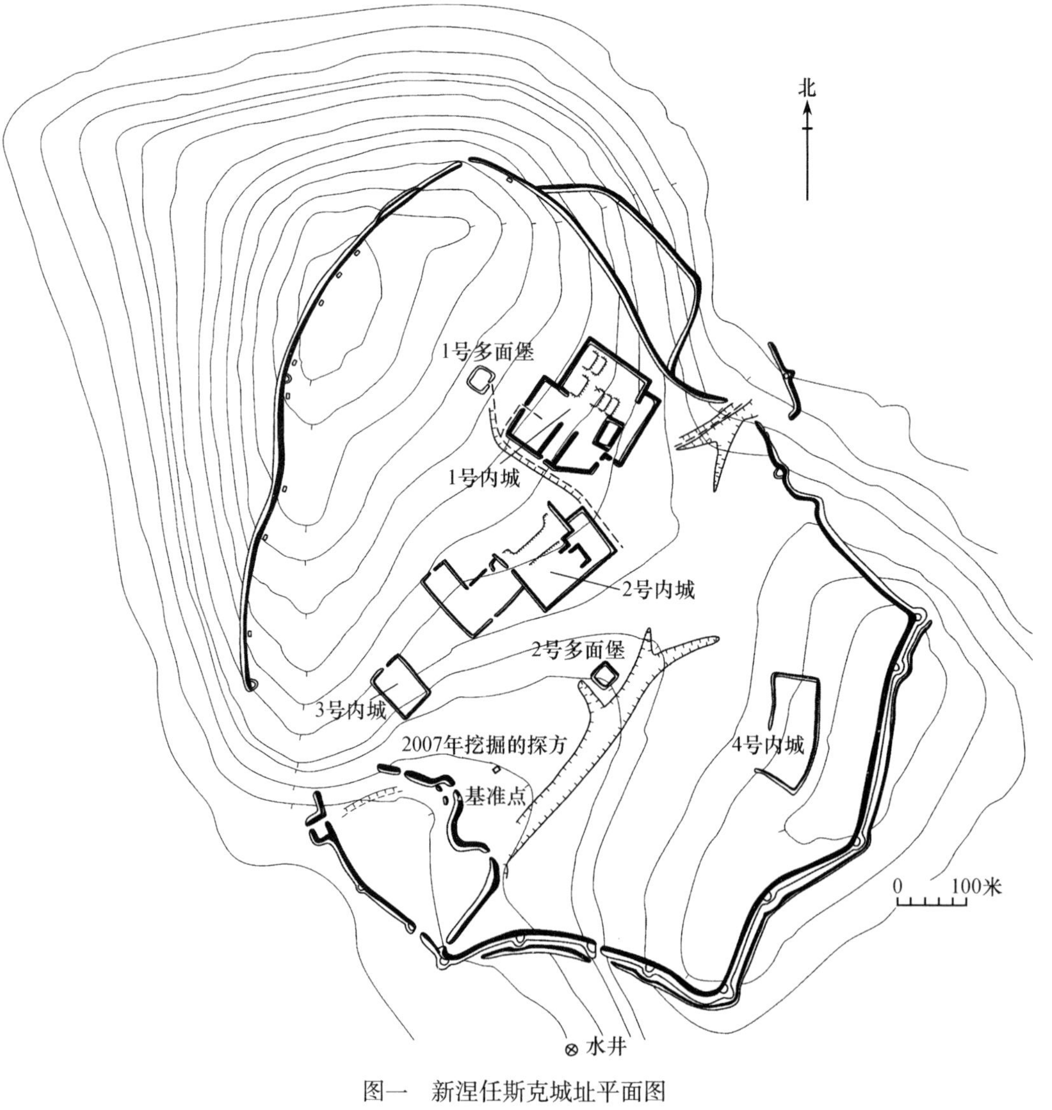

图一　新涅任斯克城址平面图

地方有5处大小为2米×3米的长方形土堆，这些土堆的纵面同时就是城墙。此处的这些土堆完全是为了设置投石机。清楚可见，在城址的南面堆积着大量的石弹。

主城门设在城西面，这里的工事是以河谷作为防御目标。主城门修筑得相当复杂，形如双重的瓮城，其形制与拉佐城址的城门一模一样[4]。在两座帽形山之间最狭窄之处，筑有一道弓形城墙，弓背朝向城里；城墙的两端有排泄城内积水的豁口。在这个弓形城墙当央辟有一个豁口，一道宽约5米的道路由此通过，从而形成一座“Γ”形瓮城。这个豁口由两座敌台护卫；不仅如此，为了增强对这个豁口的防御，从城门向西增修了一段长达120米的城墙，这段城墙修得很高，最高处达到6米。在北面，城墙紧贴着帽形山的地方还有一座“Γ”形的瓮城。看得出，曾有一条古道从城里通向城外。城门对面，在帽形山南面的上山坡附近，那里的城墙也有一处排泄积水的豁口。在城墙和这道豁口之间筑有一座面积为120米×200米的瓮城，以确保防御来犯之敌。从城防来说，此处最易遭受攻击，因而格外严密设防。

副城门设在城址的东面，坐落在朝向谷地的相当陡峭的山坡上。这座副城门其实是城墙的正对着冲沟的一处豁口，顺着冲沟可进入谷地。从外面看，这个豁口由坐落在谷地里的弓形土城墙护卫。这道弓形土城墙长约150米，高2米，上面设有两座敌台。

在城址的北部还有一座副城门，而在南部有两座城门，但实际上都是城墙豁口，都没采取任何增强防御的措施。从这里可以监视通向城外的道路。

自2001年起，B. 阿诺欣率领滨海边疆区纳霍德卡市考古学家俱乐部的成员调查该城址。在文物盗掘分子挖掘的探井中，他们采集到了陶器，其中有考古学所谓完整的瓦罐、用作量具的碗的残片、盘形器皿的残片、瓦盆的残片、球形器皿的残片，以及施黑釉的瓶式容器的残片。他们发现了文物盗掘分子发掘的几处大型探方，其中的三处探方几乎覆盖了坐落在山崖顶上和山坡上的数座房址，这处不大的山崖位于城东部的岔沟之间。在一处被盗挖的房址中采集到大量陶器、一只玄武岩臼和一只花岗岩杵。B. 阿诺欣本人发现三座内城与两座多面堡，并画出它们的鸟瞰图。令人称奇的是，首批调查人员竟然没发现这处遗址的复杂的内部布局。12～13世纪女真人所有的城池都有其独特的内部布局，即官署和作为将领或城防司令的大本营所在的多面堡都是必不可少的组成部分。2003年春天，俄罗斯科学院远东分院远东诸民族历史·考古·民族学研究所的考察队考察了这处遗址，确定了被破坏的地方，在文物盗掘分子开挖的探井附近采集到大量的地面上的遗物。自2007年开始，由C. B. 马基耶夫斯基率队开始了经常性的调查。据城内的布局和采集到的考古材料判断，这处遗址属于女真人东夏国存在于滨海地区的时期（公元1215～1233年）。

城址内的地貌完全取决于当地的地形。大枕头山的长条冲谷朝西倾斜，由此形成的斜坡又宽又长，平缓地伸入谷地。分别位于北面和南面的两座帽形山把城址拥抱其间，城的东部就建在帽形山的山顶之上。所以，新涅任斯克城址的三面是难以攻克的。两道冲沟从东、西两边通过，相应地把城址划分为各自拥有相当密集的建筑物的北、南两个部分。城址的北部由两大片地段组成，放眼望去，上面房址最多。城的东北部分与城的主要部分被一道土城墙隔开，这道土城墙下有一条道路通过，而其余的地方是一片由土墙围绕的场地，上面坐落着三座内城和一座多面堡。

从东边的冲沟开始，沿帽形山的山坡往北坐落着数排不大的长方形房址，它们紧密相连，形成街区。在它们以西，也是在帽形山的山坡上，坐落着1号内城（B-1），占地面积约1600平方米，主要的官署可能坐落于其中。这座内城似乎由彼此相连的两座长方形建筑遗址组成，建筑遗址的各角分别朝向东、南、西、北。1号内城的西北部分地势较高，三面城墙都有豁口作为出入口。该内城的场地被两道平行的土墙分成三个部分。其中，地势最低的是一片由土墙围绕的阶地空场，面积为40米×15米，上面有文物盗掘分子挖掘的探井，我们从中采集到许多仰瓦。1号内城的东南部分是由柱廊式大型建筑组成的街区，这些建筑遗址分布在三片阶地上：在地势最低的阶地上有三栋建筑遗址；在地势居中的阶地上有五栋建筑遗址；在地势最高的阶地上有两栋建筑遗址。这些建筑遗址的占地面积都为22米×5米，建筑遗址的各角分别朝向东、南、西、北。这三片阶地上都有成排的石柱础。2008年，发掘了其中的一片阶地，发现了一座面积达90平方米的柱廊式建筑遗址，并确定有36个柱础（3排，每排12个柱础）。

在1号内城稍西的帽形山的山坡上，坐落着2号内城（B-2），其四周的城墙是由土和玄武岩石板筑成，高1米。这座内城的平面图为三片彼此相连的长方形阶地，总面积达900平方米左右。分布在这三片长方形阶地上的房址和官署的遗址鳞次栉比。在该内城的中心地带有一块占地面积为18米×6米的土台，上面有文物盗掘者分子挖掘的探井，我们从中采集到许多砂瓦片。在这座内城以北，还有文物盗掘分子挖掘的几口探井，我们从中采集到许多损坏的铁器，其中有两个马镫、数把镰刀、数把刀和一些熟铁块。这一切表明此内城的功能很可能与生产铁器有关。

在2号内城的西南120米处，坐落着 3号内城（B-3）。它的平面图为长方形，周围城墙的四个角分别朝向东、南、西、北，占地面积3500平方米（50米×70米），设在西北面城墙的城门实际是一个豁口。从外面看，这座内城与拉佐城址的内城很相似；在这座内城中发现了官立作坊的遗址[5]。

在这三座内城之间，在稍高于帽形山的山坡上坐落着1号多面堡（B-1），占地面积21米×21米，城堡周围土城墙的四个角分别朝向东、南、西、北；设在东南面城墙当央的城门实际是城墙豁口；有一条完好的古道通过这个豁口。在这座多面堡的西北，顺着山坡向上，堆积着一大堆大块的玄武岩石块，其中有许多石块为正方形。

在新涅任斯克城址中，从主城门开始，地面平缓地向东隆起。目前，这片地方已沼泽化，但还保留着现代耕作的痕迹。2007年，曾在此发掘一片探方，面积达150平方米，从中发掘出结构为立柱框架式住房的遗址，以及一处铺筑有三烟道的炕的残余。该房址的平面为长方形，占地面积约30平方米。调查此房址时出土了一些不同的器物，如箭镞、钉子、铜钱、日常生活用具、各种陶器、大量的陶器残片、装满土的陶罐。对陶罐中的土做了浮选，从中获得了意大利黍、四枚北宋铜钱和一块铁片。装土的陶罐是轮制的，质地良好，壁薄，罐坯基本使用的是灰色黏土，以还原法焙烧而成。

2号多面堡（P-2）也坐落于此处，占地面积19米×19米，城堡四周的城墙基本是用石头砌筑而成，高达1米，城墙的四角分别与东、南、西、北相对应。城堡中的东南角有一小片已沼泽化的圆形洼地，直径为1.5～2米；距这片洼地不远处，有一口文物盗掘分子挖掘的探井，我们从中发现了一些覆盖炕面用的石板。

2号多面堡略向东，在主城墙比较靠近的帽形山的山坡上坐落着4号内城（B-4），其平面图为不规则的长方形，占地面积200米×115米。在挨着4号内城的东北部分，有一处不规则的长方形建筑遗址。从这几座内城的占地面积来说，4号内城是最大的。这座内城里全是台阶样的长条阶地。

4号内城稍东，有一条古道，顺此古道前行是房址，其形如彼此相连的由土墙围起的土堆。有些地方的土堆连绵不断，犹如低矮的土墙。再稍向东，是坐落在多面堡的城墙、冲沟与4号内城之间的一片场地；这片场地由数条平行的阶地组成，上面分布着生产综合体遗址或生活综合体遗址。在这些阶地最西边尽头处，有文物盗掘分子挖掘的许多探坑，坑边散落着陶器残片、抹泥渣和木炭渣。在此处，文物盗掘分子盗得了一个极其罕见的遗物——青铜官印；可是我们得到的只是这方官印的照片（图二）。

图二　官印

这方官印为正方形，从印面的边框算起，每边长63毫米；印台厚约16毫米，为平行六面体，上沿倾斜；纽为椭圆形凸起，顶端刻有“上”字，以指示用印的正确方向。印文的四周有边框，宽2毫米。印文共有10个汉字，书体为九叠篆，排成三列：第一列4个汉字，第二列和第三列各3个汉字。印文为“同知镇安军节度使事印”；印文中的“同知”之意为“副职”，“镇安”是“镇安军”治所的地名。

官印的背款刻在印纽左右，“贞祐二年六月礼部造”。

重复印文的侧款刻在印台的上印墙与右印墙，其书体为楷书。侧款的前七个字本应刻在印台的上印墙，但因位置狭小，容不下七个字，印文的最后两个字刻在了右印墙。

背款中的“贞祐”二字是金国皇帝宣宗的年号，贞祐二年六月相当于公元1214年7～8月。

《金史·诸节镇》载：“节度使一员，从三品，掌镇抚诸军防刺，总判本镇兵马之事……同知节度使一员，正五品。通判节度使事……”据《金史·百官四》载：“五品印，方一寸四分，铜……”宋元时期的一寸四分相当于当今的4.3厘米[6]，可见该官印的尺寸是相当大的。但《金代官印集》所载的“同知顺国军节度使事印”，各边长6.2厘米[7]。《大元圣政国朝典章》载，五品官的铜印各边长2寸4厘，相当于6.27厘米。《金史·百官四》载：“天德二年（公元1150年）行尚书省以其印小，遂命拟尚书省印小一等改铸。”新涅任斯克城址出土的金国于公元1214年铸造的官印的尺寸与元朝铸造的官印的尺寸相同。这一情况反映出13世纪官印尺寸增大的总趋势。

至于镇安军，《金史·地理》在注释咸平路咸平府所辖玉山时写道：“玉山，章宗承安三年，以乌速集、平郭、林河之间相去六百余里之地置，贞祐二年四月陞为节镇，军曰镇安。”咸平路地处当今沈阳东北方向的辽河谷地，其治所咸平府位于当今的开原[8]。该官印是玉山陞为节镇之后两个月铸制的。据史籍可知，公元1214年，辽东宣抚使蒲鲜万奴率军驻扎在咸平府。遵照宣宗皇帝的旨意，蒲鲜万奴率领四十万大军扫荡以耶律留哥为首的叛军，在归仁县境内的白河（当今辽宁省昌图县以北）开战。结果，蒲鲜万奴率领的金军大败，残部退走东京（当今的辽阳）。白河之战后，耶律留哥控制了辽东所有的州府，把自己的大本营设在咸平，称之为中京[9]。显而易见，当时已存在数月的镇安军的地盘名义上隶属于耶律留哥，但发号施令权却在东京；下一年，蒲鲜万奴在东京建立了大真国，后改称东夏国。随后，蒲鲜万奴率军向东开拔，占据了金国的胡里改路、合懒路及咸平路。由此可见，是镇安军的一位将领保存了金国赐予的这方官印；于是这方官印便出现在位于滨海地区南部的东夏国的这座城池。肯定无疑，这方官印与东夏国有关。事情的经过完全可能是这样：女真人保留了这方官印，并以原来这个军的治所的地名来称呼这座新驻守的城池。类似的事件不胜枚举，开元城改名就是一例[10]。

在新涅任斯克城址，除了出土“同知镇安军节度使事印”这种有意义的遗物，从文物盗掘分子挖掘的探井中，我们采集到了其他大量遗物。最有意义遗物之一是在城墙的中央城门附近出土的一尊观音塑像，像高3厘米，青铜鎏金，坐姿，神情宁静（图三）。其左腿平盘，右腿屈膝直立，两脚掌相互靠拢，左手顺着身子垂下，似乎以此手支撑全身，右手顺膝盖垂下。观音的面庞为蒙古人脸型，眼睛和眉毛很清晰，鼻子扁平，紧挨嘴唇之上。从侧面看，观音的面貌和女真人其他遗址出土的观音的面貌很相像[11]。观音的头发梳成高高的、一绺一绺的卷发，前额戴的冠饰上有佛像。观音上身穿宽松的外套，柔软的衣褶顺着肩和背下垂，外套用圆形发卡夹在肩部；内穿高开衩的长衫，下摆摊在面前，腰间束带，胸前佩戴一条配有长吊坠的项链。从后面看，这条项链在衣领下方打了一个结，留下两个长长的末端。观音的风貌是以非常现实主义的手法塑成。不同时代的观音佛像往往都塑成上述姿态。观音是佛教中的三大佛之一，是慈悲和美德之佛。人们认为其神通广大，能消灾解难，乐善好施，宽大为怀，救人于水

图三　观音像

火，同时是妇女与儿童的保护神。其另一个重要职责就是把死者的灵魂送进天堂去朝觐佛祖。民间非常崇敬这位大佛；可实际上，不仅在众佛当中，而且在诸神当中，观音却屈居第二把交椅。有趣的是，像一般的佛那样，观音最初的形象是一副男人的面孔。公元8世纪以前，在中国，尽人皆知观音是男人的形象；后来，观音的容貌变成了女相[12]。

在新涅任斯克城址采集到的大量的日常生活用具与滨海边疆区境内的东夏国其他遗址出土的毫无二致（图四～六）。其中突出的一件是形如荷叶大小的双层生铁板（图四，1），其尺寸为80厘米×60厘米，厚1厘米，边厚2厘米。它的下部有两个不对称的孔，通过这两个孔可把这块双层生铁板固定在某个位置。据这块铁板的大小和形状推测，它可能是在举行宗教仪式时作为钟使用（疑似“云板”或“磬”——译注）。

在采集到的遗物中，大部分是铁制品和生铁制品；这些遗物全都是文物盗掘分子先是用金属探测仪对文化层进行探测，若发现有遗物可挖，就盗挖出来。如果文物盗掘分子对盗得的遗物不感兴趣，就随意把它们扔到城址内。我们拾到的遗物有陶器残片、瓦片、玄武岩制成的臼、花岗岩制成的杵、石柱础、青铜镜、铜钱、革带配件、饰物，以及其他诸如兵器等遗物；对于考古学来说，这些遗物都是弥足珍贵的。

从新涅任斯克城址所在地理位置、规模以及城内的地形地貌等要素看来，它与拉佐、阿纳尼耶夫斯克、叶卡捷琳诺夫斯克、扎列钦斯克、伊兹维斯特科瓦亚-帽形山、橡树-帽形山、什克利亚夫斯克、康斯坦丁诺夫斯克诸城址很相似，所以，可以认为古时曾有某个谋克驻守于此；而据该城址出土的上述官印可以断言，曾有一位同知节度使任职于此。

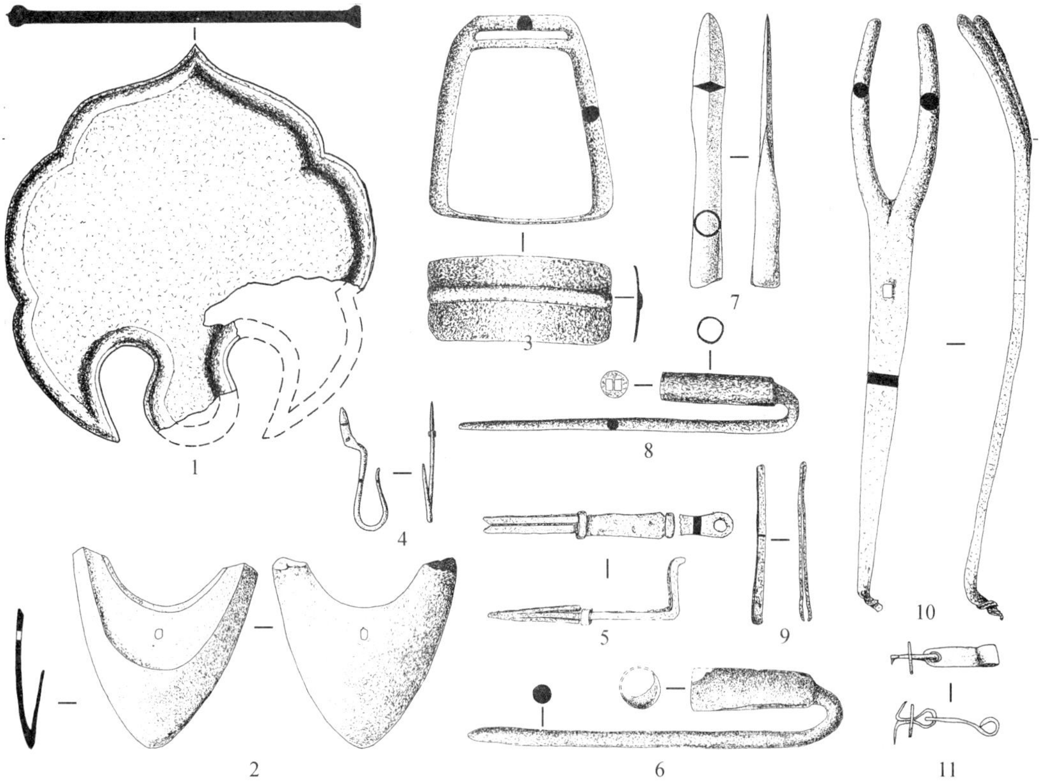

图四　日常生活用具

1. 荷叶形双层生铁板　2. 铁犁铧　3. 铁马镫　4. 铁鱼钩　5、6、8. 铁锁残片　7. 铁矛簇　9. 铁镊子　10. 铁制猎矛　11. 铁门钉锔

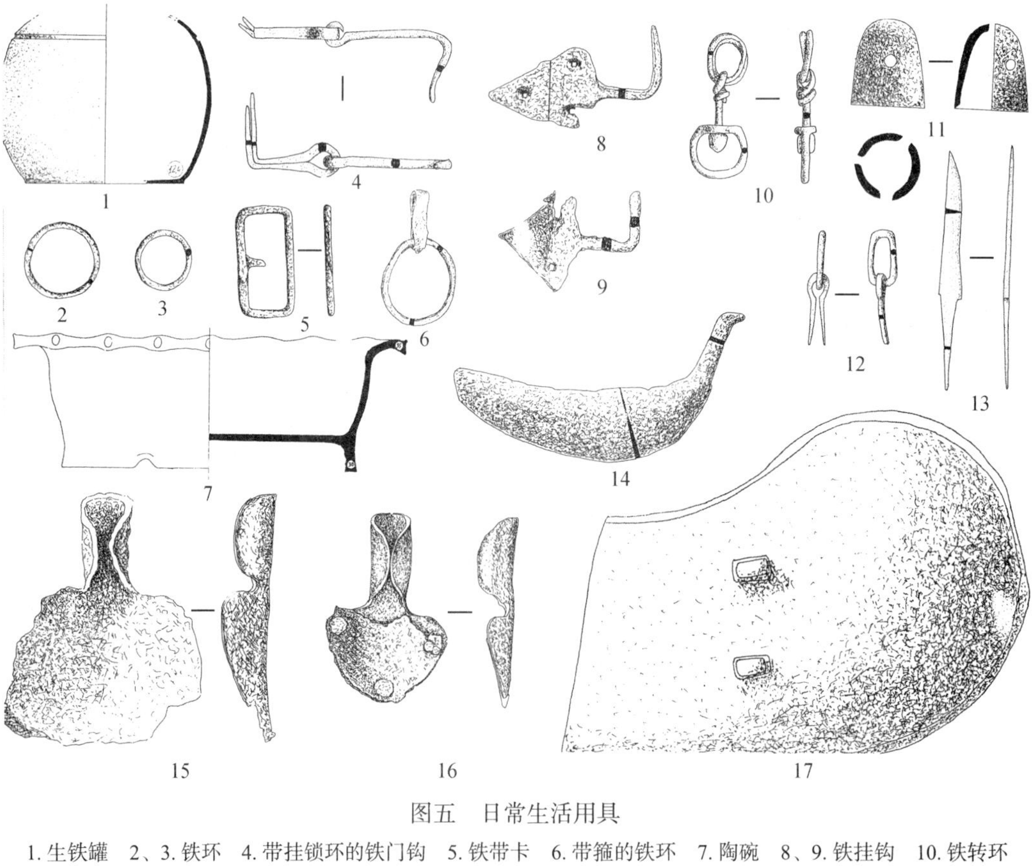

图五　日常生活用具

1. 生铁罐　2、3. 铁环　4. 带挂锁环的铁门钩　5. 铁带卡　6. 带箍的铁环　7. 陶碗　8、9. 铁挂钩　10. 铁转环　11. 生铁钟　12. 带挂锁环的铁环　13. 铁刀　14. 铁镰刀　15、16. 铁铲　17. 生铁犁镜

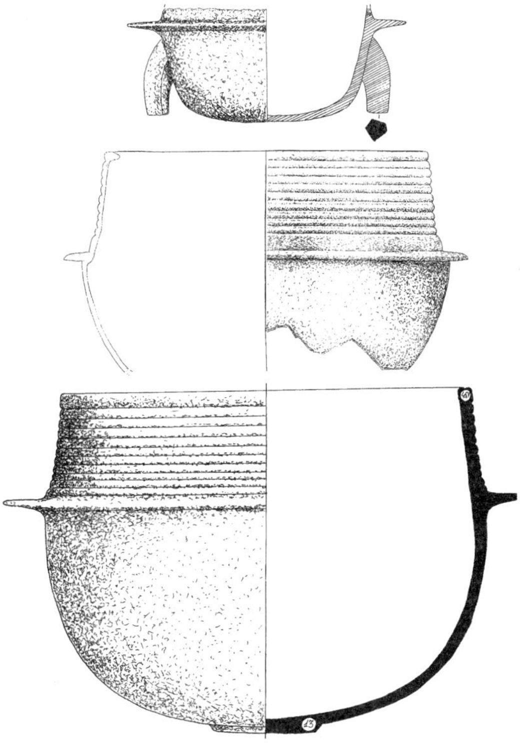

图六 生铁锅

注 释

[1] 〔俄〕Ф. Ф. 布谢，Л. А. 克罗波特金. 阿穆尔边区的古代遗物［A］. 阿穆尔边区研究会会刊［C］第12卷，1908：23.

[2] 〔俄〕Э. В. 沙夫库诺夫. 1962年素昌河谷田野考古调查报告［A］. 俄罗斯科学院考古研究所档案［C］. Р-1，No.2581，1962：2.

[3] 〔俄〕В. Д. 列尼科夫. 1979年滨海边疆区考古调查报告［A］. 俄罗斯科学院考古研究所档案［C］. Р-1，No.7814，1979：12–14.

[4] 〔俄〕В. Д. 列尼科夫，Н. Г. 阿尔捷米耶娃. 拉佐夫斯克城址［M］. 符拉迪沃斯托克：远东科学出版社，2003：11–12.

[5] 〔俄〕В. Д. 列尼科夫，Н. Г. 阿尔捷米耶娃. 拉佐夫斯克城址［M］. 符拉迪沃斯托克：远东科学出版社，2003：27–29.

[6] 〔俄〕Ю. Л. 克罗利，Б. В. 罗马诺夫斯基. 中国传统度量衡系统化的经验［J］. 东方国家与民族（第23期）［C］. 莫斯科：科学出版社，1982：209–243.

[7] 景爱. 金代官印集［M］. 北京：文物出版社，1991：19.

[8] （元）脱脱等（著）. 金史・金国行政地理区划图［M］. 台北：国防研究院，1970.

[9] 王慎荣，赵明岐. 东夏史［M］. 天津：天津古籍出版社，1990：304.

［10］ 赵明岐. 东夏国开元上京研究［J］. 社会科学战线，1985（3）：203–212.
［11］〔俄〕Э. В. 沙夫库诺夫. 12 ~ 13世纪女真人文化与远东通古斯民族起源问题［M］. 莫斯科：科学出版社，1990：图版53 ~ 55.
［12］〔俄〕Л. С. 瓦西里耶夫. 中国的崇拜物、宗教与传统［M］. 莫斯科：科学出版社，1970：331–333.

The Novonezhinskoe Walled Town: The Military Settlement Zhen'an Army

YANG Zhen-fu (tr.)

The article analyses a new epigraphic artifact—the bronze stamp of "deputy jiedushi (commander) of Zhen'an Army administration" excavated on the territory of Novonezhinskoye site in Primorsky Krai. The stamp was issued at the reign of Jin emperor Xuan-zong in 1214 for usage of the army administration located in the Liaohe river valley (modern Liaoning province, PRC). This artifact certainly has a direct bearing on the foundation of the Jurchen Eastern Xia State and military campaigns of its founder Puxian Wannu.

［本文由杨振福译自《滨海边疆区境内的中世纪遗存》（第一辑），远东科学出版社，2012年，第82 ~ 94页。］

书评与信息

构建渤海都城研究新平台的学术思考*

——《八连城》读后

宋玉彬

（吉林大学边疆考古研究中心，长春，130012）

屈指算来，渤海都城考古已经留存下近百年的岁月记忆，但考古发掘在记忆中所占的比例很少，且主要集中于时间刻度的首尾两端："首"即20世纪30～40年代日本学者主导的"东京城"、西古城、八连城发掘；"尾"是20世纪90年代至21世纪初期中国学者对上述城址的再度发掘。两者之间，除了20世纪60年代初期中朝学者曾经联合开展过渤海上京城考古发掘[1]，余下的时间均为渤海都城考古发掘的间歇期。日本学者所开展的田野工作，既是渤海都城考古的起始点，也是渤海考古的肇始期。遗憾的是，由于时代局限以及人为因素，该时段的考古收获只是在《东京城》[2]《间岛省古迹调查报告》[3]《半拉城と他の史蹟》[4]之中得到了部分体现。日本学者撰写的上述报告，虽然信息不全，但直至20世纪末，它们始终是学术界获取渤海都城考古学认识的主要途径。因此，不难想象，这种情形导致了渤海都城研究之横向时间跨度与纵向认识高度的强烈反差。改变这种状态的学术转机形成于世纪之交，为了实施渤海大遗址保护工程，中国学者先后重启了渤海上京城（即"东京城"）、西古城、八连城的田野考古工作。作为课题规划项目，无论是野外的发掘理念、技术应用，还是室内的资料整理、报告编写，在各个环节的具体操作层面，三座城址的考古工作均严格遵循了新时代的学术标准，在最大限度地获取基础性信息数据的同时，还不同程度地廓清了日本学者遗留的

* 基金项目：国家社科基金2010年度重大课题（10&ZD085）；2013年度一般课题（13BKG011）的阶段性研究成果。

诸多历史悬案。就此意义而言，继《西古城》[5]《渤海上京城》[6]之后出版的《八连城》[7]，具有两个时间节点属性：一是为国际学术界瞩目的课题规划性的渤海都城发掘项目画上了一个圆满的句号；二是与《西古城》《渤海上京城》构成鼎足之势，为渤海都城研究搭建了一个全新的学术平台。作为该平台的构建者之一，笔者愿与学术界分享有关《八连城》的读后思考。

一、学术信息的全景展示

八连城发掘是吉林省文物考古研究所与吉林大学边疆考古研究中心合作开展的田野考古项目，吉林大学王培新教授既是《八连城》的第一作者，也是各项具体工作的策划者、组织者。他曾经就职于吉林省文物考古研究所，拥有开展合作研究的人脉基础；尤为重要的是，他不仅长于渤海考古，而且拥有访学日本的经历，掌握日本学者早年在我国境内主导的渤海考古的相关学术信息。基于此，在确定项目领队时，王培新成为不二人选。按照课题规划而实施的八连城城址发掘，其中涉及对早年日本学者发掘地点的再度清理。在清理过程中发现，日本学者当时所采用的发掘方法以及发掘后对揭露的迹象弃置不管的行为，均不同程度地导致了遗存信息的缺失与流失。为了让学术界对初次发掘地点以及再度清理遗迹所释放的不同信息形成清晰的学术判断，在《八连城》出版之前，王培新发表了《20世纪前半期珲春八连城考古评述》一文[8]，利用其考古学素养及通晓日文的优势，系统梳理了日本学者在八连城城址进行田野工作的具体历程，向学术界宏观展示了八连城城址历次考古工作的全景信息。通过该文，同时结合《八连城》报告，学术界不仅可以分享全新的考古收获，并且在面对信息量反差明显的遗迹现象时，可以规避主观性臆想，理性判断遗迹现状的堆积成因，进而形成对考古遗存之原本结构、固有格局、实际功能的合理解读。应该说，基于王培新对日文资料的整合处理，不仅实现了八连城两度发掘过程的合理衔接，而且扩充了《八连城》的信息含量。总之，学术界在具体应用八连城考古资料时，应该会产生有别于《西古城》《渤海上京城》的充实感觉，可以在宏观的学术视野下开展理性的学术研究。由此而产生的联想是，开展国际性学术课题研究、不断拓展国际化学术视野与努力充实自身的专业素质同等重要。因此，就从事渤海文化以及与之相关联的高句丽文化研究而言，如能自主应用韩、日、俄文资料，将有助于拓展研究者学术认识的广度与深度。

二、学术主张的谨慎表述

在阐述有关八连城城址的城市建筑格局、城市功能定位的学术认识时，《八连城》提出了两个没有答案的前瞻性问题。其一，关于八连城城市规划特点，在报告的结语中，编写者将位于八连城内外城之间的遗迹现象与渤海上京城宫城的南部区域进行了建筑格局的类比研究。报告的编写者敏锐地注意到，八连城内城南门至外城南门之间南北向相连的两进式封闭院落，与渤海上京城宫城第一、第二号宫殿区域的建筑格局“存在类似的功能设计”。由于类比对象均缺少明确的年代学佐证依据，该报告只是点明“二者在规划手法上存在一定程度的传承”，但未指出具体的传承轨迹，即没有明确两者间的相对早晚关系。上述类比对象之间的区别在于，八连城的两进院落，其空间由北向南渐次变小；渤海上京城的情况则与之相反，居北的二号宫殿及其东西廊庑合围而成的院落空间明显小于位南的一号宫殿及其东西廊庑合围而成的院落空间。辨识上述建筑格局的演变与传承关系，将是今后渤海都城研究的重点课题之一，这一问题直接牵扯到有关两座城址营建时序、始建年代的学术认识。虽然《八连城》没有得出明确答案，不过，能够提出问题，其本身便是学术认识的一种进步。其二，关于八连城的城市功能定位，《八连城》淡化了西古城、八连城、渤海上京城研究的都城意识。关于三座城址的城市功能定位，该报告没有沿用学术界习惯性的“渤海都城”的概念称谓，而是借用了文献中留存的“渤海王城”的表述方式。关于都城，该报告认为，“只有上京仿效唐长安城规划设计，长期发挥渤海国的都城功能”，至于西古城、八连城，其城市规模、布局及功能只相当于上京城“大内”，行政功能均较弱化。在以个人名义发表的论文中，王培新对上述主张进行了更为明确地阐释。在他看来，八连城是“渤海王室离宫，在文王大钦茂时期渤海国王曾一度由上京徙东京而居”[9]。需要指出的是，随着《西古城》《渤海上京城》的出版，新的考古发现不但拓展了研究者的学术视野，而且激发出诸多全新的学术主张。具体而言，重新思考西古城、八连城城市功能定位的不仅仅是《八连城》的编写者。在王培新之前，日本学者田村晃一曾经著文指出，“西古城不是作为政治场所而使用”，它是“副都、离宫，同时兼具守护、祭祀龙头山王族墓葬群的职责”[10]。本文无意在此评介上述主张的合理与否，笔者赞许的是，王培新没有借助体现集体性学术成果的考古报告强化自己的学术主张，体现了其严谨的治学态度。因此，《八连城》呈献给学术界的不仅仅是基础性信息数据，难得的是，该报告没有掩饰自身的疑惑，而是将其作为问题提供给学术界，为未来的学术研究预留了充分的思考空间。这种谨慎的学术表达方式，同样是该报告的亮点之一。

三、遗物研究的细致入微

如果单纯以发掘面积、遗迹单位、出土遗物的统计数据作为考古报告信息量的评估标准，那么，与渤海上京城、西古城相比，八连城的各项指标均明显地处于劣势。然而，呈现在研究者面前的是一部与《西古城》篇幅相仿的考古报告，表明《八连城》公布的学术信息更为翔实、充分、全面。其中，在出土遗物的客观性表述方面，《八连城》进行了两种非常值得称道的学术尝试。其一，该报告所发表的建筑构件类遗物的线图，采用了手工清绘与数码相机图像相结合的表现方式（特别是砖瓦类标本内外器壁所使用的图像信息处理手段），这种尝试不仅可以帮助无法接触实物的研究者真切地感知遗物的细部特征，而且有助于他们客观把握此类遗物制作工艺方面的具体信息。因此，较之于单纯的文字描述，这种处理方式更易于被研读者理解与接受。其二，同样值得称道的是，该报告辟有单独的章节专门介绍建筑构件的工艺特点，这是以往国内考古报告中普遍存在的信息缺失。并且，在某种程度上，这种欠缺已经制约了考古学视角下瓦作构件（如瓦当）的类型学编年研究。众所周知，进行大型建筑址发掘清理时，出土的瓦砖类建筑构件标本，如同村落址发掘出土的陶片，往往是出土数量最多、形制种类繁复的遗物。但不同于陶器的是，大型建筑址发掘现场很难辨识出建筑构件类遗物的层位关系。因此，凭借单纯的类型学研究手段而构建的建筑构件类遗物的编年序列，常常因其具有明显的主观臆测性取向而难以达成学术共识。鉴于此，我国的考古学界已经意识到开展建筑构件工艺学研究的重要性，并将其视为解决此类遗物类型学编年序列瓶颈问题的主要途径之一。因此，《八连城》所开展的建筑构件类遗物标本的工艺学研究，虽然篇幅不长，但作为一种尝试，非常值得学术界加以重视，予以借鉴。

四、整体构架的点滴缺憾

以一名开展相同课题研究的专业学者的角度审视《八连城》，难免会滋生一些不同的想法与意见。好在学术问题贵在讨论，本着仁者见仁智者见智的意愿，指出该报告的不足之处，谨供编写者及学术界同仁参考。

首先，在按照遗迹单位介绍遗物时，对于标本间的个性化特征，该报告没有进行传统的A、B、C、D式的符号语言的类型学形制划分，只是进行了单纯的文字性表述。这种处理方式，即使是对于熟悉材料的专业考古学者而言，也会感到难以适从。在报告的后部，虽然辟出单独的章节对遗物进行了符号语言的类型学考察，但前后文之间缺少有效的链接，无法保证所有研读者均能将各个遗迹单位出土的遗物标本归入具体的符号式型别之中。毕竟，不能把报告的研读者仅仅限定为考古工作者，应该充分考虑到其他学科研究者的阅读能力。

其次，在介绍文字瓦标本时，因过于强调标本的原真性而没有进行必要的文字识读。作为出土遗物的信息公布者，既然已经公布了拓片，那么，不管对字体“识”与“不识”，均应表明自己的态度，而不是让读者去自行猜想。

最后，在八连城城市功能定位问题上，报告编写者的态度有些模糊。一方面，指认八连城为渤海国东京故址；另一方面，又认同该城址是贞元时的“东京”。应该说，两者之间既有传承性联系又有历时性区别，随着考古发现的不断丰富、学术视野的不断拓展，学术界必将进一步深化历时性特征的辨识与区分。需要我们思考的是，贞元时渤海国有无东京的行政建置？如能指认八连城首先作为都城而存在，便需辨识城内是否存在扩建、改建迹象，进而明晰城市格局是定型于贞元之时、还是五京确立之后？这是一个牵扯到如何界定渤海都城演变轨迹之具体走势的问题。因此，基于现有学术资源以及学术研究所达到的认识高度，刘晓东的表述方式可资参考："八连城是大钦茂于贞元时营建为都的都城（渤海厘定京府后称之为东京）"[11]。

五、构建平台与深化研究

《西古城》《渤海上京城》出版以后，得到了东北亚各国学术界的广泛关注。韩国东北亚历史财团不仅将它们作为内部资料进行了全文翻译，而且分别举行了专题性学术会议予以研讨。然而，给予笔者更大触动的是，日本学者田村晃一先生通过《近時における渤海都城研究の動向と課題》一文，阐述了自己对两部报告的阅后感想，很难想象，这是他与病魔争夺生命时限之状态下完成的学术思考。《八连城》出版后，我第一时间便寄送与他。2014年12月20日，田村晃一先生走完了自己82年的人生旅途。同年11月，他还对小嶋芳孝讲，看了《八连城》后，对于该城址出土的瓦当，他有自己的想法，可惜不能写论文了……我不清楚田村晃一先生是否带着遗憾而走，但对渤海文化研究而言，这是一种夹着痛的遗憾！作为健在者，我们不仅应该庆幸时代给予的机遇，更应肩负起时代赋予的责任。

大体上，考古学研究的学术认识源自于两个途径，一是田野考古所获新材料；二是旧有材料中的新发现。许永杰称前者为发现，视后者为发明，同时强调"两者相较，发明更应推崇"[12]。继《西古城》《渤海上京城》之后出版的《八连城》，意味着渤海都城研究的新平台已然成型，学术界可以从不同的学术视角进一步开展渤海都城乃至渤海文化的深化研究。可喜的是，刘晓东已经凭借全新的学术切入点开展了渤海文字瓦研究[13]。通过《西古城性质研究》一文，李强阐释了自己对西古城城市功能的新定位[14]。针对田村晃一、王培新、李强提出的有关西古城、八连城性质问题的新见解，笔者的思考是，在释放遗存信息、解读文献史料时，研究者的主观分析应该尽量与客体对象所处的社会发展阶段相吻合。虽然有关渤海都城的史料信息寥寥数语，但基本上可以将之锁定为"天宝中"（或"天宝以前"）的显州、"天宝末"的上京、"贞元时"的东京，以及大华玙时的"复还上京"。并且，除了显州，余者的都城称谓均应打上引号。渤海五京制度确立以后，由于显州没有成为其所处中京显德府辖区的首州，从而引发了显州与中京关系的学术讨论，但任何主张均不能忽略显州曾经为都的史实，并且不存在"显州时的王城"概念[15]。文献中留存的都城信息均与渤海第三代王大钦茂有关，学术界倾向性的意见是，此时的渤海还没有确立五京制度。既然已经形成趋同性的认识倾向，学术界应该理性判断大钦茂时期的行政建置及与之相配套的行政设施。三重城制的渤海上京城究竟落成于何时，尚存在诸多不确定因素。根据文献中留存的渤海都城信息线索，同时结合考古发现，只有渤海上京城、西古城、八连城符合渤海都城的认知条件、具备渤海都城的要素特征[16]。而且，依据现有资料，八连城、西古城是城市规模仅次于渤海上京城的渤海城址。如果仅因目前的发掘区域内尚未发现行政设施类遗迹而否定其都城性质，进而将之定位于“离宫”“副都”，那么，如何界定渤海其他府、州、县故址的辨识标准呢？或许，西古城、八连城的城市建制反映的正是其作为都城时渤海国社会发展阶段及其综合实力的真实情景。况且，即使是在五京制度确立以后，依据文献记载，曾经为都的显州、“东京”依然分别作为中京显德府辖下的显州、东京龙原府的行政中心而继续发挥着不同的行政职能。因此，在无法获取新的文献线索的情况下，应尽量规避“离宫”“副都”概念的应用。

总之，开展渤海都城研究，首先应该明确渤海都城的具体概念，进而制定都城故址的辨识标准，在此基础上，在进行学术阐释时需努力做到考古实证与史料线索的有机融合。在另一篇文章中，笔者曾经引用刘晓东的一段话作为结束语。结束本文之际，笔者想再度重复一次：“期待能有更多的学界同仁，珍视《西古城》、《渤海上京城》、《八连城》等考古报告提供的最新资料，从而开展……渤海文化的诸多层面的研讨和思考，不断取得新的进展、新的突破。”[17]

注　释

［1］ 中国社会科学院考古研究所. 六顶山与渤海镇［M］. 北京：中国大百科全书出版社，1997.

［2］ 〔日〕东亚考古学会. 东京城——渤海国上京龙泉府址的发掘调查［M］. 东方考古学丛刊甲种第五典，1939.

［3］ 〔日〕鸟山喜一，藤田亮策. 间道省古迹调查报告［M］. 满洲帝国民生部，1942.

［4］ 〔日〕斋藤优. 半拉城と他の史蹟［M］. 半拉城刊行会，1978.

［5］ 吉林省文物考古研究所等. 西古城——2000—2005年度渤海国中京显德府故址田野考古报告［R］. 北京：文物出版社，2007.

［6］ 黑龙江省文物考古研究所. 渤海上京城——1998—2007年度考古发掘调查报告［R］. 北京：文物出版社，2009.

［7］ 吉林省文物考古研究所等. 八连城——2004—2009年度渤海国东京故址田野考古报告［R］. 北京：文物出版社，2014.

［8］ 王培新. 20世纪前半期珲春八连城考古评述［A］. 边疆考古研究（第11辑）［C］. 北京：科学出版社，2012.

［9］ 王培新. 渤海国东京故址珲春八连城城址布局复原考察［A］. 庆祝张忠培先生八十岁论文集［C］. 北京：科学出版社，2014.

［10］ 〔日〕田村晃一. 近時における渤海都城研究の動向と課題［A］. 青山考古（29）［C］. 2013.

［11］ 刘晓东. 渤海文字瓦模印文字内容、性质含义的再思考［J］. 北方文物，2015（1）.

［12］ 许永杰. 发现与发明（代序）——为《历史选择中国模式》而作［A］. 历史选择中国模式［M］. 北京：科学出版社，2009.

［13］ 刘晓东. 渤海文字瓦模印文字内容、性质含义的再思考［J］. 北方文物，2015（1）.
［14］ 李强. 西古城性质研究［J］. 北方文物，2014（4）.
［15］ 同［14］.
［16］ 关于渤海都城故址的辨识标准，笔者曾经提出三项基本条件：城市设施的中轴线布局、大型宫殿建筑、釉陶建筑饰件。请参考：宋玉彬，魏铁莉. 渤海的五京制度与都城［J］.东北史地，2008（6）.
［17］ 同［13］.

Academic Thinking on Building a New Platform to Research Bohai Capital's Sites: Reading Reaction to Balian City

SONG Yu-bin

The report on archaeological excavation of Bohai City sites, comparing with Xigu City, Bohai Shangjing City, Balian City, shows more academic highlights with panoramic expression of academic information, cautious statement of academic standpoints, and more detailed research on relics. Based on this report, academia can not only know detailed and real basic information of Balian City site, but also, with a further step, thinks lots of deep-seated academic problems about Bohai City sites and its cultural researches. Therefore, according to Balian City, the early-published *Xigu Cheng*, and *Bohai Shangjing Cheng*, a totally fresh academic platform and a new disquisitive opportunity have been brought about for international academia developing the research on Bohai City sites.

东北亚古代社会与文化国际学术研讨会纪要

卢成敢

（吉林大学边疆考古研究中心，长春，130012）

为“拓展学术视野、更新研究理念、深化课题意识、推动学科建设”，共同谋划东北亚视角下的考古学发展方向，由吉林大学边疆考古研究中心、边疆考古与中国文化认同协同创新中心、吉林大学高句丽·渤海研究中心等主办的“东北亚古代社会与文化国际学术研讨会”于2015年9月23～25日在吉林大学召开。

开幕式由吉林大学边疆考古研究中心宋玉彬教授主持，吉林大学边疆考古研究中心主任朱泓教授、俄罗斯科学院远东分院远东民族历史·考古·民族研究所А.Л.伊夫里耶夫研究员分别致辞，吉林大学边疆考古研究中心魏存成教授作《1～10 世纪古代东北亚地区社会发展和文化交流》的主题演讲。来自日本金泽学院大学、日本山口大学、韩国忠南大学校、韩国国立庆州文化财研究所、俄罗斯科学院远东分院远东民族历史·考古·民族研究所、北京大学、中山大学、武汉大学、吉林大学、中国社会科学院考古研究所、黑龙江省文物考古研究所、辽宁省文物考古研究所、吉林省文物考古研究所、《考古》编辑部、《文物》编辑部等中外30家高校、科研院所和相关单位的60余名代表参会。

本次研讨会分大会发言和沙龙讨论两种形式，大会发言在24日、25日进行，沙龙讨论于24日晚分两组进行。25日下午会议闭幕，闭幕式由吉林大学边疆考古研究中心彭善国教授主持。在闭幕式上，吉林大学历史系程妮娜教授、吉林大学边疆考古研究中心冯恩学教授对各自主持的沙龙进行了回顾和总结；随后，宋玉彬教授对本次研讨会做最终总结，并宣布会议圆满结束。

一、考古材料的最新发现与综合研究

考古新发现的介绍是本次研讨会的耀眼之处，也是会议筹备之初确立的一个侧重点，有助于学者在第一时间内了解材料信息。同时，综合性的学术研究也不可或缺，可使学者获取最前沿的学术动态与研究成果。

（一）考古新发现的介绍

新发现包含城址、墓葬、窑址和盐业遗址等类型，时代自汉起，迄于辽金。

1. 城址

韩国国立庆州文化财研究所李晟准研究员介绍了新罗王京庆州城址的调查和发掘情况，首先梳理了新罗发展史，揭示庆州城在新罗的重要历史地位；然后，根据日本占领时期和韩国近期的考古工作成果，认为新罗王京模仿了唐长安城和日本平城京，可分为左、右两京，但二者非一次性建成。另外，积极运用自然科学手段对月城进行物理探测，发现了集中于地下1.5～1.8米的建筑址群，并做了为期十年的长远发掘规划。

5世纪初，匈奴单于赫连勃勃在统万城建立大夏国都，城址历经数百年直至北宋初期废弃。陕西省考古研究院邢福来研究员介绍了近十年对该城址所做的一系列调查与发掘工作。由此基本廓清了城址形状，厘清了部分城门、瓮城、建筑址和护城壕的建构与形态，梳理出城址周边相关墓群的年代、形制和演变序列，并推测城址初期的形态与周边的自然环境状况。

2012～2013年，延边大学郑永振教授对朝鲜咸镜北道会宁一带高句丽、渤海时期的仁溪里土城、云头山城、童巾山城和弓心墓群展开了大规模调查与发掘。关于城址，通过一系列图片，揭示了各城址的地理位置、结构布局、城墙构造，以及城内遗迹、遗物等，基本确认了城址的建造和使用年代问题；关于弓心墓群，仅对墓葬分类和出土遗物予以简略介绍。

黑龙江省文物考古研究所赵哲夫研究员依据近几年对渤海上京城的考古调查、发掘资料，结合以往多年的工作成果，对城址内外9处佛寺遗址的地理位置、形制布局和出土遗物等信息予以全方位的介绍。他认为上京城内佛教寺院不仅规模大、等级高（用材规模、等级与王宫相同或稍次），而且建筑规划井然有序，推测当时佛教信徒数量庞大，寺院服务对象存在等级差异。

2013～2015年，吉林省文物考古研究所梁会丽领队按照长期性规划对白城城四家子城址做了系统性的考古工作。通过前期的全面勘探，以及对城墙、城门、建筑台基、窑址和主干道路的发掘，大致把握了城址的形制与布局，辨析出城址的功能分区。根据城内遗存，基本断定城址为辽代始建，金元明沿用，明中期废弃。

乾安春捺钵遗址是第七批全国重点文物保护单位，2013～2015年，吉林大学边疆考古研究中心冯恩学教授对其进行了大规模的调查与发掘。2014～2015年的主要工作是对小城址内两处建筑台基、城址外一处高土台进行了发掘。建筑台基出土了形制特殊的瓦当和滴水，高土台存在人为夯筑迹象与层数不等的生活面，以及陶片、瓷片、动物骨骼等遗物。通过历史文献的考证，基本确认该处遗存为辽金时期春捺钵遗址。

吉林大学边疆考古研究中心彭善国教授在会上追述了前郭塔虎城的发掘历程，简陈出土材料的新近整理工作。经初步研究，城址的格局、形制得以明确，城市的商品贸易和市民阶层生活的端倪业已初露。同时，对塔虎城的渊源给予考证和澄清，认为塔虎城应为辽代出河店，金之肇州。最后，将城址分为两期，第一期为金代中晚期，第二期为元代。

自2013年始，黑龙江省文物考古研究所赵永军研究员根据保护规划，对金上京城址进行了连续性的考古发掘。2013年，对城址进行全面测绘，并对城墙进行解剖，从考古学科的角度掌握了城址的营建、使用情况，初步认识了城墙的构造。2014年，对南城南垣西门址做了考古发掘，发现西门址具有唐宋时代的建构特征，为金代中期以后建造。2015年，主要揭露皇城西部一处带院落的建筑址，该格局为金上京首次发现。

2013～2015年，吉林大学边疆考古研究中心赵俊杰副教授对安图宝马城遗址进行了勘探和发掘。经过三年的全面工作，对城址的时代、形制与布局、城内建筑台基的结构、建造和废弃过程取得阶段性认识。另外，在城外的踏查过程中于东北方向发现一处疑似窑址。基于考古发现和《金史》相关记载，赵俊杰副教授认为宝马城应为金代晚期皇家祭祀长白山的神庙，而非先前所认为的渤海时期驿站或兴州城。

2. 墓葬

以墓葬作为媒介和切入点，是透过逝者观察其本身和外在社会的一个有效剖面，这对探究当时各阶层人群的世俗生活和精神世界具有不可替代的作用。

辽宁省文物考古研究所李龙彬研究员介绍了辽阳市一处受损壁画墓的发掘，壁画内容为辽东地区首次发现的童子牵鸠车图、角抵图，以及墨书题记。根据墓葬结构、壁画内容和出土遗物，判断墓葬应为东汉晚期，壁画中的“公孙”墨书题记可能与东汉晚期辽东公孙氏统治阶层有关。

陕西省考古研究院张建林研究员以唐代定陵、桥陵、庄陵等发现的番酋像为视角，通过番酋像身份与族属的辨识，对唐与周边国家、部族不同时期的双边关系作了探讨。其中，武宗之端陵出土的石像背后铭刻“渤海王子大××”（文字湮灭难辨），引起与会学者的极大兴趣和关注。关于番酋像设置渊源和意义，张建林研究员认为其可能始自西汉或受突厥墓葬习俗影响，带有某种程度的夸耀性质。

辽代显陵、乾陵的考古工作自2012年启动以来屡有重大发现，辽宁省文物考古研究所万雄飞研究员详细解析了近几年的工作收获。经全面调查和局部发掘，最终在医巫闾山的二道沟、三道沟地区发现了寺院、坝墙、瞭望台和石板道等建筑和遗迹，出土高等级的琉璃筒瓦、板瓦、瓦当、滴水等建筑构件，以及石质狮子、麒麟。综合考察调查与发掘所获，参考临近处辽墓所出墓志，基本可确认二道沟、三道沟区为辽乾陵、显陵之兆域。

3. 窑址与盐业遗存

富平桑园窑址的发掘工作始于2012年，为目前所发现的最大规模唐代窑址群，陕西省考古研究院王小蒙研究员简陈窑址发掘收获。窑址计500余座，可分15组，皆为马蹄形半倒焰式。依据产品种类、分布位置划分了四个功能区，出土砖、瓦、瓦当等遗物，少数窑址存饮窑迹象。综合考古发现与文献记载，判断窑址应为盛唐时期专为定陵建造服务的官办窑厂。工匠可能来自甄官署和地方，其技术水平和身份的差异显著。

2014～2015年，吉林大学边疆考古研究中心史宝琳博士对大安尹家窝堡辽金制盐遗址进行了发掘。遗址位于新荒泡岸侧，呈土台形，附近分布大面积盐碱地，发掘出淋卤坑、灶址、水渠等相关制盐遗存。另外，通过当地的文献查阅和民族学调查，认定本区有制盐传统的延续。尹家窝堡遗址是东北地区迄今所发现的首例制盐遗存，对研究该区的盐业生产具有突破性意义。

（二）考古材料的综合性研究

韩国、日本、俄罗斯的5位学者以开放式的模式，从不同的视角、层面对考古材料作了论述和阐释，所得结论令人信服。

韩国忠南大学校朴淳发教授依据城市布局、民里的发达程度（民里与王宫的分离度为直接表现），将中国都城分作早期（夏朝）、前期（商周至汉代）、中期（三国时期）、后期（宋代）四个阶段、七个类型。按此分类标准，百济都城在汉城期（公元300～475年）时，风纳土城属第六类型、梦村土城为第四类型；至熊津期（公元475～538年），都城类似第六类型；至泗沘期（公元538～660年），都城已是典型的第六类型。

日本山口大学桥本义则教授以日本各时期的重要宫都为例，论述了日本都城建立、发展问题研究的新进展。日本古代都城的形制及构造变化深受中国都城建设思想的影响，而伴随儒教、佛教的发展，以及日本固有信仰成为国家思想支柱，宗教观念在都城构造变迁中影响渐大。另外，日本独特的宫都构造理念也是一项重要影响因素。最后，桥本义则教授提出需在岸俊男先生研究的基础上，将日本古代宫都史的研究继续推向新阶段。

日本金泽学院大学小岛芳孝教授分析了渤海迁都上京之前的瓦当资料，考察了与旧国、显州王都相关的遗迹，由此提出了不同以往的学术见解。其以田村晃一倡导的上京瓦当型式研究和年代观为基础，构建出新的六顶山墓群、河南屯古城、西古城、八连城之莲瓣纹以外纹样的编年方案。小岛芳孝教授认为旧国很可能位于六顶山区域，河南屯古城为显州王都，西古城和八连城则是上京的陪都或离宫。

俄罗斯科学院远东分院A.Л.伊夫里耶夫研究员回顾了滨海边疆地区近15～20年间

对靺鞨、渤海时期的城址、村落址、寺庙址和墓葬等遗存进行的调查和发掘的历程。A.Л.伊夫里耶夫研究员着重介绍了克拉斯基诺城址、切尔尼亚季诺墓地、科克沙罗夫卡城址与墓地等的发现，概括了俄罗斯学者对上述遗存研究所取得的系列成果，如渤海瓦的类型学研究、渤海城墙构造等。

克拉斯基诺城址位于俄罗斯滨海边疆地区，为渤海国盐州州治和日本道的起点。俄罗斯科学院远东分院格尔曼研究员简介了城址概况和研究史，并从农牧业生产、家庭副业生产、手工业生产和贸易等几个方面入手，突破传统考古学研究手段，采用动植物学分析、实物成分分析、地质学、地球物理学等方法提取遗存中的信息，以之复原、阐释当时的城市建设、自然环境、经济生产和商品流通状况。

二、史料信息的阐释与认识

本组沙龙由程妮娜教授和王培新教授主持，共有6位学者先后发言。

吉林省社会科学院祝立业研究员、辽宁省文物保护中心田立坤研究员、武汉大学博士研究生曾成、陕西师范大学拜根兴教授的四篇论文，涉及中国东北、朝鲜半岛区域高句丽至唐代的碑刻、铭文研究。中国社会科学院边疆史地研究所范恩实研究员剖析了靺鞨发展与建国的历史条件，延边大学方民镐教授则阐述了中国古代“天下观”与东亚传统秩序的问题。

随后，几位学者就下列问题进行了颇有建设性的交流：第一，祖源传说同高句丽族群认识有何内在联系，与扶余传说的关系，以及如何以之为切入点探讨高句丽的族群认识。第二，高句丽灭亡后，内迁入唐移民所谓的族群认同问题。第三，族名、国名、县名三者何为“高句丽”的真正来源。第四，利用墓志讨论历史问题，需以其当时宏观社会背景作为支撑，也需微观辨析当地的区域、民族和家族背景。对历史事件发生时外部时空环境的准确把握，有助于挖掘和捕捉更多潜在信息。

三、考古遗存的分析与解读

冯恩学教授和傅佳欣教授共同主持本组沙龙，11位学者依次概述各自论文的主要内容与观点。

中国社会科学院考古研究所王飞峰博士和长春师范大学郑春颖教授分别以高句丽建筑、墓葬壁画为着眼点，由此获得新认识。王飞峰博士认为集安国内城体育场地点可能是高句丽时期一处“御膳房”仓储遗迹，从而为寻找王宫遗迹提供了线索。郑春颖教授剖析了中国、朝鲜境内高句丽墓葬壁画中人物服饰所蕴含的四种不同文化因素，总结出其时空特征与演变，映射出高句丽社会文化的变迁。

黑龙江省博物馆刘晓东研究员对渤海时期文字瓦的发现、研究与著录情况做了回顾与评述，分享了个人研究感悟，并就渤海研究提出新的学术展望。北京大学博士研究生易诗雯对渤海带銙作了梳理、整合，探讨其所包含的不同文化因素与使用问题。黑龙江省文物考古研究所赵虹光研究员浅谈渤海上京城在大遗址保护实践中的认识和经验，提出了一系列实践性更强的保护建议。

中山大学郑君雷教授将燕云地区的辽墓构成要素分为五种，分析了本区文化的混合属性与社会背景，可将该区视作东北文化区、中原文化区、内蒙古中南部长城地带文化区的过渡地带。中国社会科学院考古研究所洪石研究员考察了吐尔基山辽墓漆器制作工艺，横向与宋代漆器对比，探究当时人群的社会生产与生活状况。

沈阳市文物考古研究所林栋对辽墓尸棺床的类型与演变予以总结，并分析其分布与源流问题。吉林省四平市文物管理委员会隽成军主任调查城楞子古城，依据所获遗物和文献记载，判断城址主体年代在渤海至辽金时期，或为辽代通州州治。山西大学武夏对辽宁鞍山、辽阳一带早年发现的画像石墓再做墓葬形制、画像布局与内容分析，认为墓葬属金末元初，甚至晚至元代中晚期，而非之前所定辽代。

中国社会科学院考古研究所沈丽华研究员参阅相关建筑文献，对出土的石质建筑构件——螭首作了初步整理和类型学研究，探讨了螭首的基本形制、时代特征的演变，以及螭首的使用问题。

四、收获与展望

本次研讨会节奏紧凑，主题鲜明，内容覆盖广阔，发言人带来的新发现、新认识不断引起学术探讨与共鸣，希冀可将与会者的学术视野、研究理念提升至一个新的层面。当然，本次学术盛宴的后续仍有巨大而长远的可期之处。首先，诸多考古新发现的学术重要性和学术价值不言而喻，材料的先期披露已令人兴奋难掩，但正式的考古报告和研究成果更使人翘首以待。其次，部分学者所作的综合性研究使人耳目一新，尤其是科技手段的全方位应用，对充分提取遗存信息和深度复原古代社会具有关键性作用。

两组沙龙讨论凸显了历史研究与考古发现互相结合、渗透的问题。首先，即是传统的历史学研究应开阔视野范围、扩展材料体系，及时追踪、密切联系考古新发现，以便将历史问题予以平面拉伸、立体延展，最终把历史学的研究推向更为广阔的格局和更为深入的层面。其次，考古材料的发现与研究，特别是在历史后期阶段，需与传统史学并肩而前。中国发达的史学传统对历史基础框架的搭建随时间推移而渐至完备，这在客观上要求考古材料的阐释必须以基础框架为前提。

揆诸研讨会的发言环节和考古学史，可见考古学科自身发展的两条必由途径。首先，从本体论角度看，需基于考古材料的不断发现与累积。其次，从方法论角度看，考古学理论、方法的持续更新推动了其稳步前进。对古代人类社会的重建和阐释，考古材料必然是基础，但材料的简单堆积似乎仅是平面空间的铺陈与构建，并无力拓展考古人对当时社会纵深的解析。所以，凡具有突破性的考古学阐释，大多并非简单依靠材料的堆积，更多是取决于科技手段与考古学理论的运用。各种科技手段和理论，实质上是对材料从不同角度构建的认知意向的实践。每一认知意向都会向上衍生出一套较为完整的“分析架构”，而各“分析架构”都有其别具一格的分析能力和特性。简言之，它可使材料的整理更具条理性，对材料的认识更有独特性。综上，考古学的发展既要关注材料，更须重视方法与理论的应用、创新。审视、提出问题的角度与性质，直接体现出研究者的认知水平。

东北亚地区在历史上作为多元文化的发源地和碰撞交汇区，文化的多样性与特殊性鲜明而显著。社会与文化的多元性、国际性内涵，促使该区的学术研究课题天然的嵌入一种国际观内核。因而，在这种历史环境和时代条件下，构建一个开放性的国际学术交流平台对学术研究的必要性和重要性也毫无疑问的凸显出来。本次国际学术研讨会齐聚中外各方学者，彼此之间真诚分享、坦率交流，不仅推动了学术研究的发展，也为交流平台的构建和完善夯实了基础。

The Minutes of “Ancient Societies and Cultures in Northeast Asia” International Symposium

LU Cheng-gan

The “Ancient Societies and Cultures in Northeast Asia” International Symposium was held in Changchun during September 23th–25th, 2015, which was hosted by the Frontier Archaeological Research Center of Jilin University. More than 60 participants come from 30 archeological institutions and departments in universities joined in the General Assembly and Sharon discussion in the symposium. As the origin and inter-action platform of multiple cultures, Northeast Asia is significant considering its historical cultural diversity and the specificity. Therefore, it is necessary and important to build up an open platform which could contributed to the academic interaction. The scholars gathered in this symposium, sharing their research experiences with each other. Not only the researching of Northeast Asia archaeology was facilitated, but also provides a great opportunity to reinforce the foundation of the future cooperation.

征稿启事

《边疆考古研究》是由教育部人文社会科学重点研究基地吉林大学边疆考古研究中心主办的学术刊物，自2002年创办以来，至今已连续出版18辑，在国内外学术界形成了一定影响，并连续入选CSSCI（中文社会科学引文索引）来源集刊。

为及时刊发田野考古新材料，反映考古学研究新成果，2012年起，《边疆考古研究》由原来每年一辑增加为每年两辑，在侧重边疆考古的同时，欢迎其他各个方面的考古发现与研究稿件。目前设置的栏目包括：①考古新发现；②研究与探索；③考古新视野；④考古与科技；⑤书评，等等。

稿件具体要求：①论文不超过12000字，考古发掘报告字数可适度增加；②来稿请附中、英文摘要（300字左右）、关键词（3~6个）及作者简介；③统一采用尾注，注释格式请参考近期出版的《边疆考古研究》；④译文需取得原作者的授权，以免发生版权纠纷。

本刊实行双向匿名审稿制度。审稿周期一般为3个月。3个月内未收到刊用意见，作者可自行处理来稿。本刊不收取任何版面费，一经刊用，即奉样刊5册及抽印本10份。

本刊仅接受电子投稿。投稿邮箱为pengsg@jlu.edu.cn或524544323@qq.com（用于邮件超过20M者）。请勿委托他人转投稿件。

联系人：彭善国

编辑部地址：长春市前进大街2699号 吉林大学边疆考古研究中心（前卫校区匡亚明楼）

邮编：130012

勘误及致歉声明

由于编辑疏漏，将《边疆考古研究》（第18辑）第135页《庙子沟文化与马家窑文化比较研究》一文的作者魏坚、常璐的工作单位“中国人民大学北方民族考古研究所·考古文博系”误刊为“中国人民大学北方民族考古研究所考古文博系”，特此声明更正，并对由此给二位作者带来的不便深表歉意！

1. 瓮城发掘航拍全景

2. 瓮城南墙南侧护坡

3. 瓮城东北内夹角

吉林桦甸苏密城外城南瓮城

图版二

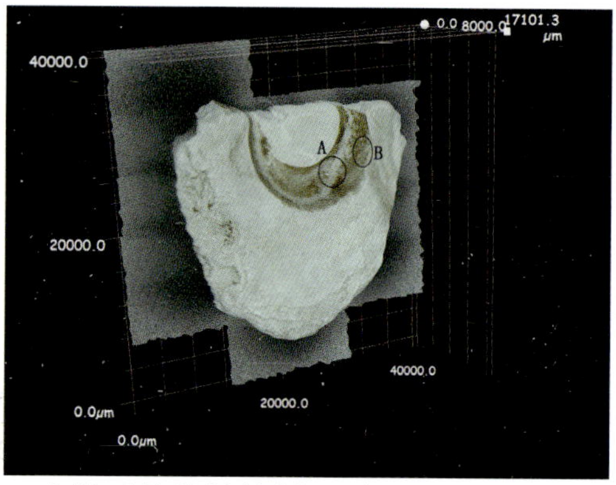

1. 未钻透的管钻蚌制品（F11C：1）（20X）

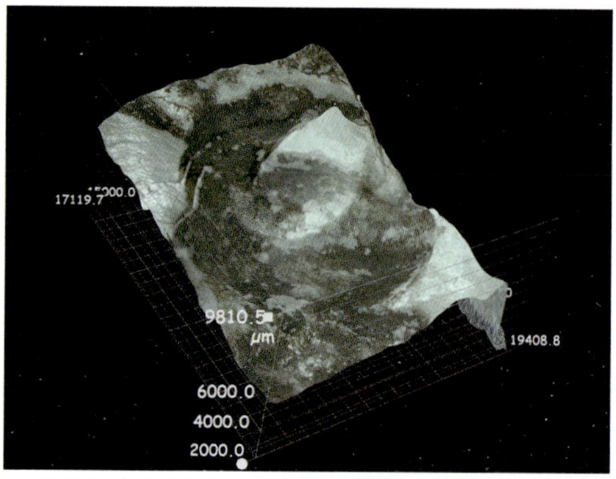

2. 管钻蚌制品 [F17（临）] 的三维成像（20X）

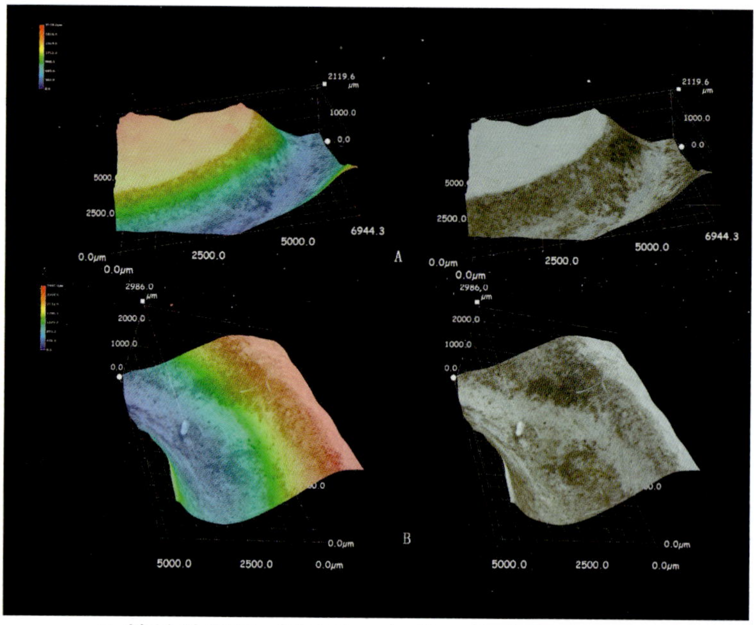

3. 管钻蚌制品（F11C：1）的三维成像（50X）

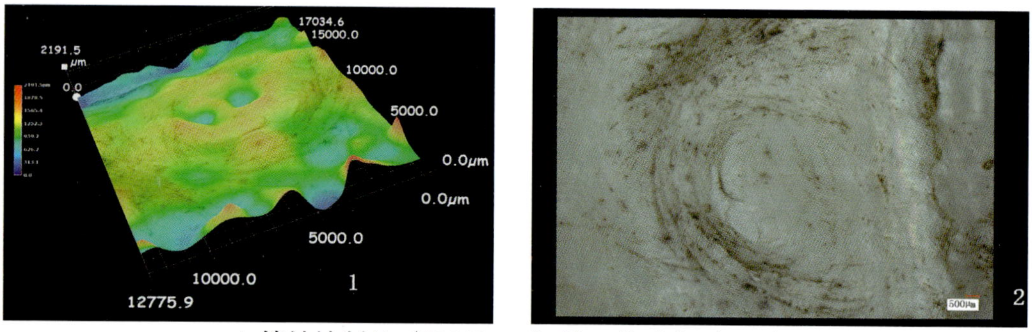

4. 管钻蚌制品（2010L：1）的三维成像（20X）

内蒙古哈民忙哈遗址出土蚌制品